IMMANUEL KANT

Träume eines Geistersehers, erläutert durch Träume der Metaphysik

Mit einer Einleitung und Erläuterungen herausgegeben von

LOTHAR KREIMENDAHL

und

MICHAEL OBERHAUSEN

FELIX MEINER VERLAG
HAMBURG

PHILOSOPHISCHE BIBLIOTHEK BAND 747

Bibliographische Information der Deutschen Nationalbibliothek

Die Deutsche Nationalbibliothek verzeichnet diese Publikation in der Deutschen Nationalbibliographie; detaillierte bibliographische Daten sind im Internet über ‹http://portal.dnb.de› abrufbar.

ISBN 978-3-7873-3958-7
ISBN eBook 978-3-7873-3959-4

 Satz: satz&sonders GmbH, Dülmen. Druck und Bindung: Beltz, Bad Langensalza. Gedruckt auf alterungsbeständigem Werkdruckpapier, hergestellt aus 100 % chlorfrei gebleichtem Zellstoff. Printed in Germany. *www.meiner.de*

INHALT

TRÄUME EINES GEISTERSEHERS, ERLÄUTERT DURCH TRÄUME DER METAPHYSIK

ANHANG I: BEILAGEN

ANHANG II

VORWORT

Die vorliegende Edition der *Träume eines Geistersehers, erläutert durch Träume der Metaphysik* setzt die Bemühungen des Verlages fort, Kants vorkritische Schriften, die der Marburger Kant-Forscher Klaus Reich seinerzeit innerhalb der „Philosophischen Bibliothek" herausgegeben hat, durch neue, zeitgemäße Ausgaben zu ersetzen. Den Anfang haben die Unterzeichnenden mit der historisch-kritischen Neuausgabe von Kants *Der einzig mögliche Beweisgrund zu einer Demonstration des Daseins Gottes* im Jahr 2011 gemacht. Hier nun wird mit den *Träumen* eine weitere Schrift der 1760er Jahre in historisch-kritischer Gestalt vorgelegt, die nach denselben Prinzipien ediert ist.

Wie bereits die ältere Kantforschung zutreffend feststellte, gehören die *Träume* zu den am schwersten verständlichen Werken Kants. Infolgedessen bereitet die Abhandlung dem Leser erfahrungsgemäß beträchtliche Schwierigkeiten. Das liegt nicht zuletzt an ihrer Entstehungsgeschichte, die eine, wie Kant selbst wußte, unausgeglichene Komposition der Schrift nach sich zog. Hinzu kommen der ironisch-satirische Schreibstil Kants und die sich mitunter überkreuzenden Beweisführungen, die einen in mehrfacher Hinsicht sperrigen Charakter des Werks bedingen. Schon die Zeitgenossen zeigten sich deshalb über die von Kant eigentlich verfolgte Zielsetzung irritiert. So überrascht es nicht, daß die *Träume* bis in die Gegenwart hinein sehr unterschiedliche Deutungen in der Forschungsliteratur gefunden haben. Diese werden dem Leser vorgestellt, allerdings ohne damit die Absicht zu verbinden, ihnen hier noch eine weitere hinzuzufügen. Statt dessen wird die bescheidenere Aufgabe in Angriff genommen, die zukunftsweisenden Momente der Abhandlung aufzuzeigen, die in das kritische Werk einziehen werden.

Die Einleitung setzt sich das Ziel, vorab durch eine textnahe Verfolgung der verschlungenen Darlegungen Kants den Zugang zu dieser Abhandlung zu erleichtern. Weitere Hilfestellungen bieten die beigegebenen Sacherläuterungen. Diese zeigen außerdem, in welch hohem Maße der Philosoph bei der Niederschrift der *Träume* von der zeitgenössischen, aber auch von der antiken Literatur Gebrauch macht. Infolge dieser Anlage des Bandes waren gelegentliche Redundanzen zwischen Einleitung und Sacherläuterungen unvermeidlich, wurden aber in Kauf genommen, damit der Leser, der sich nur für einen dieser Textteile interessieren mag, dennoch auf die wichtigsten Informationen trifft. Die Herausgeber hoffen, auf diese Weise die Beschäftigung mit der Abhandlung Kants auch für das Selbststudium zu erleichtern und ihre Verwendung innerhalb der akademischen Lehre zu befördern.

Erstmals werden für den deutschen Sprachraum in der vorliegenden Edition der *Träume* die Stellen aus Swedenborgs *Arcana Coelestia* identifiziert und in den Erläuterungen in Übersetzung angeführt, auf die sich Kant bei seiner Darstellung der Lehren des gelehrten schwedischen Visionärs bezieht. Dadurch wird es dem Benutzer erleichtert, sich ein eigenes Urteil über die Berechtigung der Kritik Kants zu bilden. Die beigefügte Bibliographie will dem interessierten Leser den Weg zu einer vertieften Beschäftigung mit dem Text bahnen.

Bei der Erstellung des Bandes wurde die gleiche Arbeitsteilung befolgt wie zuvor beim *Einzig möglichen Beweisgrund*. Oberhausen war in erster Linie für die Erarbeitung der Textgestalt zuständig, Kreimendahl für die Einleitung sowie die Erläuterungen. Den vorliegenden Band verantworten beide gleichermaßen.

Für die Unterstützung bei den Vorarbeiten zu dieser Ausgabe danken die Herausgeber Patrick Alberti, Daniel Lizius, Pierre Schucht und Matthias Wehry. Dank gebührt ferner den Universitätsbibliotheken Mannheim und Trier für die nicht immer einfache Beschaffung der gewünschten Literatur.

Radevormwald und Reinsfeld — *Lothar Kreimendahl*
Winter 2021 — *Michael Oberhausen*

EINLEITUNG

1. Zur Entstehung der Schrift *Träume eines Geistersehers, erläutert durch Träume der Metaphysik*

Bei Kants *Träumen eines Geistersehers, erläutert durch Träume der Metaphysik*,[1] gilt es, einen äußeren und einen in der denkerischen Entwicklung Kants liegenden Anlaß der Entstehung zu unterscheiden. Über den äußeren Anlaß setzt uns Kant selbst ins Bild, zum einen innerhalb der Schrift selbst und sodann in zwei Briefen, die er am 7. Februar und 8. April 1766 an Moses Mendelssohn schreibt. Hiernach sind es zunächst die auch in Königsberg kursierenden Nachrichten über Emanuel Swedenborg,[2]

[1] Künftig zitiert als *Träume.* Wir zitieren aus dieser Abhandlung unter Angabe von Teil (große römische Ziffern), Hauptstück (kleine römische Ziffern) sowie der von uns eingefügten laufenden Zählung der Absätze (arabische Ziffern) und fügen die Belege zur Entlastung des Anmerkungsapparates gleich im Haupttext an. Bei langen Absätzen geben wir zur leichteren Auffindung der Stellen zusätzlich die Seiten- und Zeilenangabe der vorliegenden Ausgabe an. Zitate aus dem Vorbericht werden unter Verweis auf diesen Textteil mit der Ziffer des Absatzes belegt. Auf Fußnotentext wird durch ein dem Beleg hinzugefügtes ‚Fn.' verwiesen. Kants übrige Werke werden zitiert nach: *Kant's gesammelte Schriften.* Hg. von der Königlich Preußischen Akademie der Wissenschaften [und Nachfolgern]. Berlin ²1910 ff. [¹1900 ff.]. Die Akademie-Ausgabe der Schriften Kants wird im folgenden mit dem Kürzel Ak unter Angabe von Band-, Seiten- und Zeilenzahl zitiert, die *Kritik der reinen Vernunft* (künftig: *KrV*) wie allgemein üblich nach den Originalpaginierungen der ersten (A) und zweiten Auflage (B) gemäß der folgenden Ausgabe: Immanuel Kant: *Kritik der reinen Vernunft.* Nach der ersten und zweiten Original-Ausgabe neu hg. von Raymund Schmidt. Um das Sachregister von Karl Vorländer ergänzter Nachdruck. Hamburg 1971.

[2] Zur Swedenborg-Rezeption in Deutschland cf. die ältere Studie von Ernst Benz: *Swedenborg in Deutschland. F. C. Oetingers und Immanuel Kants Auseinandersetzung mit der Person und Lehre Emanuel Swedenborgs.* Nach neuen Quellen bearbeitet. Frankfurt am Main 1947, sowie Michael Heinrichs: *Emanuel Swedenborg in Deutschland. Eine kritische Darstellung*

der angeblich in Kontakt mit der Geisterwelt und den Seelen der Verstorbenen stand und von ihnen Nachrichten empfing, die er in diese Welt übermittelte. Auch konnte er als eine Art Bote von Mitteilungen dienen, wenn er Fragen der Hinterbliebenen an die Verstorbenen richtete und ihnen die Antworten aus der Geisterwelt überbrachte. Diese Erzählungen schienen so gut verbürgt zu sein, daß sie auch Kants Interesse weckten, obwohl er, wie er sich selbst attestiert, von jeder „[...] Spur von einer zum Wunderbaren geneigten Gemüthsart oder von einer Schwäche, die leicht zum Glauben bewogen wird [...]“,[3] frei sei. Sein Interesse war so groß, daß er sich Swedenborgs einschlägiges Opus anschaffte, die achtbändigen *Arcana Coelestia, quae in Scriptura Sacra, seu Verbo Domini sunt, detecta, nempe quae in Genesi et Exodo una cum Mirabilibus quae Visa sunt in Mundo Spirituum et in Coelo Angelorum,* die in London 1749–1756 erschienen waren. Das Werk war in Königsberg offenkundig nicht vorrätig und mußte erst aufwendig beschafft werden.[4] Außerdem war es sehr teuer, eigentlich für Kants damalige Einkommensverhältnisse viel zu teuer.[5] Da er die Kosten der Anschaffung der *Arcana Coelestia* im Werk selbst beklagt (II.ii.11.), ist leicht vorstellbar, daß er seinen Ärger auch im Gespräch mit seinen Bekannten äu-

der Rezeption des schwedischen Visionärs im 18. und 19. Jahrhundert. Frankfurt am Main u. a. 1979 [= Europäische Hochschulschriften, Reihe 20: Philosophie, Bd. 47] und Friedemann Stengel: *Aufklärung bis zum Himmel. Emanuel Swedenborg im Kontext der Theologie und Philosophie des 18. Jahrhunderts.* Tübingen 2011, Kap. 5.1.: „Frühe Rezensionen 1750–1765“, S. 454–505 [= Beiträge zur historischen Theologie, Bd. 161].

[3] Brief an Charlotte von Knobloch vom 10. August 1763. Kants Brief ist in Anhang I, Beilage B.1 vollständig abgedruckt. Cf. S. 86–91, hier S. 86.

[4] Die mit der Besorgung des Swedenborgschen Werks verbundenen Schwierigkeiten veranschaulicht ein Brief Johann Georg Hamanns an Friedrich Heinrich Jacobi vom 19. Juni 1786, in dem es um die Beschaffung eines Exemplars der *Arcana Coelestia* geht. Johann Georg Hamann: *Briefwechsel.* Sechster Band. 1785–1786. Hg. von Arthur Henkel. Frankfurt am Main 1975, Brief Nr. 982, S. 435 f.

[5] Cf. hierzu die Angaben über Kants damalige Einkünfte in Erläuterung 249.

ßerte. Darüber hinaus war er, wie er im Brief an Mendelssohn vom 8. April 1766 zähneknirschend gesteht, so „vorwitzig“[6] gewesen, Erkundigungen bei Leuten über Swedenborg einzuholen, die diesen persönlich kannten. Damit nicht genug, hatte er sich auch direkt in einem – nicht überlieferten – Schreiben an Swedenborg gewendet, auf das er aber ohne Antwort blieb.[7] Daraufhin bat Kant einen befreundeten Engländer, „[...] der sich verwichenen Sommer hier aufhielt [...],[8] genauere Kundschaft wegen der Wundergabe des Hrn. v. Swed. einzuziehen.“[9] Kurzum, Kant hatte öffentlich großes Interesse an der Causa Swedenborg bekundet, und das blieb, weil er Mitte der 1760er Jahre durch seine Schriften und seine Lehrtätigkeit an der Albertina bereits eine gewisse Bekanntheit in Königsberg erlangt hatte, nicht ohne Folgen. Man wollte hören, zu welchem Ergebnis seine Nachforschungen ihn geführt hatten.[10] Im Zusammenhang dieses nicht nur innerhalb der universitären Kreise regen Interesses an Kants Urteil ist auch die – nicht überlieferte – Anfrage der Charlotte von Knobloch und Kants erste ausführliche Stellungnahme zu der Sache in seiner Antwort darauf vom 10. August 1763 zu se-

[6] Cf. Beilage B.3, S. 93.

[7] Brief 28b in der Zählung der Akademie-Ausgabe der Schriften Kants, Ak X, 43. Er wurde Swedenborg von einem englischen Kaufmann überbracht, wie Kant im Brief an Charlotte von Knobloch vom 10. August 1763 mitteilt, und von Swedenborg „geneigt aufgenommen“. Cf. Beilage B.1, S. 88. Der Brief Kants muß also vor dem 10. August 1763 geschrieben worden sein.

[8] Da Kant diese Mitteilung ebenfalls im Brief an Charlotte von Knobloch macht, bezieht sich der „verwichene Sommer“ auf den Sommer des Jahres 1762. Spätestens von da an also datiert Kants Interesse an dem Schweden. So auch Rudolf Reicke in seiner Anmerkung zu diesem Brief. Ak XIII, S. 21.

[9] Brief an Charlotte von Knobloch vom 10. August 1763. Cf. Beilage B.1, S. 88.

[10] Hartmut und Gernot Böhme halten das genaue Gegenteil für richtig. „Kant hatte durch seine *eigene* intensive Beschäftigung mit Swedenborg das Interesse bei seinen Freunden überhaupt erst hervorgerufen.“ *Das Andere der Vernunft. Zur Entwicklung von Rationalitätsstrukturen am Beispiel Kants.* Frankfurt am Main 1985 [[1]1983], S. 257; H.i.O. [= Suhrkamp Taschenbuch Wissenschaft, Bd. 542].

hen. Die zweite wird er in der Abhandlung im zweiten Hauptstück des zweiten Teils der *Träume* geben.

Doch das war nicht die einzige Bitte um Stellungnahme. Die „unabläßige Nachfrage“ [11] nach seiner Einschätzung der Angelegenheit empfand er als zudringlich. [12] Angesichts der Staubs, den er aufgewirbelt hatte, [13] mutet diese Reaktion etwas naiv an, doch Kant sah schließlich ein, daß er keine Ruhe haben würde, bis er seine Antwort gegeben hätte. [14] Da aber nun einmal Geld in die Anschaffung und Zeit in die Lektüre des Werks investiert worden waren, [15] faßte er den Entschluß, seine gewonnenen Einsichten hinsichtlich der umlaufenden Anekdoten über den schwedischen Visionär öffentlich mitzuteilen. [16] Diese Entscheidung war wenigstens ein Jahr vor dem Erscheinen des Werks gefallen. Denn am 6. November 1764 teilt Johann Georg Hamann Mendelssohn mit: „Vielleicht werde ich Ihnen auch eine kleine Abhandl., [...] vom HE. M. Kant beylegen können, auf deßen Umgang ich mich gegenwärtig einschrenke. Er wird unter anderem darinn die Opera omnia eines gewißen *Schwedenbergs* recensiren, die neun [!] große Quartanten betragen und in London ausgekommen sind.“ [17]

[11] Brief an Moses Mendelssohn vom 8. April 1766. Cf. Beilage B.3, S. 93.

[12] Er beklagt sich über das „ungestüme Anhalten bekannter und unbekannter Freunde“ (Vorbericht 3.) sowie über die „Nachfrage und Zudringlichkeit vorwitziger und müßiger Freunde“ (II.ii.12.).

[13] Kant gesteht, er habe „[...] durch die Herbeyschaffung seiner [sc. Swedenborgs, Hgg.] Werke viel zu reden gegeben [...]“. Brief an Mendelssohn vom 8. April 1766. Cf. Beilage B.3, S. 92.

[14] Ebd. Cf. Beilage B.3, S. 93. Im Brief an Mendelssohn vom 7. Februar 1766 hatte er die Schrift aus diesem Grund als „gleichsam abgedrungene“ bezeichnet. Cf. Beilage B.2, S. 92.

[15] „Überdem war ein großes Werk gekauft und, welches noch schlimmer ist, gelesen worden, und diese Mühe sollte nicht verloren sein. Daraus entstand nun die gegenwärtige Abhandlung [...]“. Vorbericht 3.

[16] Brief an Mendelssohn vom 8. April 1766. Cf. Beilage B.3, S. 93.

[17] Cf. Beilage E.1, S. 116.

Dieser Mühe unterzog sich Kant nur ungern, ja mit Unwillen, wie er Mendelssohn wissen läßt.[18] Damit entschuldigt er zugleich die Unzulänglichkeiten, welche die kurze Abhandlung unübersehbar aufweist. Schon der „Vorbericht, der sehr wenig für die Ausführung verspricht", weist in diese Richtung. Johann Gottfried Herder läßt die dort gegebene befremdlich anmutende Eigenwerbung der Schrift in seiner Rezension derselben nicht unerwähnt und moniert außerdem ihre verunglückte Komposition.[19] Kant selbst gesteht gegenüber Mendelssohn, sie sei mehr ein „[...] flüchtige[r] Entwurf von der Art wie man über dergleichen Fragen urtheilen solle als die Ausführung selber";[20] zwei Monate später fügt er hinzu, er habe sie in „ziemlicher Unordnung abgefaßt".[21] Kant sah die mangelnde konzeptionelle Stringenz seiner Abhandlung also selbst ein und entschuldigt sich Mendelssohn gegenüber folgendermaßen dafür. Er würde den „Punkt [...] auf den sich alle diese Erwägungen beziehen [...] kenntlicher [...] bezeichnet haben wenn ich die Abhandlung nicht bogenweise hinter einander hätte abdrucken lassen da ich nicht immer voraussehen konte was zum besseren Verständnisse des folgenden voranzuschicken wäre und wo gewisse Erläuterungen in der Folge wegbleiben musten weil sie an einen Unrechten Ort würden zu stehen gekommen seyn".[22]

Diese Selbsteinschätzung des Philosophen wird durch seine Verleger Kanter bestätigt. Der Band war nämlich im Herbst des Jahres 1765 in ihrem Verlag in Königsberg erschienen, wurde von ihnen bei der Zensurbehörde jedoch erst nach erfolgter Publika-

18 Brief an Mendelssohn vom 8. April 1766. Cf. Beilage B.3, S. 93.

19 Er beschließt seine Rezension der *Träume* mit der Feststellung: „Das Ganze der Schrift dörfte nicht gnug Einheit, und ein Theil nicht gnug Beziehung auf den andern haben." Cf. Beilage E.2, S. 121. Zur Rezension Herders cf. Marion Heinz: *Sensualistischer Idealismus. Untersuchungen zur Erkenntnistheorie und Metaphysik des jungen Herder (1763–1778).* Hamburg 1994, S. 27–42 [= Studien zum achtzehnten Jahrhundert, Bd. 17].

20 Brief an Mendelssohn vom 7. Februar 1766. Cf. Beilage B.2, S. 92.

21 Brief an Mendelssohn vom 8. April 1766. Cf. Beilage B.3, S. 93.

22 Ebd. Cf. Beilage B.3, S. 95.

tion am 31. Januar 1766 eingereicht,[23] wofür sie vom Senat der Universität mit einer Geldstrafe von 10 Reichstalern belegt wurden. Die Verleger verfaßten daraufhin unter dem 5. März 1766 eine Eingabe an das Etatsministerium und machten darin folgende Punkte für ihr Verfahren geltend: „Es ist nemlich das Mscpt. des Mag. Kant höchst unleserlich geschrieben, und wegen seiner dermahligen vorgestandenen Reise nach Goldap[24] blätterweise zum Drucke eingesandt, so daß er bey der Correctur soviel Neuerungen vornehmen müssen, daß dieser tractat nur allererst nachdem er reine abgezogen worden, in seiner jetzigen Beschaffenheit erschienen, weshalb es dieser Umstände wegen theils den Professoribus unmöglich gewesen, diesen tractat zu censiren, theils aber hätten dieselbe eine ganz andere Schrift censirt, wenn man sie ihnen vor der Abdruckung derselben eingehändigt hätte."[25] Die Erwartung von Personen aus seinem Umfeld, die endlich Aufklärung über die kursierenden Anekdoten über Swedenborg von ihm verlangten, der Wunsch, sich dieses Drängens möglichst schnell zu entledigen, der Ärger über das verlorene Geld für die Anschaffung der *Arcana Coelestia* sowie die aufgebrachte Zeit zur Lektüre, zusätzlich noch der Zeitdruck wegen der bevorstehenden Reise nach Goldap und der Umstand, daß er sich im

[23] Aus den Akten der philosophischen Fakultät geht hervor, daß die Schrift dem Dekan Christian Langhansen zur Zensur vorlag. Darauf hat Karl Kehrbach in seiner Vorrede zu der von ihm herausgegebenen Ausgabe der *Träume eines Geistersehers, erläutert durch Träume der Metaphysik*. Leipzig o.J. [1880], S. VII, hingewiesen.

[24] Kant besuchte dort den General von Lossow. Ludwig Ernst Borowski erwähnt diese Reise in seiner Biographie Kants. *Darstellung des Lebens und Charakters Immanuel Kants. Von Kant selbst genau revidiert und berichtigt.* In: Felix Groß (Hg.): *Immanuel Kant. Sein Leben in Darstellungen von Zeitgenossen. Die Biographien von L. E. Borowski, R. B. Jachmann und A. Ch. Wasianski.* Berlin [1912], S. 58.

[25] Arthur Warda: *Ein Bruchstück aus Kants Manuscript zu seinen „Prolegomena zu einer jeden künftigen Metaphysik"*. Altpreußische Monatsschrift 37, H. 7 und 8 (1900), S. 536, Fn. 1. Wardas Quelle sind die „Akten des akademischen Senats zu Königsberg i. Pr. (Censur u. verbotene Bücher betr. C. 13.)".

Herbst 1765 nun schon seit gut drei Jahren mit dieser unerquicklichen Angelegenheit herumschlug – das alles zusammen ließ die Abfassung wie die Drucklegung der *Träume* zu einer insgesamt überstürzten Veranstaltung werden. Kein Wunder also, daß die unter diesen Umständen hastig zusammengeschusterte Abhandlung mannigfache Zeichen der Turbulenzen zu erkennen gibt, unter denen sie entstanden war. Die Schrift, deren Abfassung höchstwahrscheinlich noch ganz ins Jahr 1765 fällt,[26] erschien vorausdatiert auf das folgende Jahr ohne Nennung des Verfassernamens.[27] Sie stieß offenbar auf das rege Interesse des Publikums, das die „unabläßige Nachfrage" nach Kants Stellungnahme erwarten ließ, denn in demselben Jahr erschienen noch zwei weitere Drucke bei Kanters Partner Johann Friedrich Hartknoch in Riga und Mietau.

So ist der äußere Anlaß zu den *Träumen* letztlich in den zufällig zu dieser Zeit in ganz Europa umlaufenden Nachrichten über Swedenborg gegeben. Deshalb spricht man Kants Abhandlung bisweilen als „Gelegenheitsschrift" an.[28] Doch diese Bezeichnung greift zu kurz, und das nicht nur, weil Swedenborg nach 1766 keineswegs aus Kants Gesichtsfeld verschwunden wäre. Im Gegenteil: Die im Anhang I abgedruckten Passagen aus seinen Werken, Reflexionen und Vorlesungsnachschriften bele-

[26] So Kehrbach in der Vorrede seiner Ausgabe der *Träume*, a. a. O., S. VII. Diese Einschätzung hat sich weithin durchgesetzt.

[27] Kant war an der Wahrung der Anonymität offenbar nicht viel gelegen. Denn er bittet Mendelssohn im Brief vom 7. Februar 1766, die mitgeschickten Exemplare der *Träume* an sechs dort namentlich genannte Personen auszuhändigen. Cf. Beilage B.2, S. 92. Es verwundert daher nicht, daß der Rezensent der *Träume* in den Greifswalder *Neue[n] Critische[n] Nachrichten* vom 15. August 1767 bereits Kant als ihren Verfasser vermutet. Cf. Beilage E.7, S. 125.

[28] Friedrich Bassenge in seiner Einleitung zu Immanuel Kant: *Träume eines Geistersehers.* Berlin 1954, S. 5 [= Philosophische Bücherei, Bd. 1]. Ebenso Josef Schmucker: *Die Ursprünge der Ethik Kants in seinen vorkritischen Schriften und Reflektionen* [!]. Meisenheim am Glan 1961, S. 81 [= Monographien zur philosophischen Forschung, Bd. 23].

gen eine ungebrochene Präsenz des Visionärs in Kants Denken bis hin zum *Streit der Fakultäten* und der *Anthropologie in pragmatischer Hinsicht* aus dem Jahr 1798. Es ist vielmehr der intrinsische Entstehungsanlaß, der eine solche Sicht verbietet. Gäbe es ihn nicht, wäre Kants Beschäftigung mit Swedenborg ein bloßes Kuriosum, das kaum weiterer Aufmerksamkeit wert wäre.

Dieser Anlaß ergibt sich aus dem Stand der philosophischen Entwicklung Kants zur Zeit der Entstehung der Schrift. Die denkerische Entwicklung, die Kant in den 1760er Jahren insgesamt durchlaufen hat, ist hier nicht nachzuzeichnen. Das ist an anderer Stelle geschehen.[29] Für den gegenwärtigen Zweck genügt es, die gewonnenen tiefgreifenden Einsichten dieser Jahre hervorzuheben, die sich in den *Träumen* beinahe explosionsartig Luft verschaffen. Es ist vor allem die Erkenntnis, daß sich die Metaphysik in der herkömmlichen Weise, wie sie in der Tradition von Leibniz, Wolff, Baumgarten und anderer rationalistischer Philosophen betrieben wurde, nicht länger halten läßt. Das hängt mit der Einsicht zusammen, daß das auf reine Vernunfteinsicht gestützte Verfahren, wie es die genannten Denker befolgten, nicht in der Lage ist, solide Einsichten auf dem Gebiet der Metaphysik zu erbringen. Das wiederum hängt mit den Endbegriffen der drei Disziplinen der speziellen Metaphysik zusammen, die alle einen lediglich problematischen Charakter aufweisen.[30] Denn gerade der jeweilige Endbegriff oder „conceptus terminator" ist als der höchste Vernunftbegriff selbst nicht rational einsehbar, obwohl durch ihn die Begreifbarkeit der ganzen Reihe der Dinge allererst gegeben wird. Das bedeutet das Ende der herkömmlichen Metaphysik, und Kant weist in einer zeitlich parallel entstande-

[29] Cf. Lothar Kreimendahl: *Kant. Der Durchbruch von 1769.* Köln 1990. Kap. IV: „Die Lage der Metaphysik im Urteil des vierzigjährigen Kant", S. 103–136.

[30] „Conceptus, de cuius possibilitate nihil constat, remanens demta conditione, sub qva sola ipsius possibilitatem iudicare licet, est *problematicus*. Sic necessitas entis absoluta, elementum corporis simplex, actio nulla ratione determinata." Refl. 3732; Ak XVII, 273_{29}-274_{02}; H.i.O. Diese Reflexion wurde Adickes zufolge Anfang der 1760er Jahre geschrieben, jedenfalls vor 1764.

nen Reflexion auch schon den Weg in die Richtung, wo die Lösung des Problems liegen könnte. „Wir können eben so wenig die (^{g}totale) absolute zufelligkeit als die absolute Nothwendigkeit durch die Vernunft denken, sondern die Erfahrung zeigt es bey dem, was geschieht.“[31] Diese Einsicht markiert das Scheitern der Metaphysik Leibniz-Wolffscher Provenienz. Wie die Erfahrung, auf die Kant nun zwangsläufig alle Hoffnungen für die Konsolidierung der Metaphysica specialis und damit des Herzstücks aller theoretischer Philosophie setzen muß, hierbei Verwendung finden könnte, läßt sich für ihn zum jetzigen Zeitpunkt der Desillusionierung noch nicht abschätzen. Vermutlich deshalb ist in der Vorlesungsankündigung seiner Veranstaltungen für das Wintersemester 1765/66 von dieser desaströsen Einsicht noch keine Rede. Sie erweckt vielmehr den Anschein, als wenn durch Befolgung der zuvor von ihm in der Preisschrift von 1762/64 dargelegten analytischen Methode die Fehler in der Metaphysik vermieden und diese selbst als Wissenschaft betrieben werden könnte.[32]

Mit dieser Auffassung bricht Kant in den *Träumen* endgültig. Deshalb markieren die *Träume* noch vor der Inauguraldissertation des Jahres 1770, in der man wegen der dort erstmals präsentierten neuen Lehre von Raum und Zeit gewöhnlich die entscheidende Zäsur auf dem Weg zur Transzendentalphilosophie erblickt, das Ende der vorkritischen Phase Kants. Und diese Akzentuierung der *Träume* ist unter entwicklungsgeschichtlichem Gesichtspunkt auch aus dem Grunde sachgemäßer, weil Kant sich bereits 1765 zu Positionen vorarbeitet, die er beibehalten und später differenziert in den Werken der kritischen Philosophie ausfor-

[31] Refl. 3728; Ak XVII, 271_{11-13}. Von Adickes auf den Zeitraum 1762/63–1769 datiert, ebenso von Benno Erdmann, bei dem die Phase des „Kritischen Empirismus“, der er diese Reflexion zuordnet, diese Zeitspanne umfaßt. *Reflexionen Kants zur kritischen Philosophie.* Aus Kants handschriftlichen Aufzeichnungen hg. von Benno Erdmann. Zweiter Band: *Reflexionen zur Kritik der reinen Vernunft.* Leipzig 1884. E II 866, S. 244.

[32] *Nachricht von der Einrichtung seiner Vorlesungen in dem Winterhalbenjahre von 1765/1766* (Ak II, 308_{16-32}). Für Details cf. Kreimendahl: *Kant. Der Durchbruch von 1769*, a. a. O., S. 116–119.

mulieren wird. Dies gilt für die theoretische wie im besonderen Maße auch für die praktische Philosophie. In diesem endgültigen Bruch mit der herkömmlichen Metaphysik und der Antizipation wesentlicher Elemente der späteren Transzendentalphilosophie liegt die eigentliche entwicklungsgeschichtliche Bedeutung der *Träume*, die von der Forschung schon frühzeitig erkannt und herausgestellt wurde. So markiert der Zeitraum um 1765 in der Tat „*einen neuen und entscheidenden Höhepunkt* in der gesamten philosophischen Entwicklung Kants“,[33] der in den *Träumen* erstmals seinen Ausdruck findet.[34] Kant spielt auf diese Zielsetzung seiner Abhandlung an, wenn er seinem Leser kurz vor ihrem Ende unumwunden mitteilt: „[...] ich hatte in der Tat einen Zweck vor Augen, der mir wichtiger scheint als der, welchen ich vorgab, und diesen meine ich erreicht zu haben“ (II.ii.12.).[35]

Dieser Zweck hat die Metaphysik zum Gegenstand.[36] Deren

[33] Josef Schmucker: *Kants kritischer Standpunkt zur Zeit der Träume eines Geistersehers im Verhältnis zu dem der Kritik der reinen Vernunft*. In: Ingeborg Heidemann/Wolfgang Ritzel (Hgg.): *Beiträge zur Kritik der reinen Vernunft 1781–1981*. Berlin, New York 1981, S. 19; H.i.O.

[34] Aus der Perspektive der *Träume* und ihrem Problemgehalt ist also der Anstoß zur Entwicklung der kritischen Philosophie in keinem der beiden Momente gegeben, die Kant selbst wiederholt als treibende Kräfte seiner denkerischen Entwicklung bezeichnet hat, nämlich die „Erinnerung des David Hume“ einerseits und die Antinomieproblematik andererseits. Cf. dazu Kreimendahl: *Kant. Der Durchbruch von 1769*, a. a. O., S. 20–26. Möglicherweise kommt Swedenborg hierfür eine bedeutendere Rolle zu, als die Kantforschung sie ihm gewöhnlich konzediert. Cf. dazu unten S. LIV, CXI, CVf., CXVII–CXX, CXXVII–CXXXII.

[35] Dieses Geständnis wiederholt Kant kurz darauf: „Ich habe also meine Zeit verloren, damit ich sie gewönne. Ich habe meinen Leser hintergangen, damit ich ihm nützte [...]“. II.ii.13.

[36] Schon angesichts dieser unzweideutigen Aussagen Kants verwundert es, daß Vilem Mudroch die Hauptziele der *Träume* folgendermaßen bestimmt: „Kant geht in dieser [...] Schrift sowohl mit den in Geschichten kolportierten angeblichen Erfahrungen und Einsichten des schwedischen ‚Geistersehers‘ Emanuel Swedenborg [...] als auch mit seiner eigenen Naivität ins Gericht, mit der er den Geistererzählungen insoweit Glauben schenk-

Unzuverlässigkeit ist ihm seit je bewußt.[37] Anfang der 1760er Jahre nimmt er in drei Schriften das Projekt ihrer Konsolidierung in Angriff,[38] kommt aber, wie noch die *Träume* zeigen, zu keinem befriedigenden Ergebnis. Dennoch liegt ihm diese Disziplin nach wie vor am Herzen. „Die Metaphysik, in welche ich das Schicksal habe verliebt zu sein, ob ich mich gleich von ihr nur selten einiger Gunstbezeugungen rühmen kann, leistet zweierlei Vorteile" (II.ii.12.). Damit ist die Metaphysik als das eigentliche Thema der *Träume* benannt. Ihr desolater Zustand wird pars pro toto anhand der rationalen Psychologie erwiesen, die neben der rationalen Kosmologie und rationalen Theologie eine ihrer drei Teildisziplinen ausmacht. Aber auch die rationale Psychologie kommt nicht in Gänze ins Visier der Kantischen Kritik. Der Philosoph konzentriert sich vielmehr auf die „Geisterlehre", so wie Wolff[39] sie innerhalb des Kapitels 5 „Von dem Wesen der Seele" seiner „Deutschen Metaphysik" in den §§ 896–

te." Letzteres geschieht fraglos auch, ist aber der Bedeutung der Metaphysikkritik, die Mudroch unerwähnt läßt, eindeutig nachgeordnet. *Träume eines Geistersehers, erläutert durch Träume der Metaphysik.* In: *Grundriss der Geschichte der Philosophie. Begründet von Friedrich Überweg.* Völlig neu bearbeite Ausgabe hg. von Helmut Holzhey. *Die Philosophie des 18. Jahrhunderts.* Bd. 5. *Heiliges Römisches Reich Deutscher Nation, Schweiz, Nord- und Osteuropa.* Hg. von Helmut Holzhey und Vilem Mudroch. Basel 2014. Zweiter Halbband, S. 948.

37 So heißt bereits in Kants Erstlingsschrift 1747: „Unsere Metaphysik ist wie viele andere Wissenschaften in der That nur an der Schwelle einer recht gründlichen Erkenntniß; Gott weiß, wenn man sie selbige wird überschreiten sehen. Es ist nicht schwer ihre Schwäche in manchem zu sehen, was sie unternimmt." Ak I, 030_{32-36}.

38 Nämlich in der Preisschrift *Untersuchung über die Deutlichkeit der Grundsätze der natürlichen Theologie und der Moral* von 1762/64, dem *Versuch den Begriff der negativen Größen in die Weltweisheit einzuführen* sowie in *Der einzig mögliche Beweisgrund zu einer Demonstration des Daseins Gottes*, die beide 1763 erschienen.

39 Es besteht in der Literatur ein nur selten thematisiertes Einvernehmen darüber, Kants Metaphysikkritik auf Christian Wolff zulaufen zu lassen. Dafür spricht in erster Linie die enorme Bedeutung, die Wolff innerhalb der

927[40] und Baumgarten innerhalb der Rationalen Psychologie seiner *Metaphysica* hauptsächlich in den §§ 755, 796–799[41] dargelegt hatten.[42] Das hat fraglos – und hier berühren sich die beiden Anlässe der Schrift – mit der Vorgabe durch die Swedenborgsche Geisterseherei zu tun. Mit Ausnahme des Leib-Seele-Problems, das in die Kantischen Überlegungen hineinspielt und deshalb, aber nicht um seiner selbst willen, eine gewisse Beachtung

deutschen Aufklärung einnahm. Und es ist auch unbestritten, daß Kant mit einigen der wichtigsten Werke Wolffs frühzeitig vertraut war. Seine kürzlich edierten Notate zu Baumgartens *Metaphysica* aus der Mitte der 1750er Jahre haben weitere Evidenzen hierfür zutage gefördert. Cf. Immanuel Kant: *Neue Reflexionen. Die frühen Notate zu Baumgartens „Metaphysica". Mit einer Edition der dritten Auflage dieses Werks.* Hgg. von Günter Gawlick, Lothar Kreimendahl und Werner Stark. In Zusammenarbeit mit Michael Oberhausen und Michael Trauth. Stuttgart-Bad Cannstatt 2019, Anhang 1: „Werke, die Kant zitiert oder auf die er anspielt", S. 374 [= FMDA Abt. I, Bd. 5]. Bedenkt man aber, daß Kant selbst in den 1750er Jahren wiederholt Metaphysik nach Baumeister gelesen hat, bevor er zu Baumgarten überwechselte, dann weitet sich der Raum für die Annahme, daß er mit seiner Kritik möglicherweise weniger Wolff als einen seiner Schüler im Auge hatte.

40 *Vernünfftige Gedancken von Gott, der Welt und der Seele des Menschen, auch allen Dingen überhaupt* [^{11}1751] [^{1}1720], S. 556–574 [= Christian Wolff: *Gesammelte Werke*. Hg. und bearbeitet von J. École, H. W. Arndt. Ch. A. Corr u. a. Hildesheim, New York 1965 ff. Künftig: GW, hier Abt. I, Bd. 2].

41 *Metaphysica / Metaphysik.* Historisch-kritische Ausgabe. Übersetzt, eingeleitet und hg. von Günter Gawlick und Lothar Kreimendahl. Stuttgart-Bad Cannstatt 2011, S. 396–435 [= FMDA Abt. I, Bd. 2].

42 Zur Rationalpsychologie bei Wolff und seinen Nachfolgern cf. die Studie von Corey W. Dyck: *Kant and Rational Psychology.* Oxford 2014, bes. Kap. 1. und 2. Auf Kants *Träume* kommt der Vf. jedoch nur beiläufig zu sprechen. Cf. S. 8, 61, 87 Fn. 29, 121 f., 156 Fn. 48. Cf. zu diesem Thema außerdem den Tagungsband *Christian Wolff tra psichologia empirica e psicologia razionale.* Atti del seminario internazionale di studi, Verona, 13–14 maggio 2005. A cura di Ferdinando Luigi Marcolungo. Hildesheim, Zürich, New York 2007.

findet, werden andere in dieses Gebiet fallende Themen wie etwa die Unsterblichkeit der Seele[43] bestenfalls gestreift.[44]

Es geht in den *Träumen* also um die haltlosen Ansprüche der Metaphysik, und diese Haltlosigkeit wird durch den Aufweis augenfällig gemacht, daß ihre Lehrsätze dazu taugen, den Geistersehereien Swedenborgs ein rationales Fundament zu substruieren und sie damit als möglich zu erweisen. Daß dies gelingen kann, ist insofern nicht verwunderlich, als Swedenborg mit den philosophischen Systemen von Leibniz, Wolff und Malebranche wohlvertraut war, die deutliche Spuren in seinen Lehren hinterlassen haben.[45] Es mangelt deshalb nicht an Anknüpfungspunkten für dieses Vorhaben. Umgekehrt wirft diese Stabilisierungsmöglichkeit der prima facie als unsinnig erkannten Lehren Swedenborgs durch die traditionelle Metaphysik einen dunklen Schatten auf eben dieselbe, und Kant ist bemüht, dem Leser genau das vor Augen zu führen. Die abwegigen Träumereien der Metaphysik werden anläßlich der Swedenborgschen Visionen exponiert, diskreditiert und verabschiedet.[46] Es geht in

[43] Von diesem traditionellen Lehrstück der rationalen Psychologie ist gegen Ende der *Träume* die Rede, aber nicht als Gegenstand der theoretischen Vernunft, sondern im Sinne eines Postulats der praktischen Vernunft. Cf. unten, S. CVII.

[44] Die in den *Träumen* erfolgende Auseinandersetzung mit der Rationalpsychologie ist somit nach „Form, Aussage und Gegenstand" von der Kritik weithin verschieden, die Kant im Paralogismenkapitel der *Kritik der reinen Vernunft* (*KrV* A 341/B 399 – A 405/B 432) an dieser Teildisziplin der speziellen Metaphysik äußern wird. Stephan Schmauke: *„Wohlthätigste Verirrung". Kants kosmologische Antinomien.* Würzburg 2002, S. 161 [= Epistemata. Würzburger Wissenschaftliche Schriften. Reihe Philosophie, Bd. 309].

[45] Cf. hierzu unten, S. XLVf. sowie Anm. 88. Angesichts seiner Vertrautheit mit den philosophischen Systemen der Genannten sowie ihrer Bedeutung für die Ausformulierung der eigenen Lehre überrascht es daher, daß die Neuausgabe von Überwegs *Grundriß der Geschichte der Philosophie* in dem einschlägigen Teilband 5 über die Philosophie des 18. Jahrhunderts, a. a. O., eine Berücksichtigung Swedenborgs vermissen läßt.

[46] Diese Feststellung ist schon frühzeitig getroffen worden, so z. B. von Karl Vorländer in der Einleitung zu seiner Ausgabe der *Träume* innerhalb

den *Träumen* also in erster Linie um Metaphysikkritik. Die vorausweisenden Momente der Schrift in Fragen der theoretischen wie der praktischen Philosophie, die konzentriert im 3. Hauptstück des zweiten Teils zur Sprache kommen, bleiben in der Titelei unberücksichtigt.

2. Metaphysik und Schulphilosophie im Urteil des vierzigjährigen Kant

Das Resultat dieser Darlegungen findet eine eindrucksvolle Bestätigung durch einen Blick auf Kants Sprache. Seine Schreibweise in den *Träumen* steht, wie die Interpreten immer schon hervorgehoben haben, in unübersehbarem Gegensatz zu dem Stil, wie er in den anderen Werken anzutreffen ist. Kant schreibt witzig, ironisch,[47] ja polemisch, an einigen Stellen geradezu satirisch-sarkastisch und präsentiert sich insgesamt sehr angriffslustig. Das hat die Leser seit jeher angesprochen, und mancher wünschte angesichts der spröden Sprache insbesondere der späteren Hauptwerke, er hätte diesen Stil beibehalten, der ihm offenbar zu Gebote stand.[48]

der Ausgabe Immanuel Kant: *Sämtliche Werke*. In Verbindung mit O. Buek, P. Gedan, W. Kinkel, F. M. Schiele, Th. Valentiner u. a. hg. von Karl Vorländer. Bd. V. *Zur Logik und Metaphysik*. Hg. von Karl Vorländer. Abt. 2: *Die Schriften von 1766–1786*. 2. Auflage Leipzig 1921 [[1]1905], S. IX. Ebenso Bassenge: Einleitung zu den *Träumen*, a. a. O., S. 6.

[47] Daß Kant, wie Heinrich Richard findet, in „[…] hämisch-ironisierende[r] Art […] sich wider besseres Wissen über einen ebenbürtigen Forscher und Gelehrten von Weltruf ausläßt […]", ist ein singuläres Urteil unter den seriösen Gelehrten. *Unbeachtete Vorlesungen Kants (zugleich ein Beitrag zur Swedenborgforschung)*. Zeitschrift für Religions- und Geistesgeschichte 9 (1957), S. 280.

[48] In den *Bemerkungen zu den Beobachtungen über das Gefühl des Schönen und Erhabenen* hat Kant sich von dem satirischen Schreibstil für seine Person verabschiedet. „Die Satyre bessert niemals daher wenn ich auch die talente dazu hätte so würde ich mich ihrer nicht bedienen" (Ak XX, $106_{06\text{-}07}$). Die Begründung erfolgt Jahrzehnte später in der Tugendleh-

Wir wollen im folgenden keine Analyse der Sprache Kants anstellen, wie sie uns in den *Träumen* begegnet. Das ist erst möglich, wenn der dortige Sprachbestand systematisch und nach philologisch erprobten und bewährten Kriterien aufgearbeitet ist.[49]

re der *Metaphysik der Sitten*. „[…] die *bittere* Spottsucht (spiritus causticus), hat etwas von teuflischer Freude an sich und ist darum eben eine desto härtere Verletzung der Pflicht der Achtung gegen andere Menschen" (Ak VI, 467_{13-15}; H.i.O.). Norbert Hinske: *Wer sind die Erben der Aufklärung? Kriterien für eine Antwort.* In: Luigi Cataldi Madonna/Paola Rumore (Hgg.): *Kant und die Aufklärung.* Akten der Kant-Tagung in Sulmona, 24.–28. März 2010. Hildesheim, Zürich, New York 2011, S. 10 [= Europaea Memoria, Reihe I, Studien, Bd. 89].

[49] Eine Studie zum Wortbestand der *Träume* ist in mehrerer Hinsicht aufschlußreich. Im Vorgriff auf eine solche Untersuchung sei hier nur darauf aufmerksam gemacht, daß diese kurze Abhandlung Kants eine ungewöhnlich hohe Anzahl von hapax legomena für Kants Sprache aufweist. Hierzu zählen zum einen Begriffe eher technischer Art (‚Augenfeuchtigkeit', ‚Direktionslinie', ‚Hirngefäß', ‚Irritabilität', ‚Körpermaschine', ‚Nahrungsteil', ‚Sammlungspunkt', ‚Sehkunst', ‚Sehpunkt', ‚Zerstreuungspunkt'), zum anderen solche Wörter, die sich dem speziellen Thema verdanken (‚Geistergemeinschaft', ‚Geistergesellschaft', ‚Geistersozietät', ‚Geistersprache'), und hier gehäuft solche pejorativen Charakters (‚Ammenmärchen', ‚Erzphantast', ‚Erzgeisterseher', ‚F-', ‚Halbburger', ‚Hirngeburt', ‚Jugendwahn', ‚Klosterwunder', ‚Mondkalb', ‚Mondenwelt', ‚Schattenreich', ‚selbstausgeheckt'). Aber auch ‚Antikabbala', ‚festüberredet', ‚Klugdenken', ‚Leichdorn', ‚Lieblingslaster', ‚Lieblingsmeinung', ‚Privatbedürfnis', ‚Quinquina', ‚Stammehrlichkeit', ‚stiptisch', ‚vernünftigdenkend' und ‚Zahnkrankheit' finden sich innerhalb von Kants Werk nur hier in den *Träumen*. Das belegt die Sonderrolle, die dieser Text im Werk Kants einnimmt, ist aber auch wortgeschichtlich von Bedeutung: Etliche dieser Wörter kennt das Grimmsche *Deutsche Wörterbuch*. 16 Bde. Hg. von der Akademie der Wissenschaften zu Berlin. Leipzig 1854–1961. Online-Ausgabe, überhaupt nicht (z. B. ‚Klosterwunder', ‚Klugdenken', ‚Mondenwelt', ‚Stammehrlichkeit'), bei einigen nennt es die *Träume* (mit) als Erstbeleg (etwa ‚Halbbürger', ‚Hirngeburt', ‚Jugendwahn'), bei anderen stellen die *Träume* frühere Belegstellen dar als diejenigen, die das *Deutsche Wörterbuch* verzeichnet (z. B. ‚Nahrungsteil' ‚Sammlungspunkt'). – Was die philosophische Intention der *Träume* angeht, findet die starke Hinwendung Kants zur Empirie, die Kant hier vornimmt, schlagend Ausdruck in der 44fachen Verwendung des Begriffs ‚Erfahrung' samt

Wir konzentrieren uns hier auf die Ausführungen, die Kant zu zwei Themen macht: zur Metaphysik und zur Schulphilosophie.

Gleich die erste Verwendung des Begriffs ‚metaphysisch' läßt diese Disziplin, die einst „die Königin aller Wissenschaften genannt wurde", wie Kant in der Vorrede zur *Kritik der reinen Vernunft* mitteilt,[50] in einem ungünstigen, wenn nicht gar zweifelhaften Licht erscheinen. Denn Kant spricht in der Überschrift zu I.i. von einem „verwickelte[n] metaphysische[n] Knoten, den man nach Belieben auflösen oder abhauen kann" – wo man doch meinen sollte, in Sachen der Königsdisziplin der Philosophie ließe sich Klarheit erreichen und ein „Abhauen" komme bei Themen, in die sie involviert ist, angesichts der Bedeutung derselben keinesfalls in Frage. Dem derart aufgeschreckten und verunsicherten Leser wird jedoch gleich darauf reiner Wein eingeschenkt, wenn von dem „schwache[n] Licht der Metaphysik" die Rede ist, die aber immerhin in der Lage ist, „das Reich der Schatten sichtbar" zu machen (I.ii.1.). In diesem Ton geht es weiter. „Metaphysische Hypothesen haben eine so ungemeine Biegsamkeit an sich", daß sie jedem beliebigen Zweck angepaßt werden können (I.ii.14.). Martin Luther, das darf man an dieser Stelle in Erinnerung rufen, sprach in ähnlichem Zusammenhang von der „Hure Vernunft", die jedermann dienstbar sei. Die vorgenommene Prüfung der Geisterthematik, „ein weitläufiges Stück der Metaphysik", genügt Kant, um sie „als abgemacht und vollendet beiseite" zu legen. Sie „[...] geht mich künftig nichts mehr an" (I.iv.5.) und damit die Metaphysik auch nicht, deren Teil sie ja ist.

Dennoch fährt Kant mit seiner Kritik fort. Er schmäht die Philosophie, auf die er im ersten Teil der Abhandlung zurück-

der Komposita, in die er eingeht. Im Vergleich dazu: In der annähernd doppelt so umfänglichen Beweisgrundschrift von 1762/63 sind es nur 16 Okkurrenzen. Cf. Lothar Kreimendahl: *Stellenindex und Konkordanz zu „Der einzig mögliche Beweisgrund zu einer Demonstration des Daseins Gottes"*. Erstellt in Zusammenarbeit mit Hans-Werner Bartz, Heinrich P. Delfosse und Michael Oberhausen. Unter Mitwirkung von Katja Weckesser. Stuttgart-Bad Cannstatt 2003, S. 50 [= FMDA Abt. III, Bd. 45].

50 *KrV*, Vorrede zur ersten Auflage, A VIII.

gegriffen hatte, als ein „Märchen aus dem Schlaraffenland der Metaphysik", weshalb es erlaubt sein müsse, diese mit den irrwitzigen Berichten Swedenborgs in Verbindung zu bringen. Das sei, wie er spöttisch hinzufügt, nicht diskreditierend für die Philosophie, da sie ein „blinde[s] Vertrauen in die Scheingründe der Vernunft" setze und dies um nichts besser sei als der „unbehutsame Glaube an betrügliche Erzählungen" à la Swedenborg (II.i.7.; H.i.O.). Die nicht eben ruhmvolle Metaphorik setzt sich fort, wenn er von dem „Luftschiff" (II.ii.3.) und den „Schmetterlingsflügeln der Metaphysik" spricht (II.iii.14.; H.i.O.). Und auch die Methoden der Metaphysik geraten in die Kritik. Kant deckt die Mängel schonungslos auf, die sowohl mit dem apriorischen wie dem aposteriorischen Weg der Erkenntnisgewinnung verbunden sind (II.ii.1.).

So erfolgt die Desavouierung der Metaphysik in den *Träumen* im Tonfall spöttischer Verhöhnung. Kant wiederholt sie im Brief an Mendelssohn vom 8. April 1766 und steigert sich dabei in der Wortwahl wie in der Schärfe seiner Ausführungen. „Was meine geäußerte Meinung von dem Werthe der Metaphysik überhaupt betrift so mag vielleicht hin und wieder der Ausdruk nicht vorsichtig und beschränkt gnug gewählt worden seyn allein ich verheele gar nicht daß das [!] ich die aufgeblasene Anmaßung gantzer Bände voll Einsichten dieser Art so wie sie jetziger Zeit gangbar sind mit Wiederwillen ja mit einigem Hasse ansehe indem ich mich vollkommen überzeuge daß der Weg den man gewählt hat ganz verkehrt sey daß die im Schwang gehende Methoden den Wahn und die Irrthümer ins unendliche vermehren müssen und daß selbst die gänzliche Vertilgung aller dieser eingebildeten Einsichten nicht so schädlich seyn könne als die erträumte Wissenschaft mit ihrer so verwünschten Fruchtbarkeit."[51]

Es überrascht folglich nicht, daß die Institutionen, an denen die als untauglich erkannte Philosophie bzw. Metaphysik gelehrt wird, sowie deren Personal mit harscher Kritik, ja teilweise mit Verachtung überzogen werden. Gleich eingangs der Abhandlung

51 Cf. Beilage B.3, S. 94.

verspottet Kant „das methodische Geschwätz der hohen Schulen“, hinter dem sich in der Regel nur das Einverständnis der Betroffenen verbirgt, „[...] durch veränderliche Wortbedeutungen einer schwer zu lösenden Frage auszuweichen [...]“. Es wäre vernünftiger – und auch bequemer, weil man den dialektischen Aufwand sparen würde –, statt dessen schlicht das Nichtwissen zu bekennen. Jedoch wird das „Ich weiß nicht [...] auf Akademien nicht leichtlich gehört [...]“ (I.i.1.; H.i.O.). Man tut folglich gut daran, sich „[...] in keine Schulgezänke ein[zu]lassen, wo gemeiniglich beide Teile alsdann am meisten zu sagen haben, wenn sie von ihrem Gegenstand gar nichts verstehen [...]“ (I.i.8.). Der „Beifall der Schulen“ zu einem Thema ist von der sachlichen Begründetheit des Votums streng zu unterscheiden (II.iii.2.). Die „ohnmächtigen Einwürfe der Schulweisen“ (Vorbericht 1.) sind ein Spiegelbild der „Eitelkeit der Wissenschaft“ (II.iii.2.). Die „unnützen Schulstreitigkeiten“ (II.iii.2.) führen letztlich dazu, daß sich die Menschen von der Philosophie abwenden, wie das Beispiel des Candide am Ende der Abhandlung zeigen soll. So werden die Gelehrten, die sich selbst gerne mit dem Titel des „Weltweise[n]“ schmücken (I.i.1.), verspottet. Gelegentlich, wie im Falle der Stellungnahmen nicht weniger „kluger Männer“ zu der angeblich in Frankreichs Wäldern herumlaufenden Hyäne, übernimmt gar das „gemeine Landvolk“ das Geschäft der Verspottung (II.i.8.). Sofern den Gelehrten überhaupt eine Geschicklichkeit zugesprochen werden kann, dann die, „[...] einander das Nichtwissen zu demonstrieren“ (I.i.9.). Ansonsten besteht der „Eifer [...] der Gelehrsamkeit“ darin, „einem jeden Vorwitz nachzuhängen und der Erkenntnissucht keine anderen Grenzen zu verstatten als das Unvermögen [...]“ (II.iii.1.; H.i.O.). Die Philosophen skizzieren Grundrisse, ändern oder verwerfen sie wieder, „[...] wie ihre Gewohnheit ist“ (Vorbericht 1.). Um überhaupt Resultate zu erzielen, haben sie „darüber Abrede genommen“, ein jeder dürfe bei seinen Beweisführungen „[...] nach seiner Art den Anfangspunkt [...] nehmen [...]“ sowie „[...] nach dem Ziele gewisser Erfahrungen oder Begriffe verstohlen [hinschielen]“ und „[...] die Vernunft so [...] lenken, daß sie gerade dahin treffen mußte […], nämlich dasjenige zu beweisen, wovon man schon vorher wußte, daß es sollte bewiesen werden“ (II.ii.1.). Das ist im Kern der Vorwurf der wechselseitig geduldeten Beweismanipulation.

Stellen wie diese gibt es noch mehr in den *Träumen*.[52] Die angeführten mögen aber genügen, um die teilweise nur mühsam mit Sarkasmus kaschierte Verzweiflung Kants hinsichtlich des Zustandes der Metaphysik zu verdeutlichen. Dennoch rät er nicht dazu, Bücher metaphysischen Inhalts den Flammen zu übergeben und die Sache der Metaphysik völlig fallen zu lassen, wie es David Hume tat,[53] der in den 1760er Jahren bekanntlich großen Einfluß auf Kant ausübte.[54] Im Gegenteil: Kant ist von der Möglichkeit und Notwendigkeit der Metaphysik tief überzeugt und äußert diese Ansicht sowohl in den *Träumen* als auch in den Briefen an Lambert vom Jahresende 1765 und an Mendelssohn aus dem April 1766 in aller wünschenswerten Deutlichkeit. Lambert gegenüber beklagt er die gegenwärtige desolate Lage der Philosophie,[55] teilt ihm in dem erwähnten Brief aber auch mit, worin sei-

[52] Cf. z. B. die II.ii.2. angeführte köstliche Anekdote aus Ariosts *Rasendem Roland* und ihre Ausdeutung durch Kant.

[53] Der schottische Philosoph beschließt seine erste *Enquiry* mit folgender Empfehlung: „Wenn wir, von diesen Grundsätzen [sc. den zuvor in der Abhandlung entwickelten, Hgg.] überzeuget, die Büchersäle durchgehen, welche Verheerung müssen wir nicht anrichten? Wenn wir irgend einen Band, zum Exempel von Schultheologie oder Metaphysik, in die Hand nehmen: so lasset uns fragen; enthält er einige abgezogene Vernunftschlüsse in Ansehung der Größe oder Zahl? Nein. Enthält er experimental Vernunftschlüsse, in Ansehung geschehener oder wirklicher Dinge? Nein. Schmeißet es denn ins Feuer; denn es kann nichts enthalten, als falsche und betriegliche Schlüsse und Verblendungen.“ *Philosophische Versuche über die Menschliche Erkenntniß*. Als dessen vermischter Schriften zweyter Theil. Nach der zweyten vermehrten Ausgabe aus dem Englischen übersetzt und mit Anmerkungen des Herausgebers begleitet. Hamburg, Leipzig 1755, S. 372.

[54] Cf. für Details Kreimendahl: *Kant. Der Durchbruch von 1769*, a. a. O., Kap. II: „Zur Forschungslage“, bes. S. 28–38.

[55] „Ehe wahre Weltweisheit aufleben soll, ist es nöthig, daß die alte sich selbst zerstöhre, und, wie die Fäulnis die vollkommenste Auflösung ist, die

ne Beschäftigungen seit geraumer Zeit bestehen: „Alle diese Bestrebungen laufen hauptsächlich auf die eigenthümliche Methode der Metaphysick und vermittelst derselben auch der gesammten Philosophie hinaus [...]".[56] Und im Mendelssohnbrief bekennt er, nachdem er unmittelbar zuvor von seinem „Wiederwillen" und „Hass" spricht, mit denen er auf die gegenwärtige Lage der Metaphysik schaut: „Ich bin so weit entfernet die Methaphysik [!] selbst, obiectiv erwogen, vor gering oder entbehrlich zu halten daß ich vornemlich seit einiger Zeit nachdem ich glaube ihre Natur und die ihr unter den Menschlichen Erkentnissen eigenthümliche Stelle einzusehen überzeugt bin daß sogar das wahre und dauerhafte Wohl des Menschlichen Geschlechts auf ihr ankomme [...]".[57] Die Stelle, an der Kant von seiner Verliebtheit in die Metaphysik spricht, haben wir bereits angeführt.[58] Über die beiden an diesem Ort erwähnten Vorteile, welche diese Disziplin bietet und die Kants Zuneigung begründen, ist später zu sprechen.[59]

Es kann kein Zweifel daran bestehen, daß angesichts solch radikaler Töne der Kritik einerseits und der hingebungsvollen Anhänglichkeit an die so übel beleumdete Disziplin der Metaphysik andererseits ein tiefgreifender Neuanfang vonnöten ist, wenn die Metaphysik endlich in sicheres Fahrwasser gelangen soll. Von dieser Überzeugung sind die erwähnten Briefe wie die *Träume* gleichermaßen getragen. Kant erhofft die „große revolution der Wissenschaften" für die nähere Zukunft. Wir werden unten sehen, wie weit und mit welchen Einsichten er sich Ende 1765 bereits in der Konsolidierung der Metaphysik vorangearbeitet hat.[60]

iederzeit vorausgeht, wenn eine neue Erzeugung anfangen soll, so macht mir die Crisis der Gelehrsamkeit zu einer solchen Zeit, da es an guten Köpfen gleichwohl nicht fehlt, die beste Hofnung, daß die so längst gewünschte große revolution der Wissenschaften nicht mehr weit entfernt sey." Ak X, 057_{04-10}.

56 Ak X, 056_{08-10}.

57 Cf. Beilage B.3, S. 94.

58 II.ii.12. Cf. oben, S. XXIII.

59 Cf. unten, S. XCVIII–C.

60 Cf. unten, Kap. 5 der Einleitung.

3. Aufbau und Gedankengang der *Träume*

Kant teilt seine Abhandlung in zwei Teile ein, die er in vier – Teil I – bzw. drei – Teil II – Hauptstücke untergliedert. Vorangestellt ist ein knapper „Vorbericht", dessen Überschrift die Erwartungen des Lesers beträchtlich dämpft. Der erste, längere Teil ist der „dogmatische", der zweite der „historische". Der dogmatische Teil widmet sich dem Phänomen des Geistes, wie er als ein Lehrstück innerhalb der herkömmlichen rationalen Psychologie behandelt wurde. Dieser Teil ist der philosophisch interessante. Der historische Teil beschäftigt sich mit den Geistererzählungen, wie sie mit dem Namen Swedenborgs verbunden waren, und gibt einen Bericht über die einschlägigen Teile von dessen Werk *Arcana Coelestia*. Dieser Teil ist mit Ausnahme des Endes des zweiten (II.ii.12.–14.) und des ganzen dritten Hauptstücks philosophisch ganz unergiebig. In den letztgenannten Textteilen geht es nicht mehr um Polemik gegenüber der Metaphysik oder um Referate der Swedenborgschen Erzählungen, sondern Kant gibt hier „[...] einen flüchtigen Entwurf von der Art wie man über dergleichen Fragen urtheilen solle [...]".[61] In diesem „Entwurf" skizziert er Positionen, die auf die kritischen Hauptwerke sowohl zur theoretischen wie zur praktischen Philosophie vorausweisen und einige der dort präsentierten Lehrstücke bereits präludieren. Hier liegt der Nukleus der Transzendentalphilosophie. Das macht unter entwicklungsgeschichtlichen Gesichtspunkten die Bedeutung der Abhandlung aus.

3.1 „Ein Vorbericht, der sehr wenig für die Ausführung verspricht"

Bissigkeit kennzeichnet schon die Eröffnung der Abhandlung. Die Philosophie muß sich nämlich den Vorwurf gefallen lassen, in der Frage der Geisterlehre zu versagen. Denn sie vermißt die

[61] So im Brief an Mendelssohn vom 7. Februar 1766. Cf. Beilage B.2, S. 92.

Region, in der sich Geister bewegen könnten, immer wieder neu und ändert den Grundriß oder verwirft ihn, wie es ihrer unsteten Art entspricht. Systematisch gesprochen: Sie bringt es zu keinen haltbaren und belastbaren Aussagen in diesem Bereich der rationalen Psychologie. Damit überläßt sie das Feld den „Phantasten“, die es in ihrem Sinne ausfüllen, wobei sie sich auf haltlose Phänomene wie Klosterwunder und anderen abergläubischen Unfug stützen.

Dieses Versagen der Philosophie macht sich der Katholizismus zunutze, der dieses Geisterreich in seinem Sinne ausgestaltet und die gemalten Schreckensbilder von demselben für seine ganz irdischen Interessen einzusetzen weiß: den Ablaßhandel. Er wird von Kant zwar nicht ausdrücklich angesprochen, aber jeder Leser liest zwischen den Zeilen, daß er gemeint ist. Aufklärung über die Geistererzählungen ist von dieser Seite also nicht zu erwarten. Im Gegenteil: Hinter diesen steht mit der katholischen Kirche eine mächtige Institution, die von diesen Erzählungen so stark profitiert, daß der seit langem mit solchen Spukgeschichten erzielte finanzielle Erfolg die Frage nach ihrer Berechtigung gar nicht mehr aufkommen läßt und die Ehrwürdigkeit, die sie mittlerweile umweht, ein übriges zu ihrem Schutze beiträgt. Das ist in gut aufklärerisch protestantischem Sinne gesprochen.

Allein es bleibt die Frage, warum die gewöhnlichen umlaufenden Erzählungen von Geistern, denen man nicht so entschieden entgegengetreten ist, wie es zu erwarten wäre, und die womöglich deshalb von so vielen Leuten geglaubt werden, Eingang selbst in die philosophischen Systeme und Lehrbücher finden. Das gelingt ihnen sicherlich nicht, weil ihr Inhalt irgendeinen Nutzen stiften würde, was, wie Kant polemisch hinzufügt, das beste Argument für eine Sache ist, das sich überhaupt finden läßt. Denn natürlich verbürgt die Nützlichkeit eines Arguments nicht dessen Wahrheit. Der Philosoph sieht sich hier in einer unbequemen Situation. Wie zwischen Scylla und Charybdis schwankt er zwischen den Berichten an sich glaubhafter Augenzeugen von angeblichen Geistererscheinungen und seiner festen Überzeugung, daß es dergleichen nicht geben könne, hin und her und macht einen hilflosen Eindruck. Drei Optionen bieten sich ihm in dieser wenig beneidenswerten Lage an.

Die erste Option wäre, die Möglichkeit sämtlicher Geistererscheinungen grundsätzlich zu bestreiten. Aber der Philosoph müßte dafür Gründe anführen, so daß sich die Frage auftut, welche Argumente ihm hierzu zur Verfügung stünden. Die zweite Option wäre, nicht alle Geistererscheinungen zu bestreiten, sondern nur die unglaubwürdigsten. Aber es ergäben sich unabsehbare Konsequenzen, wenn man auch nur eine einzige derselben als bewiesen annehmen könnte. Die dritte Option wäre, sich mit derartigen fruchtlosen Fragen gar nicht zu beschäftigen und statt dessen nützliche Dinge zu tun. Das wäre die eigentlich vernünftige Entscheidung, und weil sie das ist, wurde sie – die Verspottung der Philosophie setzt sich fort – von den Gelehrten mehrheitlich stets verworfen. Es wird sich herausstellen, daß diese dritte Option die von Kant selbst favorisierte ist. Der letzte Satz der *Träume* macht dies hinlänglich klar. Dort zitiert Kant Voltaire, der den von seinen metaphysischen Irrfahrten arg gebeutelten Candide schließlich bekennen läßt, es sei besser, das eigene Glück zu besorgen und in seinem Garten zu arbeiten, als sich mit unnützen metaphysischen Problemen herumzuschlagen.

Folglich sind zur Erreichung dieses Ergebnisses die beiden erstgenannten Optionen zu prüfen – und zu verwerfen. Das geschieht in Teil I zunächst für die erste Alternative, in der die philosophische Lehre von den Geistern einer strengen Prüfung unterzogen wird, und sodann in Teil II für die zweite Alternative, in der es um die Darstellung und die Bewertung der konkreten Visionen Swedenborgs geht.

Doch bevor Kant sich dem ersten Teil der Unternehmung zuwendet, ist er klug genug, an dieser exponierten Stelle des Vorberichts eine autobiographische Bemerkung einzuflechten, in der er sich vorsichtshalber selbst verspottet. Denn er hatte in seinen ersten Stellungnahmen zu den umlaufenden Erzählungen über Swedenborgs Fähigkeiten eine wesentlich positivere Haltung an den Tag gelegt, als er es in den *Träumen* tun wird. Im Brief an Charlotte von Knobloch vom 10. August 1763 spricht er dem Bericht über den Brand in Stockholm, den Swedenborg, obwohl er sich fünfzig Meilen von dieser Stadt entfernt aufhielt, dennoch zeitgleich wahrnahm und vor Zeugen kommentierte, Beweiskraft zu. Es ist daher naheliegend, daß er sich in diesem affirmativen Tonfall auch mündlich seinen „bekannte[n] und unbekannte[n] Freunden" gegenüber geäußert haben wird. Die Peinlichkeit seiner vormaligen Gut- oder Leichtgläubigkeit muß nun ausgeräumt werden. Und so gesteht er „[...] mit einer gewissen Demütigung, daß er so treuherzig war, der Wahrheit einiger Erzählungen von der erwähnten Art nachzuspüren" (Vorbericht 3.). Hierbei läßt er es bewenden. Über seine vormaligen recht positiven Äußerungen wie die soeben angesprochene aus dem Knobloch-Brief, in denen es um weit mehr als die bloße Einholung von Informationen in der fraglichen Angelegenheit geht, geht er hinweg.

Kant beschließt den Vorbericht in selbstironischer Art mit Mitteilungen über die äußeren Anlässe, die zur Abfassung der Abhandlung führten. Über diese haben wir bereits gesprochen. Er erwähnt die Ergebnislosigkeit seiner Nachforschungen, die unablässigen Nachfragen aus seinem Bekanntenkreis[62] und die Anschaffung des großen – und teuren – Werks Swedenborgs sowie die Mühe der Lektüre desselben, die nicht verloren sein sollte. Die in seiner philosophischen Entwicklung liegenden intrinsischen Gründe für seine Beschäftigung mit dem Thema, die wir oben angeführt haben, bleiben unerwähnt.

3.2 „Der erste Teil, welcher dogmatisch ist"

Überblick: Was Kant unter ‚dogmatisch' versteht, macht er verspätet eingangs des zweiten Hauptstücks von Teil II der *Träume* klar – ein Beispiel dafür, daß die von ihm selbst beklagte „Unordnung" bei der Abfassung der Schrift ihn in der Tat des öfteren nicht erkennen ließ, „[...] was zum besseren Verständnisse des

[62] Diesen Grund macht er später (II.ii.12.) noch einmal geltend.

folgenden voranzuschicken wäre [...]".[63] Wir werden auf solche Fälle im folgenden gelegentlich, aber nicht durchgängig aufmerksam machen. Kant sagt an der genannten Stelle, daß er mit einer ‚dogmatischen' Untersuchung eine solche meint, in deren Mittelpunkt rationale Argumente stehen, die für oder gegen eine Position sprechen. Er sei bei der Abfassung dieser Schrift so verfahren, daß er „[...] den dogmatischen Teil vor dem historischen und also die Vernunftgründe vor der Erfahrung voranschickte [...]" (II.ii.1.). Damit setzt er ein unübersehbares Zeichen, daß die Prüfung der Erkenntnisansprüche der rationalen Psychologie für ihn den Vorrang gegenüber den Nachforschungen hat, was es mit den Swedenborgschen Visionen auf sich haben mag. Insofern könnte man mit gutem Grund sagen, daß Kant den Titel seiner Abhandlung derart hätte umstellen müssen, daß die Träume der Metaphysik durch die Träume eines Geistersehers erläutert werden. Das freilich hätte dem Werk eine ziemlich fade Überschrift beschert, wohingegen die gewählte Fassung spektakulär klingt und den Leser neugierig macht.[64]

Jedenfalls sind die Träumereien Swedenborgs nur von untergeordneter Bedeutung. Es geht im eigentlichen Sinne um die Haltbarkeit der Ansprüche der philosophischen Geisterlehre, damit um die Haltbarkeit der Rationalpsychologie, deren Teil sie ist, und damit wiederum um die Haltbarkeit der Metaphysica specialis insgesamt. Fällt die Pneumatologie als solche – und sie fällt spätestens I.iv.5. –, dann sind damit die Visionen Swedenborgs erledigt, aber auch pars pro toto die Erkenntnisansprüche der herkömmlichen Metaphysik insgesamt.

Zuvor aber ist Kant in den ersten beiden Hauptstücken dieses Teils darum bemüht, zugunsten der Pneumatologie zu argu

[63] Brief an Mendelssohn vom 8. April 1766. Cf. Beilage B.3, S. 93, 95.

[64] Friedrich Balke meldet aus gleichem Grund Vorbehalte gegen die Verwendung des gängigen Kurztitels *Träume eines Geistersehers* an, weil damit der wichtigere zweite Teil des Werktitels unterschlagen werde. *Wahnsinn der Anschauung. Kants „Träume eines Geistersehers" und ihr diskursives Apriori.* In: Moritz Baßler/Bettina Gruber/Martina Wagner-Egelhaaf (Hgg.): *Gespenster. Erscheinungen – Medien – Theorien.* Würzburg 2005, S. 297.

mentieren. Er setzt bei dem ihr zugrundeliegenden Begriff des Geistes an und versucht zunächst, diesen klar zu bestimmen. Im Zuge dieser Bemühungen werden eine Reihe der klassischen Probleme der Pneumatologie behandelt wie z. B. die Frage nach der räumlichen Ausdehnung der Seele und ihrer Verbindung mit dem Leib. Sie kulminieren in der Erarbeitung des Konzepts einer immateriellen Welt der Geister, das mit zwei Überlegungen zusätzlich substantiiert wird. Insgesamt also unternimmt Kant drei Anläufe zu seiner Etablierung. Dieses intelligible Geisterreich, das starke Parallelen zu Kants späterer Zweiweltenlehre erkennen läßt, gerät dennoch in die Kritik (I.ii.14.). Im Anschluß an die Zurückweisung der metaphysischen Grundpositionen von Wolff und Crusius (I.iii.1.) wendet sich Kant der Frage zu, wie es dazu kommen kann, daß die Geisterseher ihre Visionen für reale Gegebenheiten halten. Unter stillschweigendem Rückgriff auf seinen kurzen Aufsatz des Jahres 1764 *Versuch über die Krankheiten des Kopfes* zeigt er, daß bei diesen Personen eine mentale Störung vorliegt. Dieses Ergebnis erweist die vorausgehenden hochspekulativen Überlegungen zugunsten der Existenz einer Geisterwelt zusätzlich als überflüssig (I.iii.9.). Doch dies ist nicht das letzte Wort. Im abschließenden vierten Hauptstück erfahren die in I.ii. angestellten Überlegungen zur Möglichkeit einer systematisch geordneten Geisterwelt wieder eine Aufwertung, so daß Kants Beurteilungen der Geisterseherei zwischen vorsichtigem Fürwahrhalten und entschiedener Verwerfung derselben insoweit hin- und heroszillieren. Im letzten Absatz des ersten Teils jedoch ringt er sich zu der endgültigen Verabschiedung der Pneumatologie durch, die man insofern als sein letztes Wort in dieser Sache nehmen muß (I.iv.5.). Angesichts des wiederholten Schwankens[65] in der Beantwortung der zentralen Frage auf diesen wenigen Textseiten kann der Leser kaum

[65] Vorländer spricht zu Recht von „gewissen Unstimmigkeiten", die weder in den *Träumen* selbst noch in dem selbstdeutenden Brief an Mendelssohn vom 8. April 1766 völlig ausgeräumt werden. Einleitung zu den *Träumen*, a. a. O., S. VII.

den Eindruck gewinnen, daß Kant zu seiner Belehrung schreibe und über eine wohlbegründete, feststehende Meinung verfüge.[66] Seine Ausführungen verdienen vielmehr unter die Überschrift „Über die allmähliche Verfertigung der Gedanken beim Schreiben" gebracht zu werden – auch das wohl eine Folge der tumultuarischen Bedingungen der Entstehung der Abhandlung. Im einzelnen:

3.2.1 I.i. „Ein verwickelter metaphysischer Knoten, den man nach Belieben auflösen oder abhauen kann"

Die dramatische Zuspitzung der in der Überschrift von I.i. formulierten Alternative drückt auf ihre Weise die Zerrissenheit aus, in der sich Kant hinsichtlich der Metaphysik befindet. Er wird sich für die zweite Option entscheiden, prüft aber zunächst die Aussichten der „Auflösung" des genannten Knotens.

Ins Zentrum der folgenden Überlegungen stellt Kant den Begriff des Geistes und konstatiert, daß dieser zwar in aller Munde sei, aber niemand eigentlich wisse, was man darunter zu verstehen habe. Denn fragt man, was mit dem Ausdruck ‚Geist' genau gemeint sei, so verstummen die „Vielwisser" (I.i.1.), und das „methodische Geschwätz der hohen Schulen" entpuppt sich als die Kunst dialektischer Wortverdreherei mit dem Ziel, dieser diffizilen Frage auszuweichen. Die Antwort aber, die „gewisse neuere Weltweise" (I.i.1.) geben – und damit kommt besonders Alexander Gottlieb Baumgarten ins Spiel –, ist zirkulär. Denn in ihrer Erklärung, was ein Geist ist, machen sie von dem Begriff des geistigen Wesens Gebrauch und setzen damit im explanans das explanandum bereits voraus. Ihre Antwort ist also wertlos.[67]

Das erste Fazit ist desaströs. Kant weiß weder, ob es Geister gibt, noch weiß er, was das Wort ‚Geist' überhaupt bedeutet. In dieser mißlichen Lage schlägt er einen außerordentlich mo-

[66] Noch im Brief an Mendelssohn vom 8. April 1766 gesteht Kant, daß sein Gemüt „hiebey wiedersinnisch" sei. Cf. Beilage B.3, S. 93.

[67] Cf. Erläuterung 19, 20.

dern anmutenden Weg ein, um diese verheerende Situation zu überwinden. Er ist für heutige Leser mit dem Namen Ludwig Wittgensteins verbunden. Für diesen Philosophen liegt die Bedeutung eines jeden Ausdrucks in seiner sprachlichen Verwendung.[68] Und so will auch Kant versuchen, die verborgene Bedeutung des Wortes ‚Geist' dadurch aufzufinden, daß er verschiedenen seiner Anwendungsfälle nachspürt. Denn das Wort wird ja tagtäglich verwendet, auch von Kant selbst. Irgend etwas muß also damit bezeichnet sein, sei es nun ein wirkliches oder ein nur eingebildetes Ding.

Indes verlangt dieses Verfahren eine vertiefte Begründung, die Kant in einer Fußnote liefert. Denn wäre der Begriff des Geistes aus der Erfahrung abstrahiert, sollte er leicht bestimmbar sein; man müßte lediglich seine einzelnen Charakteristika anführen und bündeln, die uns die Sinne von diesem Gegenstand offenbaren und durch die er von materiellen Dingen unterschieden ist. Dieses Verfahren scheidet aber aus, weil man von Geistern spricht, noch bevor feststeht, daß es solche Wesen überhaupt gibt. Folglich kann der Begriff des Geistes kein Erfahrungsbegriff sein. Aber woher stammt er dann? Kant operiert in seiner Antwort mit dem Konstrukt des ‚erschlichenen Begriffs', das er Baumgarten verdankt[69] und das in den kommenden Jahren eine große Rolle bei seinen Erklärungen von Irrtümern in der Philosophie spielen wird. Insofern überrascht es, daß er dieses bedeutende Lehrstück an wenig prominenter Stelle in einer Fußnote präsentiert. Ihm zufolge entstehen viele Begriffe durch „geheime und dunkle Schlüsse" anläßlich der Erfahrung, indem ihr Ursprung in der Folge vergessen wird und sie so unstatthafterweise in andere Bereiche Einzug halten. Damit ist eine Cautele für das sprachphilosophische Verfahren gesetzt, denn der Gebrauch eines Wortes in der Sprache garantiert nicht in jedem Fall sei-

[68] Ludwig Wittgenstein: *Philosophische Untersuchungen*. Frankfurt am Main 1971, § 43, S. 40: „Die Bedeutung eines Wortes ist sein Gebrauch in der Sprache."

[69] Cf. Erläuterung 25.

ne Sachhaltigkeit. Gleichwohl können auch diese „erschlichenen Begriffe“ unbeschadet ihrer methodisch unsauberen Entstehung wahr sein, denn „[...] auch dunkle Schlüsse [irren] nicht immer“ (I.i.2., Fn.). Folglich, so Kant, bleibt nur der Weg, den Redegebrauch und die Verwendung des fraglichen Ausdrucks in verschiedenen Kontexten zu beobachten und dabei auf das Charakteristische zu achten, das allen seinen Verwendungen gemeinsam ist. Dies nämlich verleiht dem Ausdruck seine bestimmte Bedeutung. Nur durch Auswertung vieler Anwendungsfälle kann der Begriff also aus seiner Dunkelheit gezogen und entschieden werden, ob er ein Scheinbegriff ist, wie man später im Logischen Positivismus sagen wird, oder ob er eine reale Wesenheit bezeichnet und falls ja, was für eine.

Dieser methodologischen Vorüberlegung gemäß macht sich Kant an die Bestimmung dessen, was ein Geist ist. Dazu stellt er den Geistesbegriff in verschiedene sprachliche Kontexte und kombiniert ihn mit den Eigenschaften der Ausdehnung, Undurchdringlichkeit, Teilbarkeit, der Wirkmächtigkeit der Stoßgesetze sowie der Vernunft. Als Ergebnis zweier Gedankenexperimente, die mit diesen Qualitäten operieren, erweist sich, daß ein Geist durch die folgenden Eigenschaften gekennzeichnet ist. Er ist 1) nicht ausgedehnt, 2) nicht undurchdringlich, 3) einfach und bildet 4) durch Vereinigung noch so vieler Elemente seiner Art kein solides Ganzes. Wesen dieser Art heißen „immaterielle Wesen“. Sind sie nun 5) noch mit Vernunft ausgestattet, heißen sie „Geister“. Dies ist die einzig mögliche Bedeutung, die das Wort ‚Geist‘ haben kann, andernfalls handelt es sich um einen Scheinbegriff.

Aber damit hat man lediglich die Begriffserklärung, d.h. die Nominaldefinition gewonnen. Die Frage, ob es solche Wesenheiten auch wirklich gibt, ja, ob sie überhaupt nur möglich sind, ist damit noch nicht beantwortet. Und die Beweise, die Philosophen wie Wolff, Baumeister und andere zugunsten der Einfachheit und Substanzialität der Seele geführt haben – mit denen sich Kant übrigens recht zufrieden zeigt –, lassen die Frage offen, ob die Seele ein materielles Ding oder ein immaterielles Ding ist, somit Geistcharakter trägt, und ob geistige Wesen überhaupt möglich sind.

Indes hat man solche Folgerungen tatsächlich gezogen, und das nimmt Kant zum Anlaß, vor übereilten Schlüssen generell zu warnen. Damit ist zugleich eine weitere Kritik an den institutionellen Vertretern der Philosophie gesetzt. Man meint nämlich, man sehe sogar die Möglichkeit dessen ein, was mit zu den allgemeinen Erfahrungsbegriffen gehört. Was aber nicht dazu paßt und auch nicht durch Analogien verständlich gemacht werden kann, tut man gewöhnlich als unmöglich ab. Kant erläutert das am Beispiel der Materie (I.i.5.) und zieht daraus für das in Rede stehende Thema die Folgerung, daß man getrost die Möglichkeit immaterieller Wesen behaupten darf, weil die Gefahr nicht besteht, widerlegt zu werden. Andererseits besteht auch keine Hoffnung, die Möglichkeit derselben jemals im Ausgang von Vernunftgründen zu beweisen. Zwar können wir uns den Wirkmechanismus immaterieller Wesen mangels Analogie mit unserem empirischen Wissen nicht begreiflich machen, doch dürfen wir daraus nicht auf seine Unmöglichkeit schließen. Schließlich begreifen wir auch die erste Möglichkeit der Gesetze der materiellen Welt nicht, obschon deren Wirklichkeit in die Augen fällt.

Doch angenommen, man hätte bewiesen, was noch nie bewiesen worden ist und, wie aus dem vorigen hervorgeht, schwerlich jemals bewiesen werden wird, daß nämlich die Seele ein Geist sei, so stellt sich die Frage nach ihrem Ort. Kant entscheidet sich, der Sichtweise der „Schullehrer“ wie Joachim Georg Darjes beizutreten, die Seele „ganz im ganzen Körper und ganz in jedem seiner Teile“ zu lokalisieren (I.i.7.; H.i.O.).[70] Dafür scheint ihm die Selbsterfahrung zu sprechen: „Wo ich empfinde, da bin ich. Ich bin ebenso unmittelbar in der Fingerspitze wie in dem Kopf“ (I.i.7.; H.i.O.). Diese Ansicht ist allerdings nicht unproblematisch, denn die Seele würde damit zu etwas Ausgedehntem. Kant setzt zur Entkräftung dieses Einwandes an, und das ist insofern erstaunlich, als er seinen Leser unmittelbar darauf wis-

[70] Cf. Erläuterung 50.

sen läßt, daß ihn die Frage nach der Verortung der Seele im Körper nicht sonderlich interessiere. Er nimmt sie vielmehr zum Anlaß, gegen die cartesische Auffassung zu polemisieren, die Seele habe ihren Sitz in einem kleinen Teil des Gehirns, den man die Zirbel- oder Hirnanhangdrüse nennt. Dies geschieht nicht in direkter Auseinandersetzung mit der cartesischen Lehre, denn Kants Ansicht nach ist die Natur der Seele zu unbekannt, als daß sich derartige Meinungen beweisen oder auch widerlegen ließen. Deshalb begnügt er sich damit, den Konsequenzen dieser Lehre nachzuspüren. Deren erwähnt er zwei. Zum einen führt sie zum Materialismus. Denn da der Seele nun eine im Raume ausgedehnte Existenz zugesprochen wird, teilt sie das wesentliche Attribut aller Materie – die Ausdehnung – und wird zu einer körperlichen Wesenheit. Damit trifft sie zum anderen das Schicksal alles Körperlichen, wird also vergänglich und ist nicht länger unsterblich (I.i.8.).

Bis hierher hat der Versuch der Bestimmung eines Geistes keine befriedigenden Resultate erbracht. Dennoch ist Kant „sehr geneigt", immaterielle Naturen in der Welt anzunehmen und sich selbst zu dieser Art von Wesen zu zählen. Dafür scheint nämlich zu sprechen, daß alles, was lebt, „[...] auf dem inneren Vermögen [beruht], sich selbst nach W i l l k ü r zu bestimmen" (I.i.9., Fn.; H.i.O.). Das gilt auch fur die Tiere. Bei dem Menschen – und womöglich auch bei höheren Wesen – tritt noch die Vernunft zu seiner Selbsttätigkeit hinzu, was sogleich das seit Descartes' Zeiten virulente Leib-Seele-Problem aufwirft. Kant gesteht, daß eine Lösung desselben seine Einsichtsfähigkeit übersteigt. Der Grund, den er hierfür anführt, ist in dem wissenschaftlichen Paradigma seiner Zeit gegeben, für die das Muster aller soliden Erkenntnis mit Newtons *Philosophiae Naturalis Principia Mathematica* (1687) verknüpft war. Von den Phänomenen der Welt, so sagt Kant ausdrücklich, begreifen wir nämlich nur diejenigen, „[...] welche auf den Bewegungsgesetzen der bloßen Materie beruhen [...]" (I.ii.4.).[71] Naheliegenderweise versuchte man da-

[71] Gleichwohl räumt er wenig später ein, daß die „organisch[en]" Erklä-

her, auch biologische Prozesse mit den Prinzipien der Newtonschen Physik nach mechanischem Denkmuster zu erfassen, was ebenso naheliegenderweise nicht von durchgreifendem Erfolg gekrönt sein konnte. Die sich beim Leib-Seele-Problem auftuenden Schwierigkeiten erscheinen Kant als so immens, daß er gewillt ist, jede Herausforderung eines Gegners anzunehmen, der vorgeben wollte, hier zu definitiven Entscheidungen zu kommen.

3.2.2 I.ii. „Ein Fragment der geheimen Philosophie, die Gemeinschaft mit der Geisterwelt zu eröffnen"

Das lange zweite Hauptstück des ersten Teils, das längste der gesamten Abhandlung, thematisiert die Interaktionsmöglichkeit der beiden Welten der Materie und der Geister. Eine solche muß bestehen – und im günstigsten Fall auch beschreibbar sein –, um allererst die Voraussetzung für die Berichte Swedenborgs zu schaffen.

Dazu setzt Kant bei der Opposition zweierlei Wesenheiten an und exponiert diese. Zum einen gibt es die unbelebte Materie. Diese ist durch Trägheit, Beharrlichkeit, Solidität, Ausdehnung und Figürlichkeit definiert.[72] Daneben gibt es zum anderen belebte Wesen. Ihr Charakteristikum ist, daß sie „durch innere Tätigkeit" (I.ii.2.) sich selbst und die übrige tote Materie in Bewegung zu setzen vermögen. Die Existenz derselben gibt Anlaß zu der Vermutung, daß es immaterielle Wesen tatsächlich geben könnte. So weit war Kant, gestützt auf dieselbe Überlegung, übrigens schon am Ende des ersten Hauptstücks gelangt, und so machen diese wiederholten Darlegungen abermals die „ziemliche Unordnung" von Konzeption und Ausführung der Abhandlung deutlich.

rungsversuche für „tierische Veränderungen" von Georg Ernst Stahl „oftmals der Wahrheit näher" kommen als die von Herman Boerhaave und Friedrich Hoffmann befolgte „mechanische" Methode. I.ii.4., S. $23_{02\text{-}05}$.

[72] Diese Liste konstitutiver Eigenschaften der Materie unterscheidet sich beträchtlich von der zuvor in I.i.3. angeführten. Insbesondere fehlt die Undurchdringlichkeit, auf die Kant ansonsten großes Gewicht legt. Cf. die in Erläuterung 27 angeführten Belege.

Diese immateriellen Wesen werden als selbständige Wirkprinzipien, Substanzen und für sich bestehende Naturen bestimmt. Sie bilden zusammengenommen „vielleicht ein großes Ganzes" (I.ii.2.), das man die ‚immaterielle Welt' (mundus intelligibilis) nennen könnte. Hier bahnt sich die Zweiweltenlehre an, wie sie im Druckwerk erstmals in der Inauguraldissertation des Jahres 1770 auftritt. Die Anleihe, die Kant mit dieser Konstruktion bei Leibnizens „Reich der Gnade" macht, ist unübersehbar; unübersehbar ist freilich auch, daß auch Swedenborg mit ihr vertraut ist, so daß einige Interpreten die Ansicht vertreten, Kant habe sie allererst über den Schweden kennengelernt.[73] Swedenborgs Vertrautheit mit der rationalistischen Philosophie insgesamt und dem Leibnizschen Lehrstück der Harmonie zwischen dem physischen Reich der Natur und dem moralischen Reich der Gnade[74] insbesondere geht bereits aus den Titeln einiger seiner Werke hervor. Besonders zu nennen ist hier *De Commercio Animae et Corporis, quod creditur fieri vel per influxum physicum, vel per influxum spiritualem, vel per harmoniam praestabilitam,* London 1769. In ihm werden die drei dominanten zeitgenössischen Interaktionssysteme zwischen Leib und Seele behandelt, die mit den Namen Wolffs, Malebranches und Leibniz' verbunden sind. Stengel hat anhand des Exzerptenbuchs, des sog. „Codex 36", die Lektürespuren Swedenborgs näher verfolgt. Namentlich sind es Leibniz, Wolff, Descartes und Malebranche, deren Werke den Schweden so stark faszinierten, daß er sie intensiv studierte und Auszüge daraus anfertigte. Leibnizens *Essais de Theodicée* in der lateinischen Ausgabe von 1739 ist eine „[...] der am ausführlichsten exzerpierten Quellen [...]".[75] Der Schwerpunkt von Swedenborgs Interessen

[73] Cf. die Nachweise in Anm. 88.

[74] Gottfried Wilhelm Leibniz: *Monadologie.* Französisch und deutsch. Zeitgenössische Übersetzung von Heinrich Köhler [1720]. Mit der „Lebens-Beschreibung des Herrn von Leibnitz verfaßt von Herrn Fontenelle" hg. von Dietmar Till. Frankfurt am Main, Leipzig 1996, §§ 87f., S. 66f.

[75] Friedemann Stengel: *Swedenborg als Rationalist.* In: Monika Neugebauer-Wölk (Hg.): *Aufklärung und Esoterik. Rezeption – Integration –*

lasse „[...] von Anfang an eine Orientierung auf die Seelenproblematik, auf die Möglichkeit von Jenseitsschau und Wahrsagerei, auf das *commercium corporis et animae*, auf die Geisterwelt [...] erkennen".[76] Stengel knüpft daran die These, daß praktisch das gesamte Schrifttum Swedenborgs und damit auch „[...] seine aus menschlichen Seelen bestehende Geisterwelt [...]" als „Kompilate [...] unter einem rationalistischen Blickwinkel anzusehen sind [...]".[77] Dem Einfluß Wolffs auf Swedenborg ist Kurt P. Nemitz nachgegangen.[78] Nemitz weist nach, daß Wolff eine beträchtliche Wirkung auf Swedenborgs „rationally structured vision of Heaven" ausübte. Dennoch war Swedenborg kein bloßer Gefolgsmann des deutschen Philosophen, sondern entdeckte in dessen Werken, von denen sich acht in seiner Bibliothek befanden,[79] mit der Zeit Schwachstellen und Inkonsistenzen.[80] Übrigens will Swedenborg noch im Todesjahr Wolffs Gelegenheit gehabt haben, sich mit diesem in der Geisterwelt zu besprechen. Diese postmortalen Kontakte, über die Swedenborg Buch führte, setzten sich danach fort.[81]

Die Teile dieser immateriellen Welt stehen in wechselseitiger Verbindung zueinander. Dazu bedarf es keiner vermittelnden Interventionen von Körpern. Gleichwohl kann es solche geben, die aber nur auf besondere göttliche Veranlassung hin vorkom-

Konfrontation. Unter Mitarbeit von Andre Rudolph. Tübingen 2008, S. 153 [= Hallesche Beiträge zur Europäischen Aufklärung, Bd. 37].

[76] Ebd.; H.i.O.

[77] Ebd., S. 152.

[78] *Christian Wolff, Steppingstone to Swedenborg's Heaven. Christian Wolff's Influence on the Substance, Style and Development of Emanuel Swedenborg's Philosophy.* In: *Christian Wolff und die europäische Aufklärung. Akten des 1. Internationalen Christian-Wolff-Kongresses, Halle (Saale), 4.–8. April 2004.* Teil 5, Sektion 10–11. Hg. von Jürgen Stolzenberg und Oliver-Pierre Rudolph. Hildesheim, Zürich, New York 2010, S. 275–286 [= GW III.105].

[79] Ebd., S. 276.

[80] Ebd., S. 282.

[81] Ebd., S. 276.

men und nichts an der grundsätzlich natürlichen und unauflöslichen Verbindung sowie Kommunikationsweise der immateriellen Wesen ändern. Man gelangt auf diese Weise zu der Vorstellung einer Gemeinschaft aller Lebensprinzipien in der gesamten Natur, wobei die unkörperlichen Substanzen dennoch zum Teil mit materiellen Körpern vereinigt sind: „ein großes Ganzes der immateriellen Welt" (I.ii.4.). In ihr herrscht eine hierarchische Abstufung der in ihr verbundenen Wesen und tätigen Prinzipien, die sich nach dem Grad ihrer Tätigkeit und Leben spendenden Aktivität bemißt.

Nachdem Kant bei dem Begriff der immateriellen Welt angelangt ist, die als das belebende Prinzip der toten Materie der Körperwelt zu denken ist (i.ii.4.), stellt sich die Frage nach der inneren Einrichtung derselben. Zwangsläufig wird damit die Grenze zwischen Leblosigkeit und Belebtheit virulent. Sie ist kaum eindeutig bestimmbar. Das in die Sinne fallende Charakteristikum des Lebens ist für Kant die „freie Bewegung". Aber wie kann man sicher sein, daß dort, wo diese Bewegung fehlt, nicht dennoch Leben stattfindet? Das führt zu einer Betrachtung pflanzlichen und tierischen Lebens und lenkt den Blick auf die dreifache Unterscheidung des Lebens der antiken Philosophen. Doch die von ihnen festgestellten immateriellen Prinzipien des Pflanzenartigen, Tierischen und Vernünftigen sind in der Philosophie auszuschließen. Beruft man sich nämlich auf sie, so dokumentiert sich darin „eine Zuflucht der faulen Philosophie". Denn man gibt damit vor, bei definitiven Antworten angelangt zu sein, und verhindert dadurch weitere Untersuchungen und folglich den Erkenntnisfortschritt. Kant verlangt vielmehr im Sinne des erwähnten Newtonischen Paradigmas ein weiteres Mal, daß sämtliche Phänomene dieser Welt, also auch der im weiteren Sinne biologische Bereich, gemäß den „Bewegungsgesetzen der bloßen Materie" untersucht werden, um diese, die uns allein einsichtig sind, in ihrem ganzen Umfange zu erfassen. Er gibt zu erkennen, daß ihm die moderne, kontrovers geführte Debatte um Mechanismus und Animismus in den Lebenswissenschaften vertraut ist, billigt Georg Ernst Stahl, dem Vertreter der letzteren Richtung zu, mit seinen organischen Explikationsmodellen der Wahrheit oft näherzukommen als die Vertreter der „mechanischen Arzneigelahrtheit“, hält aber unbeirrt an dem Vorrang des mechanistischen Paradigmas fest und behauptet, daß „[...] von dem Einfluß der Wesen von unkörperlicher Natur höchstens nur erkannt werden kann, daß er da sei, niemals aber, wie er zugehe und wie weit sich seine Wirksamkeit erstrecke“ (I.ii.4., S. $23_{08\text{-}11}$). Im Kontext der Auseinandersetzung zwischen den beiden Lagern der Mechanisten und Animisten wird man diese Äußerung so verstehen müssen, daß Kant nicht-mechanistische Erklärungen von Wirkungsweisen im Bereich des Lebendigen für grundsätzlich ausgeschlossen hält.

Die angefallenen Bestimmungen bündelt Kant in einem eigenen Absatz (I.ii.5.) zu einer Charakterisierung der immateriellen Welt. Sie umfaßt in gestufter Ordnung drei Klassen von Wesen. Zunächst gehören ihr alle erschaffenen Intelligenzen an, von denen einige, aber nicht alle, mit einem menschlichen Körper vereint sind und eine Person ausmachen. Sodann zählen die empfindenden Subjekte der Tierwelt hierzu und schließlich alle Prinzipien des Lebens – auch des pflanzlichen –, gleichgültig, ob dieses Leben sich als solches durch freie Bewegung zu erkennen gibt oder nicht. Alle diese immateriellen Naturen und alle Vernunftwesen, auch wenn sie mit einem Leib verbunden sind, stehen unbeschadet ihrer gegenwärtigen Aktivität in der Körperwelt, ihres Ortes im Universum und ihrer raumzeitlichen Positionierung in einer ihnen eigentümlichen, nicht mechanisch strukturierten Verbindung miteinander. Der Mensch würde demnach schon jetzt zwei Welten[82] angehören: Mit seinem Leib zählt er zur körperlichen Welt, von der er allein klare Vorstellungen hat, als immaterielle Substanz ist er Mitglied der Geisterwelt und empfängt von dort mannigfache Einflüsse nach pneumatischen Wirkgesetzen und sendet solche seinerseits auch dorthin aus. Wird die Einheit der Person im Tod durch die Aufhebung der Verbindung des Körperlichen mit dem Immateriellen aufgelöst, so geht der Leib

[82] Cf. die frühere Anspielung auf die Zweiweltenlehre I.i.2.

unter, aber die Verbindung der Seele mit der Geisterwelt bleibt und gestattet ihr dann sogar ein noch klareres Anschauen der immateriellen Sphären.

Diese Skizze der Geisterwelt bzw. der intelligiblen Welt entspricht recht genau der Beschreibung, die Swedenborg nach Kants späterer Darstellung[83] von ihr gibt. Die „Träume der Metaphysik" führen also zu demselben Resultat wie die Visionen des schwedischen Geistersehers. Unter der Voraussetzung nun, daß die Darlegungen Swedenborgs nichts als „Unsinn" darstellen (II.ii.3.), ist – wenngleich Kant diese Konsequenz hier nicht ausdrücklich betont – die Pneumatologie der herkömmlichen Rationalpsychologie damit in eins diskreditiert, in der die voranstehenden Ausführungen ja wurzeln.

Dennoch äußert Kant sein Unbehagen unmißverständlich, wenn er dem Leser im Anschluß an diese Darlegungen mitteilt, es werde ihm „[...] nachgerade beschwerlich, immer die behutsame Sprache der Vernunft zu führen", und er sich die Freiheit nehmen möchte, wie die bestallten Professoren „[...] im akademischen Ton zu reden, der entschiedener ist und sowohl den Verfasser als den Leser des Nachdenkens überhebt [...]" (I.ii.6.). Das ist unübersehbare Polemik gegen die Schulphilosophie. In der Sache bringt der Absatz keine Weiterführung. Kant wiederholt vielmehr in mitunter gleichen sprachlichen Wendungen das im voranstehenden Absatz angefallene Ergebnis einer „systematischen Verfassung der Geisterwelt" (I.ii.6.). Der aufmerksame Leser versteht, daß hier ein weiteres Mal ein Hinweis auf Kants konvulsivische Abfassung der Abhandlung angebracht wäre.

Allein, Kant hält an dem nun wiederholt präsentierten Konzept eines methodisch geordneten Reichs der Geister fest. Unzufrieden ist er also nicht mit diesem Lehrstück selbst, wohl aber mit der Art und Weise, wie es bislang etabliert wurde. Der „Begriff von der geistigen Natur überhaupt", der bislang als Grundlage der Überlegungen diente, scheint ihm nämlich „gar zu sehr hypothetisch" zu sein, um eine solche gewaltige Be-

[83] Cf. *Träume* II.ii.

weislast zu tragen. Deshalb hält er Ausschau nach einem anderen, stabileren Fundament hierfür und findet ein solches auch in einer „[...] wirklichen und allgemein zugestandenen Beobachtung [...]“, die freilich, weil sie moralphilosophischer Natur ist, „[...] etwas außer meinem Wege liegt [...]“. Insofern mangelt es dem nun präsentierten Gedankengang an der ansonsten in metaphysischen Fragen geforderten Evidenz, doch gleicht er dieses Defizit dadurch aus, daß er „[...] zu nicht unangenehmen Vermutungen Anlaß zu geben scheint“ (I.ii.7.). Durch den jetzt erfolgenden Konsolidierungsversuch soll das erbrachte Lehrstück einer systematischen Verfassung der Geisterwelt also eine stabilere Grundlage erhalten. Gelänge dies, so wäre das „schön“ (I.ii.7.). Die Wünschbarkeit des Ergebnisses der in I.ii.2.–5. vorgetragenen metaphysischen Spekulation steht somit außer Frage.

Dieser durch drei Sternchen am Anfang und Ende markierte Exkurs (II.ii.8.–9.) beginnt mit einer Unterscheidung zweier Zielsetzungen des Willens. Das eine Mal kann er auf die Erwirkung des eigenen Vorteils gerichtet sein, das andere Mal kann er die Förderung des Allgemeinwohls anstreben. Aus dieser unterschiedlichen Ausrichtung entspringe ein Streit zwischen Egoismus und Altruismus. Kant verfolgt diesen Gedanken nicht weiter, sondern lenkt den Blick auf den „Trieb“, der uns drängt, unser eigenes Urteil noch bei den selbstlosesten Aktionen durch die Zustimmung zu stabilisieren und aufzuwerten, die wir von anderen erfahren.

Dem liegt die Idee einer allgemeinen Menschenvernunft zu Grunde, der Kant von früh an bis ins hohe Alter angehangen hat.[84] Jeder Mensch hat Vernunft, aber kein Mensch ist allein im

[84] Das Thema „Pluralismus und allgemeine Menschenvernunft“ klingt hier zum ersten Mal in den *Träumen* an. Kant kommt an späteren Stellen dieser Schrift darauf zurück und spricht die „Einstimmung mit anderem Menschenverstand“ dort geradezu als ein Kriterium der Wahrheit an. So S. 37_{21-26} und S. 47_{23}–48_{04}. Insofern vertritt er hier die Konsenstheorie der Wahrheit. Gegen Ende der *Träume* bringt er sie abermals ins Spiel (S. 79_{22-23}). Der wohl früheste Beleg findet sich gleich in der Erstlingsschrift des jungen Philosophen: „Es heißt gewissermaßen die Ehre der menschlichen Vernunft verthei-

Besitz der Vernunft; in jedem Individuum ist sie nach Maßgabe seiner Lebensumstände, Neigungen und durch Vorurteile eingeschränkt. An der allgemeinen Vernunft finden die individuellen, persönlichen Überzeugungen ihr Korrektiv. Umgekehrt können die persönlichen Ansichten und Meinungen durch sie auch ihre Bestätigung finden. Deshalb muß der Mensch in Interaktion mit seinen Mitmenschen treten, um den Wahrheitsgehalt seiner Ansichten an den ihrigen zu messen und damit gfs. vor dem Irrtum bewahrt zu werden, wie er auch seinerseits unter Beru-

digen, wenn man sie in den verschiedenen Personen scharfsinniger Männer mit sich selber vereinigt […]" (Ak I, $149_{07\text{-}09}$). Für die Zeit der Abfassung der *Träume* cf. den Brief an Lambert vom 31. Dezember 1765, wo von dem „Probiersteine der allgemeinen menschlichen Vernunft" die Rede ist (Ak X, $055_{16\text{–}17}$). Aus der Mitte der 1770er Jahre sei die Refl. 1486 angeführt: „(sAn die Stelle anderer.) Allgemeine Menschen Vernunft" (Ak XV.2., $716_{10\text{–}11}$). Cf. für den Zeitraum der 1780er Jahre die Refl. 2649: „Wiederlegen muß immer mit einer satisfaction gegen die Rechte der gemeinen Menschenvernunft angestellt werden" (Ak XVI, $449_{19\text{–}20}$). In den Vorlesungen zur Logik und Anthropologie hat er wiederholt auf das Erfordernis hingewiesen, sich in die Stelle eines anderen, fremden Verstandes bzw. in die Vernunft eines anderen Menschen zu versetzen, um das Urteil von subjektiven Verzerrungen frei zu halten. So heißt es in der *Wiener Logik*: „[…] die Einstimmung des allgemeinen Menschenverstandes ist ein Grund der Vermuthung, daß ich richtig geurtheilt haben werde. Es ist eine Art der Experience des Urtheiles an mehr, als einem Verstande" (Ak XXIV.2., $871_{28\text{–}31}$). Ebenso *Menschenkunde/Anthropologie Petersburg* [= *Menschenkunde Starke*]: „[…] denn da der Mensch in seinem Privaturtheile sich sehr irren und in einer geträumten Glückseeligkeit von vieler Einsicht leben könnte, so hat die Natur zum wahren Richter unserer Gedanken das Publicum gesetzt, und die allgemeine Menschenvernunft muß bei dem besondern Gebrauche der Vernunft bei einem einzelnen Menschen den Richterspruch thun" (Ak XXV.2., $881_{05\text{-}10}$). Zu diesem Themenkomplex insgesamt cf. Norbert Hinske: *Kants Idee der allgemeinen Menschenvernunft*. In: ders.: *Kant als Herausforderung an die Gegenwart.* München, Freiburg 1980, S. 35–43, sowie ders.: *Das starke Kriterium der Wahrheit. Pluralismus und Publikationsfreiheit im Denken Kants. Zur allgemeinen Menschenvernunft und ihren Derivaten.* In: ders.: *Zwischen Aufklärung und Vernunftkritik. Studien zum Kantschen Logikcorpus*. Stuttgart-Bad Cannstatt 1998, S. 74–90 [= FMDA Abt. II, Bd. 13].

fung auf die „gemeinschaftliche Menschenvernunft“[85] gehalten ist, „[...] eine jede menschliche Seele auf dem Erkenntnisweg gleichsam anzuhalten, wenn sie einen anderen Fußsteig zu gehen scheint, als den wir eingeschlagen haben [...]“ (I.ii.8.).

Kant unternimmt also in diesem ersten Anlauf, das Konzept des immateriellen Geisterreichs auf solidere Füße zu stellen, den Versuch, den „allgemeinen menschlichen Verstand“ als das Mittel zu erweisen, „[...] dem Ganzen denkender Wesen eine Art von Vernunfteinheit zu verschaffen“ (I.ii.8.; H.i.O.). Derart würde die Geisterwelt als Synonym für eine allumfassende Vernunft verstanden, die keinen raumzeitlichen Einschränkungen unterworfen ist und an der alle Menschen gleichermaßen teilhaben. Damit würde sie den wesentlichen Bedingungen des Geisterreichs genügen, wie Swedenborg es beschrieben und Kant zuvor entwickelt hatte.

Doch Kant will, wie er gleich zweimal mitteilt (I.ii.8., I.ii.9.), diese „sonst nicht unerhebliche Betrachtung“ nicht weiter verfolgen. Er wendet sich vielmehr einer anderen Überlegung zu, „welche einleuchtender und beträchtlicher“ hinsichtlich seines gegenwärtigen Vorhabens ist (I.ii.9.). Mit diesem zweiten Anlauf zur Stabilisierung des Konstrukts einer intelligiblen Geisterwelt verläßt Kant abermals das Gebiet der theoretischen Philosophie und präsentiert folgende moralphilosophische Überlegung, in der sich der erhebliche Einfluß bemerkbar macht, den Jean-Jacques Rousseau Mitte der 1760er Jahre auf ihn ausgeübt hat.

In unsere Willensentscheidungen mischen sich stets – und oftmals gegen unsere egoistischen Interessen – Gesichtspunkte des Allgemeinwohls. Zwar können wir diese überstimmen und unsere privaten Neigungen die Oberhand gewinnen lassen, aber das ändert nichts daran, daß sie uns als eine „[...] geheime Macht nötige[n] [...]“, übergeordnete Belange der Menschheit zu berücksichtigen. Dadurch offenbaren sie ihre Wirklichkeit. Wir se-

[85] So in einer Formulierung aus dem Jahr 1790. *Über eine Entdeckung, nach der alle neue Kritik der reinen Vernunft durch eine ältere entbehrlich gemacht werden soll.* Ak VIII, 219_{36-37}.

hen uns also „[...] abhängig von der Regel des allgemeinen Willens, und es entspringt daraus in der Welt aller denkenden Naturen eine moralische Einheit und systematische Verfassung nach bloß geistigen Gesetzen" (I.ii.9.; H.i.O.). Die empfundene Nötigung, unseren Privatwillen mit dem allgemeinen Willen in Übereinstimmung zu bringen, könnte man das ‚sittliche Gefühl' nennen. Dieses sittliche Gefühl würde dann die „[...] empfundene Abhängigkeit des Privatwillens vom allgemeinen Willen [...]" (I.ii.9.; H.i.O.) bezeichnen. Es dürfte als eine Folge der allgemeinen Wechselwirkung angesehen werden können, die der immateriellen Welt ihre sittliche Einheit verschafft, indem die immaterielle Welt sich gemäß ihren eigenen Gesetzen zu einem System geistiger Vollkommenheit entwickelt.

Diese Überlegungen über die Wirkmechanismen des Geisterreichs könnten leicht den Verdacht auf sich ziehen, sie seien bloße Phantastereien. Um derartigen Befürchtungen zu begegnen, zieht Kant eine Parallele zu Newton und dessen Aufstellung des Gravitationsgesetzes, das für die Körperwelt universelle Gültigkeit besitzt. Ebenso könne es, so insinuiert der Vergleich, eine durchgängige, wechselseitige sittliche Beeinflussung der geistigen Naturen als Folge einer gleichermaßen universell tätigen moralischen Kraft geben, wie es die Kraft der Gravitation in der Körperwelt ist.[86]

Tatsächlich ist die vorgetragene Konzeption der Geisterwelt von nicht geringer Attraktivität. Denn sie ist dazu geeignet, eine Antwort auf die Disproportionalität zwischen der Tugend und dem Lohn einerseits sowie dem Laster und der Strafe andererseits zu geben, die den Moralphilosophen – und nicht nur ihnen[87] – seit jeher aufgefallen ist, ohne daß sie dieses Ärgernis befriedigend hätten erklären können. Denn die ausgleichende Gerechtigkeit derart, daß es dem Tugendhaften gut und dem Lasterhaften

[86] Die Selbstdeutung dieses Vergleichs, die Kant im Brief an Mendelssohn vom 8. April 1766 vorträgt, ist nicht von der stützenden Absicht getragen, die Kant hier geltend macht. Cf. Erläuterung 108.

[87] Cf. die in Erläuterung 109 zitierte Stelle aus den Psalmen Davids.

schlecht ergeht, ist nach den physischen Gesetzen in dieser Welt niemals zu erreichen, wohl aber in der Geisterwelt gemäß den dort geltenden pneumatischen Gesetzen. Ferner stehen in der Sphäre der Geister der Ausführung des sittlich Gebotenen keinerlei physisch bedingte Widrigkeiten entgegen, welche die moralische Gesinnung des Handelnden oftmals nicht adäquat erkennen lassen. Da sich der moralische Wert einer Handlung keineswegs nach der mehr oder weniger geglückten Ausführung derselben bemißt, sondern nach der zugrundeliegenden Gesinnung des Handelnden oder, wie Kant hier noch formuliert, nach dem „inneren Zustand des Geistes" (S. 29_{11}), ist der Grad der Sittlichkeit einer Handlung an ihrer Wirkung abzulesen; freilich nur von den anderen Geistern, mit denen der handelnde Geist in Gemeinschaft steht.

Diese Ausführungen präludieren mittels der Verwendung der moralphilosophisch geforderten Proportionalität von Tugend und Lohn sowie von Laster und Strafe klarerweise die spätere Zweiweltenlehre Kants. Darf man sie aber auf Grund der unbestreitbaren Parallelität zur Ansicht Swedenborgs auch als von diesem inspiriert bezeichnen? Nicht wenige Forscher glauben sich dazu berechtigt und sehen in den Visionen des Schweden den Auslöser für Kants Lehre von der intelligiblen Welt.[88] Dazu können sie auf mehrere Stellen in Kants kritischen Hauptwerken verweisen, die in beachtlicher Nähe zu Swedenborgs Konzept stehen, darunter auch auf folgende aus der *Kritik der praktischen*

[88] Darunter Hans Vaihinger. Er nimmt an, „[...] daß Kant bei dem Gegensatz der sinnlichen und der geistigen Anschauung *von Swedenborg'schen Einflüssen mitbestimmt war* [...]". *Kommentar zu Kants Kritik der reinen Vernunft.* Hg. von Raymund Schmidt. Neudruck der 2. Auflage Stuttgart 1922. Aalen 1970. Bd. 2, S. 513; H.i.O. Cf. auch Bassenge in seiner Einleitung zu den *Träumen*, a. a. O., S. 7: „Nachdem sich Kant den Rationalismus Wolffs durch Swedenborg hatte ‚erläutern' lassen [...]". Ferner John Manolesco: *Dreams of a Spirit Seer by Immanuel Kant and Other Related Writings.* Translation and Commentary by John Manolesco. New York, Washington, Hollywood 1969, S. 123. Cf. auch Böhme/Böhme: *Das Andere der Vernunft*, a. a. O., S. 253, sowie Stengel: *Aufklärung bis zum Himmel*, a. a. O., S. 643.

Vernunft: „[...] daß bewiesen wurde, es sei kein wahrer Widerstreit, wenn man die Begebenheiten und selbst die Welt, darin sie sich ereignen, (wie man auch soll) nur als Erscheinungen betrachtet; da ein und dasselbe handelnde Wesen *als Erscheinung* (selbst vor seinem eignen innern Sinne) eine Causalität in der Sinnenwelt hat, die jederzeit dem Naturmechanism gemäß ist, in Ansehung derselben Begebenheit aber, so fern sich die handelnde Person zugleich als *Noumenon* betrachtet (als reine Intelligenz, in seinem nicht der Zeit nach bestimmbaren Dasein), einen Bestimmungsgrund jener Causalität nach Naturgesetzen, der selbst von allem Naturgesetze frei ist, enthalten könne."[89] Konzediert man Swedenborg diese Rolle, dann fügt man der Person David Humes – und ohne daß man auf eine entsprechende Äußerung Kants zum Beleg verweisen könnte – de facto einen zweiten Denker als wesentliche Inspirationsquelle der Transzendentalphilosophie hinzu, dessen entwicklungsgeschichtliche Bedeutung für Kant sich nicht in einer skeptischen „Erinnerung"[90] erschöpfte, sondern der mit einem attraktiven positiven Lehrstück das Denken Kants nachhaltig geprägt hätte.

Die dijudikatorische Differenz zwischen Handlungsgesinnung und Handlungserfolg entfällt also unter pneumatischer Betrachtung. Das ist der erste Vorteil dieses Denkansatzes. Zudem würde die menschliche Seele in dieser Betrachtungsweise schon jetzt zu einem Mitglied der Geisterwelt werden und deren unverbrüchlich wirkenden pneumatischen Gesetzen ebenso durchgängig unterliegen wie die materiellen Dinge den physischen Gesetzmäßigkeiten der Körperwelt gehorchen. Die moralisch gute menschliche Seele würde sich vermutlich an den moralisch guten Geistern der transzendenten Welt orientieren, so wie sich die böse Seele zu den dortigen bösen Geistern hingezogen fühlen

[89] Ak V, 114_{17-25}; H.i.O. Cf. auch *KrV* B XXVIII.

[90] Dieser Ausdruck steht im Zentrum der bekannten Formulierung Kants über seine Erweckung, wie sie in den *Prolegomena zu einer jeden künftigen Metaphysik, die als Wissenschaft wird auftreten können* zu finden ist. Ak IV, 260_{06}.

dürfte. Damit wäre gewährleistet, daß die Seelen für ihre Stellung in der Geisterwelt selbst die Verantwortung tragen. Im Falle des Todes des Menschen würde die Seele in der Geisterwelt gemäß der Verbindung fortfahren zu existieren, in der sie mit ihr schon zu Lebzeiten des Menschen gestanden hat. Sämtliche Folgen der hier ausgeübten Sittlichkeit würden sich dort in den Wirkungen zeigen, welche die Seele in der Geisterwelt gemäß den pneumatischen Gesetzmäßigkeiten immer schon ausgeübt hat. Derart würden „die Gegenwart und die Zukunft [...] gleichsam aus einem Stück sein und ein stetiges Ganzes ausmachen [...]", und das, worauf Kant besonderes Gewicht legt, „selbst nach der Ordnung der Natur" (I.ii.9., S. $30_{03\text{-}05}$; H.i.O.).

Die Begründung hierfür zeigt einen Kant, der hinsichtlich der Moraltheologie, die er in den kommenden Jahren vertreten wird und die einen zentralen Baustein sowohl seiner kritischen Moralphilosophie wie auch seiner Religionsphilosophie ausmacht, eine bemerkenswert skeptische Position vertritt. Zur Hebung der benannten Differenz zwischen Tugendhaftigkeit und Glückseligkeit greift man gerne auf den „außerordentlichen göttlichen Willen" (S. 30_{10-11}) zurück, der die hier und jetzt zu beklagende mangelnde Proportionalität in einem künftigen Leben herstellen bzw. ausgleichen wird. Die Vernunft sieht sich zu dieser Annahme gezwungen, um den andernfalls fortbestehenden „Übelstand" (S. 30_{08}) zu beheben, der zwangsläufig das Ende aller Moral bedeuten würde. Denn ohne die Aussicht auf eine entsprechende Richtigstellung der Tugend-Laster-Proportionalität wenigstens in einem künftigen Zustand würde niemand die oft strengen Forderungen der Moralität ein Leben lang erfüllen, wenn er doch sieht, daß derjenige, der sich nicht um sittliches Handeln bemüht, sondern seine egoistischen Interessen verfolgt, Glücksgüter erhält, die ihm selbst als Lohn für seine Befolgung der Tugend vorenthalten bleiben. Jedoch liegt diesem Denken, dem Kant später den Status eines Postulats der reinen praktischen Vernunft zusprechen wird,[91] eine „Vermutung nach blo-

[91] *Kritik der praktischen Vernunft.* Ak V, 132–134.

ßen Gründen der Vernunft" zu Grunde, die mit einer „große[n] Schwierigkeit" (I.ii.9., S. 30_{07}) behaftet ist. Diese Schwierigkeit besteht in dem „starke[n] Verdacht" (S. 30_{13-14}), daß die Begriffe, die wir uns von Gott machen, diesem womöglich gar nicht zukommen. Zwar konzediert Kant dem Menschen, über Gottes Willen nach Maßgabe der zweckmäßigen Einrichtung dieser Welt urteilen zu können.[92] Dennoch bleibt es bei dem Verdacht, der Mensch überschreite hierbei leicht die Grenzen seiner Urteilsfähigkeit und ersinne Entwürfe gemäß seiner eigenen Weisheit, die er sodann auf den göttlichen Willen übertrage. Derart komme er zur Erfindung „willkürliche[r] Anordnungen in der gegenwärtigen oder künftigen Welt" (S. 30_{22-23}). Diese Ausführungen klingen beinahe so, als hätte Kant kurz vor Abfassung dieses Absatzes den Artikel „Simonides" in Pierre Bayles *Historische[m] und kritische[m] Wörterbuch* gelesen. Denn dort schildert Bayle ausführlich das Risiko, das man eingeht, wenn man menschliche Begriffe auf Gott überträgt, selbst wenn sie die moralischsten und erhabensten Eigenschaften bezeichnen, die wir kennen.[93] Jedenfalls laden diese frühen und skeptisch geprägten

[92] Das ist übrigens ein klares Bekenntnis zur Physikotheologie, das durch den Hinweis auf die Statthaftigkeit von Analogieschlüssen zusätzlich untermauert wird. Dieses unumwunden geäußerte Zugeständnis an die Tragfähigkeit des physikotheologischen Arguments überrascht. Denn Kant hatte die Kritik Humes daran zur Zeit der Abfassung der *Träume* schon längst zur Kenntnis genommen und in der Schrift über den *Einzig möglichen Beweisgrund* des Jahres 1762/63 bereits von ihr Gebrauch gemacht, wenngleich er dort eine „Verbesserte Methode der Physikotheologie" präsentiert hatte, die wesentlich subtiler als das hier angesprochene herkömmliche und auf Analogieschlüssen beruhende Verfahren ist. Cf. Immanuel Kant: *Der einzig mögliche Beweisgrund zu einer Demonstration des Daseins Gottes*. Historisch-kritische Edition. Mit einer Einleitung und Anmerkungen hg. von Lothar Kreimendahl und Michael Oberhausen. Hamburg 2011 [= Philosophische Bibliothek, Bd. 631], II.v.2., S. 76–85.

[93] „Nun ist es gefährlich, voller Zweifel und Ungewißheit, gleichsam tastend und wahrsagend über Gott zu sprechen und nicht zu wissen, ob er dies gutheißt. Wir können nur auf seine Güte vertrauen, daß er alles das wohlwollend aufnimmt, was man in guter Absicht und um ihn nach Kräften zu

Überlegungen Kants dazu ein, sein späteres Zutrauen in die Belastbarkeit der Postulate mit einem Fragezeichen zu versehen.

Durch diese Darlegungen, die auf der Rousseauschen Unterscheidung eines Privat- und Allgemeinwillens aufbauen, ist das zuvor dargelegte Konzept der Geisterwelt Kant zufolge in einer solideren Weise bekräftigt, als es das Räsonnement vermochte, das auf die Partizipation aller Subjekte an der allgemeinen Menschenvernunft abstellte. An dieser Stelle ist die Klimax des positiv-konstruktiven Versuches erreicht, den Begriff der Geisterwelt philosophisch zu konstituieren, und zwar befriedigender, als es Wolff, Baumgarten und andere Denker zuvor getan hatten. Zudem ist eine Antwort auf die eingangs der Abhandlung gestellte Frage erzielt, was man unter einem Geist zu verstehen habe. Kant hat, so sollte man meinen, ein affirmatives Ergebnis in der hier interessierenden Frage gefunden, von dem aus er weiter nach vorne schreiten und die Pneumatologie detailliert entwickeln könnte.

Tatsächlich fährt er im Anschluß an den Exkurs von I.ii.8.–9. auch in diesem Gleise fort, kommt aber am Ende des zweiten Hauptstücks bei der Einsicht an, daß man die Unmöglichkeit der Geisterseherei zwar nicht beweisen könne, daß sie aber als eine bloße Nichtunmöglichkeit mit derart absurden Konsequenzen verbunden ist, daß sie der Erwägung eines vernünftigen

ehren über ihn sagt. Doch wer weiß wiederum, ob dieses Vertrauen ihm angenehm ist und ob die göttliche Güte von der Art ist, daß sie dasjenige wohlgefällig aufnimmt, was man in guter Absicht getan hat und um sie zu ehren? Tatsächlich ist es so bei der menschlichen Güte, die geschaffen und endlich ist; aber wer weiß, ob die göttliche Güte, die ungeschaffen und unendlich ist, von derselben Art ist?“ (Pierre Bayle: *Historisches und kritisches Wörterbuch.* Zweiter Teil der Auswahl. Übersetzt und hg. von Günter Gawlick und Lothar Kreimendahl. Hamburg 2006. Art. „Simonides“, Anm. G, S. 679). Daß Kant schon frühzeitig mit Bayles Wörterbuch in der von Johann Christoph Gottsched besorgten Übersetzung vertraut war, die 1741–1744 vierbändig in Leipzig erschienen war, belegen die frühen Notate zu dem Metaphysiklehrbuch Baumgartens eindeutig. Cf. Immanuel Kant: *Neue Reflexionen*, a. a. O., N 322 g, N 664 g, N 716 g, N 792 g.

Menschen unwürdig sei. Damit hat Kant den verwickelten metaphysischen Knoten schließlich doch abgehauen, den er in der Überschrift des ersten Hauptstücks angesprochen hatte.

Vor dem Hintergrund dieses Ergebnisses stellt sich Kant die Frage, warum die Geisterseherei ein so seltenes Phänomen ist. Denn man sollte sie doch für die gewöhnlichste Sache der Welt halten; schließlich empfindet jedermann die beschriebene Abhängigkeit seines privaten Willens vom allgemeinen Willen. Kant operiert hierbei mit der Unterscheidung der Vorstellung, welche die Seele von sich selbst als einem Geist auf Grund einer immateriellen Anschauung hat, wenn sie sich mit ähnlichen geistigen Wesen vergleicht, und der Vorstellung, die sie von sich selbst als einem Menschen durch ein Bild gewinnt, das auf den Eindrücken ihrer körperlichen Verfassung beruht und einen Vergleich nur mit anderen körperlichen Dingen zuläßt, keinesfalls aber mit geistigen. So ist es zwar ein und dasselbe Subjekt, das zugleich der materiellen und der immateriellen Welt angehört, aber eben nicht ein und dieselbe Person. Der Zustand meiner selbst als eines geistigen Wesens wirkt aufgrund der andersartigen ontologischen Verfassung der immateriellen gegenüber der materiellen Welt nicht auf den Zustand meiner selbst als eines Menschen ein; umgekehrt gilt dasselbe.

Doch diese Wesensverschiedenheit bedeutet nicht, daß gar keine Einwirkungen der Geisterwelt auf den Menschen stattfinden können. Das ist vielmehr sehr wohl möglich, denn die Einflüsse der Geisterwelt können gewissermaßen verkleidet in der Gestalt vergesellschafteter Begriffe[94] auftreten. Diese rufen auf dem Weg der Assoziation andere, mit ihnen verwandte Vorstellungen oder Bilder in uns hervor, die zwar nicht der jeweilige geistige Begriff selbst sind, aber doch als Symbole für diesen stehen können. Dies erläutert Kant anhand einer Reihe von Beispielen, u. a. an den Personifizierungen der Tugenden und Laster der Menschen, wie es die Poeten tun. Derart können Ideen aus dem

[94] Zu dem Konstrukt der vergesellschafteten Begriffe, das Kant aus Baumgartens *Metaphysica* übernommen hat, cf. Erläuterung 114.

Geisterreich die Gestalt von Zeichen annehmen, die in der gewöhnlichen Sprache der Menschen verwendet werden und dergestalt ihre Botschaft übermitteln.

Freilich ist diese Art der Kommunikation nicht alltäglich. Sie geschieht vielmehr nur bei solchen Personen, die mit einem entsprechend sensiblen seelischen Sensorium ausgestattet sind. Nur diese können nämlich die Bilder, welche die Phantasie generiert, der inneren Verfassung der Seele anpassen und durch harmonische Bewegungen entsprechend verstärken, so daß es zu der Übermittlung der eingekleideten geistigen Inhalte kommt. Damit ist die Seltenheit der Geisterseherei erklärt; zugleich ist mit der gegebenen Erklärung gesagt, daß die Geisterseherei Ausdruck eines gewissen Krankheitsbildes ist. Bei „gesunden" gewöhnlichen Menschen kommt sie nicht vor, und das ist gut so. Denn bei jenen außerhalb der Norm stehenden „seltsamen Personen" (I.ii.12.) kann es gelegentlich geschehen, daß sie durch das plötzliche Auftauchen von Phänomenen betroffen werden, die außerhalb ihrer selbst liegen und in denen sie die Präsenz einer geistigen Entität vermuten, die ihre Sinneswerkzeuge auf die oben beschriebene Weise affizierte. Tatsächlich jedoch könnte es sich dabei nur um ein Trugbild der Einbildungskraft handeln, dessen Ursache zwar ein wirklicher geistiger Einfluß ist, der sich aber nicht unmittelbar, sondern in verkleideter Weise dem Bewußtsein zu erkennen gibt. Kommt es zu solchen Ereignissen, dann spielt die Erziehung „oder auch mancherlei sonst eingeschlichener Wahn" in dem transformatorischen Prozeß eine gewichtige Rolle (I.ii.13.). Diese Diagnose, in der Kant die Geisterseherei zum ersten Mal in dieser Abhandlung auf einen „Wahn" zurückführt, liegt ganz auf der Linie seiner soeben gegebenen psychopathologischen Einordnung des Phänomens; er wird diesen Tenor bei der Erklärung der Geisterseherei in der Folge beibehalten und den Begriff des Wahns dabei wiederholt verwenden.

Angesichts der solchermaßen diskreditierten Visionen trifft es sich glücklich, daß sie in diesem Leben auch zu nichts nütze sind. Kant führt drei Gesichtspunkte an, die das klarstellen.

Zum ersten müssen in dem geschilderten Prozeß der indirekten Vermittlung der geistigen Ideen diese zwangsläufig so genau mit dem Bild der Einbildungskraft verflochten sein, daß es unmöglich wird, in solchen Visionen das Wahre von den umgebenden Täuschungen zu unterscheiden. Zum zweiten würde ein Gemüt, dessen Nervensystem bereits durch die Wirkung der bloß geistig empfindenden Seele in so außerordentliche Turbulenzen versetzt wird, eine wirkliche Krankheit der Person anzeigen. Zum dritten schließlich ist ein Geisterseher zumindest hinsichtlich der begleitenden Bilder seiner Erscheinungen zugleich leicht ein Phantast. Denn seine Erscheinungen repräsentieren Vorstellungen, die ihrer genuinen Art entsprechend dem Menschen unbekannt und fremd sind. Sie passen also nicht zu seinen gewöhnlichen Vorstellungen, drängen aber vorwärts und bringen Fremdartiges in die Sinneswahrnehmungen. Derart entstehen „wilde Schimären und wunderliche Fratzen", Truggebilde also, deren ursprünglicher Anlaß gleichwohl auf einen geistigen Einfluß zurückgeführt werden mag (I.ii.13.).

In I.ii.14. kommt Kant zu einem Resümee und bietet dem Leser „scheinbare Vernunftgründe" zur Erklärung der Geisterseherei an – Gründe also, denen ein gewisser Anschein von Vernünftigkeit nicht abzusprechen ist. Sie besagen, daß die Seelen der Verstorbenen ebenso wie die reinen Geister niemals Gegenstand unserer gewöhnlichen Sinneswahrnehmungen werden können. Der Grund ist die ontologische Verschiedenheit von res extensa und res cogitans. Eben dieser Grund macht es auch unmöglich, daß die Geister in irgendeiner Weise mit der Materie in Verbindung treten. Gleichwohl können beide, die Seelen der Verstorbenen wie die reinen Geister, gemäß den zuvor dargelegten Mechanismen auf den menschlichen Geist, mit dem sie in Leibnizens Worten zum Reich der Gnade vereint sind, einwirken, indem die Vorstellungen, die sie erwecken, gemäß den Gesetzen der Phantasie des Menschen als ihnen ähnliche Bilder auftauchen und die Erscheinung von ihnen korrespondierenden äußeren Gegenständen entstehen lassen. Dieser Prozeß ruft eine Täuschung hervor, die jeden der fünf Sinne betreffen kann. Unbeschadet der Absonderlichkeiten, die mit diesen „Hirngespinsten" einhergehen können, darf man nicht in Abrede stellen, daß hierbei geistige Einflüsse wirksam sein mögen. Das hatte Kant bereits zuvor konzediert. Allein damit ist im Grunde nichts für die Geisterseherei gewonnen, weil sich metaphysische Hypothesen durch eine „so ungemeine Biegsamkeit" auszeichnen, daß man auch die vorliegende „[...] einer jeden Erzählung [an]bequemen könnte, sogar ehe man ihre Wahrhaftigkeit untersucht hat [...]".

Wie wenig mit diesem Erweis der bloßen metaphysischen Denkmöglichkeit der Geisterseherei tatsächlich in der Sache erreicht ist, macht auch der abschließende Absatz dieses Hauptstücks klar. In scharfem polemischen Ton stellt Kant fest, daß den obigen Darlegungen gemäß nur derjenige für die Erlangung einer anschauenden Erkenntnis der jenseitigen Welt und damit für die Geisterseherei geeignet ist, der von dem Verstand, den man für die Orientierung in dieser Welt benötigt, einiges verloren hat; kurzum, ein geistig Gestörter also. Offenbaren Verlust von Verstand diagnostiziert Kant auch bei „gewisse[n] Philosophen", die „[...] so fleißig und vertieft ihre metaphysischen Gläser nach jenen entlegenen Gegenden hinrichten und Wunderdinge von daher zu erzählen wissen [...]" (I.ii.15.). Gleich zwei Stellen aus der klassischen Literatur bietet Kant auf, um die paradoxen Bedingungen zu illustrieren, die mit der Geisterseherei einhergehen. Das gibt die Stimmung gut zu erkennen, in der er schreibt. Das Fazit lautet also: Trotz einer gewissen und von Kant ausdrücklich anerkannten metaphysischen Restwahrscheinlichkeit für die Möglichkeit der Geisterseherei ist sie der Erwägung eines vernünftigen Menschen nicht würdig.

3.2.3 I.iii. „Antikabbala. Ein Fragment der gemeinen Philosophie, die Gemeinschaft mit der Geisterwelt aufzuheben"

Bislang hatte Kant die Philosophen, die er bei seiner Kritik im Auge hatte, nicht namentlich erwähnt. Jetzt wird er konkret und nennt die beiden zentralen Gestalten der deutschen Hochaufklärung mit Namen: Christian Wolff und Christian August Crusius. Letzterer war der einzige ernsthafte Kritiker des dominierenden Wolff, der vor und nach Beendigung seines erzwungenen Marburger Exils in Halle an der Saale lehrte. Crusius saß in Leipzig und war zunächst mit einer Kritik am Satz des zureichenden Grundes hervorgetreten,[95] was einem Frontalangriff auf Wolffs Philosophie gleichkam und auch so verstanden wurde, in der diesem Satz fundamentale Bedeutung zukommt. Seine Hauptwerke ließ er kurz darauf erscheinen, darunter der *Entwurf der nothwendigen Vernunft-Wahrheiten, wiefern sie den zufälligen entgegen gesetzt werden*,[96] den Kant hier ins Visier nimmt. Es ist bemerkenswert, daß Kant seine Kritik an der Metaphysik wiederum auf diese beiden Denker ausrichtet, wie es schon in den frühen Notaten zu Baumgartens *Metaphysica* geschehen war, die er 1756/57 zu Papier gebracht hatte.[97] Und auch der Vorwurf, den er hier gegen Wolff und Crusius erhebt, stand ihm damals bereits zu Gebote: „Luftbaumeister" sind sie beide, und sie zimmern sich ihre Welten aus unterschiedlichen Materialien zusammen, ohne auch nur einen Blick auf die Welten der anderen Metaphysikkonstrukteure zu werfen. Wolff

[95] Sie trägt den Titel *Dissertatio Philosophica de Vsv et Limitibvs Principii Rationis Determinantis Vvlgo Svfficientis.* Leipzig 1743. Eine deutsche Übersetzung erschien bereits ein Jahr darauf. *Ausführliche Abhandlung von dem rechten Gebrauche und der Einschränkung des sogenannten Satzes Vom Zureichenden oder besser Determinirenden Grunde.* Aus dem Lateinischen [...] übersetzt und mit Anmerkungen nebst einem Anhange begleitet von Christian Friedrich Krausen. Leipzig 1744 [^{2}1766].

[96] Leipzig 1745. Die zweite vermehrte Auflage erschien ebd. 1753.

[97] So besonders im Notat N nd4. *Neue Reflexionen*, a. a. O., S. 22f.

wird entgegengehalten, seine Philosophie empiriefern „aus wenig Bauzeug der Erfahrung, aber mehr erschlichenen Begriffen" (I.iii.1.) zu konstruieren. Damit stellt Kant einerseits ganz allgemein auf den rationalistischen Grundzug der Wolffschen Lehre ab, so wie er in der starken Akzentuierung des Satzes vom zureichenden Grund und des Satzes des Widerspruchs zum Ausdruck kommt. In den Notaten konstatiert er ferner eine gewisse Beliebigkeit der Definitionen, die Wolff für unverzichtbar hält, und bezeichnet es gar als das „böse" in Wolffs Philosophie, „[...] daß die definition oft gantz willkürl:[ich] [...]" ist.[98] Crusius muß sich in den Notaten wie auch hier den Tadel gefallen lassen, sein System „[...] durch die magische Kraft einiger Sprüche vom Denklichen und Undenklichen aus Nichts hervorgebracht [...]" zu haben (I.iii.1.; H.i.O.).[99] Seinen Leitautor Baumgarten verschont Kant hingegen vor Kritik, tatsächlich erwähnt er ihn in den *Träumen* kein einziges Mal namentlich.

Eingeschlossen in ihren je eigenen Welten, sind diese Philosophen in ihren Visionen befangen, ohne es zu bemerken. Der Zuschauer freilich nimmt die Widersprüchlichkeiten zwischen ihren Systemen wahr. Man kann nur hoffen, daß diese Denker aus ihren Träumen einmal erwachen. Aber welchen Anstoßes es dazu bedarf, sagt Kant nicht, und es ist auch nicht leicht zu sehen, wie das geschehen könnte, da sie sich ja in hermetisch abgeriegelten Sphären bewegen. Vermutlich deshalb nimmt er Zuflucht zu dem Ausruf „so Gott will". Wachen sie aber auf, und es kommt zu dem Vergleich der eigenen Einsichten mit den Einsichten anderer, d.h. zur Überprüfung, ob das private Urteil den Vergleich mit der allgemeinen Menschenvernunft aushält, wie es Kant zuvor in I.ii.8. beschrieben hatte, dann verfliegen die Trugbilder, und die Philosophen werden eine gemeinsame Welt bewohnen. Philosophie als solide Wissenschaft mit verallgemeinerbaren Einsichten und universell gültigen Lehren muß also das Ziel aller denkerischen Bemühungen sein. Die Ma-

98 Ebd., S. 23.

99 Ebd., S. 22f.

thematik befindet sich schon seit langem in diesem glücklichen Zustand.[100] Die Philosophie ist noch auf dem Weg dorthin, wird aber, wie Kant zuversichtlich meint, binnen kurzem ebenfalls als Wissenschaft auftreten können, „[...] wofern gewissen Zeichen und Vorbedeutungen zu trauen ist, die seit einiger Zeit über dem Horizont der Wissenschaften erschienen sind“ (I.iii.1.). Dabei denkt Kant möglicherweise auch an die Bemühungen Lamberts, Mendelssohns und anderer,[101] in erster Linie aber an die Ergebnisse der Schriften, die er selbst in den 1760er Jahren vorgelegt hatte, sowie an die Abhandlung, die er zur damaligen Zeit projektierte.[102] Er wird diese Aufgabe der Grundlegung der Philosophie und vorrangig der Metaphysik beharrlich weiterverfolgen; zunächst in den *Träumen* selbst und sodann in der Inauguraldissertation des Jahres 1770. Immer wieder hält er in den nächsten Jahren die Lösung des Problems für zum Greifen nahe und dokumentiert diese Zuversicht auch in Briefen und in seinen privaten Notizen. Aber erst 1781 wird er mit der *Kritik der reinen Vernunft* das Ergebnis seiner Bemühungen vorlegen, mit dem er freilich auch nicht restlos zufrieden ist. Die Arbeit geht weiter und setzt sich bis ins *Opus postumum* hinein fort.

Leute wie die genannten Philosophen Wolff und Crusius sind „Träumer der Vernunft“. In naher Verwandtschaft zu ihnen

100 Auf die Ausnahmestellung der Mathematik wegen der in ihr erreichbaren Evidenz weist Kant auch in der Preisschrift von 1762/64 sowie in der Vorlesungsankündigung für 1765/66 hin. Cf. Erläuterung 131.

101 Sicherlich erwartet Kant diese Konsolidierung aber nicht von Hume, wie Stephan Schmauke in Erwägung zieht („*Wohltätigste Verirrung*“, a. a. O., S. 309), liegt für Hume die Zukunft der Metaphysik doch in den Flammen seines Ofens. Cf. das in Anm. 53 angeführte Zitat aus dessen erster *Enquiry.*

102 Kant hatte seinem Verleger Kanter gegenüber geäußert, er habe ein die Methode der Metaphysik betreffendes Werk unter den Händen. Kanter hatte daraufhin diesen Titel – „obgleich etwas verfälscht“ – im Leipziger Meßkatalog für Ostern 1766 ankündigen lassen (Kants Brief an Lambert vom 31. Dezember 1765. Ak X, $56_{08\text{-}15}$). Lambert spricht das geplante, aber nicht erschienene Werk als „*eigentliche Methode der Metaphysik*“ an. Brief an Kant vom 13. November 1765. Ak X, 51_{31}.

stehen die „Träumer der Empfindung“ (I.ii.2.; H.i.O.). Das sind Leute wie Swedenborg, die von Geistererscheinungen zu berichten wissen. Gemeinsam ist beiden, daß sie Dinge sehen, die kein anderer Mensch mit noch so guten Sensorien wahrnimmt. Beide haben Visionen, die sich den Sinnen aber als Realitäten präsentieren. Die Parallelität endet jedoch, wenn man sich der Entstehung derselben zuwendet. Ein wachender Träumer ist derjenige, der sich im Zustand des Wachseins den Erdichtungen seiner lebhaften Einbildungskraft hingibt und sich in dieselben so vertieft, daß er die Informationen nicht beachtet, welche die Sinnesempfindungen ihm liefern. Wenn nun die sinnlichen Empfindungen in ihrer Intensität nachlassen, so wird er schließlich einschlafen, und die vormaligen Chimären werden zu wahren Träumen für ihn. Das konnte im Wachzustand nicht geschehen, weil er im Wachsein die Chimären als in sich wahrnahm und sie von anderen Gegenständen unterschied, von denen er durch die Sinnesempfindungen Nachricht erhielt und die er als außerhalb seiner selbst liegend einschätzte. Ganz anders liegt die Sache bei den eigentlichen Geistersehern. Sie nämlich zählen im Wachzustand und oft unter dem lebhaften Eindruck sinnlicher Empfindungen bestimmte Dinge, die lediglich eine intramentale Existenz haben, zu den Objekten der Außenwelt, die sie um sich herum wahrnehmen.

Der Leser mag sich wundern, daß Kant im Anschluß an die am Ende des zweiten Hauptstücks angefallenen Ergebnisse das Thema der Geisterseherei überhaupt noch einmal in einigermaßen ernsthafter Manier in Angriff nimmt. Festzustellen ist jedenfalls, daß er die Frage, wie es bei den Geistersehern zu einer externen Vergegenständlichung ihrer Visionen kommt, zum Motor der weiteren Überlegungen dieses dritten Hauptstücks macht.

Eine erste Erklärung dafür operiert mit der möglicherweise großen Klarheit derartiger Visionen. Kant weist sie zurück, weil es hier um die intra- oder extramentale Lokalisierung der Inhalte derselben geht, was nichts mit unterschiedlichen Graden der Klarheit von Perzeptionen zu tun hat. Auch der Hinweis auf Fieberzustände, in denen derartige Phänomene gelegentlich auftreten können, trägt nichts aus, weil die Frage nicht lautet, ob solche Fälle auch sonst vorkommen, sondern wie ihre Möglichkeit zu erklären ist.

Kants eigene Erklärung orientiert sich an der Lokalisierung eines visuell wahrgenommenen Objektes. Die Seele plaziert dasselbe nämlich in den Schnittpunkt der verschiedenen Richtungslinien des vom Objekt empfangenen Eindrucks. Entsprechendes gilt mutatis mutandis für die mittels der anderen äußeren Sinne empfangenen Eindrücke. Um diesen Ansatz für das Verständnis der externen Lokalisierung der Visionen der Geisterseher fruchtbar zu machen, macht Kant eine Anleihe bei dem Lehrstück der „ideae materiales" (I.iii.6.), das er wiederum wie bereits bei seiner ersten Erwähnung auf Descartes zurückführt.[103] Es besagt, daß den immateriellen Ideen der Seele ein materielles Pendant im physiologischen Nervenapparat des Menschen korrespondiert. Diese Korrespondenz hat man sich als eine Bewegung (motus) im Nervensystem des Gehirns vorzustellen. Damit ist zugleich erklärt, wie es zur Wiedererkennung von Körpern kommen kann, wenn diese das Nervensystem erneut reizen: Die ausgelöste Bewegung im Nervenapparat reaktiviert die materielle Idee des Körpers im Gehirn, die das Pendant der Idee desselben in der Seele ist. Kant macht nun die Annahme, daß der hauptsächliche Unterschied zwischen den Phantastereien einerseits und den Empfindungen andererseits darin bestehe, daß sich die Richtungslinien der Bewegungen im Nervenapparat im Falle der Phantastereien innerhalb des Gehirns schneiden, im Falle der Sinnesempfindungen jedoch außerhalb desselben. Und so liegt der „focus imaginarius" als der Ort, an dem das Objekt vorgestellt wird, bei den klaren Sinnesempfindungen im Wachen außerhalb des Bewußtseins, bei den Phantastereien aber, die ich zur gleichen Zeit etwa haben mag, innerhalb desselben. Deshalb kann ich im Wachsein die Phantasien meiner Einbildungskraft von den Sinneseindrücken zweifelsfrei unterscheiden.

[103] Cf. dazu die Erläuterung 55 zu I.i.8., Fn.

Unter diesen Annahmen ist die Geisterseherei leicht zu erklären. Indem Kant auf die Typologie der „Gebrechen des gestörten Kopfes“ [104] zurückgreift, die er in seinem Aufsatz *Versuch über die Krankheiten des Kopfes* entwickelt hatte, diagnostiziert er bei dem Geisterseher eine Störung im Gemüt, „[...] die man den Wahnsinn und im höheren Grad die Verrückung nennt [...]“ (I.iii.7.). Der Mensch, der ein verworrenes Gemüt besitzt, versetzt die Phantasieprodukte seiner Einbildungskraft außerhalb der Sphäre seines Bewußtseins und hält sie folglich für real existierende Gegebenheiten. Das tut er in dem Fall, daß die Organe seines Nervensystems, sei es durch Zufall oder Krankheit, so gestört und aus ihrer gewöhnlichen Arbeitsweise gebracht sind, daß sich die Bewegungen des Nervenapparates in Linien bewegen, deren Fortsetzungen sich nicht innerhalb, sondern außerhalb des Gehirns kreuzen, so daß der „focus imaginarius“ als der Ort, an dem das jeweilige Objekt zu lokalisieren ist, außerhalb des Subjekts liegt. Die Folge ist, daß ein Produkt der Einbildungskraft als Objekt der äußeren Sinneswahrnehmung angesehen wird. Anfangs präsentiert sich ein solches „Schattenbild“ dem betroffenen Menschen in lediglich blasser Gestalt und wird von ihm nur mit einiger Bestürzung zur Kenntnis genommen, weil dergleichen, wie er sehr wohl weiß, eigentlich nicht vorkommen kann. Nach und nach aber erlangt es größere Aufmerksamkeit und gewinnt dadurch an Lebhaftigkeit, so daß für den Betroffenen schließlich kein Anlaß mehr besteht, an seiner Wahrhaftigkeit zu zweifeln. Täuschungen dieser Art können jeden Sinn betreffen, und die Beschädigungen des Gehirns können derart sein, daß der „focus imaginarius“ an einen Ort gelegt wer-

[104] Ak II, 264_{05}. Diesen von Kant nicht als solchen benannten Rückgriff auf seinen vorausliegenden Aufsatz stellt Giuseppe Motta ganz richtig heraus. *Phantasmen. Kant und die – schon kritische? – Objektivation des Geistes in den „Träumen eines Geistersehers“.* Aufklärung 29 (2017), S. 356 f. – Konkrete Nachweise der Spuren, die Kants Aufsatz in *Träume* I.iii. hinterlassen haben, bieten unsere Erläuterungen 138, 139, 141, 148, 153 zu den jeweiligen Textstellen.

den mag, von dem aus der Sinneseindruck eines wirklich vorhandenen Gegenstandes sehr wohl kommen könnte.

Man sieht, Kant ist, wie in dem Hauptstück zuvor, so auch hier darum bemüht, der Geisterseherei mit rationalen Raisonnements sozusagen aufzuhelfen. Sprach er dort von „scheinbare[n] Vernunftgründe[n]" (I.ii.14.), die sich zu ihren Gunsten anführen lassen, so will er hier „etwas Begreifliches" zur Erklärung der ihr zugrundeliegenden Gemütsstörung anführen (I.iii.7.). Vorliegend spürt er in aufwendiger Weise den Ursachen nach, die den Geisterseher dazu bringen, seine Visionen als extramentale Realitäten zu präsentieren. Kant betont ausdrücklich, daß die gewöhnlichen Geistererzählungen ein derart hohes Maß an Übereinstimmung mit seiner Erklärung ihres Zustandekommens aufweisen, „[...] daß sie den Verdacht ungemein rechtfertigen, sie könnten wohl aus einer solchen Quelle [sc. wie der zuvor dargelegten, Hgg.] entsprungen sein" (I.iii.7.). Der Vorwurf, Kant behandele die Frage der Geisterseherei nur obenhin und fertige sie allzu schnell und hochmütig ab, läuft ins Leere. Gleichwohl lautet die Diagnose, daß bei einem Geisterseher eine neurophysiologische Störung des Gehirns vorliegt. Doch auch die Erziehung kann, wenn sie mit abergläubischen Elementen durchsetzt ist, einen ungünstigen Einfluß ausüben, weil sie dem angeschlagenen Kopf irrige Begriffe einzugeben vermag und dadurch die Ausprägung derartiger Phantasiebilder befördert. Seitens des Verstandes ist hier keine Besserung zu erwarten, denn der Phantast leidet in erster Linie an einer Täuschung der Sinne, deren Empfindungen allen Verstandesaktivitäten vorausliegt. Außerdem ist die Evidenz der Sinneseindrücke allen anderen Quellen zur Erlangung von Überzeugung überlegen. Wo aber eine erfolgversprechende Therapie des Visionärs ansetzen müßte und wie sie aussehen könnte, teilt Kant nicht mit.

Was folgt nun aus den hier angestellten Überlegungen? Zunächst machen sie die „idealischen Entwürfe" des vorigen Hauptstücks entbehrlich, in denen „tiefe Vermutungen" zugunsten der Geisterseherei angestellt worden waren (I.iii.9.). Der Grund ist teils philosophischer, teils kommunikationsstrategischer Art. Vor die Wahl gestellt, wird der Leser nämlich in der vorliegenden Frage solche Gründe bevorzugen, die ungezwungener sind, ihn schneller zu Entscheidungen führen und größeren Zuspruch erwarten lassen. Es scheint vernünftiger zu sein, sich auch bei diesem Thema an empiriefundierte Argumente zu halten, anstatt „[...] sich in schwindligen Begriffen einer halb dichtenden, halb schließenden Vernunft zu verlieren [...]" (I.iii.9.). Hinzu kommt, daß man sich mit derlei Überlegungen leicht zum Gespött der Leute macht, und das allein ist Grund genug, von ihnen Abstand zu nehmen. Auch färbt der üble Ruf, in dem diese Phantastereien stehen, auf die Philosophie ab, wenn sie sich, was Kant getan hatte, ernsthaft mit ihnen beschäftigt. In I.ii.14. hatte der Philosoph die „ungemeine Biegsamkeit" metaphysischer Hypothesen herausgestellt, welche ihre Anpassung an jeden beliebigen Sachverhalt erlaube. Hier tut er dasselbe, wenn er der „bodenlosen Weltweisheit" attestiert, daß sie mit einer jeden „Torheit" in Übereinstimmung gebracht werden könne. Der Nachweis der bloß metaphysischen Nichtunmöglichkeit ist nicht ausreichend für eine befriedigende Erklärung eines so spektakulären und abgelegenen Themas, wie es die Geisterseherei ist. So wird der Leser – und mit ihm Kant – die Geisterseher nicht dadurch aufwerten, daß er sie als „Halbbürger der anderen Welt" ansieht, sondern sie umstandslos als „Kandidaten des Hospitals" abfertigen und damit alle weiteren Nachforschungen in dieser Sache überflüssig machen. Es ist nicht länger nötig, diese Phantasten wie vormals auf dem Scheiterhaufen zu verbrennen; es genügt sie zu „purgieren". Damit sind reinigende Maßnahmen im Sinne des Abführens gemeint. Das abschließende Zitat aus Butlers *Hudibras* macht dies in derben Worten deutlich. Es stellt sich also heraus, daß Kant in den bisherigen Hauptstücken umsonst so großen Aufwand getrieben hat, „[...] in dem fieberhaften Gehirn betrogener Sachwärmer durch Hilfe der Metaphysik Geheimnisse aufzusuchen", denn solche gibt es dort gar nicht. Die Phantastereien dieser Leute sind nicht Einsichten in jenseitige höhere Welten, sondern Ausdruck eines pathologischen Gemütszustandes.

3.2.4 I.iv. „Theoretischer Schluß aus den gesamten Betrachtungen des ersten Teils“

Kant eröffnet das letzte Hauptstück des ersten Teils mit einer allgemeinen Reflexion über die erforderlichen Maßnahmen, die zur Gewinnung einer belastbaren Überzeugung führen. Dazu bedient er sich des Bildes der Balkenwaage. Ihre Zuverlässigkeit in Alltagsgeschäften wird dadurch erwiesen, daß man die Inhalte der beiden Waagschalen, also Gewichtstein und Ware, vertauscht und prüft, ob die Arme der Waage dann noch im Gleichgewicht stehen. Übertragen auf die Urteile in der Philosophie heißt das, man muß Sorge tragen, daß sich keine liebgewordenen Überzeugungen im Gemüt festsetzen, die das Urteil in die eine oder andere Richtung ziehen, oder mit anderen Worten: man muß sich um die Ausmerzung von Vorurteilen bemühen. Kant hat das getan, wie er den Leser wissen läßt, und er ist gewillt, nur solchen Einsichten stattzugeben, die unvoreingenommen zustande gekommen sind und in die sich keine sachfremden Aspekte mischen; auch und gerade nicht solche der Eigenliebe. Ein Höchstmaß an Objektivität ist also angestrebt, gleichgültig, ob das ursprünglich eigene Urteil auf dem Prüfstand steht oder das eines anderen Menschen. Erweist sich das fremde Urteil gegenüber dem eigenen als überlegen, so nimmt es dessen Platz ein und wird dem Wissensschatz hinzugefügt. Erneut bemüht Kant das I.ii.8. eingeführte Lehrstück von der allgemeinen Menschenvernunft als das Korrektiv des privaten Urteils. Vormals hatte er den allgemeinen Verstand aus der subjektiven Sphäre seines eigenen Verstandes beurteilt; jetzt versetzt er sich an die Stelle einer fremden und äußeren Vernunft und beurteilt seine Meinungen samt den Gründen ihrer Entstehung aus dem Gesichtspunkt anderer Personen. Das ist die einzige Möglichkeit, die Begriffe in eine angemessene Beziehung zum menschlichen Erkenntnisvermögen zu setzen, so daß sie sachhaltige Erkenntnisse zu liefern vermögen.

Derartige methodologische Betrachtungen sind so ernster Natur, daß der Leser verblüfft sein mag, hier auf sie zu stoßen, wo es eher um „ein Spielwerk als eine ernstliche Beschäftigung“ geht (I.iv.1.). Damit ist das behandelte Thema der Geisterseherei ein weiteres Mal arg diskreditiert, und man fragt sich, warum sich Kant überhaupt einem so nichtigen Gegenstand zugewendet hat. Er ist um eine Antwort nicht verlegen. Die Erörterung der Geisterseherei, so sagt er, dient ihm als eine Art gymnastische Vorübung für die Behandlung wichtigerer philosophischer Aufgaben, namentlich der Konsolidierung der speziellen Metaphysik insgesamt. Das klingt an dieser Stelle allerdings wie eine Ad-hoc-Behauptung; jedenfalls findet der Gesichtspunkt bei der mehrfachen Aufzählung der Anlässe keine Erwähnung, die zur Abfassung der Schrift geführt haben.[105] Der weitere Fortgang der Abhandlung zeigt freilich, wie ernst es Kant mit dieser Aufgabe ist.[106]

Allein die beiden Arme der Waagschale stehen auch bei Kant nicht völlig im Gleichgewicht. Die Schale, in der alle Gründe gesammelt werden, die für ein zukünftiges Leben sprechen, hat einen „mechanischen“ Vorteil der anderen Schale gegenüber, so daß selbst leichtgewichtige Argumente, die diese Hoffnung des Menschen unterstützen, eine erstaunliche Schwere erhalten und die an und für sich gewichtigeren und in der anderen Waagschale gesammelten Gegenargumente in die Höhe ziehen. Freimütig gesteht Kant, daß er dieses Ungleichgewicht weder beseitigen kann noch will. Darin darf man ein Indiz für seine Verankerung im christlichen Glauben sehen, das durch die rudimentär präsentierte Postulatenlehre im abschließenden Hauptstück der Abhandlung eine Bestärkung erfährt (II.iii.2.).

Aber diese für die Geisterseherei vorteilhafte Gewichtsverteilung in den Waagschalen stellt sich auch nur dann ein, wenn man das Thema unter dem Gesichtspunkt der „Hoffnung der Zukunft“ betrachtet, womit klarerweise egoistische Interessen Einzug halten. Bei nüchterner Betrachtung allerdings oder unter dem Gesichtspunkt der Spekulation, wie Kant sagt, bestehen

[105] Cf. oben, Kap. 1. der Einleitung.

[106] Cf. dazu unten, Kap. 5. der Einleitung.

„[...] alle Erzählungen vom Erscheinen abgeschiedener Seelen oder von Geistereinflüssen und alle Theorien von der mutmaßlichen Natur geistiger Wesen und ihrer Verknüpfung mit uns [...] aus lauter Luft [...]" (I.iv.1.).

Wenn es also keine rationale Grundlage der Geisterseherei gibt, dann stellt sich die Frage, worauf sie sich sonst stützen mag. Damit kommt Kant auf die Genese der Geistererzählungen zu sprechen. Seine Antwort enthält wenig Überraschendes und greift auf altbekannte Erklärungsmuster zurück. Geistererzählungen beruhen auf Selbstbetrug und einer übersteigerten Phantasie. Im Hintergrund steht die Hoffnung des Menschen auf eine postmortale Existenz. Sie führt dazu, aus verschwommen wahrgenommenen Erscheinungen Bilder der Verstorbenen zu erdichten und damit die Aussicht auf ein eigenes künftiges Leben zu befestigen. Die Philosophen taten in der Folge nichts anderes, als diese allgemeine Hoffnung der Menschen begrifflich zu konturieren und in eine systematisch gearbeitete Geisterlehre zu überführen. Diese Diagnose gilt, wie Kant gesteht, auch hinsichtlich des soeben vorgetragenen Resultats seiner eigenen Bemühung um den Begriff der Geistergemeinschaft. Denn er trifft mit der gewöhnlichen Interessenlage der Menschen insofern überein, als er ganz auf das künftige Schicksal des Geistes bzw. der Seele abgestellt ist, aber völlig unerwähnt läßt, wie der Geist bzw. die Seele in dieses Leben durch Zeugung oder Fortpflanzung hineingekommen ist. Nicht einmal die gegenwärtige parallele Existenz von Geist und Körper in einem Menschen, das Dualismusproblem also, hatte er angesprochen. Vergangenheit und Gegenwart blieben also auch bei Kant völlig ausgeklammert, allein die Zukunft des Geistes war aus dem genannten Grund von Interesse und dominierte die Behandlung des Themas durchgängig. Der Grund dieser Unterlassung ist sehr einfach: Kant gesteht, von diesen beiden temporalen Aspekten der Existenz eines Geistes nichts zu wissen, und schließt das Geständnis an, er hätte ebensogut von dem zukünftigen Aspekt schweigen sollen – wäre nicht das erwähnte starke Vorurteil auch in ihm wirksam gewesen, Argumenten, die für die Unsterblichkeit sprechen, größere

Aufmerksamkeit zu schenken und mehr Gewicht beizulegen, als sie es tatsächlich verdienen.

Eben diese Unwissenheit läßt Kant andererseits vorsichtig sein und führt ihn zu dem Entschluß, die Geistererzählungen nicht schlechthin als unwahr zurückzuweisen. Bei diesem Zugeständnis greift er auf die im Vorbericht getroffene numerische Unterscheidung zwischen allen, einigen oder einer Geistererzählung zurück. Eine jede einzelne vorgetragene Geistererzählung will er bezweifeln, ihrer Gesamtheit aber „einigen Glauben beimessen“ (I.iv.3.). Er begründet seine Positionierung mit den Ergebnissen des zweiten Hauptstücks, die nach ihrer Diskreditierung in I.iii.9. hier eine überraschende Aufwertung erfahren, und will sich hinsichtlich der „[...] mancherlei befremdlichen Erzählungen dieser Art ernsthaft und unentschieden [...]“ halten (I.iv.3.). Auf diese Weise glaubt er, den Ergebnissen seiner voranstehenden Bemühungen um die Plausibilisierung einer Geistergemeinschaft gebührend Rechnung zu tragen und zugleich seiner Skepsis zu genügen.

Bei diesem, so wird man sagen dürfen, recht unbefriedigenden, weil unentschiedenen und schwankenden Ergebnis läßt Kant es aber nicht bewenden. In einem weit in seine philosophische Zukunft vorausweisenden Absatz (I.iv.4.) konstatiert er, daß durch die vorangehenden Überlegungen das Ende der Pneumatologie als philosophischer Wissenschaft gekommen sei. Warum? Es ist die aus der *Kritik der reinen Vernunft* bekannte Unterscheidung zwischen „Meinen“ und „Wissen“,[107] auf die er bereits hier zugreift und mit ihr die Frage nach der Möglichkeit von Geistererscheinungen zum Abschluß bringt. Die voranstehende Debatte hatte die Nichtunmöglichkeit derselben gezeigt, weshalb ein demonstrativ gewisser Beweis, daß Geistererscheinungen ausgeschlossen sind, niemals geführt werden kann. So mag man in dieser Sache zwar weiterhin noch Meinungen hegen, wenn man dazu entsprechend motiviert ist. Doch diese Möglichkeit darf Kant getrost auf sich beruhen lassen; sie geht ihn als

[107] Zur näheren Ausführung cf. Erläuterung 162.

Philosoph nichts an. Es hat sich nämlich gezeigt, daß man von Geistern im philosophisch strengen Sinn gar nichts wissen kann, weil der Begriff ‚Geist' gar nicht „positiv", d.h. inhaltlich bestimmt gedacht werden kann (I.iv.4.). Dazu fehlen uns einfach die erforderlichen Data, das empirische Ausgangsmaterial also, auf das alle sachhaltige Erkenntnis angewiesen ist.

Dieses Lehrstück führt Kant hier recht unvermittelt ein; es entstammt der Preisschrift *Untersuchung über* die *Deutlichkeit der Grundsätze der natürlichen Theologie und der Moral* von 1762/64.[108] Der menschliche Verstand ist also beschränkt. Er ist außerstande, einen beliebigen Gegenstand der Natur, sei er noch so unscheinbar wie ein Wassertropfen oder ein Sandkorn, vollständig zu ergründen. Anders ist hingegen seine Kompetenz bei der Behandlung des philosophischen Begriffs von einem Geist zu beurteilen. Hier kann er zu definitiven Ergebnissen gelangen, aber eben nur modo negativo durch Festsetzung der Grenzen unserer Einsichtsfähigkeit. Zwar können wir die verschiedenen Ausdrucksformen des Lebens und seine Gesetzmäßigkeiten erkennen, nicht aber die geistige Natur oder das Prinzip des Lebens selbst, das man in Ermangelung empirisch belastbaren Materials eben nicht kennt, sondern hinter den verschiedenen Erscheinungsformen des Lebens lediglich vermutet. In dieser Situation muß man sich mit negativen Bestimmungen begnügen, um dieses Vitalprinzip zu denken, indem man solche Prädikate von ihm fernhält, die ihm nicht zukommen. Doch selbst hierbei ist größte Vorsicht geboten, denn die Möglichkeit des Ausschließens bestimmter Prädikate beruht ihrerseits weder auf Erfahrung noch auf validen Schlußfolgerungen, sondern auf einer „Erdichtung", wie Kant sagt, auf welche die Vernunft mangels anderer Hilfsmittel zwangsläufig zurückgreifen muß.

Und damit haben die voranstehenden Überlegungen doch noch zu einem unerwarteten positiven Ergebnis geführt. Sie zeigen nämlich anhand der zur Pneumatologie zählenden Geisterlehre die „notwendige Unwissenheit" auf, in der sich die Men-

[108] Cf. Ak II, 281, 296.

schen befinden und immer befinden werden. Kant hat sich also anhand dieser Teildisziplin der speziellen Metaphysik im Jahr 1765 bereits zu der Einsicht von der unaufhebbaren Beschränktheit der menschlichen Erkenntnis und damit zu einem Lehrstück vorangearbeitet, das einen wesentlichen Bestandteil seiner kritischen Philosophie ausmachen wird. Nur solche Objekte können Gegenstand von Wissenschaft und Philosophie sein, von denen wir Data erhalten können, d. h. die uns grundsätzlich empirisch zugänglich sind. Diese Einsicht gestattet es im Verbund mit weiteren in die denkerische Zukunft weisenden Lehrstücken, über die noch zu sprechen sein wird, in den *Träumen* den Auftakt zur kritischen Philosophie zu sehen.[109]

So endet der erste, systematisch-philosophisch ausgerichtete Teil der Abhandlung mit dem Ergebnis, das Kant gleich eingangs als dritte Option für den Umgang mit seinem Thema erwogen hatte: „[...] sich mit dergleichen vorwitzigen oder m ü ß i g e n Fragen gar nicht zu bemengen [...]" (Vorbericht 2.; H.i.O.). Die Entscheidung, sich von Fragen der Rationalpsychologie für immer zu verabschieden, kann er nun allerdings auf der Grundlage der gewonnenen Einsicht von der Begrenztheit des Verstandes philosophisch begründet treffen und sich künftighin Fragen zuwenden, die zwar bescheidenere Ziele betreffen, aber der menschlichen Erkenntniskraft angemessen sind und daher grundsätzlich eine Beantwortung gestatten.

3.3 „Der zweite Teil, welcher historisch ist"

Überblick: Mit diesem Ergebnis könnte die Abhandlung schließen. Kant deutet das in II.ii.1. auch selbst an, wenn er über die Gründe spricht, die ihn dazu führten, den „dogmatischen", also den systematischen, sachhaltig gewichtigen Teil vor dem „historischen", also dem auf Erfahrung beruhenden und auf den konkreten Fall der Träumereien Swedenborgs hinauslaufenden Teil

[109] Cf. dazu unten Kap. 5. der Einleitung.

abzuhandeln.[110] Aber dieser von der Sache her weniger bedeutsame Teil ist dennoch unverzichtbar, weil mit ihm erst das Versprechen eingelöst wird, das Kant seinen Freunden und Bekannten gegebenen hatte, ihnen sein Urteil über Swedenborg und dessen Werk mitzuteilen. Das geschieht im ersten und zweiten der insgesamt drei Hauptstücke des zweiten Teils.

In II.i. gibt Kant zunächst eine mentalitätsanalytische Erklärung für die zwar weite Verbreitung, aber dennoch öffentliche Diskreditierung der Geschichten von Geistern. Sodann berichtet er die drei zentralen Begebenheiten, die hinsichtlich Swedenborgs im Umlauf sind und seine außergewöhnliche Fähigkeit belegen sollen, mit Geistern in Kontakt zu treten. Mit der bereits erwähnten methodologischen Reflexion auf die gewählte Abfolge der beiden Teile der Schrift beginnt II.ii., bevor im weiteren Verlauf dieses vergleichsweise langen Hauptstücks eine Beurteilung der Person Swedenborgs und sodann seiner *Arcana Coelestia* gegeben wird. Erst im Anschluß daran liefert Kant eine Inhaltsangabe der interessierenden Teile dieses Werks. Es folgt eine kritische Abrechnung mit dem Berichteten sowie eine Erklärung der damit wahrhaftig von Kant verfolgten Absichten. Abschließend stellt er in II.iii. den „Praktische[n] Schluß aus der ganzen Abhandlung" vor. Dieses letzte Hauptstück besteht aus nur zwei langen Absätzen und leistet tatsächlich einerseits weniger als das Versprochene, weil hier kein Resümee der im Verlaufe der Untersuchung angefallenen Ergebnisse gezogen wird. Damit war auch gar nicht zu rechnen, denn Kant hatte ja gleich im Vorbericht verraten, daß auch er da nichts finden konnte, wo es nichts zu suchen gibt (Vorbericht 3.). Andererseits aber liefert Kant bedeutend mehr, insofern er sich in II.iii.2. zu Positionen

[110] Diese Gründe hat Liliane Weissberg gründlich verkannt, wenn sie schreibt: „In seiner Abhandlung [sc. Kants *Träumen*, Hgg.] folgt dort, wo der Verstand nicht mehr weiter weiß, die Darstellung als Erzählung. […]. Die Form der Anekdote ersetzt die logische Form des theoretischen Argumentes, und sie muß sie zwangsweise ersetzen." *Catarcticon und der schöne Wahn. Kants „Träume eines Geistersehers, erläutert durch Träume der Metaphysik"*. Poetica 18 (1986), S. 108.

vorarbeitet, die Einsichten präludieren, an denen er von nun an festhalten wird und die in mehr oder weniger modifizierter Gestalt Einzug in seine kritische Philosophie halten werden. Streng genommen paßt dieses abschließende Hauptstück also gar nicht in den „historischen" Rahmen von Teil II der Schrift.[111] Im einzelnen:

3.3.1 II.1. „Eine Erzählung, deren Wahrheit der beliebigen Erkundung des Lesers empfohlen wird"

Kant eröffnet den zweiten, Swedenborg und dessen Geisterseherei gewidmeten Teil mit dem hier zum dritten Mal eingesetzten Topos einer quantifizierenden Einschätzung der Ungemach,[112] in welche die Philosophie hinsichtlich der Geistererzählungen unausweichlich gerät, wenn sie nicht den klugen „dritten Weg" wählt, sich mit dergleichen Fragen gar nicht erst zu befassen, sondern aus Selbstüberschätzung meint, auf alle Fragen eine Antwort geben zu können. Vorliegend spricht er die mißliche Lage an, in der sich der Philosoph zwangsläufig wiederfindet, wenn er einerseits an „einigen" Punkten dieser Erzählungen ungestraft nicht zweifeln darf und andererseits „manches" davon nicht glauben darf, sofern er nicht ausgelacht werden will. Nun trifft kein Vorwurf die Philosophen härter als der der Leichtgläubigkeit und Anhänglichkeit an volkstümliche Ansichten und Meinungen. Um ihn zu vermeiden, haben sich die Klügeren unter ihnen deshalb darauf gelegt, alles in diesen Themenbereich Fallende mit Spott zu belegen, weil es für Gebildete wie Ungebildete gleichermaßen unverständlich ist. Dadurch wird der Unterschied zwischen diesen Personengruppen praktisch aufgehoben. Das ist Kants Erklärung dafür, daß die angeblich häufig auftretenden Erscheinungen dieser Art im privaten Bereich weithin kursieren, im öffentlichen Bereich aber bestritten oder

[111] Das hat auch Vorländer schon so gesehen. Einleitung zu den *Träumen*, a. a. O., S. XII.

[112] Cf. Vorbericht 1.-3., I.iv.3.

zumindest mit Stillschweigen übergangen werden. Daß aber eine Akademie sich dazu entschließen würde, eine Preisfrage zu diesem Thema auszuschreiben, ist völlig unvorstellbar, und zwar nicht, wie Kant süffisant anmerkt, weil die Mitglieder der Akademie den Glauben an solche Geistergeschichten abgelegt hätten. Weit gefehlt! Vielmehr gebietet es die Klugheit, Fragen dieser Art nicht eine öffentliche Plattform zu bieten, zu denen man dann seitens der Akademie auch noch Stellung in Form der Preisvergabe beziehen müßte. Tatsächlich scheint eine entsprechende Frage auch von keiner der großen europäischen Akademien ausgeschrieben worden zu sein. Der Geister- und Gespensterglaube hat sein Refugium im Privaten, wenngleich er öffentlich verspottet wird.[113] Das ist eine bemerkenswerte kulturhistorische Diagnose, die ein Stück der Dialektik der Aufklärung enttarnt. Die intellektuelle Avantgarde gibt sich aufgeklärt und gelehrt, weist in offiziellen Verlautbarungen allen Aberglauben weit von sich, lebt im privaten Bereich aber weiterhin in Angst vor mancherlei Spuk. Kant wußte, wovon er sprach. Nicht ohne jeden Grund hält er sich im Brief an Charlotte von Knobloch auf seine mentale Robustheit viel zu Gute, sich „[...] auf Kirchhöfen oder in einer Finsterniß [nicht] bange werden zu lassen".[114]

Kant wendet sich nun ohne weitere Umschweife und mit betonter Gleichgültigkeit hinsichtlich einer Beurteilung der sogleich in II.i.4.–6. präsentierten drei Beispiele von Geisterberichten dem schwedischen Visionär zu. Er vermittelt dem Leser einen kurzen Eindruck von der Person Swedenborgs, seinen Lebensumständen und geisterseherischen Praktiken in nüchterner Sprache. Einzig die Charakterisierung, er sei „sicherlich der Erzphantast unter allen Phantasten" (II.i.3.), macht eine Ausnahme; womöglich trägt auch die durchgängig von Kant in den *Träu-*

[113] Es scheint weit hergeholt zu sein, hinter dieser Diagnose eine maskierte „secret acceptance of paranormal experience" im Sinne Swedenborgs bei Kant sehen zu wollen. So Gregory R. Johnson: *A Commentary on Kant's „Dreams of a Spirit-Seer"*. Diss. phil. Washington, D.C. 2001, S. 231.

[114] Cf. Beilage B.1, S. 87.

men befolgte Schreibweise „Schwedenberg" pejorative Züge.[115] Darauf folgen die drei Beispiele für die mutmaßlichen Fähigkeiten Swedenborgs. Sie wurden nach Maßgabe dessen ausgesucht,

115 Auf diese Schreibweise stößt man zweimal auch in Kants Brief an Mendelssohn vom 8. April 1766 (cf. Beilage B.3, S. 93, 96) sowie dreimal in Paul Menzers „Abschriftenentwurf" der *Metaphysik Herder*, den die Ak in XXVIII.1 abdruckt (cf. Beilage D.1, S. 103f.). Bei der Neuedition der *Metaphysik Herder* nach dem Original hat deren Herausgeber Gerhard Lehmann in Ak XXVIII.2.1. zwei dieser Stellen aber anders transkribiert, und zwar als „Schwedenborg" (cf. Ak XXVIII.2.1., 898_{07}, 906_{21}). Diese letztere Schreibweise findet sich auch in der *Metaphysik* L_2 (cf. Beilage D.8, S. 114) sowie in Refl. 1486 (cf. Beilage C.5, S. 100). Das korrekte „Swedenborg" verwendet Kant durchgehend im Brief an Charlotte von Knobloch vom 10. August 1763 (cf. Beilage B.1, S. 87–89, 91) sowie in Refl. 5026 (cf. Beilage C.6, S. 100); es kommt weitere sieben Male in Kants Vorlesungen vor: *Metaphysik* L_1 (cf. Beilage D.3, S. 107, 108), *Metaphysik Dohna* (cf. Beilage D.10, S. 115), *Metaphysik* K_2 (cf. Beilage D.9, S. 115), *Rationaltheologie Baumbach* (cf. Beilage D.6, S. 112), *Anthropologie Parow* (cf. Beilage D.2, S. 105), *Menschenkunde / Anthropologie Petersburg* [= *Menschenkunde Starke*] (cf. Beilage D.4, S. 110). Eine Ausnahme macht die *Metaphysik Volckmann* mit der singulären Variante „Schwedenburg" (cf. Beilage D.7, S. 113). – Auch in den Dokumenten von Kants Zeitgenossen finden sich die verschiedenen Schreibungen, die zur damaligen Zeit alle nicht unüblich waren: Hamann sowie Herder und Feder in ihren Rezensionen schreiben „Schwedenberg" (cf. Beilagen E.1, S. 116; E.2, S. 117f.; E.5, S. 123), Wielkes und Jurgulan „Schwedenborg" (cf. Beilagen E.11, S. 134; E.12, S. 135f.), auch Tieftrunk bedient sich in seiner Edition der *Träume* dieser Mischform (cf. die textkritische Fußnote S. 54); Lavater und die beiden Rezensenten der *Jenaischen Zeitungen von Gelehrten Sachen* und der *Neuen Critischen Nachrichten* schreiben „Swedenborg" (cf. Beilagen E.9, S. 132; E.13, S. 136; E.4, S. 122; E.7, S. 125). Auch Friedrich Christoph Oetinger und Justus Christian Hennings bedienten sich gelegentlich ohne unlautere Hintergedanken der Form „Schwedenborg" (Belege bei Stengel: *Aufklärung bis zum Himmel*, a. a. O., S. 640f.). Der Verfasser von *Emanuel von Swedenborg's […] Revision der bisherigen Theologie […]* aus dem Jahr 1786 erblickt hingegen in Kants Schreibweise des Namens seines Antagonisten eine diffamierende Absicht und nimmt Swedenborg dagegen in Schutz (cf. Beilage E.14, S. 143f.). Zu den diversen zeitgenössischen Schreibweisen des Namens des Schweden cf. auch Stengel: *Aufklärung bis zum Himmel*, a. a. O., S. 640f.

„[…] was noch bei den meisten [sc. Leuten, Hgg.] einigen Glauben findet“ (II.i.3.). Kant hatte sie bereits in dem Brief an Charlotte von Knobloch vom 10. August 1763 angeführt, und zwar in derselben Reihenfolge wie hier. Die erste Erzählung, in der es um ein Geheimnis der Königin von Schweden geht, die Swedenborg damit auf die Probe gestellt hatte, wird im Brief als der Adressatin bekannt vorausgesetzt und deshalb nur kurz erwähnt. Die beiden anderen werden dort sachlich gleichlautend wie in den *Träumen* präsentiert, aber, was zu beachten ist, in einem für Swedenborg wesentlich günstigeren Sinne bewertet. Über den dritten Bericht, in dem es um den Brand in Stockholm geht, heißt es im Sommer 1763 noch, er scheine „[…] unter allen [sc. Begebenheiten, Hgg.] die größte Beweiskraft zu haben […]“ und benehme „[…] wirklich allem erdenklichen Zweifel die Ausflucht. […] Was kann man wider die Glaubwürdigkeit dieser Begebenheit anführen?“ [116]

Jetzt wirft Kant einen anderen Blick auf diese Berichte. Zwar sind sie noch die glaubwürdigsten, die sich finden lassen, aber eben doch „Märchen, […] die ein Vernünftiger Bedenken trägt, mit Geduld anzuhören […]“ und die man eigentlich nicht „zum Text philosophischer Untersuchungen“ machen dürfe. In leicht defätistischem Tonfall führt Kant zur Erklärung seines Entschlusses, dies doch zu tun, an, daß seines Erachtens nichts Unschickliches darin liege, diese „Märchen“ zum Gegenstand einer philosophischen Abhandlung zu wählen, weil er schließlich zuvor „Märchen aus dem Schlaraffenland der Metaphysik“ vorgetragen habe. Folglich dürfe man auch beide Märchen im Verbund miteinander in einem Werk präsentieren. Außerdem sei es nicht verwerflicher, sich durch den „unbehutsamen Glauben an betrügliche Erzählungen“ täuschen zu lassen als durch das „blinde Vertrauen in die Scheingründe der Vernunft“ (II.i.7.; H.i.O.).

116 Brief an Charlotte von Knobloch vom 10. August 1763. Cf. Beilage B.1, S. 90. Die *Metaphysik Herder* belegt, daß Kant das erste Ereignis, in dessen Zentrum die Königin von Schweden steht, sowie das dritte Ereignis, in dem es um den Brand in Stockholm geht, auch seinen Studenten vorgetragen hat. Cf. Beilage D.1, S. 104.

Solchermaßen stehen die herkömmliche Metaphysik und die Phantastereien Swedenborgs auf gleichem Fuße, was einer deutlichen Schmähung der ersteren gleichkommt.

Bei dieser Entschuldigung für sein Interesse an den Phantastereien Swedenborgs läßt Kant es nicht bewenden; er empfindet weiteren Rechtfertigungsbedarf für seine vorgenommene Verbreitung dieser Berichte und holt dazu weit aus. Der Grenzverlauf zwischen Torheit und Vernünftigkeit ist so verschwommen, daß, wer sich lange in dem einen Bereich bewegt, leicht mit einem Fuß in den anderen gerät. Etwas anderes ist aber die Treuherzigkeit, die sich dazu bewegen läßt, nachdrücklich vorgetragenen Beteuerungen das Ohr zu leihen, selbst wenn der Verstand Einspruch gegen diese einlegt. Sie scheint ein Relikt „der alten Stammehrlichkeit" (II.i.8) zu sein, womit Kant die Reverenz eingewurzelten Ansichten gegenüber meint. In die jetzigen aufgeklärten Zeiten paßt ein solches Beglaubigungsprinzip freilich nicht mehr, so daß sie nun leicht zu einer Torheit wird. Damit ist der Ansatzpunkt für Kants Rechtfertigung gefunden, deren Ausgestaltung er aber dem Leser überantwortet. Dieser möge nun die „Mischung von Vernunft und Leichtgläubigkeit", die in den vorgetragenen Erzählungen anzutreffen ist, in ihre Elemente separieren und das Quorum derselben als Kants Denkungsart ansehen. Doch wie diese Beurteilung auch ausfallen mag, Kant weiß sich mit der von ihm begangenen „Torheit" in guter Gesellschaft, so daß eine Entschuldigung eigentlich überflüssig ist. Denn die Zustimmung zu einer von der Mehrheit der Menschen geteilten Narretei schützt vor dem Vorwurf der Unklugheit, wie Kant unter Verweis auf Fontenelle sagt. Er führt eine Reihe von solchen allgemein geglaubten Irrtümern an und meint, es sei zu allen Zeiten so gewesen und werde vermutlich auch künftig so bleiben, daß „gewisse widersinnige Dinge" (II.i.8.) selbst von vernünftigen Menschen angenommen werden, eben weil sie in jedermanns Mund sind. Ob es ein akzeptables Verfahren für einen aufklärerischen Philosophen ist, die Partizipation an einem weithin geteilten Irrtum als Entschuldigungsgrund wofür auch immer anzuführen, steht freilich auf einem anderen Blatt. Möglicherweise ist diese Apologie ärger als der Vorwurf, dem sie begegnen will. Kant beendet diesen Absatz mit der zuversichtlich aufklärerischen Versicherung, daß der Mensch auf Grund seiner natürlichen Verstandesschwäche zunächst zwar alles aufnimmt, was sich ihm darbietet, infolge der allmählichen Kultivierung seiner Begriffe aber das wenige Wahre behält und das Übrige als Abfall verwirft – so auch die Erzählungen Swedenborgs.

Der letzte Absatz (II.i.9.) wirft eine interpretatorische Schwierigkeit auf. Es fragt sich nämlich, wer jener Reisende sein mag, über den Kant im ersten Satz spricht. Möglicherweise meint er damit sich selbst. In diesem Fall hätten wir es hier mit einer weiteren selbstironischen Bemerkung zu tun. Die Anspielung auf das viele Geld, das ihn die Anschaffung der *Arcana Coelestia* gekostet hat, sowie auf die vertane Zeit, die er in die Lektüre des Werks investiert hatte, weisen in diese Richtung. Die Reise wäre dann als seine Beschäftigung mit Swedenborgs Werk zu verstehen, und die „Nachkommenschaft" würde die Leser der *Träume* meinen bzw. mit einschließen, die, nicht anders als Kant es getan hatte, ihre Zeit darauf verwenden, sich über diese Geistererzählungen, nun aus zweiter Hand, zu informieren. Kant desavouiert Swedenborg und seine angeblichen Fähigkeiten durch seine Nachforschungen. Das tut er hier und jetzt, wo die Zeugen von dessen vermeintlicher Kommunikation mit Geistern noch leben und man nicht, wie es späterhin der Fall sein wird, auf das bloße Hörensagen angewiesen ist, was diesen Erzählungen leichteren Eingang verschafft. Dadurch will er der Gefahr entgegenwirken, daß künftig ein neuer Philostrat auftreten könnte, der Swedenborg und seine Leistungen in einem verklärenden Licht erscheinen läßt, so wie es der historische Philostrat mit den Scharlatanerien des Apollonius von Tyana getan hat. Die Leser der *Träume*, aber auch spätere Interessenten an derartigen Fragen, werden Kant folglich für seine Mühe dankbar sein, so daß der Aufwand an Geld und Zeit nicht verloren ist, den er getrieben hat.

3.3.2 II.ii. „Ekstatische Reise eines Schwärmers durch die Geisterwelt“

Dieses lange Hauptstück besteht aus fünf thematischen Blöcken. Kant eröffnet es (Block 1) mit einer methodologischen Reflexion über die Gesichtspunkte, die ihn zu der getroffenen Anordnung der beiden Teile der Abhandlung bewogen haben (II.ii.1.), gefolgt (Block 2) von einer Beurteilung Swedenborgs und seines Werks (II.ii.2.–3.), an die sich (Block 3) eine Inhaltsangabe der *Arcana Coelestia* bzw. des hier allein interessierenden Teiles der *Audita et Visa* anschließt (II.ii.4.–9.). Sodann reflektiert er (Block 4) das Berichtete (II.ii.10.–11.) und kommt im Anschluß daran (Block 5) in drei abschließenden, durch drei Sternchen abgesetzten Absätzen auf den eigentlichen Zweck zu sprechen, den er mit seinen Ausführungen verfolgt, nämlich die Metaphysik und ihre Konsolidierung (II.ii.12.–14.).

Die das Hauptstück eröffnende methodologische Reflexion kommt abermals im Gewand einer Rechtfertigung daher. Der Leser könnte nämlich den Eindruck gewinnen, Kant habe ihn mit der Entscheidung, den dogmatischen Teil dem historischen vorauszuschicken, hinters Licht geführt. Denn dieses Verfahren mag den Anschein erwecken, als habe Kant den dogmatischen Teil, der die rationale Prüfung der Geisterseherei beinhaltet, nach dem bereits feststehenden Urteil über die Visionen Swedenborgs gearbeitet, so daß es kein Wunder ist, daß die Beurteilung derselben eine Bestätigung der negativ ausgefallenen Prüfung der Vernunftgründe ergibt, auf die sie sich stützen zu können glaubt. Man könnte einwenden, daß die angestrebte Entkräftung dieses Vorwurfs hier verfrüht vorgetragen wird, denn der eigentliche Bericht über Swedenborgs Werk steht ja noch aus. Immerhin aber hat Kant auch bis hierher schon hinlänglich klargemacht, daß die Erzählungen von Swedenborgs Unterhaltungen mit den Geistern und Verstorbenen nichts als „lauter Luft“ sind, wie er (I.iv.1.) gesagt hatte.

Kant nutzt diesen vorhersehbaren Einwurf zu einer Analyse der in der Philosophie praktizierten Beweisverfahren. Deren gibt es zwei, nämlich den apriorischen und den aposteriorischen Weg. Die eine Gruppe der Philosophen wählt den moderneren aposteriorischen Weg und setzt bei den Erfahrungserkenntnissen an, um sich schrittweise zu immer höheren bzw. allgemeineren Einsichten voranzuarbeiten. Das Mißliche dieses Verfahrens liegt nun darin, daß man „bald bei einem Warum" (II.ii.1.; H.i.O.) ankommt, auf das keine Antwort mehr gegeben werden kann. M.a.W.: Das empiristische Verfahren gestattet keine Letztbegründungen, auf die der Philosoph aber aus ist. Deshalb hat die andere Gruppe der Denker den entgegengesetzten Weg gewählt und ist von dem höchsten Punkt der Metaphysik ausgegangen, um sich von dort herabsteigend der Mannigfaltigkeit der Phänomene zu nähern. Doch auch dieses Verfahren ist mit einer Unannehmlichkeit verbunden, nämlich „[...] daß man anfängt, ich weiß nicht wo, und kommt, ich weiß nicht wohin [...]" (II.ii.1.; H.i.O.). M.a.W.: Das apriorische Verfahren ist mit einer willkürlichen Setzung des Anfangs verbunden und bedarf in seiner Ausführung einer Verfahrensvorschrift, die stets interessengeleitet ist und sein muß.[117] Beides steht der geforderten Objektivität entgegen. Mehr noch: Da die auf dem apriorischen Weg praktizierte Verfolgung von Gründen nicht mit den Ergebnissen der empiriegeleiteten aposteriorischen Forschung zusammentreffen will, sondern beide Verfahren parallel zueinander verlaufen, sind die Philosophen, ohne eigentlich Absprache darüber getroffen zu haben, zu der Praxis gelangt, daß ein jeder den Ausgangspunkt seiner Forschungen so wählt, wie es ihm richtig erscheint, und die Beweise unmerklich, aber zielgerichtet nach dem Punkt ausrichtet, den er im Auge hat. Durch dieses Kunststück, das man den apriorischen Weg nannte, obwohl er aposteriorisch abgesteckt war, konnte man beweisen, was man beweisen wollte. Das ist im Grunde ein Taschenspielertrick, ein Weg, den Kant für „ganz verkehrt" hält und den er, wie er Mendelssohn wissen läßt,

[117] Kants frühe Notate machen deutlich, daß er mit dieser Kritik auf Wolff abzielt. Cf. das oben S. LXIV angeführte Zitat aus N nd4.

„mit Wiederwillen ja mit einigem Hasse" ansieht.[118] Aber da dies die allgemeine Praxis ist, hielte sich Kant für entschuldigt, wenn auch er dieses Verfahren angewendet hätte.

Doch Kant hatte diesen Argumentationstrick gar nicht nötig, eben weil er dem Leser bereits im dogmatischen ersten Teil reinen Wein eingeschenkt hatte. Außerdem trifft seine „philosophische Hirngeburt" bzw. sein „System" (II.ii.1.), womit er auf seinen zuvor in I.i. und I.ii. vorgenommenen Versuch Bezug nimmt, der Geisterseherei ein rationales Fundament zu substruieren, mit dem Befund der Swedenborgschen Ausführungen recht genau überein. Aber das Textzeugnis, das diesen Befund zutage fördert – die einschlägigen Passagen der *Audita et Visa* also –, ist so „verzweifelt mißgeschaffen und albern", daß wegen der unterstellten Konvergenz von dogmatischen und historischen Gründen dessen beschämender Zustand eher die Vernunftgründe Kants diskreditieren würde, als daß man diesen zutrauen möchte, die Swedenborgschen Phantastereien zu plausibilisieren. Da Kant also im dogmatischen Teil der Abhandlung sein „System" der Rationalpsychologie nicht mit einem Seitenblick auf die Phantastereien Swedenborgs erstellt hat, steht der Leser vor der Wahl, entweder in den Schriften des Schweden mehr vernünftige Substanz und Wahrheit zu erblicken, als diese auf den ersten Blick zu erkennen geben – was Kant für ausgeschlossen hält –, oder aber es dem Zufall zuzuschreiben, daß Kants rationale Prüfung der Geisterseherei mit der Beurteilung des konkreten Falls Swedenborg im Ergebnis weithin übereinstimmt.

Damit kommt Kant zu seiner eigentlichen Aufgabe, nämlich die „Schriften [s]eines Helden" (II.ii.2.) vorzustellen. Tatsächlich spricht er nur über eins von dessen vielen Werken[119] und nimmt auch dabei eine starke Beschränkung vor, denn er referiert nicht

118 Brief an Mendelssohn vom 8. April 1766. Cf. Beilage B.3, S. 94.

119 Cf. das 150 Nummern umfassende Verzeichnis der gedruckten und ungedruckten Schriften Swedenborgs in *Emanuel Swedenborgs Leben & Lehre. Eine Sammlung authentischer Urkunden über Swedenborgs Persönlichkeit, und ein Inbegriff seiner Theologie in wörtlichen Auszügen aus seinen*

die umfänglichen *Arcana Coelestia* insgesamt, die eine Art Erhellung des verborgenen Sinnes der ersten zwei Bücher Mose anstreben, sondern lediglich den Teil der *Audita et Visa*, also das von Swedenborg vorgeblich „Gehörte und Gesehene". Kant wird das selbst in II.ii.3. klarstellen. Doch bevor er zu seinem Lektürebericht ansetzt, muß sich Swedenborg noch den Vorwurf gefallen lassen, ein völlig vernunftentleertes riesiges Werk geschaffen zu haben – „acht Quartbände voll Unsinn" –, das aber erstaunlicherweise dennoch in seinen Ergebnissen in Übereinstimmung mit dem Resultat steht, das die subtilste Vernunft über das in Rede stehende Thema ermitteln kann. Damit betont Kant erneut die Parallelität der Ergebnisse seiner Prüfung und der Swedenborgschen Phantastereien. Swedenborgs Stil, so teilt er ferner mit, ist „platt", und seine Berichte aus der jenseitigen Welt sind aus „fanatischem Anschauen" (II.ii.3.; H.i.O.) hervorgegangen und nicht etwa einer „verkehrtgrübelnden Vernunft" entsprungen. Das ist auch der Grund, weshalb ein kurzer Abriß seiner Nachrichten lohnt, denn diese sind gleichwohl nicht willkürlich und bezugslos aneinandergereiht, sondern beruhen auf dem interessanten Phänomen einer „zusammenhängende[n] Täuschung der Sinne". Kant nimmt den Schweden ausdrücklich vor dem Verdacht in Schutz, daß er sich seine Erzählungen auf Grund irriger Räsonnements und in betrügerischer Absicht ausgedacht hätte.[120] Man muß also bei Swedenborg Wahnsinn und Wahnwitz unterscheiden. Kant läßt deshalb die oft falschen Folgerungen, die Swedenborg aus seinen Visionen zieht, unkommentiert und konzentriert sich ganz auf die Schilderung von dessen Gesichten als dem wirklich interessanten Teil seines Werks.

Nun beginnt das eigentliche Referat der *Audita et Visa* (II.ii.4.–9.), d.h. der Textstücke, die Swedenborg in seine exegetischen Ausführungen zu den beiden ersten Büchern Mose

Schriften. 2 Teile in 1 Bd. Frankfurt am Main 1880. Neudruck Zürich 1978, S. 94–110.

[120] Später ist Kant zu einer gegenteiligen Einschätzung gelangt. Cf. Erläuterung 180.

als Berichte über seine ununterbrochen geführten Gespräche mit der Geisterwelt eingefügt hat und die das, wie der Name sagt, dabei von ihm Gehörte und Gesehene zum Inhalt haben. Wir gehen hierauf inhaltlich nicht näher ein, weil Kant im folgenden zum einen lediglich das von Swedenborg Gesagte resümiert und sein Bericht ohne weiteres verständlich ist, sowie zum anderen, weil wir in den Erläuterungen zu diesem Teil der *Träume* die von Kant angesprochenen Lehren Swedenborgs in den *Arcana Coelestia* identifiziert und die jeweiligen Passagen aus dem Werk – erstmals in einer deutschen Ausgabe der *Träume* – in Übersetzung angeführt haben.[121] Auf diese Weise kann sich der Leser selbst einen Eindruck von der Korrektheit des Kantischen Referats verschaffen. Es ist, so wird er sehen, von wenigen Ausnahmen abgesehen, frei von spöttischen Bemerkungen,[122] in nüchtern informierender Sprache abgefaßt und auf die zentralen Punkte der Swedenborgschen Lehre ausgerichtet, die in Kants zutreffender Darstellung als ein zusammenhängendes Ganzes greifbar wird, so daß man Kant eine gründliche und genaue Lektüre sowie eine faire Wiedergabe derselben bescheinigen darf.[123] Ferner zeigt sich, daß Kant eine klare Trennungs-

[121] Wir haben nicht jedes Wort Kants in den *Arcana Coelestia* nachgewiesen, aber doch genügend Stellen angeführt, um aufzuzeigen, daß Kants Referat zutreffend ist und einen zuverlässigen Bericht der Ausführungen Swedenborgs bietet.

[122] Eingangs von II.ii.7. erwähnt Kant „*Swedenborgs* Phantasterei", im gleichen Absatz ist von „wilden und unaussprechlich albernen Gestalten" die Rede, die Swedenborg zu sehen glaubt. In II.ii.8. fällt der Ausdruck „Ungereimtheit", und anfangs von II.ii.9. spricht Kant von der „abenteuerlichsten und seltsamsten Einbildung", zu der sich die Träumereien Swedenborgs verbinden – alles in allem keine gravierenden Verunglimpfungen, bedenkt man den spöttisch-sarkastischen Grundton der *Träume* insgesamt. Im Anschluß an seinen Bericht freilich bekennt Kant, er sei „[...] es müde, die wilden Hirngespinste des ärgsten Schwärmers unter allen [...]" (II.ii.10.) zu kommunizieren. Doch diese Äußerung fällt wohlgemerkt außerhalb des Berichtes selbst und wird in II.ii.11. wiederholt.

[123] Dieses Urteil teilt Julius Ebbinghaus: „Ich meinerseits finde den kantischen Bericht [...] von großer Korrektheit" (*Kant und Swedenborg* [^{1}1943].

linie zwischen Referat und seinem Urteil über das Referierte zieht.

Im Anschluß an die Präsentation der Lehre Swedenborgs sollte man nun erwarten, daß Kant die bereits mehrmals angesprochenen Übereinstimmungen mit seinem im ersten Teil entwickelten „System" klar herausstellte. Das tut er aber nicht.[124] Diese Unterlassung ist verwunderlich, denn schließlich wurden die voranstehenden philosophischen Anstrengungen ja unter-

In: ders.: *Gesammelte Aufsätze, Vorträge und Reden*. Darmstadt 1968, S. 74, Fn.). Er wendet sich mit seiner Stellungnahme gegen Ernst Benz, in dessen Augen Kant Swedenborg „[...] in einem kühnen literarischen Handstreich angriff und lächerlich machte [...]" und damit „das Todesurteil" über Swedenborg sprach. Benz sah „diese schroffe Ablehnung Swedenborgs durch Kant" in einer „Affektentladung" Kants gründen. Die *Träume* stellen folglich für ihn „[...] keine kühle wissenschaftliche Auseinandersetzung mit Swedenborg und seiner Lehre dar [...]", sondern sind eine „karikaturhafte Verzeichnung seines Bildes" (*Immanuel Swedenborg als geistiger Wegbahner des deutschen Idealismus und der deutschen Romantik.* Deutsche Vierteljahrsschrift für Literaturwissenschaft und Geistesgeschichte 19 [1941], S. 2, 10, 12). In seiner Studie *Swedenborg in Deutschland* bezeichnet Benz Kants Beurteilung Swedenborgs als „einseitig, ja als ungerecht" (a. a. O., S. 239 u. ö.). Auf diese Einschätzung von Benz stößt man bereits in dem anonymen *Prüfungsversuch, ob es wol schon ausgemacht sei, daß Swedenborg zu den Schwärmern gehöre* aus dem Jahr 1786 (cf. Beilage E.14, S. 136–147). Doch die Rezension zu dieser Schrift, die 1788 in Friedrich Nicolais *Allgemeine[r] Deutsche[r] Bibliothek* erschien, wendet sich gegen die Beurteilung, Kants Darstellung von Swedenborgs Lehre sei „ihm ganz mißlungen" und er habe „Sw.[edenborgs] System ganz mißverstanden". Der anonyme Rezensent stellt ausdrücklich fest, daß Kant durch den Verfasser des *Prüfungsversuchs* „[...] hier offenbar Unrecht geschah" (cf. Beilage E.15, S. 154). Seiner Meinung nach also ist Kants Referat Swedenborgs korrekt und Kants Beurteilung des Berichteten als Unsinn zutreffend – so wie es Ebbinghaus auf Grund einer gründlicheren Prüfung auch sieht.

[124] Ebbinghaus hat diesen Mangel verspürt und einen Vergleich der beiden Lehren in seiner Studie *Kant und Swedenborg*, a. a. O., S. 73 f., vorgenommen. Er stellt, ebenso wie Kant selbst, ein beachtliches Maß an Übereinstimmung fest und benennt einige der zentralen Punkte.

nommen, um die Kongruenz der Positionen Swedenborgs mit den Lehren der Metaphysik zu erweisen.

Wenn wir unsererseits einige dieser Parallelitäten benennen wollen, so ist auf folgende Punkte hinzuweisen.

1. Beide Denker teilen das Weltganze in zwei Bereiche ein, in die materielle und die spirituelle bzw. intelligible Welt. In beiden Systemen ist der Mensch zugleich Bürger dieser zwei Welten, wenngleich den Menschen das Swedenborg zufolge in der Regel nicht bewußt ist.[125]
2. In der materiellen Welt herrschen physikalische Gesetze, sie ist raum-zeitlich strukturiert. In der spirituellen Welt ist die

[125] „Ja es kann durchaus kein Engel oder Geist oder Verein einiges Leben haben, d. h. vom Guten angeregt werden (d. h.) wollen, oder vom Wahren angeregt werden (d. h.) denken, er habe denn eine Verbindung durch mehrere seiner Gesellschaft mit dem Himmel und mit der Geisterwelt. Ebensowenig kann das Menschengeschlecht oder ein einzelner Mensch, wer und wie beschaffen er auch sei, irgend leben, d. h. vom Guten angeregt werden, (d. i.) wollen, vom Wahren angeregt werden, (d. i.) denken, er sei denn in gleicher Weise verbunden mit dem Himmel durch die Engel bei ihm und mit der Geisterwelt, ja mit der Hölle durch die Geister bei ihm. Denn jeder ist, wenn er im Leibe lebt, in einer gewissen Gesellschaft von Geistern und Engeln, obwohl er dies gar nicht weiß, und wenn er nicht durch die Gesellschaft, in der er ist, verbunden ist mit dem Himmel und in der Geisterwelt, so kann er auch nicht eine Minute leben.“ Die *Arcana Coelestia* werden, sofern nicht ausdrücklich anders vermerkt, nach der deutschen Übersetzung zitiert, die Johann Friedrich Immanuel Tafel Mitte des 19. Jahrhunderts in Angriff genommen hatte und von der 1863 die ersten fünf Bände vorlagen. Emanuel Swedenborg: *Die himmlischen Geheimnisse, die in der Heiligen Schrift oder im Worte des Herrn enthalten und nun enthüllt sind.* Orthographisch und typographisch revidierter Nachdruck der Basler Ausgabe von 1867–69. 14 Bde., Suppl.- u. Reg.-Band. Zürich 1998–1999. Zitate daraus werden mit HG [= Himmlische Geheimnisse] abgekürzt und mit der Paragraphenziffer belegt, gefolgt von Band- und Seitenzahl der genannten Übersetzung; hier: HG 687, Bd. XV, S. 29f. Diese Ausgabe ist online verfügbar, cf. unten S. CLVII f.

raum-zeitliche Struktur aufgehoben, hier gelten moralische Gesetze.[126]

3. Unsere Stellung in der moralischen Welt ist schon jetzt durch die Sittlichkeit unserer Handlungen bestimmt und wird nach den dort geltenden Gesetzen auch entsprechend beurteilt. Diese Gesetze sind universal, d. h. sie werden von allen Beteiligten anerkannt. Die moralische Verfassung dieser jenseitigen Welt garantiert einen Ausgleich der in der Körperwelt erlittenen Ungerechtigkeit.
4. In der spirituellen Welt kommunizieren die Geister ohne Vermittlung materieller Elemente miteinander, indem sie auf den inneren Sinn des anderen Geistes einwirken. Das geschieht dadurch, daß sie wechselseitig in ihre Gedanken blicken und Gedanken von anderen Geistern empfangen. Die Stellung der Geister zueinander ist durch den Grad ihrer Zuneigung zu dem Guten und Wahren bestimmt.[127] Folglich ist die Stellung eines Geistes in der Geisterwelt keine topographisch benennbare, sondern sie bestimmt sich nach Maßgabe „der Liebe und Liebtätigkeit“ bzw. seines Verhältnisses zum Guten und Wahren.[128]
5. Daß Swedenborg bereits jetzt mit den Geistern kommunizieren kann, ist, wie er mitteilt, eine Gnade, die ihm allein erwiesen wurde.[129] Dieser Sonderfall läßt sich aber insofern in die behauptete Parallelität der Lehren einbinden, als Kant ausdrücklich die Möglichkeit eines solchen Falles offengelassen

[126] Prägnante Formulierungen dieser Position finden sich bei Kant innerhalb der Reflexionen bereits Ende der 1760er und Anfang der 1770er Jahre. In der auf die 1769 bis spätestens Herbst 1770 datierten Refl. 4108 heißt es: „Der mundus vere intelligibilis ist mundus moralis“ (cf. Beilage C.3, S. 99). Ebenso Refl. 4349 (wahrscheinlich 1770–71): „[…] nur der Mundus moralis […] ist intelligibilis“ (Ak XVII, $516_{03\text{-}04}$).

[127] Ebbinghaus sieht in diesem Punkt eine besonders große Nähe der Swedenborgschen Lehre zu derjenigen Kants. *Kant und Swedenborg*, a. a. O., S. 73.

[128] HG 450, Bd. XV, S. 19.

[129] HG 5, Bd. I, S. 26; HG 67, Bd. I, S. 67; HG 1634, Bd. XV, S. 92.

hatte, wenngleich unter dem Vorbehalt, ein solcher Mensch sei mental gestört (I.iii.7.).

6. Als ein letztes Beispiel für die Gleichgerichtetheit der Auffassungen der beiden Denker sei die Prävalenz der spirituellen Welt der materiellen gegenüber angeführt. Kant selbst bezeichnet dieses Lehrstück Swedenborgs als einen „Hauptbegriff" in dessen Lehre (II.ii.7.). Ihm zufolge kommt den materiellen Dingen keine eigenständige Substantialität zu; sie gründen alle und somit die Körperwelt insgesamt im Geistigen.[130] Dies entspricht der Vorrangstellung des mundus intelligibilis mit seinen praktischen Vernunftgesetzen gegenüber der Sinnenwelt mit ihren kontingenten Naturgesetzen.[131]

Soviel zu der „wundersame[n] Übereinkunft" der Visionen Swedenborgs „[...] mit demjenigen, was die feinste Ergrübelung der Vernunft über den ähnlichen Gegenstand herausbringen kann [...]" (II.ii.2.).[132]

Damit darf Kants wiederholt gegebene Versicherung als bewahrheitet gelten, daß er „[...] die Träumereyen des Schwedenbergs selbst, wenn iemand ihre Möglichkeit angriffe, mir zu vertheidigen getrauete" [...].[133] Warum aber, so mag man fragen, hat er sich bei diesem Sachstand partieller Parallelität, wenn nicht gar Identität des Lehrbestandes dennoch in so starken Worten und

130 „[...] daß Natürliches keineswegs existieren könnte, wenn nicht aus einer früheren Ursache. Die Ursache desselben ist aus dem Geistigen. Natürliches, das nicht daher seine Ursache ableitet, kann es nicht geben" (HG 2991, Bd. XV, S. 171.). Cf. auch HG 2992, ebd.

131 In § 32 der *Prolegomena* etwa heißt es, den Erscheinungen lägen Noumena zugrunde, die damit auch in theoretischer Hinsicht den Phänomena gegenüber ausgezeichnet sind. Ak IV, 314_{33}-315_{06}. Über die Frage, ob sich diese Aussage mit Kants Lehre von den Phänomena und Noumena vereinbaren läßt, ist hier nicht zu urteilen.

132 Cf. mit dieser Zusammenstellung die in Teilen abweichende Liste der Gemeinsamkeiten, die Johnson präsentiert, sowie die von Stengel herausgestellten Parallelitäten, von denen unten (S. CXXVII–CXXXI) gehandelt wird.

133 Brief an Mendelssohn vom 8. April 1766. Cf. Beilage B.3, S. 96.

mit aller Entschiedenheit von Swedenborg und dessen Visionen abgewendet? Die Antwort hierauf hat zwei Teile.

Zum einen ist es das in den ersten Hauptstücken von Kant skizzierte pneumatologische Lehrgebäude selbst. Seine Skizzierung gilt ihm nicht länger als ein „Abenteuer", das er „auf dem Luftschiff der Metaphysik gewagt" habe (II.ii.3.). Er diskreditiert es nun – nicht ohne Grund – als seine „philosophische Hirngeburt" (II.ii.1.). Kant hat es unter Verwendung von Versatzstücken der „dogmatischen" Metaphysik zusammengeschustert, über die er, wie die Schriftengruppe aus dem Anfang der 1760er Jahre klar zeigt, längst hinausgekommen war. Wir erinnern an die in der Preisschrift von 1762/64 proklamierte analytische Methode, die es in der Philosophie zu praktizieren gelte.[134] Sie machte aus der Metaphysik eine begriffszergliedernde Disziplin, an deren Ende als Ergebnis der Bemühungen eine Sammlung der „unauflösliche[n] Begriffe"[135] als den irreduziblen kleinsten Elementen des jeweils vorgegebenen philosophischen Themas zu erwarten war. Das hatte mit den monumentalen, auf synthetische[136] Weise gearbeiteten Systemen, wie Wolff und seine Schüler – darunter auch Baumgarten – sie präsentierten, nichts mehr zu tun; und erst recht nichts mit den im wahrsten Sinn des Wortes himmelstürmenden Einsichten, wie Swedenborg sie bezüglich der Verhältnisse in anderen Welten anzubieten hatte. Ferner könnte man auf das Lehrstück der materiellen Ideen hinweisen, mit dem Kant den Visionen Swedenborgs ein rationales Korsett einzuziehen versucht, von dem er sich selbst aber deutlich distanziert.[137] Nicht unerwähnt darf bleiben, daß die Humesche Einsicht, wonach es keinen a priori einsehbaren Zusammenhang

[134] „Es ist noch lange die Zeit nicht, in der Metaphysik synthetisch zu verfahren […]". *Untersuchung über die Deutlichkeit der Grundsätze der natürlichen Theologie und der Moral.* Ak II, $290_{22\text{–}23}$.

[135] Ebd., Ak II, 280_{16}.

[136] Herder merkt in seiner Rezension der *Träume* anerkennend an, daß ihr Verfasser „den glücklichen Analytischen Weg gehet, […] zu philosophiren […]". Cf. Beilage E.2, S. 119.

[137] Cf. die in Erläuterung 55 angeführten Belege aus Kants Werk.

zwischen Ursache und Wirkung gibt und die Vernunft folglich keine diesbezüglichen Aussagen zu treffen vermag, sondern einzig und allein die Erfahrung in derartigen Fragen Auskunft geben kann, nicht zu dem rudimentären rationalen „System" paßt, dessen Parallelität zu Swedenborgs Ansichten Kant betont. Weit gefehlt also, daß die benannten Übereinstimmungen zu einer Art Schulterschluß zwischen Kant und Swedenborg auf ganzer Linie führen könnten. Im Gegenteil: Die zum Aufweis dieser Parallelitäten der herkömmlichen Metaphysik entborgten Lehrstücke diskreditieren sich selbst und die Metaphysik insgesamt eben dadurch, daß sie tauglich sind, dem Swedenborgschen Unsinn einen vernunftgegründeten Anstrich zu geben. Kant hatte die „ungemeine Biegsamkeit" metaphysischer Hypothesen (I.ii.14.) und die Adaptionsfähigkeit „einer bodenlosen Weltweisheit" an jede beliebige „Torheit" (I.iii.9.) wiederholt herausgestellt. Sie hatten also für Kant bereits jeglichen Kredit verloren. Ihre Verwendbarkeit zum Erweis einer partiellen Vernunftgemäßheit der Lehren Swedenborgs desavouierte sie selbst und in eins damit die Lehren, die durch sie stabilisiert werden sollten.[138]

Zum anderen aber sind es die geschilderten „Himmlischen Geheimnisse" selbst, die jede Art von Verständnis oder gar Sympathie Kants für Swedenborgs Visionen unmöglich machen. Man muß sich vergegenwärtigen, daß die Parallelitäten in den Lehrverfassungen beider, so wie sie von Kant in I.i.-I.iii. herauspräpariert werden, lediglich die abstrakte allgemeine metaphysische Einrichtung der intelligiblen Welt betreffen. Aber die *Arcana Coelestia* bieten weit mehr, und dieses Mehr ist für einen Aufklärer wie Kant, der vernünftigen Einsichten und nur ihnen verpflichtet ist, völlig unannehmbar. Hierfür einige Beispiele.

138 Diese in Kants Beurteilung der Lage der Metaphysik um 1765 begründeten Gesichtspunkte läßt Ebbinghaus bei der Erörterung der Frage ganz unberücksichtigt, warum Kant sich trotz der aufgewiesenen rationalen Elemente in Swedenborgs Lehre so entschieden von ihr abwendet. Für Ebbinghaus liegt der ausschlaggebende Punkt für Kants Aversion ausschließlich in den inhaltlichen Absurditäten und Widerwärtigkeiten, mit denen die *Arcana Coelestia* gespickt sind. *Kant und Swedenborg*, a. a. O., S. 74–76.

Die Engel, so hatten wir gehört, kommunizieren ihre Gedanken untereinander, ohne ein materielles Medium zu benötigen, indem sie direkt in den Geist der anderen Engel hineinschauen und auf ihn einwirken. Erkenntnis der materiellen Welt bliebe ihnen vorenthalten, wenn sie nicht durch Einblicknahme in den Geist Swedenborgs – und in dessen Geist allein, der wie ein Panoptikum für sie ist – Zugang zu dem Wissen von der Körperwelt hätten, das er besitzt.[139] Wer das noch verkraften kann, findet bei der Schilderung des Erwachens der Seele im Geisterreich eine härtere Herausforderung für seine Gutgläubigkeit. Denn im Falle der Anwesenheit von Engeln nehmen diese Seelen dabei „[...] einen aromatischen Geruch wahr, wie von einem einbalsamierten Leichnam [...]“.[140] Die Schilderung der Vorgänge in den diversen Höllen[141] aber setzt allen anderen Reiseberichten Swedenborgs die Krone auf. In der tiefsten Hölle, „[...] wo ein gar übler Gestank wie von Leichen ist [...]“, sitzen die von Haß erfüllten Sünder, die sich an diesem Gestank gleichwohl delektieren. Sie sind nackt, haben einen schwarzen Leib und schickten ein hübsches Kind zu Swedenborg, das einen verborgenen Dolch und ein Giftgefäß bei sich führte, um ihn auf die eine oder andere Weise zu ermorden.[142] Messer, mit deren todbringender Verfügbarkeit man in einer jenseitigen Welt nicht unbedingt gerechnet hätte, spielen auch in einer anderen Hölle eine wichtige Rolle, wo die Insassen sich mit Dolchen zu erstechen scheinen, die ihren Händen aber immer wieder entwunden werden, sobald sie die Brust des anderen erreichen. In ihrer Nähe befinden sich Kannibalen, die sich in den Schultern der anderen Höllenbewohner festbeißen und sich wechselseitig auffressen. Links von ihnen ist ein Gewässer mit riesengroßen Walfischen, die sich offenbar ein Vergnügen daraus machen, die Menschen zu ver-

[139] HG 1880, Bd. XV, S. 111, zitiert in Erläuterungen 233, 235.
[140] HG 175, Bd. XV, S. 9.
[141] HG 700, Bd. XV, S. 33.
[142] HG 814, Bd. XV, S. 34.

schlingen und dann wieder auszuspeien.[143] Unappetitlich wird es bei der Schilderung der Bestrafung von Straßen- und Seeräubern. Sie lieben vor allem „stinkenden und stark riechenden Harn". Einer derselben näherte sich Swedenborg und knirschte stark mit den Zähnen, obwohl er gar keine Zähne mehr besaß, und gestand ihm, daß er „[...] viel lieber in garstiger Jauche leben wolle, als in den klarsten Wassern, und daß der Harngestank es sei, an dem er sich ergötze. In Mistjauche-Behältern, sagte er, wolle er lieber als sonstwo verweilen [...]".[144] Die katholischen Würdenträger sitzen übrigens in der entferntesten Hölle, weil sie in ihrer Religion wie Götter verehrt werden wollen und daher „von Hass und Rachsucht" erfüllt waren und noch sind gegenüber allen, die ihnen diesen Anspruch verwehren.[145] Heuchlerische Räuber, und damit schließen wir unseren Einblick in das Leben in den Höllen, streben danach, ihre Artgenossen mit Beilen und Bohrern, die auch noch an anderen Stellen zum peinigenden Einsatz kommen, zu ermorden, was jedoch nicht gelingt.[146] Wer wissen möchte, wie es Ehebrechern und Verführern von Jungfrauen ergeht, sei auf HG 825–829 verwiesen.[147] Kurzum: Diese Schilderungen erwecken den Eindruck, als seien sie von den apokalyptischen Bildern eines Hieronymus Bosch wie etwa „Die Höllenfahrt" inspiriert.[148] Von Rationalität sind sie so scharf getrennt wie Himmel und Hölle.

Kant betont an zwei Stellen von II.ii.11., einen zuverlässigen Bericht von Swedenborgs Ausführungen gegeben zu haben, was er, wie wir bereits sagten, zu Recht für sich in Anspruch neh-

143 HG 819, Bd. XV, S. 36f.

144 HG 820, Bd. XV, S. 37.

145 HG 587. In: Emanuel Swedenborg: *Himmel und Hölle nach Gesehenem und Gehörtem.* Hg. und umfangreich kommentiert von Hans-J. Hube. 3. Auflage Ulm 2003, S. 378.

146 HG 821, Bd. XV, S. 38.

147 Bd. XV, S. 39–42.

148 Für Friedrich Balke allerdings lesen sich Swedenborgs „[...] Träumereien [...] wie ein einziger staubtrockener, im Ton vollkommen ‚platter' Bericht an eine Akademie [...]". *Wahnsinn der Anschauung*, a. a. O., S. 305.

men darf. Lediglich einige besonders degoutante Details der Verhältnisse in der jenseitigen Welt, die Swedenborg gesehen und erlebt haben will, habe er mit Rücksicht auf das Wohlbefinden des Lesers fortgelassen, wofür dieser ihm dankbar sein dürfte. Diese ganze Arbeit war indes umsonst, wie Kant in dem selbstspöttischen Ton bekennt, mit dem er dem Hohn anderer zuvorkommen will.[149] Der Grund ist das Fehlen von triftigen Beweisen für das Berichtete. Denn da die geschilderten Offenbarungen, die Swedenborg zuteil wurden, ihrer Eigenart entsprechend privater Natur sind und sich ipso facto nicht selbst verifizieren können, bleibt nur die Möglichkeit, daß sie sich durch Vorfälle bekräftigen lassen, für die es Zeugen wie bei den drei Erzählungen gibt, die Kant in II.i.4.–6. referiert und schon im Knobloch-Brief verwendet hatte. Doch solche lebende Zeugen fehlen, und damit ist der einzige mögliche Legitimationsgrund hinfällig geworden, sich mit diesen Lehren ernsthaft zu befassen, wie Kant zerknirscht einräumen muß.

Dieses Eingeständnis, vergeblich Mühe in die behandelte Sache investiert zu haben, leitet nach einer weiteren drucktechnisch ausgewiesenen Zäsur im Text zur – entschuldigenden – Erklärung der Abfassungsgründe über, die auf die Nachfragen aus Kants Bekanntenkreis abstellen und die wir eingangs behandelt haben. Die das zweite Hauptstück beschließenden drei Absätze II.ii.12.–14. fallen, wie wir bereits erwähnten, genau betrachtet nicht mehr unter die Überschrift von Teil II, „welcher historisch ist". Sie würden eigentlich auf Grund ihres Inhaltes zusammen mit dem dritten Hauptstück einen eigenen Teil mit eigener Überschrift erfordern.

Denn Kant knüpft an das wiederholte Eingeständnis, mit der unternommenen Untersuchung einen Fehlschlag getan zu haben, das überraschende Bekenntnis, einen ganz anderen als den vorgeblichen Zweck verfolgt zu haben, und dieser habe die Metaphysik zum Gegenstand. Damit ist das Thema Swedenborg und die Geisterseherei, das von der philosophischen Sache her mit

[149] So im Brief an Mendelssohn vom 8. April 1766. Cf. Beilage B.3, S. 93.

dem ersten Teil bereits sein Ende hätte finden können, endgültig abgeschlossen. Die herkömmliche Metaphysik ist pars pro toto anhand der Kritik der Pneumatologie destruiert, Swedenborg als ein „Erzphantast“ erwiesen, und Kant steuert jetzt und in dem abschließenden dritten Hauptstück einige der zukunftsweisenden Elemente an, die für sein Denken charakteristisch sind. Hier liegt der Kristallisationspunkt der kritischen Philosophie insgesamt.

Zu Beginn dieses letzten thematischen Blocks äußert Kant seine Zuneigung zur Metaphysik in Form eines Liebesbekenntnisses. Die Liebe ist jedoch recht einseitig, weil sie von der Geliebten nicht in gewünschtem Maße erwidert wird. Das bedeutet, daß Kants Bemühungen um eine Konsolidierung der Metaphysik bislang nicht den erhofften Erfolg hatten.[150] Tatsächlich ist er von dieser Leidenschaft von Anfang an erfaßt; erste öffentlich wahrnehmbare Bekenntnisse zu ihr legt er mit den Schriften aus den frühen 1760er Jahren ab. Und diese Liebe bleibt und beherrscht sein Wirken weiterhin bis in das Nachlaßwerk hinein, unbeschadet der 1781 durch das Erscheinen der *Kritik der reinen Vernunft* markierten Zäsur.

Zwei Gründe sind es, die eine Beschäftigung mit dieser Disziplin verlohnen. Erstens verspricht sie eine Befriedigung der Wißbegierde, wenn die forschende Vernunft den verborgenen Eigenschaften und Zusammenhängen der Dinge nachspürt. Allein hierbei fällt das Ergebnis oft ernüchternd aus und läßt den Forscher enttäuscht zurück – wie im vorliegenden Falle der Klärung der Geisterseherei geschehen. Doch es gibt noch einen zweiten Grund, sich mit der Metaphysik zu befassen, und dieser bislang „unbekannteste und zugleich [...] wichtigste“ Grund benennt bereits die Kernaufgabe der späteren Vernunftkritik. Er besteht darin, die Grenzen der menschlichen Vernunft zu be-

[150] Cf. zu diesen Bemühungen und dem immer wieder konstatierten Scheitern derselben Kreimendahl: *Kant. Der Durchbruch von 1769*. Kap. IV: „Die Lage der Metaphysik im Urteil des vierzigjährigen Kant“, a. a. O., S. 103–136.

stimmen und auszuloten, ob eine vorgelegte Aufgabe überhaupt den Erkenntnisfähigkeiten des Menschen angemessen ist,[151] oder mit anderen Worten, den Zusammenhang der Aufgabe mit unseren Erfahrungsbegriffen zu bestimmen. Denn auf solche müssen sich letztlich alle unsere soliden Aussagen zurückführen lassen. Es gibt zwar viele Fragen, wie auch die nach der Geisterseherei, welche die Vernunft bedrängen; aber nicht auf jede Frage ist die Vernunft im Stande, eine begründete Antwort zu liefern. Insofern ist die Metaphysik „eine Wissenschaft von den Grenzen der menschlichen Vernunft" (II.ii.13.; H.i.O.). Die Definition, die sein Leitautor Baumgarten von ihr gegeben hatte, daß sie nämlich „die Wissenschaft von den ersten Prinzipien der menschlichen Erkenntnis" sei, ist damit bereits jetzt von Kant als hinfällig erkannt[152] und wird durch die genannte Bestimmung ersetzt, die zum Kernbestand der Transzendentalphilosophie gehört. Folglich besteht die Aufgabe der Metaphysik nicht länger in der Gewinnung positiver Erkenntnisse vom Übersinnlichen, sondern sie hat die deliminatorische Aufgabe der Festsetzung der Grenzen der menschlichen Erkenntniskraft.[153] Diese Grenzen

151 Gänzlich unbekannt ist dieses Projekt einer der eigentlichen Erkenntnisgewinnung vorausliegenden Auslotung der Erkenntnisfähigkeit des Verstandes freilich nicht. Unter anderen ist John Locke Kant hierin vorangegangen. Schon Locke nimmt sich vor, „the Original, Certainty, and Extent of humane Knowledge" zu bestimmen (*Essay Concerning Human Understanding* I.i.2. Ed. with an introduction, critical apparatus and glossary by Peter H. Nidditch. Reprinted [with corrections] Oxford 1979, S. 43.). Auf die Bedeutung Lockes für Kants Plan einer Festsetzung der menschlichen Erkenntnisfähigkeit ist in der Forschung wiederholt hingewiesen worden.

152 *Metaphysica/Metaphysik*, § 1, a. a. O., S. 52/53. In der *Kritik der reinen Vernunft* (A 843 f./B 871 f.) wird Kant sich ausführlich mit dieser Baumgartenschen Definition befassen und sie zurückweisen.

153 Giorgio Tonelli zufolge zieht Kant diese Grenzen so eng wie kein anderer zeitgenössischer Philosoph. *Kant's Ethics as a Part of Metaphysics: A Possible Newtonian Suggestion? With Some Comments on Kant's „Dreams of a Seer"*. In: Craig Walton/John P. Anton (Eds.): *Philosophy and the Civilizing Arts. Essays presented to Herbert W. Schneider*. Athens (Ohio) 1974, S. 258.

hat Kant, wie er einräumt, hier noch nicht ermittelt, und tatsächlich wird ihn diese Aufgabe noch fünfzehn Jahre in Anspruch nehmen, bis er 1781 seine Antwort in der *Kritik der reinen Vernunft* präsentieren kann. Aber er hat in den *Träumen* bereits klargemacht, daß Probleme, zu deren Lösung uns keine empirischen Data vorliegen, unbeantwortbar bleiben müssen. Insofern war die angestellte Untersuchung doch nicht vergebens; sie hat, wie Kant später sagen wird, einen reinigenden, also einen negativen Nutzen als „Katarktikon"[154] erbracht. Denn zwar konnte sie keine neuen positiven Einsichten erbringen, aber es ist gelungen, Scheineinsichten als solche zu entlarven und den Wahn eines eingebildeten Wissens zu vertilgen.

Zu weiteren Luftreisen auf den „Schmetterlingsflügel[n] der Metaphysik" (II.ii.14.; H.i.O.), wie Kant sie zuvor angestellt hatte, wird es infolge dieser gewonnenen Selbstbeschränkung der Vernunft nicht mehr kommen. Wir sind auf dem „niedrigen Boden der Erfahrung und des gemeinen Verstandes" als dem uns angestammten Platz angelangt. Das ist nicht nur mit Blick auf die als haltlos erwiesene rationale Psychologie gesagt, sondern gilt für die anderen beiden Teildisziplinen der speziellen Metaphysik gleichermaßen. Die Zeit, in der Kant noch glaubte, „[...] die Methode zu finden, das dogmatische Erkenntnis durch reine Vernunft zu erweitern",[155] ist endgültig abgelaufen. Kant hat damit ein klares Bekenntnis zur Empirie und zu erfahrungswissenschaftlichen Methoden der Erkenntnisgewinnung abgegeben, das fraglos auf seine Beschäftigung mit den Schriften David Humes zurückweist. An dieser Einsicht wird er künftig mutatis mutandis unbeirrt festhalten.

154 *KrV* B 514/A 486.

155 Refl. 5116. Ak XVIII, 096$_{02\text{-}03}$. Adickes datiert diese Reflexion auf den Zeitraum 1776–78, Erdmann setzt sie als E II 3 in die Zeit der ersten Periode des Kritizismus, die er für 1772 annimmt (*Reflexionen Kants zur kritischen Philosophie*, a. a. O., S. XLIX ff.). Der Sache nach ist die in ihr ausgedrückte Einsicht fraglos Ende 1765 bereits gefunden.

3.3.3 II.iii. „Praktischer Schluß aus der ganzen Abhandlung"

Die verunglückte Komposition der Abhandlung zeigt sich an ihrem Ende noch einmal in unübersehbarer Weise. Nicht nur, daß dieses dritte Hauptstück zusammen mit II.ii.12.–14. einen eigenen Hauptpunkt verlangt hätte; auch die Aufteilung des in der Erstausgabe von 1766 gut 11 Seiten umfassenden abschließenden Textteils[156] auf nur zwei Absätze macht dies deutlich. Doch für diese kompositorischen Mängel wird der Leser reichlich mit Einsichten entschädigt, die zugleich überraschend und zukunftsweisend sind – überraschend, weil Thema und Verlauf der bisherigen Gedankenführung sie nicht erwarten lassen, und zukunftsweisend, weil sie einen Ausblick auf einige zentrale Grundsätze sowohl der theoretischen als auch der praktischen Philosophie Kants geben, die dem Leser der kritischen Philosophie wohlvertraut sind und sich hier erstmals formuliert finden.

Der erste Absatz knüpft an die methodologischen Reflexionen vom Ende des zweiten Hauptstücks des zweiten Teils an und setzt sie vertiefend fort. Die Frage lautet, welche Aufgaben sich die Vernunft sinnvollerweise zur Beantwortung vorlegen darf und von welchen sie Abstand zu nehmen hat. Dieses Thema fällt ganz in den Bereich der theoretischen Philosophie. In Fortsetzung der voranstehenden empiriefreundlichen Ausführungen fällt die Antwort nach der Grenze zwischen dem Wißbaren und dem nicht Wißbaren wie folgt aus. Die menschliche Vernunft wird von vielen Fragen bedrängt, die sie, wie es später gleich eingangs der *Kritik der reinen Vernunft* heißt, zwar nicht abweisen kann, die aber gleichwohl ihre Erkenntnisfähigkeit übersteigen.[157] Als Beispiele nennt Kant hier die in den *Träumen* behandelte Frage nach der Natur eines Geistes, ferner die nach der Freiheit und der Vorherbestimmung sowie der Un-

[156] Immanuel Kant: *Träume eines Geistersehers, erläutert durch Träume der Metaphysik.* Nachdruck der Ausgabe Königsberg, Kanter, 1766. Erlangen 1988, S. 117–128 [= Kant im Original (!), Bd. VII].

[157] Cf. *KrV* A VII.

sterblichkeit der Seele (II.iii.1., S. 76_{12-13}). Befaßt sich die Vernunft dennoch mit diesen Themen, so kann das zwangsläufig nur zu „Scheineinsicht[en]“ (S. 76_{17}) führen. In der *Kritik der reinen Vernunft* spricht Kant vom „dialektischen Schein“, der in diesem Falle zwangsläufig entsteht und der nur durch die neue Lehre von Raum und Zeit vermeidbar ist. Bis zu dieser Erkenntnis ist es freilich noch ein weiter Weg für Kant, aber immerhin ist die Diagnose schon gestellt, wenngleich die endgültige Therapie in Form des Transzendentalen Idealismus noch auf sich warten läßt.

Fürs erste empfiehlt Kant zur Vermeidung bloß vermeintlicher metaphysischer Einsichten eine entschiedene Hinwendung zur Empirie. Denn bei Fragen wie den genannten darauf zu setzen, daß reine Vernunfteinsicht zu einer tragfähigen Antwort führt, ist illusorisch. Ein Blick in die Geschichte der Philosophie belegt dies. Man hat über derartige Probleme seit je gestritten und ist zu keinem konsensfähigen Ergebnis gelangt; tatsächlich ließe sich der Streit nach den Spielregeln der herkömmlichen Metaphysik in alle Ewigkeit fortführen. Das ist ein vernichtendes Urteil über sämtliche Bücher metaphysischen Inhalts und kommt tatsächlich der Humeschen Empfehlung nahe, sie ins Feuer zu werfen.[158]

Zur Begründung der Hinwendung zur Empirie greift Kant auf Ergebnisse zurück, die er in der Preisschrift von 1762/64 erarbeitet hatte. Das Verfahren der Philosophie, so wissen wir, ist analytisch, nicht wie in der Mathematik synthetisch. Ihre Aufgabe ist es, gegebene Begriffe bis in ihre semantisch kleinsten Einheiten zu dekomponieren. Ist sie dort angelangt, ist ihre Aufgabe beendet. Die Grundbegriffe der Dinge können nicht weiter zergliedert werden; wäre dies möglich, würde es sich nicht um Grundbegriffe handeln. So ist es z.B. ausgeschlossen, auf rein rationale Weise einzusehen, wie etwas die Ursache von etwas anderem sein kann. Bei derartigen Fragen schweigt die Ver-

[158] Cf. das in Anm. 53 zitierte Verdikt Humes.

nunft, und wir sind ausschließlich auf die Erfahrung angewiesen. Das ist deshalb der Fall, weil die Vernunft nach den Sätzen der Identität und des Widerspruchs prozediert. Aber es ist, um beim Beispiel der Kausalität zu bleiben, durch die Ursache etwas von ihr völlig Verschiedenes gesetzt, nämlich die Wirkung. Folglich scheidet der Satz der Identität als Beurteilungsinstanz aus. Aber auch der Satz des Widerspruchs greift nicht. Denn es ist logisch widerspruchsfrei vorstellbar, daß eine andere Wirkung auf eine gesetzte Ursache folgt als die tatsächlich eingetretene. Folglich sind die Begriffe der Ursache und Wirkung, sofern sie nicht der Erfahrung entnommen sind, „gänzlich willkürlich", weil sie, wie Kant sich ausdrückt, „[...] weder bewiesen noch widerlegt werden können" (II.iii.1., S. 77_{17-18}). Entsprechendes gilt für alle anderen Grundbegriffe.

Kant ist bemüht, dem Leser diese wichtige Einsicht durch mehrere Beispiele zu veranschaulichen, und bevorzugt dafür solche, die dem Bereich der rationalen Psychologie entstammen. Das gibt ihm erneut die Gelegenheit, die Haltlosigkeit der gesamten speziellen Metaphysik anhand der Pneumatologie herauszustellen. „Alle solche Urteile, wie diejenigen von der Art, wie meine Seele den Körper bewegt oder mit anderen Wesen ihrer Art jetzt oder künftig in Verhältnis steht, können niemals etwas mehr als Erdichtung sein [...]" (II.iii.1., S. 78_{08-12}). Von der Vernunft sind bei Fragen, wie sie in der Pneumatologie gestellt werden, aber auch darüber hinaus, wenn die rationale Dekomposition der Begriffe bei den einfachsten Elementen angelangt ist, wie es in der Physik etwa bei der Grundkraft der Gravitation der Fall ist, keine belastbaren Antworten zu erwarten. Das Recht, hier etwas zu entscheiden, liegt einzig und allein bei der Erfahrung. Ist ein Begriff aber nicht empirisch ausweisbar, wie es etwa bei dem der Seelensubstanz der Fall ist, dann läßt sich über ihn bzw. über das mit ihm präsumtiv bezeichnete Objekt auch nichts aussagen. Kant rührt mit seiner Ausweisung der Erfahrung als einziger Entscheidungsinstanz über die Sachhaltigkeit vorgegebener Begriffe an das „empiristische Sinnkriterium" Rudolf Carnaps, mit dem sogenannte „Scheinprobleme" der Philosophie von objektiven Problemen unterschieden werden sollten. Der Begriff der Seelensubstanz steht in Kants Augen für ein solches Scheinproblem.

Diese Erfahrungen nun dürfen ihrerseits nicht isoliert stehen – denn was wollte man in diesem Falle etwa gegen Swedenborg einwenden, der vorgeblich Erfahrungen von Geistererscheinungen gemacht haben will –, sondern sie müssen sich in ein „[...] unter den meisten Menschen einstimmiges Gesetz der Empfindung bringen lassen [...]" (II.iii.1., S. 79_{18-19}). Kant begegnet den Visionen Swedenborgs an dieser Stelle mit einer Wahrheitstheorie: ein Verstoß gegen die allgemeine Übereinstimmung der Wahrnehmungen und die Gleichförmigkeit der Erfahrung würde jegliche intersubjektive Verständigung unmöglich machen und aller empirischen Erkenntnis den Boden entziehen.[159]

Im letzten Absatz der Schrift (II.iii.2.) kommt der Philosoph auf die sich aus den voranstehenden Analysen ergebenden Konsequenzen für die praktische Philosophie zu sprechen. Diese weisen, nicht anders als die zur theoretischen Philosophie, weit auf Positionen seiner kritischen Moralphilosophie voraus.

Wenngleich es auf den ersten Blick betrüblich erscheinen mag, daß die Pneumatologie nicht zu leisten vermag, was man sich von ihr verspricht, so zeigt ein zweiter Blick, daß damit kein Verlust eingetreten ist. Tatsächlich nämlich kann man auf die mit ihr angestrebten Einsichten verzichten, ja sie sind unnötig und wären sogar, wie sich zeigen wird, eher schädlich als nützlich. Der Grund, weshalb man die rationale Seelenlehre für so bedeutsam hält, liegt in ihrem vorgeblichen Anspruch, den Nachweis der postmortalen Existenz der Seele führen zu können. Dieses Lehr-

[159] Bassenge sieht hierin das „Hauptargument", das Kant gegen Swedenborg anführt. „Hier spricht aus Kant die gesunde Vernunft des aufstrebenden Bürgertums, die mit beiden Füßen auf der Erde stehenbleiben und sich nicht zum Narren halten lassen will. Damit [...] trägt Kant [...] das Banner der deutschen Aufklärung ein wichtiges Stück Weges weiter." Bassenge: Einleitung zu den *Träumen*, a. a. O., S. 8.

stück gilt wiederum als sehr wichtig, um die Menschen zu einem tugendhaften Lebenswandel zu bewegen. Die Geschichten von Geistererscheinungen sind zusätzlich willkommen, weil sie als empirische Bestätigung des a priori erzielten Beweisergebnisses gelten und insbesondere weniger gebildeten Menschen den Glauben an die Unsterblichkeit der Seele nahelegen. Sie entfalten damit eine auch politisch willkommene disziplinierende Wirkung.

Gegen dieses später als heteronom bezeichnete moralphilosophische Konzept erhebt Kant schon hier mit mehreren Argumenten Einspruch. Die wahre Sittlichkeit ist nämlich dem Herzen des Menschen unmittelbar eingeschrieben. Deshalb ist keine tiefe Gelehrsamkeit in Fragen des rechten Handelns erforderlich. Und da die spekulativen Überlegungen der Pneumatologie nur wenigen Menschen zugänglich sind, können sie schon aus diesem Grunde nicht die Voraussetzung für eine universell gültige Moral sein. Sittlichkeit an eine andere Welt zu knüpfen, verkennt ferner ihren Eigenwert. Kant vermeidet in diesem Zusammenhang, den Begriff Gottes ins Spiel zu bringen. Aber es liegt auf der Hand, daß er mit diesen Ausführungen eine theonome Ethik ablehnt, die für ein tugendhaft geführtes Leben Belohnung und für ein lasterhaft verbrachtes Bestrafung in einer zukünftigen Welt vorsieht und von dorther ihre motivationale Kraft bezieht. Denn eine solche Auffassung ist mit wahrer Sittlichkeit unvereinbar. Vielmehr werden die in diesem Leben getätigten Handlungen dereinst aufgrund ihres intrinsischen moralischen Gehaltes belohnt oder bestraft werden. Diese Darlegungen, in denen Kant das Herz gegen den Verstand als Sitz der Moralität betont, belegen im übrigen den über die Mutter vermittelten pietistischen Einfluß und bezeugen die Verankerung des Philosophen im christlichen Weltbild. Denn zweifelsohne hält er an einer künftigen ausgleichenden Gerechtigkeit fest, doch ohne den Begriff Gottes als Richter zu bemühen. Kant führt diesen Gedanken noch weiter aus, wobei seine Überlegungen geistesgeschichtlich gesehen nicht unbedingt neu sind. So findet sich das Konzept einer autonomen Sittlichkeit bereits früher bei aufklärerischen Religionskritikern wie etwa Pierre Bayle[160] oder auch bei Wolff in seiner „Deutschen Ethik".[161]

Kant kritisiert die heteronome Ethik ferner unter dem Gesichtspunkt, daß sie keine zuverlässige Beurteilung der sittlichen Qualität einer Handlung gestattet, weil es immer möglich ist, daß der Handelnde tatsächlich seiner Neigung zu lasterhaftem Tun nachgeben möchte und nur durch die drohende Bestrafung davon abgehalten wird. Man müßte folglich zu dem Urteil kommen, daß ein solcher Mensch zwar die Ausübung des sittlich Verwerflichen vermeide, aber eine lasterhafte Gesinnung in seinem Herzen nähre; den Vorteil der tugendhaften Handlung zwar erstrebe, die Tugend selbst aber verachte. Tatsächlich zeige die Erfahrung auch, daß die meisten Menschen, obwohl sie von einem künftigen Leben überzeugt sind, dennoch ein lasterhaftes Leben führen und sich unter Aufbietung aller erdenklichen Mittel bemühen, den zu erwartenden bösen Folgen ihrer Handlungen zu entgehen. Dieser Tatbestand und die unerschütterliche Überzeugung, daß „keine rechtschaffene Seele" (II.iii.2., S. 80_{33}) den Gedanken erträgt, daß mit dem Tod das endgültige Ende des menschlichen Lebens gekommen sei, legen es daher nahe, nicht das Wohlverhalten der Menschen in dieser Welt an die Erwartung einer künftigen Welt zu knüpfen, sondern umgekehrt die Hoffnung auf eine künftige Welt auf das Wohlverhalten in dieser Welt zu gründen. Dies sei „der menschlichen Natur und der Reinigkeit der Sitten gemäßer" (II.iii.2., S. $81_{03\text{-}04}$).

Damit ist die theonome Ethik zugunsten einer autonomen Sittlichkeit verabschiedet, wie sie in den Druckschriften Kants erstmals 1785 in der *Grundlegung zur Metaphysik der Sitten* und sodann in der *Kritik der praktischen Vernunft* drei Jahre später näher dargelegt wird. Dieser letzte Absatz der *Träume* stellt somit außer Frage, daß die Grundzüge der kritischen

160 So etwa im Artikel „Pomponazzi", Anm. H. *Historisches und kritisches Wörterbuch*, Bd. I, a. a. O., S. 256.

161 *Vernünfftige Gedancken von der Menschen Thun und Lassen, zu Beförderung ihrer Glückseligkeit* [[1]1720] [[4]1733]. GW I.4, § 20, S. 16f.

Theorie der Sittlichkeit bereits Ende 1765 von Kant gefunden waren,[162] wenngleich die Begründung derselben noch fehlt. Die aus der zweiten Vernunftkritik von 1788 bekannte Postulatenlehre[163] tritt in Gestalt der Postulate der Unsterblichkeit sowie der Existenz Gottes an die Stelle der Pneumatologie und macht diese samt der in ihr anzutreffenden „Spitzfindigkeit des Vernünftelns" (II.iii.2., S. 81_{08}) für die Sicherung der Moralität überflüssig. Der mit der Postulatenlehre eng zusammenhängende Begriff des „moralischen Glaubens", über den Kant bereits in dieser Abhandlung verfügt,[164] startet seine Karriere als Inbegriff dessen, was dem Menschen zur Erreichung seiner wahren Zwecke dient.

Folgerichtig läuft das Ergebnis der Abhandlung auf den Rat hinaus, „[…] alle lärmenden Lehrverfassungen von so entfernten Gegenständen" wie dem künftigen Schicksal der Seelen „[…] der Sorge müßiger Köpfe [zu] überlassen" (II.iii.2., S. 81_{11-13}) und sich angesichts der notwendigen und unaufhebbaren Beschränktheit der menschlichen Vernunft einerseits sowie der begründeten Vermutung andererseits, daß das Schicksal der Seelen in der kommenden Welt von ihrem Verhalten in dieser

162 Dieter Henrich: *Über Kants früheste Ethik. Versuch einer Rekonstruktion.* Kant-Studien 54 (1963), S. 404–431, sowie ders.: *Hutcheson und Kant.* Kant-Studien 49 (1957/58), S. 49–69, und Schmucker: *Die Ursprünge der Ethik Kants*, a. a. O., S. 256–261, haben nachgewiesen, daß Kant über die kritische Ethik der Hauptsache nach bereits 1764/65 verfügte. Diese Sichtweise ist von Clemens Schwaiger einer „einschneidenden Revision" unterzogen worden (*Kategorische und andere Imperative. Zur Entwicklung von Kants praktischer Philosophie bis 1785.* Stuttgart-Bad Cannstatt 1999, S. 5 [= FMDA Abt. II, Bd. 14]). Für Schwaiger liegt der Ursprung der „reinen Moralphilosophie" Kants in der Dissertation von 1770. Allerdings ist zu beachten, daß Schwaiger, vermutlich weil in den *Träumen* von den Imperativen noch keine Rede ist, auf die er sich in seiner Studie konzentriert, diese Abhandlung bei seiner entwicklungsgeschichtlichen Rekonstruktion der Kantischen Ethik ganz außer acht läßt.

163 *Kritik der praktischen Vernunft.* Ak V, 132–134.

164 „So ist auch der moralische Glaube bewandt […]". II.iii.2., S. 81_{07}; H.i.O.

abhängt, dem Lebenspraktischen zuzuwenden und es Voltaires Candide gleichzutun: in den Garten zu gehen und zu arbeiten.

4. Deutungsansätze der *Träume*

In der seriösen Kant-Literatur haben sich verschiedene Interpretationsansätze herausgebildet, über die wir einen kurzen, keine Vollständigkeit beanspruchenden Überblick geben, um dem Leser einen Eindruck von der Vielfalt der Deutungsmöglichkeiten dieser Schrift Kants zu vermitteln. Manch ein Interpret freilich nimmt Kants *Träume* als Einladung, seine eigenen Träumereien in die Beschäftigung mit dem Text einfließen zu lassen, sie ihm anzuhängen oder in separaten Studien zu veröffentlichen. Die Fraktion dieser Kantleser, die nicht eben klein ist, bleibt in diesem Band mitsamt der von ihr produzierten Literatur unberücksichtigt.[165] Auch insofern bieten wir keine Gesamtschau der angefallenen literarischen Auseinandersetzung mit Kants Text. Aber das erachten wir nicht als Nachteil. Es ist im Gegenteil eine gewünschte Konsequenz der auf Ernsthaftigkeit und Seriosität ausgerichteten Beschäftigung mit Kants Werk.

[165] Das gilt a fortiori für die weltanschaulich geführten Auseinandersetzungen um die Person wie die Lehre Swedenborgs. In diesem Zusammenhang ist darauf hinzuweisen, daß es in vielen Ländern der Welt bis auf den heutigen Tag Swedenborg-Gesellschaften mit einer mitunter beachtlichen Mitgliederzahl und bemerkenswerten Aktivitäten gibt. Einen kurzen Überblick über deren Ziele und diverse Veranstaltungen vermittelt der Beitrag von Inge Jonsson: *Die Swedenborgforschung: ein persönlicher Überblick.* In: Friedemann Stengel (Hg.): *Kant und Swedenborg. Zugänge zu einem umstrittenen Verhältnis.* Tübingen 2008, S. 1–8 [= Hallesche Beiträge zur Europäischen Aufklärung, Bd. 38].

4.1 Zielrichtung und Entstehungsanlaß der *Träume*

Kants Abhandlung gilt seit jeher als schwierig. Schon die Zeitgenossen wußten nicht recht, was Kant mit ihr bezwecken mochte. Mendelssohn war sich im unklaren, ob „[...] Herr *Kant* die Metaphysik hat lächerlich, oder die Geisterseherey glaubhaft machen wollen.“ [166] Johann Georg Heinrich Feder zweifelte, ob Kant „[...] im Ernste, oder zum Scherze geschrieben; wenigstens ist beides fast immer beysammen.“ [167] Und Johann Gottfried Herder fand, daß „das Ganze der Schrift nicht gnug Einheit, und ein Theil nicht gnug Beziehung auf den andern haben [dörfte].“ Da Kant „die Wahrheiten von beiden Seiten vor[trägt]“, bleibe die Frage: „wem glaubt ihr?“ [168]

Angesichts der Verunsicherung, die aus diesen drei Dokumenten prominenter philosophischer Zeitgenossen Kants aus dem Zeitraum 1766/67 spricht, überrascht es nicht, daß sich auch die Kantforschung, und zwar sowohl die ältere wie die jüngere, mit dieser Abhandlung seit je schwertut. Ernst Cassirer fragt sich, „[...] welches war nun in dieser paradoxen Mischung von Scherz und Ernst das eigentliche bestimmende Moment; was war hier das wahre Gesicht des Autors, was die Maske, die er vorgenommen hatte? War die Schrift nur eine momentane Ausgeburt der freien Laune oder verbarg sich hinter diesem Satyrspiel des Gedankens doch etwas wie eine – Tragödie der Metaphysik? Niemand von Kants Freunden und Kritikern vermochte mit Sicherheit auf diese Fragen zu antworten.“ [169] Und für Max Wundt zählt „diese zwischen Scherz und Ernst, gläubiger Hoffnung und ungläubigem Unwillen hin und her pendelnde Schrift [...] histo-

[166] Rezension der *Träume*. Cf. Beilage E.8, S. 132.

[167] Rezension der *Träume*. Cf. Beilage E.5, S. 123.

[168] Rezension der *Träume*. Cf. Beilage E.2, S. 121.

[169] *Kants Leben und Lehre*. Berlin 1918, S. 82 [= *Immanuel Kants Werke*. In Gemeinschaft mit Hermann Cohen u.a. hg. von Ernst Cassirer. Bd. XI: Ergänzungsband].

risch und psychologisch betrachtet, zu den am schwersten verständlichen Werken Kants.“ [170]

Diese Klagen setzen sich bis in die jüngste Zeit fort. Julius Ebbinghaus gesteht, daß sich die „[...] Frage, was Kant mit seiner Schrift gegen Swedenborg eigentlich gewollt habe, keineswegs mit einem einzigen Wort abmachen [läßt]“. [171] Monique David-Ménard spricht von „un texte ‚unheimlich‘“, einem „texte étrange pour un philosophe“, der die Frage aufwerfe, ob es sich um „un livre impossible à résumer“ handele. [172] Und Reinhard Brandt räumt ein, daß Kants Abhandlung wegen ihrer „[...] Mischung aus Ernst und Satire und der Überformung der einzelnen Komponenten [...]“, die überdies „durcheinander dargestellt“ werden, „[...] nicht ohne weiteres verständlich [...]“ ist. [173]

Die Sperrigkeit und schwere Zugänglichkeit der Abhandlung als ganzer ist fraglos ein entscheidender Grund dafür, daß ihr angesichts ihrer unbestrittenen Bedeutung für Kants philosophische Entwicklung zwar eine Reihe von Detailstudien gewidmet sind, eingehende Beschäftigungen mit ihr aber, die sich in monographischen Abhandlungen niederschlügen, bislang kaum erfolgten. [174] Tatsächlich haben sich in Deutschland in jüngerer Zeit zwei Dissertationen mit den *Träumen* beschäftigt, aber man kann nicht sagen, daß diese von Gottlieb Florschütz [175] und Con-

170 *Kant als Metaphysiker. Ein Beitrag zur Geschichte der deutschen Philosophie im 18. Jahrhundert.* Stuttgart 1924. Reprint Hildesheim, Zürich, New York 1984, 2. Reprint Hildesheim 2013, S. 140.

171 *Kant und Swedenborg*, a. a. O., S. 59.

172 *La folie dans la raison pure. Kant lecteur de Swedenborg.* Paris 1990, S. 73, 76.

173 Reinhard Brandt: *Überlegungen zur Umbruchsituation 1765–1766 in Kants philosophischer Biographie*. In: Stengel (Hg.): *Kant und* Swedenborg, a. a. O., S. 14.

174 Von den fremdsprachigen Studien sei an dieser Stelle neben der soeben zitierten Arbeit von David-Ménard auf die Dissertation von Johnson: *A Commentary on Kant's Dreams of a Spirit-Seer*, a. a. O., hingewiesen, die leider nur als Typoskript veröffentlicht wurde.

175 *Swedenborgs verborgene Wirkung auf Kant. Swedenborg und die okkulten Phänomene aus der Sicht von Kant und Schopenhauer.* Würzburg

stantin Rauer[176] stammenden Arbeiten zum tieferen Verständnis des philosophischen Problemgehalts des Werks beigetragen hätten.[177] Hier klafft weiterhin eine empfindliche Lücke in der Kantforschung.

Uneinigkeit herrscht bereits über den Anlaß zur Abfassung der Abhandlung. Max Wundt sieht Kants Beschäftigung mit Swedenborg vor dem Hintergrund der frühen 1760er Jahre als den Versuch, mit Hilfe des Schweden aus seinen Zweifeln bezüglich der Themen der rationalen Psychologie herauszukommen. Kant erhoffte sich von der Lektüre der *Arcana Coelestia* neue Zugänge zum Übersinnlichen, was freilich in einer bitteren Enttäuschung endete.[178] Gleichwohl sieht Wundt Kant in einer nicht geringen Nähe zu Swedenborg. Kant behandele die Themen in den *Träumen*, die seitens der Schulmetaphysik in der rationalen Psychologie besprochen werden, also das Wesen der Seele, ihre Verbindung mit dem Körper und die Gemeinschaft der Geister untereinander.[179] Mit den Inhalten der Visionen Swedenborgs

1982 [= Epistemata. Würzburger Wissenschaftliche Schriften, Reihe Philosophie, Bd. 106]. Eine Zusammenfassung seiner Dissertation hat der Vf. unter dem Titel *Swedenborg and Kant. Emanuel Swedenborg's Mystical View of Humankind, and the Dual Nature of Humankind in Immanuel Kant.* West Chester, Pa. 1993 [= Swedenborg Studies, Bd. 2], veröffentlicht.

176 *Wahn und Wahrheit. Kants Auseinandersetzung mit dem Irrationalen.* Berlin 2007.

177 Wir sehen aus den eingangs dieses Abschnitts der Einleitung genannten Gründen davon ab, auf die psychoanalytisch verquasten Ausführungen Rauers und die mystifizierende Deutung von Florschütz näher einzugehen und deren Arbeiten dadurch möglicherweise aufzuwerten. Die nicht wenigen und zudem gravierenden Unzulänglichkeiten der beiden Dissertationen sind in der einschlägigen Literatur hinlänglich aufgewiesen. Man sehe etwa die Vorhaltungen, die Stengel: *Aufklärung bis zum Himmel*, a. a. O., S. 637f., gegen Rauers Studie erhebt, sowie die Einwände, die Johnson gegen Florschütz vorbringt. Rezension zu Alison Laywine: *Kant's Early Metaphysics and the Origin of the Critical Philosophy*. Atascadero 1993. Studia Swedenborgiana 13 (1999), S. 30 Fn. 1.

178 Wundt: *Kant als Metaphysiker*, a. a. O., S. 142f.

179 Ebd., S. 145.

hierzu sei er soweit ganz einverstanden, denn sie entsprächen seiner eigenen subjektiven Überzeugung und ließen sich seinem Weltbild insgesamt gut einfügen.[180] Kants Kritik und Spott richte sich einzig dagegen, diesen Gedanken eine „[…] objektive wissenschaftliche Geltung zuzugestehen […]“, nicht aber gegen ihre „subjektive Überzeugungskraft“.[181]

Für Schmucker sind die *Träume* eine „Gelegenheitsschrift“, die Kant von den erwähnten Freunden und Bekannten gleichsam abgenötigt worden war.[182] Gleichwohl nimmt Schmucker für Kants philosophische Entwicklung um 1765 ein Maximum im Sinne eines erfolgten Durchbruchs an.[183] Zammito bestreitet dies vehement. In seiner Sicht war Kant in den Jahren 1765–67 „[…] not breaking *through* on the front of rational metaphysics. He was breaking *down*.“[184] Die *Träume* stünden deshalb nicht „[…] as *proof* of anything, but rather as a confused *provocation* unwelcome on all sides“.[185] Kant stelle den Anlaß für die Abfassung der Abhandlung nicht zutreffend dar, wenn er auf das Drängen der unbekannten Freunde abhebe, hinter denen Zammito die Leser der kurz zuvor publizierten Abhandlung über die *Krankheiten des Kopfes* erblickt.[186] Es seien vielmehr die Fragen des Leib-Seele-Problems gewesen sowie das populärreligiöse Thema des Dämonismus und der Hexen sowie der Schwärmerei; die Person Swedenborgs habe Kant hingegen nicht sonderlich interessiert.[187]

Frederick C. Beiser sieht Kants Abhandlung als Vollendung des Programms, das sich Kant in den *Bemerkungen zu den Be-*

[180] Ebd., S. 150.

[181] Ebd., S. 152.

[182] Schmucker: *Die Ursprünge der Ethik Kants*, a. a. O., S. 181.

[183] Zitiert oben, Anm. 33.

[184] John H. Zammito: *Kant, Herder, and the Birth of Anthropology*. Chicago, London 2002, S. 216; H.i.O.

[185] Ebd., S. 210; H.i.O.

[186] Ebd., S. 188.

[187] Ebd., S. 190 f.

obachtungen über das Gefühl des Schönen und Erhabenen vorgesetzt habe.[188] Jeremiah Alberg pflichtet ihm hierin bei. Er sieht die *Träume* als „[...] an organic development rooted in Kant's *Bemerkungen*".[189] Diese Auffassung von Beiser und Alberg setzt jedoch die mittlerweile überholte Annahme voraus, der noch die Akademie-Ausgabe folgt,[190] daß der genannte Text Kants gleich nach der Publikation des Werks, zu dem er *Bemerkungen* enthält, entstanden sei, also um 1764/65. Tatsächlich dürfte sich die Entstehungszeit der *Bemerkungen* jedoch bis in die siebziger Jahre hinein erstreckt haben, womit der Hypothese Beisers und Albergs der Boden entzogen wäre.[191]

Andere Forscher betonen eine Anknüpfung an die Abhandlung *Versuch über die Krankheiten des Kopfes* von 1764,[192] die auch Zammito ins Spiel bringt. Giuseppe Motta sieht ganz rich-

188 *Kant's Intellectual Development: 1746–1781.* In: Paul Guyer (Ed.): *The Cambridge Companion to Kant.* Cambridge 1992, S. 45.

189 *What Dreams May Come: Kant's „Träume eines Geistersehers" Elucidated by the Dreams of a Coquette.* Kant-Studien 106 (2015), S. 170.

190 Abgedruckt dort Ak XX, 1–192. Die Datierung des Herausgebers Gerhard Lehmann ebd., S. 471 f.

191 Norbert Hinske hat diesen Nachweis anhand inhaltlicher wie sprachlicher Befunde dieses Textes geführt. Heinrich P. Delfosse/Norbert Hinske: *Kant-Index.* Band 24: *Stellenindex und Konkordanz zu den „Bemerkungen zu den Beobachtungen über das Gefühl des Schönen und Erhabenen" mit einem Index und einer Konkordanz zu den „Beobachtungen" selbst als Anhang.* In Zusammenarbeit mit Hans-Werner Bartz, Katrin Tenenbaum und Michael Trauth. Unter Mitwirkung von Birgit Baumann und Tina Koch. Stuttgart-Bad Cannstatt 2007. Teilband 1, S. XII–XXI [= FMDA Abt. III, Bd. 31.1-3].

192 Beiläufig sei darauf hingewiesen, daß die Schrift des Jahres 1764 ohne die empirische Psychologie Baumgartens, wie er sie in den §§ 504–739 seiner *Metaphysica* (a. a. O., S. 268–396) vorgetragen hat, undenkbar ist. Die immense Bedeutung dieses Werks für Kants philosophische Entwicklung zeigt sich auch in diesem Punkt. Insofern Kant in den *Träumen* an mehreren Stellen stillschweigend auf diese kurze Abhandlung zurückgreift, ist Baumgartens empirische Psychologie als ein wesentlicher Pfeiler seiner hier geäußerten Ansichten zu werten.

tig eine „unmittelbare Kontinuität“ der „Antikabbala“, also von I.iii. der *Träume*, zu diesem Text.[193] Tatsächlich aber erstreckt sie sich weit darüber hinaus.[194]

4.2 Das Verhältnis Kant – Swedenborg

Ein Hauptpunkt in den geführten Debatten dreht sich naheliegenderweise um das zwischen Swedenborg und Kant bestehende Verhältnis sowie insbesondere um die Frage, wie der Einfluß des Schweden auf Kants Philosophie zu gewichten ist, sofern ein solcher konzediert wird. Zu beiden Aspekten wird die Skala möglicher Einschätzungen voll ausgeschöpft.

Was den ersten Punkt betrifft, also Kants Beurteilung der Person Swedenborgs, so betont die eine Gruppe der Autoren die negativen Äußerungen, die Kant mehrfach getan hat. Demzufolge gelangen sie zu der Einschätzung, Kant habe den Schweden recht abschätzig bewertet. Wir erinnern nur an die Titulierungen Swedenborgs als „Erzphantast“, „ärgste[r] Schwärmer unter allen“ und dem später geäußerten Vorwurf, er scheine ein „vorsätzlicher Betrüger“[195] gewesen zu sein. Aber es gibt außerhalb des Textes der *Träume* auch eine ganze Reihe von explizit positiven Beurteilungen Swedenborgs durch Kant, wenngleich diese deutlich in der Minderheit sind. Die *Metaphysik* L_1 tut sich hier besonders hervor, in der „der Gedanke des *Swedenborg*“ als „sehr erhaben“[196] bezeichnet wird.[197] Auch der Umstand, daß Kant sich außer in den *Träumen* in sonst keinem sei-

[193] *Phantasmen. Kant und die – schon kritische? – Objektivation des Geistes in den „Träumen eines Geistersehers“*, a. a. O., S. 356f.

[194] Auf weitere Parallelen zwischen der Abhandlung von 1764 und den *Träumen* machen wir in den in Anm. 104 benannten Erläuterungen aufmerksam.

[195] *Rationaltheologie Baumbach*. Cf. Beilage D.6, S. 112.

[196] *Metaphysik* L_1. Cf. Beilage D.3, S. 107.

[197] Das scheint Stengel übersehen zu haben, wenn er schreibt, daß „Swedenborgs Name in Kants Werk nach den *Träumen* insgesamt kaum noch,

ner Werke derart dezidiert mit einem anderen Denker beschäftigt hat, kann für eine gewisse Hochschätzung des Schweden reklamiert werden. Johnson hat die Stellen betont, die – in Grenzen – Sympathie Kants für den schwedischen Gelehrten erkennen lassen.[198] Er kommt nach einer eingehenden Untersuchung der Äußerungen Kants über Swedenborg in dessen Metaphysikvorlesungen zu dem Ergebnis, daß sie, mit Ausnahme der *Rationaltheologie Baumbach*, kein neues Licht auf Swedenborgs Bedeutung für Kant werfen, sondern zeigen, „[...] that Kant regarded Swedenborg's ideas as serious candidates for truth, and did so for a period of thirty-five years [...]".[199] Diese Einschätzung drückt Johnson auch in seiner Dissertation sowie in seiner Edition der *Dreams of a Spirit-Seer* aus.[200] Tinca Prunea-Bretonnet ist in diesem Punkt ganz anderer Ansicht. Für sie zeigen die von Karl Heinrich Ludwig Pölitz 1821 erstmals herausgegebenen Metaphysik-Vorlesungen „[...] le renversement de l'image que les *Rêves* ont donnée de la pensée kantienne".[201] Tatsächlich dürfte die Wahrheit zwischen diesen beiden extremen Ansichten liegen. Die Nachschriften der Kantischen Metaphysikkollegs sind grosso modo von derselben Ambivalenz geprägt wie die Abhandlung von 1766 auch. Sie machen aber zusammen mit einigen Reflexionen und den Werken des Jahres 1798 unstreitig

und wenn, dann mit negativer Konnotation [fällt]". *Aufklärung bis zum Himmel*, a.a.O., S. 697.

198 Johnson: Rezension zu Laywine: *Kant's Early Metaphysics*, a.a.O., S. 32–43.

199 Johnson: *Kant on Swedenborg in the Lectures on Metaphysics.* Studia Swedenborgiana 10 (1996), S. 1–38; 11 (1997), S. 11–39; hier: 11 (1997), S. 39.

200 *A Commentary on Kant's „Dreams of a Spirit-Seer"*, a.a.O., S. [III]; *Kant on Swedenborg. Dreams of a spirit-seer and other writings.* Ed. by Gregory R. Johnson. Translated by Gregory R. Johnson and Glenn Alexander Magee. West Chester, Pa. 2002, S. XVI f. u.ö. [= Swedenborg Studies, Bd. 15].

201 *Kant e le mysticisme. La relecture des „Rêves d'un Visionnaire" à la lumière des leçons kantiennes de métaphysique*. In: Robert Theis (Éd.): *Kant. Théologie et religion*. Paris 2013, S. 350.

klar,[202] daß Kants Auseinandersetzung mit Swedenborg in den *Träumen* und den Briefen des Jahres 1766 keineswegs ein Ende gefunden hatte. Der Schwede bleibt vielmehr zeitlebens in seinem Denken präsent.

Die Anhänger Swedenborgs tendieren dazu, die Frage nach Kants Verhältnis zu dem dem Visionär positiver zu sehen, als es der oftmals bissige Wortlaut der *Träume* erwarten ließe. Auch Johnson lehnt die herkömmliche Sichtweise ab, wonach Kant Swedenborg mitsamt seiner Lehre in einem skeptizistisch-empiristischen Angriff diskreditierte, um damit die Metaphysik der Leibniz-Wolffschen Philosophie zu Fall zu bringen, und hält den Schweden vielmehr für einen Ideengeber Kants, so daß diesem „[...] a significant positive influence on the development of Kant's mature critical philosophy" zugesprochen werden dürfe.[203] Diesen Einfluß suche Kant beständig vor dem Leser zu vertuschen, dennoch beabsichtige er nicht weniger beständig, „[...] careful readers with internal clues to his [sc. Kant's, Hgg.] positive debts to Swedenborg" zu versorgen.[204] Kurz: Es gelte eine esoterische von einer exoterischen Beurteilung des Schweden in den *Träumen* zu unterscheiden. Die Beispiele, die Johnson für diese Sichtweise anführt, sind freilich bisweilen geradezu skurril. So will er in dem von Kant erwähnten Bericht über Artemidor, der durch seine Reisen Material für das Projekt einer Traumdeutungslehre sammeln wollte, nicht vorrangig einen Hinweis Kants darauf sehen, daß Swedenborgs Visionen bloße Träumereien seien. Kants Vergleich zwischen den beiden Gestalten Artemidor und Swedenborg, so meint Johnson, „[...] equally suggests that just as Artemidorus's journeys were to the benefit of dream interpretation, a journey to Sweden would redound to the benefit of an analogous science – the study of paranormal

[202] Cf. die Anhänge C und A, S. 98–102, 85 mit den Belegen aus den Reflexionen und den Werken von 1798.

[203] *A Commentary on Kant's „Dreams of a Spirit-Seer"*, a. a. O., S. [III].

[204] Ebd., S. 229.

phenomena [...]".[205] Es liegt auf der Linie einer solchen Sichtweise, daß Kants Swedenborg-Referat als „[...] extremely sarcastic and abusive report of the main philosophical and theological teachings of Swedenborg's *Arcana Coelestia* [...]" eingestuft wird.[206] Die „striking omissions and distortions" in den Darstellungen der drei Berichte von Swedenborgs Leistungen, die sich zwischen dem Brief an Charlotte von Knobloch und den *Träumen* finden, geben dem Autor überdies Anlaß, die „honesty of Kant's account in *Dreams*" in Zweifel zu ziehen.[207] Diese Sichtweise vertritt Johnson auch in seiner amerikanischen Ausgabe der *Träume.* Kants Darstellung Swedenborgs, die Kant im zweiten Teil der *Träume* gibt, hält er für „[...] dismissive, dogmatic, and gratiously insulting".[208] Trotz dieser überbordenden Rehabilitationsbemühungen, die er Swedenborg angedeihen lassen möchte, ist Johnson auf Grund seiner intensiven Bemühungen um Kants *Träume*, die er in seiner Dissertation und der Edition der Kantischen Schrift an den Tag gelegt hat, fraglos zur Fraktion der seriösen Forscher zu zählen.

4.3 Das Verhältnis Kants zu Swedenborgs Lehre und zur Metaphysik

Der zweite Punkt, also die Einschätzung des Verhältnisses, in dem Kant – möglicherweise unter dem Einfluß Swedenborgs – zur traditionellen Metaphysik steht, ist Gegenstand einer der immer wieder diskutierten Fragen. Er steht zu Recht im Zentrum der philosophischen Interpretationsbemühungen um Kants Abhandlung. Alison Laywine hat die Stellungnahmen der Autoren in ihrer vielbeachteten Dissertation unter diesem Gesichts-

[205] Ebd., S. 239.

[206] Ebd., S. 227.

[207] Ebd., S. 234.

[208] *Kant on Swedenborg. Dreams of a spirit-seer and other writings*, a. a. O., S. XII.

punkt in vier Gruppen eingeteilt.[209] Die erste Gruppe umfaßt Forscher wie Hans Vaihinger, aber auch „[...] an odd assortment of mystics, quacks and charlatans".[210] Sie sind der Ansicht, daß Swedenborg einen positiven Einfluß auf Kant ausübte, der sich in dem Brief an Charlotte von Knobloch deutlich manifestiere. Kant habe ein bleibendes Interesse an der Metaphysik als Wissenschaft übersinnlicher Dinge gehabt und einige Lehrstücke Swedenborgs in seine eigene Metaphysik übernommen, wie auch Johnson und Stengel denken, die ihre Arbeiten beide nach Laywines Analyse vorgelegt haben. Eine zweite Gruppe von Lesern hingegen vertritt die Auffassung, daß Kant nur ein beiläufiges Interesse an metaphysischen Fragen hatte und daß dieses Mitte der 1760er infolge der durch Hume ausgelösten Hinwendung zu einem skeptischen Empirismus erlosch. Kuno Fischer und Ernst Cassirer gehören ihr an. Ihnen zufolge war Kant nie ein Anhänger Swedenborgs. Der Schwede war mehr eine Art Sparringspartner für Kant, um das metaphysische Possenspiel unerkennbarer Dinge als solches zu entlarven.[211] Eine dritte Gruppe eint die Überzeugung, daß Kant zu keiner Zeit Anhänger der traditionellen Metaphysik war, daß er vielmehr von Anfang an einem Empirismus zuneigte und diesen zur Reform der Metaphysik einsetzte. Herman Jan de Vleeschauwer und Lewis White Beck sind dieser Ansicht. Viertens schließlich gibt es die Meinung, daß

[209] *Kant's Early Metaphysics and the Origins of the Critical Philosophy.* Atascadero 1993 [= North American Kant Society Studies in Philosophy, Bd. 3]. Kap. 1: „Interpretation of Dreams", S. 11–24.

[210] Ebd., S. 16.

[211] Ähnlich Rodica Croitoru. Ihrer Ansicht nach hat Swedenborg keine inhaltlich positive Wirkung auf die Themen der reifen Philosophie Kants ausgeübt. Er habe Kant vielmehr dazu veranlaßt, sein eigenes metaphysisches Projekt im Gegensatz zu der spiritualistischen Metaphysik des Schweden zu entwickeln. *La rencontre de Kant avec Swedenborg.* In: *Les sources de la philosophie kantienne aux XVIIe et XVIIIe siècles. Actes du 6e Congrès international de la Societé d'etudes kantiennes de langue française. Luxembourg, 25.–28. septembre 2003.* Sous la direction de Robert Theis et Lukas K. Sosoe. Paris 2005, S. 187.

Kant ein dauerhaftes Interesse sowohl am Empirismus wie auch an der traditionellen Metaphysik hatte, was dazu führte, daß sein Verhältnis zu Swedenborg sehr ambivalent war. Robert H. Butts wird als ihr einziger Vertreter von der Autorin genannt.[212]

Demselben Thema widmet auch Johnson, dessen Meinung zum Verhältnis zwischen Swedenborg und Kant wir schon kennen, seine Aufmerksamkeit und versucht, die Positionen der Forschung hierzu mit einem anderen Schema als Laywine zu erfassen. Ausgangspunkt seiner Analyse ist die Ermittlung eines „received view“, den es in dieser Frage gebe. Ernst Ludwig Borowski habe diese Perspektive als erster in seiner Kant-Darstellung von 1792/1804 formuliert. In der Folge sei sie von Kuno Fischer in der Mitte des 19. Jahrhunderts in seine erfolgreiche Kantdarstellung aufgenommen und ausgestaltet worden. Fischer sieht in den *Träumen* eine „Doppelsatyre“, die gegen Swedenborg und die Metaphysik gleichermaßen gerichtet ist. Denn zur Zeit der Abfassung der Schrift stand Kant ganz unter dem Einfluß Humes, der sich in seiner Beurteilung der Geisterseherei entscheidend durchsetzt. „Swedenborg und die Metaphysiker waren für Kant, um mit einem Sprüchwort zu reden, wie zwei Fliegen, die er mit *einer* Klappe schlagen konnte. Er schlug lachend zu.“[213] Diese Position wurde, so Johnson, ohne große Modifikationen von so gut wie allen Kantkommentatoren des 19. und 20. Jahrhunderts übernommen, womit die weite Verbreitung dieser immer noch vorherrschenden Sichtweise erklärt sei.[214] Daneben gab es eine deutlich kleinere Gruppe von Gelehrten, die Kants verächtliche Äußerungen über Swedenborg nicht

[212] Ebd., S. 15f.

[213] Kuno Fischer: *Immanuel Kant und seine Lehre.* Erster Teil. *Entstehung und Grundlegung der kritischen Philosophie.* Fünfte Auflage Heidelberg 1909, S. 293; H.i.O. [= Ders.: *Geschichte der neuern Philosophie.* Vierter Band. *Immanuel Kant und seine Lehre.* I. Teil]. Fischers Werk erschien unter anderem Titel erstmals 1860.

[214] Johnson führt eine lange Liste der Autoren an, die dem „received view“ anhängen oder ihn in ihren Studien voraussetzen. *A Commentary on Kant's „Dreams of a Spirit-Seer“*, a. a. O., S. 297–299, 305–308.

als sein letztes Wort betrachteten und dahinter einen aufrichtigen Respekt gegenüber dem Schweden erblickten oder gar Dankesschuld konstatierten. Diese letztere Gruppe unterteilt Johnson in solche Leser, die einen positiven Einfluß Swedenborgs auf Kant sehen, und solche, die darüber hinaus tiefe Affinitäten zwischen den beiden feststellen und sich über Kants feindselige Äußerungen wundern.[215]

4.4 Neuere Deutungen der *Träume*

Doch Laywine wie auch Johnson begnügen sich nicht mit den Erfassungen vorliegender Forschungsmeinungen, sondern warten ihrerseits mit eigenen Deutungshypothesen der Kantischen Schrift auf. In den Kapiteln III und IV ihrer Dissertation, die den *Arcana Coelestia* und den *Träumen* gewidmet sind, möchte Laywine zwei Thesen zur Geltung bringen. Zum einen tritt sie der Behauptung eines positiven Einflusses Swedenborgs auf Kant entgegen. Zum anderen will die Autorin die These durchsetzen, daß Kant in den *Träumen* keine Kritik an der traditionellen Metaphysik beabsichtige, denn dazu müßte zunächst gezeigt werden, warum er das Thema der Seelenlehre zu diesem Zweck wählt.[216] Vielmehr seien es seine eigenen frühen metaphysischen Ansichten, die er in dieser Schrift attackiere und als Scheineinsichten entlarve. Dabei sei ihm Swedenborg insofern behilflich gewesen, als Kant in den *Arcana Coelestia* die hohe Übereinstimmung seiner frühen metaphysischen Überzeugungen mit den abwegigen Lehren Swedenborgs erblickte und infolge dieser reductio ad absurdum derselben seine vormaligen Meinungen schließ-

[215] Die hierher zu zählenden Autoren werden in Johnsons Dissertation S. 20f. genannt. Cf. auch ebd., S. 299–305: „Works Challenging the Received View of the Kant-Swedenborg Relationship“ sowie S. 308: „Works Challenging the Received View“. Kürzere Listen mit den Namen der jeweiligen Autoren führt Johnson in seiner Rezension des Buches von Laywine an. Studia Swedenborgiana, a. a. O., S. 32f.

[216] Laywine: *Kant's Early Metaphysics*, a. a. O., S. 15.

lich fallen ließ. Kant hätte demnach also seine metaphysischen Überzeugungen zweimal über Bord geworfen. Das eine Mal, wie bekannt, mit der *Kritik der reinen Vernunft*, das andere Mal bereits in den *Träumen* fünfzehn Jahre zuvor. Diese Absicht Kants bringt Laywine mit der an mehreren Stellen der Abhandlung auftretenden Selbstironie Kants in Zusammenhang, mittels derer der Philosoph nicht lediglich dem Spott der Zeitgenossen zuvorkommen wollte. Kant habe in den *Arcana Coelestia* „[...] something like a caricature of his own metaphysics [...]“ gesehen.[217] Insofern seien die Träume in erster Linie Selbstkritik.[218]

Dieser Auffassung stehen mehrere Hindernisse entgegen. So fehlt jeder Hinweis sowohl in den *Träumen* selbst als auch in anderen Dokumenten Kants oder dritter Personen darauf, daß die Haupt- oder auch nur Nebenabsicht dieser Abhandlung eine Revision der frühen metaphysischen Überzeugungen Kants bezwecke, und zwar hauptsächlich auf Grund einer in ihnen unstatthaft erfolgten Verwendung des Begriffs der „external force“.[219] Laywine macht ferner nicht klar, warum sich Kant damit zwangsläufig gegen seine eigene frühe Auffassung richten soll-

[217] Laywine: *Kant's Early Metaphysics*, a. a. O., S. 8.

[218] Martin Schönfeld stimmt ihr in dieser Einschätzung zu (*The Philosophy of the Young Kant. The Precritical Project.* Oxford 2000, S. 244). Für J. Colin McQuillan ist dieser Weg des „self-critical reading“ der *Träume* einer der beiden Irrwege, die es bei der Beschäftigung mit dem Werk zu vermeiden gilt. Den anderen bezeichnet er als das „anti-metaphysical reading“ (*Reading and Misreading Kant's „Dreams of a Spirit-Seer“*. Kant Studies Online 2015, S. 178–203). Man müsse, so die These des Autors, die *Träume* vielmehr im Zusammenhang mit dem zeitgleich geplanten Werk über Metaphysik sehen, das Lambert in seinem Brief an Kant aus dem November 1765 (Ak X, 051_{30-31}) anspricht, das aber nie erschienen ist (ebd., S. 179 f.). Kant gehe dieses Thema in den *Träumen* ex negativo an, indem er zeige, wie Metaphysik *nicht* betrieben werden könne (ebd., S. 200).

[219] „I shall argue that Kant first takes stock of his early metaphysics in *Dreams of a Spirit-Seer*, that the satire directed against Swedenborg in this work is equally directed against Kant himself [...]“, und das auch, weil Kant mit Blick auf seine früheren Publikationen „[...] finds especial fault with the way he had been using the idea of an external force“. Deshalb stellten

te, denn die von ihr angeführten Kritikpunkte können ebensogut anderen Philosophen wie etwa Wolff oder einem Wolffianer entgegengehalten werden. Das trifft insbesondere auf den Vorwurf der behaupteten sinnlichen Erfahrbarkeit immaterieller Dinge zu. Ein zusätzliches Erschwernis für ihre Deutung liegt in Laywines Annahme, daß es in den *Träumen* mehrere Sprecher zu unterscheiden gelte. „I shall argue that an assumed voice speaks in Chapters One and Two [sc. of the first part of *Dreams*, Hgg.], though Kant speaks for himself in Chapter Three. In Chapter Four, the assumed voice returns once more, promising to mend his ways."[220] Für diese Vermutung spricht nichts außer dem Ergebnis, um dessentwillen sie aufgestellt wird. Unklar bleibt auch, warum Swedenborg als Erwecker Kants in dieser Frage bemüht wird, denn Kant wurde erst „[...] in the early sixties through second-hand rumors" auf Swedenborg aufmerksam,[221] just zu der Zeit also, als er ausweislich der *Negativen Größen* durch David Hume auf die Unhaltbarkeit des traditionellen Verständnisses der Ursache-Wirkung-Beziehung hingewiesen wurde. Humes Argument ist von größter Klarheit, es hat seine Spuren unbestreitbar auch in den *Träumen* hinterlassen[222] und wäre, wenn man schon auf den Begriff der ‚äußeren Kraft' abheben möchte, durch seinen Inhalt weit besser geeignet, Kant auf die frühe unkritische Verwendung dieses Konzepts aufmerksam zu machen, als es die von Laywine angeführten dunklen Äußerungen Swedenborgs vermöchten. Einen zweiten „Erwecker" Kants neben Hume anzunehmen erscheint daher überflüssig und ist auch nicht durch dessen autobiographische Äußerungen gedeckt. Anerkennenswert an Laywines Studie ist allerdings, daß sie ihre Argumentation auf die in den *Träumen* behandelte zentrale Gestalt Swedenborgs und seine philosophische Position ausrichtet und

die *Träume* eine „[...] diagnosis of Kant's early metaphysics" dar. Laywine: *Kant's Early Metaphysics*, a. a. O., S. 8.

220 Ebd., S. 85.

221 Ebd., S. 74.

222 Cf. etwa das Urteil von Alois Riehl in dieser Sache, zitiert in Erläuterung 269.

deren möglicher Auswirkung auf Kants Konzeption des Geistesbegriffs, der räumlichen Lokalisation immaterieller Substanzen und dem Interaktionsproblem von Seele und Körper nachspürt.

Auch Johnson hat Einwände gegen Laywines Studie vorzubringen. In seiner Rezension wendet er sich vehement gegen die beiden folgenden Beweisabsichten von ihr. „First, I shall examine her [sc. Laywine's, Hgg.] case against the idea of a positive Swedenborgian influence on Kant. Second, I shall examine her argument for Swedenborg's negative influence on Kant."[223] Beide Thesen weist er mit jeweils fünf Argumenten zurück.[224] Und da Johnson einen bedeutenden Einfluß Swedenborgs auf Kant nachweisen möchte, kommt seine Besprechung zwangsläufig einem Totalverriß der Studie Laywines gleich.

Unzufrieden ist auch Reinhard Brandt mit der Auffassung Laywines und weist sie zurück, freilich in unbegründeter Weise. Er attestiert ihr die Richtigkeit der These, daß der frühe Kant eine Lokalisierung der Seele im Raum angenommen hat, und führt dazu eine Stelle aus Kants Erstlingswerk, den *Gedanken von der wahren Schätzung der lebendigen Kräfte*, an. Sodann macht Brandt geltend, daß Kant diese Position in der *Metaphysik Herder* bereits überwunden habe, was ebenfalls zutreffend ist. Brandt stellt aber nicht in Rechnung, daß in dieser Vorlesungsnachschrift aus dem Zeitraum 1762–1764 bereits wiederholt von Swedenborg die Rede ist, und zwar in durchaus anerkennender Weise[225]. Das verbietet es, die These Laywines an der *Metaphysik Herder* zerschellen zu lassen, weil Kant diese Vorlesung, wie Brandt unrichtigerweise unterstellt, vor seiner Bekanntschaft mit dem Schweden gehalten habe und folglich unabhängig von ihm zu seiner geänderten Einsicht gelangt sei. Möglicherweise also

[223] Johnson: Rezension zu Laywine: *Kant's Early Metaphysics*, a. a. O., S. 31.

[224] Gegen die erste These Laywines ebd., S. 32–43, gegen ihre zweite These ebd., S. 44–54.

[225] Cf. Beilage D.1, S. 103f.

ist die in Herders Mitschrift dokumentierte neue Positionierung Kants in der Frage nach der räumlichen Lokalisierbarkeit der Seele bereits Ergebnis der Auseinandersetzung mit Swedenborg.

Nicht die eigenen irrigen metaphysischen Ansichten Kants, sondern die seiner Kollegen stehen für McQuillan im Zentrum von Teil I der *Träume.* Kant beabsichtige dort in Anknüpfung an die Ausführungen zu den erschlichenen Begriffen der ersten beiden Hauptstücke vorzuführen, wie „[...] some philosophers make obscure inferences from surreptious concepts". Folglich seien die dort gegebenen Bestimmungen eines Geistes nicht als Kants ernstgemeinte Ansichten zu verstehen, sondern Beispiele für das unstatthafte philosophische Verfahren, das durch Erschleichung Scheinbegriffe erzeuge. Ähnliche Überlegungen hatte bereits Laywine angestellt.[226] Kant wolle, so McQuillan weiter, seinen Metaphysik-Kollegen damit das Schicksal ersparen, sich in ausweglose Positionen zu manövrieren.[227] Das dürfte aus wenigstens drei Gründen eine unzutreffende Diagnose sein. 1) Wäre es naheliegend, daß Kant in diesem Falle den von McQuillan behaupteten Beispielcharakter seiner Ausführungen für Fehlerquellen der Metaphysik als solchen ausgewiesen hätte; 2) verkennt diese Auffassung, daß Kant in den ersten beiden Hauptstücken von Teil I die Grundlagen seines „Systems" präsentiert, dessen partielle Identität mit den Ansichten Swedenborgs er später wiederholt herausstellt und als „meinen anmaßlichen Lehrbegriff von der Geistergemeinschaft" (I.iv.2.) bezeichnet; 3) enthalten diese Darlegungen Elemente, die in die Transzendentalphilosophie einziehen werden und damit genuin Kantische Überzeugungen darstellen.

Wie für Laywine spielt Swedenborg auch für Klaus Reich in Kants Denken praktisch keine Rolle. In der Einleitung zu seiner Edition dieser Kantischen Schrift möchte er vielmehr den Nachweis erbringen, daß Kant mit ihr eine „Widerlegung der Ratio-

[226] *Kant's Early Metaphysics*, a. a. O., S. 84.

[227] *Reading and Misreading Kant's „Dreams of a Spirit-Seer"*, a. a. O., S. 196, 198.

nalen Psychologie Wolffs"[228] und seiner Theorie des Raumes beabsichtige, wie dieser sie in seiner Ontologie formuliert hatte. Damit wird eine randständige Gestalt der *Träume* zur Hauptgestalt des philosophischen Geschehens der Schrift erhoben, denn auf Wolff kommt Kant in dieser Abhandlung nur ein einziges Mal und in einem völlig anderen Zusammenhang zu sprechen, als man der Ansicht Reichs zufolge annehmen sollte. Außerdem muß sich Reich den auch gegen Laywine erhobenen Vorwurf gefallen lassen, daß sich für seine These kein Anhaltspunkt in den einschlägigen Dokumenten aufbieten läßt.

Die knappen Ausführungen Reichs zur Begründung seiner Ansicht[229] setzen bei Wolffs Raumbegriff an, wie dieser ihn in seiner lateinischen Ontologie §§ 544–641 und besonders §§ 588–593 entwickelt hat. Die These selbst trägt Reich nicht so klar und konturiert formuliert vor, wie man es wünschen würde; auch werden wiederholt Formulierungen verwendet, die sie aufweichen. So heißt es zunächst, daß „[...] die metaphysische Rationale Psychologie Wolffs (kosmischer Charakter des Verhältnisses von Leib und Seele, Unsterblichkeit der Menschenseele) *auch* an seinem Raum- (und Zeit-)begriff [hängt]".[230] Das bedeutet offensichtlich, daß selbst bei Zurückweisung des spezifischen Raum- und Zeitbegriffs Wolffs die genannten Lehrstücke an weitere Begründungsstränge geknüpft bleiben, die von Kants Kritik nicht getroffen werden und folglich weiterhin Bestand haben. Kurz darauf heißt es: „Wir gewinnen also die Erkenntnis, daß es sich in den *Träumen eines Geistersehers* bei Kants Widerlegung der Rationalen Psychologie Wolffs um eine *partiell* jedenfalls immanente Widerlegung handelt, immanent nämlich,

[228] Einleitung zu: Immanuel Kant. *Träume eines Geistersehers. Der Unterschied der Gegenden im Raume.* Unter Verwendung des Textes von Karl Vorländer mit einer Einleitung hg. von Klaus Reich. Hamburg 1975, S. VIII [= Philosophische Bibliothek, Bd. 286].

[229] Der größte Teil seiner Einleitung ist der Raumschrift des Jahres 1768 gewidmet.

[230] Einleitung, S. VIII; unsere Hervorhebung.

was den dabei verwendeten Raumbegriff anlangt."[231] Wie weit sich das „partiell" hinsichtlich der intendierten Widerlegung erstrecken soll, bleibt offen; aber die Verwendung dieses Wortes signalisiert ein weiteres Mal, daß die auf den zugrundeliegenden Raumbegriff fixierte immanente Widerlegung offenbar keine durchschlagende Wirkung im Sinne der These entfaltet. Die Einschränkungen „auch", „partiell", „wenigstens zum Teil", mit denen Reich Kants Argumentationserfolg versieht, lassen den Leser ratlos zurück. Selbst wenn also die Ausführungen Reichs zu Wolffs und Kants Raumbegriff zutreffen sollten, wäre das unterstellte Beweisziel damit bestenfalls zum Teil erreicht. Treffen sie aber zu?

Die Antwort muß auf Grund von Reichs Mißverständnis der Wolffschen Definition des Raumes verneinend ausfallen. § 591 der *Ontologia* lautet: „Spatium adeo resultat ex possibilitate coexistendi."[232] Für Reich bezieht sich Wolffs Definition auf „[...] das Feld der Wechselwirkungen von Substanzen überhaupt".[233] Nur unter dieser Prämisse, daß körperliche wie immaterielle Substanzen – und damit Geister – von dieser Definition erfaßt werden, kann man Wolffs Raumvorstellung als Grundlage seiner rationalen Psychologie verstehen, insofern sie in diesem Falle die Möglichkeit eröffnen würde, daß Geister und Leiber miteinander interagieren. Damit wäre eine Basis für die Möglichkeit der Swedenborgschen Mitteilungen aus der Geisterwelt gegeben. Aber das ist von Wolff gar nicht intendiert. Er weist in der zitierten Definition zwar nicht ausdrücklich darauf hin, daß sie auf materielle Körper abzielt und nur auf solche, aber genau das meint er. So finden immaterielle Wesenheiten im Umkreis

231 Ebd., S. VIII; unsere Hervorhebung. Kurz darauf wird Kant die Absicht zugesprochen, „[...] Wolffs Rationale Psychologie *wenigstens zum Teil* mit seinen eigenen Waffen zu schlagen [...]". Ebd., S. IX; unsere Hervorhebung.

232 *Philosophia Prima, sive Ontologia* [¹1730]. Edidit et curavit Joannes Ecole. Reprint der 2. Auflage Frankfurt, Leipzig 1736. Darmstadt 1962, S. 456.

233 Einleitung, a. a. O., S. VI.

dieser Darlegungen innerhalb der *Ontologia* auch keinerlei Erwähnung, wie es andernfalls zu erwarten wäre. Reich fiele also die Beweislast zu, daß sich die Wolffsche Definition des Raumes auch auf nichtkörperliche Substanzen erstreckt. Dieser Nachweis unterbleibt allerdings, und er dürfte auch kaum zu erbringen sein, wenn wir die Ausführungen Wolffs über die Seele hinzuziehen, die er in der *Psychologia Rationalis* gibt. Dort sagt er in § 49: „[...] Anima partibus caret, nec extensa est, nulla praedita est figura, nullum replet spatium [...]".[234] Er ergänzt diese Bestimmungen durch entsprechende Ausführungen über die Geister in dem Abschnitt „De Spiritu in genere & spiritualitate animae in specie" dieses Werks[235] und stellt die Verbindung zu den Ausführungen über die Seele mit aller wünschenswerten Klarheit in § 645 her: „Anima humana spiritus est."[236] Die Nichträumlichkeit von Seele wie Geist steht für Wolff somit außer Frage.[237] Folglich eignet sich die rationale Psychologie Wolffs nicht als Interaktionsplattform für spirituelle Ereignisse Swedenborgscher Art. Reichs Deutungsversuch läuft ins Leere.

Werfen wir abschließend einen Blick auf zwei neuere Arbeiten, die beide – in unterschiedlich starkem Maße – einen inhaltlichen Einfluß der Lehren Swedenborgs auf Kants Philosophie konstatieren. In Johnsons Sicht war Kant zwar kein Swedenborgianer, aber sein Einfluß sei in sechsfacher Hinsicht manifest:[238]

[234] *Psychologia Rationalis* [^{1}1734] [^{2}1740]. GW II.6, S. 33.

[235] Ebd., S. 588–621.

[236] Ebd., S. 589.

[237] In modifizierter Weise macht auch Brandt diesen Punkt gegen Reich geltend. *Überlegungen zur Umbruchsituation*, a. a. O., S. 24–28. Motta findet „[...] die Argumente Reichs nicht überzeugend [...]" und beklagt in Reichs Deutung nicht ohne Grund die große Ferne seiner Ausführungen zum Kantschen Text. *Phantasmen. Kant und die – schon kritische? – Objektivation des Geistes*, a. a. O., S. 366 f.

[238] Cf. mit dieser Aufzählung der Gemeinsamkeiten zwischen Swedenborg und Kant die von uns oben S. LXXXVIII–XC erstellte Liste der Parallelitäten. Die größten Abweichungen Johnsons von den von uns benannten Übereinstimmungen betreffen die Punkte 5. und 6. seiner Liste, in de-

1. Swedenborg lehre mit der Unterscheidung zwischen einer spirituellen und einer materiellen Welt eine dualistische Kosmologie, wie auch Kant sie mit der Unterscheidung der Phänomena und Noumena vortrage.
2. Swedenborg lehre die Raum-Zeit-Struktur der materiellen Welt und stelle ihr die nach inneren geistigen oder moralischen Gesichtspunkten geordnete intelligible Welt gegenüber, welche die Gottesnähe oder Gottesferne der Geister bestimmten. Die materielle Welt sei überdies Objekt der Sinne, während der Zugang zur intelligiblen Welt durch angemessene geistige Erkenntnisweisen erfolge. Schließlich seien die Visionen Swedenborgs keine Darstellungen der spirituellen Welt an sich, sondern raumzeitlich geordnete Repräsentationen einer nicht raumzeitlichen Gesetzen folgenden Realität. Die Nähe zu zentralen Aussagen der *Kritik der reinen Vernunft* liege auf der Hand.
3. Da der Mensch stets zugleich in beiden Welten lebe, müsse er den dort jeweils geltenden Gesetzen gehorchen, was zu Konflikten führen könne. Da die spirituellen Gesetze von Swedenborg als moralische Gesetze interpretiert würden, ergehe die Aufforderung an den Menschen, die Anforderungen seiner physischen Existenz dem Sittengesetz unterzuordnen. Außerdem werde er verpflichtet, das moralisch Gebotene aus

nen er Swedenborg für die Ausarbeitung einer umfassenden, nicht auf den religiösen Bereich begrenzten Hermeneutik Kants sowie für dessen auf die Mitte der 1760er Jahre datierte „anthropologische Wende" in Anspruch nehmen möchte. In beiden Punkten dürfte Johnsons Auffassung indes nicht zu halten sein. Für eine überzeugende Rückführung der Hermeneutik auf Inspirationen Swedenborgs fehlen schlicht die erforderlichen Dokumente, und die Hinwendung Kants zur Anthropologie nimmt ihren Ausgang teils von seiner Rousseau-Lektüre, teils von dem Kapitel zur „Empirischen Psychologie" der *Metaphysica* Baumgartens, mit der sich der Philosoph ausweislich der frühen Notate zu diesem Werk bereits Mitte der 1750er Jahre intensiv beschäftigt hatte, also lange bevor Swedenborg in seinen Gesichtskreis getreten war. Cf. für Einzelheiten die Einleitung zu Kant: *Neue Reflexionen*, a. a. O., S. LV–LVII.

moralischen Beweggründen und keinen anderen zu tun, weil nur so die Qualität der spirituellen Gesetze gewahrt bleibe. Hier sei die Nähe zu zentralen Positionen der Kantischen Morallehre nicht zu bestreiten.

4. Die Beschreibung, die Swedenborg von der geistigen Welt und ihren pneumatischen Gesetzen gebe, sei das Muster, nach dem Kant die moralische Welt als das Reich der Zwecke gearbeitet habe.
5. Swedenborgs Lehre der intelligiblen Kommunikation zwischen der spirituellen und der materiellen Welt sowie seine ausgearbeitete Hermeneutik der Schriftauslegung hätten Kant zur Erarbeitung einer universalen Auslegungskunst motiviert. Sie ziele darauf ab, sämtliche Ereignisse in der physischen Welt als Signaturen der geistig-moralischen Welt zu deuten. Dies sei in der *Kritik der Urteilskraft*, dem *Streit der Fakultäten* sowie der Religionsschrift und den Aufsätzen der 1780er und 1790er Jahre erfolgt. Swedenborg habe also eine anhaltende Wirkung auf Kant ausgeübt.
6. Kants Bemühungen, das Wahrhafte von dem Phantastischen der Swedenborgschen Visionen zu trennen, sei ein wichtiges Element gewesen, das zu seiner anthropologischen Wende Mitte der 1760er Jahre beitrug.[239] Damit ist der Einfluß gemeint, den man zutreffender Rousseau und Baumgarten zuzuschreiben hat und der u. a. zu einer Anerkennung der Prävalenz des Sittlichen dem Theoretischen gegenüber führte.

Als Fazit steht für Johnson somit in seinem Kommentar wie in seiner Edition der *Träume* fest, daß „[...] Kant manages to

[239] Johnson in der Einleitung zu seiner Edition von Kant: *Dreams of a Spirit-Seer*, a. a. O., S. XVII–XIX. Zuvor hatte er die zwischen Kants und Swedenborgs Lehren identifizierten Parallelitäten in *A Commentary on Kant's „Dreams of a Seer"*, a. a. O., S. 262–266, zusammengestellt. In seinem Beitrag *Swedenborg's Positive Influence on the Development of Kant's Mature Moral Philosophy.* In: Stephen McNeilly (Ed.): *On the True Philosopher and the True Philosophy. Essays on Swedenborg.* London 2003, S. 21–38, arbeitet Johnson die moralphilosophische Bedeutung Swedenborgs für Kant, so wie sie sich aus seiner Sicht darstellt, detailliert heraus.

preserve a remarkable amount of Swedenborg's metaphysics".[240] Diese Einschätzung ergibt sich beinahe schon zwangsläufig aus seiner These, der zufolge Kants Lehren faktisch von dem Schweden initiiert sind.

Friedemann Stengel teilt die Ansichten Johnsons weithin und führt praktisch dieselben Gemeinsamkeiten zwischen den beiden Denkern wie dieser an, die er aber auf – von uns gezählte – zehn Punkte ausdifferenziert und in gedrängter Gestalt sowie abgemilderter Nachdrücklichkeit präsentiert.[241] In Frontstellung zu der „überlieferten Sicht", die zwischen den beiden Protagonisten ausschließlich „negative Berührungspunkte" erkannte, vertritt Stengel die These, daß „[...] Kants ambivalente Auseinandersetzung mit Swedenborg [...] Folgen für seine eigene Philosophie hatte und zu unübersehbaren Transformationen swedenborgischer Systemelemente in Kants Werk geführt hat".[242] Mit vorsichtig abwägendem Blick sucht er den zwei extremen Deutungsmöglichkeiten auszuweichen und ein faires Bild des zwischen den beiden Denkern bestehenden Verhältnisses zu zeichnen: Einerseits gilt es, den „Fluch der Lächerlichkeit" zu vermeiden, mit dem Kant den Schweden belegt habe, andererseits sind die „parapsychologischen Lesarten" fernzuhalten, die am Ende des 19. Jahrhunderts aufkamen und die mit dem Namen Carl du Prels[243] verbunden sind. Sie unterstellten Kant mystische, wenn nicht gar okkulte Tendenzen und wollten die Autorität des Philosophen gegen die naturwissenschaftlich inspirierten materialistischen Tendenzen des Zeitalters instrumentalisieren. Dennoch gebe es auch unüberbrückbare Differenzen, von denen sich die epistemologische Schranke als

[240] *A Commentary on Kant's „Dreams of a Seer"*, a. a. O., S. 263.

[241] Stengel: *Aufklärung bis zum Himmel*, a. a. O., S. 644 f.

[242] Ebd., S. 637, 639.

[243] Carl du Prel: *Immanuel Kants Vorlesungen über Psychologie. Mit einer Einleitung: „Kants mystische Weltanschuung"*. Leipzig 1889. Reprint Pforzheim 1964. Über die sich daran anschließende Debatten um Kants Spiritualismus informiert Stengel: *Aufklärung bis zum Himmel*, a. a. O., S. 639 f., Fn. 23.

fundamental erweise.[244] Ein radikaler Bruch Kants mit Swedenborg finde in den *Träumen* jedenfalls nicht statt.[245] Aufs Ganze gesehen bleibe „[…] ein Stück Swedenborg in Kant konserviert, nicht abgetrennt oder verdrängt, sondern – vielleicht bewusst – umgeformt und einverleibt“.[246]

Kants Abhandlung des Jahres 1766 bleibt, das ist als Fazit dieses selektiven Überblicks über die Forschungsmeinungen festzuhalten, ein ambivalentes, ja in sich zerrissenes Stück philosophischer Literatur. Dementsprechend weit auseinander liegen die Deutungen, die sie erfahren hat. Ob eine die vielfältigen Inkonsistenzen und Widersprüche harmonisierende plausible Gesamtinterpretation des Werks überhaupt möglich ist, erscheint mehr als fraglich.[247] Erschwerend kommt hinzu, daß einige dieser Widersprüche ja bewußt als Stilmittel von Kant eingesetzt werden und als Vorformen des später praktizierten antithetischen Verfahrens angesehen werden können.[248]

Welche Absicht Kant insgesamt mit dieser Schrift verfolgte, liegt also im Dunkeln, und auch die Absichten, die er mit einzelnen Argumentationssequenzen verfolgte, erschließen sich nicht immer restlos dem Verständnis des Lesers. Er vermischt die Auseinandersetzung mit Swedenborg mit der Kritik an der überlieferten Metaphysik, nennt bei letzterer aber so gut wie keine Namen, an denen man sich orientieren könnte, und läßt immer wieder persönliche Elemente in Sachüberlegungen einfließen, die es in vielen Fällen nicht erlauben, den Verfasser auf eindeuti-

244 Stengel: *Aufklärung bis zum Himmel*, a.a.O., S. 645 f., 699.

245 Friedemann Stengel: *Kant – ‚Zwillingsbruder‘ Swedenborgs?* In: ders.: (Hg.): *Kant und Swedenborg*, a.a.O., S. 97.

246 Stengel: *Aufklärung bis zum Himmel*, a.a.O., S. 700.

247 Auch Stengel hält es für schwer möglich, „[…] eine ‚eindeutige‘ Deutung der *Träume* vorzulegen […]“. *Aufklärung bis zum Himmel*, a.a.O., S. 647.

248 Das Verdikt Richards, der unbefangene Leser sei „[…] peinlich berührt durch die Widersprüche, in die sich Kant verstrickt […]“, trifft durchaus nicht auf alle Widersprüche der Schrift zu. *Unbeachtete Vorlesungen Kants*, a.a.O., S. 280.

ge Positionen festzulegen. Das Beziehungsgeflecht der einzelnen Textteile bleibt weithin im Dunkeln, selbst wenn man nicht in Rechnung stellt, daß Kant in ihnen möglicherweise verschiedene Personen auftreten läßt, mit deren jeweiligen Ausführungen er sich aber nur bedingt identifiziert. Seine nachträglich gelieferte Selbstdeutung im Brief an Mendelssohn vom 8. April 1766 trägt zur Klärung des einen oder anderen Punktes sicherlich bei, liefert aufs Ganze gesehen aber keinen interpretatorischen Leitfaden zur Gewinnung eines in sich stimmigen Bildes über die mit der Abhandlung verfolgte Zielsetzung. Die ironisch-satirische Sprache tut ein übriges, um vermeintlich oder tatsächlich ernstgemeinte Aussagen des Textes in einen semantischen Schwebezustand zu versetzen.

5. Vorausweisende Momente in den *Träumen*

Angesichts dieses Sachverhaltes liegt es nahe, sich von dem Vorhaben zu verabschieden, eine umfassende Interpretation dieses Werks zu liefern und die bescheidenere Frage zu stellen, welchen Ertrag es für die Ausarbeitung von Kants künftiger Philosophie erbracht hat. Diese entwicklungsgeschichtliche Perspektive ist gelegentlich schon an Kants Abhandlung herangetragen worden.[249] Wir wollen unter Rückgriff auf einige im Verlauf der Ein-

[249] Darunter Tonelli: *Kant's Ethics as a Part of Metaphysics,* a. a. O., S. 256–261, und Schmucker: *Kants kritischer Standpunkt zur Zeit der Träume eines Geistersehers,* a. a. O., S. 19–31. Thérèse Pentzopoulou-Valalas betrachtet die *Träume* als ein „[…] avant-projet de la critique de Kant contre la métaphysique spéculative […]“ und macht hierbei „trois questions principales“ aus: „[…] l'examen du concept de ‚nature spirituelle‘ […], [le] rapport de l'âme humaine avec les substances immatérielles […], [le] rejet […] de l'intuition intellectuelle dont jouirait, au dire des métaphysiciens, l'homme“ (*Remarques sur une lecture pré-critique des „Rêves d'un Visionnaire“.* In: *Kant et les lumières européennes. Actes du VII. Congrès de la Société d'Etudes Kantiennes de Langue Française organisé à Naples, [20–22 octobre 2005] […].* Publiés sous la direction de Lorenzo Bianchi, Jean Ferrari et Alberto Po-

leitung bereits erwähnte Momente kurz die wichtigsten Punkte benennen, die deutlich in Kants philosophische Zukunft weisen und sie durch weitere hierher gehörende Elemente ergänzen.

1. Die Abhandlung besteht aus zwei Teilen, einem ersten „dogmatischen" und einem zweiten „historischen". Das nimmt bei allen offensichtlichen Unterschieden die Einteilung der *Kritik der reinen Vernunft* in die Transzendentale Analytik und die Transzendentale Dialektik vorweg. Der dort zunächst vorgetragenen Wahrheitslehre entspricht in den *Träumen* der dogmatische Teil, in dem die aus der traditionellen Metaphysik übernommenen Lehrstücke zur Stabilisierung der Visionen Swedenborgs thematisiert werden, bevor im zweiten Teil anhand der Analyse der *Arcana Coelestia* Swedenborgs die Irrtumslehre präsentiert wird, die im kritischen Hauptwerk Gegenstand des zweiten Teils ist.
2. Das Verfahren der Metaphysikkritik ist beinahe schon antithetisch anlegt. Der bloßen Denkmöglichkeit im Sinne der logischen Widerspruchsfreiheit der rationalpsychologischen Lehren wird die bloße Möglichkeit im Sinne der Nichtwiderlegbarkeit der Erzählungen Swedenborgs gegenübergestellt. Aus der Konfrontation beider wird auf subtile Weise die Haltlosigkeit der einen wie der anderen gefolgert.[250]
3. Anhand der rationalpsychologischen Positionen wird die Unfähigkeit der reinen Vernunft aufgezeigt, wenn sie, gestützt auf sich allein, zu belastbaren inhaltsreichen Aussagen im Felde der Metaphysik gelangen will. Damit ist grundsätzlich die Dialektik der Schlüsse der reinen Vernunft und ihrer End-

stigliola. Neapel, Paris 2009, S. 37f.). Tatsächlich erstreckt sich die prospektive Bedeutung der *Träume* hinsichtlich der theoretischen Philosophie weit über die genannten drei Punkte hinaus; ganz abgesehen davon, daß die Verfasserin Kants praktische Philosophie ganz unberücksichtigt läßt.

250 Die schneidige Formulierung Balkes, hier werde ein „[...] *Unsinn durch einen anderen Unsinn [erläutert]*", verschenkt die Einsicht in die zugrundeliegende Argumentationsstrategie Kants, die 1781 ihre Blüte erlebt. *Wahnsinn der Anschauung*, a. a. O., S. 298; H.i.O.

begriffe erkannt, wie es 1781 Thema in der Transzendentalen Dialektik werden wird.[251] Zentrale Fragen der Philosophie wie die „[...] von der geistigen Natur, von der Freiheit und Vorherbestimmung, dem künftigen Zustand u. dgl. [...]" (II.iii.1., S. 76_{11-13}), die sich im zweiten Teil der *Kritik der reinen Vernunft* erörtert finden, werden als unbeantwortbar für die theoretische Vernunft erkannt und tendenziell in den Zuständigkeitsbereich der praktischen Vernunft verwiesen.

4. Die Identifizierung von Scheinbegriffen, die durch Fehler der Erschleichung (vitia subreptionis) entstehen, wird als Aufgabe der Philosophie erkannt.
5. Kant vertritt in den *Träumen* die These von der Einheit der Erfahrung. Sie gestattet es ihm, die Visionen und angeblichen Erfahrungen Swedenborgs unter Verweis auf ihre Nichtintegrierbarkeit in die allgemeine menschliche Erfahrung zurückzuweisen (II.iii.1.). In der *Kritik der reinen Vernunft* hält er an dieser Einsicht jenseits der speziellen Funktion fest, die dieses Lehrstück in den *Träumen* auszeichnet. „Denn er [sc. der „kontinuierliche Zusammenhang aller Erscheinungen", Hgg.] ist es allein, worin die Einheit der Erfahrung, in der alle Wahrnehmungen ihre Stelle haben müssen, möglich wird."[252]
6. Damit ist einer der tragenden philosophischen Termini der Abhandlung genannt, der mit einer hohen Frequenz – auch in Komposita – vorkommt: die Erfahrung. Immer wieder beruft sich Kant auf sie als eine Art letzte Entscheidungsinstanz. Das ist Ausdruck der von Hume ausgelösten empiristischen Phase im Denken Kants, die in der *Kritik der reinen Vernunft* in modifizierter Gestalt ihre Fortsetzung findet.[253]

[251] Diesen Punkt hat Schmucker bereits herausgestellt. *Kants kritischer Standpunkt zur Zeit der Träume eines Geistersehers*, a. a. O., S. 19f.

[252] *KrV* A 229f./B 282. Cf. ferner B 279, B 474, B 477, B 521, B 610, B 628f.

[253] Schon die ältere Kantforschung hat dies so eingeschätzt. Cf. etwa Vorländer: Einleitung zu den *Träumen*, a. a. O., S. IX.

7. Der Hochschätzung der Erfahrung entspricht die wiederholt geäußerte Einsicht in die Beschränktheit des menschlichen Verstandes, die 1781 zu der Frage nach seinen Grenzen und seinen Kompetenzen führt.
8. Kants Gedanke, die Seele müsse schon jetzt als mit der physischen und der moralischen Welt verknüpft angesehen werden, weist auf die Zweiweltentheorie der *Kritik der reinen Vernunft* und der *Kritik der praktischen Vernunft* voraus.
9. Besonders deutlich springen die vorwärtsweisenden Elemente in der praktischen Philosophie ins Auge. Die Existenz Gottes und die Unsterblichkeit der Seele werden nicht durch Beweise der theoretischen Vernunft sichergestellt, sondern durch Postulate der praktischen Vernunft.
10. Der moralische Wert einer Handlung bemißt sich nicht länger nach der mehr oder weniger geglückten Ausführung derselben, sondern nach der zugrundeliegenden Gesinnung oder, wie Kant hier noch formuliert, nach dem „inneren Zustand des Geistes“ (I.ii.9., S. 29_{11}). Kant verfügt bereits in den *Träumen* der Sache nach über die „Gesinnungsethik“, wie er sie eingangs der Grundlegungsschrift des Jahres 1785 formulieren wird.
11. Die Sittlichkeit ist von der Erwartung einer kommenden Welt und den dort erfolgenden Belohnungen bzw. Bestrafungen für das moralische Verhalten des Menschen in dieser Welt unabhängig. Das Lehrstück von der Unsterblichkeit der Seele und damit ein zentraler Teil der Pneumatologie ist hierfür verzichtbar. Der Sittlichkeit wird ein Eigenwert zuerkannt, der ihre Autonomie konstituiert.
12. Der größte entwicklungsgeschichtliche Ertrag, den die *Träume* erbringen, liegt jedoch nicht auf inhaltlichem Gebiet, sondern er betrifft die in der Metaphysik zu befolgende Methode. Daß seine Überlegungen auf diesen Punkt zulaufen, sagt Kant selbst mit aller wünschenswerten Klarheit im Brief an Mendelssohn vom 8. April 1766, in dem er eine partielle Selbstdeutung seiner Abhandlung vorträgt und die dort vorgetragenen methodologischen Überlegungen teils wie-

derholt, teils weiterführt, und zwar sowohl in kritischer wie in konstitutiver Sicht. Was das erste betrifft, so ist in Kants Augen „[...] der *Weg* den man [sc. in der Metaphysik, Hgg.] gewählt hat ganz verkehrt [...]“, so daß „[...] die *im Schwang gehende Methoden* den Wahn und die Irrthümer ins unendliche vermehren müssen [...]“.[254] Man muß vielmehr dem überlieferten vermeintlichen Wissensschatz „[...] das dogmatische Kleid abziehen [...]“, sich also nicht etwa mit Widerlegungen einzelner Lehrstücke en détail aufhalten, was in den *Träumen* ja auch nicht geschehen war.[255] Soweit die schon ganz auf methodische Verfahren abstellenden kritischen Ausführungen. Aber auch die Pläne zur Errichtung stabiler metaphysischer Einsichten setzen bei der Methode an. Denn Kant ist zwischenzeitlich „[...] zu wichtigen Einsichten in dieser disciplin gelangt [...], welche ihr *Verfahren* festsetzen [...]“.[256] Diese laufen darauf hinaus, die zur Lösung eines Problems erforderlichen Data aufzusuchen. Da diese beim Leib-Seele-Problem nicht auf empirischem Wege zu gewinnen sind, zieht man die Möglichkeit in Betracht, mittels Vernunfturteilen a priori die gewünschten Einsichten zu erhalten. Dieses Verfahren würde aber voraussetzen, daß man mittels reiner Vernunft etwas über kausale Abhängigkeiten ausmachen könnte. Die Ungangbarkeit dieses Weges war Kant spätestens seit den *Negativen Größen* von 1762/63 bewußt. Wenn also die Erfahrung schweigt und die Vernunft uns keine sachhaltigen Erkenntnisse liefert, dann können die vorgebrachten Einsichten nur erdichtet sein. Diese Erdichtungen mögen nun zwar widerspruchsfrei formuliert werden, aber das besagt nichts für die Realmöglichkeit ihrer Inhalte. Dies nicht gesehen zu haben, ist die Crux des Scheiterns der überlieferten Metaphysik. Wenn man aber die Widerspruchsfreiheit metaphysischer Konstrukte bereits

254 Cf. Beilage B.3, S. 94; unsere Hervorhebungen.

255 Ebd., S. 94.

256 Ebd., S. 95; unsere Hervorhebung.

als Ausweis der Realmöglichkeit ihrer Inhalte ausgibt, dann kann man auch, wie Kant es vorgeführt hatte, die Visionen Swedenborgs verteidigen – genauso wie die Behauptungen der spekulativen Lehrgebäude seiner philosophischen Vorgänger. Diese Einsicht verbietet den Weg zurück zur dogmatischen Metaphysik. Kants Notiz „Die Sache der metaphysik läßt sich nicht mehr halten" mag nach 1766 zu Papier gebracht sein, sie faßt aber die Einsicht prägnant zusammen, die er mit den *Träumen* bereits erreicht hat.[257]

Beiden also, Swedenborg wie den Vertretern der herkömmlichen Metaphysik, hält Kant eine verfehlte Methode vor, mittels derer sie zu ihren jeweiligen Ergebnissen gelangen. Was aber ist die richtige Methode? An dieser Stelle bricht Kant den Brief an Mendelssohn mit der Mitteilung ab, es komme in Fragen wie dem Leib-Seele-Problem darauf an, „[...] auszumachen ob es nicht hier wirklich Grenzen gebe welche nicht durch die Schranken unserer Vernunft nein der Erfahrung die die data zu ihr enthält festgesetzt seyn".[258] Damit kündigt sich das erkenntnistheoretische Grundproblem der *Kritik der reinen Vernunft* an, die sich ja nach der Vorrede zur zweiten Auflage als „[...] ein Traktat von der Methode, nicht ein System der Wissenschaft selbst [...]" präsentiert.[259] Das Projekt der Konsolidierung der Metaphysik über die wahre Methode ist mit den *Träumen* auf den Weg gebracht. Seine Ausarbeitung wird die nächsten fünfzehn Jahre im Leben des Philosophen fast restlos beanspruchen.

Die aufgewiesenen in Kants Zukunft weisenden Elemente seiner Abhandlung von 1765/66 dürften außer Frage stellen, daß Friedrich Wilhelm Schubert, der Mitherausgeber der ersten Kant-Gesamtausgabe, die Bedeutung der *Träume* im Grun-

[257] Refl. 5079 (Ak XVIII, 081_{12}), von Adickes auf den Zeitraum 1776–78 datiert, von Benno Erdmann wohl passender dem Zeitraum des „kritischen Empirismus" zugeordnet, der die Jahre 1762/63–1769 umfaßt. *Reflexionen Kants zur kritischen Philosophie*, a. a. O., E II 153, S. 45.

[258] Brief an Mendelssohn vom 8. April 1766. Cf. Beilage B.3, S. 97.

[259] *KrV* B XXII.

de schon klar erkannte, wenn er in ihr die „[...] Ankündigung der grösseren Untersuchungen Kant's, der Metaphysik und der theoretischen Philosophie überhaupt eine neue Bahn zu gründen [...]", erblickte und sie deshalb als „wichtig" pries.[260] Tatsächlich aber hat sich, wie wir sehen konnten, Kant in dieser Schrift darüber hinaus bereits auch zu einigen der zentralen Einsichten seiner späteren Ethik vorgearbeitet. Man darf die *Träume* deshalb als die eigentliche Geburtsstunde des Kritizismus insgesamt bezeichnen.

[260] Vorrede zu *Immanuel Kant's Sämmtliche Werke.* Hg. von Karl Rosenkranz und Friedr.[ich] Wilh.[elm] Schubert. Bd. VII/1. Leipzig 1838, S. IX.

ZUR TEXTGESTALT

Die vorliegende Ausgabe ist nach denselben Prinzipien eingerichtet wie diejenige, die die Herausgeber, ebenfalls im Rahmen der „Philosophischen Bibliothek", zu Kants *Einzig möglichem Beweisgrund*[261] veranstaltet haben. Sie bringt die *Träume eines Geistersehers* erstmals in textkritischer Gestalt. Als Grundlage diente die Fassung innerhalb der Erstauflage von Band II der Akademie-Ausgabe von 1905,[262] die von Paul Menzer unter Mitwirkung von Ewald Frey[263] erstellt wurde und die ihrerseits den ersten, bei Kanter in Königsberg erschienenen Druck der *Träume* (A_1) zugrunde legt. Wie schon bei anderen der in diesem Band enthaltenen Texte festgestellt,[264] verdient auch bei den *Träumen* die erste Auflage der zweiten von 1912 gegenüber den Vorzug. Letztere, die in den Nachdrucken des Verlages Walter de Gruyter als „Neudruck" bezeichnet wird, enthält Eingriffe von unbekannter Hand. Im Fall der *Träume* ist der Text an fünf Stellen geändert. Bei vier davon dürfte es sich um triviale

[261] Immanuel Kant: *Der einzig mögliche Beweisgrund zu einer Demonstration des Daseins Gottes*. Historisch-kritische Edition. Mit einer Einleitung und Anmerkungen hg. von Lothar Kreimendahl und Michael Oberhausen. Hamburg 2011 [= Philosophische Bibliothek, Bd. 631].

[262] *Kant's gesammelte Schriften*. Hg. von der Königlich Preußischen Akademie der Wissenschaften [und Nachfolgern]. Erste Abtheilung: *Werke*. Bd. II: *Vorkritische Schriften II. 1757–1777*. Berlin 1905, S. 315–373, 499–506.

[263] Der Germanist Dr. Ewald Frey war der für „die philologische Durchsicht und Regelung" zuständige Mitarbeiter. Cf. Wilhelm Dilthey: „Einleitung in die Abtheilung der Werke". Ak I, S. 511.

[264] Cf. Lothar Kreimendahl: *Stellenindex und Konkordanz zur Preisschrift von 1762/64, zu den „Negativen Größen" und zur Vorlesungsankündigung für 1765/66*. Erstellt in Zusammenarbeit mit Heinrich P. Delfosse und Michael Oberhausen. Stuttgart-Bad Cannstatt 2006, S. XLVII–L [= FMDA Abt. III, Bd. 46.1 u. 46.2]; Kant: *Der einzig mögliche Beweisgrund*, a. a. O., S. CXXXIII f.

Druckversehen handeln,[265] eine jedoch stellt einen schwerwiegenden Texteingriff dar, der zu einer singulären Lesart führt: Ak II, 327_{02} heißt es in der zweiten Auflage „Menschenleben", wo in der Erstauflage „Menschenseelen" stand. Dieser Fall ist nicht in den Lesarten der Akademie-Ausgabe dokumentiert, obwohl diese gegenüber der Erstauflage von 1905 an einer Stelle ergänzt sind.[266] Angesichts dieser nur wenigen Abweichungen zwischen den beiden Auflagen der Akademie-Ausgabe wurde darauf verzichtet, die Zweitauflage durchgängig im textkritischen Apparat anzuführen, lediglich die Stelle 327_{02} wird genannt. Der weitverbreitete fotomechanische Reprint der Akademie-Ausgabe als Taschenbuchausgabe bringt die *Träume* in der Fassung von 1912.[267]

Die Akademie-Ausgabe wurde mit den Fassungen aller deutschsprachigen Gesamtausgaben, beginnend mit den *Sämmtliche[n] kleine[n] Schriften* aus dem Jahr 1797, sowie den sonstigen originalsprachlichen Editionen des Textes, die in Einzel- oder Auswahlausgaben vorliegen, verglichen. Nicht berücksichtigt wurden lediglich die Leseausgaben der *Träume*, die nicht einmal einen Herausgeber benennen.[268] Diejenigen Editionen, die sich, sei es

[265] Ak II, $328_{27f.}$ fehlt das Komma zwischen „haben" und „irgend"; Ak II, 363_{25} ist aus „ein*em*"das falsche „ein*en*" geworden; Ak II, 363_{33} ist in „Gedächtnisse" das „t" ausgefallen und Ak II, 364_{28} steht das falsche „da*s*" anstelle des richtigen „da*ß*".

[266] Ak II, 505_{01} ist zu 344_{19} eine Lesart ergänzt. Darüber hinaus ist Ak II, $502_{30f.}$ die Erläuterung zu 341_{31} korrigiert: Der Quellenhinweis „Diogenes Laertius I. 34" wurde ersetzt durch „Plato, Theaetet 174 A".

[267] *Kants Werke. Akademie-Textausgabe*. Unveränderter photomechanischer Abdruck des Textes der von der Preußischen Akademie der Wissenschaften 1902 [!] begonnenen Ausgabe von Kants gesammelten Schriften. Bd. II: *Vorkritische Schriften II. 1757–1777*. Berlin 1968. Zu dieser Ausgabe cf. Kant: *Der einzig mögliche Beweisgrund*, a. a. O., S. CXXXIV, Fn. 11.

[268] Es handelt sich um die drei in den zwanziger Jahren des 20. Jahrhunderts bei den Verlagen Hyperion, Lambert Schneider und Weltgeist-Bücher erschienenen Editionen. Sie haben weder eine Einleitung, noch geben sie ihre Textgrundlage an. Zu den vollständigen bibliographischen Angaben dieser und der im folgenden genannten Editionen cf. die Bibliographie unten S. CLIX–CLXIII. Nicht berücksichtigt wurde auch die 1924 von

ausdrücklich oder stillschweigend, darauf beschränken, den Text einer Vorgängeredition nur neu zu drucken, werden zur Entlastung des textkritischen Apparates nicht eigens aufgeführt.[269]

Anton Lampa im Österreichischen Schulbücherverlag publizierte Ausgabe der *Träume*: Auch Lampa macht keine Angaben zu seiner Textgrundlage, und Einleitung und Sachanmerkungen beschränken sich auf Basiswissen für Schüler.

269 V. Kirchmann hat seiner Edition den „[…] Text nach *Hartenstein's* neuester Ausgabe […] zu Grunde gelegt […]" („Vorwort", S. VI); Kirchmann wird im textkritischen Apparat nur dann genannt, wenn er dennoch signifikant von seiner Vorlage abweicht.

Ausdrücklich den Text einer Vorgängeredition drucken die Herausgeber Menzer, Messer und mit ihm Toman, Klaus/Buhr und Dietzsch wieder ab. Menzers Edition der *Träume* im Rahmen von *Kants Populäre[n] Schriften* ist ein Wiederabdruck des Textes der Erstauflage der Akademie-Ausgabe (cf. „Vorwort", S. VI). Auch Messer legt, wie schon im Titel ausgewiesen, den Text der Akademie-Ausgabe zugrunde, wobei er sich an zwei Stellen (Ak II, 327_{02}, Messer S. 269: „Menschenleben"; Ak II, $328_{27f.}$, Messer S. 270: „haben irgend") deren zweiter Auflage bedient, sich ansonsten aber an die erste Auflage hält. Toman erklärt zwar, seine Kantausgabe folge bei der Schriftenauswahl der Messer-Edition und im Text der Akademie-Ausgabe (cf. „Editorisches Nachwort", Bd. I, S. 382), zumindest bei den *Träumen* handelt es sich aber um einen Neudruck des Messer-Textes, in genau derselben Mischfassung zwischen beiden Auflagen der Akademie-Ausgabe. Klaus/Buhr geben den Text Buchenaus aus der Cassirer-Ausgabe wieder (cf. „Zur vorliegenden Ausgabe", Bd. I, S. [V]). Steffen und Birgit Dietzsch drucken den Text der Weischedel-Ausgabe ab, wobei sie „im Interesse der Verständlichkeit" einige der von Weischedel nur als textkritische Fußnote geführten Verbesserungsvorschläge in den Text selber übernehmen (cf. „Zu dieser Ausgabe", S. 602). Um stillschweigende Neudrucke einer Vorgängeredition handelt es sich bei den Ausgaben von Renner, Groß und Bassenge. Sie alle machen keine Angaben zu der von ihnen verwendeten Textgrundlage und haben keinen textkritischen Apparat. Renner folgt, bei behutsam modernisierter Orthographie, bis auf einige wenige Ausnahmen Kehrbachs Lesarten (cf. z. B. S. $78_{27f.}$, Renner S. 159: „neue Erfahrungen *über* neue Begriffe"; S. $15_{02f.}$, Renner S. 117: „mich also"; oder der von Kehrbach übernommene Druckfehler S. 21_{01}, Renner S. 121: „den" statt richtig „denn"). Felix Groß druckt, bei leicht modernisierter Orthographie, den Text der Erstauflage der Akademie-Ausgabe von 1905 ab, deren sämtliche singuläre Lesarten er übernimmt (besonders auffäl-

Die insgesamt 19 ausdrücklich berücksichtigten Ausgaben sind im Siglenverzeichnis chronologisch aufgelistet. Soweit vorhanden, wurden deren textkritische Apparate für die Texterstellung dankbar genutzt. Außerdem sind Textemendationen von anderer Hand berücksichtigt. Gelegentlich wurden fremdsprachige Übersetzungen konsultiert, sofern sie für die Klärung des Textverständnisses hilfreich erschienen. Von den Herausgebern stammende Konjekturen sind mit „Hgg." kenntlich gemacht.

Die vorliegende Edition bietet somit eine der Akademie-Ausgabe der *Träume* gegenüber erheblich verbesserte textkritische Fassung des Kantschen Textes. Sie bringt die präsumtiv beste Lesart im Haupttext und dokumentiert Textvarianten anderer Ausgaben, soweit sie inhaltlich von Bedeutung sind, im textkritischen Apparat am Fuß der Seite.[270] Zugleich löst sie die von Klaus Reich innerhalb der „Philosophischen Bibliothek" veranstaltete Edition ab, die lediglich den Text der Vorländer-Ausgabe als Faksimile nachdruckte, selbst aber keinerlei philologische Textarbeit investiert hatte.[271] Auf weitere Sacherläuterun-

lig das fehlende „mir" Ak II, 333_{01}, Groß S. 112). Bassenge bietet den Text Buchenaus, von dem er im wesentlichen nur in einigen wenigen Fällen der Interpunktion (z. B. S. 30_{11}: „muß; weil", S. 30_{18}: „wahrnimmt oder", Bassenge S. 35), in der Schreibung „c*o*elestia" (S. 62_{26}, Bassenge S. 61) und der Verwendung des Singulars „die geistige Lage" (S. $66_{25f.}$; Bassenge S. 65) abweicht.

270 Zur Entlastung des textkritischen Apparates wurde darauf verzichtet, bloße orthographische Varianten zwischen verschiedenen Editionen innerhalb eines Apparateintrags jeweils gesondert aufzulisten. Der Apparat beschränkt sich in solchen Fällen darauf, die betroffene Textstelle nur einmal wiederzugeben, und zwar in der Orthographie der jeweils letztgenannten Edition.

271 Reichs Edition erschien 1975 als Bd. 286 innerhalb der „Philosophischen Bibliothek" des Felix Meiner Verlags, Hamburg. Reich gibt auf dem Titelblatt an, seine Edition „unter Verwendung des Textes von Karl Vorländer" herausgegeben zu haben (cf. „Vorwort": „gibt den Text der Vorländerschen Ausgabe", S. [IV]), in Wirklichkeit handelt es sich jedoch nur um einen Faksimile-Nachdruck des Vorländer-Textes, der auch die Versehen und Fehler dieser Edition übernommen hat, cf. z. B. den Druckfehler im Kolumnentitel von S. 29 („II." statt richtig „2.") oder den unsinnigen textkri-

gen hatte Reich ebenfalls verzichtet, desgleichen auf bibliographische Hinweise, die dem Leser, der sich mit Kants Schrift vertraut machen will, als Orientierungshilfen willkommen wären. Denn seine Einleitung ist hierfür ganz unbrauchbar. Sie geht dem Spezialproblem der Genese der Konzeptionen des Raumes in den *Träumen* und der kurzen Raumschrift des Jahres 1768 nach und mißachtet die Anforderungen, die der Benutzer mit Recht an eine Einleitung stellt, völlig.

Wie die Akademie-Ausgabe ausführt, weisen die Originaldrucke Kantischer Schriften hinsichtlich ihrer Orthographie, Interpunktion und Sprache die „[...] buntscheckigsten Schwankungen unter einander, ja in demselben Werk und sogar auf demselben Blatt [...]“[272] auf. Das gilt auch für die *Träume*. Angesichts dieses Tatbestandes hatte die Akademie-Ausgabe die Druckschriften Kants einer vereinheitlichenden Normierung unterzogen, über die der Abschnitt „Sprache, Orthographie und Interpunction der deutschen Schriften“ in Band I Auskunft gibt.[273] Die Orthographie wurde überall dort, „wo nicht mangelnde Sicherheit das Festhalten am Originaldruck“[274] gebot, nach dem Brauch normiert, der vor der sogenannten Puttkamerschen Reform von 1880 galt, und die Interpunktion, vor allem die teils fehlende, teils überreiche Kommasetzung der Drucke, wurde „[...] behutsam modernisirt [...]“[275]. Für Kants Sprache wurde dagegen das Verfahren gewählt, „störende Schwankungen der Laute und Flexionen nach Kants eigenem Brauch in den neunziger Jahren“[276] aufzuhe-

tischen Apparateintrag „b)“ auf derselben Seite, wo es zu S. 33_{15} „werden“ heißt: „Kant: ‚wird‘. corr. Tieftrunk.“ Kant schreibt, wie ausnahmslos alle anderen Editionen an dieser Stelle auch, „werden“, folglich hat Tieftrunk die Stelle auch nicht korrigiert. Da sie einen identischen Text bieten, werden die Editionen von Vorländer und Reich im textkritischen Apparat unter einer Sigle zusammengefaßt.

272 Ak I, S. 511.

273 Cf. ebd., S. 511–516.

274 Ebd., S. 514.

275 Ebd., S. 514.

276 Ebd., S. 515.

ben, denn in dieser Zeit „[...] erreicht Kants Sprache ihren Abschluss dergestalt, dass die Schwankungen verhältnissmässig gering bleiben und eine wesentliche Annäherung oder Übereinstimmung hervortritt“.[277] Diesen Regelungen gemäß wurde auch der Text der *Träume* von Ewald Frey einer Bearbeitung unterzogen, über die er detailliert Rechenschaft abgelegt hat.[278]

Die vorliegende Ausgabe bietet einen gegenüber der Akademie-Ausgabe im ganzen modernisierten Text. Die Rechtschreibung wurde behutsam der modernen Orthographie[279] angepaßt und die mitunter schwankende Schreibweise eines und desselben Wortes[280] ihren Gepflogenheiten gemäß vereinheitlicht; Entsprechendes gilt für die uneinheitliche Interpunktion. Davon ausgenommen sind jedoch Ausdrücke, die aus dem Lateinischen stammen wie z. B. ‚Principium‘ oder ‚Geometra‘. Auf eine grundsätzliche Angleichung von Kants nicht immer gleichbleibendem Sprachgebrauch an die heutigen Gepflogenheiten wurde jedoch verzichtet, weil sich in den Varianten gelegentlich Bedeutungsnuancen dokumentieren. Sie wurde jedoch überall dort vorgenommen, wo es sich lediglich um orthographi-

277 Ebd., S. 513. Cf. dazu auch *Ausgabe der gesammelten Schriften Kants. Regeln für die Abteilung der Werke*. Als photomechanischer Abdruck wiederabgebildet in: Gerhard Lehmann: *Beiträge zur Geschichte und Interpretation der Philosophie Kants.* Berlin 1969, nach S. 12.

278 Cf. Ak I, S. 505–507. Dabei sind Frey allerdings einige Versehen unterlaufen: „Untersche*i*d“ kommt in A_1 nicht „2 mal“, sondern dreimal vor; „Phantas*ei*“ nicht „2 mal“, sondern nur einmal; statt „Gerü*s*te“, das in den *Träumen* nicht vorkommt, muss es „Gerü*ch*te“ heißen, und bei der Auflistung der Substantive mit weiblichem Geschlecht fehlt u. a. ‚die Hindernis‘.

279 Unter „moderner Orthographie“ wird hier die Regelung der deutschen Rechtschreibung verstanden, wie sie bis zum Beschluß der Kultusministerkonferenz vom 1. Dezember 1995 gültig war.

280 So stehen z. B. nebeneinander „auf einander“ (Ak II, $335_{24f.}$, 365_{29}) und „aufeinander“ (Ak II, 364_{04}), „dunkeler“ (Ak II, 338_{19}) und „dunkler“ (Ak II, 328_{31}), „abläugnen“ (Ak II, 317_{25}) und „verläugnet“ (Ak II, 347_{16}) neben „abgeleugnet“ (Ak II, 353_{21}) und „abzuleugnen“ (Ak II, $351_{08f.}$), „lieset“ (Ak II, 363_{33}) und „liest“ (Ak II, 362_{18}, 363_{21}), „wechselsweise“ (Ak II, 335_{25}) und „wechselweise“ (Ak II, 333_{10}), u.v.a.

sche Varianten handelt. Entscheidend war jeweils der Gesichtspunkt, das Verständnis des Lesers durch Texteingriffe nicht in eine bestimmte Bahn zu lenken. Die – ohne erkennbaren Bedeutungsunterschied – nebeneinander vorkommenden Abkürzungen „etc.", „usw." und „u.dgl." wurden beibehalten.

Insbesondere wurden folgende Normierungen vorgenommen: Die Flexion der Adjektivattribute wurde dem heutigen Sprachgebrauch angepaßt (z.B. „die geistigen Lagen" anstelle von „die geistige Lagen" [Ak II, 363_{08}]); an Stelle veralteter Verbformen wie „lieset" [Ak II, 363_{33}] und „betheuret" [Ak II, 353_{14}] stehen die modernen Formen „liest" und „beteuert"; veraltete, mit Fugen-s oder -e gebildete Komposita sind durch die heute geläufigen Formen ersetzt (z.B. „Sehenerven" [Ak II, 344_{35}] durch „Sehnerven"; „wechselsweise" [Ak II, 335_{25}] durch „wechselweise"); heute gebräuchliches Fugen-s wurde dagegen ergänzt (z.B. in ‚vorurteilfrei' [Ak II, 372_{11}]); wo das Dativ-e heutige Lesegewohnheiten stört (z.B. „das Geschäfte" [Ak II, 370_{10}]), ist es getilgt, in Formulierungen wie ‚zum Grunde liegen' o.ä. bleiben die alten Formen jedoch erhalten; uneinheitliche Genitivendungen – auch bei ein und demselben Wort (z.B. „Gehirnes" [Ak II, 324_{37}] und „Gehirns" [Ak II, 326_{33}]) – wurden angeglichen, ebenso der Gebrauch des Genitiv-s (z.B. „des Universum" [Ak II, 336_{19}]). Eine Reihe weiterer Kasus- und Genusangleichungen konnte vorgenommen werden, ohne daß es dadurch zu semantischen Verschiebungen gekommen wäre, z.B. verwendet Kant die Präpositionen ‚innerhalb' und ‚außerhalb' mit dem Dativ (z.B. Ak II, 345_{29}; 346_{15}) statt wie heute üblich mit dem Genitiv, oder es kommen Formen vor wie „die Atomen" (Ak II, 358_{27}), „die Organen" (Ak II, 330_{37}), „deren Klumpe" (Ak II, 321_{09}), „dieser Nutze" (Ak II, 368_{05}), „der große Haufe" (Ak II, 319_{07}). Beibehalten wurde dagegen z.B. Kants reflexiver Gebrauch der Verben „besorgen" (S. 59_{17}) und „eindringen" (S. 09_{09}) oder das „nicht" im Nebensatz nach „verhüten" (S. 58_{26}). Nicht geändert wurden auch Wortbildungen wie „Schlafwanderer" (S. 32_{20}), „Neubegierde" (S. 80_{08}), „bestäubte" (S. 22_{08}), „scheinbarlich" (S. 29_{02}) oder der parallele Gebrauch von ‚Hirngespinst' (z.B. S. 42_{13}) und ‚Hirngespenst' (z.B. S. 44_{10}).

Eigennamen erscheinen in der heute üblichen Schreibweise. Werktitel sowie Personennamen und davon abgeleitete Adjektive sind kursiviert. Sperrungen wurden beibehalten, aber dort durch Kursivierung ersetzt, wo Eigennamen betroffen sind. Lateinisches Sprachgut wird in Groteskschrift wiedergegeben.

Am unteren Seitenrand außen sind die Seitenzahlen des ersten, Kanterschen Drucks von 1766 – z. B. A_1 37 – sowie der Erstauflage der Akademie-Ausgabe mit Band- und Seitenzahl – z. B. II,352 – angegeben. Der Seitenumbruch dieser Ausgaben ist durch „|" für den Erstdruck und „¦" für die Akademie-Ausgabe markiert.

Die Erläuterungen bieten hauptsächlich Erklärungen in der Sache. Außerdem leisten sie bibliographische sowie sonstige Verifizierungen. Darüber hinaus sollen sie – auch durch sprachgeschichtliche Hinweise – dem heutigen Leser das Textverständnis erleichtern. Gewisse Redundanzen zwischen Erläuterungen und Einleitung sind in Kauf genommen worden; andernfalls wären dem Leser, der entweder nur an den Sacherläuterungen oder nur an der Einleitung interessiert ist, Informationen vorenthalten worden, die er zu Recht erwartet. Dort, wo es möglich ist und angebracht erscheint, ist zur Vermeidung überflüssiger Wiederholungen ein entsprechender Hinweis gegeben. Bei der Erstellung der Erläuterungen wurden die Anmerkungen einiger Editionen der *Träume* gelegentlich dankbar zu Rate gezogen. Als hilfreich erwiesen sich hierbei insbesondere die Ausgaben von Paul Menzer, Bernard Lortholary, David Walford/Ralf Meerbote sowie Johnson/Magee. Auf diese ist im gegebenen Fall durch Anführung der jeweiligen Sigle verwiesen. Um dem Leser das Konsultieren der Erläuterungen zu erleichtern, verweist eine kursive Seitenangabe am unteren inneren Rand auf die jeweilige Seite im Erläuterungsteil; umgekehrt ist auch jede Erläuterung mit einem Seitenverweis auf den Haupttext versehen.

Die Zählung der Absätze des „Vorberichts" und jedes „Hauptstücks" wurde von uns eingefügt, der Text wird unter Angabe von Teil (große römische Ziffer), Hauptstück (kleine römische Ziffer) und Absatz (arabische Ziffer) zitiert.

ZUR EDITIONSGESCHICHTE

1880 hat Karl Kehrbach durch „Vergleichung einer Anzahl von Originaldrucken“ als erster festgestellt, daß von den *Träumen* „aus dem Jahre 1766 wenigstens *drei typographisch verschiedene Drucke von ungleicher Güte*“[281] existieren: Die *Träume* sind einmal bei Johann Jakob Kanter in Königsberg (A bzw. A_1) und zweimal bei Johann Friedrich Hartknoch in „Riga und Mietau“ (B bzw. A_2 und C bzw. A_3) erschienen.[282]

Die drei Drucke sind leicht an ihren unterschiedlichen Titelvignetten zu erkennen.[283] Bei keinem der drei Drucke sind Orthographie, Interpunktion und Sprache einheitlich und konsequent gehandhabt. Dennoch sind die beiden Hartknochschen Drucke signifikant von dem Kanterschen unterschieden. Das gilt für die Typographie[284] ebenso wie für die Orthographie,[285] aber auch

[281] Cf. *Träume eines Geistersehers, erläutert durch Träume der Metaphysik*. Von Immanuel Kant. Text der Ausgabe (A) 1766, unter Berücksichtigung der Ausgaben B und C. Hg. von Karl Kehrbach. Leipzig o. J. [1880], „Vorrede des Herausgebers“, S. IX; cf. ebd., S. XV.

[282] Für die genauen bibliographischen Angaben cf. die untenstehende Bibliographie, I. a) Zu Kants Lebzeiten erschienene separate Textausgaben, S. CLVII.

[283] Cf. ebd., S. CLVII. Jeder Druck hat zudem eine eigene Kopfvignette auf S. 3, ein eigenes Textornament auf S. 114 und eine eigene untere Randleiste auf den Seiten 81 und 128.

[284] Anders als A_1 versehen A_2 und A_3 das Fußnotenzeichen mit einer runden Klammer; sie verwenden eine größere Schrifttype für die Überschriften der Hauptstücke und (abgesehen vom „Vorbericht“ und den Fußnoten) den Fettdruck sowie auf den Seiten 29, 58, 73, 92 und 117 eine andere bzw. anders gesetzte Initiale. Ein Drittel aller Textzeilen, vor allem in den Fußnoten, sind anders umbrochen als in A_1, wodurch es in über 20 Fällen zu einem geänderten Seitenüberlauf und folglich anderen Kustoden kommt, cf. Kehrbachs Verzeichnis, a. a. O., S. X, Fn. 1; auf den Seiten 19, 20, 28, 60, 112 und 117 differieren die Kustoden voneinander, ohne daß der Seitenüberlauf geändert wäre.

[285] Cf. Kehrbachs Auflistung entsprechender Fälle, a. a. O., S. XV–XVII.

für eine ganze Reihe von sprachlichen Phänomenen.[286] Die Hartknochschen Drucke korrigieren zwar einige Fehler[287] sowie etliche triviale Druckversehen des Kanterschen Textes,[288] weisen im ganzen jedoch eine erhöhte Fehlerzahl auf, darunter viele sinnentstellende Varianten.[289]

Schon Kehrbach stellte fest, daß „die Kanter'sche Ausgabe die correctere ist".[290] Für ihre Ansetzung als editio princeps spricht schon die Angabe Borowskis, daß die *Träume* in „Königsberg,

In Ergänzung bzw. Präzisierung dazu: A_1 schreibt z.B. durchgehend bzw. überwiegend ‚solte(n)', ‚wolte(n)', ‚wil', ‚nemlich', ‚Begrif' (inklusive der Komposita ‚Erfahrungs-' und ‚Lehrbegrif'), ‚Hofnung', ‚Reitz' (‚Reitzbarkeit', ‚Reitzung', ‚reitzbar'). A_2 und A_3 dagegen verwenden zwar nicht ausnahmslos, aber überwiegend in diesen Fällen die heute gültige Schreibung. Die Liste solcher Beispiele ließe sich beliebig verlängern. A_2 und A_3 ergänzen zudem oft, wenn auch nicht durchgehend, die in A_1 häufiger fehlenden Kommata bei Relativsätzen und anderen untergeordneten Nebensätzen.

286 Z.B. ändern A_2 und A_3 stets ‚Hirngespenster' in ‚Hirngespinste'; des weiteren ‚gnug' (samt Derivaten) häufig in ‚genug', ‚andere' und ‚unsere' häufig in ‚andre' und ‚unsre', und sie ergänzen in knapp einem Drittel aller Fälle das ‚n' in Wendungen wie die „wahre Absichten, die geheime Beweggründe" (S. $28_{31f.}$). Sie ändern dabei oft nicht konsequent alle Fälle, aber wo sie ändern, tun sie es (bis auf ganz wenige Ausnahmen) gemeinsam. Dasselbe gilt für singuläre Änderungen wie etwa ‚wechselweise' in ‚wechselsweise' (S. 25_{04}), ‚Beweggründe' in ‚Bewegungsgründe' (S. 27_{24}), ‚Beweisegründe' in ‚Beweisgründe' (S. $22_{05f.}$), ‚Zwergfell' in ‚Zwerchfell' (S. 14_{13}) u. a.

287 Cf. etwa S. 48_{17}, S. 74_{01}, S. 74_{07}.

288 Außer den unten in den Lesarten vermerkten Fällen sind z.B. verbessert: S. 13_{05} ein auf dem Kopf stehendes t in „erläu*t*ern", S. 14_{18}: „Unterstützng", S. 47_{21}: „meine *V*ermeintliche Gründe", S. 54_{23}: „v*v*rgiebt", S. 69_{28}: „Gegegenwart", S. 73_{10}: „*Verunft*".

289 Cf. etwa S. 04_{03}, S. 06_{30}, S. $09_{07f.}$, S. 16_{18}, S. 19_{12}, S. 39_{20}, S. 42_{24}, S. 44_{13}, S. 48_{27}, S. 55_{07}, S. 57_{06}, S. 59_{26}, S. 75_{25}.

290 Cf. Kehrbach, a. a. O., S. X. Kehrbach vermutet ebd., daß sie Kant zur Korrektur vorgelegen haben dürfte; die gleiche Ansicht äußert Malter, cf. Immanuel Kant: *Träume eines Geistersehers, erläutert durch Träume der Metaphysik*. Textkritisch hg. und mit Beilagen versehen von Rudolf Malter. Stuttgart 1976, S. 88.

bei Kantern [...], und aufs neue zu Riga [!] abgedruckt"[291] worden seien. Der Verlagswechsel dürfte damit zusammenhängen, daß, wie Kant in seinem Brief vom 31. Dezember 1765 an Johann Heinrich Lambert schreibt, Kanter „[...] mit seinem vorigen Handlungsbedienten HEn Hartknoch[,] der seine affairen anietzt in Riga verwaltet[,] in Compagnie getreten [...]"[292] war und diesem den Verlag der *Träume* abtrat, um ihn zu unterstützen.[293] Ähnlich war es mit Kants *Beobachtungen über das Gefühl des Schönen und Erhabenen*, die zuerst 1764 und noch einmal 1766 bei Kanter in Königsberg erschienen, dann aber 1771 in sogar drei Drucken bei Hartknoch in Riga.[294]

Die beiden Hartknochschen Drucke sind nicht identisch. Außer den verschiedenen Vignetten gibt es noch eine Reihe weiterer Unterscheidungsmerkmale. Sie betreffen die Typographie[295] und in einem gewissen Ausmaß auch die Orthographie. Vor al-

[291] Ludwig Ernst Borowski: *Darstellung des Lebens und Charakters Immanuel Kants. Von Kant selbst genau revidiert und berichtigt.* In: Felix Groß (Hg.): *Immanuel Kant. Sein Leben in Darstellungen von Zeitgenossen. Die Biographien von L. E. Borowski, R. B. Jachmann und A. Ch. Wasianski.* Berlin [1912], S. 33. Cf. Kehrbach, a. a. O., S. IX.

[292] Ak X, $055_{08\text{-}10}$.

[293] Cf. Kehrbach, a. a. O., S. XII ff. Cf. die Biographie Hartknochs von Julius Eckardt: „Johann Friedrich Hartknoch". In: ders.: *Jungrussisch und Altlivländisch.* Leipzig ^{2}1871 [^{1}1870], S. 275–309, hier S. 291.

[294] Cf. Arthur Warda: *Die Druckschriften Immanuel Kants (bis zum Jahre 1838).* Wiesbaden 1919, S. 18 f., Nrn. 29–33; Ak II, S. 482.

[295] Kehrbach, a. a. O., S. X f. weist auf die verschiedenen Querstriche vor dem Erscheinungsvermerk auf dem Titelblatt sowie eine andere Randleiste über dem Text hin. Cf. darüber hinaus z. B. die Fehler in der Pagina, die sich nicht in A_1, sondern nur in A_2 und A_3 finden: In beiden Drucken steht „67" statt richtig „76"; aber nur A_2 druckt „57" statt richtig „56" und „83" statt richtig „86", und nur in A_3 steht „94" am rechten statt am linken Rand. Auch im Zeilenumbruch gibt es gewisse Abweichungen zwischen den beiden Drucken: An knapp 50 Stellen sind eine bis drei (an einer Stelle fünf) aufeinanderfolgende Textzeilen anders umbrochen; lediglich auf S. 100 sind es 14 von 24 Zeilen dieser Seite. Die Fußnote auf S. 22 hat zwar den gleichen Seitenüberlauf, aber eine andere Kustode; die Fußnote A_2, S. 37 hat einen

lem aber gibt es auch markante Textvarianten zwischen beiden Drucken. Damit stellt sich die Frage, welcher der frühere der beiden ist. Kehrbach hatte zwar A_2 als den unkorrektesten Druck bezeichnet, diese Frage aber dennoch unbeantwortet gelassen.[296] Im Rahmen der Edition der *Träume* innerhalb der Akademie-Ausgabe von *Kant's gesammelte[n] Schriften* stellt der Herausgeber Paul Menzer nach einer Vergleichung sowohl der „Lesarten" als auch der „Sprache"[297] fest, daß A_3 größere Übereinstimmungen mit A_1 aufweist als A_2. „Da anzunehmen ist, dass der der ersten Ausgabe inhaltlich und sprachlich am nächsten stehende Druck zugleich auch zeitlich ihr am nächsten steht", kommt Menzer zu „der Ansicht, dass A^3 der zweite, A^2 der dritte Druck ist".[298] Insofern sie sich überhaupt dazu geäußert haben, haben die späteren Herausgeber der *Träume* sich dieser Ansicht angeschlossen.[299] Menzers (nicht durch Einzelbelege gestützte) Diagnose, daß A_2 in der „Sprache" „vielfach" von A_1 abweiche, während A_3 diesbezüglich „fast überall mit A_1 übereinstimmt",[300] ließ sich allerdings nicht bestätigen. Vielmehr zeigte sich, daß sprachlich alle drei Drucke erhebliche Übereinstimmungen aufweisen. Das gilt für sämtliche der von der Akademie-Ausgabe unter der Rubrik „Sprache" behandelten Phänomene.[301] Wo das nicht der Fall ist, haben A_2 und A_3, wie bereits gezeigt, in der

größeren Vorschlag und ist dafür mit einem kleineren Zeilendurchschuß gesetzt.

[296] Cf. Kehrbach, a. a. O., S. X, XI.

[297] *Kant's gesammelte Schriften*. Hg. von der Königlich Preußischen Akademie der Wissenschaften [und Nachfolgern]. Erste Abtheilung: *Werke*. Bd. II: *Vorkritische Schriften II. 1757–1777*. Neudruck Berlin 1912 [^{1}1905], S. 504.

[298] Ebd., S. 504.

[299] Das gilt für die Editoren Buchenau, Malter und Weischedel (zu den vollständigen bibliographischen Angaben cf. die untenstehende Bibliographie, S. CLX, CLXII. Auch Warda: *Die Druckschriften Immanuel Kants*, a. a. O., S. 21, Nrn. 41–43, listet A_3 als den zweiten Druck auf.

[300] Ak II, S. 504.

[301] Cf. ebd., S. 506 f.

Regel gemeinsam geändert.[302] Es gibt nur vereinzelte Stellen, an denen A_2 und A_3 sprachlich voneinander abweichen und A_3 dabei tatsächlich mit A_1 übereinstimmt.[303] Dennoch dürfte Menzers Einschätzung, daß A_3 der frühere der beiden Hartknochschen Drucke ist, richtig sein. Dafür sprechen diejenigen Lesarten, bei denen A_3 mit A_1 übereinstimmt, während A_2 einen abweichenden und in der Regel fehlerhaften Text hat.[304] Daß A_3 näher an A_1 liegt als A_2, lässt sich auch durch gewisse Übereinstimmungen zwischen A_3 und A_1 in der Typographie[305] sowie in der Orthographie[306] stützen. Zudem weist A_2 erheblich mehr triviale Druckversehen als die beiden anderen Drucke auf.[307]

Obwohl A_3 also wohl der frühere Druck ist, hatte Menzer, „um späterer Vergleichung nicht zu grosse Schwierigkeiten zu bereiten“, „die von Kehrbach gegebene Reihenfolge und Bezeichnung der Drucke […] (A^1 = A, A^2 = B, A^3 = C bei Kehr-

[302] Cf. oben, S. CXLVII f.

[303] Cf. A_1, A_3: „die beyde Pforten“, A_2: „die beyde*n* Pforten“ (S. $03_{11f.}$); A_1, A_3: „er*äu*gnen“, A_2: „er*ei*gnen“ (S. 34_{07}); A_1, A_3: „äußer*e*n“, A_2: „äußern“ (S. 44_{03}); A_1, A_3: „*i*tzt“, A_2: „*je*tzt“ (S. 46_{10}); A_1, A_3: „gnug“, A_2: „g*e*nug“ (S. 57_{31}); A_1, A_3: „entfern*e*te“, A_2: „entfernte“ (S. 61_{08}).

[304] Cf. die Lesarten zu S. 12_{24}, S. 21_{22}, S. $26_{20f.}$, S. 28_{07}, S. 41_{16}, S. 43_{17}, S. 54_{20}, S. 56_{11}, S. 59_{04}, S. 60_{20}, S. 64_{17}, S. $66_{25f.}$, S. 68_{20}, S. 69_{01}; cf. Ak II, S. 504_{06-09}. S. 20_{14} bietet die singuläre Lesart von A_2 den besseren Text.

[305] A_2 und A_3 verwenden zwar eine unterschiedliche Kopfleiste, die von A_3 ist jedoch die gleiche wie in A_1. A_2 und A_3 verwenden auf S. 40 drei achtblättrige Blüten statt der drei Sternchen von A_1, auf S. 47, dagegen finden sich in A_3 ebenfalls die drei Sternchen von A_1, in A_2 aber die Blüten.

[306] Cf. Kehrbachs Urteil, a. a. O., S. XIV f.: „B variirt in der orthographischen Behandlung vieler Wörter häufig von A. Die Ausgabe C druckt zwar häufig nach B; indeß geht sie auch in einer Anzahl von Fällen mit A“; cf. Kehrbachs Auflistung solcher orthographischen Übereinstimmungen von A_1 mit A_3 ebd., S. XV–XVII.

[307] Cf. S. 06_{27}: „*a*ntspringen“, S. 10_{05}: „Erfahru*u*gsvorstellungen“, S. 17_{21}: „Ge-*Ge*lächter“, S. 25_{19}: „*b*er“, S. 32_{17}: „emfunden“, S. 38_{19}: „*n*nd“, S. 41_{27}: „Brech*n*ung“, S. 55_{30}: „*R*egelmäßige“ (und etliche weitere Fehler in der Groß-/Kleinschreibung), S. 56_{03}: „Schwedenb*u*rg“, S. 61_{28}: „*ed* nur“, S. 65_{02}: „Ehrerb*t*etigkeit“, S. $69_{21f.}$: „manch*a*rley“ u.v.a.

bach)" beibehalten.[308] Da sich mit Ausnahme von Weischedel auch die späteren Editoren der *Träume* daran gehalten haben, sind die Bezeichnungen auch im vorliegenden Band nicht geändert worden.

Kehrbach konstatierte 1880, daß der Kantersche Druck „[…] jetzt *sehr selten* […]" sei, und vermutet, daß er „[…] wol überhaupt nur in einer schwachen Auflage verbreitet gewesen sein […]" mag.[309] Das ließ sich nicht bestätigen. Richtig dürfte allerdings Kehrbachs Feststellung sein, daß A_2 der am weitesten verbreitete Druck gewesen ist, denn die Herausgeber vor ihm haben, wie Kehrbach gezeigt hat, wohl ausnahmslos diesen Druck ihren Editionen zugrunde gelegt.[310] Dem wäre hinzuzufügen, daß die 1797 ohne Nennung von Herausgeber und Verlag und mit fingiertem Erscheinungsort erschienene Edition der *Träume* im zweiten Band von *I. Kant's Sämmtliche[n] kleine[n] Schriften. Nach der Zeitfolge geordnet*[311] in der Editionsgeschichte eine maßgebliche Rolle gespielt hat, denn zahlreiche Eingriffe in den Text, die diese Edition vorgenommen hat, sind von nachfolgenden Herausgebern, allen voran von Johann Heinrich Tieftrunk, übernommen worden.[312] Sie haben sich z. T. noch bis in die Editionen von Vorländer und Reich aus den Jahren 1921 bzw. 1975 gehalten.[313]

Kehrbach selbst legte A_1 seiner Edition zugrunde, und darin sind ihm seither alle maßgeblichen Ausgaben gefolgt.

308 Ak II, S. 504.

309 Kehrbach, a. a. O., S. X; H.i.O.

310 Cf. ebd., bes. S. XXI f. Besonders deutlich wird das an der Übernahme etlicher singulärer Lesarten von A_2 wie z. B. S. 12_{24}, S. 33_{01}, S. 64_{17} u. a.

311 Zu den genauen bibliographischen Angaben dieser sowie der im folgenden genannten Editionen von Tieftrunk und Vorländer/Reich cf. die untenstehende Bibliographie, S. CLIXf.

312 Cf. z. B. S. 11_{28}, S. 27_{01}, S. 28_{11}, S. $42_{19f.}$, S. 56_{08}, S. 64_{14}, S. 64_{19}, S. 65_{16}, S. 65_{31} u.v.a. Um ein Druckversehen könnte es sich bei der Lesart „Freude" S. 72_{11} handeln, Tieftrunk hat sie gleichwohl übernommen.

313 Cf. z. B. S. 10_{06}, S. 11_{28}, S. $27_{01f.}$, S. 56_{08}, S. 64_{11}, S. 71_{18} u. a.

SIGLENVERZEICHNIS

I. Editionen der *Träume*, die für die Texterstellung herangezogen wurden

A_1 — *Träume eines Geistersehers, erläutert durch Träume der Metaphysik*. Königsberg (Johann Jacob Kanter) 1766. Reprint Erlangen (Harald Fischer) 1988 [= Kant im Original (!), Bd. VII] [Zierstück: Sitzender Genius mit einem Kranz in der erhobenen linken Hand].

A_2 — *Träume eines Geistersehers, erläutert durch Träume der Metaphysik*. Riga und Mietau (Johann Friedrich Hartknoch) 1766 [Zierstück: Rosenzweige].

A_3 — *Träume eines Geistersehers, erläutert durch Träume der Metaphysik*. Riga und Mietau (Johann Friedrich Hartknoch) 1766 [Zierstück: Sitzender Genius, der einen Blumenstock hält].

1797 — *I. Kants sämmtliche kleine Schriften. Nach der Zeitfolge geordnet*. Bd. II. Königsberg und Leipzig [i.W. Jena] (o. V. [i.W. Voigt][314]) 1797, S. 379–487.

T — *Imanuel Kant's vermischte Schriften*. [Hg. von Johann Heinrich Tieftrunk]. Bd. II. Aechte und vollständige Ausgabe. Halle (Renger) 1799, S. 247–346.

St — *Immanuel Kant's vorzügliche kleine Schriften und Aufsätze*. Mit Anmerkungen hg. von Fr.[iedrich] Ch.[ristian] Starke [= Johann Adam Bergk]. Nebst Betrachtungen über die Erde und den Menschen aus ungedruckten Vorlesungen. von [!] Imm. Kant. Bd. II. Leipzig (Die Expedition des europäischen Aufsehers) 1833, S. 107–178.

H I — *Immanuel Kant's Werke, sorgfältig revidirte Gesammtausgabe in zehn Bänden*. [Hg. v. Gustav Har-

314 Zum Verleger cf. Anm. 316.

	tenstein]. Bd. III: *Immanuel Kant's kleinere metaphysische Schriften.* Leipzig (Modes und Baumann) 1838, S. 45–112.
Schu	*Immanuel Kant's sämmtliche Werke.* Hg. von Karl Rosenkranz und Friedr.[ich] Wilh.[elm] Schubert. Siebenten Theils erste Abtheilung: *Immanuel Kant's kleine anthropologisch-praktische Schriften.* Hg. von Friedr.[ich] Wilh.[elm] Schubert. Leipzig (Leopold Voss) 1838, S. 31–107.
H II	*Immanuel Kant's sämmtliche Werke. In chronologischer Reihenfolge* hg. von G.[ustav] Hartenstein. Bd. II. Leipzig (Leopold Voss) 1867, S. 323–381.
Ki	*Immanuel Kant's sämmtliche Werke.* Hg. von J.[ulius] H.[ermann] v. Kirchmann. Bd. V: *Immanuel Kant's kleinere Schriften zur Logik und Metaphysik.* Dritte Abtheilung. Berlin (L. Heimann) 1870, S. 53–119.
Ke	*Träume eines Geistersehers, erläutert durch Träume der Metaphysik.* Von Immanuel Kant. Text der Ausgabe (A) 1766, unter Berücksichtigung der Ausgaben B und C. Hg. von Karl Kehrbach. Leipzig (Philipp Reclam jun.) (o. J. [1880]).
Ak	*Kant's gesammelte Schriften.* Hg. von der Königlich Preußischen Akademie der Wissenschaften [und Nachfolgern]. Berlin ^{2}1910 ff. [^{1}1900 ff.].
Ak 1905	*Kant's gesammelte Schriften.* Hg. von der Königlich Preußischen Akademie der Wissenschaften [und Nachfolgern]. Bd. II: *Vorkritische Schriften II. 1757–1777.* Berlin (Georg Reimer) 1905, S. 315–373, 499–506.
Schö	Otto Schöndörffer: Rezension zu *Kants gesammelte Schriften. Akademie-Ausgabe. Band II.* Altpreussische Monatsschrift 42 (1905), S. 558–564.
Ak 1912	*Kant's gesammelte Schriften.* Hg. von der Königlich Preußischen Akademie der Wissenschaften [und Nachfolgern]. Bd. II: *Vorkritische Schriften II. 1757–*

1777. Neudruck Berlin (Georg Reimer) 1912, S. 315–373, 500–507.

V/R Immanuel Kant: *Sämtliche Werke*. In Verbindung mit O. Buek, P. Gedan, W. Kinkel, F. M. Schiele, Th. Valentiner u. a. hg. von Karl Vorländer. Bd. V. *Zur Logik und Metaphysik*. Hg. von Karl Vorländer. Abt. 2: *Die Schriften von 1766–1786*. 2. Auflage Leipzig (Felix Meiner) 1921 [[1]1905], S. III–XL, 1–70.
Immanuel Kant: *Träume eines Geistersehers. Der Unterschied der Gegenden im Raume*. Unter Verwendung des Textes von Karl Vorländer mit einer Einleitung hg. von Klaus Reich. Hamburg (Felix Meiner) 1975, S. 1–70 [= Philosophische Bibliothek, Bd. 286].

B *Immanuel Kants Werke*. In Gemeinschaft mit Hermann Cohen, Artur Buchenau, Otto Buek, Albert Görland, B. Kellermann hg. von Ernst Cassirer. Bd. II: *Vorkritische Schriften von Immanuel Kant*. Hg. von Artur Buchenau. Berlin (Bruno Cassirer) 1922 [[1]1912], S. 329–390, 481–484.

Schm *Träume eines Geistersehers erläutert durch Träume der Metaphysik*. Von Immanuel Kant. Ehemalige Kehrbachsche Ausgabe. Hg. von Raymund Schmidt. Leipzig (Philipp Reclam jun.) 1927 [auch 1944].

W Immanuel Kant: *Werke in sechs Bänden*. Hg. von Wilhelm Weischedel. Bd. I: *Vorkritische Schriften bis 1768*. Mit Übersetzungen von Monika Bock und Norbert Hinske. Darmstadt (Wissenschaftliche Buchgesellschaft) 1960. 5., erneut überprüfter reprografischer Nachdruck Darmstadt 1983, S. 919–989.

M Immanuel Kant: *Träume eines Geistersehers, erläutert durch Träume der Metaphysik*. Textkritisch hg. und mit Beilagen versehen von Rudolf Malter. Stuttgart (Philipp Reclam jun.) 1976 (u.ö.).

II. Sonstige Literatur zu den *Träumen*

Goerwitz / Sewall — *Dreams of a Spirit-Seer Illustrated by Dreams of Metaphysics* by Immanuel Kant. Translated by Emanuel F. Goerwitz and edited, with an introduction and notes, by Frank Sewall. London (Swan Sonnenschein & Co.), New York (The Macmillan Co.) 1900.

Wille — Emil Wille: *Konjekturen zu mehreren Schriften Kants.* Kant-Studien 8 (1903), S. 336–339.

Menzer — Paul Menzer: „Einleitung“, „Sachliche Erläuterungen“ und „Lesarten“ zu *Träume eines Geistersehers, erläutert durch Träume der Metaphysik.* In: Akademie-Ausgabe Bd. II. 2. Auflage Berlin 1912, S. 500–505.

Reicke — Rudolf Reicke: *Kant's Briefwechsel.* Bd IV. *Anmerkungen und Register.* In: Akademie-Ausgabe Bd. XIII. Berlin und Leipzig 1922.

Courtès — Emmanuel Kant: *Rêves d'un visionnaire*. Traduits et présentés par F.[rancis] Courtès. Paris (J. Vrin) 1967, ^{2}1977, ^{3}1989.

Manolesco — *Dreams of a Spirit Seer by Immanuel Kant and Other Related Writings.* Translation and Commentary by John Manolesco. New York, Washington, Hollywood (Vantage) 1969.

Salmona — Immanuel Kant: *Sogni di un visionario chiariti con sogni della metafisica.* A cura di Bruno Salmona. Padua (Radar) 1970.

Lortholary — Emmanuel Kant: *Œuvres philosophiques I. Des premiers écrits à la „Critique de la Raison pure“*. Édition publiée sous la direction de Ferdinand Alquié avec, pour ce volume, la collaboration d'Alexandre J.-L. Delamarre, Jean Ferrari, Bernard Lortholary, François Marty, Jacques Rivelaygue, Sylvain Zac. Paris (Gallimard) 1980. Darin: *Rêves d'un visionnaire expliqués par des rêves métaphysiques.* Texte traduit et annoté par Bernard Lortholary, S. 525–592, 1534–1538.

Carabellese Immanuel Kant: *Scritti precritici.* Nuova edizione riveduta e accresciuta a cura di Rosario Assunto e Rolf Hohenemser. Roma, Bari (Laterza) 1982 [[1]1953; a cura di Pantaleo Carabellese 1923].

Venturini Immanuel Kant: *I sogni di un visionario spiegati coi sogni della metafisica.* Introduzione di Guido Morpurgo-Tagliabue. Traduzione di M. Venturini. Mailand (Rizzoli) 1982.

Walford/Meerbote Immanuel Kant: *Theoretical Philosophy, 1755–1770.* Translated and ed. by David Walford in collaboration with Ralf Meerbote. Cambridge (UP) 1992, S. 301–359, S. 449–456 [= The Cambridge Edition of the Works of Immanuel Kant].

Johnson Johnson, Gregory Robert: *A Commentary on Kant's „Dreams of a Spirit-Seer".* Diss. phil. Washington, D.C. 2001.

Johnson/Magee *Kant on Swedenborg. Dreams of a Spirit-Seer and Other Writings.* Ed. by Gregory R. Johnson. Translated by Gregory R. Johnson and Glenn Alexander Magee. West Chester, Pa. (Swedenborg Foundation Press) 2002 [= Swedenborg Studies, Bd. 15].

III. Swedenborgs *Arcana Coelestia*

AC [Emanuel Swedenborg]: *Arcana Coelestia, quae in Scriptura Sacra, seu Verbo Domini sunt, detecta, nempe quae in Genesi et Exodo una cum Mirabilibus quae Visa sunt in Mundo Spirituum et in Caelo Angelorum.* 8 Bde. [London] 1749–1756.
http://www.baysidechurch.org/writings/default.asp?book=ac%5Fi&page=0001.jpg&startrow=

HG Emanuel Swedenborg: *Die himmlischen Geheimnisse, die in der Heiligen Schrift oder im Worte des Herrn enthalten und nun enthüllt sind.* Orthographisch und typographisch revidierter Nachdruck der Basler Aus-

gabe von 1867–69. 14 Bde., Suppl.- u. Reg.-Band. Zürich 1998–1999.
Zitate daraus werden mit Paragraphenziffer, gefolgt von Band- und Seitenzahl nachgewiesen.
https://archive.org/details/EmanuelSwedenborg-DieHimmlischenGeheimnisseDieInDerHeiligenSchrift/page/n1/mode/2up[315]

[315] Die angegebene URL gilt nur für Bd. 1, die übrigen Bände haben jeweils eigene URLs, die aus Platzgründen hier nicht angeführt werden, über die einschlägigen virtuellen Kataloge aber leicht aufzufinden sind.

BIBLIOGRAPHIE

I. Primärliteratur

a) Zu Kants Lebzeiten erschienene separate Textausgaben

Träume eines Geistersehers, erläutert durch Träume der Metaphysik. Königsberg (Johann Jacob Kanter) 1766. Reprint Erlangen (Harald Fischer) 1988 [= Kant im Original (!), Bd. VII] [Zierstück: Sitzender Genius mit einem Kranz in der erhobenen linken Hand]. [1–128 S.]

Träume eines Geistersehers, erläutert durch Träume der Metaphysik. Riga und Mietau (Johann Friedrich Hartknoch) 1766 [Zierstück: Rosenzweige]. [1–128 S.]

Träume eines Geistersehers, erläutert durch Träume der Metaphysik. Riga und Mietau (Johann Friedrich Hartknoch) 1766 [Zierstück: Sitzender Genius, der einen Blumenstock hält]. [1–128 S.]

b) Spätere separate Textausgaben

Träume eines Geistersehers, erläutert durch Träume der Metaphysik. Von Immanuel Kant. Text der Ausgabe (A) 1766, unter Berücksichtigung der Ausgaben B und C. Hg. von Karl Kehrbach. Leipzig (Philipp Reclam jun.) (o.J. [1880]).

Immanuel Kant: *Träume eines Geistersehers* [!]. (O. Hg.). München (Hyperionverlag) 1922.

Immanuel Kant: *Träume eines Geistersehers erläutert durch Träume der Metaphysik (1766).* Mit einer Einführung, Anmerkungen und einem Nachwort von Anton Lampa. Wien (Österreichischer Schulbücherverlag) 1924.

Immanuel Kant: *Träume eines Geistersehers erläutert durch Träume der Metaphysik.* (O. Hg.). Berlin (Lambert Schneider) 1925.

Träume eines Geistersehers, erläutert durch Träume der Metaphysik von Immanuel Kant. (O. Hg.) Berlin (Weltgeist-Bücher Verlags-Gesellschaft) (o. J. [1926]).

Träume eines Geistersehers erläutert durch Träume der Metaphysik. Von Immanuel Kant. Ehemalige Kehrbachsche Ausgabe. Hg. von Raymund Schmidt. Leipzig (Philipp Reclam jun.) 1927 [auch 1944].

Immanuel Kant: *Träume eines Geistersehers.* Hg. von Friedrich Bassenge. Berlin (Aufbau) 1954.

Immanuel Kant: *Träume eines Geistersehers. Der Unterschied der Gegenden im Raume.* Unter Verwendung des Textes von Karl Vorländer mit einer Einleitung hg. von Klaus Reich. Hamburg (Felix Meiner) 1975, S. 1–70 [= Philosophische Bibliothek, Bd. 286].

Immanuel Kant: *Träume eines Geistersehers, erläutert durch Träume der Metaphysik.* Textkritisch hg. und mit Beilagen versehen von Rudolf Malter. Stuttgart (Philipp Reclam jun.) 1976 (u. ö.).

c) Ausgaben innerhalb von Werkausgaben der Schriften Kants in chronologischer Reihenfolge

I. Kants sämmtliche kleine Schriften. Nach der Zeitfolge geordnet. Bd. II. Königsberg und Leipzig [i.W. Jena] (o. V. [Voigt][316]) 1797, S. 379–487.

Imanuel Kant's vermischte Schriften. [Hg. von Johann Heinrich Tieftrunk]. Bd. II. Aechte und vollständige Ausgabe. Halle (Renger) 1799, S. 247–346.

Immanuel Kant's vorzügliche kleine Schriften und Aufsätze. Mit Anmerkungen hg. von Fr.[iedrich] Ch.[ristian] Starke [= Johann Adam Bergk]. Nebst Betrachtungen über die Erde und den

316 Zum Verleger cf. Kehrbach, S. XX, sowie Erich Adickes, *German Kantian Bibliography. Reprinted from The Philosophical Review (Nos. 9 to 18 inclusive).* Boston und London 1869. Reprint New York 1970, S. 9 (Nr. 12).

Menschen aus ungedruckten Vorlesungen. von [!] Imm. Kant. Bd. II. Leipzig (Die Expedition des europäischen Aufsehers) 1833, S. 107–178.

Immanuel Kant's Werke, sorgfältig revidirte Gesammtausgabe in zehn Bänden. [Hg. von Gustav Hartenstein]. Bd. III: *Immanuel Kant's kleinere metaphysische Schriften.* Leipzig (Modes und Baumann) 1838, S. 45–112.

Immanuel Kant's sämmtliche Werke. Hg. von Karl Rosenkranz und Friedr.[ich] Wilh.[elm] Schubert. Siebenten Theils erste Abtheilung: *Immanuel Kant's kleine anthropologisch-praktische Schriften.* Hg. von Friedr.[ich] Wilh.[elm] Schubert. Leipzig (Leopold Voss) 1838, S. 31–107.

Immanuel Kant's sämmtliche Werke. In chronologischer Reihenfolge hg. von G.[ustav] Hartenstein. Bd. II. Leipzig (Leopold Voss) 1867, S. 323–381.

Immanuel Kant's sämmtliche Werke. Hg. von J.[ulius] H.[ermann] v. Kirchmann. Bd. V: *Immanuel Kant's kleinere Schriften zur Logik und Metaphysik.* Dritte Abtheilung. Berlin (L. Heimann) 1870, S. 53–119.

Kant's gesammelte Schriften. Hg. von der Königlich Preußischen Akademie der Wissenschaften [und Nachfolgern]. Bd. II: *Vorkritische Schriften II. 1757–1777.* Berlin (Georg Reimer) 1905, S. 315–373, 499–506.

Kants Populäre Schriften. Unter Mitwirkung der Kantgesellschaft hg. von Paul Menzer. Berlin (Georg Reimer) 1911, S. 127–202.

Immanuel Kant: *Sämtliche Werke.* In Verbindung mit O. Buek, P. Gedan, W. Kinkel, F. M. Schiele, Th. Valentiner u. a. hg. von Karl Vorländer. Bd. V. *Zur Logik und Metaphysik.* Hg. von Karl Vorländer. Abt. 2: *Die Schriften von 1766–1786.* 2. Auflage Leipzig (Felix Meiner) 1921 [[1]1905], S. III–XL, 1–70.

Immanuel Kants Werke in acht Büchern. Ausgewählt und mit Einleitung versehen von Hugo Renner. Bd. I, 1. Buch. Berlin (A. Weichert) (o. J. [1907, auch 1921]), S. 109–161.

Kant's gesammelte Schriften. Hg. von der Königlich Preußischen Akademie der Wissenschaften [und Nachfolgern]. Bd. II: *Vorkri-*

tische Schriften II. 1757–1777. Neudruck Berlin (Georg Reimer) 1912, S. 315–373, 500–507.

Kants Werke. Akademie Textausgabe. Unveränderter photomechanischer Abdruck des Textes der von der Preußischen Akademie der Wissenschaften 1902 [!] begonnenen Ausgabe von Kants gesammelten Schriften. Bd. II: *Vorkritische Schriften II. 1757–1777.* Berlin (de Gruyter) 1968, S. 315–373.

Immanuel Kant's sämtliche Werke in sechs Bänden. Großherzog Wilhelm Ernst Ausgabe. Bd. I: *Vermischte Schriften von Immanuel Kant.* Hg. von Felix Groß. Leipzig (Insel) 1921, S. 93–160.

Immanuel Kants Werke. In Gemeinschaft mit Hermann Cohen, Artur Buchenau, Otto Buek, Albert Görland, B. Kellermann hg. von Ernst Cassirer. Bd. II: *Vorkritische Schriften von Immanuel Kant.* Hg. von Artur Buchenau. Berlin (Bruno Cassirer) 1922 [[1]1912], S. 329–390, 481–484.

Immanuel Kant in neue Form gebracht von Georg Deycke. Bd. IV: *Träume eines Geistersehers erläutert durch Träume der Übersinnenlehre.* Lübeck (Coleman) 1923.

Kants Werke in drei Bänden. Mit Zugrundelegung der Ausgabe der Preußischen Akademie der Wissenschaften hg. und eingeleitet von August Messer. Bd. I. Berlin und Leipzig (Th. Knaur Nachf.) (o. J. [ca. 1925]), S. 257–316.

Immanuel Kant: *Werke in sechs Bänden.* Hg. von Wilhelm Weischedel. Bd. I: *Vorkritische Schriften bis 1768.* Mit Übersetzungen von Monika Bock und Norbert Hinske. Darmstadt (Wissenschaftliche Buchgesellschaft) 1960. 5., erneut überprüfter reprografischer Nachdruck Darmstadt 1983 [[6]2005], S. 919–989.

Immanuel Kant: *Frühschriften.* Bd. II: *Schriften aus den Jahren 1762–1768.* Unter Mitarbeit von Manfred Buhr hg. und eingeleitet von Georg Klaus. Berlin (Akademie-Verlag) 1961, S. 281–346.

Immanuel Kant: *Von den Träumen der Vernunft. Kleine Schriften zur Kunst, Philosophie, Geschichte und Politik.* Hg. von Steffen und Birgit Dietzsch. Leipzig und Weimar (Gustav Kiepenheuer) 1979 [[2]1981], S. 115–188.

Immanuel Kant: *Werke in sechs Bänden.* Hg. von Rolf Toman. Bd.

I: *Träume eines Geistersehers und andere vorkritische Schriften.* Köln (Könemann) 1995, S. 310–381.

d) Übersetzungen

Lateinische Übersetzung

Somnia Pneumatoptae Per Somnia Metaphysices Illustrata. In: *Immanuelis Kantii Opera ad Philosophiam Criticam.* Latine vertit Fredericus Gottlob Born. Bd. IV. Leipzig (Engelhard Beniamin Schwickert) 1798. Reprint Frankfurt am Main (Minerva) 1969, S. 97–160.

Englische Übersetzungen

Dreams of a Spirit-Seer Illustrated by Dreams of Metaphysics by Immanuel Kant. Translated by Emanuel F. Goerwitz and edited, with an introduction and notes, by Frank Sewall. London (Swan Sonnenschein & Co.), New York (The Macmillan Co.) 1900.

Dreams of a Visionary Explained by the Dreams of Metaphysics [Übersetzung des 4. Hauptstücks von Teil 1 und des 3. Hauptstücks von Teil 2]. In: *The Philosophy of Kant. Immanuel Kant's moral and political writings.* Ed., with an introduction, by Carl J. Friedrich [Transl. by Theodore M. Green, Hoyt H. Hudson u. a.]. New York (Random House) 1949, S. 14–23. Reprint New York (Modern Library) 1993.

Dreams of a Spirit-Seer Illustrated by Dreams of Metaphysics [Auszüge]. In: *Kant.* By Gabriele Rabel. Oxford (Clarendon) 1963, S. 74–84.

Dreams of a Spirit Seer by Immanuel Kant and Other Related Writings. Translation and commentary by John Manolesco. New York, Washington, Hollywood (Vantage) 1969, S. 29–98, 99–146.

Dreams of a Spirit-Seer elucidated by Dreams of Metaphysics (1766). In: Immanuel Kant: *Theoretical Philosophy, 1755–1770.* Translated and ed. by David Walford in collaboration with Ralf Meerbote. Cambridge (UP) 1992, S. 301–359, S. 449–456 [= The Cambridge Edition of the Works of Immanuel Kant].

Kant on Swedenborg. Dreams of a spirit-seer and other writings. Ed. by Gregory R. Johnson. Translated by Gregory R. Johnson and Glenn Alexander Magee. West Chester, Pa. (Swedenborg Foundation Press) 2002 [= Swedenborg Studies, Bd. 15].

Französische Übersetzungen

Emmanuel Kant: *Rêves d'un visionnaire*. Traduits et présentés par F.[rancis] Courtès. Paris (J. Vrin) 1967, [2]1977, [3]1989.

Rêves d'un visionnaire expliqués par des rêves métaphysiques. Texte traduit et annoté par Bernard Lortholary. In: Emmanuel Kant: *Œuvres philosophiques I. Des premiers écrits à la „Critique de la Raison pure"*. Édition publiée sous la direction de Ferdinand Alquié avec, pour ce volume, la collaboration d'Alexandre J.-L. Delamarre, Jean Ferrari, Bernard Lortholary, François Marty, Jacques Rivelaygue, Sylvain Zac. Paris (Gallimard) 1980, S. 525–592, 1534–1538.

Italienische Übersetzungen

Immanuel Kant: *Sogni di un visionario chiariti con sogni della metafisica.* A cura di Bruno Salmona. Padua (Radar) 1970.

Immanuel Kant: *I sogni di un visionario spiegati coi sogni della metafisica.* Introduzione di Guido Morpurgo-Tagliabue. Traduzione di M. Venturini. Mailand (Rizzoli) 1982.

Sogni di un visionario chiariti con sogni della metafisica (1766). In: Immanuel Kant: *Scritti precritici.* Nuova edizione riveduta e accresciuta a cura di Rosario Assunto e Rolf Hohenemser. Roma, Bari (Laterza) 1982 [[1]1953; a cura di Pantaleo Carabellese 1923], S. 345–407.

Spanische Übersetzungen

Immanuel Kant: *Los sueños de un visionario explicados por los sueños de la Metafísica.* Traducción, introducción y notas da Pedro Chacón e Isidoro Reguera. Madrid (Alianza Editorial) 1987.

Immanuel Kant: *Sueños de un visionario, explicados mediante los ensueños de la metafisica.* Edición crítica del texto alemán. Prólogo de Rudolf Malter. Introducción, traducción y notas de Cinta Canterla. Cadiz (Univerdidad de Cadiz) [1989].

II. Sekundärliteratur

a) Zeitgenössische Rezensionen

[Herder, Johann Gottfried]: *Königsbergsche Gelehrte und Politische Zeitungen*, 18tes Stück, Montag, den 3. Merz 1766, S. 71–73.

[Anonym]: *Jenaische Zeitungen von Gelehrten Sachen*, LXXIIII. Stück. Montags, den 15. September 1766, S. 650f.

[Feder, Johann Georg Heinrich]: *Compendium Historiae Litterariae Novissimae Oder Erlangische gelehrte Anmerkungen und Nachrichten.* Ein und zwanzigster Jahrgang. XXXIX. Stück. Dienstags, den 23. September 1766, S. 308f.

Z. [Zobel, R. W.?]: *Neue Critische Nachrichten.* Dritter Band. Drey und vier und dreyßigstes Stück, 15. August 1767, S. 257–262.

G. [= Moses Mendelssohn]: *Allgemeine deutsche Bibliothek.* Des vierten Bandes zweytes Stück. 1767, S. 281.

b) Kommentar zu den *Träumen eines Geistersehers*

Johnson, Gregory Robert: *A Commentary on Kant's „Dreams of a Spirit-Seer“.* Diss. phil. Washington, D.C. 2001.

c) Spezialliteratur zu den *Träumen*

Alberg, Jeremiah: *What Dreams May Come: Kant's „Träume eines Geistersehers" Elucidated by the Dreams of a Coquette*. Kant-Studien 106 (2015), S. 169–200.

Balke, Friedrich: *Wahnsinn der Anschauung. Kants „Träume eines Geistersehers" und ihr diskursives Apriori.* In: Moritz Baßler/Bettina Gruber/Martina Wagner-Egelhaaf (Hgg.): *Gespenster. Erscheinungen – Medien – Theorien.* Würzburg 2005, S. 297–313.

Begenat, Roland: *Swedenborg und Kant. Ein andauerndes Mißverständnis, erklärt durch die Unvereinbarkeit der Standpunkte*. In: Horst Bergmann/Eberhard Zwink (Hgg.): *Emanuel Swedenborg: 1688–1772. Naturforscher und Kundiger der Überwelt. Begleitbuch zu einer Ausstellung und Vortragsreihe in der Württembergischen Landesbibliothek Stuttgart, 29. Januar – 25. März 1988.* Stuttgart 1988, S. 74–76 [= Swedenborg in der Württembergischen Landesbibliothek, Bd. 1].

Beiser, Frederick C.: *Kant's Intellectual Development: 1746–1781*. In: Paul Guyer (Ed.): *The Cambridge Companion to Kant.* Cambridge 1992, S. 26–61.

Benz, Ernst: *Immanuel Swedenborg als geistiger Wegbahner des deutschen Idealismus und der deutschen Romantik*. Deutsche Vierteljahrsschrift für Literaturwissenschaft und Geistesgeschichte 19 (1941), S. 1–32 [z. T. nachgedruckt in: Horst Bergmann, Eberhard Zwink (Hgg.): *Emanuel Swedenborg: 1688–1772. Naturforscher und Kundiger der Überwelt. Begleitbuch zu einer Ausstellung und Vortragsreihe in der Württembergischen Landesbibliothek Stuttgart, 29. Januar – 25. März 1988.* Stuttgart 1988, S. 116–120 (= Swedenborg in der Württembergischen Landesbibliothek, Bd. 1)].

Benz, Ernst: *Swedenborg in Deutschland. F. C. Oetingers und Immanuel Kants Auseinandersetzung mit der Person und Lehre Emanuel Swedenborgs.* Nach neuen Quellen bearbeitet. Frankfurt am Main 1947.

Benz, Ernst: *Emanuel Swedenborg. Naturforscher und Seher.* München 1948, Zürich ²1969. Reprint Zürich 2004. Engl. Übersetzung:

Emanuel Swedenborg. Visionary Savant in the Age of Reason. West Chester, Pa. 2002 [= Swedenborg Studies, Bd. 14].

Bergmann, Horst/Zwink, Eberhard (Hgg.): *Emanuel Swedenborg: 1688–1772. Naturforscher und Kundiger der Überwelt. Begleitbuch zu einer Ausstellung und Vortragsreihe in der Württembergischen Landesbibliothek Stuttgart, 29. Januar – 25. März 1988.* Stuttgart 1988 [= Swedenborg in der Württembergischen Landesbibliothek, Bd. 1].

Bishop, Paul: *Synchronicity and Intellectual Intuition in Kant, Swedenborg, and Jung.* Lewiston u. a. 2000 [= Problems in Contemporary Philosophy, Bd. 46].

Böhme, Hartmut/Böhme, Gernot: *Das Andere der Vernunft. Zur Entwicklung von Rationalitätsstrukturen am Beispiel Kants.* Frankfurt am Main 1985 [[1]1983] [= Suhrkamp Taschenbuch Wissenschaft, Bd. 542].

Brandt, Reinhard: *Überlegungen zur Umbruchsituation 1765–1766 in Kants philosophischer Biographie.* In: Friedemann Stengel (Hg.): *Kant und Swedenborg. Zugänge zu einem umstrittenen Verhältnis.* Tübingen 2008, S. 13–33 [= Hallesche Beiträge zur Europäischen Aufklärung, Bd. 38].

Brun, Jean: *De Kant aux nouveaux Träumer.* In: Joachim Kopper, Wolfgang Marx (Hgg.): *200 Jahre Kritik der reinen Vernunft. Mit Beiträgen von Jean Brun, Ingeborg Heidemann, Helmut Holzhey u. a.* Hildesheim 1981, S. 9–41.

Caranti, Luigi: *The Problem of Idealism in Kant's Pre-critical Period.* Kant-Studien 94 (2003), S. 283–303.

Casals Pons, Jaume: *Kant: „Assaig per introduir en filosofia el concepte de magnitud negativa" i „Somnis d'un visionari explicats per somnis de le metafísica" (comentari).* Enrahonar 1982, Nr. 4, S. 37–45.

Cassirer, Ernst: *Kants Leben und Lehre.* Berlin 1918 [= *Immanuel Kants Werke.* In Gemeinschaft mit Hermann Cohen u. a. hg. von Ernst Cassirer. Bd. XI: Ergänzungsband].

Croitoru, Rodica: *La rencontre de Kant avec Swedenborg.* In: *Les sources de la philosophie kantienne aux XVIIe et XVIIIe siècles. Actes du 6e Congrès international de la Societé d'etude kantiennes de langue française. Luxembourg, 25.–28. septembre 2003*. Sous la direction de Robert Theis et Lukas K. Sosoe. Paris 2005, S. 187–192.

David-Ménard, Monique: *La folie dans la raison pure. Kant lecteur de Swedenborg*. Paris 1990.

David-Ménard, Monique: *Swedenborg in der Kritik der reinen Vernunft*. In: Friedemann Stengel (Hg.), *Kant und Swedenborg. Zugänge zu einem umstrittenen Verhältnis.* Tübingen 2008, S. 123–132 [= Hallesche Beiträge zur Europäischen Aufklärung, Bd. 38].

Delacroix, Henri: *Kant et Swedenborg*. Revue de Métaphysique et de Morale 12 (1904), S. 559–578.

Dunér, David: *The Natural Philosophy of Emanuel Swedenborg. A Study in the Conceptual Metaphors of the Mechanistic World-View.* Translated by Alan Crozier. Dordrecht, Heidelberg, New York, London 2013 [= Studies in the History of Philosophy of Mind, Bd. 11].

Du Prel, Carl: *Immanuel Kants Vorlesungen über Psychologie. Mit einer Einleitung: „Kants mystische Weltanschauung"*. Leipzig 1889. Reprint Pforzheim 1964.

Du Prel, Karl: *Kant und Swedenborg.* Die Zukunft 16 (1896), S. 404–417. Separatdruck: o. O. 1896.

Dyck, Corey W.: *Kant and Rational Psychology.* Oxford 2014.

Ebbinghaus, Julius: *Kant und Swedenborg.* Leipzig 1943 [Sonderdruck aus: *Jahrbuch des Auslandsamtes der Deutschen Dozentenschaft. Vorträge und Berichte zwischenstaatlicher Tagungen* 2 (1943), S. 80–94]. Wiederabgedruckt in: ders.: *Gesammelte Aufsätze, Vorträge und Reden.* Darmstadt 1968, S. 58–79; sowie in: ders.: *Gesammelte Schriften.* Bd. 3: *Schriften zur Theoretischen Philosophie und zur Philosophiegeschichte 1924–1972*, hgg. v. Hariolf Oberer u. Georg Geismann. Bonn 1990, S. 99–120 [= Aachener Abhandlungen zur Philosophie, Bd. 7].

Erhardt, Franz: Rezension zu: *Kants gesammelte Schriften.* Herausgegeben von der der Königlich Preußischen Akademie der Wissenschaften. Erste Abteilung: Werke. Bd. I 1902, Bd. II 1905, Bd. III 1904, Bd. IV 1903, Bd. V 1908, Bd. VI 1907, Bd. VII 1907. Berlin, Druck und Verlag von Georg Reimer. Göttingische gelehrte Anzeigen 173 (1911), Nr. 7, S. 429–448.

Fischer, Kuno: *Immanuel Kant und seine Lehre.* Erster Teil: *Entstehung und Grundlegung der kritischen Philosophie.* Fünfte Auflage Heidelberg 1909 [[1]1860] [= Ders.: *Geschichte der neuern Philosophie.* Vierter Band. *Immanuel Kant und seine Lehre.* I. Teil].

Florschütz, Gottlieb: *Swedenborgs verborgene Wirkung auf Kant. Swedenborg und die okkulten Phänomene aus der Sicht von Kant und Schopenhauer.* Würzburg 1992 [= Epistemata. Würzburger Wissenschaftliche Schriften, Reihe Philosophie, Bd. 106].

Florschütz, Gottlieb: *Swedenborg and Kant. Emanuel Swedenborg's Mystical View of Humankind, and the Dual Nature of Humankind in Immanuel Kant.* West Chester, Pa. 1993 [= Swedenborg Studies, Bd. 2].

Gadris, Stellos: *Two Cases of Irony: Kant and Wittgenstein.* Kant Studien 107 (2016), S. 343–368.

Gerding, Johan L. F.: *Kant and the Anomalous Experiences of Swedenborg.* Acta Comparanda 20 (2009), S. 105–128.

Griffero, Tonino: *„Die Geisterwelt ist nicht verschlossen". Kant e Oettinger giudici di Swedenborg.* Rivista di estetica, n.s., 37 (1997), Nr. 5, S. 163–234.

Hanegraaff, Wouter J.: *Swedenborg, Oetinger, Kant. Three perspectives on the secrets of heaven.* West Chester, Pa. 2007 [= Swedenborg Studies, Bd. 18].

Hanegraaff, Wouter J.: *Swedenborg aus der Sicht von Kant und der akademischen Kantforschung.* In: Friedemann Stengel (Hg.): *Kant und Swedenborg. Zugänge zu einem umstrittenen Verhältnis.* Tübingen 2008, S. 157–172 [= Hallesche Beiträge zur Europäischen Aufklärung, Bd. 38].

Heinrichs, Michael: *Emanuel Swedenborg in Deutschland. Eine kritische Darstellung der Rezeption des schwedischen Visionärs im 18. und 19. Jahrhundert.* Frankfurt am Main u. a. 1979 [= Europäische Hochschulschriften, Reihe 20: Philosophie, Bd. 47].

Henrich, Dieter: *Hutcheson und Kant.* Kant-Studien 49 (1957/58), S. 49–69.

Henrich, Dieter: *Über Kants früheste Ethik. Versuch einer Rekonstruktion.* Kant-Studien 54 (1963), S. 404–431.

Heßbrüggen-Walter, Stefan: *The Metaphysician Who Didn't Know*

That He Was Dreaming: Kant and the Spirit-Seers. In: *Natur und Freiheit. Akten des XII. Internationalen Kant-Kongresses*. Hgg. von Violetta L. Waibel, Margit Ruffing und David Wagner unter Mitwirkung von Sophie Gerber. 5 Bde. Berlin/Boston 2018, Bd. 2, S. 867–874.

Jalley-Crampe, Michèle: *La raison et ses rêves. Kant juge de Swedenborg*. Revue des sciences humaines (Lille) 1979, Nr. 176, S. 9–21.

Johnson, Gregory R.: *Kant on Swedenborg in the Lectures on Metaphysics*. Studia Swedenborgiana 10 (1996), S. 1–38; 11 (1997), S. 11–39.

Johnson, Gregory R.: Rezension zu: Alison Laywine, *Kant's Early Metaphysics and the Origins of the Critical Philosophy*. Atascadero 1993. Studia Swedenborgiana 13 (1999), S. 29–54.

Johnson, Gregory R.: *Swedenborg's Positive Influence on the Development of Kant's Mature Moral Philosophy*. In: Stephen McNeilly (Hg.): *On the True Philosopher and the True Philosophy. Essays on Swedenborg*. London 2003, S. 21–38.

Johnson, Gregory R.: *„Träume eines Geistersehers" – Polemik gegen die Metaphysik oder Parodie der Popularphilosophie?* In: Friedemann Stengel (Hg.): *Kant und Swedenborg. Zugänge zu einem umstrittenen Verhältnis*. Tübingen 2008, S. 99–122 [= Hallesche Beiträge zur Europäischen Aufklärung, Bd. 38].

Johnson, Gregory R.: *Kant, Swedenborg and Rousseau. The Synthesis of Enlightenment and Esoterianism in „Dreams of a Spirit-Seer"*. In: Monika Neugebauer-Wölk, Renko Geffarth, Markus Meumann (Hgg.): *Aufklärung und Esoterik. Wege in die Moderne*. Berlin u. a. 2013, S. 208–223 [= Hallesche Beiträge zur Europäischen Aufklärung, Bd. 50].

Jonsson, Inge: *Die Swedenborgforschung: ein persönlicher Überblick*. In: Friedemann Stengel (Hg.): *Kant und Swedenborg. Zugänge zu einem umstrittenen Verhältnis*. Tübingen 2008, S. 1–8 [= Hallesche Beiträge zur Europäischen Aufklärung, Bd. 38].

Kiefer, Klaus H.: *„Die famose Hexen-Sprache". Sichtbares und Unsichtbares in der Aufklärung. Kant – Schiller – Goethe – Swedenborg – Mesmer – Cagliostro*. München 2004 [= Ancien Régime, Aufklärung und Revolution, Bd. 36].

Kirven, Robert H.: *Swedenborg and Kant Revisited. The Long Shadow of Kant's Attack and a New Response.* In: Erland J. Brock et. al. (Hgg.): *Swedenborg and His Influence.* Brynn Athyn, Pa. 1988, S. 103–120.

Kreimendahl, Lothar: *Kant. Der Durchbruch von 1769.* Köln 1990.

Lambinet, Julien: *Quelques source de la pensée kantienne sur l'immortalité de l'âme. E. Swedenborg, M. Mendelssohn, J. G. Herder.* In: *Les sources de la philosophie kantienne aux XVIIe et XVIIIe siècles. Actes du 6e Congrès international de la Societé d'etude kantiennes de langue française. Luxembourg, 25.–28. septembre 2003.* Sous la direction de Robert Theis et Lukas K. Sosoe. Paris 2005, S. 107–116.

Lastra, Antonio: *Swedenborg, Kant, Emerson. Una lectura trascendentalista.* Daimon. Revista Internacional de Filosofía 33 (2004), S. 85–92; sowie: Comprendre 6 (2004), S. 19–27.

Laywine, Alison: *Kant's Early Metaphysics and the Origins of the Critical Philosophy.* Atascadero 1993 [= North American Kant Society Studies in Philosophy, Bd. 3].

Lind, Paul von: *Kants mystische Weltanschauung. Ein Wahn der modernen Mystik. Eine Widerlegung der Dr. C. du Prel'schen Einleitung zu Kant's Psychologie.* München [1892].

Mc Quillan, J. Colin: *Reading and Misreading Kant's „Dreams of a Spirit-Seer".* Kant Studies Online 2015, S. 178–203.

Mebus, Andreas: *Kant and Swedenborg – or the dreams of a Spirit-Seer and metaphysics inspected by a critical Gerichtshof.* Tidskrift 6 (2020), S. 21–41.

Motta, Giuseppe: *Phantasmen. Kant und die – schon kritische? – Objektivation des Geistes in den „Träumen eines Geistersehers".* Aufklärung 29 (2017), S. 355–369.

Mudroch, Vilem: *Träume eines Geistersehers, erläutert durch Träume der Metaphysik.* In: *Grundriss der Geschichte der Philosophie. Begründet von Friedrich Überweg.* Völlig neu bearbeite Ausgabe hg. von Helmut Holzhey. *Die Philosophie des 18. Jahrhunderts.* Bd. 5. *Heiliges Römisches Reich Deutscher Nation, Schweiz, Nord- und Osteuropa.* Hg. von Helmut Holzhey und Vilem Mudroch. Basel 2014. Zweiter Halbband, S. 948–949.

Nemitz, Kurt P.: *Christian Wolff, Steppingstone to Swedenborg's Heaven. Christian Wolff's Influence on the Substance, Style and Development of Emanuel Swedenborg's Philosophy.* In: *Christian Wolff und die europäische Aufklärung. Akten des 1. Internationalen Christian-Wolff-Kongresses, Halle (Saale), 4.–8. April 2004.* Teil 5, Sektion 10–11. Hg. von Jürgen Stolzenberg und Oliver-Pierre Rudolph. Hildesheim, Zürich, New York 2010, S. 275–286 [= Christian Wolff: *Gesammelte Werke.* Abt. III. *Materialien und Dokumente*, Bd. 105].

Palmquist, Stephen: *Kant and Mysticism. Critique as the Experience of Baring All in Reason's Light.* Lanham u. a. 2019.

Pentzopoulou-Valalas, Thérèse: *Remarques sur une lecture pré-critique des „Rêves d'un Visionnaire".* In: *Kant et les lumières européennes. Actes du VII. Congrès de la Société d'Etudes Kantiennes de Langue Française organisé à Naples, (20–22 octobre 2005) [...].* Publiés sous la direction de Lorenzo Bianchi, Jean Ferrari et Alberto Postigliola. Neapel, Paris 2009, S. 37–43.

Prunea-Bretonnet, Tinca: *Kant e le mysticisme. La relecture des „Rêves d'un Visionnaire" à la lumière des leçons kantiennes de métaphysique.* In: Robert Theis (Éd.): *Kant. Théologie et religion.* Paris 2013, S. 349–357.

Radermacher, Hans: *Kant, Swedenborg, Borges. Mit Paraphrasen von Jorge Luis Borges.* Frankfurt am Main 1986.

Rauer, Constantin: *Wahn und Wahrheit. Kants Auseinandersetzung mit dem Irrationalen.* Berlin 2007.

Richard, Heinrich: *Unbeachtete Vorlesungen Kants (zugleich ein Beitrag zur Swedenborgforschung).* Zeitschrift für Religion und Geistesgeschichte 9 (1957), S. 280–283.

Riehl, Alois: *Der philosophische Kritizismus. Geschichte und System.* Bd. 1: *Geschichte des philosophischen Kritizismus.* Leipzig ^{3}1924 [^{1}1876].

Rozenberg, Jacques: *La théorie optique de l'hallucination dans les „Rêves d'un visionnaires" de Kant.* Revue philosophique de la France et de l'Étranger 110 (1985), S. 15–26.

Schmucker, Josef: *Die Ursprünge der Ethik Kants in seinen vorkri-*

tischen Schriften und Reflektionen [!]. Meisenheim am Glan 1961 [= Monographien zur philosophischen Forschung, Bd. 23].

Schmucker, Josef: *Kants kritischer Standpunkt zur Zeit der Träume eines Geistersehers im Verhältnis zu dem der Kritik der reinen Vernunft.* In: Ingeborg Heidemann/Wolfgang Ritzel (Hgg.): *Beiträge zur Kritik der reinen Vernunft 1781–1981.* Berlin, New York 1981, S. 1–36.

Schönfeld, Martin: *The Philosophy of the Young Kant. The Precritical Project.* Oxford 2000.

Sewall, Frank: *Swedenborg and Modern Idealism. A Retrospect of Philosophy From Kant to the Present Time.* London 1902.

Sini, Carlo: *I „sogni di un visionario" e l'idea di filosofia nel Kant precritico.* Il pensiero 11 (1966), S. 58–76.

Stengel, Friedemann (Hg.): *Kant und Swedenborg. Zugänge zu einem umstrittenen Verhältnis.* Tübingen 2008 [= Hallesche Beiträge zur Europäischen Aufklärung, Bd. 38].

Stengel, Friedemann: *Kant – ‚Zwillingsbruder' Swedenborgs?* In: ders.: (Hg.): *Kant und Swedenborg. Zugänge zu einem umstrittenen Verhältnis.* Tübingen 2008, S. 35–98 [= Hallesche Beiträge zur Europäischen Aufklärung, Bd. 38].

Stengel, Friedemann: *Swedenborg als Rationalist.* In: Monika Neugebauer-Wölk (Hg.): *Aufklärung und Esoterik. Rezeption – Integration – Konfrontation.* Unter Mitarbeit von Andre Rudolph. Tübingen 2008, S. 149–203 [= Hallesche Beiträge zur Europäischen Aufklärung, Bd. 37].

Stengel, Friedemann: *Aufklärung bis zum Himmel. Emanuel Swedenborg im Kontext der Theologie und Philosophie des 18. Jahrhunderts.* Tübingen 2011 [= Beiträge zur historischen Theologie, Bd. 161].

Stroud, Scott R.: *Style and Spirit in „Dreams of a Spirit-Seer". Swedenborg and the Origin of Kant's Critical Rhetoric.* The New Centennial Review 16 (2016), S. 1–32.

Tafel, Immanuel: *Swedenborg und seine Gegner, oder Beleuchtung der Lehren und Berichte Swedenborg's, gegenüber den Entstellungen und Angriffen seiner Gegner. Zugleich ein Beitrag zur*

Dogmatik und Dogmengeschichte. 4 Bde. Tübingen, z.T. Stuttgart 1838–1852 [[2]1841–1852], Bd. 5. Tübingen, London 1865.

Tafel, Immanuel: *Supplement zu Kant's Biographie und zu den Gesammt-Ausgaben seiner Werke, oder: die von Kant gegebenen Erfahrungsbeweise für die Unsterblichkeit und fortdauernde Wiedererinnerungskraft der Seele, durch Nachweisung einer groben Fälschung in ihrer Unverfälschtheit wieder hergestellt; nebst einer Würdigung seiner früheren Bedenken gegen – so wie seiner späteren Vernunftbeweise für – die Unsterblichkeit.* Stuttgart 1845.

Thorpe, Lucas: *The Realm of Ends as a Community of Spirits: Kant and Swedenborg on the Kingdom of Heaven and the Cleansing of the Doors of Perception.* The Heythrob Journal 48 (2010), S. 1–24.

Tonelli, Giorgio: *Kant's Ethics as a Part of Metaphysics: A Possible Newtonion Suggestion? With Some Comments on Kant's „Dreams of a Seer".* In: Craig Walton/John P. Anton (Eds.): *Philosophy and the Civilizing Arts. Essays Presented to Herbert W. Schneider.* Athens (Ohio) 1974, S. 236–263.

Vaihinger, Hans: *Kommentar zu Kants Kritik der reinen Vernunft.* 2 Bde. Hg. von Raymund Schmidt. Neudruck der 2. Auflage Stuttgart 1922. Aalen 1970.

Weissberg, Liliane: *Catarcticon und der schöne Wahn. Kants „Träume eines Geistersehers, erläutert durch Träume der Metaphysik".* Poetica 18 (1986), S. 96–116.

Wundt, Max: *Kant als Metaphysiker. Ein Beitrag zur Geschichte der deutschen Philosophie im 18. Jahrhundert.* Stuttgart 1924. Reprint Hildesheim, Zürich, New York 1984, 2. Reprint Hildesheim 2013.

Zammito, John H.: *Kant, Herder, and the Birth of Anthropology.* Chicago, London 2002.

Träume eines Geistersehers,

erläutert

durch

Träume der Metaphysik.

velut aegri somnia, vanae
Finguntur species.

Hor.

Königsberg,

bey Johann Jacob Kanter.

1766.

[IMMANUEL KANT]

Träume
eines Geistersehers,
erläutert
durch
Träume der Metaphysik

velut aegri somnia, vanae
Finguntur species.[1]

Horaz

Königsberg,
bei Johann Jakob Kanter.
1766.||

7 velut … species.] Das Motto nicht abgedruckt: 1797, T, St 9 *Horaz*] A_1, Ak 1905, V/R, W, M: Hor.; Ke: Hor,; A_2, A_3, H I, H II, B, Schm: Horat.; Schu: Horatius 10 Königsberg – 1766.] Ke, B, Schm, W, M; A_2, A_3: Riga und Mietau, bey Johann Friedrich Hartknoch. 1766.; St als Fußnote zum Titel: Gedruckt: Königsberg bey Kantern 1766.; T, H I, Schu, H II, V/R: 1766; den Erscheinungsvermerk ganz weggelassen: 1797, Ak 1905

S. 157

Ein Vorbericht, der sehr wenig für die Ausführung verspricht.[2]

Das Schattenreich ist das Paradies der Phantasten. Hier finden sie ein unbegrenztes Land, wo sie sich nach Belieben anbauen können. Hypochondrische Dünste[3], Ammenmärchen und Klosterwunder lassen es ihnen an Bauzeug[4] nicht ermangeln. Die Philosophen zeichnen den Grundriß und ändern ihn wiederum oder verwerfen ihn, wie ihre Gewohnheit ist.[5] Nur das heilige Rom hat daselbst einträgliche Provinzen; die zwei Kronen des unsichtbaren Reichs stützen die dritte,[6] als das hinfällige Diadem seiner irdischen Hoheit, und die Schlüssel, welche die beiden Pforten | der anderen Welt auftun, öffnen zugleich sympathetisch die Kasten der gegenwärtigen.[7] Dergleichen Rechtsame des Geisterreichs, insofern es durch die Gründe der Staatsklugheit bewiesen ist, erheben sich weit über alle ohnmächtigen Einwürfe der Schulweisen, und ihr Gebrauch oder Mißbrauch ist schon zu ehrwürdig, als daß er sich einer so verworfenen Prüfung auszusetzen nötig hätte. Allein die gemeinen Erzählungen, die so viel Glauben finden und wenigstens so schlecht bestritten sind, weswegen laufen die so ungenutzt oder ungeahndet umher und schleichen sich selbst in die Lehrverfassungen ein,[8] ob sie gleich den Beweis vom Vorteil hergenommen (argumentum ab utili)[9] nicht für sich haben, welcher der überzeugendste unter allen ist? Welcher Philosoph hat nicht einmal zwischen den Beteuerungen eines vernünftigen und festüberredeten Augenzeugen und der inneren Gegenwehr eines unüberwindlichen Zweifels die einfältigste Figur gemacht, die man sich vorstellen kann? | Soll er die Richtigkeit aller solcher Geistererscheinungen gänzlich ableugnen? Was kann er für Gründe anführen, sie zu widerlegen? ¦

19 und] Wille, Ak 1905, V/R erwägen: oder **24** nicht einmal] Hgg. erwägen: nicht schon einmal. In diesem Sinne auch Wa/Me: on some occasion or other **25** festüberredeten] Ak 1905, B: fest überredeten

2 Soll er auch nur eine einzige dieser Erzählungen als wahrscheinlich einräumen? Wie wichtig wäre ein solches Geständnis, und in welche erstaunlichen Folgen sieht man hinaus, wenn auch nur eine solche Begebenheit als bewiesen vorausgesetzt werden könnte? Es ist wohl noch ein dritter Fall übrig, nämlich sich mit dergleichen vorwitzigen oder müßigen Fragen gar nicht zu bemengen und sich an das Nützliche zu halten.[10] Weil dieser Anschlag aber vernünftig ist, so ist er jederzeit von gründlichen Gelehrten durch die Mehrheit der Stimmen verworfen worden.[11]

3 Da es ebensowohl ein dummes Vorurteil ist, von vielem, das mit einigem Schein der Wahrheit erzählt wird, ohne Grund Nichts zu glauben, als von dem, was das gemeine Gerücht sagt, ohne Prüfung Alles zu glauben, so ließ sich der Verfasser dieser Schrift, um dem ersten Vorurteil auszuweichen, | zum Teil von dem letzteren fortschleppen. Er bekennt mit einer gewissen Demütigung, daß er so treuherzig war, der Wahrheit einiger Erzählungen von der erwähnten Art nachzuspüren. Er fand – – – wie gemeiniglich, wo man nichts zu suchen hat – – – er fand nichts. Nun ist dieses wohl an sich selbst schon eine hinlängliche Ursache, ein Buch zu schreiben; allein es kam noch dasjenige hinzu, was bescheidenen Verfassern schon mehrmals Bücher abgedrungen hat, das ungestüme Anhalten bekannter und unbekannter Freunde.[12] Überdem war ein großes Werk gekauft[13] und, welches noch schlimmer ist, gelesen worden, und diese Mühe sollte nicht verloren sein. Daraus entstand nun die gegenwärtige Abhandlung, welche, wie man sich schmeichelt, den Leser nach der Beschaffenheit der Sache völlig befriedigen soll, indem er das Vornehmste nicht verstehen, das andere nicht glauben, das übrige aber belachen wird. |¦

3 und in welche erstaunlichen Folgen sieht man hinaus] A_2, A_3: und in welche erstaunliche Folgen sieht man hieraus; 1797, St: und welche erstaunlichen Folgen sieht man hieraus; T, H I, Schu, H II: und welche erstaunliche Folgen zieht man hieraus **5** könnte?] Ak 1905, V/R, B: könnte! **12** Nichts] H II, V/R, B, W: nichts **13** Alles] H II, V/R, B, W: alles

DER ERSTE TEIL, WELCHER DOGMATISCH[14] IST.

Erstes Hauptstück.

Ein verwickelter metaphysischer Knoten, den man nach Belieben auflösen oder abhauen kann.[15]

1 Wenn alles dasjenige, was von Geistern der Schulknabe herbetet, der große Haufen erzählt und der Philosoph demonstriert, zusammengenommen wird, so scheint es keinen kleinen Teil von unserem Wissen auszumachen. Nichtsdestoweniger getraue ich mich zu behaupten, daß, wenn es jemand einfiele, sich bei der Frage etwas zu verweilen: was denn das eigentlich für ein Ding sei, wovon man unter dem Namen eines Geistes so viel zu verstehen glaubt, er alle diese Vielwisser in die beschwerlichste Verlegenheit versetzen würde. Das methodische Geschwätz der hohen Schulen[16] ist oftmals nur ein Einverständnis, durch veränderliche Wortbedeutungen einer schwer zu losenden Frage auszuweichen, weil das bequeme und mehrenteils ver|nünftige: Ich weiß nicht, auf Akademien nicht leichtlich gehört wird. Gewisse neuere Weltweise,[17] wie sie sich gern nennen lassen,[18] kommen sehr leicht über diese Frage hinweg. Ein Geist, heißt es, ist ein Wesen, welches Vernunft hat.[19] So ist es denn also keine Wundergabe, Geister zu sehen; denn wer Menschen sieht, der sieht Wesen, die Vernunft haben. Allein, fährt man fort, dieses Wesen, was im Menschen Vernunft hat, ist nur ein Teil vom Menschen, und dieser Teil, der ihn belebt, ist ein Geist. Wohlan denn: Ehe ihr also beweist, daß nur ein geistiges Wesen Vernunft haben könne, so sorgt doch, daß ich zuvörderst verstehe, was ich

12 verweilen: was] Ak 1905, B: verweilen, was 14 glaubt, er] 1797, T, St, H I, Schu, H II: glaubt? er

mir unter einem geistigen Wesen für einen Begriff zu machen habe. Diese Selbsttäuschung,[20] ob sie gleich grob genug ist, um mit halb offenen Augen bemerkt zu werden, ist doch von sehr begreiflichem Ursprung. ¦ Denn wovon man frühzeitig als ein Kind sehr viel weiß, davon ist man sicher, späterhin und im Alter nichts zu wissen, und der Mann der Gründlichkeit wird zuletzt höchstens der Sophist seines Jugendwahns.[21] |

2 Ich weiß also nicht, ob es Geister gebe, ja was noch mehr ist, ich weiß nicht einmal, was das Wort Geist bedeute. Da ich es indessen oft selbst gebraucht oder andere habe brauchen hören, so muß doch etwas darunter verstanden werden, es mag nun dieses Etwas ein Hirngespinst[22] oder was Wirkliches sein. Um diese versteckte Bedeutung auszuwickeln, so halte ich meinen schlecht verstandenen Begriff an allerlei Fälle der Anwendung[23], und dadurch, daß ich bemerke, auf welchen er trifft und welchem er zuwider ist, verhoffe ich dessen verborgenen Sinn zu entfalten.* |

* Wenn der Begriff eines Geistes von unseren eigenen Erfahrungsbegriffen abgesondert wäre, so würde das Verfahren, ihn deutlich zu machen, leicht sein, indem man nur diejenigen Merkmale anzuzeigen hätte, welche uns die Sinne an dieser Art Wesen offenbarten und wodurch wir sie von materiellen Dingen unterscheiden. Nun aber wird von Geistern geredet, selbst alsdann, wenn man zweifelt, ob es gar dergleichen Wesen gebe. Also kann der Begriff von der geistigen Natur nicht als ein von der Erfahrung abstrahierter behandelt werden.[24] Fragt ihr aber: Wie ist man denn zu diesem Begriff überhaupt gekommen, wenn es nicht durch Abstraktion geschehen ist? Ich antworte: Viele Begriffe entspringen durch geheime und dun|kle Schlüsse bei Gelegenheit der Erfahrungen und pflanzen sich nachher auf andere fort ohne Bewußtsein der Erfahrung selbst oder des Schlusses, welcher den Begriff über dieselbe errichtet hat. Solche Begriffe kann man erschlichene[25] nennen. Dergleichen sind viele, die zum Teil nichts als ein Wahn der Einbildung, zum Teil auch wahr sind, indem auch dunkle Schlüsse nicht immer irren. Der Redegebrauch und die Verbindung eines Ausdrucks mit verschiedenen Erzählungen, in denen jederzeit einerlei Hauptmerkmal anzutreffen ist, geben ihm eine bestimmte Bedeutung,

30 errichtet] A_2, A_3, 1797, T, St, H I, Schu, H II, Ke: erreicht

3 Nehmt etwa einen Raum von einem Kubikfuß[26] und setzt, es sei etwas, das diesen Raum erfüllt, d.i. dem Eindringen jedes anderen Dinges widersteht, so wird niemand das Wesen, was auf solche Weise im Raum ist, geistig nennen. Es würde offenbar materiell heißen, weil es ausgedehnt, undurchdringlich[27] und wie alles Körperliche der Teilbarkeit und den Gesetzen des Stoßes unterworfen ist. Bis dahin sind wir noch auf dem gebahnten Gleis anderer Philosophen.[28] Allein denkt euch ein einfaches Wesen | und gebt ihm zugleich Vernunft; wird dies alsdann die Bedeutung des Wortes Geist gerade ausfüllen? Damit ich dieses ent¦decke, so will ich die Vernunft dem besagten einfachen Wesen als eine innere Eigenschaft lassen, für jetzt es aber nur in äußeren Verhältnissen betrachten. Und nunmehr frage ich: Wenn ich diese einfache Substanz in jenen Raum vom Kubikfuß, der voll Materie ist, setzen will, wird alsdann ein einfaches Element derselben den Platz räumen müssen, damit ihn dieser Geist erfülle? Meint ihr, ja? Wohlan, so wird der gedachte Raum, um einen zweiten Geist einzunehmen, ein zweites Elementarteilchen verlieren müssen, und so wird endlich, wenn man fortfährt, ein Kubikfuß Raum von Geistern erfüllt sein, deren Klumpen ebensowohl durch Undurchdringlichkeit widersteht, als wenn er voll Materie wäre, und ebenso wie diese der Gesetze des Stoßes fähig sein muß.[29] Nun würden aber dergleichen Substanzen, ob sie gleich in sich Vernunftkraft haben mögen, doch äußerlich von den Elementen der Materie gar nicht unterschieden sein, bei denen man auch nur die Kräfte ihrer äußeren Gegenwart kennt und, was zu ihren | inneren Eigenschaften gehören mag, gar nicht weiß. Es ist also außer Zweifel, daß eine solche Art einfacher Substanzen nicht geistige Wesen heißen würden, davon Klumpen zusammengeballt werden könnten. Ihr werdet also

welche folglich nur dadurch kann entfaltet werden, daß man diesen versteckten Sinn durch eine Vergleichung mit allerlei Fällen der Anwendung, die mit ihm einstimmig sind oder ihm widerstreiten, aus seiner Dunkelheit hervorzieht.[30]

30 werdet] T, H I, Schu: würdet

den Begriff eines Geistes nur beibehalten können, wenn ihr euch Wesen gedenkt, die sogar in einem von Materie erfüllten Raum gegenwärtig sein können;* Wesen also, welche die Eigenschaft der Undurchdringlichkeit nicht an sich haben, und deren so viele, als man auch will, vereinigt niemals ein solides Ganzes ausmachen. Einfache Wesen von | dieser Art werden immaterielle Wesen und, wenn sie Vernunft haben, Geister genannt werden. Einfache Substanzen aber, deren Zusammensetzung ein undurchdringliches und ausgedehntes Ganzes gibt, werden materielle Einheiten, ihr Ganzes aber Materie heißen. Entweder der Name eines Geistes ist ein Wort ohne allen Sinn oder seine Bedeutung ist die angezeigte. ¦

4 Von der Erklärung, was der Begriff eines Geistes enthalte, ist der Schritt noch ungemein weit zu dem Satz, daß solche Naturen wirklich, ja auch nur möglich seien. Man findet in den Schriften der Philosophen recht gute Beweise,[31] darauf man sich verlassen kann: daß alles, was da denkt, einfach sein müsse, daß eine jede vernünftigdenkende[32] Substanz eine Einheit der Natur sei und das unteilbare Ich nicht könne in einem Ganzen von vielen verbundenen Dingen verteilt sein.[33] Meine Seele wird also

* Man wird hier leichtlich gewahr: daß ich nur von Geistern, die als Teile zum Weltganzen gehören, und nicht von dem unendlichen Geist rede, der der Urheber und Erhalter desselben ist.[34] Denn der Begriff von der geistigen Natur des letzteren ist leicht, weil er lediglich negativ ist und darin besteht, daß man die Eigenschaften der Materie an ihm verneint, die einer unendlichen und schlechterdings notwendigen Substanz widerstreiten.[35] Dagegen bei einer geistigen Substanz, die mit der Materie in Vereinigung sein soll, wie z. E. der menschlichen Seele, äußert sich die Schwierigkeit: daß ich eine wechselseitige Verknüpfung derselben mit körperlichen Wesen zu einem Ganzen denken und dennoch die einzige bekannte Art der Verbindung, welche unter materiellen Wesen stattfindet, aufheben soll.[36]

15 seien] A_{1-3}, 1797, T, St, W, M: sein **17** kann: daß] St, Schu, B: kann, daß **17** alles] H I, Ke: Alles **18** vernünftigdenkende] Schu, Ke, Schm: vernünftig denkende **21** gewahr: daß] St, Schu, H II, V/R, B: gewahr, daß **28** Schwierigkeit: daß] St, Schu, H II, V/R, B: Schwierigkeit, daß eine einfache Substanz sein.[37] Aber es bleibt durch diesen Beweis noch immer unausgemacht, ob sie von der Art derjenigen sei, die in dem Raum vereinigt ein ausgedehntes und undurchdringliches Ganzes geben, und also materiell, oder ob sie im|materiell und folglich ein Geist sei, ja sogar, ob eine solche Art Wesen als diejenigen, so man *geistige* nennt, nur möglich sei.

Und hierbei kann ich nicht umhin, vor übereilten Entscheidungen zu warnen,[38] welche in den tiefsten und dunkelsten Fragen sich am leichtesten eindringen. Was nämlich zu den gemeinen Erfahrungsbegriffen[39] gehört, das pflegt man gemeiniglich so anzusehen, als ob man auch seine Möglichkeit einsehe. Dagegen was von ihnen abweicht und durch keine Erfahrung auch nicht einmal der Analogie nach verständlich gemacht werden kann, davon kann man sich freilich keinen Begriff machen, und darum pflegt man es gern als unmöglich sofort zu verwerfen. Alle Materie widersteht in dem Raum ihrer Gegenwart und heißt darum undurchdringlich.[40] Daß dieses geschehe, lehrt die Erfahrung, und die Abstraktion von dieser Erfahrung bringt in uns auch den allgemeinen Begriff der Materie hervor. Dieser Widerstand aber, den Etwas in dem Raum seiner Gegenwart leistet, ist auf solche Weise wohl *erkannt*, allein darum nicht *begriffen*. Denn es ist derselbe, so wie alles, was einer Tätigkeit | entgegenwirkt, eine wahre Kraft,[41] und da ihre Richtung derjenigen entgegensteht, wonach die fortgezogenen Linien der *Annäherung* zielen, so ist sie eine Kraft der *Zurückstoßung*, welche der Materie und folglich auch ihren Elementen muß beigelegt werden. Nun wird sich ein jeder Vernünftiger bald bescheiden, daß hier die menschliche Einsicht zu Ende sei. Denn nur durch die Erfahrung kann man innewerden, daß Dinge der Welt, welche wir *materiell* nennen, eine solche Kraft haben, niemals aber die Möglichkeit

7 Entscheidungen] A_2, A_3, 1797, T, St, H I, Schu, H II, Ke: Entschließungen 20 Etwas] H II, V/R, Schm, W: etwas 21 allein] V/R: aber 23 und da] A_{1-3}, 1797, T, St, Schu, Ke, V/R, Schm, W, M: und, da 25 *Zurückstoßung*] Ak 1905, V/R, B; die anderen Ausgaben: Zurückstoßung

derselben begreifen. Wenn ich nun Substanzen anderer Art setze, die mit anderen Kräften im Raum gegenwärtig sind als mit jener treibenden Kraft, deren Folge die Undurchdringlichkeit ist, so ¦ kann ich freilich eine Tätigkeit derselben, welche keine Analogie mit meinen Erfahrungsvorstellungen hat, gar nicht in concreto denken, und indem ich ihnen die Eigenschaft nehme, den Raum, in dem sie wirken, zu erfüllen, so steht mir ein Begriff ab, wodurch mir sonst die Dinge denklich sind, welche in meine Sinne fallen, und es muß daraus notwendig eine Art von Undenklichkeit entspringen. Allein diese kann darum nicht als | eine erkannte Unmöglichkeit angesehen werden, ebendarum weil das Gegenteil seiner Möglichkeit nach gleichfalls uneingesehen bleiben wird, obzwar dessen Wirklichkeit in die Sinne fällt.
6 Man kann demnach die Möglichkeit immaterieller Wesen annehmen ohne Besorgnis, widerlegt zu werden, wiewohl auch ohne Hoffnung, diese Möglichkeit durch Vernunftgründe beweisen zu können.[42] Solche geistigen Naturen würden im Raum gegenwärtig sein, so daß derselbe demungeachtet für körperliche Wesen immer durchdringlich bliebe, weil ihre Gegenwart wohl eine Wirksamkeit im Raum, aber nicht dessen Erfüllung, d.i. einen Widerstand als den Grund der Solidität enthielte. Nimmt man nun eine solche einfache geistige Substanz an, so würde man unbeschadet ihrer Unteilbarkeit sagen können: daß der Ort ihrer unmittelbaren Gegenwart nicht ein Punkt, sondern selbst ein Raum sei. Denn um die Analogie zu Hilfe zu rufen, so müssen notwendig selbst die einfachen Elemente der Körper ein jegliches ein Räumchen in dem Körper erfüllen,[43] der ein proportionierter Teil | seiner ganzen Ausdehnung ist, weil Punkte gar nicht Teile, sondern Grenzen des Raums sind. Da diese Erfüllung des Raums vermittelst einer wirksamen Kraft (der Zurückstoßung) geschieht und also nur

2 sind] A_{1-3}, 1797, T, St, W, M: sein; H I: seien **6** in concreto] A_{1-3}, 1797, T, St, H I, H II, Ke: in Concreto **6** Eigenschaft] 1797, T, St, H I, Schu, H II, V/R: Eigenschaften **21** Widerstand als] Ak 1905: Widerstand, als **24** können: daß] St, Schu, H II, V/R, B: können, daß einen Umfang der größeren Tätigkeit, nicht aber eine Vielheit der Bestandteile des wirksamen Subjekts anzeigt, so widerstreitet sie gar nicht der einfachen Natur desselben, obgleich freilich die Möglichkeit hiervon nicht weiter kann deutlich gemacht werden, welches niemals bei den ersten Verhältnissen der Ursachen und Wirkungen angeht.[44] Ebenso wird mir zum wenigsten keine erweisliche Unmöglichkeit entgegenstehen, obschon die Sache selbst unbegreiflich bleibt, wenn ich behaupte: daß eine geistige Substanz, ob sie gleich einfach ist, dennoch einen Raum *einnehme* (d.i. in ihm unmittelbar tätig sein könne), ohne ihn *zu erfüllen* (d.i. materiellen Substanzen darin Widerstand zu leisten). Auch würde eine solche immaterielle Substanz nicht ausgedehnt genannt werden müssen, sowenig wie es die Einheiten der Materie sind; denn nur dasjenige, was abgesondert von allem und *für sich* allein existierend einen ¦ Raum einnimmt, ist *ausgedehnt*; | die Substanzen aber, welche Elemente der Materie sind, nehmen einen Raum nur durch die *äußere* Wirkung in andere ein, für sich besonders aber, wo keine anderen Dinge in Verknüpfung mit ihnen gedacht werden, und da in ihnen selbst auch nichts außereinander Befindliches anzutreffen ist, enthalten sie keinen Raum. Dieses gilt von Körperelementen. Dieses würde auch von geistigen Naturen gelten. Die Grenzen der Ausdehnung bestimmen die Figur. An ihnen würde also keine Figur gedacht werden können. Dieses sind schwer einzusehende Gründe der vermuteten Möglichkeit immaterieller Wesen in dem Weltganzen. Wer im Besitz leichterer Mittel ist, die zu dieser Einsicht führen können, der versage seinen Unterricht einem Lehrbegierigen nicht, vor dessen Augen im Fortschritt der Untersuchung sich öfters Alpen erheben, wo andere einen

3 desselben] [sc. des wirksamen Subjekts; Hgg.]; A_{1-3}, 1797, T, St, H I, Schu, H II, Ke, Schm, W: derselben [sc. der geistigen Substanz; Hgg.] **8** behaupte: daß] St, Schu, H II, V/R, B: behaupte, daß **10** *einnehme*] A_2, A_3, 1797, T, St, H I, Schu, H II, Ke, Schm: einnehme **17** *äußere*] A_2, A_3, 1797, T, St, H I, Schu, H II, Ke, V/R, Schm: äußere **28** Lehrbegierigen] 1797, T, St, H I, Schu, H II, V/R: Lernbegierigen ebenen und gemächlichen Fußsteig vor sich sehen, den sie fortwandern oder zu wandern glauben.

7 Gesetzt nun, man hätte bewiesen, die Seele des Menschen sei ein Geist (wiewohl aus dem vorigen zu sehen ist, daß ein solcher Beweis noch niemals geführt worden), so würde die nächste | Frage, die man tun könnte, etwa diese sein: Wo ist der Ort dieser menschlichen Seele in der Körperwelt?[45] Ich würde antworten: Derjenige Körper, dessen Veränderungen meine Veränderungen sind, dieser Körper ist mein Körper, und der Ort desselben ist zugleich mein Ort. Setzt man die Frage weiter fort: Wo ist denn dein Ort (der Seele) in diesem Körper? so würde ich etwas Verfängliches in dieser Frage vermuten. Denn man bemerkt leicht, daß darin etwas schon vorausgesetzt werde, was nicht durch Erfahrung bekannt ist, sondern vielleicht auf eingebildeten Schlüssen beruht: nämlich daß mein denkendes Ich in einem Ort sei, der von den Örtern anderer Teile desjenigen Körpers, der zu meinem Selbst gehört, unterschieden wäre. Niemand aber ist sich eines besonderen Orts in seinem Körper unmittelbar bewußt, sondern desjenigen, den er als Mensch in Ansehung der Welt umher einnimmt. Ich würde mich also an der gemeinen Erfahrung halten und vorläufig sagen: Wo ich empfinde, da bin ich.[46] Ich bin ebenso unmittelbar in der Fingerspitze wie in dem Kopf. Ich bin es selbst, der in der Ferse leidet und welchem das Herz im | Affekt klopft. Ich fühle den schmerzhaften Eindruck nicht an einem Gehirnnerv, wenn mich mein Leichdorn[47] peinigt, sondern am Ende meiner Zehen. Keine Erfahrung lehrt mich, einige Teile meiner Empfindung von mir für entfernt zu halten, mein unteilbares Ich in ein mikroskopisch kleines Plätzchen des Gehirns ¦ zu versperren,[48] um von da aus das Hebezeug[49] meiner Körpermaschine in Bewegung zu setzen oder dadurch selbst getroffen zu werden. Daher würde ich einen stren-

10 mein Ort] V/R: mein Ort 10 fort: Wo] A$_{1-3}$, 1797, T, St, Schu, Ke, Schm, W, M: fort, wo 11 Körper? so] Ak 1905: Körper?, so; B: Körper, so 14 beruht: nämlich] B: beruht, nämlich 20 an der gemeinen Erfahrung] St, Schu: an die gemeine Erfahrung 24 schmerzhaften] A$_2$, 1797, T, St, H I, Schu, H II, Ke: schmerzhaftesten

gen Beweis verlangen, um dasjenige ungereimt zu finden, was die Schullehrer sagten: Meine Seele ist ganz im ganzen Körper und ganz in jedem seiner Teile.[50] Der gesunde Verstand bemerkt oft die Wahrheit eher, als er die Gründe einsieht, dadurch er sie beweisen oder erläutern kann. Der Einwurf würde mich auch nicht gänzlich irremachen, wenn man sagte, daß ich auf solche Art die Seele ausgedehnt und durch den ganzen Körper verbreitet gedächte, so ungefähr, wie sie den Kindern in der gemalten Welt[51] abgebildet wird. Denn ich würde dieses Hindernis dadurch wegräumen, daß ich bemerkte: die unmittelbare Gegenwart in einem ganzen Raum be|weise nur eine Sphäre der äußeren Wirksamkeit, aber nicht eine Vielheit innerer Teile, mithin auch keine Ausdehnung oder Figur, als welche nur stattfinden, wenn in einem Wesen für sich allein gesetzt ein Raum ist, d. i. Teile anzutreffen sind, die sich außerhalb einander befinden. Endlich würde ich entweder dieses wenige von der geistigen Eigenschaft meiner Seele wissen oder, wenn man es nicht einwilligte, auch zufrieden sein, davon gar nichts zu wissen.

8 Wollte man diesen Gedanken die Unbegreiflichkeit oder, welches bei den meisten für einerlei gilt, ihre Unmöglichkeit vorrücken, so könnte ich es auch geschehen lassen. Alsdann würde ich mich zu den Füßen dieser Weisen niederlassen, um sie also reden zu hören: Die Seele des Menschen hat ihren Sitz im Gehirn,[52] und ein unbeschreiblich kleiner Platz in demselben ist ihr Aufenthalt.* Daselbst empfindet sie wie die Spinne |

* Man hat Beispiele von Verletzungen, dadurch ein guter Teil des Gehirns verloren worden, ohne daß es dem Menschen das Leben oder die Gedanken gekostet hat. Nach der gemeinen Vorstellung, die ich hier anführe, würde ein Atomus | desselben haben dürfen entführt oder aus der Stelle gerückt werden, um in einem Augenblick den Menschen zu entseelen. Die herrschende Meinung: der Seele einen Platz im Gehirn anzuweisen, scheint hauptsächlich ihren Ursprung darin zu haben, daß man bei starkem Nach-

10 bemerkte: die] St, B: bemerkte, die 29 würde ein] Wille erwägt: würde nur ein 29 Atomus] Schu: Atom 31 Meinung: der] A_2, A_3, 1797, Ak 1905: Meinung der; T, St, H I, Schu, H II, Ke, V/R, B, Schm: Meinung, der

im ¦ Mittelpunkt ihres Gewebes. Die Nerven des Gehirns stoßen oder erschüttern sie, dadurch verursachen sie aber, daß nicht dieser unmittelbare Eindruck, sondern der, so auf ganz entlegene Teile des Körpers geschieht, jedoch als ein außerhalb des Gehirns gegenwärtiges Objekt, vorgestellt wird. Aus diesem Sitz bewegt sie auch die Seile und Hebel der ganzen Maschine und verursacht willkürliche Bewegungen nach ih|rem Belieben.[53] Dergleichen Sätze lassen sich nur sehr seicht oder gar nicht

sinnen deutlich fühlt, daß die Gehirnnerven angestrengt werden. Allein wenn dieser Schluß richtig wäre, so würde er auch noch andere Örter der Seele beweisen. In der Bangigkeit oder der Freude scheint die Empfindung ihren Sitz im Herzen zu haben. Viele Affekte, ja die meisten äußern ihre Hauptstärke im Zwerchfell. Das Mitleiden bewegt die Eingeweide,[54] und andere Instinkte äußern ihren Ursprung und Empfindsamkeit in anderen Organen. Die Ursache, die da macht, daß man die nachdenkende Seele vornehmlich im Gehirn zu empfinden glaubt, ist vielleicht diese: Alles Nachsinnen erfordert die Vermittlung ¦ der Zeichen für die zu erweckenden Ideen, um in deren Begleitung | und Unterstützung diesen den erforderlichen Grad Klarheit zu geben. Die Zeichen unserer Vorstellungen aber sind vornehmlich solche, die entweder durchs Gehör oder das Gesicht empfangen sind, welche beiden Sinne durch die Eindrücke im Gehirn bewegt werden, indem ihre Organe auch diesem Teil am nächsten liegen. Wenn nun die Erweckung dieser Zeichen, welche *Descartes* ideas materiales[55] nennt, eigentlich eine Reizung der Nerven zu einer ähnlichen Bewegung mit derjenigen ist, welche die Empfindung ehedem hervorbrachte, so wird das Gewebe des Gehirns im Nachdenken vornehmlich genötigt werden, mit vormaligen Eindrücken harmonisch zu beben und dadurch ermüdet werden. Denn wenn das Denken zugleich affektvoll ist, so empfindet man nicht allein Anstrengungen des Gehirns, sondern zugleich Angriffe der reizbaren Teile, welche sonst mit den Vorstellungen der in Leidenschaft versetzten Seele in Sympathie stehen.

1 Gewebes. Die] 1797, T, St, H I, Schu, H II: Gewebes, die **3** so] Schu: welcher **5** Objekt, vorgestellt] = Konj. Hgg.; die anderen Ausgaben: Objekt vorgestellt **16** diese: Alles] St; die anderen Ausgaben: diese. Alles **18** diesen] A_{1-3}, 1797, Ke, Schm, W: dessen **19** Grad Klarheit] T, H I, Schu, H II, V/R, Schm: Grad der Klarheit **21** welche beiden Sinne durch die Eindrücke im Gehirn bewegt werden] Wille erwägt: welche beiden Sinne durch die Eindrücke Stellen im Gehirne bewegen werden beweisen und, weil die Natur der Seele im Grunde nicht bekannt genug ist, auch nur ebenso schwach widerlegen.[56] Ich würde also mich in keine Schulgezänke einlassen, wo gemeiniglich beide Teile alsdann am meisten zu sagen haben, wenn sie von ihrem Gegenstand gar nichts verstehen; sondern ich würde lediglich den Folgerungen nachgehen, auf die mich | eine Lehre von dieser Art leiten kann. Weil also nach den mir angepriesenen Sätzen meine Seele, in der Art, wie sie im Raum gegenwärtig ist, von jedem Element der Materie nicht unterschieden wäre, und die Verstandeskraft eine innere Eigenschaft ist, welche ich in diesen Elementen doch nicht wahrnehmen könnte, wenngleich selbige in ihnen allen angetroffen würde, so könnte kein tauglicher Grund angeführt werden, weswegen nicht meine Seele eine von den Substanzen sei, welche die Materie ausmachen, und warum nicht ihre besonderen Erscheinungen lediglich von dem Ort herrühren sollten, den sie in einer künstlichen Maschine, wie der tierische Körper ist, einnimmt, wo die Nervenvereinigung der inneren Fähigkeit des Denkens und der Willkür zustatten kommt. Alsdann aber würde man kein eigentümliches Merkmal der Seele mehr mit Sicherheit erkennen, welches sie von dem rohen Grundstoff der körperlichen Naturen unterschiede, ¦ und *Leibnizens* scherzhafter Einfall, nach welchem wir vielleicht im Kaffee Atome verschluckten, woraus Menschenseelen werden sollen,[57] wäre nicht mehr ein Gedanke zum Lachen. Würde aber auf solchen | Fall dieses denkende Ich nicht dem gemeinen Schicksal materieller Naturen unterworfen sein, und, wie es durch den Zufall aus dem Chaos aller Elemente gezogen worden, um eine tierische Maschine zu beleben, warum sollte es, nachdem diese zufällige Vereinigung aufgehört hat, nicht auch künftig dahin wiederum zurückkehren?[58] Es ist bisweilen nötig, den Denker, der auf unrechtem Weg ist, durch die Folgen zu erschrecken,

2 also mich] Ke: mich also **3** keine Schulgezänke] Schm: kein Schulgezänke **22** unterschiede, und *Leibnizens*] 1797, T, St, H I, Schu: unterschiede. Leibnitz's **23** Menschenseelen] Ak 1912: Menschenleben damit er aufmerksamer auf die Grundsätze werde, durch welche er sich gleichsam träumend hat fortführen lassen.

9 Ich gestehe, daß ich sehr geneigt sei, das Dasein immaterieller Naturen in der Welt zu behaupten und meine Seele selbst in die Klasse dieser Wesen zu versetzen.* Alsdann aber, wie | geheimnisvoll wird nicht die Gemeinschaft zwischen einem Geist und einem Körper? Aber wie natürlich ist nicht zugleich diese Unbegreiflichkeit, da unsere Begriffe äußerer Handlungen von denen der Materie abgezogen worden und jederzeit mit den Bedingungen des Drucks oder Stoßes verbunden sind, die hier nicht stattfinden? Denn wie sollte wohl eine immaterielle Substanz der Materie im Weg liegen, damit diese in ihrer Bewegung auf einen Geist stoße, und wie können körperliche Dinge Wirkungen auf ein fremdes Wesen ausüben, das ihnen nicht Undurchdring|lichkeit entgegenstellt oder ¦ welches sie auf keine Weise hindert, sich in demselben Raum, darin es gegenwärtig

* Der Grund hiervon, der mir selbst sehr dunkel ist und wahrscheinlicherweise auch wohl so bleiben wird, trifft zugleich auf das empfindende Wesen in den Tieren. Was in der Welt ein Principium des Lebens enthält, scheint immaterieller Natur zu sein. Denn alles Leben beruht auf dem inneren Vermögen, sich selbst nach Willkür zu bestimmen.[59] Da hingegen das wesentliche Merkmal der Materie in der Erfüllung des Raums durch eine notwendige Kraft besteht, die durch äußere Gegen|wirkung beschränkt ist; daher der Zustand alles dessen, was materiell ist, äußerlich abhängend und gezwungen ist, diejenigen Naturen aber, die selbst tätig und aus ihrer inneren Kraft wirksam den Grund des Lebens enthalten sollen, kurz diejenigen, deren eigene Willkür sich von selber zu bestimmen und zu verändern vermögend ist, schwerlich materieller Natur sein können. Man kann vernünftigerweise nicht verlangen, daß eine so unbekannte Art Wesen, die man mehrenteils nur hypothetisch erkennt, in den Abteilungen ihrer verschiedenen Gattungen sollte begriffen werden; zum wenigsten sind diejenigen immateriellen Wesen, die den Grund des tierischen Lebens enthalten, von denjenigen unterschieden, die in ihrer Selbsttätigkeit Vernunft begreifen und Geister genannt werden.[60]

3 sei] Schu: bin **18** auch wohl so] A_2, A_3, 1797, T, St, H I, Schu, H II: auch so **25** selbst tätig] St, H I, H II, Ke, V/R, Schm: selbsttätig ist, zugleich zu befinden?[61] Es scheint, ein geistiges Wesen sei der Materie innigst gegenwärtig, mit der es verbunden ist, und wirke nicht auf diejenigen Kräfte der Elemente, womit diese untereinander in Verhältnissen sind, sondern auf das innere Principium ihres Zustandes. Denn eine jede Substanz, selbst ein einfaches Element der Materie, muß doch irgendeine innere Tätigkeit als den Grund der äußerlichen Wirksamkeit haben, wenn ich gleich nicht anzugeben weiß, worin solche bestehe.* Andererseits würde bei solchen Grundsätzen die Seele auch in | diesen inneren Bestimmungen als Wirkungen den Zustand des Universums anschauend erkennen, der die Ursache derselben ist. Welche Notwendigkeit aber verursache, daß ein Geist und ein Körper zusammen Eines ausmache, und welche Gründe bei gewissen Zerstörungen diese Einheit wiederum aufheben, diese Fragen übersteigen nebst verschiedenen anderen sehr weit meine Einsicht, und wie wenig ich auch sonst dreist bin, meine Verstandesfähigkeit an den Geheimnissen der Natur zu messen, so bin ich gleichwohl zuversichtlich genug, keinen noch so

* *Leibniz* sagte, dieser innere Grund aller seiner äußeren Verhältnisse und ihrer Veränderungen sei eine Vorstellungskraft,[62] und spätere Philosophen empfingen diesen unausgeführten Gedanken mit Gelächter. Sie hätten aber nicht übel getan, wenn sie vorher bei sich überlegt hätten, ob denn eine Substanz, wie ein einfacher Teil der Materie ist, ohne allen inneren Zustand möglich sei, und wenn sie dann diesen etwa nicht ausschließen wollten, so würde ihnen obgelegen haben, irgendeinen anderen möglichen inneren Zustand zu ersinnen als den der Vorstellungen und der Tätigkeiten, die von ihnen abhängend sind. Jedermann sieht von selber, | daß, wenn man auch den einfachen Elementarteilen der Materie ein Vermögen dunkler Vorstellungen zugesteht, daraus noch keine Vorstellungskraft der Materie selbst erfolge, weil viele Substanzen von solcher Art, in einem Ganzen verbunden, doch niemals eine denkende Einheit ausmachen können.

13 ausmache] Menzer erwägt: ausmachen **23** ohne allen inneren Zustand] A_{1-3}, 1797, St, Ke, B, Schm, W, M: ohne allem inneren Zustande **24** dann] Ak 1905, V/R; die anderen Ausgaben: denn **27** sind] A_{1-3}, 1797, St, T, W, M: sein; H I, H II, Ke: seien fürchterlich ausgerüsteten Gegner zu scheuen (wenn ich sonst einige Neigung zum Streiten hätte), um in diesem Fall mit ihm den Versuch der Gegengründe im *Widerlegen* zu machen, der bei den Gelehrten eigentlich die Geschicklichkeit ist, einander das Nichtwissen zu demonstrieren.[63] | ¦

Zweites Hauptstück.

Ein Fragment der geheimen Philosophie, die Gemeinschaft mit der Geisterwelt zu eröffnen.[64]

1 Der Initiat[65] hat schon den groben und an den äußerlichen Sinnen klebenden Verstand zu höheren und abgezogenen Begriffen gewöhnt, und nun kann er geistige und von körperlichem Zeug enthüllte Gestalten in derjenigen Dämmerung sehen, womit das schwache Licht der Metaphysik das Reich der Schatten sichtbar macht. Wir wollen daher nach der beschwerlichen Vorbereitung, welche überstanden ist, uns auf den gefährlichen Weg[66] wagen.

Ibant obscuri sola sub nocte per umbras,
Perque domos Ditis vacuas et inania regna.[67]
Vergil[68]

2 Die tote Materie, welche den Weltraum erfüllt, ist ihrer eigentümlichen Natur nach im Stand der Trägheit und der Beharrlichkeit in einerlei Zustand, sie hat Solidität, Ausdehnung und Figur,[69] und ihre Erscheinungen, die auf allen diesen Gründen beruhen, lassen eine physische Erklärung zu, die zugleich mathematisch ist | und zusammen mechanisch genannt wird.[70] Wenn man andererseits seine Achtsamkeit auf diejenige Art Wesen richtet, welche den Grund des Lebens in dem Weltganzen enthalten, die um deswillen nicht von der Art sind, daß sie als Bestandteile den Klumpen und die Ausdehnung der leblosen Materie vermehren, noch von ihr nach den Gesetzen der Be-

12 sola sub nocte] A_2, A_3, 1797, T, St, H I, Schu, H II, Ke: sub nocte

rührung und des Stoßes leiden, sondern vielmehr durch innere Tätigkeit sich selbst und überdem den toten Stoff der Natur rege machen, so wird man, wo nicht mit der Deutlichkeit einer Demonstration, doch wenigstens mit der Vorempfindung eines nicht ungeübten Verstandes sich von dem Dasein immaterieller Wesen überredet finden,[71] deren besondere Wirkungsgesetze pneumatisch[72] und, sofern die körperlichen Wesen Mittelursachen ihrer Wirkungen in der materiellen Welt sind, organisch[73] genannt werden. Da diese immateriellen Wesen selbsttätige Prinzipien sind, mithin Substanzen[74] und für sich bestehende Naturen, so ist diejenige Folge, auf die man zunächst gerät, diese: daß sie untereinander, unmittelbar vereinigt, vielleicht ein großes Ganzes ausmachen mögen, welches man die immaterielle Welt (mundus intelligibilis)[75] nennen | kann. Denn mit welchem Grund der Wahrscheinlichkeit wollte ¦ man wohl behaupten, daß dergleichen Wesen von einander ähnlicher Natur nur vermittelst anderer (körperlicher Dinge) von fremder Beschaffenheit in Gemeinschaft stehen könnten, indem dieses letztere noch viel rätselhafter als das erste ist?[76]

3 Diese immaterielle Welt kann also als ein für sich bestehendes Ganzes angesehen werden, deren Teile untereinander in wechselseitiger Verknüpfung und Gemeinschaft stehen, auch ohne Vermittlung körperlicher Dinge, so daß dieses letztere Verhältnis zufällig ist und nur einigen zukommen darf, ja, wo es auch angetroffen wird, nicht hindert, daß nicht ebendie immateriellen Wesen, welche durch die Vermittlung der Materie ineinander wirken, außer diesem[77] noch in einer besonderen und durchgängigen Verbindung stehen und jederzeit untereinander als immaterielle Wesen wechselseitige Einflüsse ausüben, so daß das Verhältnis derselben vermittelst der Materie nur zufällig und auf einer besonderen göttlichen Anstalt beruht, jene hingegen natürlich und unauflöslich ist. |

3 machen, so] V/R: machen: so **12** diese: daß] Schu, B: diese, daß **14** immaterielle] A_1, A_3, W, M: immateriale **21** deren] V/R: dessen **24** es] A_{1-3}, 1797, St, H II, Ke, B, Schm, W, M: sie **25** daß nicht] Schu: daß

4 Indem man denn[78] auf solche Weise alle Prinzipien des Lebens in der ganzen Natur, als so viele unkörperliche Substanzen untereinander in Gemeinschaft, aber auch zum Teil mit der Materie vereinigt, zusammennimmt, so gedenkt man sich ein großes Ganzes der immateriellen Welt, eine unermeßliche, aber unbekannte Stufenfolge von Wesen[79] und tätigen Naturen, durch welche der tote Stoff der Körperwelt allein belebt wird. Bis auf welche Glieder aber der Natur Leben ausgebreitet sei und welche diejenigen Grade desselben seien, die zunächst an die völlige Leblosigkeit grenzen, ist vielleicht unmöglich jemals mit Sicherheit auszumachen. Der Hylozoismus belebt alles,[80] der Materialismus dagegen, wenn er genau erwogen wird, tötet alles. *Maupertuis* maß den organischen Nahrungsteilchen[81] aller Tiere den niedrigsten Grad Leben bei; andere Philosophen sehen an ihnen nichts als tote Klumpen, welche nur dienen, das Hebezeug der tierischen Maschinen zu vergrößern.[82] Das ungezweifelte Merkmal des Lebens an dem, was in unsere äußeren Sinne fällt, ist wohl die freie Bewegung, die da blicken läßt, daß sie aus Willkür entsprungen sei; allein der Schluß ist nicht | sicher, daß, wo dieses Merkmal nicht angetroffen wird, auch kein Grad des Lebens befindlich sei. *Boerhaave* sagt an einem Ort: Das Tier ist eine Pflanze, die ihre Wurzel im Magen (inwendig) hat.[83] Vielleicht könnte ein anderer ebenso ungetadelt mit diesen Begriffen spielen und sagen: Die Pflanze ist ein Tier, das seinen Magen in der Wurzel (äußerlich) hat. Daher auch den letzteren die Organe der ¦ willkürlichen Bewegung und mit ihnen die äußerlichen Merkmale des Lebens fehlen können, die doch den ersteren notwendig sind, weil ein Wesen, welches die Werkzeuge seiner Ernährung in sich hat, sich selbst seinem Bedürfnis gemäß muß bewegen können, dasjenige aber, an welchem dieselben außerhalb und in dem

5 Welt, eine] Ak 1905, B; A_{1-3}, 1797, T, St, H I, Schu, H II, Ke, Schm, W, M: Welt; eine; V/R: Welt: eine **9** seien] A_{1-3}, 1797, T, St, W, M: sein; Schu: sind **22** Wurzel] A_2, 1797, T, St, H I, Schu, H II, Ke, V/R: Wurzeln **31** dieselben] T, H I, Schu, H II, V/R: diese

Element seiner Unterhaltung eingesenkt sind, schon genugsam durch äußere Kräfte erhalten wird und, wenn es gleich ein Principium des inneren Lebens in der Vegetation enthält, doch keiner organischen Einrichtung zur äußerlichen willkürlichen Tätigkeit bedarf. Ich verlange nichts von allem diesem auf Beweisgründen, denn außer dem, daß ich sehr wenig zum Vorteil von dergleichen Mutmaßungen | würde zu sagen haben, so haben sie noch als bestäubte, veraltete Grillen den Spott der Mode wider sich. Die Alten glaubten nämlich dreierlei Art vom Leben annehmen zu können, das pflanzenartige, das tierische und das vernünftige.[84] Wenn sie die drei immateriellen Prinzipien derselben in dem Menschen vereinigten,[85] so möchten sie wohl unrecht haben,[86] wenn sie aber solche unter die dreierlei Gattungen der wachsenden und ihresgleichen erzeugenden Geschöpfe verteilten, so sagten sie freilich wohl etwas Unerweisliches, aber darum noch nicht Ungereimtes, vornehmlich in dem Urteil desjenigen, der das besondere Leben der von einigen Tieren abgetrennten Teile, die Irritabilität,[87] diese so wohl erwiesene, aber auch zugleich so unerklärliche Eigenschaft der Fasern eines tierischen Körpers und einiger Gewächse, und endlich die nahe Verwandtschaft der Polypen und anderer Zoophyten mit den Gewächsen in Betracht ziehen wollte. Übrigens ist die Berufung auf immaterielle Prinzipien eine Zuflucht der faulen Philosophie[88] und darum auch die Erklärungsart in diesem Geschmack nach aller Möglichkeit zu vermeiden, | damit diejenigen Gründe der Welterscheinungen, welche auf den Bewegungsgesetzen der bloßen Materie beruhen, und welche auch einzig und allein der Begreiflichkeit fähig sind, in ihrem ganzen Umfang erkannt

5 allem diesem auf Beweisgründen] A_1, W, M: allem diesen auf Beweisegründen; T, H I, Schm: allem diesen auf Beweisgründen; St: allen diesen Beweisgründen; H II, Ke: allem diesen aus Beweisgründen; V/R: allem diesem aus Beweisgründen; B: allem diesem auf Beweisgründe **6** außer dem] = Konj. Hgg.; die anderen Ausgaben: außerdem **9** vom] T, St, H I, Schu, H II, V/R, Schm: von **18** diese] H I, H II, V/R: die **18** so wohl erwiesene] Schu: sowohl erwiesene; Schm: so wohlerwiesene werden. Gleichwohl bin ich überzeugt, daß *Stahl*,[89] welcher die tierischen Veränderungen gern organisch erklärt, oftmals der Wahrheit näher sei als *Hoffmann*,[90] *Boerhaave*[91] u. a. m.,[92] welche die immateriellen Kräfte aus dem Zusammenhang lassen, sich an die mechanischen Gründe halten und hierin einer mehr philosophischen Methode folgen, die wohl bisweilen fehlt, aber mehrmals zutrifft, und die auch allein in der Wissenschaft von nützlicher Anwendung ist, wenn andererseits von dem Einfluß der Wesen von unkörperlicher Natur höchstens nur erkannt werden kann, daß er da sei, niemals aber, wie er zugehe und wie weit sich seine Wirksamkeit erstrecke.[93] ¦

So würde denn also die immaterielle Welt zuerst alle erschaffenen Intelligenzen, deren einige mit der Materie zu einer Person verbunden sind, andere aber nicht, in sich befassen, überdem die empfindenden Subjekte in allen Tierarten und | endlich alle Prinzipien des Lebens, welche sonst noch in der Natur wo sein mögen, ob dieses sich gleich durch keine äußerlichen Kennzeichen der willkürlichen Bewegung offenbarte.[94] Alle diese immateriellen Naturen, sage ich, sie mögen nun ihre Einflüsse in der Körperwelt ausüben oder nicht, alle vernünftigen Wesen, deren zufälliger Zustand tierisch ist, es sei hier auf der Erde oder in anderen Himmelskörpern, sie mögen das rohe Zeug der Materie jetzt oder künftig beleben oder ehedem belebt haben, würden nach diesen Begriffen in einer ihrer Natur gemäßen Gemeinschaft stehen, die nicht auf den Bedingungen beruht, wodurch das Verhältnis der Körper eingeschränkt ist, und wo die Entfernung der Örter oder der Zeitalter, welche in der sichtbaren Welt die große Kluft ausmacht, die alle Gemeinschaft aufhebt, verschwindet.[95] Die menschliche Seele würde daher schon in dem gegenwärtigen Leben als verknüpft mit zwei Welten zugleich müssen angesehen werden, von welchen sie, sofern sie zu persönlicher Einheit mit einem Körper verbunden ist, die materielle allein klar empfindet, dagegen als ein Glied der Geisterwelt die

31 zu persönlicher Einheit] T, H I, Schu, H II, V/R: zur persönlichen Einheit reinen | Einflüsse immaterieller Naturen empfängt und erteilt, so daß, sobald jene Verbindung aufgehört hat, die Gemeinschaft, darin sie jederzeit mit geistigen Naturen steht, allein übrigbleibt und sich ihrem Bewußtsein zum klaren Anschauen eröffnen müßte.* | ¦

6 Es wird mir nachgerade beschwerlich, immer die behutsame Sprache der Vernunft zu führen. Warum sollte es mir nicht auch erlaubt sein, im akademischen Ton zu reden, der entscheidender ist und sowohl den Verfasser als den Leser des Nachdenkens überhebt, welches über lang oder kurz beide nur zu einer verdrießlichen Unentschlossenheit führen muß. Es ist demnach so gut als demonstriert, oder es könnte leichtlich bewiesen werden, wenn man weitläufig sein wollte, oder noch besser, es wird

* Wenn man von dem Himmel als dem Sitz der Seligen redet, so setzt die gemeine Vorstellung ihn gern über sich, hoch in dem unermeßlichen Weltraum. Man bedenkt aber nicht, daß unsere Erde, aus diesen Gegenden gesehen, auch als einer von den Sternen des Himmels erscheine und daß die Bewohner anderer Welten[96] mit ebenso gutem Grund nach uns hin zeigen könnten und sagen: Seht da den Wohnplatz ewiger Freuden und einen himmlischen Aufenthalt, welcher zubereitet ist, uns dereinst zu empfangen. Ein wunderlicher Wahn nämlich macht, daß der hohe Flug, den die Hoffnung nimmt, immer mit dem Begriff des Steigens verbunden ist, ohne zu bedenken, daß, so hoch man auch gestiegen ist, man doch wieder sinken müsse, um allenfalls in einer anderen Welt festen Fuß zu fassen. Nach den angeführten Begriffen aber würde der Himmel eigentlich die Geisterwelt sein, oder, wenn man will, der selige Teil derselben, und diese würde man weder über sich noch unter sich zu suchen haben, weil ein solches immaterielles Ganzes nicht nach den Entfernungen oder Nahheiten gegen körperliche Dinge, sondern in geistigen ¦ Verknüpfungen seiner Teile untereinander vorgestellt werden muß, wenigstens die Glieder derselben sich nur nach solchen Verhältnissen ihrer selbst bewußt sind.[97]

6 wird mir nachgerade] Ak 1905: wird nachgerade **12** oder es] Ak 1905, B; A_{1-3}, 1797, T, St, Schu, Ke, Schm, W, M: oder, es; H I, H II, V/R: oder: es **13** besser, es] H I, H II, V/R: besser: es **17** gesehen] T, H I, Schu, H II, V/R: angesehen **19** sagen: Seht] A_2, A_3, 1797, St, Schu, Ke, Schm: sagen, seht **30** Teile **30**] A_1, B, Schm, W, M: Teile künftig, ich weiß nicht wo oder wann, noch bewiesen werden: daß die menschliche Seele auch in diesem Leben in einer unauflöslich verknüpften Gemeinschaft mit allen immateriellen Naturen der Geisterwelt stehe, daß sie wechselweise in diese wirke und von ihnen Eindrücke empfange, deren sie sich aber als Mensch nicht bewußt ist, solange alles wohl steht. Andererseits ist es auch wahrscheinlich, daß die geistigen Naturen unmittelbar keine sinnliche Empfindung von der Körperwelt mit Bewußtsein haben können, weil sie mit keinem Teil der Materie zu einer Person verbunden sind, um sich vermittelst desselben ihres Orts in dem materiellen Weltganzen | und durch künstliche Organe des Verhältnisses der ausgedehnten Wesen gegen sich und gegeneinander bewußt zu werden,[98] daß sie aber wohl in die Seelen der Menschen als Wesen von einerlei Natur einfließen können und auch wirklich jederzeit mit ihnen in wechselseitiger Gemeinschaft stehen, doch so, daß in der Mitteilung der Vorstellungen diejenigen, welche die Seele als ein von der Körperwelt abhängendes Wesen in sich enthält, nicht in andere geistige Wesen und die Begriffe der letzteren, als anschauende Vorstellungen von immateriellen Dingen, nicht in das klare Bewußtsein des Menschen übergehen können, wenigstens nicht in ihrer eigentlichen Beschaffenheit, weil die Materialien zu beiderlei Ideen von verschiedener Art sind.

7 Es würde schön sein, wenn eine dergleichen systematische Verfassung der Geisterwelt, als wir sie vorstellen, nicht lediglich aus dem Begriff von der geistigen Natur überhaupt, der gar zu sehr hypothetisch ist, sondern aus irgendeiner wirklichen und allgemein zugestandenen Beobachtung könnte geschlossen oder auch nur wahrscheinlich vermutet werden. Daher wage ich es auf die Nachsicht | des Lesers, einen Versuch von dieser Art hier einzuschalten, der zwar etwas außer meinem Weg liegt und auch

1 werden: daß] H I, Schu, H II, V/R, B: werden, daß **15** ihnen] A_{1-3}, 1797, T, St, H I, Schu, H II, Ke, Schm, W, M: ihr **19** in andere geistige Wesen] A_{1-3}, 1797, T, St, Schu, Schm, W, M: in andern geistigen Wesen **19** der] T, Schu: des **29** nur wahrscheinlich] Erwägung Hgg.: nur als wahrscheinlich von der ¦ Evidenz weit genug entfernt ist, gleichwohl aber zu nicht unangenehmen Vermutungen Anlaß zu geben scheint.

***

8 Unter den Kräften, die das menschliche Herz bewegen, scheinen einige der mächtigsten außerhalb desselben zu liegen, die also nicht etwa als bloße Mittel sich auf die Eigennützigkeit und das Privatbedürfnis als auf ein Ziel, das *innerhalb* des Menschen selbst liegt, beziehen, sondern welche machen, daß die Tendenzen unserer Regungen den Brennpunkt ihrer Vereinigung *außer uns* in andere vernünftige Wesen versetzen; woraus ein Streit zweier Kräfte entspringt, nämlich der Eigenheit, die alles auf sich bezieht, und der Gemeinnützigkeit, dadurch das Gemüt gegen andere außer sich getrieben oder gezogen wird. Ich halte mich bei dem Trieb nicht auf, vermöge dessen wir so stark und so allgemein am Urteil anderer hängen und fremde Billigung oder Beifall zur Vollendung des unsrigen von uns selbst so nötig zu sein erachten, woraus, wenngleich bisweilen ein | übelverstandener Ehrenwahn entspringt, dennoch selbst in der uneigennützigsten und wahrhaftesten Gemütsart ein geheimer Zug verspürt wird, dasjenige, was man für sich selbst als *gut* oder *wahr* erkennt, mit dem Urteil anderer zu vergleichen, um beide einstimmig zu machen, imgleichen eine jede menschliche Seele auf dem Erkenntnisweg gleichsam anzuhalten, wenn sie einen anderen Fußsteig zu gehen scheint, als den wir eingeschlagen haben, welches alles vielleicht eine empfundene Abhängigkeit unserer eigenen Urteile vom *allgemeinen menschlichen*

5 auf die Eigennützigkeit und das Privatbedürfnis] = Konj. Hgg.; A_{1-3}, 1797, Ke, Ak 1905, B, Schm, W, M: auf die Eigennützigkeit und Privatbedürfnis; die anderen Ausgaben: auf Eigennützigkeit und Privatbedürfnis **9** versetzen; woraus] St, Schu: versetzen, woraus **15** von] B: vor; Hgg. erwägen: vor [= für] **17** übelverstandener] Schu: übel verstandener **20** um beide einstimmig] A_2, 1797, T, St, Schu, Ke, V/R: und beide einstimmig; H I, H II: und einstimmig

| A_1 41 ¦ II,334

Verstand[99] ist und ein Mittel wird, dem Ganzen denkender Wesen eine Art von Vernunfteinheit zu verschaffen.

9 Ich übergehe aber diese sonst nicht unerhebliche Betrachtung[100] und halte mich für jetzt an eine andere, welche einleuchtender und beträchtlicher ist, soviel es unsere Absicht betrifft. Wenn wir äußere Dinge auf unser Bedürfnis beziehen, so können wir dieses nicht tun, ohne uns zugleich durch eine gewisse Empfindung gebunden und eingeschränkt zu fühlen, die uns merken läßt, daß in uns gleichsam ein fremder Wille wirksam sei und unser eigenes Belieben die Bedingung von äußerer | Beistimmung nötig habe. Eine geheime Macht nötigt uns, unsere Absicht zugleich auf anderer Wohl oder nach fremder Willkür zu richten, ob dieses gleich öfters ungern geschieht und der eigennützigen Neigung stark widerstreitet, und der Punkt, ¦ wohin die Richtungslinien unserer Triebe zusammenlaufen, ist also nicht bloß in uns, sondern es sind noch Kräfte, die uns bewegen, in dem Wollen anderer außer uns. Daher entspringen die sittlichen Antriebe, die uns oft wider den Dank des Eigennutzes fortreißen, das starke Gesetz der Schuldigkeit und das schwächere der Gütigkeit,[101] deren jedes uns manche Aufopferung abdringt, und obgleich beide dann und wann durch eigennützige Neigungen überwogen werden, doch nirgends in der menschlichen Natur ermangeln, ihre Wirklichkeit zu äußern. Dadurch sehen wir uns in den geheimsten Beweggründen abhängig von der Regel des allgemeinen Willens[102], und es entspringt daraus in der Welt aller denkenden Naturen eine moralische Einheit und systematische Verfassung nach bloß geistigen Gesetzen. Will man diese in uns empfundene Nötigung unseres Willens zur Einstimmung mit | dem allgemeinen Willen das sittliche Gefühl[103] nennen, so redet man davon nur als von einer Erschei-

1 dem Ganzen denkender Wesen] 1797, T, St, H I, Schu, H II, V/R: dem ganzen denkenden Wesen 20 jedes] (Ke S. XVII), Ak 1905, M; Ke: jeder; die anderen Ausgaben: jede 21 Neigungen] 1797, T, St, H I, Schu, H II, V/R: Neigung 24 Beweggründen] A_2, A_3, 1797, T, St, H I, Schu, H II: Bewegungsgründen

nung dessen, was in uns wirklich vorgeht, ohne die Ursachen derselben auszumachen. So nannte *Newton* das sichere Gesetz der Bestrebungen aller Materie, sich einander zu nähern, die Gravitation derselben, indem er seine mathematischen Demonstrationen nicht in eine verdrießliche Teilnehmung an philosophischen Streitigkeiten verflechten wollte, die sich über die Ursache derselben ereignen könnten. Gleichwohl trug er kein Bedenken, diese Gravitation als eine wahre Wirkung einer allgemeinen Tätigkeit der Materie ineinander zu behandeln und gab ihr daher auch den Namen der Anziehung.[104] Sollte es nicht möglich sein, die Erscheinung der sittlichen Antriebe in den denkenden Naturen, wie solche sich aufeinander wechselweise beziehen, gleichfalls als die Folge einer wahrhaftig tätigen Kraft, dadurch geistige Naturen ineinander einfließen, vorzustellen, so daß das sittliche Gefühl diese empfundene Abhängigkeit des Privatwillens[105] vom allgemeinen Willen wäre und eine Folge der natürlichen und allgemeinen Wechselwirkung, dadurch die immate|rielle Welt ihre sittliche Einheit erlangt, indem sie sich nach den Gesetzen dieses ihr eigenen Zusammenhangs zu einem System von geistiger Vollkommenheit bildet?[106] Wenn man diesen Gedanken so viel Scheinbarkeit zugesteht, als erforderlich ist, um die Mühe zu verdienen, sie an ihren Folgen zu messen, so wird man vielleicht durch den Reiz derselben unvermerkt in einige Parteilichkeit gegen sie[107] verflochten werden.[108] Denn es scheinen in diesem Fall die Unregelmäßigkeiten mehrenteils zu verschwinden, die sonst bei dem Widerspruch der moralischen und physischen Verhältnisse der Menschen ¦ hier auf der Erde so befremdlich in die Augen fallen. Alle Moralität der Handlungen kann nach der Ordnung der Natur niemals ihre vollständige Wirkung in dem leiblichen Leben des Menschen haben, wohl aber in der Geisterwelt nach pneumatischen Gesetzen. Die wahren Absichten, die geheimen Beweggründe vieler aus Ohnmacht

2 derselben] Ak 1905: desselben **3** Materie] Ak 1905 erwägt: Materien **7** könnten] A_2, 1797, T, St, H I, Schu, H II, Ke, V/R: können **11** sittlichen] 1797, T, St, H I, Schu: sinnlichen fruchtlosen Bestrebungen, der Sieg über sich selbst oder auch bisweilen die verborgene Tücke bei scheinbarlich guten Handlungen sind mehrenteils für den physischen Erfolg in dem körperlichen Zustand verloren, sie | würden aber auf solche Weise in der immateriellen Welt als fruchtbare Gründe angesehen werden müssen und in Ansehung ihrer nach pneumatischen Gesetzen zufolge der Verknüpfung des Privatwillens und des allgemeinen Willens, d.i. der Einheit und des Ganzen der Geisterwelt, eine der sittlichen Beschaffenheit der freien Willkür angemessene Wirkung ausüben oder auch gegenseitig empfangen. Denn weil das Sittliche der Tat den inneren Zustand des Geistes betrifft, so kann es auch natürlicherweise nur in der unmittelbaren Gemeinschaft der Geister die der ganzen Moralität adäquate Wirkung nach sich ziehen. Dadurch würde es nun geschehen, daß die Seele des Menschen schon in diesem Leben, dem sittlichen Zustand zufolge, ihre Stelle unter den geistigen Substanzen des Universums einnehmen müßte, so wie nach den Gesetzen der Bewegung die Materien des Weltraums sich in solche Ordnung gegeneinander setzen, die ihren Körperkräften gemäß ist.* Wenn denn endlich durch den Tod | die Gemeinschaft der Seele mit der Körperwelt aufgehoben worden, so würde das Leben in der anderen Welt nur eine natürliche Fortsetzung derjenigen Verknüpfung sein, darin sie mit ihr schon in diesem Leben gestanden war, und die gesamten Folgen der hier ausgeübten Sittlichkeit würden sich dort in den Wirkungen wiederfinden,

* Die aus dem Grund der Moralität entspringenden Wechselwirkungen des Menschen und der Geisterwelt nach den Gesetzen des pneumatischen | Einflusses könnte man darein setzen, daß daraus natürlicherweise eine nähere Gemeinschaft einer guten oder bösen Seele mit guten und bösen Geistern entspringe und jene dadurch sich selbst dem Teil der geistigen Republik zugesellten, der ihrer sittlichen Beschaffenheit gemäß ist, mit der Teilnehmung an allen Folgen, die daraus nach der Ordnung der Natur entstehen mögen.

18 Materien] A_{1-3}, 1797, Ke, Schm, W: Materie **28** darein] A_1, Schu, Ak 1905, B, W, M: darin

| A_1 45–46 ¦ II,336

die ein mit der ganzen Geisterwelt in unauflöslicher Gemeinschaft stehendes Wesen schon vorher daselbst nach pneumatischen Gesetzen ausgeübt hat. Die Gegenwart und die Zukunft würden also gleichsam aus einem Stück sein und ein stetiges Ganzes ausmachen, selbst nach der Ord¦nung der Natur. Dieser letztere Umstand ist von besonderer Erheblichkeit. Denn in einer Vermutung nach bloßen Gründen der Vernunft ist es eine große Schwierigkeit, wenn man, um den Übelstand zu heben, der aus der unvollendeten | Harmonie zwischen der Moralität und ihren Folgen in dieser Welt entspringt,[109] zu einem außerordentlichen göttlichen Willen seine Zuflucht nehmen muß: weil, so wahrscheinlich auch das Urteil über denselben nach unseren Begriffen von der göttlichen Weisheit sein mag, immer ein starker Verdacht übrigbleibt, daß die schwachen Begriffe unseres Verstandes vielleicht auf den Höchsten sehr verkehrt übertragen worden, da des Menschen Obliegenheit nur ist, von dem göttlichen Willen zu urteilen aus der Wohlgereimtheit, die er wirklich in der Welt wahrnimmt,[110] oder welche er nach der Regel der Analogie gemäß der Naturordnung darin vermuten kann,[111] er nicht aber nach dem Entwurf seiner eigenen Weisheit, den er zugleich dem göttlichen Willen zur Vorschrift macht, befugt ist, neue und willkürliche Anordnungen in der gegenwärtigen oder künftigen Welt zu ersinnen.

***

Wir lenken nunmehr unsere Betrachtung wiederum in den vorigen Weg ein und nähern uns dem Ziel, welches wir uns vorgesetzt hatten. Wenn es sich mit der Geisterwelt und dem Anteil, den unsere Seele an ihr hat, so verhält, | wie der Abriß,

11 muß: weil] Ak 1905; A_{1-3}, 1797, T, H I, H II, Ke, V/R, Schm, W, M: muß; weil; St, Schu, B: muß, weil 19 kann, er nicht aber] = Konj. Schö; die anderen Ausgaben: kann, nicht aber. [Durch die vorgenommene Konjektur wird das sonst fehlende Subjekt zu „befugt ist" ergänzt, worauf Ak bereits hinweist. Hgg].

den wir erteilten, ihn vorstellt: so scheint fast nichts befremdlicher zu sein, als daß die Geistergemeinschaft nicht eine ganz allgemeine und gewöhnliche Sache ist, und das Außerordentliche betrifft fast mehr die Seltenheit der Erscheinungen als die Möglichkeit derselben. Diese Schwierigkeit läßt sich indessen ziemlich gut heben und ist zum Teil auch schon gehoben worden. Denn die Vorstellung, die die Seele des Menschen von sich selbst als einem Geist durch ein immaterielles Anschauen hat, indem sie sich in Verhältnis gegen Wesen von ähnlicher Natur betrachtet, ist von derjenigen ganz verschieden, da ihr Bewußtsein sich selbst als einen M e n s c h e n vorstellt durch ein Bild, das seinen Ursprung aus dem Eindruck körperlicher Organe hat und welches in Verhältnis gegen keine anderen als materielle Dinge vorgestellt wird. Es ist demnach zwar einerlei Subjekt, was der sichtbaren und unsichtbaren Welt zugleich als ein Glied angehört, aber nicht ebendieselbe Person, weil die Vorstellungen der einen ihrer verschiedenen Beschaffenheit wegen keine begleitenden Ideen von denen der anderen Welt sind, und daher, was ¦ ich als | Geist denke, von mir als Mensch nicht erinnert wird und umgekehrt mein Zustand als eines Menschen in die Vorstellung meiner selbst als eines Geistes gar nicht hineinkommt. Übrigens mögen die Vorstellungen von der Geisterwelt so klar und anschauend sein, wie man will,*

* Man kann dieses durch eine gewisse Art von zweifacher Persönlichkeit, die der Seele selbst in Ansehung dieses Lebens zukommt, erläutern. Gewisse Philosophen glauben, sich ohne den mindesten besorglichen Einspruch auf den Zustand des festen Schlafs berufen zu können, wenn sie die Wirklichkeit dunkler Vorstellungen beweisen wollen,[112] da sich doch nichts weiter hiervon mit Sicherheit sagen läßt, als daß wir uns im Wachen keiner von denjenigen erinnern, die wir im festen Schlaf etwa mochten gehabt haben, und daraus nur so viel folgt, daß sie beim Erwachen nicht klar vorgestellt worden, nicht aber, daß sie auch damals, als wir schliefen,

1 vorstellt: so] Ak 1905, W; A_{1-3}, 1797, T, H I, H II, Ke, Schm, M: vorstellt; so; St, Schu, V/R, B: vorstellt, so **13** welches in Verhältnis] 1797, T, St, H I, Schu, H II: welches Verhältnis

so ist dieses | doch nicht hinlänglich, um mir deren als Mensch bewußt zu werden; wie denn sogar die Vorstellung seiner selbst (d. i. der Seele) als eines Geistes wohl durch Schlüsse erworben wird, bei keinem Menschen aber ein anschauender und Erfahrungsbegriff ist.

11 Diese Ungleichartigkeit der geistigen Vorstellungen und derer, die zum leiblichen Leben des Menschen gehören, darf indessen nicht als ein so großes Hindernis angesehen werden, daß es alle Möglichkeit aufhebe, sich bisweilen der Einflüsse von seiten der Geisterwelt sogar in diesem Leben bewußt zu werden. Denn sie können in das | persönliche Bewußtsein des Menschen zwar nicht unmittelbar, aber doch so übergehen, daß sie nach dem

dunkel waren. Ich vermute vielmehr, daß dieselben klarer und ausgebreiteter sein mögen als selbst die klarsten im Wachen: weil dieses bei der völligen Ruhe äußerer Sinne von einem so tätigen Wesen, als die Seele ist, zu erwarten ist, wiewohl, da der Körper des Menschen zu der Zeit nicht mit empfunden ist, beim Erwachen die begleitende Idee desselben ermangelt, welche den vorigen Zustand der Gedanken als zu ebenderselben Person gehörig zum Bewußtsein verhelfen könnte. Die Handlungen einiger Schlafwanderer, welche bis|weilen in solchem Zustand mehr Verstand als sonst zeigen, ob sie gleich nichts davon beim Erwachen erinnern, bestätigen die Möglichkeit dessen, was ich vom festen Schlaf vermute.[113] Die Träume dagegen, das ist, die Vorstellungen des Schlafenden, deren er sich beim Erwachen erinnert, gehören nicht hierher. Denn alsdann schläft der Mensch nicht völlig; er empfindet in einem gewissen Grad klar und webt seine Geisteshandlungen in die Eindrücke der äußeren Sinne. Daher er sich ihrer zum Teil nachher erinnert, aber auch an ihnen lauter wilde und abgeschmackte Schimären antrifft, wie sie es denn notwendig sein müssen, da in ihnen Ideen der Phantasie und die der äußeren Empfindung untereinandergeworfen werden.

14 Wachen: weil] T, Ak 1905; A_{1-3}, 1797, St, H I, Schu, H II, Ke, V/R, Schm, W, M: Wachen; weil; B: Wachen, weil **17** ist] H II: wird **18** als zu ebenderselben Person] 1797, T, St, H I, Schu, H II, V/R: als ebenderselben Person **21** ob sie gleich] T, St, H I, Schu, H II, Ke, V/R: ob sie sich gleich **22** bestätigen] A_{1-3}, 1797, T, St, H I, Schu, Schm, W: bestätigt **23** das ist, die] Schu: d. i. die; V/R: das ist die **25** völlig; er] Schu: völlig, er; V/R: völlig: er **30** werden] A_{1-3}, 1797, W: wird

Gesetz der vergesellschafteten Begriffe diejenigen Bilder rege ¦ machen, die mit ihnen verwandt sind und analogische Vorstellungen unserer Sinne erwecken, die wohl nicht der geistige Begriff selber, aber doch deren Symbole sind.[114] Denn es ist doch immer ebendieselbe Substanz, die zu dieser Welt sowohl als zu der anderen wie ein Glied gehört, und beiderlei Art von Vorstellungen gehören zu demselben Subjekt und sind miteinander verknüpft. Die Möglichkeit hiervon können wir einigermaßen dadurch faßlich machen, wenn wir betrachten, wie unsere höheren Vernunftbegriffe, welche sich den geistigen ziemlich nähern, gewöhnlichermaßen gleichsam ein körperliches Kleid annehmen, um sich in Klarheit zu setzen. Daher die moralischen Eigenschaften der Gottheit unter den Vorstellungen des Zorns, der Eifersucht, der Barmherzigkeit, der Rache u. dgl. vorgestellt werden; daher personifizieren Dichter die Tugenden, Laster oder andere Eigenschaften der Natur, doch so, daß die wahre Idee des Verstandes hindurchscheint; so stellt der Geometra die Zeit | durch eine Linie vor, obgleich Raum und Zeit nur eine Übereinkunft in Verhältnissen haben und also wohl der Analogie nach, niemals aber der Qualität nach miteinander übereintreffen; daher nimmt die Vorstellung der göttlichen Ewigkeit selbst bei Philosophen den Schein einer unendlichen Zeit an, so sehr, wie man sich auch hütet, beide zu vermengen, und eine große Ursache, weswegen die Mathematiker gemeiniglich abgeneigt sind, die *Leibnizischen* Monaden einzuräumen, ist wohl diese, daß sie nicht umhin können, sich an ihnen kleine Klümpchen vorzustellen.[115] Daher ist es nicht unwahrscheinlich, daß geistige Empfindungen in das Bewußtsein übergehen könnten, wenn sie Phantasien erregen, die mit ihnen verwandt sind. Auf diese Art würden Ideen, die durch einen geistigen Einfluß mitgeteilt sind, sich in die Zeichen derjenigen Sprache einkleiden,

1 vergesellschafteten] A_2, 1797, T, St, H I, Schu, H II, Ke: vergesellschaftenden; A_3: vergesellschaftenten **4** deren] V/R erwägen: dessen **17** Geometra] Schu: Geometer **23** vermengen, und] T, St, H I, Schu, H II, V/R, W: vermengen; und

die der Mensch sonst im Gebrauch hat,[116] die empfundene Gegenwart eines Geistes in das Bild einer menschlichen Figur, Ordnung und Schönheit der immateriellen Welt in Phantasien, die unsere Sinne sonst im Leben vergnügen, usw. |

12 Diese Art der Erscheinungen kann gleichwohl nicht etwas Gemeines und Gewöhnliches sein, sondern sich nur bei Personen ereignen, deren Organe* eine ungewöhnlich große Reizbarkeit haben, die Bilder der ¦ Phantasie dem inneren Zustand der Seele gemäß durch harmonische Bewegung mehr zu verstärken, als gewöhnlicherweise bei gesunden Menschen geschieht und auch geschehen soll. Solche seltsamen Personen würden in gewissen Augenblicken mit der Apparenz mancher Gegenstände als außer ihnen angefochten sein, welche sie für eine Gegenwart von geistigen Naturen halten würden, die auf ihre körperlichen Sinne fiele, obgleich hierbei nur ein Blendwerk der Einbildung vorgeht, doch so, daß die Ursache davon ein wahrhafter geistiger Einfluß ist, der nicht unmittelbar empfunden werden kann, sondern sich nur durch verwandte Bilder der Phan|tasie, welche den Schein der Empfindungen annehmen, zum Bewußtsein offenbart.

13 Die Erziehungsbegriffe, oder auch mancherlei sonst eingeschlichener Wahn, würden hierbei ihre Rolle spielen, wo Verblendung mit Wahrheit untermengt wird[117] und eine wirkliche geistige Empfindung zwar zum Grunde liegt, die doch in Schattenbilder der sinnlichen Dinge umgeschaffen worden. Man wird aber auch zugeben, daß die Eigenschaft, auf solche Weise die Eindrücke der Geisterwelt in diesem Leben zum klaren Anschauen

* Ich verstehe hierunter nicht die Organe der äußeren Empfindung, sondern das Sensorium der Seele, wie man es nennt, d.i. denjenigen Teil des Gehirns, dessen Bewegung die mancherlei Bilder und Vorstellungen der denkenden Seele zu begleiten pflegt, wie die Philosophen dafürhalten.[118]

19 zum] V/R, B erwägen: dem **21** Erziehungsbegriffe, oder – Wahn, würden] H I, H II, Ak 1905: Erziehungsbegriffe, oder – Wahn würden; V/R, B: Erziehungsbegriffe oder – Wahn würden **21** mancherlei] 1797, T, St, H I, Schu, H II: mancher auszuwickeln, schwerlich wozu nützen könne; weil dabei die geistige Empfindung notwendig so genau in das Hirngespenst[119] der Einbildung verwebt wird, daß es unmöglich sein muß, in derselben das Wahre von den groben Blendwerken, die es umgeben, zu unterscheiden. Imgleichen würde ein solcher Zustand, da er ein verändertes Gleichgewicht in den Nerven voraussetzt, welche sogar durch die Wirksamkeit der bloß geistig empfindenden Seele in unnatürliche Bewegung versetzt werden, eine wirkliche Krankheit anzeigen. Endlich würde es gar nicht befremdlich sein, an einem Geisterseher zugleich einen Phantasten anzu|treffen, zum wenigsten in Ansehung der begleitenden Bilder von diesen seinen Erscheinungen, weil Vorstellungen, die ihrer Natur nach fremd und mit denen im leiblichen Zustand des Menschen unvereinbar sind, sich hervordrängen und übelgepaarte[120] Bilder in die äußere Empfindung hereinziehen, wodurch wilde Schimären und wunderliche Fratzen ausgeheckt werden, die in langem Geschleppe den betrogenen Sinnen vorgaukeln[121], ob sie gleich einen wahren geistigen Einfluß zum Grunde haben mögen.

14 Nunmehr kann man nicht verlegen sein, von den Gespenstererzählungen, die den Philosophen so oft in den Weg kommen, imgleichen allerlei Geistereinflüssen, von denen hier oder da die Rede geht, scheinbare Vernunftgründe anzugeben. Abgeschiedene Seelen und reine Geister können ¦ zwar niemals unseren äußeren Sinnen gegenwärtig sein noch sonst mit der Materie in Gemeinschaft stehen, aber wohl auf den Geist des Menschen, der mit ihnen zu einer großen Republik gehört, wirken, so daß die Vorstellungen, welche sie in ihm erwecken, sich nach dem Gesetz seiner Phantasie in verwandte Bilder einkleiden | und die Apparenz der ihnen gemäßen Gegenstände als außer ihm erregen. Diese Täuschung kann einen jeden Sinn betreffen, und so sehr dieselbe auch mit ungereimten Hirngespinsten untermengt wäre, so dürfte man sich dieses nicht abhalten lassen, hierunter

1 könne; weil] St, Schu: könne, weil 2 Hirngespenst] A_2, A_3, T, St, H I, Schu, H II, Ke, Schm, V/R: Hirngespinst 17 vorgaukeln] A_{1-3}, 1797, T, Schm: vergaukeln 1 sich dieses] V/R, Schm erwägen: sich durch dieses

geistige Einflüsse zu vermuten. Ich würde der Scharfsichtigkeit des Lesers zu nahe treten, wenn ich mich bei der Anwendung dieser Erklärungsart noch aufhalten wollte. Denn metaphysische Hypothesen haben eine so ungemeine Biegsamkeit an sich, daß man sehr ungeschickt sein müßte, wenn man die gegenwärtige nicht einer jeden Erzählung bequemen könnte, sogar ehe man ihre Wahrhaftigkeit untersucht hat, welches in vielen Fällen unmöglich und in noch mehreren sehr unhöflich ist.

Wenn indessen die Vorteile und Nachteile ineinander gerechnet werden, die demjenigen erwachsen können, der nicht allein für die sichtbare Welt, sondern auch für die unsichtbare in gewissem Grad organisiert ist (wofern es jemals einen solchen gegeben hat), so scheint ein Geschenk von dieser Art demjenigen gleich zu sein, womit Juno den Teiresias[122] beehrte, die ihn zuvor blind | machte, damit sie ihm die Gabe zu weissagen erteilen könnte. Denn nach den obigen Sätzen zu urteilen, kann die anschauende Kenntnis der anderen Welt allhier nur erlangt werden, indem man etwas von demjenigen Verstand einbüßt, welchen man für die gegenwärtige nötig hat. Ich weiß auch nicht, ob selbst gewisse Philosophen gänzlich von dieser harten Bedingung frei sein sollten, welche so fleißig und vertieft ihre metaphysischen Gläser nach jenen entlegenen Gegenden hinrichten und Wunderdinge von daher zu erzählen wissen, zum wenigsten mißgönne ich ihnen keine von ihren Entdeckungen; nur besorge ich: daß ihnen irgendein Mann von gutem Verstand und wenig Feinigkeit ebendasselbe dürfte zu verstehen geben, was dem *Tycho de Brahe* sein Kutscher antwortete, als jener meinte, zur Nachtzeit nach den Sternen den kürzesten Weg fahren zu können: Guter Herr, auf den Himmel mögt ihr euch wohl verstehen, hier aber auf der Erde seid ihr ein Narr.[123] |¦

25 ich: daß] St, H I, Schu, H II, V/R, B: ich, daß

| A1 57–58 ¦ II,342 *S. 198*

Drittes Hauptstück.

Antikabbala.[124] Ein Fragment der gemeinen Philosophie, die Gemeinschaft mit der Geisterwelt aufzuheben.

Aristoteles sagt irgendwo: Wenn wir wachen, so haben wir eine gemeinschaftliche Welt, träumen wir aber, so hat ein jeder seine eigene.[125] Mich dünkt, man sollte wohl den letzteren Satz umkehren und sagen können: Wenn von verschiedenen Menschen ein jeglicher seine eigene Welt hat, so ist zu vermuten, daß sie träumen. Auf diesem Fuß, wenn wir die Luftbaumeister[126] der mancherlei Gedankenwelten betrachten, deren jeglicher die seinige mit Ausschließung anderer ruhig bewohnt, denjenigen etwa, welcher die Ordnung der Dinge, so wie sie von *Wolff* aus wenig Bauzeug der Erfahrung, aber mehr erschlichenen Begriffen gezimmert,[127] oder die, so von *Crusius* durch die magische Kraft einiger Sprüche vom Denklichen und Undenklichen[128] aus Nichts hervorgebracht worden, bewohnt, so werden wir uns bei dem Widerspruch ihrer Visionen gedulden, bis diese Herren ausgeträumt haben. Denn wenn sie einmal, so | Gott will, völlig wachen,[129] d.i. zu einem Blick, der die Einstimmung mit anderem Menschenverstand nicht ausschließt,[130] die Augen auftun werden, so wird niemand von ihnen etwas sehen, was nicht jedem anderen gleichfalls bei dem Licht ihrer Beweistümer augenscheinlich und gewiß erscheinen sollte, und die Philosophen werden zu derselbigen Zeit eine gemeinschaftliche Welt bewohnen, dergleichen die Größenlehrer[131] schon längst innegehabt haben, welche wichtige Begeben-

17 Nichts] W: nichts 17 bewohnt] A_{1-3}, 1797, T, St, H I, Schu, Ke, Schm, W: bewohnen

heit nicht lange mehr anstehen kann, wofern gewissen Zeichen und Vorbedeutungen zu trauen ist, die seit einiger Zeit über dem Horizont der Wissenschaften erschienen sind.[132]

2 In gewisser Verwandtschaft mit den Träumern der Vernunft stehen die Träumer der Empfindung, und unter dieselben werden gemeiniglich diejenigen, so bisweilen mit Geistern zu tun haben, gezählt, und zwar aus dem nämlichen Grund wie die vorigen, weil sie etwas sehen, was kein anderer gesunder Mensch sieht, und ihre eigene Gemeinschaft mit Wesen haben, die sich niemandem sonst offenbaren, so gute Sinne er auch haben mag. Es ist auch die Benennung | der Träumereien, wenn man voraussetzt, daß die gedachten Erscheinungen auf bloße Hirngespenster auslaufen, insofern passend, als die einen so gut wie die anderen ¦ selbstausgeheckte[133] Bilder sind, die gleichwohl als wahre Gegenstände die Sinne betrügen; allein wenn man sich einbildet, daß beide Täuschungen übrigens in ihrer Entstehungsart sich ähnlich genug wären, um die Quelle der einen auch zur Erklärung der anderen zureichend zu finden, so betrügt man sich sehr. Derjenige, der im Wachen sich in Erdichtungen und Schimären, welche seine stets fruchtbare Einbildung ausheckt, dermaßen vertieft, daß er auf die Empfindung der Sinne wenig achthat, die ihm jetzt am wenigsten angelegen sind, wird mit Recht ein wachender Träumer genannt. Denn es dürfen nur die Empfindungen der Sinne noch etwas mehr in ihrer Stärke nachlassen, so wird er schlafen, und die vorigen Schimären werden wahre Träume sein. Die Ursache, weswegen sie es nicht schon im Wachen sind, ist diese, weil er sie zu der Zeit als in sich, andere Gegenstände aber, die er empfindet, als außer sich vorstellt, folglich jene zu Wirkungen seiner eigenen Tätig-

5 Träumer] T, H I, Schu, H II, V/R: Träumer **12** Hirngespenster] A_2, A_3, 1797, T, St, H I, Schu, H II, Ke, V/R, Schm: Hirngespinste **14** selbstausgeheckte] H I, H II, V/R; die anderen Ausgaben: selbst ausgeheckte **21** Empfindung] Hgg. erwägen: Empfindungen **22** am wenigsten] Hgg.; V/R, B erwägen: am wenigsten; die anderen Ausgaben: am meisten **28** außer sich] A_{1-3}, 1797, T, St, Schu, Ak 1905, M: außer sich keit, diese aber zu demjenigen zählt, was er von | außen empfängt und erleidet. Denn hierbei kommt es alles auf das Verhältnis an, darin die Gegenstände auf ihn selbst als einen Menschen, folglich auch auf seinen Körper gedacht werden. Daher können die nämlichen Bilder ihn im Wachen wohl sehr beschäftigen, aber nicht betrügen, so klar sie auch sein mögen. Denn ob er gleich alsdann eine Vorstellung von sich selbst und seinem Körper auch im Gehirn hat, gegen die er seine phantastischen Bilder in Verhältnis setzt, so macht doch die wirkliche Empfindung seines Körpers durch äußere Sinne gegen jene Schimären einen Kontrast oder Abstechung, um jene als von sich ausgeheckt, diese aber als empfunden anzusehen. Schlummert er hierbei ein, so erlischt die empfundene Vorstellung seines Körpers, und es bleibt bloß die selbstgedichtete übrig, gegen welche die anderen Schimären als in äußerem Verhältnis gedacht werden und auch, solange man schläft, den Träumenden betrügen müssen, weil keine Empfindung da ist, die in Vergleichung mit jener das Urbild vom Schattenbild, nämlich das Äußere vom Inneren, unterscheiden ließe.

3 Von wachenden Träumern sind demnach die Geisterseher nicht bloß dem Grad, sondern der | Art nach gänzlich unterschieden. Denn diese referieren im Wachen und oft bei der größten Lebhaftigkeit anderer Empfindungen gewisse Gegenstände unter die äußerlichen Stellen der anderen Dinge, die sie wirklich um sich wahrnehmen, und die Frage ist hier nur, wie es zugehe, daß sie das Blendwerk ihrer Einbildung außer sich versetzen, und zwar in Verhältnis auf ihren Körper, den sie auch durch äußere ¦ Sinne empfinden. Die große Klarheit ihres Hirngespinstes kann hiervon nicht die Ursache sein, denn es kommt hier auf den Ort an, wohin es als ein Gegenstand versetzt ist, und daher verlange ich, daß man zeige, wie die Seele ein solches Bild, was sie doch als in sich enthalten vorstellen sollte, in ein ganz anderes Verhältnis, nämlich in einen Ort *äußerlich* und unter die

3 einen] Schu: einem 20 Träumern] A_2, A_3, 1797: Träumen 29 sein, denn] St, B: sein; denn

Gegenstände, versetze, die sich ihrer wirklichen Empfindung darbieten. Auch werde ich mich durch die Anführung anderer Fälle, die einige Ähnlichkeit mit solcher Täuschung haben und etwa im fieberhaften Zustand vorfallen, nicht abfertigen lassen; denn gesund oder krank, wie der Zustand des Betrogenen auch sein mag, so will man nicht wissen, ob dergleichen auch sonst geschehe, sondern wie dieser Betrug möglich sei. |

4 Wir finden aber bei dem Gebrauch der äußeren Sinne, daß über die Klarheit, darin die Gegenstände vorgestellt werden, man in der Empfindung auch ihren Ort mit begreife, vielleicht bisweilen nicht allemal mit gleicher Richtigkeit, dennoch als eine notwendige Bedingung der Empfindung, ohne welche es unmöglich wäre, die Dinge als außer uns vorzustellen. Hierbei wird es sehr wahrscheinlich: daß unsere Seele das empfundene Objekt dahin in ihrer Vorstellung versetze, wo die verschiedenen Richtungslinien des Eindrucks, die dasselbe gemacht hat, wenn sie fortgezogen werden, zusammenstoßen. Daher sieht man einen strahlenden Punkt an demjenigen Ort, wo die von dem Auge in der Richtung des Einfalls der Lichtstrahlen zurückgezogenen Linien sich schneiden. Dieser Punkt, welchen man den Sehpunkt[134] nennt, ist zwar in der Wirkung der Zerstreuungspunkt, aber in der Vorstellung der Sammlungspunkt der Direktionslinien, nach welchen die Empfindung eingedrückt wird (focus imaginarius)[135]. So bestimmt man selbst durch ein einziges Auge einem sichtbaren Objekt den Ort, wie unter anderem geschieht, wenn das Spektrum eines Körpers vermittelst eines | Hohlspiegels in der Luft gesehen wird, gerade da, wo die Strahlen, welche aus einem Punkt des Objekts ausfließen, sich schneiden, ehe sie ins Auge fallen.* ¦

* So wird das Urteil, welches wir von dem scheinbaren Ort naher Gegenstände fällen, in der Sehkunst gemeiniglich vorgestellt, und es stimmt auch

10 vielleicht bisweilen nicht] Wille, V/R, B: vielleicht nicht **14** wahrscheinlich: daß] St, Schu, H II, V/R, B: wahrscheinlich, daß **16** die] Schö erwägt: den; Ak 1912 erwägt: der **21** Wirkung] Wille, Ak 1905 erwägen: Wirklichkeit; V/R: Wirklichkeit

5 Vielleicht kann man ebenso bei den Eindrücken des Schalls, weil dessen Stöße auch nach geraden Linien geschehen, annehmen: daß die Empfindung desselben zugleich mit der Vorstellung eines foci imaginarii begleitet sei, der dahin gesetzt wird, wo die geraden Linien des in Bebung gesetzten Nervengebäudes, im Gehirn äußerlich fortgezogen, zusammenstoßen. Denn man bemerkt die Gegend und Weite eines schallenden | Objekts einigermaßen, wenn der Schall gleich leise ist und hinter uns geschieht, obschon die geraden Linien, die von da gezogen werden können, eben nicht die Eröffnung des Ohrs treffen, sondern auf andere Stellen des Hauptes fallen, so daß man glauben muß, die Richtungslinien der Erschütterung werden in der Vorstellung der Seele äußerlich fortgezogen und das schallende Objekt in den Punkt ihres Zusammenstoßes versetzt. Ebendasselbe kann, wie mich dünkt, auch von den übrigen drei Sinnen gesagt werden, welche sich darin von dem Gesicht und dem Gehör unterscheiden, daß der Gegenstand der Empfindung mit den Organen in unmittelbarer Berührung[136] steht und die Richtungslinien des sinnlichen Reizes daher in diesen Organen selbst ihren Punkt der Vereinigung haben.

6 Um dieses auf die Bilder der Einbildung anzuwenden, so erlaube man mir, dasjenige, was *Descartes* annahm und die meisten Philosophen nach ihm billigten, zum Grunde zu legen: nämlich daß alle Vorstellungen der Einbildungskraft zugleich mit gewissen Bewegungen in dem Nervengewebe oder Nervengeist des Gehirns be|gleitet sind, welche man ideas materiales[137]

sehr gut mit der Erfahrung. Indessen treffen ebendieselben Lichtstrahlen, die aus einem Punkt auslaufen, vermöge der Brechung in den Augenfeuchtigkeiten nicht divergierend auf den Sehnerv, sondern vereinigen sich daselbst in einem Punkt. Daher, wenn die Empfindung lediglich in diesem Nerv vorgeht, der focus imaginarius nicht außer dem Körper, sondern im Boden des Auges gesetzt werden müßte, welches eine ¦ Schwierigkeit macht, die ich jetzt nicht auflösen kann und die mit den obigen Sätzen sowohl als mit der Erfahrung unvereinbar scheint.

2 annehmen: daß] St, Schu, H II, V/R, B: annehmen, daß **16** und dem Gehör] A_2, 1797, T, St, H I, Schu, H II, Ke, V/R, Schm: und Gehör **22** legen: nämlich] 1797, T, St, H I, Schu, H II: legen, nämlich nennt, d.i. vielleicht mit der Erschütterung oder Bebung des feinen Elements, welches von ihnen abgesondert wird, und die derjenigen Bewegung ähnlich ist, welche der sinnliche Eindruck machen könnte, wovon er die Kopie ist. Nun verlange ich aber mir einzuräumen: daß der vornehmste Unterschied der Nervenbewegung in den Phantasien von der in der Empfindung darin bestehe, daß die Richtungslinien der Bewegung bei jener sich innerhalb des Gehirns, bei dieser aber außerhalb schneiden; daher, weil der focus imaginarius, darin das Objekt vorgestellt wird, bei den klaren Empfindungen des Wachens außer mir, der von den Phantasien aber, die ich zu der Zeit etwa habe, in mir gesetzt wird, ich, solange ich wache, nicht fehlen kann, die Einbildungen als meine eigenen Hirngespinste von dem Eindruck der Sinne zu unterscheiden. ¦

7 Wenn man dieses einräumt, so dünkt mich, daß ich über diejenige Art von Störung des Gemüts,[138] die man den Wahnsinn und im höheren Grad die Verrückung nennt, etwas Begreifliches zur Ursache anführen könne.[139] Das Ei|gentümliche dieser Krankheit besteht darin: daß der verworrene Mensch bloße Gegenstände seiner Einbildung außer sich versetzt und als wirklich vor ihm gegenwärtige Dinge ansieht. Nun habe ich gesagt: daß nach der gewöhnlichen Ordnung die Direktionslinien der Bewegung, die in dem Gehirn als materielle Hilfsmittel die Phantasie begleiten, sich innerhalb desselben durchschneiden müssen, und mithin der Ort, darin er[140] sich seines Bildes bewußt ist, zur Zeit des Wachens in ihm selbst gedacht werde. Wenn ich also setze: daß durch irgendeinen Zufall oder

2 und die derjenigen] T, H I, Schu, H II: und derjenigen **5** einzuräumen: daß] St, Schu, H II, B: einzuräumen, daß **5** Nervenbewegung] H II: Nervenbewegungen **7** jener] Ak 1905; V/R: jenen; die anderen Ausgaben: jenem **8** dieser] Ak 1905, V/R; die anderen Ausgaben: diesem **11** mir] T, H I, Schu: mich **19** besteht] A_3: bestehe **19** darin: daß] St, Schu, B: darin, daß **19** bloße] 1797, T, St, H I, Schu, H II, V/R: bloß **22** gesagt: daß] St, Schu, B: gesagt, daß **24** die Phantasie] A_2, A_3, 1797, Ke: der Phantasie (Ke S. XXIII: die Phantasie) **27** setze: daß] St, Schu, H II, Ak 1905, V/R, B: setze, daß

Krankheit gewisse Organe des Gehirns so verzogen und aus ihrem gehörigen Gleichgewicht gebracht seien, daß die Bewegung der Nerven, die mit einigen Phantasien harmonisch beben, nach solchen Richtungslinien geschieht, welche fortgezogen sich außerhalb des Gehirns durchkreuzen würden, so ist der focus imaginarius außerhalb des denkenden Subjekts gesetzt,* und das Bild, welches ein Werk der | bloßen Einbildung ist, wird als ein Gegenstand vorgestellt, der den äußeren Sinnen gegenwärtig wäre. Die Bestürzung über die vermeinte Erscheinung einer Sache, die nach der natürlichen Ordnung nicht zugegen sein sollte, wird, obschon auch anfangs ein solches Schattenbild der Phantasie nur schwach wäre, bald die Aufmerksamkeit | rege machen und der Scheinempfindung eine so große

* Man könnte als eine entfernte Ähnlichkeit mit dem angeführten Zufall die Beschaffenheit der Trunkenen anführen, die in diesem Zustand mit beiden Augen doppelt sehen: darum, weil durch | die Anschwellung der Blutgefäße ein Hindernis entspringt, die Augenachsen so zu richten, daß ihre verlängerten Linien sich im Punkt, worin das Objekt ist, schneiden. Ebenso mag die Verziehung der Hirngefäße, die vielleicht nur vorübergehend ist und, solange sie dauert, nur einige Nerven betrifft, dazu dienen, daß gewisse Bilder der Phantasie selbst im Wachen als außer uns erscheinen. Eine sehr gemeine Erfahrung kann mit dieser Täuschung verglichen werden. Wenn man nach vollbrachtem Schlaf mit einer Gemächlichkeit, die einem Schlummer nahekommt, und gleichsam mit gebrochenen Augen die mancherlei Fäden der Bettvorhänge oder des Bezuges oder die kleinen Flecken einer nahen Wand ansieht, so macht man sich daraus leichtlich Figuren von Menschengesichtern und dergleichen. Das Blendwerk hört auf, sobald man will und die Aufmerksamkeit anstrengt.[141] Hier ist die Versetzung des foci imaginarii der Phantasien der Willkür einigermaßen unterworfen, da sie bei der Verrückung durch keine Willkür kann gehindert werden.

2 seien] A_{1-3}, 1797, T, St, W, M: sein; Schu: sind 6 außerhalb des denkenden Subjekts] Schu; A_1, W: außerhalb dem denkendes Subject; St: außerhalb das denkende Subject; die anderen Ausgaben: außerhalb dem denkenden Subjekt 16 sehen: darum] Ak 1905; B: sehen, darum; die anderen Ausgaben: sehen; darum 17 Augenachsen] A_2, 1797, T: Angewachsen; St: Augen

Lebhaftigkeit geben, die den betrogenen Menschen an der Wahrhaf¦tigkeit nicht zweifeln läßt. Dieser Betrug kann einen jeden äußeren Sinn betreffen, denn von jeglichem haben wir kopierte Bilder in der Einbildung, und die Verrückung des Nervengewebes kann die Ursache werden, den focum imaginarium dahin zu versetzen, von wo der sinnliche Eindruck eines wirklich vorhandenen körperlichen Gegenstandes kommen würde. Es ist alsdann kein Wunder, wenn der Phantast manches sehr deutlich zu sehen oder zu hören glaubt, was niemand außer ihm wahrnimmt, imgleichen wenn diese Hirngespenster ihm erscheinen und plötzlich verschwinden oder indem sie etwa einem Sinn, z. E. dem Gesicht, vorgaukeln, durch keinen anderen, wie z. E. das Gefühl[142], können empfunden werden und daher durchdringlich scheinen. Die gemeinen Geistererzählungen laufen so sehr auf dergleichen Bestimmungen hinaus, daß sie den Verdacht ungemein rechtfertigen, sie könnten wohl aus einer solchen Quelle entsprungen sein. Und so ist auch der gangbare[143] Begriff von geistigen Wesen, den wir oben aus | dem gemeinen Redegebrauch herauswickelten,[144] dieser Täuschung sehr gemäß und verleugnet seinen Ursprung nicht: weil die Eigenschaft einer durchdringlichen Gegenwart im Raum das wesentliche Merkmal dieses Begriffes ausmachen soll.

8 Es ist auch sehr wahrscheinlich, daß die Erziehungsbegriffe von Geistergestalten dem kranken Kopf die Materialien zu den täuschenden Einbildungen geben,[145] und daß ein von allen solchen Vorurteilen leeres Gehirn, wenn ihm[146] gleich eine Verkehrtheit anwandelte, wohl nicht so leicht Bilder von solcher Art aus-

3 betreffen, denn] T, St, H I, Schu, H II, V/R, B: betreffen; denn **3** jeglichem] A_2, A_3, Ke, B: jeglichen **10** Hirngespenster] A_2, A_3, 1797, Ke, Schm: Hirngespinster; T, St, H I, Schu, H II, V/R: Hirngespinste **13** Gefühl] A_2, A_3, 1797, T, St, H I, Schu: Gesicht **20** nicht: weil] Ak 1905; A_{1-3}, 1797, Ke, Schm, W, M: nicht; weil; die anderen Ausgaben: nicht, weil **23** die Erziehungsbegriffe von Geistergestalten dem kranken Kopf die Materialien zu den täuschenden Einbildungen geben,] V/R: die Erziehungsbegriffe dem kranken Kopfe die Materialien zu den täuschenden Einbildungen von Geistergestalten geben, hecken würde. Ferner sieht man daraus auch, daß, da die Krankheit des Phantasten nicht eigentlich den Verstand, sondern die Täuschung der Sinne[147] betrifft, der Unglückliche seine Blendwerke durch kein Vernünfteln heben könne: weil die wahre oder scheinbare Empfindung der Sinne selbst vor allem Urteil des Verstandes vorhergeht und eine unmittelbare Evidenz hat, die alle andere Überredung weit übertrifft.[148]

9 Die Folge, die sich aus diesen Betrachtungen ergibt, hat dieses Ungelegene an sich, daß sie die tiefen Vermutungen des vorigen Haupt|stücks ganz entbehrlich macht und daß der Leser, so bereitwillig er auch sein mochte, den idealischen Entwürfen desselben einigen Beifall einzuräumen, dennoch den Begriff vorziehen wird, welcher mehr Gemächlichkeit und Kürze im Entscheiden bei sich führt und sich einen allgemeineren Beifall versprechen kann. Denn außer dem, daß es einer vernünftigen Denkungsart gemäßer zu sein scheint, die Gründe der Erklärung aus dem Stoff ¦ herzunehmen, den die Erfahrung uns darbietet, als sich in schwindligen Begriffen einer halb dichtenden, halb schließenden Vernunft zu verlieren, so äußert sich noch dazu auf dieser Seite einiger Anlaß zum Gespött, welches, es mag nun gegründet sein oder nicht, ein kräftigeres Mittel ist als irgendein anderes, eitle Nachforschungen zurückzuhalten. Denn auf eine ernsthafte Art über die Hirngespenster der Phantasten Auslegungen machen zu wollen, gibt schon eine schlimme Vermutung, und die Philosophie setzt sich in Verdacht, welche sich in so schlechter Gesellschaft betreffen[149] läßt. Zwar habe ich oben den Wahnsinn in dergleichen Erscheinung nicht bestritten, vielmehr ihn, zwar nicht | als die Ursache einer eingebildeten Geistergemeinschaft, doch als eine natürliche Folge derselben damit verknüpft;[150] allein was für eine Torheit gibt es doch,

4 könne: weil] Ak 1905; St, B: könne, weil; die anderen Ausgaben: könne; weil **9** die tiefen Vermutungen] 1797, T, St, Schu: die tiefe Vermuthung **11** Entwürfen] A_{1-3}, 1797, T, St, H I, Schu, Ke, Schm, W, M: Einwürfen **23** Hirngespenster] A_2, A_3, 1797, T, St, H I, Schu, H II, Ke, V/R, Schm: Hirngespinste die nicht mit einer bodenlosen Weltweisheit könnte in Einstimmung gebracht werden?[151] Daher verdenke ich es dem Leser keineswegs, wenn er, anstatt die Geisterseher für Halbbürger der anderen Welt anzusehen, sie kurz und gut als Kandidaten des Hospitals abfertigt und sich dadurch alles weiteren Nachforschens überhebt. Wenn nun aber alles auf solchem Fuß genommen wird, so muß auch die Art, dergleichen Adepten des Geisterreichs zu behandeln, von derjenigen nach den obigen Begriffen sehr verschieden sein, und da man es sonst nötig fand, bisweilen einige derselben zu brennen, so wird es jetzt genug sein, sie nur zu purgieren[152]. Auch wäre es bei dieser Lage der Sachen eben nicht nötig gewesen, so weit auszuholen und in dem fieberhaften Gehirn betrogener Schwärmer durch Hilfe der Metaphysik Geheimnisse aufzusuchen. Der scharfsichtige Hudibras hätte uns allein das Rätsel auflösen können, denn nach seiner Meinung: Wenn ein hypochondrischer Wind in den Ein|geweiden tobt, so kommt es darauf an, welche Richtung er nimmt, geht er abwärts, so wird daraus ein F–, steigt er aber aufwärts, so ist es eine Erscheinung oder eine heilige Eingebung.[153]

15 können, denn] St, V/R, B: können; denn **16** Meinung:] St: Meinung heißt es:

Viertes Hauptstück.

Theoretischer Schluß aus den gesamten Betrachtungen des ersten Teils.

Die Trüglichkeit einer Waage, die nach bürgerlichen Gesetzen ein Maß der Handlung[154] sein soll, wird entdeckt, wenn man Ware und Gewichte ¦ ihre Schalen vertauschen läßt, und die Parteilichkeit der Verstandeswaage offenbart sich durch ebendenselben Kunstgriff, ohne welchen man auch in philosophischen Urteilen nimmermehr ein einstimmiges Fazit aus den verglichenen Abwiegungen herausbekommen kann. Ich habe meine Seele von Vorurteilen gereinigt, ich habe eine jede blinde Ergebenheit vertilgt, welche sich jemals einschlich, um manchem eingebildeten Wissen in mir Eingang zu verschaffen. Jetzt ist mir nichts angelegen, nichts ehrwürdig, als was durch | den Weg der Aufrichtigkeit in einem ruhigen und für alle Gründe zugänglichen Gemüt Platz nimmt; es mag mein voriges Urteil bestätigen oder aufheben, mich bestimmen oder unentschieden lassen. Wo ich etwas antreffe, das mich belehrt, da eigne ich es mir zu. Das Urteil desjenigen, der meine Gründe widerlegt, ist mein Urteil, nachdem ich es vorerst gegen die Schale der Selbstliebe und nachher in derselben gegen meine vermeintlichen Gründe abgewogen und in ihm einen größeren Gehalt gefunden habe.[155] Sonst betrachtete ich den allgemeinen menschlichen Verstand bloß aus dem Standpunkt des meinigen: jetzt setze ich mich in die Stelle einer fremden und äußeren Vernunft und beobachte meine Urteile samt ihren geheimsten Anlässen aus dem Gesichtspunkt anderer. Die Vergleichung beider Beobachtun-

5 Handlung] Schu: Handlungen **21** in] V/R, W: in **24** meinigen: jetzt] St, H I, H II, V/R: meinigen; jetzt gen gibt zwar starke Parallaxen, aber sie ist auch das einzige Mittel, den optischen Betrug zu verhüten und die Begriffe an die wahren Stellen zu setzen, darin sie in Ansehung der Erkenntnisvermögen der menschlichen Natur stehen. Man wird sagen, daß dieses eine sehr ernsthafte Sprache sei für eine so gleich|gültige Aufgabe, als wir abhandeln, die mehr ein Spielwerk als eine ernstliche Beschäftigung genannt zu werden verdient, und man hat nicht unrecht, so zu urteilen. Allein, ob man zwar über eine Kleinigkeit keine große Zurüstung machen darf, so kann man sie doch gar wohl bei Gelegenheit derselben machen, und die entbehrliche Behutsamkeit beim Entscheiden in Kleinigkeiten kann zum Beispiel in wichtigen Fällen dienen. Ich finde nicht, daß irgendeine Anhänglichkeit oder sonst eine vor der Prüfung eingeschlichene Neigung meinem Gemüt die Lenksamkeit nach allerlei Gründen für oder dawider benehme, eine einzige ausgenommen. Die Verstandeswaage ist doch nicht ganz unparteiisch, und ein Arm derselben, der die Aufschrift führt: Hoffnung der Zukunft, hat einen mechanischen Vorteil, welcher macht, daß auch leichte Gründe, welche in die ihm angehörige Schale fallen, die Spekulationen von an sich größerem Gewicht auf der anderen Seite in die Höhe ziehen.[156] Dieses ist die einzige Unrichtig¦keit, die ich nicht wohl heben kann und die ich in der Tat auch niemals heben will.[157] Nun gestehe ich, daß alle Er|zählungen vom Erscheinen abgeschiedener Seelen oder von Geistereinflüssen und alle Theorien von der mutmaßlichen Natur geistiger Wesen und ihrer Verknüpfung mit uns nur in der Schale der Hoffnung merklich wiegen; dagegen in der der Spekulation aus lauter Luft zu bestehen scheinen. Wenn die Ausmittlung der aufgegebenen Frage nicht mit einer vorher schon entschiedenen Neigung in Sympathie stände, welcher Vernünftige würde wohl unschlüssig sein, ob er mehr Möglichkeit dar-

9 große Zurüstung] 1797, T, St, H I, Schu, H II: großen Zurüstungen 13 Anhänglichkeit] 1797: Abhänglichkeit; T, Schu: Abhängigkeit 17 und ein Arm] A_1, W: und eine Arm; B: und der eine Arm 27 in der der Spekulation] A_2, A_3, 1797, T, St, H I, Schu, H II: in der Spekulation

in finden sollte, eine Art Wesen anzunehmen, die mit allem, was ihn die Sinne lehren, gar nichts Ähnliches haben, als einige angebliche Erfahrungen dem Selbstbetrug und der Erdichtung beizumessen, die in mehreren Fällen nicht ungewöhnlich sind.

2 Ja dieses scheint auch überhaupt von der Beglaubigung der Geistererzählungen, welche so allgemeinen Eingang finden, die vornehmste Ursache zu sein, und selbst die ersten Täuschungen von vermeinten Erscheinungen abgeschiedener Menschen sind vermutlich aus der schmeichelhaften Hoffnung entsprungen, daß man noch auf irgendeine Art nach dem Tod übrig sei, da denn bei | nächtlichen Schatten oftmals der Wahn die Sinne betrog und aus zweideutigen Gestalten Blendwerke schuf, die der vorhergehenden Meinung gemäß waren, woraus denn endlich die Philosophen Anlaß nahmen, die Vernunftidee von Geistern auszudenken und sie in Lehrverfassung zu bringen. Man sieht es auch wohl meinem anmaßlichen Lehrbegriff von der Geistergemeinschaft an, daß er ebendieselbe Richtung nehme, in den die gemeine Neigung einschlägt. Denn die Sätze vereinbaren sich sehr merklich nur dahin, um einen Begriff zu geben, wie der Geist des Menschen aus dieser Welt herausgehe,* d. i. vom Zustand nach dem Tod; wie er aber hinein|komme, d. i. von der Zeugung und Fortpflanzung, davon erwähne ich nichts; ja sogar nicht einmal, wie er in dieser Welt gegenwärtig sei, d. i. wie eine immaterielle Natur in ¦ einem Körper und durch denselben wirksam sein könne;[158] alles um einer sehr gültigen Ursache willen, welche diese

* Das Sinnbild der alten Ägypter für die Seele war ein Papillon, und die griechische Benennung bedeutete ebendasselbe.[159] Man sieht leicht, daß die Hoffnung, welche aus dem Tod nur eine Verwandlung macht, eine solche Idee samt ihren Zeichen veranlaßt habe. Indessen hebt dieses keineswegs das Zutrauen zu der Richtigkeit der hieraus entsprungenen Begriffe. Unsere innere Empfindung und die darauf gegründeten Urteile des Vernunftähnlichen führen, solange sie unverderbt sind, ebendahin, wo die Vernunft hinleiten würde, wenn sie erleuchteter und ausgebreiteter wäre.

17 in den die] 1797, T, St, H I, Schu, H II, V/R: in der die

ist, daß ich hiervon insgesamt nichts verstehe und folglich mich wohl hätte bescheiden können, ebenso unwissend in Ansehung des künftigen Zustandes zu sein, wofern nicht die Parteilichkeit einer Lieblingsmeinung den Gründen, die sich darboten, so schwach sie auch sein mochten, zur Empfehlung gedient hätte.

3 Ebendieselbe Unwissenheit macht auch, daß ich mich nicht unterstehe, so gänzlich alle Wahrheit an den mancherlei Geistererzählungen abzuleugnen, doch mit dem gewöhnlichen, obgleich wunderlichen Vorbehalt, eine jede einzelne derselben in Zweifel zu ziehen, allen zusammengenommen aber einigen Glauben beizumessen. Dem Leser bleibt das Urteil frei; was mich aber anlangt, so ist zum wenigsten der Ausschlag auf die Seite der Gründe des zweiten Hauptstücks[160] bei mir groß genug, mich bei Anhörung der mancher|lei befremdlichen Erzählungen dieser Art ernsthaft und unentschieden zu erhalten. Indessen, da es niemals an Gründen der Rechtfertigung fehlt, wenn das Gemüt vorher eingenommen ist, so will ich dem Leser mit keiner weiteren Verteidigung dieser Denkungsart beschwerlich fallen.[161]

4 Da ich mich jetzt beim Schluß der Theorie von Geistern befinde, so unterstehe ich mich noch zu sagen: daß diese Betrachtung, wenn sie von dem Leser gehörig genutzt wird, alle philosophische Einsicht von dergleichen Wesen vollende und daß man davon vielleicht künftighin noch allerlei meinen, niemals aber mehr wissen könne.[162] Dieses Vorgeben klingt ziemlich ruhmredig. Denn es ist gewiß kein den Sinnen bekannter Gegenstand der Natur, von dem man sagen könnte, man habe ihn durch Beobachtung oder Vernunft jemals erschöpft, wenn es auch ein Wassertropfen[163], ein Sandkorn oder etwas noch Einfacheres wäre; so unermeßlich ist die Mannigfaltigkeit desjenigen, was die Natur in ihren geringsten Teilen einem so eingeschränkten Verstand, wie der menschliche ist, zur Auflösung darbietet. Allein mit dem philosophischen Lehrbegriff von geistigen Wesen

20 mich] A_{1-3}, 1797, Ke, Ak 1905, B, Schm, W, M: mir **20** sagen: daß] St, H II, V/R, B: sagen, daß **24** ruhmredig] A_{1-3}, 1797, T, St, Ak 1905, W, M: ruhmrätig

ist es | ganz anders bewandt. Er kann vollendet sein, aber im negativen Verstand, indem er nämlich die Grenzen unserer Einsicht[164] mit Sicherheit festsetzt und uns überzeugt: daß die verschiedenen Erscheinungen des Lebens in der Natur und deren Gesetze alles seien, was uns zu erkennen vergönnt ist,[165] das Principium dieses Lebens aber, d.i. die geistige Natur, welche man nicht kennt, sondern vermutet, niemals positiv könne gedacht werden, weil keine data[166] hierzu in unseren gesamten Empfindungen an¦zutreffen seien,[167] und daß man sich mit Verneinungen behelfen müsse, um etwas von allem Sinnlichen so sehr Unterschiedenes zu denken, daß aber selbst die Möglichkeit solcher Verneinungen weder auf Erfahrung noch auf Schlüssen, sondern auf einer Erdichtung beruhe, zu der eine von allen Hilfsmitteln entblößte Vernunft ihre Zuflucht nimmt. Auf diesem Fuß kann die Pneumatologie[168] der Menschen ein Lehrbegriff ihrer notwendigen Unwissenheit in Absicht auf eine vermutete Art Wesen genannt werden und als ein solcher der Aufgabe leichtlich adäquat sein. |

Nunmehr lege ich die ganze Materie von Geistern, ein weitläufiges Stück der Metaphysik,[169] als abgemacht und vollendet beiseite. Sie geht mich künftig nichts mehr an. Indem ich den Plan meiner Nachforschung auf diese Art besser zusammenziehe und mich einiger gänzlich vergeblicher Untersuchungen entschlage, so hoffe ich, meine geringe Verstandesfähigkeit auf die übrigen Gegenstände vorteilhafter anlegen zu können. Es ist mehrenteils umsonst, das kleine Maß seiner Kraft auf alle windigen Entwürfe ausdehnen zu wollen. Daher gebietet die Klugheit, sowohl in diesem als in anderen Fällen, den Zuschnitt der Entwürfe den Kräften angemessen zu machen und, wenn man das Große nicht füglich erreichen kann, sich auf das Mittelmäßige einzuschränken. |¦

2 negativen] A_{1-3}, W, M: negativem **3** überzeugt: daß] St, Schu, B: überzeugt, daß **5** alles] H I, Schu, Ki, Ke: Alles **5** seien] A_{1-3}, 1797, T, St, W, M: sein; Schu, Ke, V/R, Schm: sind **8** data] Ak 1905; die anderen Ausgaben: Data **9** seien] A_{1-3}, 1797, T, St, W, M: sein; H I, Schu, H II, Ke, V/R, Schm: sind **13** der] A_{1-3}, 1797, T, St, H I, Schu, H II, Ke, Schm, W: denen

DER ZWEITE TEIL, WELCHER HISTORISCH[170] IST.

Erstes Hauptstück.

Eine Erzählung, deren Wahrheit der beliebigen Erkundigung des Lesers empfohlen wird.

Sit mihi fas audita loqui. - - -[171]
Vergil

1 Die Philosophie, deren Eigendünkel macht, daß sie sich selbst allen eitlen Fragen bloßstellt[172], sieht sich oft bei dem Anlaß gewisser Erzählungen in schlimmer Verlegenheit, wenn sie entweder an einigem in denselben ungestraft nicht zweifeln oder manches davon unausgelacht nicht glauben darf. Beide Beschwerlichkeiten finden sich in gewissem Maße bei den herumgehenden Geistergeschichten zusammen; die erste bei Anhörung desjenigen, der sie beteuert, und die zweite in Betracht derer, auf die man sie weiterbringt. In der Tat ist auch kein Vorwurf dem Philosophen bitterer als der der Leichtgläubigkeit und der Ergebenheit in den gemeinen Wahn, und da diejenigen, welche sich darauf verstehen, guten | Kaufs klug zu scheinen, ihr spöttisches Gelächter auf alles werfen, was die Unwissenden und die Weisen gewissermaßen gleichmacht, indem es beiden unbegreiflich ist: so ist kein Wunder, daß die so häufig vorgegebenen Erscheinungen großen Eingang finden, öffentlich aber entweder abgeleugnet oder doch verhehlt werden. Man kann sich daher darauf verlassen: daß niemals eine Akademie der Wissenschaften diese Materie zur Preisfrage machen werde;[173]

9 bloßstellt] A_{1-3}, 1797, T, St, Ke, Ak 1905, W, M: bloß stellt **11** denselben] A_{1-3}, 1797, Ke, Schm, W: demselben **14** zusammen; die] = Konj. Hgg.; die anderen Ausgaben: zusammen, die **22** ist: so] St, H II, V/R, B: ist, so **25** verlassen: daß] T, St, H I, Schu, H II, V/R, B: verlassen, daß nicht als wenn die Glieder derselben gänzlich von aller Ergebenheit in die gedachte Meinung frei wären, sondern weil die Regel der Klugheit den Fragen, welche der Vorwitz und die eitle Wißbegierde ohne Unterschied aufwirft, mit Recht Schranken setzt. Und so werden die Er¦zählungen von dieser Art wohl jederzeit nur heimliche Gläubige haben, öffentlich aber durch die herrschende Mode des Unglaubens verworfen werden.

2 Da mir indessen diese ganze Frage weder wichtig noch vorbereitet genug scheint, um über dieselbe etwas zu entscheiden, so trage ich kein Bedenken, hier eine Nachricht der erwähnten Art anzuführen und sie mit völliger Gleichgültigkeit | dem geneigten oder ungeneigten Urteil der Leser preiszugeben.[174]

3 Es lebt zu Stockholm ein gewisser Herr *Swedenborg*[175] ohne Amt oder Bedienung[176] von seinem ziemlich ansehnlichen Vermögen.[177] Seine ganze Beschäftigung besteht darin, daß er, wie er selbst sagt, schon seit mehr als zwanzig Jahren mit Geistern und abgeschiedenen Seelen im genauesten Umgang steht, von ihnen Nachrichten aus der anderen Welt einholt und ihnen dagegen welche aus der gegenwärtigen erteilt,[178] große Bände über seine Entdeckungen abfaßt und bisweilen nach London reist, um die Ausgabe derselben zu besorgen.[179] Er ist eben nicht zurückhaltend mit seinen Geheimnissen, spricht mit jedermann frei davon, scheint vollkommen von dem, was er vorgibt, überredet zu sein, ohne einigen Anschein eines angelegten Betruges[180] oder Scharlatanerei.[181] So wie er, wenn man ihm selbst glauben darf, der Erzgeisterseher unter allen Geistersehern ist, so ist er auch sicherlich der Erzphantast unter allen Phantasten, man mag ihn nun aus der Beschreibung derer, welche ihn kennen, oder aus seinen Schriften beurteilen. Doch kann | dieser Umstand diejenigen, welche den Geistereinflüssen sonst günstig sind, nicht abhalten, hinter solcher Phantasterei noch etwas Wahres zu vermuten. Weil indessen das Kreditiv aller Bevollmächtigten aus der anderen Welt in den Beweistümern besteht, die sie durch gewisse

13 *Swedenborg*] H I, Schu, H II, Ke, V/R, B, Schm; A_{1-3}, 1797, Ak 1905, W, M: *Schwedenberg*; T, St: *Schwedenborg* 20 abfaßt] A_2, 1797, St: abgefaßt

Proben in der gegenwärtigen von ihrem außerordentlichen Beruf ablegen, so muß ich von demjenigen, was zur Beglaubigung der außerordentlichen Eigenschaft des gedachten Mannes herumgetragen wird, wenigstens dasjenige anführen, was noch bei den meisten einigen Glauben findet.

4 Gegen das Ende des Jahres 1761[182] wurde Herr *Swedenborg* zu einer Fürstin gerufen,[183] deren großer Verstand und Einsicht es beinahe unmöglich machen sollte, in dergleichen Fällen hintergangen zu werden. Die Veranlassung dazu gab das allgemeine Gerücht von den vorgegebenen Visionen dieses Mannes. Nach einigen Fragen, die mehr darauf abzielten, sich mit seinen Einbildungen zu belustigen, als wirkliche Nachrichten aus der anderen Welt zu vernehmen, verabschiedete ihn die Fürstin, indem ¦ sie ihm vorher einen geheimen Auftrag tat, der in seine Geisterge|meinschaft einschlug. Nach einigen Tagen erschien Herr *Swedenborg* mit der Antwort, welche von der Art war, daß solche die Fürstin, ihrem eigenen Geständnisse nach, in das größte Erstaunen versetzte, indem sie solche wahr befand und ihm gleichwohl solche von keinem lebendigen Menschen konnte erteilt sein. Diese Erzählung ist aus dem Bericht eines Gesandten an dem dortigen Hof, der damals zugegen war, an einen anderen fremden Gesandten in Kopenhagen gezogen worden, stimmt auch genau mit dem, was die besondere Nachfrage darüber hat erkundigen können, zusammen.[184]

5 Folgende Erzählungen haben keine andere Gewährleistung als die gemeine Sage, deren Beweis sehr mißlich ist. Madame *Marteville*, die Witwe eines holländischen Envoyé[185] an dem schwedischen Hof, wurde von den Angehörigen eines Goldschmiedes um die Bezahlung des Rückstandes für ein verfertigtes Silberservice gemahnt. Die Dame, welche die regelmäßige Wirtschaft ihres verstorbenen Gemahls kannte, war überzeugt, daß diese Schuld schon bei seinem Leben abgemacht sein müßte; allein sie fand in seinen hin|terlassenen Papieren gar keinen Beweis. Das Frauenzimmer ist vorzüglich geneigt, den Erzählungen der

7 gerufen] A_2, A_3, 1797, St: berufen

Wahrsagerei, der Traumdeutung und allerlei anderer wunderbarer Dinge Glauben beizumessen. Sie entdeckte daher ihr Anliegen dem Herrn *Swedenborg* mit dem Ersuchen, wenn es wahr wäre, was man von ihm sagte, daß er mit abgeschiedenen Seelen im Umgang stehe, ihr aus der anderen Welt von ihrem verstorbenen Gemahl Nachricht zu verschaffen, wie es mit der gedachten Anforderung bewandt sei. Herr *Swedenborg* versprach, solches zu tun und stellte der Dame nach wenigen Tagen in ihrem Haus den Bericht ab, daß er die verlangte Kundschaft eingezogen habe, daß in einem Schrank, den er anzeigte und der ihrer Meinung nach völlig ausgeräumt war, sich noch ein verborgenes Fach befinde, welches die erforderlichen Quittungen enthielte. Man suchte sofort seiner Beschreibung zufolge und fand nebst der geheimen holländischen Correspondence die Quittungen, wodurch alle gemachten Ansprüche völlig getilgt wurden.[186] |
6 Die dritte Geschichte ist von der Art, daß sich sehr leicht ein vollständiger Beweis ihrer Richtigkeit oder Unrichtigkeit muß geben lassen. Es war, wo ich recht berichtet bin, gegen das Ende des 1759sten Jahres[187], als Herr *Swedenborg*, aus England kommend, an einem Nachmittag zu Göteborg ans Land trat. Er wurde denselben Abend zu einer Gesellschaft bei einem dortigen Kaufmann gezogen und gab ihr nach einigem ¦ Aufenthalt mit allen Zeichen der Bestürzung die Nachricht, daß eben jetzt in Stockholm im Södermalm eine erschreckliche Feuersbrunst wüte. Nach Verlauf einiger Stunden, binnen welchen er sich dann und wann entfernte, berichtete er der Gesellschaft, daß das Feuer gehemmt sei, imgleichen wie weit es um sich gegriffen habe. Ebendenselben Abend verbreitete sich schon diese wunderliche Nachricht[188] und war den anderen Morgen in der ganzen Stadt herumgetragen; allein nach zwei Tagen allererst kam der Bericht davon aus Stockholm in Göteborg an, völlig einstimmig, wie man sagt, mit *Swedenborgs* Visionen.[189] |

8 stellte] 1797, T, St, H I, Schu, H II, Ke, V/R, Schm: stattete **11** sich] A_2: sie **19** 1759sten] A_1, Ak 1905, B, W, M: 1759ten **24** eine] A_1: ein

7 Man wird vermutlich fragen, was mich doch immer habe bewegen können, ein so verachtetes Geschäft zu übernehmen, als dieses ist, Märchen weiterzubringen, die ein Vernünftiger Bedenken trägt, mit Geduld anzuhören, ja solche gar zum Text philosophischer Untersuchungen zu machen. Allein da die Philosophie, welche wir voranschickten, ebensowohl ein Märchen war aus dem Schlaraffenland[190] der Metaphysik, so sehe ich nichts Unschickliches darin, beide in Verbindung auftreten zu lassen; und warum sollte es auch eben rühmlicher sein, sich durch das blinde Vertrauen in die Scheingründe der Vernunft[191] als durch unbehutsamen Glauben an betrügliche Erzählungen hintergehen zu lassen?

8 Torheit und Verstand haben so unkenntlich bezeichnete Grenzen, daß man schwerlich in dem einen Gebiet lange fortgeht, ohne bisweilen einen kleinen Streif in das andere zu tun; aber was die Treuherzigkeit anlangt, die sich bereden läßt, vielen festen Beteuerungen selbst wider die Gegenwehr des Verstandes bisweilen etwas einzuräumen, so scheint sie ein Rest der alten Stammehrlichkeit[192] zu sein, die freilich auf den | jetzigen Zustand nicht recht paßt und daher oft zur Torheit wird, aber darum doch eben nicht als ein natürliches Erbstück der Dummheit angesehen werden muß. Daher überlasse ich es dem Belieben des Lesers bei der wunderlichen Erzählung, mit welcher ich mich bemenge, jene zweideutige Mischung von Vernunft und Leichtgläubigkeit in ihre Elemente aufzulösen und die Proportion beider Ingredienzien für meine Denkungsart auszurechnen. Denn da es bei einer solchen Kritik doch nur um die Anständigkeit zu tun ist, so halte ich mich genugsam vor dem Spott gesichert dadurch, daß ich mit dieser Torheit, wenn man sie so nennen will, mich gleichwohl in recht guter und zahlreicher Gesellschaft befinde, welches schon genug ist, wie *Fontenelle* glaubt,[193] um wenigstens nicht für unklug gehalten zu werden.

6 voranschickten] A_2, A_3, 1797, T, St, H I, Schu, H II, Ke: voranschicken **27** doch nur um] H II: doch um **28** vor dem Spott] A_{1-3}, 1797, W: vor den Spott

Denn es ist zu allen Zeiten so gewesen und wird auch ¦ wohl künftighin so bleiben, daß gewisse widersinnige Dinge selbst bei Vernünftigen Eingang finden, bloß darum, weil allgemein davon gesprochen wird. Dahin gehören die Sympathie,[194] die Wünschelrute, die Ahnungen, die Wirkung der Einbildungskraft schwan|gerer Frauen,[195] die Einflüsse der Mondwechsel auf Tiere und Pflanzen u. dgl. Ja hat nicht vor kurzem das gemeine Landvolk den Gelehrten die Spötterei gut vergolten, welche sie gemeiniglich auf dasselbe der Leichtgläubigkeit wegen zu werfen pflegen? Denn durch vieles Hörensagen brachten Kinder und Weiber endlich einen großen Teil kluger Männer dahin, daß sie einen gemeinen Wolf für eine Hyäne[196] hielten, obgleich jetzt ein jeder Vernünftiger leicht einsieht, daß in den Wäldern von Frankreich wohl kein afrikanisches Raubtier herumlaufen werde. Die Schwäche des menschlichen Verstandes in Verbindung mit seiner Wißbegierde macht, daß man anfänglich Wahrheit und Betrug ohne Unterschied aufrafft. Aber nach und nach läutern sich die Begriffe, ein kleiner Teil bleibt, das übrige wird als Auskehricht weggeworfen.

9 Wem also jene Geistererzählungen eine Sache von Wichtigkeit zu sein scheinen, der kann immerhin, im Fall er Geld genug und nichts Besseres zu tun hat, eine Reise auf eine nähere Erkundigung derselben wagen, so wie *Artemidor* zum Besten der Traumdeutung in Kleinasien her|umzog.[197] Es wird ihm auch die Nachkommenschaft von ähnlicher Denkungsart dafür höchlich verbunden sein, daß er verhütete[198], damit[199] nicht dereinst ein anderer *Philostrat*[200] aufstände, der nach Verlauf vieler Jahre aus unserem *Swedenborg* einen neuen *Apollonios von Tyana* machte[201], wenn das Hörensagen zu einem förmlichen Beweis wird gereift sein und das ungelegene, obzwar höchstnötige Verhör der Augenzeugen dereinst unmöglich geworden sein wird.

3 finden] A_2, A_3: findet **12** Hyäne] Ak 1905, V/R, B, Schm: Hyäne **21** im] A_1, W: in **25** dafür höchlich] H II: höchlich dafür **26** damit nicht dereinst] Schu: damit dereinst **29** machte] 1797, T, St, H I, Schu, H II: macht

Zweites Hauptstück.

Ekstatische Reise eines Schwärmers durch die Geisterwelt.

Somnia, terrores magicos, miracula, sagas,
Nocturnos lemures, portentaque Thessala.[202]
Horaz

1 Ich kann es dem behutsamen Leser auf keinerlei Weise übelnehmen, wenn sich im Fortgang dieser Schrift einiges Bedenken bei ihm geregt hätte über das Verfahren, das der Verfasser für gut gefunden hat, darin ¦ zu beobachten. Denn da ich den dogmatischen Teil vor dem historischen[203] | und also die Vernunftgründe vor der Erfahrung voranschickte, so gab ich Ursache zu dem Argwohn, als wenn ich mit Hinterlist umginge und, da ich die Geschichte schon vielleicht zum voraus im Kopf gehabt haben mochte, mich nur so angestellt hätte, als wüßte ich von nichts als von reinen, abgesonderten Betrachtungen, damit ich den Leser, der sich nichts dergleichen besorgt, am Ende mit einer erfreulichen Bestätigung aus der Erfahrung überraschen könnte. Und in der Tat ist dieses auch ein Kunstgriff, dessen die Philosophen sich mehrmals sehr glücklich bedient haben. Denn man muß wissen, daß alle Erkenntnis zwei Enden habe, bei denen man sie fassen kann, das eine a priori, das andere a posteriori.[204] Zwar haben verschiedene Naturlehrer neuerer Zeiten vorgegeben, man müsse es bei dem letzteren anfangen, und glauben, den Aal der Wissenschaft beim Schwanz zu erwischen, indem sie sich genugsamer Erfahrungskenntnisse versichern und denn so

4 sagas] A_2, 1797, T, St, H I, Schu: sages **5** portentaque] A_{1-3}, 1797, St, Schm: protentaque **23** Zeiten] H I, H II, V/R: Zeit **26** genugsamer] A_2, A_3, 1797, T, St, H I, Schu, H II: grausamer allmählich zu allgemeinen und höheren Begriffen hinaufrücken. Allein ob dieses zwar nicht unklug gehandelt sein möchte: so ist es doch bei weitem nicht gelehrt und philosophisch genug, denn | man ist auf diese Art bald bei einem Warum, worauf keine Antwort gegeben werden kann, welches einem Philosophen gerade so viel Ehre macht als einem Kaufmann, der bei einer Wechselzahlung freundlich bittet, ein andermal wieder anzusprechen. Daher haben scharfsinnige Männer, um diese Unbequemlichkeit zu vermeiden, von der entgegengesetzten äußersten Grenze, nämlich dem obersten Punkt der Metaphysik, angefangen. Es findet sich aber hierbei eine neue Beschwerlichkeit, nämlich daß man anfängt, ich weiß nicht wo, und kommt, ich weiß nicht wohin, und daß der Fortgang der Gründe nicht auf die Erfahrung treffen will, ja daß es scheint, die Atome des *Epikur* dürften eher, nachdem sie von Ewigkeit her immer gefallen, einmal von ungefähr zusammenstoßen, um eine Welt zu bilden,[205] als die allgemeinsten und abstraktesten Begriffe, um sie zu erklären.[206] Da also der Philosoph wohl sah, daß seine Vernunftgründe einerseits und die wirkliche Erfahrung oder Erzählung andererseits wie ein Paar Parallellinien wohl ins Undenkliche[207] nebeneinander fortlaufen würden, ohne jemals zusammenzutreffen, so ist er mit den übri|gen, gleich als wenn sie darüber Abrede genommen hätten, übereingekommen, ein jeder nach seiner Art den Anfangspunkt zu nehmen und darauf nicht in der geraden Linie der Schlußfolge, sondern mit einem unmerklichen Clinamen[208] der Beweisgründe, dadurch, daß sie nach dem Ziel gewisser ¦ Erfahrungen oder Zeugnisse verstohlen hinschielten, die Vernunft so zu lenken, daß sie gerade dahin treffen mußte, wo der treuherzige Schüler sie nicht vermutet hatte, nämlich dasjenige zu beweisen, wovon man schon vor-

2 möchte: so] A_{1-3}, 1797, T, Ke, Schm, M: möchte; so; St, H I, Schu, H II, V/R, B: möchte, so **3** genug, denn] St, H I, H II, V/R, B: genug; denn **4** bei] A_2, A_3, 1797, T, St, H I, Schu, H II: auf **20** Parallellinien] A_2: Parallenien **21** Undenkliche] H II: Unendliche; Ak 1905 erwägt: Unendliche **28** gerade dahin treffen] 1797, T, St, H I, Schu, H II: gerade hintreffen her wußte, daß es sollte bewiesen werden. Diesen Weg nannten sie alsdann noch den Weg a priori, ob er wohl unvermerkt durch ausgesteckte Stäbe nach dem Punkt a posteriori gezogen war, wobei aber billigermaßen der, so die Kunst versteht, den Meister nicht verraten muß. Nach dieser sinnreichen Lehrart haben verschiedene verdienstvolle Männer auf dem bloßen Weg der Vernunft sogar Geheimnisse der Religion ertappt, so wie Romanschreiber die Heldin der Geschichte in entfernte Länder fliehen lassen, damit sie ihrem Anbeter durch ein glückliches Abenteuer von ungefähr aufstoße: et fugit ad salices et se cupit ante/videri.[209] *Vergil.* Ich würde mich also bei so gepriesenen Vorgängern in der Tat nicht zu schämen Ursache haben, wenn ich gleich wirklich ebendasselbe Kunststück gebraucht hätte, um meiner Schrift zu einem erwünschten Ausgang zu verhelfen. Allein ich bitte den Leser gar sehr, dergleichen nicht von mir zu glauben. Was würde es mir auch jetzt helfen, da ich keinen mehr hintergehen kann, nachdem ich das Geheimnis schon ausgeplaudert habe? Zudem habe ich das Unglück, daß das Zeugnis, worauf ich stoße und was meiner philosophischen Hirngeburt so ungemein ähnlich ist, verzweifelt mißgeschaffen und albern aussieht, so daß ich viel eher vermuten muß, der Leser werde um der Verwandtschaft mit solchen Beistimmungen willen meine Vernunftgründe für ungereimt, als jene um dieser willen für vernünftig halten. Ich sage demnach ohne Umschweif, daß, was solche anzüglichen Vergleichungen anlangt, ich keinen Spaß verstehe, und erkläre kurz und gut, daß man entweder in *Swedenborgs* Schriften mehr Klugheit und Wahrheit vermuten müsse, als der erste Anschein blicken läßt, oder daß es nur so von ungefähr komme, wenn er mit meinem System | zusammentrifft, wie Dichter bisweilen, wenn sie rasen, weissagen, wie man

2 ob er wohl] H II: ob er gleich wohl **5** sinnreichen] T, H I, Schu: sinnlichen **14** meiner] A_{1-3}, 1797, T, H I, Ak 1905, W, M: meine **16** mir auch] T, H I, Schu, H II, V/R: mir; St: nur auch **22** Beistimmungen] Schu, Ki: Bestimmungen glaubt, oder wenigstens wie sie selbst sagen, wenn sie dann und wann mit dem Erfolg zusammentreffen.

2 Ich komme zu meinem Zweck, nämlich zu den Schriften meines Helden. Wenn manche jetzt vergessenen oder dereinst doch namenlosen Schriftsteller kein geringes Verdienst haben, daß sie in der Ausarbeitung großer Werke den Aufwand ihres Verstandes nicht achteten, so gebührt dem Herrn *Swedenborg* ohne Zweifel die größte Ehre unter allen. Denn gewiß, seine Flasche in der Mondenwelt ist ganz voll und weicht keiner ¦ einzigen unter denen, die *Ariost* dort mit der hier verlorenen Vernunft angefüllt gesehen hat und die ihre Besitzer dereinst werden wiedersuchen[210] müssen[211], so völlig entleert ist das große Werk von einem jeden Tropfen derselben. Nichtsdestoweniger herrscht darin eine so wundersame Übereinkunft mit demjenigen, was die feinste Ergrübelung der Vernunft über den ähnlichen Gegenstand herausbringen kann, daß der Leser mir es verzeihen wird, wenn ich hier diejenige Seltenheit in den Spielen der Einbildung | finde, die so viele andere Sammler in den Spielen der Natur angetroffen haben, als wenn sie etwa im fleckigen Marmor[212] die heilige Familie oder in Bildungen von Tropfstein Mönche, Taufstein und Orgeln oder sogar wie der Spötter *Liscow* auf einer gefrorenen Fensterscheibe die Zahl des Tieres[213] und die dreifache Krone[214] entdecken;[215] lauter Dinge, die niemand sonst sieht, als dessen Kopf schon vorher damit angefüllt ist.

3 Das große Werk dieses Schriftstellers enthält acht Quartbände voll Unsinn, welche er unter dem Titel: *Arcana coelestia*[216] der Welt als eine neue Offenbarung vorlegt und wo seine Erscheinungen mehrenteils auf die Entdeckung des geheimen Sinnes in den zwei ersten Büchern *Mosis* und eine ähnliche Erklärungsart der ganzen *H. Schrift* angewendet werden. Alle diese schwär-

9 Mondenwelt] 1797: Modenwelt; T, St, Schu: Modewelt **11** wiedersuchen] Schm: wieder suchen **13** derselben] Ak 1905, B, M; die anderen Ausgaben: desselben; Wille, V/R erwägen: derselben **23** entdecken; lauter] V/R: entdecken, – lauter **26** coelestia] A_1, Ak, B, W, M: *caelestia* **30** *H.*] St: h.; H I, H II, V/R: heiligen menden Auslegungen gehen mich hier nichts an; man kann aber, wenn man will, einige Nachrichten von denselben in des Herrn Doctor *Ernesti Theol. Bibliothek* im ersten Band aufsuchen.[217] Nur die audita et visa[218], d.i. was seine eigenen Augen wollen gesehen und eigenen Ohren gehört haben, sind alles, was wir vornehmlich aus | den Beilagen zu seinen Kapiteln ziehen wollen, weil sie allen übrigen Träumereien zum Grunde liegen und auch ziemlich in das Abenteuer einschlagen, das wir oben auf dem Luftschiff[219] der Metaphysik gewagt haben. Der Stil des Verfassers ist platt. Seine Erzählungen und ihre Zusammenordnung scheinen in der Tat aus fanatischem Anschauen[220] entsprungen zu sein und geben gar wenig Verdacht, daß spekulative Hirngespinste einer verkehrtgrübelnden Vernunft ihn bewogen haben sollten, dieselben zu erdichten und zum Betrug[221] anzulegen. Insofern haben sie also einige Wichtigkeit und verdienen wirklich in einem kleinen Auszug vorgestellt zu werden, vielleicht mehr als so manche Spielwerke hirnloser Vernünftler, welche unsere Journale anschwellen, weil eine zusammenhängende Täuschung der Sinne überhaupt ein viel merkwürdigeres Phänomenon ist als der Betrug der Vernunft, dessen Gründe bekannt genug sind und der auch großenteils durch willkürliche Richtung der Gemütskräfte und etwas mehr ¦ Bändigung eines leeren Vorwitzes könnte verhütet werden, da hingegen jene das erste Fundament aller Urteile betrifft, | dawider, wenn es unrichtig ist, die Regeln der Logik wenig vermögen![222] Ich sondere also bei unserem Verfasser den Wahnsinn vom Wahnwitz ab[223] und übergehe dasjenige, was er auf eine verkehrte Weise klügelt, indem er nicht bei seinen Visionen stehenbleibt, ebenso wie man sonst vielfältig bei einem Philosophen dasjenige, was

3 *Theol.*] Schu: Theologischen; H I, H II: theologischer; V/R: Theologischer **4** Augen wollen gesehen] = Konj. Hgg.; A_{1-3}, 1797, St, Ke, Ak 1905, B, W, M: Augen sollen gesehen; T, H I, Schu, H II, V/R: Augen gesehen **13** verkehrtgrübelnden] Ak 1905, V/R, B: verkehrt grübelnden **20** Phänomenon] A_{1-3}: Phönomenon; B, W: Phaenomenon **25** vermögen!] 1797, T, St, H I, Schu, H II, V/R: vermögen.

er beobachtet, von dem absondern muß, was er vernünftelt, und sogar Scheinerfahrungen mehrenteils lehrreicher sind als die Scheingründe aus der Vernunft. Indem ich also dem Leser einige von den Augenblicken raube, die er sonst vielleicht mit nicht viel größerem Nutzen auf die Lesung gründlicher Schriften von ebender Materie würde verwandt haben, so sorge ich zugleich für die Zärtlichkeit seines Geschmacks, da ich mit Weglassung vieler wilder Schimären die Quintessenz des Buchs auf wenige Tropfen bringe, wofür ich mir von ihm ebensoviel Dank verspreche, als ein gewisser Patient glaubte den Ärzten schuldig zu sein, daß sie ihn nur die Rinde von der Quinquina verzehren ließen, da sie ihn leichtlich hätten nötigen können, den ganzen Baum aufzuessen.[224] |

4 Herr *Swedenborg* teilt seine Erscheinungen in drei Arten ein,[225] davon die erste ist, vom Körper befreit zu werden: ein mittlerer Zustand zwischen Schlafen und Wachen, worin er Geister gesehen, gehört, ja gefühlt hat. Dergleichen ist ihm nur drei- oder viermal begegnet.[226] Die zweite ist, vom Geist weggeführt zu werden, da er etwa auf der Straße geht, ohne sich zu verwirren, indessen daß er im Geist in ganz anderen Gegenden ist und anderwärts Häuser, Menschen, Wälder u. dgl. deutlich sieht, und dieses wohl einige Stunden lang, bis er sich plötzlich wiederum an seinem rechten Ort gewahr wird. Dieses ist ihm zwei- bis dreimal zugestoßen.[227] Die dritte Art der Erscheinungen ist die gewöhnliche, welche er täglich im völligen Wachen hat und davon auch hauptsächlich diese seine Erzählungen hergenommen sind.[228]

5 Alle Menschen stehen seiner Aussage nach in gleich inniglicher Verbindung mit der Geisterwelt; nur sie empfinden es nicht, und der Unterschied zwischen ihm und den anderen besteht nur dar-

6 sorge] 1797, T, St, H I, Schu: sorgte **11** ihn] 1797, T, H I, Schu, H II, V/R: ihm **12** ihn] 1797, T, St: ihm **14** teilt] 1797, T, St, H I, Schu, H II: teilte **15** werden: ein] A_{1-3}, 1797, T, H I, Schu, H II, Ke, Schm, W, M: werden; ein **17** nur] A_2, 1797, T, St, H I, Schu, H II: nun **19** verwirren] 1797, T, H I, Schu, H II, Ak 1905 erwägt: verirren in, daß sein Innerstes aufgetan ist, von welchem Geschenk er jederzeit mit Ehrerbietigkeit | redet (datum mihi est ex divina Domini misericordia)[229]. Man sieht aus dem Zusammenhang, daß diese Gabe darin bestehen soll, sich derer dunklen Vorstellungen bewußt zu werden, welche die Seele durch ihre ¦ beständige Verknüpfung mit der Geisterwelt empfängt. Er unterscheidet daher an dem Menschen das äußere und innere Gedächtnis.[230] Jenes hat er als eine Person, die zu der sichtbaren Welt gehört, dieses aber kraft seines Zusammenhangs mit der Geisterwelt. Darauf gründet sich auch der Unterschied des äußeren und inneren Menschen, und sein eigener Vorzug besteht darin, daß er schon in diesem Leben als eine Person sich in der Gesellschaft der Geister sieht und von ihnen auch als eine solche erkannt wird. In diesem inneren Gedächtnis wird auch alles aufbehalten, was aus dem äußeren verschwunden war, und es geht nichts von allen Vorstellungen eines Menschen jemals verloren. Nach dem Tod ist die Erinnerung alles desjenigen, was jemals in seine Seele kam und was ihm selbst ehedem verborgen blieb, das vollständige Buch seines Lebens.[231] |

6 Die Gegenwart der Geister trifft zwar nur seinen inneren Sinn. Dieses erregt ihm aber die Apparenz derselben als außer ihm, und zwar unter einer menschlichen Figur. Die Geistersprache ist eine unmittelbare Mitteilung der Ideen, sie ist aber jederzeit mit der Apparenz derjenigen Sprache verbunden, die er sonst spricht, und wird vorgestellt als außer ihm. Ein Geist liest in eines anderen Geistes Gedächtnis die Vorstellungen, die dieser darin mit Klarheit enthält.[232] So sehen die Geister in *Swedenborg* seine Vorstellungen, die er von dieser Welt hat, mit so klarem Anschauen, daß sie sich dabei selbst hintergehen und sich öfters einbilden, sie sähen unmittelbar die Sachen, welches doch unmöglich ist, denn kein reiner Geist hat die mindeste Empfindung von der körperlichen Welt;[233] allein[234] durch die

16 Menschen jemals verloren] 1797, T, St, H I, Schu, H II: Menschen verloren **30** sähen] Ke, Schm; die anderen Ausgaben: sehen **31** ist, denn] St, V/R, B: ist; denn **31** reiner] 1797, T, St, Schu: reinerer

Gemeinschaft mit anderen Seelen lebender Menschen können sie auch keine Vorstellung davon haben, weil ihr Innerstes nicht aufgetan ist, d.i. ihr innerer Sinn gänzlich dunkle Vorstellungen enthält. Daher ist *Swedenborg* das rechte Orakel der Geister,[235] welche ebenso neugierig sind, in ihm den gegenwärtigen Zustand der Welt zu be|schauen, als er es ist, in ihrem Gedächtnis wie in einem Spiegel die Wunder der Geisterwelt zu betrachten. Obgleich diese Geister mit allen anderen Seelen lebender Menschen gleichfalls in der genauesten Verbindung stehen und in dieselben wirken oder von ihnen leiden, so wissen sie doch dieses ebensowenig, als es die Menschen wissen, weil dieser ihr innerer Sinn, welcher zu ihrer geistigen Persönlichkeit gehört, ganz dunkel ist. Es meinen also die Geister: daß dasjenige, was aus dem Einfluß der Menschenseelen in ihnen gewirkt worden, von ihnen allein gedacht sei, so wie auch die Menschen in diesem Leben nicht anders glauben, als daß alle ihre Gedanken ¦ und Willensregungen aus ihnen selbst entspringen, ob sie gleich in der Tat oftmals aus der unsichtbaren Welt in sie übergehen.[236] Indessen hat eine jede menschliche Seele schon in diesem Leben ihre Stelle in der Geisterwelt und gehört zu einer gewissen Sozietät, die jederzeit ihrem inneren Zustand des Wahren und Guten, d.i. des Verstandes und Willens, gemäß ist. Es haben aber die Stellen der Geister untereinander nichts mit dem Raum der körperlichen Welt | gemein; daher die Seele eines Menschen in Indien mit der eines anderen in Europa, was die geistigen Lagen betrifft, oft die nächsten Nachbarn sind, und dagegen die, so dem Körper nach in einem Haus wohnen, nach jenen Verhältnissen weit genug voneinander entfernt sein können.[237] Stirbt der Mensch, so verändert die Seele nicht ihre Stelle, sondern empfindet sich nur in derselben, darin sie in Ansehung anderer Geister schon in diesem Leben war. Übrigens, obgleich das Verhältnis der Geister untereinander kein wahrer Raum ist,

13 Geister: daß] St, Schu, H II, V/R, B: Geister, daß **25** die geistigen Lagen] A_2, 1797, T, St, H I, Schu, H II: die geistige Lage **26** sind] Ak 1905; die anderen Ausgaben: sein **27** die, so] Schu: die, welche so hat dasselbe doch bei ihnen die Apparenz desselben, und ihre Verknüpfungen werden unter der begleitenden Bedingung der Nahheiten, ihre Verschiedenheiten aber als Weiten vorgestellt, so, wie die Geister selber wirklich nicht ausgedehnt sind, einander aber doch die Apparenz einer menschlichen Figur geben.[238] In diesem eingebildeten Raum ist eine durchgängige Gemeinschaft der geistigen Naturen. *Swedenborg* spricht mit abgeschiedenen Seelen, wenn es ihm beliebt, und liest in ihrem Gedächtnis (Vorstellungskraft) denjenigen Zustand, darin sie sich selbst beschauen, und sieht diesen ebenso klar als mit leiblichen Augen. Auch ist die ungeheure Entfernung der vernünftigen | Bewohner der Welt in Absicht auf das geistige Weltganze für nichts zu halten, und mit einem Bewohner des Saturns zu reden, ist ihm ebenso leicht, als eine abgeschiedene Menschenseele zu sprechen. Alles kommt auf das Verhältnis des inneren Zustandes und auf die Verknüpfung an, die sie untereinander nach ihrer Übereinstimmung im Wahren und im Guten haben; die entfernteren Geister aber können leichtlich durch Vermittlung anderer in Gemeinschaft kommen. Daher braucht der Mensch auch nicht in den übrigen Weltkörpern wirklich gewohnt zu haben, um dieselben dereinst mit allen ihren Wundern zu kennen. Seine Seele liest in dem Gedächtnis anderer abgeschiedener Weltbürger ihre Vorstellungen, die diese von ihrem Leben und Wohnplatz haben, und sieht darin die Gegenstände so gut wie durch ein unmittelbares Anschauen.[239]

7 Ein Hauptbegriff in *Swedenborgs* Phantasterei ist dieser: Die körperlichen Wesen haben keine eigene Subsistenz, sondern bestehen lediglich ¦ durch die Geisterwelt; wiewohl ein jeder Körper nicht durch einen Geist allein, sondern durch alle zusammengenommen.[240] Daher hat die Erkenntnis | der materiellen Dinge zweierlei Bedeutung, einen äußerlichen Sinn in Verhältnis der Materie aufeinander und einen inneren, insofern sie als Wirkungen die Kräfte der Geisterwelt bezeichnen, die ihre Ur-

26 dieser: Die] B: dieser. Die **28** Geisterwelt; wiewohl] St, B: Geisterwelt, wiewohl sachen sind. So hat der Körper des Menschen ein Verhältnis der Teile untereinander nach materiellen Gesetzen; aber insofern er durch den Geist, der in ihm lebt, erhalten wird, haben seine verschiedenen Gliedmaßen und ihre Funktionen einen bezeichnenden Wert für diejenigen Seelenkräfte, durch deren Wirkung sie ihre Gestalt, Tätigkeit und Beharrlichkeit haben. Dieser innere Sinn ist den Menschen unbekannt, und den hat *Swedenborg*, dessen Innerstes aufgetan ist, den Menschen bekannt machen wollen. Mit allen anderen Dingen der sichtbaren Welt ist es ebenso bewandt, sie haben, wie gesagt, eine Bedeutung als Sachen, welches wenig ist, und eine andere als Zeichen, welches mehr ist. Dieses ist auch der Ursprung der neuen Auslegungen, die er von der *Schrift* hat machen wollen. Denn der innere Sinn, nämlich die symbolische Beziehung aller darin erzählten Dinge auf die Geisterwelt, ist, wie er | schwärmt, der Kern ihres Wertes,[241] das übrige ist nur die Schale. Was aber wiederum in dieser symbolischen Verknüpfung körperlicher Dinge als Bilder mit dem inneren geistigen Zustand wichtig ist, besteht darin: Alle Geister stellen sich einander jederzeit unter dem Anschein ausgedehnter Gestalten vor, und die Einflüsse aller dieser geistigen Wesen untereinander erregen ihnen zugleich die Apparenz von noch anderen ausgedehnten Wesen und gleichsam von einer materialen Welt, deren Bilder doch nur Symbole ihres inneren Zustandes sind, aber gleichwohl eine so klare und dauerhafte Täuschung des Sinnes verursachen, daß solche der wirklichen Empfindung solcher Gegenstände gleich ist. (Ein künftiger Ausleger wird daraus schließen: daß *Swedenborg* ein Idealist sei, weil er der Materie dieser Welt auch die eigene Subsistenz abspricht und sie daher vielleicht nur für eine zusammenhängen-

13 *Schrift*] Schu: H. Schrift **19** darin: Alle] A_{1-3}, 1797, T, H I, Schu, H II, Ke, Schm, M: darin. Alle **21** erregen] A_{1-3}, 1797, T, St, Schu, Schm, W: erregt **27** schließen: daß] St, Schu, H II, V/R, B: schließen, daß **28** sei, weil] A_{1-3}, 1797, T, H I, H II, Ke, Schm, W, M: sei; weil **28** Subsistenz] A_2, 1797, T, St, H I, Schu, H II: Substanz de Erscheinung halten mag, welche aus der Verknüpfung der Geisterwelt entspringt.) Er redet also von Gärten, weitläufigen Gegenden, Wohnplätzen, Galerien und Arkaden der Geister, die er mit eigenen Augen in dem klarsten Licht sähe,[242] und versichert: daß, da er mit | allen seinen Freunden nach ihrem Tod vielfältig gesprochen, er an denen, die nur kürzlich gestorben, fast jederzeit gefunden hätte, daß sie sich kaum hätten überreden können, gestorben zu sein,[243] weil sie eine ähnliche Welt um sich ¦ sähen; imgleichen, daß Geistergesellschaften von einerlei innerem Zustand einerlei Apparenz der Gegend und anderer daselbst befindlicher Dinge hätten, die Veränderung ihres Zustandes aber sei mit dem Schein der Veränderung des Orts verbunden. Weil nun jederzeit, wenn die Geister den Menschenseelen ihre Gedanken mitteilen, diese mit der Apparenz materieller Dinge verbunden sind, welche im Grunde nur kraft einer Beziehung auf den geistigen Sinn, doch mit allem Schein der Wirklichkeit sich demjenigen vormalen, der solche empfängt, so ist daraus der Vorrat der wilden und unaussprechlich albernen Gestalten herzuleiten, welche unser Schwärmer bei seinem täglichen Geisterumgang in aller Klarheit zu sehen glaubt.

8 Ich habe schon angeführt, daß nach unserem Verfasser die mancherlei Kräfte und Eigenschaften der Seele mit den ihrer Regierung unter|geordneten Organen des Körpers in Sympathie stehen. Der ganze äußere Mensch korrespondiert also dem ganzen inneren Menschen, und wenn daher ein merklicher geistiger Einfluß aus der unsichtbaren Welt eine oder andere dieser seiner Seelenkräfte vorzüglich trifft, so empfindet er auch harmonisch die apparente Gegenwart desselben an den Gliedmaßen seines äußeren Menschen, die diesen korrespondieren. Dahin bezieht er nun eine große Mannigfaltigkeit von Empfindungen an seinem Körper, die jederzeit mit der geistigen Beschauung verbun-

4 die er mit] A_2, 1797: die mit **4** sähe] H I, H II, V/R: sehe **5** versichert: daß] St, Schu, B: versichert, daß **5** Freunden] T: Freuden

den sind, deren Ungereimtheit aber zu groß ist, als daß ich es wagen dürfte, nur eine einzige derselben anzuführen.

9 Hieraus kann man sich nun, wofern man es der Mühe wert hält, einen Begriff von der abenteuerlichsten und seltsamsten Einbildung machen, in welche sich alle seine Träumereien vereinbaren. So wie nämlich verschiedene Kräfte und Fähigkeiten diejenige Einheit ausmachen, welche die Seele oder der innere Mensch ist, so machen auch verschiedene Geister (deren Hauptcharaktere sich ebenso aufeinander beziehen wie die mancherlei Fähigkeiten eines Geistes unter|einander) eine Sozietät aus, welche die Apparenz eines großen Menschen an sich zeigt, und in welchem Schattenbild ein jeder Geist sich an demjenigen Ort und in den scheinbaren Gliedmaßen sieht, die seiner eigentümlichen Verrichtung in einem solchen geistigen Körper gemäß sind. Alle Geistersozietäten aber zusammen und die ganze Welt aller dieser unsichtbaren Wesen erscheint zuletzt selbst wiederum in der Apparenz des g r ö ß t e n M e n s c h e n[244]. Eine ungeheure und riesenmäßige Phantasie, zu welcher sich vielleicht eine alte kin¦dische Vorstellung ausgedehnt hat, wenn etwa in Schulen, um dem Gedächtnis zu Hilfe zu kommen, ein ganzer Weltteil unter dem Bild einer sitzenden Jungfrau u. dgl. den Lehrlingen vorgemalt wird.[245] In diesem unermeßlichen Menschen ist eine durchgängige innigste Gemeinschaft eines Geistes mit allen und aller mit einem,[246] und wie auch immer die Lage der lebenden Wesen gegeneinander in dieser Welt oder deren Veränderung beschaffen sein mag, so haben sie doch eine ganz andere Stelle im größten Menschen, welche sie niemals verändern und welche nur dem Schein nach ein Ort in einem | unermeßlichen Raum, in der Tat aber eine bestimmte Art ihrer Verhältnisse und Einflüsse ist.

10 Ich bin es müde, die wilden Hirngespinste des ärgsten Schwärmers unter allen zu kopieren oder solche bis zu seinen Beschrei-

1 sind] A_{1-3}, 1797, St, W, M: sein; Ke, Schm: seien **14** sind] A_{1-3}, 1797, T, St, H I, Schu, H II, Ke, Schm, W: ist **23** allen] A_{1-3}, 1797, St, Schm, W: allem

bungen vom Zustand nach dem Tod fortzusetzen. Ich habe auch noch andere Bedenklichkeiten. Denn obgleich ein Natursammler unter den präparierten Stücken tierischer Zeugungen nicht nur solche, die in natürlicher Form gebildet sind, sondern auch Mißgeburten in seinem Schrank aufstellt, so muß er doch behutsam sein, sie nicht jedermann und nicht gar zu deutlich sehen zu lassen. Denn es könnten unter den Vorwitzigen leichtlich schwangere Personen sein, bei denen es einen schlimmen Eindruck machen dürfte.[247] Und da unter meinen Lesern einige in Ansehung der idealen Empfängnis ebensowohl in anderen Umständen sein mögen, so würde mir es leid tun, wenn sie sich hier etwa woran sollten versehen haben. Indessen, weil ich sie doch gleich anfangs gewarnt habe, so stehe ich für nichts und hoffe, man werde mir die Mondkälber[248] nicht aufbürden, die bei dieser Veranlassung von ihrer fruchtbaren Einbildung möchten geboren werden. |

11 Übrigens habe ich den Träumereien unseres Verfassers keine eigenen unterschoben, sondern solche durch einen getreuen Auszug dem bequemen und wirtschaftlichen Leser (der einem kleinen Vorwitz nicht so leicht 7 Pfund Sterling[249] aufopfern möchte) dargeboten. Zwar sind die unmittelbaren Anschauungen mehrenteils von mir weggelassen worden, weil dergleichen wilde Hirngespinste nur den Nachtschlaf des Lesers stören würden;[250] auch ist der verworrene Sinn seiner Eröffnungen hin und wieder in eine etwas gangbare Sprache eingekleidet worden; allein die Hauptzüge des Abrisses haben dadurch in ihrer Richtigkeit nicht gelitten. Gleichwohl ist es nur umsonst, es verhehlen zu wollen, weil es jedermann doch so in die Augen fällt, daß alle diese Arbeit am Ende auf nichts herauslaufe. Denn da die vorgegebenen Privaterscheinungen des Buchs sich selbst ¦ nicht beweisen können, so konnte der Bewegungsgrund, sich

18 unterschoben] 1797, T, St, H I, Schu, H II, V/R: untergeschoben **25** gangbare] Schu: gangbarere; V/R erwägen: gangbarere **28** jedermann] V/R, B, W; die anderen Ausgaben: Jedermann **29** herauslaufe] Schu: hinauslaufe mit ihnen abzugeben, nur in der Vermutung liegen, daß der Verfasser zur Beglaubigung derselben sich vielleicht auf Vorfälle von der oben erwähnten Art, die durch lebende Zeugen bestätigt werden könnten, berufen würde. Dergleichen | aber findet man nirgends. Und so ziehen wir uns mit einiger Beschämung von einem törichten Versuch zurück mit der vernünftigen, obgleich etwas späten Anmerkung: daß das Klugdenken mehrenteils eine leichte Sache sei, aber leider nur, nachdem man sich eine Zeitlang hat hintergehen lassen.[251]

***

12 Ich habe einen undankbaren Stoff bearbeitet, den mir die Nachfrage und Zudringlichkeit vorwitziger und müßiger Freunde unterlegte. Indem ich diesem Leichtsinn meine Bemühung unterwarf, so habe ich zugleich dessen Erwartung betrogen und weder dem Neugierigen durch Nachrichten noch dem Forschenden durch Vernunftgründe etwas zur Befriedigung ausgerichtet. Wenn keine andere Absicht diese Arbeit beseelte, so habe ich meine Zeit verloren; ich habe das Zutrauen des Lesers verloren, dessen Erkundigung und Wißbegierde ich durch einen langweiligen Umweg zu demselben Punkt der Unwissenheit geführt habe, aus welchem er herausgegangen war. Allein ich hatte in der Tat einen Zweck vor Augen, der mir wichtiger scheint als der, welchen | ich vorgab, und diesen meine ich erreicht zu haben. Die Metaphysik, in welche ich das Schicksal habe verliebt zu sein, ob ich mich gleich von ihr nur selten einiger Gunstbezeugungen rühmen kann, leistet zweierlei Vorteile. Der erste ist, den Aufgaben ein Genüge zu tun, die das forschende Gemüt aufwirft, wenn es verborgenere Eigenschaften der Dinge durch Vernunft nachspäht. Aber hier täuscht der Ausgang nur gar zu oft die Hoffnung und ist diesmal auch unseren begierigen Händen entgangen.

7 Anmerkung: daß] St, Schu, B: Anmerkung, daß **11** Freunde] 1797, T: Freude **13** dessen] Schu: deren **29** ist diesmal] V/R erwägen (mit Blick auf das folgende Vergil-Zitat): ist das Schattenbild diesmal

Ter, frustra comprensa manus, effugit imago,
Par levibus ventis volucrique simillima somno.[252]
Vergil

13 Der andere Vorteil ist der Natur des menschlichen Verstandes mehr angemessen und besteht darin: einzusehen, ob die Aufgabe aus demjenigen, was man wissen kann, auch bestimmt sei und welches Verhältnis die Frage zu den Erfahrungsbegriffen habe, darauf sich alle unsere Urteile ¦ jederzeit stützen müssen. Insofern ist die Metaphysik eine Wissenschaft von den Grenzen der menschlichen Vernunft,[253] und da ein kleines Land jederzeit viel Grenze hat, überhaupt | auch mehr daran liegt, seine Besitzungen wohl zu kennen und zu behaupten, als blindlings auf Eroberungen auszugehen, so ist dieser Nutzen der erwähnten Wissenschaft der unbekannteste und zugleich der wichtigste, wie er denn auch nur ziemlich spät und nach langer Erfahrung erreicht wird. Ich habe diese Grenze hier zwar nicht genau bestimmt, aber doch insoweit angezeigt, daß der Leser bei weiterem Nachdenken finden wird, er könne sich aller vergeblichen Nachforschung überheben in Ansehung einer Frage, wozu die data in einer anderen Welt, als in welcher er empfindet, anzutreffen sind. Ich habe also meine Zeit verloren, damit ich sie gewönne.[254] Ich habe meinen Leser hintergangen, damit ich ihm nützte, und wenn ich ihm gleich keine neue Einsicht darbot, so vertilgte ich doch den Wahn und das eitle Wissen, welches den Verstand aufbläht[255] und in seinem engen Raum den Platz ausfüllt, den die Lehren der Weisheit und der nützlichen Unterweisung einnehmen könnten.[256]

14 Wen die bisherigen Betrachtungen ermüdet haben, ohne ihn zu belehren, dessen Ungeduld kann sich nunmehr damit aufrichten, was *Dio|genes*, wie man sagt, seinen gähnenden Zuhö-

4 Der] St, Ak 1905, B, L, Wa/Me: fügen Absatz ein 5 darin: einzusehen] St: darinn, einzusehen; B: darin einzusehen 19 Nachforschung] H II, V/R: Nachforschungen 20 data] Ak 1905; die anderen Ausgaben: Data

rern zusprach, als er das letzte Blatt eines langweiligen Buchs sah: Courage, meine Herren, ich sehe Land.[257] Vorher wandelten wir wie *Demokrit* im leeren Raum,[258] wohin uns die Schmetterlingsflügel der Metaphysik gehoben hatten, und unterhielten uns daselbst mit geistigen Gestalten. Jetzt, da die stiptische[259] Kraft der Selbsterkenntnis die seidenen Schwingen zusammengezogen hat, sehen wir uns wieder auf dem niedrigen Boden der Erfahrung und des gemeinen Verstandes;[260] glücklich! wenn wir denselben als unseren angewiesenen Platz betrachten, aus welchem wir niemals ungestraft hinausgehen und der auch alles enthält, was uns befriedigen kann, solange wir uns am Nützlichen halten.

1 eines] A_1: einiges **7** zusammengezogen] A_1, W: zusammenzogen **9** glücklich! wenn] V/R, B: glücklich, wenn

Drittes Hauptstück.

Praktischer Schluß aus der ganzen Abhandlung.

Einem jeden Vorwitz nachzuhängen und der Erkenntnissucht keine anderen Grenzen zu verstatten als das Unvermögen, ist ein Eifer, welcher ¦ der Gelehrsamkeit nicht übel ansteht. Allein unter | unzähligen Aufgaben, die sich selbst darbieten, diejenige[261] auswählen, deren Auflösung dem Menschen angelegen ist, ist das Verdienst der Weisheit. Wenn die Wissenschaft ihren Kreis durchlaufen hat, so gelangt sie natürlicherweise zu dem Punkt eines bescheidenen Mißtrauens und sagt, unwillig über sich selbst: Wieviel Dinge gibt es doch, die ich nicht einsehe! Aber die durch Erfahrung gereifte Vernunft, welche zur Weisheit wird, spricht in dem Mund des *Sokrates* mitten unter den Waren eines Jahrmarkts mit heiterer Seele: Wieviel Dinge gibt es doch, die ich alle nicht brauche![262] Auf solche Art fließen endlich zwei Bestrebungen von so unähnlicher Natur in eine zusammen, ob sie gleich anfangs nach sehr verschiedenen Richtungen ausgingen, indem die erste eitel und unzufrieden, die zweite aber gesetzt und genügsam ist. Denn um vernünftig zu wählen, muß man vorher selbst das Entbehrliche, ja das Unmögliche kennen; aber endlich gelangt die Wissenschaft zu der Bestimmung der ihr durch die Natur der menschlichen Vernunft gesetzten Grenzen; alle bodenlosen Entwürfe aber, die vielleicht an sich selbst nicht unwürdig | sein mögen, nur daß sie außer der Sphäre des Menschen liegen, fliehen auf den

11 selbst: Wieviel – einsehe!] 1797, T, Schu: selbst, wieviel – einsehe!; St, H I, H II: selbst: wieviel – einsehe!; A_{1-3}, Ke, Schm, W, M: selbst, wieviel – einsehe. **14** Seele: Wieviel – brauche!] A_{1-3}, 1797, T, Schu, Ke, Schm, W, M: Seele: Wieviel – brauche.; St, H I, H II: Seele: wieviel – brauche! **25** des] A_2, A_3, 1797, T, St, H I, Schu, H II, Ke: der

Limbus der Eitelkeit[263]. Alsdann wird selbst die Metaphysik dasjenige, wovon sie jetzt noch ziemlich weit entfernt ist, und was man von ihr am wenigsten vermuten sollte, die Begleiterin der Weisheit. Denn solange die Meinung einer Möglichkeit, zu so entfernten Einsichten zu gelangen, übrigbleibt, so ruft die weise Einfalt vergeblich, daß solche großen Bestrebungen entbehrlich seien. Die Annehmlichkeit, welche die Erweiterung des Wissens begleitet, wird sehr leicht den Schein der Pflichtmäßigkeit annehmen und aus jener vorsätzlichen und überlegten Genügsamkeit eine dumme Einfalt machen, die sich der Veredelung unserer Natur entgegensetzen will. Die Fragen von der geistigen Natur, von der Freiheit und Vorherbestimmung, dem künftigen Zustand u. dgl. bringen anfänglich alle Kräfte des Verstandes in Bewegung und ziehen den Menschen durch ihre Vortrefflichkeit in den Wetteifer der Spekulation, welche ohne Unterschied klügelt und entscheidet, lehrt oder widerlegt, wie es die Scheineinsicht jedesmal mit sich bringt.[264] Wenn diese Nachfor|schung aber in Philosophie ausschlägt, die über ihr eigenes Verfahren urteilt und die nicht die Gegenstände allein, sondern deren Verhältnis zu dem Verstand des Menschen kennt, so ziehen sich die Grenzen enger zusammen und die Marksteine werden gelegt, welche die Nachforschung aus ihrem eigentüm¦lichen Bezirk niemals mehr ausschweifen lassen. Wir haben einige Philosophie nötig gehabt, um die Schwierigkeiten zu kennen, welche einen Begriff umgeben, den man gemeiniglich als sehr bequem und alltäglich behandelt.[265] Etwas mehr Philosophie entfernt dieses Schattenbild der Einsicht noch mehr und überzeugt uns, daß es gänzlich außer dem Gesichtskreis der Menschen liege.[266] Denn in den Verhältnissen der Ursache und Wirkung, der Substanz und der Handlung dient anfänglich die

7 seien] A_{1-3}, 1797, St, W, M: sein; T, H I, Schu, H II, Ke, V/R, Schm: sind **22** aus ihrem eigentümlichen] A_{1-3}, 1797, T, Schm, W: aus eigentümlichen; St: aus eigenthümlichem; Schu: aus dem eigenthümlichen **24** die Schwierigkeiten] A_{1-3}, 1797, T, St, Schu, Ke, Schm, W: die Schwierigkeit **29** liege. Denn] 1797, T, H I, Schu, H II: liegt. Denn; St: liegt; denn

Philosophie dazu, die verwickelten Erscheinungen aufzulösen und solche auf einfachere Vorstellungen zu bringen. Ist man aber endlich zu den Grundverhältnissen gelangt, so hat das Geschäft der Philosophie ein Ende,[267] und: wie etwas könne eine Ursache sein oder eine Kraft haben, ist unmöglich jemals durch Vernunft einzusehen,[268] sondern diese Verhältnisse müssen lediglich | aus der Erfahrung genommen werden. Denn unsere Vernunftregel geht nur auf die Vergleichung nach der Identität und dem Widerspruch. Sofern aber etwas eine Ursache ist, so wird durch Etwas etwas Anderes gesetzt, und es ist also kein Zusammenhang vermöge der Einstimmung anzutreffen; wie denn auch, wenn ich ebendasselbe nicht als eine Ursache ansehen will, niemals ein Widerspruch entspringt, weil es sich nicht kontradiziert: wenn etwas gesetzt ist, etwas anderes aufzuheben. Daher die Grundbegriffe der Dinge als Ursachen, die der Kräfte und Handlungen, wenn sie nicht aus der Erfahrung hergenommen sind, gänzlich willkürlich sind und weder bewiesen noch widerlegt werden können. Ich weiß wohl: daß das Denken und Wollen meinen Körper bewege, aber ich kann diese Erscheinung als eine einfache Erfahrung niemals durch Zergliederung auf eine andere bringen und sie daher wohl erkennen, aber nicht einsehen. Daß mein Wille meinen Arm bewegt,[269] ist mir nicht verständlicher, als wenn jemand sagte, daß derselbe auch den Mond in seinem Kreis zurückhalten könnte; der Unterschied ist nur dieser: daß ich jenes er|fahre, dieses aber niemals in meine Sinne gekommen ist. Ich erkenne in mir Veränderungen als in einem Subjekt, was lebt, nämlich Gedanken, Willkür etc. etc., und weil diese Bestimmungen von anderer Art sind als alles, was zusammengenommen meinen Begriff vom Körper macht, so denke ich mir billigermaßen ein unkörperliches und beharrli-

4 und: wie] St, Ak 1905, V/R, B: und wie **10** Etwas etwas Anderes] St, W: etwas etwas anders **14** kontradiziert: wenn] H II, Ak 1905, V/R, B: kontradiziert, wenn **18** wohl: daß] A_1, W, M; die anderen Ausgaben: wohl, daß **25** dieser: daß] 1797, T: dieser; daß; H I, Schu, H II, V/R, B: dieser, daß **28** alles] H I, Schu, Ke: Alles ches Wesen. Ob dieses auch ohne Verbindung mit dem Körper denken werde, kann vermittelst dieser aus Erfahrung erkannten Natur niemals geschlossen werden. Ich bin mit meiner Art Wesen durch Vermittlung körperlicher Gesetze in Verknüpfung, ob ich aber auch sonst nach anderen Ge¦setzen, welche ich pneumatisch nennen will, ohne die Vermittlung der Materie in Verbindung stehe oder jemals stehen werde, kann ich auf keinerlei Weise aus demjenigen schließen, was mir gegeben ist. Alle solche Urteile, wie diejenigen von der Art, wie meine Seele den Körper bewegt oder mit anderen Wesen ihrer Art jetzt oder künftig in Verhältnis steht, können niemals etwas mehr als Erdichtungen sein, und zwar bei weitem nicht einmal von demjenigen Wert als die in der Naturwissenschaft, welche man Hypo|thesen nennt, bei welchen man keine Grundkräfte ersinnt, sondern diejenigen, welche man durch Erfahrung schon kennt, nur auf eine den Erscheinungen angemessene Art verbindet,[270] und deren Möglichkeit sich also jederzeit muß können beweisen lassen; dagegen im ersten Fall selbst neue Fundamentalverhältnisse von Ursache und Wirkung angenommen werden, in welchen man niemals den mindesten Begriff ihrer Möglichkeit haben kann und also nur schöpferisch oder schimärisch, wie man es nennen will, dichtet. Die Begreiflichkeit verschiedener wahrer oder angeblicher Erscheinungen aus dergleichen angenommenen Grundideen dient diesen zu gar keinem Vorteil. Denn man kann leicht von allem Grund angeben, wenn man berechtigt ist, Tätigkeiten und Wirkungsgesetze zu ersinnen, wie man will. Wir müssen also warten, bis wir vielleicht in der künftigen Welt durch neue Erfahrungen und neue Begriffe von den uns noch verborgenen Kräften in unserem denkenden Selbst werden belehrt werden. So haben uns die Beobachtungen späterer Zeiten, nachdem sie

10 in] T, H I, Schu, H II, V/R: im **27** durch neue Erfahrungen und neue Begriffe] A_{1-3}, 1797, T, St, H I, H II, Schm, W: durch neue Erfahrungen neue Begriffe; Schu, Ke, Ak 1905 erwägt: durch neue Erfahrungen über neue Begriffe; B: durch neue Erfahrungen und Begriffe **29** belehrt] H I, H II: gelehrt

durch Mathematik aufgelöst worden, die Kraft der Anziehung an der Materie | offenbart, von deren Möglichkeit (weil sie eine Grundkraft zu sein scheint) man sich niemals einigen ferneren Begriff wird machen können. Diejenigen, welche, ohne den Beweis aus der Erfahrung in Händen zu haben, vorher sich eine solche Eigenschaft hätten ersinnen wollen, würden als Toren mit Recht verdient haben, ausgelacht zu werden. Da nun die Vernunftgründe in dergleichen Fällen weder zur Erfindung noch zur Bestätigung der Möglichkeit oder Unmöglichkeit von der mindesten Erheblichkeit sind: so kann man nur den Erfahrungen das Recht der Entscheidung einräumen, so wie ich es auch der Zeit, welche Erfahrung bringt, überlasse, etwas über die gepriesenen Heilkräfte des Magneten in Zahnkrankheiten[271] auszumachen, wenn sie ebenso viele Beobachtungen wird vorzeigen können, daß magnetische Stäbe auf Fleisch und Knochen wirken, als wir schon vor uns haben, daß es auf Eisen und Stahl geschehe. Wenn aber gewisse angebliche Erfahrungen sich in kein unter den meisten Menschen einstimmiges ¦ Gesetz der Empfindung bringen lassen und also nur eine Regellosigkeit in den Zeugnissen der Sinne beweisen würden (wie es | in der Tat mit den herumgehenden Geistererzählungen bewandt ist), so ist ratsam, sie nur abzubrechen: weil der Mangel der Einstimmung und Gleichförmigkeit[272] alsdann der historischen Erkenntnis[273] alle Beweiskraft nimmt und sie untauglich macht, als ein Fundament zu irgendeinem Gesetz der Erfahrung zu dienen, worüber der Verstand urteilen könnte.

2 So wie man einerseits durch etwas tiefere Nachforschung einsehen lernt: daß die überzeugende und philosophische Einsicht in dem Fall, wovon wir reden, u n m ö g l i c h sei, so wird man auch

10 sind: so] A_{1-3}, W, M: sein: so; St, H I, Schu, H II, V/R, B: sind, so **22** ist ratsam] V/R: ist es ratsam **22** abzubrechen: weil] A_{1-3}, 1797, T, H I, H II, Ke, V/R, Schm, W, M: abzubrechen; weil; St, Schu, B: abzubrechen, weil **24** macht, als ein Fundament] A_{1-3}, 1797, St, Schm, W: macht, ein Fundament; T, H I, Schu, H II, Ke, B: macht, als Fundament **28** lernt: daß] St, Schu, H II, Ak 1905, V/R, B: lernt, daß andererseits bei einem ruhigen und vorurteilsfreien Gemüt gestehen müssen, daß sie entbehrlich und *unnötig* sei. Die Eitelkeit der Wissenschaft entschuldigt gern ihre Beschäftigung mit dem Vorwand der Wichtigkeit, und so gibt man auch hier gemeiniglich vor, daß die Vernunfteinsicht von der geistigen Natur der Seele zu der Überzeugung von dem Dasein nach dem Tod, diese aber zum Bewegungsgrund eines tugendhaften Lebens sehr nötig sei; die müßige Neubegierde aber setzt hinzu, daß die Wahrhaftigkeit der Erscheinungen abgeschiedener Seelen | von allem diesem sogar einen Beweis aus der Erfahrung abgeben könne. Allein[274] die wahre Weisheit ist die Begleiterin der Einfalt, und da bei ihr das Herz dem Verstand die Vorschrift gibt, so macht sie gemeiniglich die großen Zurüstungen der Gelehrsamkeit entbehrlich, und ihre Zwecke bedürfen nicht solcher Mittel, die nimmermehr in aller Menschen Gewalt sein können. Wie? Ist es denn nur darum gut, tugendhaft zu sein, weil es eine andere Welt gibt, oder werden die Handlungen nicht vielmehr dereinst belohnt werden, weil sie an sich selbst gut und tugendhaft waren? Enthält das Herz des Menschen nicht unmittelbare sittliche Vorschriften, und muß man, um ihn allhier seiner Bestimmung gemäß zu bewegen, durchaus die Maschinen an eine andere Welt ansetzen? Kann derjenige wohl redlich, kann er wohl tugendhaft heißen, welcher sich gern seinen Lieblingslastern ergeben würde, wenn ihn nur keine künftige Strafe schreckte, und wird man nicht vielmehr sagen müssen, daß er zwar die Ausübung der Bosheit scheue, die lasterhafte Gesinnung aber in seiner Seele nähre, daß er den Vorteil der tugendähnlichen Handlungen liebe, die Tugend selbst | aber hasse?[275] Und in der Tat lehrt die Erfahrung auch: daß so viele, welche von der künftigen Welt belehrt und überzeugt sind, gleichwohl dem Laster und der Niederträchtigkeit ergeben, nur auf Mittel sinnen, den drohenden Folgen der ¦ Zukunft arglistig auszuweichen; aber es hat wohl niemals eine rechtschaffene Seele gelebt, welche den Gedanken

24 ihn] A_1, W: ihm **29** auch: daß] A_2, A_3, 1797, T, St, H I, Schu, H II, Ke, V/R, B, Schm: auch, daß hätte ertragen können, daß mit dem Tod alles zu Ende sei, und deren edle Gesinnung sich nicht zur Hoffnung der Zukunft erhoben hätte.[276] Daher scheint es der menschlichen Natur und der Reinigkeit der Sitten gemäßer zu sein: die Erwartung der künftigen Welt auf die Empfindungen einer wohlgearteten Seele als umgekehrt ihr Wohlverhalten auf die Hoffnung der anderen Welt zu gründen. So ist auch der moralische Glaube bewandt, dessen Einfalt mancher Spitzfindigkeit des Vernünftelns überhoben sein kann, und welcher einzig und allein dem Menschen in jeglichem Zustand angemessen ist, indem er ihn ohne Umschweif zu seinen wahren Zwecken führt. Laßt uns demnach alle lärmenden Lehrverfassungen von so entfernten Gegenständen der Spekulation und der Sorge müßiger Köpfe überlassen. Sie sind uns in der Tat gleichgültig, | und der augenblickliche Schein der Gründe für oder dawider mag vielleicht über den Beifall der Schulen, schwerlich aber etwas über das künftige Schicksal der Redlichen entscheiden. Es war auch die menschliche Vernunft nicht genugsam dazu beflügelt, daß sie so hohe Wolken teilen sollte, die uns die Geheimnisse der anderen Welt aus den Augen ziehen, und den Wißbegierigen, die sich nach derselben so angelegentlich erkundigen, kann man den einfältigen, aber sehr natürlichen Bescheid geben: daß es wohl am ratsamsten sei, wenn sie sich zu gedulden beliebten, bis sie werden dahin kommen. Da aber unser Schicksal in der künftigen Welt vermutlich sehr darauf ankommen mag, wie wir unseren Posten in der gegenwärtigen verwaltet haben,[277] so schließe ich mit demjenigen, was *Voltaire* seinen ehrlichen Candide nach so viel unnützen Schulstreitigkeiten zum Beschluß sagen läßt: Laßt uns unser Glück besorgen, in den Garten gehen und arbeiten![278]

4 sein: die] St, Schu, H II, V/R, B: sein, die **22** geben: daß] St, Schu, H II, V/R, B: geben, daß **30** arbeiten!] A_{1-3}, 1797, T, St, H I, Schu, H II, Ke, Schm, W, M: arbeiten.

ANHANG I

Beilagen

Alle Texte werden ohne Änderungen in Orthographie und Interpunktion getreu ihrer Vorlagen wiedergegeben. Zwischen Frakturschrift und Antiqua wird nicht unterschieden, die verschiedenen Arten von Hervorhebungen sind einheitlich durch Kursive ersetzt; Originalanmerkungen der Texte sind mit einem Sternchen gesetzt, Erläuterungen der Herausgeber werden in arabischen Ziffern gezählt.

Der Teil „E. Dokumente von anderer Hand zu den *Träumen*“ beansprucht nicht, alle bisher bekannt gewordenen Rezeptionsspuren zu präsentieren, sondern beschränkt sich auf Stellungnahmen, die für die zeitgenössische Einschätzung der *Träume* bedeutsam sind.

A. Aus den Werken Kants

A.1 Aus: *Der Streit der Fakultäten* (1798)

[...]. Was aber die vorgebliche Mystik der Vernunftauslegungen betrifft, wenn die Philosophie in Schriftstellen einen moralischen Sinn aufgespäht, ja gar ihn dem Texte aufdringt, so ist diese gerade das einzige Mittel, die Mystik (z. B. eines *Swedenborgs*) abzuhalten. Denn die Phantasie verläuft sich bei Religionsdingen unvermeidlich ins Überschwengliche, wenn sie das Übersinnliche (was in allem, was Religion heißt, gedacht werden muß) nicht an bestimmte Begriffe der Vernunft, dergleichen die moralische sind, knüpft, und führt zu einem Illuminatism innerer Offenbarungen, deren ein jeder alsdann seine eigene hat und kein öffentlicher Probirstein der Wahrheit mehr Statt findet. [...].

Text nach Ak VII, $046_{01\text{-}10}$.

A.2 Aus: *Anthropologie in pragmatischer Hinsicht* (1798)

[...]. Die wirklichen, den Sinnen vorliegenden Welterscheinungen (mit *Swedenborg*) für bloßes *Symbol* einer im Rückhalt verborgenen intelligibelen Welt ausgeben, ist *Schwärmerei.* Aber in den Darstellungen der zur Moralität, welche das Wesen aller Religion ausmacht, mithin zur reinen Vernunft gehörigen Begriffe (Ideen genannt), das Symbolische vom Intellectuellen (Gottesdienst von Religion), die zwar einige Zeit hindurch nützliche und nöthige *Hülle* von der Sache selbst zu unterscheiden, ist *Aufklärung* [...].

Text nach Ak VII, 191_{34}-192_{05}.

B. Aus den Briefen Kants

B.1 Brief an Charlotte von Knobloch (10. August [1763][279])

Ich würde mich der Ehre und des Vergnügens nicht so lange beraubt haben, dem Befehl einer Dame, die die Zierde ihres Geschlechts ist, durch die Abstattung des erforderten Berichts nachzukommen, wenn ichs nicht vor nöthig erachtet hätte, zuvor eine vollständigere Erkundigung in dieser Sache einzuziehen. Der Inhalt der Erzählung, zu der ich mich anschicke, ist von ganz anderer Art, als diejenigen gewöhnlich seyn müssen, denen es erlaubt seyn soll, mit allen Grazien umgeben, in die Zimmer der Schönen einzudringen. Ich würde es auch zu verantworten haben, wenn bei Durchlesung derselben irgend feyerlicher Ernst einen Augenblick die Miene der Fröhlichkeit auslöschen sollte, womit zufriedene Unschuld die ganze Schöpfung anzublicken berechtiget ist, wenn ich nicht versichert wäre, daß, obgleich dergleichen Bilder einerseits denjenigen Schauder rege machen, der eine Wiederholung alter Erziehungseindrücke ist, dennoch die erleuchtete Dame, die dieses lieset, die Annehmlichkeit nicht vermissen werde, die eine richtige Anwendung dieser Vorstellung liefern kann. Erlauben Sie mir, gnädiges Fräulein, daß ich mein Verfahren in dieser Sache rechtfertige, da es scheinen könnte, daß ein gemeiner Wahn mich etwa möchte vorbereitet haben, die dahin einschlagenden Erzählungen aufzusuchen und ohne sorgfältige Prüfung gerne anzunehmen.

Ich weiß nicht, ob jemand an mir eine Spur von einer zum Wunderbaren geneigten Gemüthsart oder von einer Schwäche, die leicht zum Glauben bewogen wird, sollte jemals haben wahrnehmen können. So viel ist gewiß, daß ungeachtet aller Geschichten von Erscheinungen und Handlungen des Geisterreichs, davon mir eine große Menge der wahrscheinlichsten bekannt ist, ich doch jederzeit der Regel der gesunden Vernunft am gemäßesten zu seyn erachtet habe, sich auf die verneinende Seite zu lenken; nicht als ob ich vermeinet, die Unmöglichkeit davon eingesehen zu haben, (denn, wie wenig ist uns doch von

S. 242

der Natur eines Geistes bekannt?) sondern, weil sie insgesamt nicht genugsam bewiesen sind; übrigens auch, was die Unbegreiflichkeit dieser Art Erscheinungen, imgleichen ihre Unnützlichkeit anlangt, der Schwierigkeiten so viele sind, dagegen aber des entdeckten Betruges und auch der Leichtigkeit betrogen zu werden, so mancherlei, daß ich, der ich mir überhaupt nicht gerne Ungelegenheit mache, nicht vor rathsam hielt, mir deswegen auf Kirchhöfen oder in einer Finsterniß bange werden zu lassen. Dieses ist die Stellung, in welcher sich mein Gemüth von langer Zeit her befand, bis die Geschichte des Herrn Swedenborg mir bekannt gemacht wurde.

Diese Nachricht hatte ich durch einen Dänischen Officier, der mein Freund und ehemaliger Zuhörer war, welcher an der Tafel des Oesterreichschen Gesandten Dietrichstein in Kopenhagen den Brief, den dieser Herr zu derselben Zeit von dem Baron von Lützow, Meklenburgschem Gesandten in Stockholm, bekam, selbst nebst andern Gästen gelesen hatte, wo gedachter von Lützow ihm meldet, daß er in Gesellschaft des Holländischen Gesandten bei der Königin von Schweden der sonderbaren Geschichte, die Ihnen, gnäd. Fr. vom Hrn. v. Swedenborg schon bekannt seyn wird, selbst beigewohnet habe. Die Glaubwürdigkeit einer solchen Nachricht machte mich stutzig. Denn, man kann es schwerlich annehmen, daß ein Gesandter an einen andern Gesandten eine Nachricht *zum öffentlichen Gebrauch* überschreiben sollte, welche von der Königin des Hofes, wo er sich befindet, etwas melden sollte, welches unwahr wäre und wobei er doch, nebst einer ansehnlichen Gesellschaft zugegen wollte gewesen seyn. Um nun das Vorurtheil von Erscheinungen und Gesichtern nicht durch ein neues Vorurtheil blindlings zu verwerfen, fand ich es vernünftig, mich nach dieser Geschichte näher zu erkundigen. Ich schrieb an gedachten Officier nach Kopenhagen und gab ihm allerlei Erkundigungen auf. Er antwortete, daß er nochmals desfalls den Grafen von Dietrichstein gesprochen hätte, daß die Sache sich wirklich so verhielte, daß der Professor Schlegel ihm bezeuget habe, es wäre gar nicht daran zu zweifeln. Er rieth mir, weil er damals zur Armee unter dem

General St. Germain abging, an den von Swedenborg selbst zu schreiben, um nähere Umstände davon zu erfahren. Ich schrieb demnach an diesen seltsamen Mann[280] und der Brief wurde ihm von einem englischen Kaufmanne in Stockholm eingehändiget. Man berichtete hieher, der Herr v. Swed. habe den Brief geneigt aufgenommen und versprochen, ihn zu beantworten. Allein diese Antwort blieb aus. Mittlerweile machte ich Bekanntschaft mit einem feinen Manne, einem Engländer, der sich verwichenen Sommer hier aufhielt, welchem ich, Kraft der Freundschaft, die wir zusammen aufgerichtet hatten, auftrug, bei seiner Reise nach Stockholm genauere Kundschaft wegen der Wundergabe des Hrn. v. Swed. einzuziehen. Laut seinem ersten Berichte verhielt es sich mit der schon erwähnten Historie nach der Aussage der angesehensten Leute in Stockholm genau so, wie ich es Ihnen sonst erzählt habe. Er hatte damals den Hrn. v. Swedenborg nicht gesprochen, hoffete aber ihn zu sprechen, wie wohl es ihm schwer ankam, sich zu überreden, daß dasjenige alles richtig seyn sollte, was die vernünftigsten Personen dieser Stadt von seinem geheimen Umgange mit der unsichtbaren Geisterwelt erzählen. Seine folgenden Briefe aber lauten ganz anders. Er hat den Hrn. v. Swed. nicht allein gesprochen, sondern auch in seinem Hause besucht und ist in der äußersten Verwunderung über die ganze so seltsame Sache. Swedenborg ist ein vernünftiger, gefälliger und offenherziger Mann; er ist ein Gelehrter und mein mehr erwähnter Freund hat mir versprochen, einige von seinen Schriften mir in Kurzem zu überschicken. Er sagte diesem ohne Zurückhaltung, daß Gott ihm die sonderbare Eigenschaft gegeben habe, mit den abgeschiedenen Seelen nach seinem Belieben umzugehen. Er berief sich auf ganz notorische Beweisthümer. Als er an meinen Brief erinnert wurde, antwortete er, er habe ihn wohl aufgenommen und würde ihn schon beantwortet haben, wenn er sich nicht vorgesetzt hätte, diese ganze sonderbare Sache vor den Augen der Welt öffentlich bekannt zu machen. Er würde im May dieses Jahres nach London gehen, wo er sein Buch herausgeben würde, darin auch die Beantwortung meines Briefes nach allen Artikeln sollte anzutreffen seyn.

S. 242

Um Ihnen, gnäd. Fräul. ein Paar Beweisthümer zu geben, wo das Ganze noch lebende Publikum Zeuge ist und der Mann, welcher es mir berichtet, es unmittelbar an Stelle und Ort hat untersuchen können, so belieben Sie nur folgende zwei Begebenheiten zu vernehmen.

Madame Harteville [!], die Wittwe des Holländischen Envoyer in Stockholm, wurde einige Zeit nach dem Tode ihres Mannes von dem Goldschmidt Croon um die Bezahlung des Silberservices gemahnt, welches ihr Gemahl bei ihm hatte machen lassen. Die Wittwe war zwar überzeugt, daß ihr verstorbener Gemahl viel zu genau und ordentlich gewesen war, als daß er diese Schuld nicht sollte bezahlt haben, allein sie konnte keine Quittung aufweisen. In dieser Bekümmerniß und weil der Werth ansehnlich war, bat sie den Hrn. v. Swedenborg zu sich. Nach einigen Entschuldigungen trug sie ihm vor, daß, wenn er die außerordentliche Gabe hätte, wie alle Menschen sagten, mit den abgeschiedenen Seelen zu reden, er die Gütigkeit haben möchte, bei ihrem Manne Erkundigungen einzuziehen, wie es mit der Forderung wegen des Silberservices stünde. Swed. war gar nicht schwierig, ihr in diesem Ersuchen zu willfahren. Drei Tage hernach hatte die gedachte Dame eine Gesellschaft bei sich zum Caffee. Hr. v. Swed. kam hin und gab ihr mit seiner kaltblütigen Art Nachricht, daß er ihren Mann gesprochen habe. Die Schuld war sieben Monate vor seinem Tode bezahlt worden und die Quittung sey in einem Schranke, der sich im obern Zimmer befände. Die Dame erwiederte, daß dieser Schrank ganz ausgeräumet sey und daß man unter allen Papieren diese Quittung nicht gefunden hätte. Swedenborg sagte, ihr Gemahl hätte ihm beschrieben, daß, wenn man an der linken Seite eine Schublade herauszöge, ein Brett zum Vorschein käme, welches weggeschoben werden müßte, da sich dann eine verborgene Schublade finden würde, worin seine geheim gehaltene holländische Correspondenz verwahrt wäre und auch die Quittung anzutreffen sey. Auf diese Anzeige begab sich die Dame in Begleitung der ganzen Gesellschaft in das obere Zimmer. Man eröfnet den Schrank, man verfuhr ganz nach der Beschreibung und fand die Schublade, von der sie nichts gewußt hatte und die angezeigten Papiere darinnen, zum größten Erstaunen aller, die gegenwärtig waren.

Die folgende Begebenheit aber scheint mir unter allen die größte Beweiskraft zu haben und benimmt wirklich allem erdenklichen Zweifel die Ausflucht. Es war im Jahre 1756, als Hr. von Swed. gegen Ende des Septembermonats am Sonnabend um 4 Uhr Nachmittags aus England ankommend, zu Gothenburg ans Land stieg. Herr William Castel bat ihn zu sich und zugleich eine Gesellschaft von funfzehn Personen. Des Abends um 6 Uhr war Hr. v. Swed. herausgegangen und kam entfärbt und bestürzt ins Gesellschaftszimmer zurück. Er sagte, es sey eben jetzt ein gefährlicher Brand in Stockholm am Südermalm (Gothenburg liegt von Stockholm über 50 Meilen weit ab) und das Feuer griff[e] sehr um sich. Er war unruhig und ging oft heraus. Er sagte, daß das Haus einer seiner Freunde, den er nannte, schon in der Asche läge und sein eigenes Haus in Gefahr sey. Um 8 Uhr, nachdem er wieder herausgegangen war, sagte er freudig: Gottlob, der Brand ist gelöschet, die dritte Thüre von meinem Hause! – Diese Nachricht brachte die ganze Stadt und besonders die Gesellschaft in starke Bewegung und man gab noch denselben Abend dem Gouverneur davon Nachricht. Sonntags des Morgens ward Swed. zum Gouverneur gerufen. Dieser befrug ihn um die Sache. Swed. beschrieb den Brand genau, wie er angefangen, wie er aufgehört hätte und die Zeit seiner Dauer. Desselben Tages lief die Nachricht durch die ganze Stadt, wo es nun, weil der Gouverneur darauf geachtet hatte, eine noch stärkere Bewegung verursachte, da viele wegen ihrer Freunde oder wegen ihrer Güter in Besorgniß waren. Am Montage Abends kam eine Estafette, die von der Kaufmannschaft in Stockholm während des Brandes abgeschickt war, in Gothenburg an. In den Briefen ward der Brand ganz auf die erzählte Art beschrieben. Dienstags Morgens kam ein königlicher Courier an den Gouverneur mit dem Berichte von dem Brande, vom Verluste, den er verursachet und den Häusern, die er betroffen, an; nicht im mindesten von der Nachricht unterschieden, die Swed. zur selbigen Zeit gegeben hatte, denn der Brand war um 8 Uhr gelöschet worden.

Was kann man wider die Glaubwürdigkeit dieser Begebenheit anführen? Der Freund, der mir dieses schreibt, hat alles das nicht allein in Stockholm, sondern vor ungefähr 2 Monaten in Gothenburg selbst untersucht, wo er die ansehnlichsten Häuser sehr wohl kennt und wo er sich von einer ganzen Stadt, in der seit der kurzen Zeit von 1756 doch die meisten Augenzeugen noch leben, hat vollständig belehren können. Er hat mir zugleich einigen Bericht von der Art gegeben, wie nach der Aussage des Herrn von Swedenborg diese seine Gemeinschaft mit andern Geistern zugehe, imgleichen seine Ideen, die er vom Zustande abgeschiedener Seelen giebt. Dieses Portrait ist seltsam: aber es gebricht mir die Zeit, davon einige Beschreibung zu geben. Wie sehr wünsche ich, daß ich diesen sonderbaren Mann selbst hätte fragen können: denn mein Freund ist der Methoden nicht so wohl kundig, dasjenige abzufragen, was in einer solchen Sache das meiste Licht geben kann. Ich warte mit Sehnsucht auf das Buch, das Swedenborg in London herausgeben will. Es sind alle Anstalten gemacht, daß ich es so bald bekomme, als es die Presse verlassen haben wird.

So viel ist desjenigen, was ich vorjetzt zur Befriedigung Ihrer edlen Wißbegierde melden kann. Ich weiß nicht, gnädiges Fräulein! ob Sie das Urtheil zu wissen verlangen möchten, was ich mich unterfangen dürfte, über diese schlüpfrige Sache zu fällen. Viel größere Talente, als der kleine Grad, der mir zu Theil geworden, werden hierüber wenig Zuverläßiges ausmachen können. Allein von welcher Bedeutung mein Urtheil auch sey, so wird Ihr Befehl mich verbinden, dasselbe, daferne Sie noch lange auf dem Lande verharren und ich mich nicht mündlich darüber erklären könnte, schriftlich mitzutheilen. Ich besorge die Erlaubniß, an Sie zu schreiben, schon gemißbraucht zu haben, indem ich Sie mit einer eilfertigen und ungeschickten Feder wirklich schon viel zu lange unterhielt. Ich bin mit der tieffsten Verehrung etc.

I. Kant.

Text nach Ak X, 043–048.

B.2 Aus einem Brief an Moses Mendelssohn (7. Februar 1766)

[...]. Ich habe durch die fahrende Post einige *Träumerey* an Sie überschickt und bitte ergebenst nachdem Sie beliebet haben ein Exemplar vor sich zu behalten die übrige an die Herren: Hofpred: Sack. Oberconsist: R: Spalding. Probst Süsmilch: Prof: Lambert: Prof. Sultzer u. Prof. Formey gütigst abgeben zu lassen. Es ist eine gleichsam abgedrungene Schrift, und enthält mehr einen flüchtigen Entwurf von der Art wie man über dergleichen Fragen urtheilen solle als die Ausführung selber. Dero Urtheil in diesen und andern Fällen wird mir sehr schätzbar seyn. Gelehrte Neuigkeiten ihres Orts und eine Bekanntschaft durch Dero Vermittelung mit den guten Köpfen ihrer Gegend wird mir nützlich und angenehm seyn. Ich wünschte daß ich meiner Seits etwas zu ihrem Vergnügen ausrichten könte und bin mit wahrer Hochachtung,

Mein Herr

Königsb:
d: 7. Febr:
1766.

Dero
ergebenster Diener
I. Kant

Text nach Ak X, 068_{15-31}.[281]

B.3 Brief an Moses Mendelssohn (8. April 1766)

Mein Herr

Die gütige Bemühung die Sie in Bestellung einiger überschickten Schriften auf mein ergebenstes Ersuchen zu übernehmen beliebt haben erwiedere ich mit dem ergebensten Dancke und der Bereitwilligkeit zu allen gefälligen Gegendiensten.

Die Befremdung die Sie über den Ton der kleinen Schrift äußeren[282] ist mir ein Beweis der guten Meinung die Sie sich von meinem Charakter der Aufrichtigkeit gemacht haben und selbst der Unwille, denselben hierinn nur zweydeutig ausgedrückt zu

S. 242

sehen, ist mir schätzbar und angenehm. In der That werden Sie auch niemals Ursache haben diese Meinung von mir zu ändern denn was es auch vor Fehler geben mag denen die standhafteste Entschließung nicht allemal völlig ausweichen kan so ist doch die wetterwendische und auf den Schein angelegte Gemüthsart dasienige worinn ich sicherlich niemals gerathen werde nachdem ich schon den größesten Theil meiner Lebenszeit hindurch gelernet habe das meiste von demienigen zu entbehren und zu verachten was den Charakter zu corrumpiren pflegt und also der Verlust der Selbstbilligung die aus dem Bewustseyn einer unverstellten Gesinnung entspringt das größeste Übel seyn würde was mir nur immer begegnen könte aber ganz gewiß niemals begegnen wird. Zwar dencke ich vieles mit der allerkläresten Überzeugung und zu meiner großen Zufriedenheit was ich niemals den Muth haben werde zu sagen; niemals aber werde ich etwas sagen was ich nicht dencke.

Ich weis nicht ob Sie bey Durchlesung dieser in ziemlicher Unordnung abgefaßten Schrift einige Kennzeichen von dem Unwillen werden bemerkt haben womit ich sie geschrieben habe; denn da ich einmal durch die Vorwitzige Erkundigung nach den visionen des Schwedenbergs sowohl bey Persohnen die ihn Gelegenheit hatten selbst zu kennen als auch vermittelst einiger Correspondenz und zuletzt durch die Herbeyschaffung seiner Werke viel hatte zu reden gegeben so sahe ich wohl daß ich nicht eher vor die unabläßige Nachfrage würde Ruhe haben als bis ich mich der bey mir vermutheten Kenntnis aller dieser Anecdoten entledigt hätte.

In der That wurde es mir schweer die Methode zu ersinnen nach welcher ich meine Gedanken einzukleiden hätte ohne mich dem Gespötte auszusetzen. Es schien mir also am rathsamsten andren dadurch zuvorzukommen daß ich über mich selbst zuerst spottete wobey ich auch ganz aufrichtig verfahren bin indem wirklich der Zustand meines Gemüths hiebey wiedersinnisch ist und so wohl was die Erzehlung anlangt ich mich nicht entbrechen kan eine kleine Anhänglichkeit an die Geschichte von dieser Art als auch was die Vernunftgründe betrift einige

Vermuthung von ihrer Richtigkeit zu nähren ungeachtet der Ungereimtheiten welche die erstere, und der Hirngespinste und unverstandlichen Begriffe welche die letztere um ihren Werth bringen.

Was meine geäußerte Meinung von dem Werthe der Metaphysik überhaupt betrift so mag vielleicht hin und wieder der Ausdruk nicht vorsichtig und beschränkt gnug gewählt worden seyn allein ich verheele gar nicht daß das [!] ich die aufgeblasene Anmaßung gantzer Bände voll Einsichten dieser Art so wie sie jetziger Zeit gangbar sind mit Wiederwillen ja mit einigem Hasse ansehe indem ich mich vollkommen überzeuge daß der Weg den man gewählt hat ganz verkehrt sey daß die im Schwang gehende Methoden den Wahn und die Irrthümer ins unendliche vermehren müssen und daß selbst die gänzliche Vertilgung aller dieser eingebildeten Einsichten nicht so schädlich seyn könne als die erträumte Wissenschaft mit ihrer so verwünschten Fruchtbarkeit.

Ich bin so weit entfernet die Methaphysik [!] selbst, obiectiv erwogen, vor gering oder entbehrlich zu halten daß ich vornemlich seit einiger Zeit nachdem ich glaube ihre Natur und die ihr unter den Menschlichen Erkentnissen eigenthümliche Stelle einzusehen überzeugt bin daß sogar das wahre und dauerhafte Wohl des Menschlichen Geschlechts auf ihr ankomme, eine Anpreisung die einem jeden andern als Ihnen phantastisch und verwegen vorkommen wird. Solchen genies wie Ihnen mein Herr kommet es zu in dieser Wissenschaft eine neue Epoche zu machen, die Schnur gantz aufs neue anzulegen und den Plan zu dieser noch immer aufs bloße Gerathewohl angebauten disciplin mit Meisterhand zu zeichnen. Was aber den Vorrath vom Wissen betrift der in dieser Art öffentlich feil steht so ist es kein leichtsinniger Unbestand sondern die Wirkung einer langen Untersuchung daß ich in Ansehung desselben nichts rathsamer finde als ihm das dogmatische Kleid abzuziehen und die vorgegebene Einsichten sceptisch zu behandeln wovon der Nutze freylich nur negativ ist (stultitia caruisse) aber zum positiven vorbereitet; denn die Einfalt eines gesunden aber ununterwiesenen Verstandes bedarf um zur Einsicht zu gelangen nur ein organon; die Scheineinsicht aber eines verderbten Kopfs zuerst ein catarcticon. Wenn es erlaubt ist etwas von meinen eigenen Bemühungen in diesem Betracht zu erwähnen, so glaube ich seit der Zeit, als ich keine Ausarbeitungen dieser Art geliefert habe, zu wichtigen Einsichten in dieser disciplin gelangt zu seyn, welche ihr Verfahren festsetzen und nicht blos in allgemeinen Aussichten bestehen sondern in der Anwendung als das eigentliche Richtmaas brauchbar sind. Ich schicke mich allmählich an so viel als meine übrige Zerstreuungen es erlauben diese Versuche der öffentlichen Beurtheilung vornemlich aber der Ihrigen vorzulegen wie ich mir den schmeichle daß wenn es Ihnen gefiele Ihre Bemühungen in diesem Stück mit den meinigen zu vereinigen (worunter ich auch die Bemerkung ihrer Fehler mit begreife) etwas Wichtiges zum Wachsthum der Wissenschaft könnte erreicht werden.

Es gereicht mir zu keinem gringen Vergnügen zu vernehmen daß mein kleiner und flüchtiger Versuch das Glück haben werde Gründliche Betrachtungen über diesen Punkt von Ihnen herauszuloken und ich halte ihn alsdenn vor nüzlich gnug wenn er zu tieferen Untersuchungen Anderer die Veranlassung geben kan. Ich bin überzeugt das sie den Punkt nicht verfehlen werden auf den sich alle diese Erwägungen beziehen und welchen ich kenntlicher würde bezeichnet haben wenn ich die Abhandlung nicht bogenweise hinter einander hätte abdrucken lassen da ich nicht immer voraussehen konte was zum besseren Verständnisse des folgenden voranzuschicken wäre und wo gewisse Erläuterungen in der Folge wegbleiben musten weil sie an einen Unrechten Ort würden zu stehen gekommen seyn. Meiner Meinung nach kommt alles darauf an die data zu dem Problem aufzusuchen *wie ist die Seele in der Welt gegenwärtig sowohl den materiellen Naturen als denen anderen von ihrer Art.* Man soll also die Kraft der äußeren Wirksamkeit und die receptivitæt von aussen zu leiden bey einer solchen Substanz finden wovon die Vereinigung mit dem menschl. Korper nur eine besondere Art ist. Weil uns nun keine Erfahrung hiebey zu statten kommt dadurch wir ein solches Subiekt in denen verschiedenen relationen könnten kennen lernen welche einzig und allein tauglich seyn seine äußere Kraft oder Fähigkeit zu offenbaren und die Harmonie mit dem Körper nur das gegenverhältnis des *innern* Zustandes der Seele (des Denkens u. Wollens) zu dem *äußeren* Zustande der Materie unseres Korpers mithin kein Verhältniß einer *äußeren* Thätigkeit zu einer *äußeren* Thätigkeit entdekt folglich zur Auflösung der quaestion gar nicht tauglich ist so frägt man ob es an sich möglich sey durch Vernunfturtheile a priori diese Kräfte geistiger Substanzen auszumachen. Diese Untersuchung löset sich in eine andere auf ob man nemlich eine primitive Kraft d.i. die erste Grundverhältnis der Ursache zur Wirkung durch Vernunftschlüsse erfinden könne und da ich gewiß bin daß dieses unmöglich sey so folget, wenn mir diese Kräfte nicht in der Erfahrung gegeben seyn, daß sie nur erdichtet werden können. Diese Erdichtung aber (fictio hevristica, hypothesis) kan niemals auch nur einen Beweis der Möglichkeit zulassen und die Denklichkeit (deren Schein daher kommt daß sich auch keine Unmöglichkeit davon darthun läßt) ist ein bloßes Blendwerk wie ich denn die Träumereyen des Schwedenbergs selbst, wenn iemand ihre Möglichkeit angriffe, mir zu vertheidigen getrauete und mein Versuch von der Analogie eines wirklichen sittlichen Einflusses der geistigen Naturen mit der allgemeinen Gravitation ist eigentlich nicht eine ernstliche Meinung von mir sondern ein Beyspiel wie weit man und zwar ungehindert in philosophischen Erdichtungen fortgehen kan wo die data fehlen, und wie nöthig es bey einer solchen Aufgabe sey auszumachen was zur solution des problems nöthig sey und ob nicht die dazu nothwendigen data fehlen. Wenn wir dennoch die Beweisthümer aus der Anständigkeit oder den Göttlichen Zwecken so lange bey Seite setzen und fragen ob aus unseren Erfahrungen iemals eine solche Kentnis von der Natur der Seele möglich sey die da zureiche die Art ihrer Gegenwart im Weltraume sowohl in Verhaltnis auf die Materie als auch auf Wesen ihrer Art daraus zu erkennen so wird sich zeigen ob *Geburth* (im metaphysischen Verstande) *Leben* und *Tod* etwas sey was wir iemals durch Vernunft werden einsehen können. Es liegt hier daran auszumachen ob es nicht hier wirklich Grenzen gebe welche nicht durch die Schranken unserer Vernunft nein der Erfahrung die die data zu ihr enthält festgesetzt seyn. Jedoch ich breche hiemit ab und empfehle mich dero Freundschaft bitte auch dem HE. Prof: Sultzer meine besondere Hochachtung und den Wunsch, mit seiner gütigen Zuschrift beehrt zu werden, zu entdecken und bin mit der größesten Hochachtung

Mein Herr

Königsb:
d. 8ten April
1766.

Dero
ergebenster Diener
I. Kant.

Text nach Ak X, 069–073.

C. Aus den Reflexionen Kants zur Metaphysik und Anthropologie

C.1 Refl. 3805 (um 1764–66)

Es stehen niemals Regeln der Vollkommenheit der Geisterwelt und natürlichen in collision, denn die letzte hat keine absolute Vollkommenheit.

Text nach Ak XVII, 298.

C.2 Refl. 3807 (um 1764–66)

Vernünftige Wesen in andern Welten ([s]theurgie). spiritus astrales. angeli. Einfluß in den Geist des Menschen. Citation Abgeschiedener Seelen oder noch lebender, spücken.

Poltergeister. ([s]idol. Fetisch. Talismann. Amulet. sympathie.)
Riebezahl. ([g]cobold.) incubi, succubi. delrio.
Wechselbalg. Vampyr. ([s]Unterirdische.)
Wassernixen. Bergmännlein. Geistersehen.
Citation. Pactum. Magia. obsessio. Exorcismus. Bauchredner.

Text nach Ak XVII, 299.

C.3 Refl. 4108 (1769? [Ende 1769-Herbst 1770?])

[Ist die Seele überhaupt immer in dieser Sinnenwelt oder]

Der Übergang entweder in eine andre Welt oder andre [Verhaltnisse mit] Gegend dieser.

Die 1. Frage: ist die Seele nach dem Tode ein reiner Geist oder noch die Seele eines Thieres. Die Beantwortung gründet sich auf die Entscheidung der Frage, ob die Seele noch nach dem ietzigen gesetze der Sinnlichkeit mit der Welt, also auch mit der Körperwelt in Verbindung sey. Irgend eine Sinnlichkeit wird wohl bleiben. [compar]

2. Frage. Ist die andere Welt eine andere Gegend der sinnenwelt oder ist sie der Form nach Anders. Antwort: [Der substanz nach] *obiective* kann *nur eine* Welt seyn, denn alle substantzen außer der obersten Ursache machen ein Gantzes aus; aber [der Form nach] *subiective*, d.i. der Art nach, wie das subiect sie vorstellt, kan eine andre Welt seyn. Und da ist zu vermuthen, daß sich die *Sinnlichkeit vermindre* und also der Ubergang aus dem mundo sensibili in den intelligibilem per approximationem übergehe. Der intuitus ist comparative intellectual, je [mehr deu] mehr der innere Sinn wächst.

Der mundus vere intelligibilis ist mundus moralis. Die principien von deren Form gelten vor iedermann, und aus derselben kan man auf Gott schließen als die causam mere intelligibilem; aber dieser mundus intelligibilis ist kein obiect der Anschauung, sondern der reflexion. Das Anschauen Gottes würde zugleich intuitum intellectualem von der Welt geben.

Dienige [!], welche einen intuitum mere intellectualem annehmen, der nach dem Tode natürlicher Weise anhebe, behaupten, das die Seele nach dem Tode in der Andern welt sich sehe und nicht dahin übergehe ([g]Abscheiden der Seele), daß sie zu dem mundo immateriali als der wahren substantz iederzeit gehöre, daß die cörperliche Welt nur eine gewisse sinnliche Erscheinung der geisterwelt sey, daß die Handlungen hier *symbola* von dem eigentlichen character in der intelligiblen welt seyn, und daß der tugendhafte nicht in den Himmel übergehe, sondern sich nur darin sehe.

3. Wenn die andre Welt diese nemliche Sinnenwelt, obzwar in anderm Verhaltnisse ist, so hat die Seele jederzeit einen Körper, entweder einen gewöhnlichen (nach den Gesetzen der ([g]gewohnlichen) Empfindung) aspectablen Korper: Metempsychosis, oder einen, der nur durch die Willkühr der abgeschiedenen Seele sichtbar ist: apparitiones, spectra, entweder durch äußern oder innern Einflus. prodigia.

Text nach Ak XVII, 418f.

C.4 Aus der Refl. 4238 (Ende 1769 – Herbst 1770? [etwa 1772?])

[...] . Aber wie ist dieser Geist genothigt worden, diese materie zu beleben? wir kenen nicht die Geisterwelt, und wie unter ihrem Geboth die Materie stehe. Ich weiß nicht, wie Philosophen so spröde mit einer unbegreiflichkeit thun können.

Text nach Ak XVII, 472_{26-29}.

C.5 Aus der Refl. 1486 (etwa 1775–77)

[...] . Schwedenborgs und aller Schwärmer ([s]Mystici) symbolische auslegung der Bibel. [...].

Text nach Ak XV.2., 710_{08-09}.

C.6 Refl. 5026 (um 1776–1778)

Worauf die Scheinbarkeit einer metaphysischen hypothese (Swedenborg) beruht. Auf einem vermeintlichen *intuitu intellectuali* nach der analogie des sinnlichen.

Text nach Ak XVIII, 065.

C.7 Refl. 5038 (um 1776–78)

In Metaphysicis gilt fictio nicht als probatoria, sondern als suppletoria defensoria, replicatoria. e.g. Von der Moglichkeit eines reinen Geistes, der Geisterwelt etc. sie sind alsdenn als etwas, was man denken kann, den Einwürfen von dem, was man nicht denken kann, entgegengesetzt, an sich selbst nur problematisch angenommen.

Text nach Ak XVIII, 069.

C.8 Aus der Refl. 5104 (um 1776–78)

Die maximen der Vernunft bestehen darin, daß man constitutive Einheit im Ganzen der Erscheinungen (wenn man a priori anfängt) und regulative Einheit in den Theilen (wenn man analytisch von den Theilen zum Ganzen fortgeht) annehme. Daß also keine Ursachen angenommen werden, als deren Gesetz durch Beobachtung kann gefunden werden (obzwar davon selbst der Grund nicht angeblich ist). Daß also keine Geister keine blinde Willkühr etc. etc. [...].

Text nach Ak XVIII, 089_{02-08}.

C.9 Aus der Refl. 5429 (um 1776–79? [etwa 1775–77?] etwa 1780–83??)

[...] . Die Gemeinschaft der Korper unter einander kann nach legibus phaenomenorum verstanden werden; die Gemeinschaft der Geister nur nach legibus intellectualibus, deren Anwendung aber Erfahrung fodert; die der Korper und Geister kann Gar nicht eingesehen werden, weil die letztere nur durch den inneren sinn erkannt werden und also ihre veranderungen realiter, die Wirkungen aber der ersten und ihrer Kräfte nur auf phaenomena gehen der Verhältnisse überhaupt ohne ihre (^{g}innere) Bestimmungen.

Text nach Ak XVIII, 179_{20-27}.

C.10 Aus der Refl. 5826 (etwa 1783–84)

Man kan die Negation entweder als der realitaet oder als der affirmation entgegengesetzt betrachten; im letzten falle ist sie das logische oppositum, im ersten [das evanescens] die limitation. „Ein Geist ist nicht ausgedehnt“ bedeutet nicht so viel als: „seine Ausdehnung ist verschwindend“, sondern: „er kan sie gar nicht haben“. Dagegen ist der Punct nicht ausgedehnt als ein verschwindender Raum. Geister also können nicht als Puncte angesehen werden. […].

Text nach Ak XVIII, 363_{22-28}.

C.11 Aus der Refl. 6220 (etwa 1785–88)

[…] . Ein jeder Gebrauch der Vernunft, der nicht mit den Principien des Erfahrungsgebrauchs zusammenstimmt, ist Wahn; z. B. himmlische Einflüße zu Empfinden, auf das Geisterreich Einflus zu haben. […].

Text nach Ak XVIII, 510_{28-30}.

D. Aus den Vorlesungen Kants über Metaphysik, Rationaltheologie und Anthropologie

D.1 Aus der *Metaphysik Herder* (ca. 1762–1764)

Allgemeine Frage. Können abgeschiedene Seelen mit Menschen Gemeinschaft haben? Ich weiss keine Einwirkung der Seele in ein Weltwesen active und passive, als in einen Körper. Daraus folgt aber nicht, dass sie nicht unmittelbar vor sich und besser empfinden könne.

Responsio: Es kann vielleicht ein feiner organisirter Körper, so feinere Empfindungen als die Magnetische Materie empfinden: alsdenn sich auch des fernen Pols sich bewusst sein – so gross alsdenn die Sphäre ihrer Fiction: blos möglich.

Die Bewegkräfte des Körpers sind ihrer Masse proportionirt – Die Einwirkung des Körpers in sie mag ihre Empfindungskraft vielleicht betäuben: vielleicht also feinere Empfindungen die aber überstimmt und also nicht empfunden werden ut plurimum Zeit, und Subject. Es können also verdunkelte feine Empfindungen sein – feinere übertäubte Organe. Sollte die Seele nach dem Tode nicht auch Gemeinschaft haben können ohne Körper?

1) mit *Geistern*: ein Geist – Geist: wie Körper – Körper

2) mit *Körpern.* Jetzt kann ihre feine Empfindung vom Körper gefesselt sein und sie also nicht Geister Gemeinschaft haben. Vielleicht einst entfesselt – So wie jetzt schon oft ein Unterschied zwischen der Verbindung der Seele etc ist (z. E. Schlafwandrer) so ist auch dies Problem möglich – hier, wäre auch solch Commercium der Seele mit Geistern schon im Leibe, so würde sie von der Einwirkung des Körpers unterbrochen, und so verworren sind alle die Träume, die halb Vorstellungen halb Empfindungen sind: welch Gemisch! – Es hat stets Leute gegeben, die die Erscheinungen vorhergesehen haben – z. E. *Plato* meinte es – *Apollon Thyana* eine wunderbare – zum wenigsten sehr wunderliche Person hatte weitere Sphäre der Empfindungen. *Schwedenberg* vielleicht wirklich Phantast, aber doch nicht alles zu verachten, weil allerdings solche weitere Empfindun-

gen sehr nahe mit Empfindungen des Leibes verbunden sind und an das Phantasma gränzen. Die Vorstellung ist sehr fein und leicht, kann was dazu gemischt werden – wer sie ungehört verwirft, muss die Unmöglichkeit einsehen und diese ist nur gewiss, wenn die Seele gar nicht ist – Ist sie aber, so muss man untersuchen: nicht hochmüthig verwerfen, so bald ein einziger Fall des Möglichen wirklich ist, aber auch nicht dumm glauben – Königin. Zeugnisse von *Schwedenberg* dass er mit einem verstorbenen Prinzen etc In Gothenburg sahe er das Feuer in Stockholm. Er redet ungereimt dreust, de statu post mortem, ex auditis et visis, sieht Kleider, Speisen – vielleicht sieht er viel, aber die Einwirkung des Körpers bildet ihm das übrige ein. Man kann also vielleicht den Rest behalten, nicht alles ausschütten: so wie partial falsche beobachtung reinigen und den Grund des Irrtums leichter entdecken. Die wenige Kenntnis der Seele verhindert, die Unmöglichkeit einzusehen. (in vestem Schlaf) also Möglichkeit zugeben: – blos Seele durch Verbindung des Körpers uns bekannt, nicht ausser demselben. also erzeugte Empfindung, dazu gemischte Einbildung – der alles verwirft, muss Seele oder Zustand nach dem Tode leugnen – Gespenster haben uns unter 100 99 betrogen. Man inclinirt also es nicht zu glauben nach der Wahrscheinlichkeit der Mehrheit der Fälle: aber verwerfe nicht alles kurz! nicht Lügner schelten, sondern non liquet!

[...]. entweder man halte also alle Geister vor Wahn oder verwerfe nicht alles schlechthin z. E. auch die von Schwedenberg – dessen Empfindungen zwar im Ganzen wahr sein können, aber partial nie gewiss sind und eine Folge ... wäre sehr wichtig

Der Abdruck folgt Ak XXVIII.1., 113_{07}–114_{19}; 122_{08-11}.[283]

S. 242

D.2 Aus der *Anthropologie Parow* (1772/73)

[...] Es ist aber nicht nur ein Betrug der äußern Sinne, sondern auch ein Betrug des innern Sinnes, letzteres geschiehet, wenn man das für Empfindung hält, was in der Einbildung bestehet, und der dem Betruge des innern Sinnes ausgesezt ist, den nennt man einen Phantasten, denjenigen aber, der mit seiner Einbildung immer in der GeisterWelt ist, nennt man einen Schwärmer.

Im Canton Bern war ein sehr rechtschaffener Mann, der Major Davel, der auf einmahl sich einbildete, daß er die Stimme Gottes gehört, die zu ihm gesagt hätte, er solle nach Lausanne mit seinen Truppen marchiren, daselbst würde als denn eine nüzliche Veränderung in der Religion vorgehen.

Er ging hin, und da er solches ohne Erlaubniß gethan hatte, so wurde er auf das Rathhauß gefordert, und um die Ursache gefraget, worauf er denn geantwortet: daß eine besondere Schickung ihm den Marsch auferleget hätte; indeßen wurden alle seine Soldaten arretirt, und er ward, damit nicht ein jeder unter einem erdichteten Vorwande solches unternehmen möchte, hingerichtet. Er starb geruhig, indem er dachte, daß Gott vielleicht in der andern Welt, mit ihm eine Veränderung vornehmen würde – Hier kann man Swedenborgs Schwärmereyen nachlesen.

Text nach Ak XXV.1., 283_{16}–284_{13}.

D.3 Aus der *Metaphysik L_1* (ca. 1780)

Wir haben eine Erkenntniß von der Körperwelt durch sinnliche Anschauung, in so fern sie uns erscheint; unser Bewußtseyn ist an die animalische Anschauung adstringirt; die gegenwärtige Welt ist das commercium aller Gegenstände, so fern sie durch gegenwärtige sinnliche Anschauung angeschaut werden. Wenn sich aber die Seele vom Körper trennt; so wird sie nicht dieselbe sinnliche Anschauung von dieser Welt haben; sie wird nicht die Welt so anschauen, wie sie erscheint, sondern, so wie sie ist. Demnach besteht die Trennung der Seele vom Körper in der *Veränderung der sinnlichen Anschauung in die geistige Anschauung; und das ist die andere Welt.* Die andere Welt ist demnach nicht ein anderer Ort, sondern nur eine andere Anschauung. Die andere Welt bleibt den Gegenständen nach dieselbige; sie ist den Substanzen nach nicht unterschieden; allein sie wird *geistig angeschaut.* Die sich die andere Welt so vorstellen, als wenn sie ein *neuer Ort* wäre, der von dieser abgesondert ist, und in den man erst versetzt werden muß, wenn man hinkommen will; die müssen dann auch die Trennung der Seele localiter nehmen und ihre Gegenwart localiter erklären. Alsdann würde ihre Gegenwart auf körperlichen Bedingungen beruhen, als auf der Berührung, Ausdehnung im Raume u.s.w.; alsdann aber würden auch viele Fragen statt finden, und man verfiele in den Materialismus. Da aber die Gegenwart der Seele spirituell ist; so muß auch die Trennung nicht in dem Herausgehen der Seele aus dem Körper bestehen, und in dem Hingehen in die andere Welt; sondern da die Seele durch den Körper eine sinnliche Anschauung hat von der Körperwelt; so wird sie dann, wenn sie von der sinnlichen Anschauung des Körpers befreiet ist, eine geistige Anschauung haben, und das ist die andere Welt. – Kommt man in die andere Welt; so kommt man nicht in die Gemeinschaft anderer Dinge, etwa auf andere Planeten; denn mit denen bin ich schon jetzt in Verbindung, wenn auch nur in einer entferntern; sondern man bleibt in dieser Welt, hat aber eine geistige Anschauung von Allem. Also ist die andere Welt nicht dem Orte nach von dieser unterschieden; der Begriff vom Orte kann hier gar nicht gebraucht werden. Demnach muß auch der Zustand der Seligkeit, oder der Himmel, und der Zustand des Elendes, oder der Hölle, welches alles die andere Welt in sich fasset, gar nicht in dieser sinnlichen Welt gesucht werden; sondern wenn ich hier rechtschaffen gewesen bin, und nach dem Tode eine geistige Anschauung von Allem bekomme, und in die Gemeinschaft eben solcher rechtschaffenen Wesen trete; so bin ich im Himmel. Wenn ich aber nach meinem Verhalten eine geistige Anschauung von solchen Wesen bekomme, deren

Wille aller Regel der Sittlichkeit widerstreitet, und wenn ich in solche Gemeinschaft gerathe; so bin ich in der Hölle. Zwar kann diese Meinung von der andern Welt nicht demonstrirt werden, sondern sie ist eine nothwendige Hypothese der Vernunft, die den Gegnern kann entgegengesetzt werden.

Der Gedanke des *Swedenborg* ist hierin sehr erhaben. Er sagt: die Geisterwelt macht ein besonderes reales Universum aus; dieses ist der mundus intelligibilis, der von diesem mundo sensibili muß unterschieden werden. Er sagt: Alle geistige Naturen stehen mit einander in Verbindung; nur die Gemeinschaft und Verbindung der Geister ist nicht an die Bedingung der Körper gebunden; da wird nicht ein Geist dem andern weit oder nahe seyn, sondern es ist eine geistige Verbindung. Nun stehen unsere Seelen mit einander als Geister in dieser Verbindung und Gemeinschaft, und zwar schon hier in dieser Welt; nur sehen wir uns nicht in dieser Gemeinschaft, weil wir noch eine sinnliche Anschauung haben; aber obgleich wir uns nicht darinnen sehen, so stehen wir doch darinnen. Wenn nun das Hinderniß der sinnlichen Anschauung auf einmal aufgehoben wird; so sehen wir uns in dieser geistigen Gemeinschaft, und dies ist die andere Welt; nun sind dieses nicht andere Dinge, sondern dieselben, die wir aber anders anschauen. Wenn nun ein Mensch in der Welt rechtschaffen gewesen ist, dessen Wille ein wohlgesinnter Wille ist, der sich befleißiget, die Regel der Sittlichkeit auszuüben; der ist schon in dieser Welt in Gemeinschaft mit allen rechtschaffenen und gutgesinnten Seelen, sie mögen in Indien oder in Arabien seyn; nur sieht er sich noch nicht in dieser Gemeinschaft, bis er von der sinnlichen Anschauung befreiet seyn wird. Eben so ist auch der Boshafte schon hier in der Gemeinschaft aller Bösewichter, die sich unter einander verabscheuen; nur sieht er sich noch nicht darinnen. Wenn er aber von der sinnlichen Anschauung befreiet seyn wird; alsdann wird er sich darin gewahr. Demnach ist jede gute Handlung des Tugendhaften ein Schritt zu der Gemeinschaft der Seligen, so wie jede böse Handlung ein Schritt zu der Gemeinschaft der Lasterhaften ist. Demnach kommt der Tugendhafte nicht in den Himmel, sondern er ist schon hier darinnen; aber nach dem Tode wird er sich erst in dieser Gemeinschaft sehen. Eben so können die Boshaften sich nicht in der Hölle sehen, ob sie gleich schon wirklich darin sind. Wenn sie aber vom Körper befreiet werden; dann sehen sie erst, wo sie sind. Schrecklicher Gedanke für den Bösewicht! Muß er sich nicht jeden Augenblick fürchten, daß ihm die geistigen Augen aufgethan werden? Und so bald diese sich öffnen, ist er schon in der Hölle.

Wie zu dieser geistigen Anschauung der Körper nöthig seyn soll, sehe ich gar nicht ein. Warum soll die Seele noch mit diesem Staube umgeben seyn, wenn sie einmal davon befreiet ist? Dieses ist alles, was wir hier sagen können, um den Begriff von der geistigen Natur der Seele, von ihrer Trennung vom Körper, von der künftigen Welt, die im Himmel und in der Hölle besteht, zu reinigen. –

Zum Beschlusse der Psychologie sollte noch *überhaupt von den Geistern* gehandelt werden; davon können wir aber durch die Vernunft weiter nichts einsehen, *als daß solche Geister möglich sind.*

Allein eine Frage bleibt noch übrig: Ob die Seele, die sich schon geistig in der andern Welt sieht, in der sichtbaren Welt durch sichtbare Wirkungen erscheinen werde und könne? Dieses ist *nicht möglich*; denn Materie kann nur sinnlich angeschaut werden, und in die äußern Sinne fallen, aber nicht ein Geist. Oder könnte ich nicht die Gemeinschaft der abgeschiedenen Seelen mit meiner Seele, die noch nicht abgeschieden ist, die aber in ihrer Gemeinschaft als ein Geist steht, schon einigermaßen *hier anschauen*? Z. E. wie *Swedenborg* will? Dieses ist contradiktorisch; denn alsdann müßte schon in dieser Welt die geistige Anschauung anfangen. Da ich aber in dieser Welt noch eine sinnliche Anschauung habe; *so kann ich nicht zugleich eine geistige Anschauung haben.* Ich kann nicht zugleich in dieser und auch in jener Welt seyn; denn wenn ich eine sinnliche Anschauung habe; so bin ich in dieser, und wenn ich eine geistige Anschauung habe, so bin ich in der andern Welt; dieses kann aber nicht zugleich statt finden. Gesetzt aber, es wäre möglich, daß die Seele noch in dieser Welt erscheinen könnte, oder daß eine solche geistige Anschauung schon hier möglich wäre, indem wir doch die Unmöglichkeit davon nicht beweisen können; so muß doch hier die Maxime der gesunden Vernunft entgegengesetzt werden. Die Maxime der gesunden Vernunft ist aber diese: *alle solche Erfahrungen und Erscheinungen nicht zu erlauben, sondern zu verwerfen, die so beschaffen sind: daß, wenn ich sie annehme, sie den Gebrauch meiner Vernunft unmöglich machen, und die Bedingungen, unter denen ich meine Vernunft allein gebrauchen kann, aufheben.* Würde dieses angenommen werden; so hörte der Gebrauch meiner Vernunft in dieser Welt gänzlich auf; *dann könnten viele Handlungen auf Rechnung der Geister geschehen.* Indessen bedarf dieses keiner nähern Erwägung, da man schon aus der Erfahrung sieht: daß, wenn ein Uebelthäter die Schuld seiner Handlungen auf einen bösen Geist schiebt, der ihn dazu verleitet haben soll, der Richter dieses für keine Entschuldigung gelten läßt. Denn sonst könnte er ja einen solchen Menschen auch nicht strafen.

Allgemein führen wir noch an: *daß es ganz und gar nicht hier unserer Bestimmung gemäß ist, uns um die künftige Welt viel zu bekümmern; sondern wir müssen den Kreis, zu dem wir hier bestimmt sind, vollenden, und abwarten, wie es in Ansehung der künftigen Welt seyn wird.* Die Hauptsache ist: daß wir uns auf diesem Posten rechtschaffen und sittlich gut verhalten, und uns des künftigen Glücks würdig zu machen suchen. Eben so, wie es ungereimt wäre, wenn man im Soldatenstande den niedrigsten Posten bekleidet, und sich um den Zustand des Obersten oder Generals bekümmert. Alsdann ist's erst Zeit, wenn man dazu gelanget.

Die Vorsehung hat uns die künftige Welt verschlossen, und uns nur eine kleine Hoffnung übrig gelassen, die hinreichend genug ist, uns dazu zu bewegen, *uns derselben würdig zu machen*; welches wir nicht so eifrig thun würden, wenn wir die künftige Welt schon zum Voraus genau kennten.

Die Hauptsache ist immer die Moralität: dieses ist das Heilige und Unverletzliche, was wir beschützen müssen, und diese ist auch der Grund und der Zweck aller unserer Speculationen und Untersuchungen. Alle metaphysischen Speculationen gehen *darauf* hinaus. *Gott* und die *andere Welt* ist das einzige Ziel aller unserer philosophischen Untersuchungen, und wenn die Begriffe von Gott und von der andern Welt nicht mit der Moralität zusammenhingen, so wären sie nichts nütze.

Text nach Ak XXVIII.1., 297_{30}–301_{22}.[284]

D.4 Aus der *Menschenkunde/Anthropologie Petersburg* [= *Menschenkunde Starke*] (1781/82?)

Das Positive beim Genie ist das Schöpferische oder die Production aus eigenthümlichen Talenten. Die Originalität muß in der Fruchtbarkeit der Talente bestehen. Man findet bei einigen Leuten Anlagen von Genie, bei denen hier und da durch ihre Imagination unvollendete Ideen hervorgebracht werden, die uns eine Aussicht zu neuen Bildern geben. Schwärmer scheinen Leute zu seyn, die man verfehlte Genies nennen könnte; die Natur ist nicht fertig geworden, sie zu Genies zu machen. Der Philosoph freuet sich stets, wenn er solche Leute findet, indem er von ihnen viel Charakteristisches abnehmen kann; dergleichen war Swedenborg; seine Originalität gränzte an Wahnsinn. Daher auch einer der Alten sagt, Genie und Raserei seyn nicht weit von einander entfernt. Der Schwärmer und der Enthusiast geben den Stoff, das Eigenthümliche des Genies abzuzeichnen. Einige Leute können in das Schwärmerische der Imagination Verstand hineinbringen; denn so wie die, die über den Vergil oder einen andern Autor commetiren in allem Geheimniße finden wollen; so kan ein geschickter Mann aus allen verwilderten Einfällen eines andern Verstand herausbringen.

Text nach Ak XXV.2., 1059_{13-30}.[285]

S. 242

D.5 Aus der *Metaphysik Mrongovius* (1782–1783)

Wie können wir uns den Zustand nach dem Tode denken? Entweder so, daß die Seele ganz frei von meinem Körper wird, oder so, daß der Seele ein neuer Körper übergeben wird. Ist das letztere, so findt eine Palingenesie statt. Priestley und andre Materialisten haben annehmen müßen, daß der itzige Körper der Seele sie auch in meinem neuen Leben umgeben würde. Es ist ein kühner Gedanke, die Auferstehung mit der Verwandelung eines Schmetterlings zu vergleichen. Denn wenn die Raupe verbrannt wird, so entsteht aus ihr keine Puppe. Ganze Nationen haben sich in Ansehung der Art, wie sie sich die Unsterblichkeit der Seele dachten, unterschieden – die Römer sahen z. E. den Körper für ein Gefängnis der Seele an und verbrannten ihn zu dem Ende. Die Aegypter hinwiederum glaubten, daß er nothwendiges Vehiculum der Seele sei und suchten ihn aufzubewahren und vor der Verwesung zu schützen. – Ob die Seele gleich nach dem Tode eine Zeitlang in einen Schlaf gerathen wird, da haben wir nichts dafür und auch nichts dawider zu sagen. Gesetzt auch, daß es so ist, so braucht sich dessentwegen kein Mensch zu beunruhigen, weil die Kürze dieses Schlafes sich gegen eine Ewigkeit verliert. Was haben wir uns aber unter der Scheidung der Seele vom Körper vorzustellen? Nichts weiter, als den Anfang des Intellectuellen und das Ende des sinnlichen Lebens. Es ist eine materialistische Vorstellung, wenn man denkt, daß die Seele sich gleichsam aus dem Zimmer begebe, wenn der Mensch stirbt; denn sie hat keine locale Gegenwart. Es fängt die Seele sodann an, die Dinge anders anzuschauen, als sie es in der Verknüpfung mit dem Leibe gewohnt gewesen ist. Schon itzt finden wir uns in der Intelligiblen Welt, und ieder Mensch kann sich nach Beschaffenheit seiner Denkungs Art entweder zur Gesellschaft der Seeligen oder der Verdammten zählen. Er ist sichs itzt nur nicht bewußt und nach dem Tode wird er sich dieser Gesellschaft bewußt werden. Der Mensch kommt also nicht erst in den Himmel oder die Hölle, sondern er sieht sich nur darin. Dies ist eine herrliche Vorstellung. Wo ist Himmel und Hölle? Fragen wir nach dem Ort, so ist das sinnlich, und die Seele zum

Körper gemacht. Himmel ist das Reich des Belohnenden und Hölle ist das Reich des strafenden Richters. Wir sind uns itzt durch die Vernunft schon als in einem intelligiblen Reiche befindlich bewußt; nach dem Tode werden wir das anschauen und erkennen und dann sind wir in einer ganz anderen Welt, die aber nur der Form nach verändert ist, wo wir nehmlich die Dinge erkennen, wie sie an sich selbst sind. Die Meinung des Leibnitz, daß die Seele schon hier ein Vehiculum von Materie, das unzerstörbar ist, habe und auch künftig haben werde, ist sinnlich und erklärt nichts. –

Text nach: Ak XXIX.1.2., 919_{05}–920_{08}.

D.6 Aus der *Rationaltheologie Baumbach* (1783–1784)

Die mystische Anschauung ist das Vermögen, Dinge anzuschauen, die nicht Gegenstand der Erfahrung sind; z. E. die Meinung von Geistern, die mit uns in Gemeinschaft sind. Hiervon kann keiner ein Beispiel weder an sich noch anderwärts zeigen. Es ist merkwürdig, daß die Mystiker nur von dem etwas wissen, was schon durch die Erfahrung bekannt. So beschreibt Swedenborg alle Planeten und ihre Einwohner, aber bloß die, die Astronomen damals kannten. Vom Uranus wußte er nichts. Er scheint daher ein vorsätzlicher Betrüger gewesen zu sein.

Text nach Ak XXVIII.2.2., 1325_{01-09}.

D.7 Aus der *Metaphysik Volckmann* (1784–1785)

Von der Möglichkeit der Gemeinschaft mit abgeschiedenen Seelen. Die Einbildung hievon kam daher, weil man sich von einem Menschen nicht vorstellen konnte, daß er todt wäre, und ihn sich daher oft wieder in der Phantasie vorstellte, wodurch man endlich darauf verfiel: obgleich der Mensch nicht sichtbahr, so müßte er doch unsichtbahr da seyn, welche Vorstellung noch die Scheu vor der

Vernichtung vergrößerte. Diejenigen die dies annehmen, sagen: es wäre doch wohl möglich, welche Möglichkeit zwiefach seyn kan, entweder nimmt die Seele einen Körper an, und denn kämen uns die Seelen als körperlich erscheinende Weesen vor, oder *2tens* sie wären *innerlich* Gegenwärtig welches Schwedenburg behauptete. Sich damit einzulaßen die Möglichkeit hievon zu wiederstreiten wäre vergebliche Arbeit, ich kan es weder beweisen noch gründlich wiederlegen, denn die Erfahrung giebt uns davon keinen Unterricht. Alles dieses indeß doch nicht anzunehmen erfodert die maxime der Vernunft, oder die maxime der Selbsterhaltung, ich kann nicht zugeben, daß wenn ich dieses einräume die Vernunft weiter keinen Gebrauch hat; in Ansehung der Würkung solcher Wesen ist aber gar kein Vernunft Gebrauch möglich, denn weil es Geister sind, mithin sich nicht von uns faßen und beobachten laßen, so läßt sich auch davon gar keine Vernunft gebrauchen. Alle Geister und Gespenster, Erscheinungen, Traumdeutungen, Vorhersehungen des Künftigen, die sympathie der Gemüther insgesammt sind ein äußerst verwerflicher Wahn, denn es läßt sich durch keine Regel oder durch verglichene Beobachtungen erklären. Der Mensch der darauf rechnet, nimmt alle diejenigen Mittel weg, durch die allein ein Gebrauch der Vernunft zu machen ist, nehmlich: daß die Dinge der Welt unter Naturgesezzen stehen, und gäb es auch wirklich Gespenster so muß ein Vernünftiger doch nicht dran glauben, weil es allen Vernunft Gebrauch corrumpirt. Es stekt auch darunter eine gewiße Tüke, denn ein Unwißender möchte gern den Unterschied zwischen ihm und einem Vernünftigen gelehrten aufheben, und hierin ist eben der Klügste so dumm als der unwißende.

Text nach Ak XXVIII.1., 447_{26}–448_{19}.

D.8 Aus der *Metaphysik* L_2 (1790/91)

Von der Möglichkeit der Gemeinschaft mit den abgeschiedenen Seelen. Der Mensch abhorrirt sehr die Vernichtung. Die Möglichkeit der Gemeinschaft mit den Seelen der Verstorbenen ist

2fach, nehmlich 1.) nimmt die Seele gleich einen Körper an, oder sie hat schon einen, dies kann eine Möglichkeit seyn. 2.) durch die Gegenwart des Geistes, sie bringt nehmlich Gedanken und Vorstellungen in uns von Dingen hervor, eben so, als wenn wir würklich die Dinge anschauten. Diese lezte Meinung hatte auch Schwedenborg. Die Möglichkeit der Geister-Erscheinungen zu wiederlegen, wäre eine vergebliche Arbeit. Mögliche Dinge, von denen wir gar keine Erfahrung haben, können wir nicht anders als nach dem Saz des Wiederspruchs beurtheilen. Alle Geister Erscheinungen sind von der Art, daß wir weder mit ihnen Erfahrungen anstellen, noch sie genau beobachten und betrachten können, und es läßt sich also hier die Vernunft gar nicht weiter gebrauchen. Alle Geister und Gespenster Erscheinungen, alle Traumdeutungen, Vorhersehungen des Künftigen, Ahndungen und dergleichen sind äußerst verwerflich, weil sich aus ihnen gar keine Regel herausbringen läßt. Die neuplatonische Sekte, die insonderheit im dritten Jahrhundert blühete, hatte diese Phantastereien und Schwärmerey. Sie nannten sich eclectici, weil sie gleichsam auserlesen waren. Sie hatten besondere Künste. Die Theurgie ist die ganze Kunst in die Gemeinschaft der Geister zu treten, und sich mit ihnen zu unterreden. Die Theurgie hat zum Object das große Geister-Reich, Magie und Cabbala, und was da noch mehr war. Es verlohnt sich nicht der Mühe hievon weiter zu reden.

Text nach Ak XXVIII.2.1., 593_{27}–594_{12}.

D.9 Aus der *Metaphysik K_2* (1791/92 o. 1792/93)

Status animae post mortem.

Dies ist nichts weiter als ein Traum. – Der Uebergang in ein künftiges Leben ist entweder ein Uebergang zu einem geistigen oder thierischen Leben. Ersterer ist ein Uebergang zu einer andern Welt, letzterer nicht, denn es ist nur ein Raum, und wir mögen an einem Orte sein, an welchem wir wollen, so sind wir doch im Raum und folglich in dieser körperlichen Welt.

Es lässt sich annehmen, dass unser künftiges Leben ein reines, geistiges Leben sei, aber dann ist die Absonderung der Seele vom Körper nicht ein Versetzen von einem Ort zum andern, denn die Seele hat kein Verhältniss dem Orte nach zu andern Dingen. Swedenborg in seinen arcanis coelestibus sagt: sein Innerstes wäre aufgethan, d. h. er habe einen Sinn für den Umgang mit Geistern, und unterhalte sich mit ihnen. Er sagte: jeder Mensch sei schon hier im Himmel oder Hölle, aber künftig sähe er sich in der Gesellschaft der Frommen und Verdammten, welches er hier nicht kann. […].

Text nach Ak XXVIII.2.1., 768_{18-33}.

D.10 Aus der *Metaphysik Dohna* (1792/93)

Vom Uebergange ins künftige Leben, dies ist spirituell, oder vita animalis, erstere nennen wir eine andre Welt, denn der Raum macht aus allen Dingen nur eine einzige Welt; der Begriff vom geistigen Leben der Seele ist ganz Idee. Es läßt sich annehmen; und wenn wir aus dem thierischen Leben in ein reines geistiges Leben übergehn, so ist dies gar nicht im Raum zu suchen. (Swedenborg – nahm das totum ideale für reale an, unsichtbare Kirche) vita animalis, Leben, im commercio mit dem Körper; eine Verbindung, entweder 1.) mit demselben Körper, Palingenesie, a.) durch corpuscula die unzerstörbar bleiben, Evolution, b.) durch Resurrection – wenn *derselbe* Körper aufersteht, die das behaupten sind Materialisten. 2.) mit einem andern Körper – Metamorphose.

Text nach Ak XXVIII.2.1., 689_{04-10}.

E. Dokumente von anderer Hand zu den *Träumen*

E.1 Johann Georg Hamann: Aus einem Brief an Moses Mendelssohn (6. November 1764)

[...] Die Sokrat. Denkw. bin aber nicht mehr im stande Ihnen zu schaffen, weil selbige bereits längst fehlen. Da selbige von Druck und Schreibfehlern wimmeln; so wäre mir um desto mehr gelegen Ihnen ein corrigirtes Exemplar zu überschicken. Vielleicht werde ich Ihnen auch eine kleine Abhandl., statt eines antidots, vom HE. M. Kant beylegen können, auf deßen Umgang ich mich gegenwärtig einschrenke. Er wird unter anderem darinn die Opera omnia eines gewißen *Schwedenbergs* recensiren, die neun große Quartanten betragen und in London ausgekommen sind. [...].

Text nach: Johann Georg Hamann: *Briefwechsel*. Band II: 1760–1769. Hg. Von Walther Ziesemer und Arthur Henkel. Wiesbaden 1956, S. 272.

E.2 [Johann Gottfried Herder]: Rezension der *Träume* (3. März 1766)

Bey unserm Verleger ist herausgekommen; Träume eines Geistersehers erläutert durch Träume der Metaphysik, 8 B in 8, 1766.

Da der Titel dieses Buchs doppelte Träume ankündiget: so setzten wir uns bey Lesung derselben auch in die Lage, Träume zu hören; denn was kann *aufmerksamer* machen, als Träume eines Geistersehers, Träume der Metaphysik, und die ohngeachtet ihrer Verschiedenheit, doch durch einander erläutert werden sollen. Wir lasen die Vorrede durch, einen Vorbericht, der sehr wenig, wie der Verfasser sagt, für die Ausführung verspricht; wir gingen den ersten dogmatischen Theil in seinen 4 Hauptstücken durch, und fanden, daß die Träume einen so feinen Leitfaden haben, als wir gemeiniglich an unsern physischen und gelehrten Träumen vermissen. Wir schifften zum zweiten historischen über, der uns den Aufschluß zur Gelegenheit des ganzen Buchs gab; wir schlossen endlich mit dem sanften Schauder oder Schlummer, mit dem man Traum- und Geistererzählungen hört, und hingen unsern eignen Träumen nach. Die Leser, die dies nach unserm Exempel thun wollen: werden in diesem ganzen Buch eine feine einnehmende Art des Vortrags finden, die ihrem Zweck und Inhalt sehr angemessen ist; den glücklich getroffenen dämmernden, und hinsinkenden Ton, den etwas dunklen Nebel, der das Gewand der Träume zu seyn pflegt; die treuherzige Laune zu erzählen, und philosophiren, welche Sätze unter Meinungen, und Zweifel unter Zergliederungen verbirgt; und daher sich oft der Laune des *Tristram Shandy* mit Fleiß und vieler Unterhaltung nähert – Kurz! wir können diese Schrift mit der ehrlichen Mine des Altvater Homers empfehlen; wenn er allemal hinter die Träume seiner Helden das Nota bene setzt: „denn wahrlich der Traum kommt vom *Jupiter*!" (καὶ γάρ τ' ὄναρ ἐκ Διός ἐϛιν).

Dies ist die Form der Schrift, die ein Räthsel seyn muß, wenn wir nicht den *Inhalt* nennen: und da fangen wir vom *historischen* Theil an.

Der Verfasser giebt von einem berühmten Geisterseher Nachricht, der wirklich ein Phänomen in einer Zeit seyn muß, die wie die unsere so neugierig auf Beobachtungen in einer unbekannten Welt ist, als sie sich gesezte Philosophie anmaßet, sich über die Leichtgläubigkeit zu erheben. Es ist Herr Schwedenberg in Schweden, von dem der Verfasser 3 Erzählungen anführt, die er theils aus *Briefen*, theils aus mündlichen Nachrichten gesammlet, und bey ihm selbst gelesen werden müssen. Seine Anmerkungen, die er wie Blumen drüber streuet, verdienen es, daß man ihnen zu gut auch Nachrichten lieset, die noch einen *Artemidor* fodern, der sie berichtige, oder entlarve. Der Verfasser empfiehlet sie der beliebigen Erkundigung des Lesers, und sagt: *Sit mihi fas audita loqui* –

Jetzt giebt er von der *ecstatischen Reise seines Schwärmers* Nachricht, die dieser in 8 Quartbänden voll Unsinn unter dem

Titel: *Arcana coelestia*, zur Welt geboren, und mit einer neuen mystischen Erklärung der Mosaischen Schriften und Offenbarung Johannes begleitet hat. Ein Leser, der nicht 8 Pfund Sterling daran wenden will, einen Wust von Schwärmereyen im Original durchzujähnen, wird hier einen Auszug finden, den der Verfasser nicht blos aus den Schriften, sondern aus dem Geist des Schwärmers gezogen, und der hier so unterhaltend ist, als er Mühe gekostet haben mag. Da dieser sich schon sonst als einen großen philosophischen Beobachter in der Pathologie unsrer Seele gezeigt:[286] so ist auch die Art, womit er den Schwärmer behandelt, zugleich ein Muster, wie man mit ähnlichen Schriften umgehen soll. – Nur wer das Haupt einer neueren dichterischen Sekte werden will, die statt der Schweizerischen Seraphs, Schwedenbergs Geister zu Maschinen ihrer Fiktionen brauchen soll, dem rathen wir das Original selbst zu lesen. – Und nun kehren wir zum Anfange zurück, um von *dogmatischen* Träumen Nachricht zu geben.

Erstes Hauptstück. Der Begriff des Geistes ist willkührlich und unbestimmt ausgedruckt, wenn man ihn als ein Wesen erklärt, das Vernunft hat. Der Verfasser sucht einen bessern Weg, und findet durch die Analyse des gewöhnlichen Verstandes die Erklärung: „ein einfaches Wesen, das zu seinem inneren Zustande Gedanken hat, und sich von der Materie äußerlich unterscheidet, daß es nicht undurchdringlich ist.“

Sind solche Geister? die Möglichkeit kann nicht bestritten noch bewiesen werden, weil man die Kräfte, die die Undurchdringlichkeit bestimmen, nicht weiter auflösen kann. – Ein Geist kann also in einem Raum wirksam seyn, ohne ihn zu erfüllen, und unsre Seele im ganzen Körper gegenwärtig seyn, ohne einen räumlichen Ort in ihm zu bewohnen.

Freilich wird alsdenn die Gemeinschaft zwischen Geist und Körper geheimnißvoll; allein wir wissen auch blos von körperlichen Einflüßen; die Seele kann dem Körper innigst gegenwärtig seyn, daß sie auf das innere Principium seiner Materie wirkt: und diesen innern Zustand können wir uns in Nichts als in *Vorstellungen* denken. – Dies sind des Verfassers neue und sehr

S. 242

lockende Hypotheses, zu denen wir das Unsrige in einer Parenthese setzen wollen.

(Der Verfasser, der den glücklichen Analytischen Weg gehet, immer κατ᾽ ἀνθρωπον zu philosophiren, thut zwar zur gewöhnlichen Bestimmung eines Geistes blos etwas verneinendes dazu; allein eine Eigenschaft, die seinem ganzen Unterschiede von der Materie eine bisher unbemerkte Klarheit giebt. So wie körperliche Begriffe uns aber so sehr umhüllen, daß wir uns schwerlich eine Art der Wirksamkeit in einem Raume gedenken können, ohne daß das Principium der Wirksamkeit wenigstens in Absicht auf ein anderes Wesen, das in seiner Natur mit ihm identisch wäre, eine Art von geistiger Undurchdringlichkeit hätte: so wird freilich diese Hypothese alsdenn erst eine philosophische Gewißheit erhalten, wenn der Begriff des Raums völlig zergliedert, und der Begriff der *Kraft* a priori eingesehen werden wird. So lange als dies unmöglich ist, so wird auch die Hypothese des Verfassers unter allen bisherigen Systemen von der Gemeinschaft des Geistes und des Körpers, die sicherste bleiben, weil sie am wenigsten behauptet, und überhaupt dem Ursprung des Begriffes im Wort *Geist* am nächsten kömmt, das vermuthlich gar nicht einer philosophischen Erfindung, sondern einem *Wahn* seinen Ursprung zu danken hat, dem seine Unwissenheit, und sein vorläufiges Urtheil das Wort *Geist* eingab.)

Zweites Hauptstück. Ein Fragment der geheimen Philosophie, die Gemeinschaft mit der Geisterwelt zu eröfnen.

Die Gesetze, nach denen immaterielle Wesen wirken, nennt der V. pnevmatisch, und wenn sie durch Körper wirken, organisch: diese Wesen müssen *unter sich selbst* ein gemeinschaftliches Ganze ausmachen, nicht blos durch ihre körperliche Mittelursachen. Hieraus entsteht eine große immaterielle Welt, zu der die Intelligenzen, die mit Körpern verbunden sind, oder nicht, die empfindende Subjekte in allen Thierarten, und endlich alle Principien des Lebens gehören können, und die menschliche Seele wäre jetzt an zwei Welten geknüpft; so wie vielleicht ihr künftiger Zustand die Geisterwelt ihr mehr eröfnete.

Aus dieser Gemeinschaft der Geisterwelt will der Verfasser gewisse Regungen unserer Seele erklären, die sich nicht aus Eigennützigkeit erklären lassen; daher leitet er eine *moralische Einheit* aller denkenden Naturen, und eine Fortdauer unsers Zustandes bey dem *Tode* nach der Ordnung der Natur.

Alsdenn erläutert der V. hieraus die Möglichkeit und Seltenheit der Geistererscheinungen, unsere doppelte Persönlichkeit im Schlaf und Wachen, die Art, die Vortheile und Nachtheile solcher Visionen.

(Diese neue Geisterwelt, zu der der V. und vielleicht einige ausser- und überordentliche Genies den Schlüßel haben möchten, ist allerdings ein Gebäude einer schöpferischen philosophischen Einbildungskraft, die auf der Erde eine so systematische Verbindung unsichtbarer Dinge entwirft, als sie vormals am Himmel fand: sie zeigt von dem Scharfsinn, und der Aufmerksamkeit ihres Urhebers, sein System auf allen Seiten zu zeigen. Allein worauf beruhet es? darauf, daß die Geister, *vielleicht* auch *unmittelbar* eine Gemeinschaft haben; möchte nicht aber eine *organische* Gemeinschaft gnug seyn, wenn es keine mehr als *Seelen* giebt, und wer weiß von mehrern? – Die moralische Einheit, und das uneigennützige Gefühl dörfte ja zu seinem Mittelpunkte der Anziehung nicht eben eine Geisterwelt, sondern blos die Welt des *Lebendigen* haben, und überhaupt hat die ganze Hypothese mehr *Schönheit* wie eine Synthese betrachtet; als sie haben dörfte, wenn sie immer bey Datis bliebe.)

Drittes Hauptstück. Ein Fragment der geheimen Philosophie, die Gemeinschaft mit der Geisterwelt aufzuheben.

Hier theilen sich die Träumer in Träumer der Vernunft, und der Empfindung; unter die letztern zählet er auch die Geisterseher, die er als wirkliche Kranken behandelt, zeigt ihren Unterschied von den wachenden Träumern, und streuet über die Art der Empfindung, über die Krankheit des Wahnwitzes, merkwürdige Beobachtungen hin.

(Dieses Stück schrankt das vorige in der Anwendung völlig ein; es nimmt mit dem vorigen einen entgegengesetzten Weg, und wenn wir beide gegen einander abwiegen: so möchten wir vielleicht eben auf dem Punkt seyn, der uns ohne Metaphysik der sicherste ist.)

Das vierte Stück im ersten, und das lezte im andern Theil enthalten allgemeine Betrachtungen über die Geisterlehre und Metaphysik und das lezte insonderheit enthält einige große Züge zu einem Plane, den der Verfasser, am besten ausführen und anwenden könnte.

Das Ganze der Schrift dörfte nicht gnug Einheit, und ein Theil nicht gnug Beziehung auf den andern haben. Der Verfasser trägt die Wahrheiten von beiden Seiten vor, und sagt wie jener Römer: einer sagt nein! der andere: ja! Ihr Römer, wem glaubt ihr? Indessen schärft dies die Aufmerksamkeit desto mehr, und man sieht allenthalben, daß der Verf. den *Genius* der Philosophie so zu seinem Freunde habe, als *Sokrates* sich mit seinem Dämon auch in heiligen Träumen besprach. Kurz! wenn das moralische Buch das beste ist, was mir die stärksten Eindrücke auf die Empfingungen zurück läßt: so ist das philosophische ohne Zweifel das beste, das mich zu einer Reihe von Gedanken Gelegenheit giebt, und alsdenn hat das gegenwärtige darauf großen Anspruch.

Kostet in den Kanterschen Buchhandlungen 21 gr.

Text nach dem Erstdruck in: *Königsbergsche Gelehrte und Politische Zeitungen*. 18tes Stück. Montag, den 3. Merz 1766, S. 71–73.

E.3 Johann Heinrich Lambert: Aus einem Brief an Georg Jonathan Holland (7. April 1766)[287]

[...] . Ich habe kurz nach Versendung meines letztern Schreibens ein Tractätchen erhalten: *Träume der Geisterseher erläutert durch die Träume der Metaphysik von M. I. Kant.* Dieser Weltweise, mit dem ich unter allen die ähnlichste Gedenkart habe, schlägt darinn ebenfalls des Comenii orbem pictum vor, um sich, wenn man will, ein Bild von der menschlichen Seele zu machen. Ich faßte von da an den Entschluß, Ihnen von diesem an

S. 242

sich originalen Tractätchen Erwähnung zu thun, und besonders diese Stelle anzuführen.

Text nach: Johann Heinrich Lambert: *Philosophische Schriften.* Hg. von Hans Werner Arndt. Bd. IX: Briefwechsel 1. Bd. Reprint der Ausgabe Berlin [1781]. Hildesheim 1968, S. 136.

E.4 [Anonym]: Rezension der *Träume* (15. September 1766)

Königsberg.

Träume eines Geistersehers erläutert durch Träume der Metaphysik. Bey Kantern 1766. 128 S. in 8. In dieser Schrift herrschet das kostbare Wesen und der mystische Jargon, der das UnterscheidungsStück einer gewissen Schule unter den Deutschen ausmachet. Der erste Theil enthält Betrachtungen über die einfachen Substanzen und über die Gemeinschaft der Geister, Betrachtungen, aus denen der Verf. sich selbst nicht viel zu machen scheinet. Einige davon sind auch wirklich neu und andere so gewendet, daß sie wenigstens das Ansehn der Neuheit haben. Der zweete Theil hat uns besser gefallen. Man lieset hier artige Nachrichten von dem bekannten *Swedenborg*, dem Helden des Hn Probst *Oetingers.* Gewiß sagt der Verf. *Swedenborgs* Flasche in der Mondenwelt ist ganz voll und weicht keiner einzigen unter denen, die Ariosto dort angefüllt gesehen. Und wir glauben, daß Hn Oetingers Flasche wenigstens eben so voll ist. Wir wollen diese Schrift dem innern Menschen des Hn Probstes bestens empfohlen haben, wenn gleich der äußere dabey zu kurz kommen sollte.

Text nach: *Jenaische Zeitungen von Gelehrten Sachen*, LXXIIII. Stück. Montags den 15. September 1766. S. 650.

E.5 [Johann Georg Heinrich Feder]: Rezension der *Träume* (23. September 1766)

Träume eines Geistersehers, erläutert durch Träume der Metaphysik – velut aegri somnia, vanae finguntur species. Hor. 1766. 128 S. in 8. *Schwedenberg*, welcher wie H. Probst *Oetinger* sagt, an Höfen bekannter ist, als auf Akademien, hat durch seine Visionen diese Schrift veranlasset, welche einen V. zu haben scheinet, der von der Metaphysik nicht Profession macht, der aber ein eben so sinnreicher Philosoph, als ein witziger Spötter ist. Wir sind nach Durchlesung dieser Blätter zweifelhaft gewesen, ob er im Ernste, oder zum Scherze geschrieben; wenigstens ist beides fast immer beysammen. Die Schrift hat einen kurzen Vorbericht und ist in zween Theile getheilt. Der erste ist dogmatisch und hat 4 Hauptstücke: 1) ein verwickelter metaphysischer Knoten, den man nach Belieben auflösen, oder abhauen kann. 2) Ein Fragment der geheimen Philosophie, die Gemeinschaft mit der Geisterwelt zu eröffnen. 3) Antikabala. Ein Fragment der gemeinen Philosophie die Gemeinschaft mit der Geisterwelt aufzuheben. 4) Theoretischer Schluß aus den genannten Betrachtungen des ersten Theils. Der 2te Theil, welcher historisch ist, hat 3 Kapitel: 1) eine Erzehlung, deren Wahrheit der beliebigen Erkundigung des Lesers empfohlen wird. (Hier werden einige schwedenbergische Visionen erzehlt.) 2) Ecstatische Reise eines Schwärmers durch die Geisterwelt. (Hier findet man Nachricht von dem grosen Werke des Schwedenbergs, so er in 8 Quartbänden in England herausgegeben, besonders von seinen auditis et visis.) 3) Practischer Schluß aus der ganzen Abhandlung. Diese Schrift kann dazu dienen, sich gewisser massen vorzustellen, wie es mit Schwedenbergs Visionen etwa beschaffen seyn möchte. Doch das ist ihr geringster Nutzen. Aber in der Philosophie überhaupt und besonders in der Psychologie sich vor unnützen Fragen, vor Vorurtheilen, vor erschlichenen Sätzen und übereiltem Widerspruche anderer zu hüten, das ist ein ungleich gröserer Vortheil, den man daraus lernen kann. Mit dem akademischen Ton, die Philosophie zu treiben, ist der V. schlechterdings nicht einig. Würde er aber wohl jetzt im Stande seyn, so scharfsinnig ihn zu tadeln, wenn er nicht durch ihn erst ein kleines System gebauet hätte, wo er nachher erweitern, ändern, abbrechen und zubauen konnte, wo sein weiteres Forschen es für gut befand?

Text nach: *Compendium Historiae Litterariae Novissimae Oder Erlangische gelehrte Anmerkungen und Nachrichten auf das Jahr 1766.* Ein und zwanzigster Jahrgang. XXXIX. Stück. Dienstags, den 23. September, 1766, S. 308f.[288]

E.6 Friedrich Christoph Oetinger: Aus einem Brief an Emanuel Swedenborg (6. Dezember 1766)

[...] . Quod ex Philosopho factus sis visor & Propheta, id ego certe miratus sum accerrime. Ego saepe dixi ad derisores, qui me tui causa fanaticum pronuntiant, an possibile sit ex Philosopho geometrice instar Wolfii singula ponderante & emetiente, uno actu repente fieri hominem ut ajunt, stultum, a regulis cogitandi ordinatis dejectum, & tamen per annos 22 conformiter systemati & quibusdam scripturae Locis de statu post mortem videntem & audientem? solvant Philosophi hoc problema qui hoc fieri possit cum tanta symmetria? habemus Librum *Träume eines Geistersehers*, qui te tantum evehit Laudibus quantum, ne videatur fanaticus, te deprimit criminationibus. [...].

Text nach: *Vollständige Einleitung in die Religion und die gesammte Theologie*, hg. von Heinrich Wilhelm Clemm. Vierter Band. Tübingen 1767, S. 212f.

„Daß du aus einem Philosophen zu einem Seher und Propheten geworden bist, das hat mich freilich aufs höchste verwundert. Ich habe den Spöttern, die mich deinetwegen als Schwärmer bezeichnen, oft entgegengehalten, ob es wohl möglich sei, daß aus einem Philosophen, der wie Wolff die einzelnen Dinge in geometrischer Weise wägt und mißt, unerwarteterweise auf

S. 243

einen Schlag ein, wie sie sagen, törichter Mensch werde, der von den Regeln geordneten Denkens völlig abgekommen ist und dennoch 22 Jahre hindurch in Übereinstimmung mit dem System und gewissen Stellen der Schrift Dinge über den Zustand nach dem Tod sieht und hört. Lösen die Philosophen wohl das Problem, wie dies mit so großer Konsequenz geschehen kann? Mir liegt ein Buch vor mit dem Titel *Träume eines Geistersehers*, das dich gerade so viel mit Lobpreisungen erhebt, wie es dich, damit es nicht schwärmerisch wirkt, mit Anschuldigungen niederdrückt.“ [Übersetzt von L.K.].

E.7 Z. [= Zobel, R. W.?]: Rezension der *Träume* (15. August 1767)

Träume eines Geistersehers, erläutert durch Träume der Metaphysik. Königsberg 1766. 128 S. in 8.

Der Verf. dieser Schrift, welcher der Hr. M. Kant in Königsberg seyn soll, ist durch die Swedenborgischen Schriften und Erscheinungen aufmerksam gemacht, und zu den Untersuchungen veranlaßt worden, welche er jetzt der Welt mittheilet. Die Schrift besteht aus zwey Theilen, dem dogmatischen und historischen. In dem letztern erzählt er die vornehmsten Erscheinungen des Herrn Swedenborg, die dem größten Theil unserer Leser bekannt sind, von vielen derselben auch noch leicht mit andern vermehrt werden könnten; und macht alsdenn einen Auszug von den besondern Meynungen seines Verfassers. Eigentlich aber hält er sich nur bei den auditis & visis auf, ohne die arcana cœlestia zu berühren, ein Werk von acht Quart-Bänden, welches ein ganzes hermeneutisches und theologisches System enthält.

Wir überlassen es dem Hrn. Kant, die zuweilen sehr strengen und bittern Beurtheilungen zu beantworten. Uebrigens aber glauben wir, daß seine Schrift Lesern, die tief und abstract zu denken gewohnt sind, Vergnügen machen wird, zumal, da er sie hin und wieder durch Einfälle einer originalen Laune aufheitert. Weil der dogmatische Theil den Liebhabern der Metaphysik angenehmer seyn wird, als der historische, so wollen wir den Innhalt desselben kurz mittheilen.

Erstes Hauptstück. Ein verwickelter metaphysischer Knoten, welchen man nach Belieben auflösen oder abhauen kann. Es scheint, als wenn wir von den Geistern sehr viel wüßten, und wir täuschen uns. Wir haben diesen Begriff weder durch unsere eigene Erfahrung, noch durch eigene Abstraction. Er entsteht, wie viele andere Begriffe, durch dunkle Schlüsse bey Gelegenheit der Erfahrungen; sie pflanzen sich nachher auf andere fort, und die Ausdrücke, mit denen wir sie bezeichnen, erlangen ihre bestimmte Bedeutung durch den Redegebrauch und die Beobachtung derselben unter verschiedenen Fällen. Nach dieser Methode kann man es versuchen, den versteckten Sinn, der in dem Wort Geist liegt, zu entwickeln.

Man nehme den Raum von einem Cubicfuß, und setze etwas, das diesen Raum erfüllt, ausgedehnt, undurchdringlich, den Gesetzen der Theilbarkeit und des Stosses unterworfen, und also materiel ist. Wenn man sich dabey ein einfaches vernünftiges Wesen, oder einen Geist, denkt, und dieser Geist in den von Materie angefüllten Raum des Cubicfusses gesetzt wird, so entstehen zwey Fälle. Entweder ein einfaches Element wird ihm Platz machen müssen, und je mehr sogenannte Geister hinzukommen, desto mehr Elementar-Theile werden fortgehen, bis der Cubicfuß zuletzt mit Geistern angefüllt wird, die den Gesetzen der Undurchdringlichkeit und des Stosses unterworfen sind, folglich innerlich zwar Vernunft haben können, aber äusserlich von der Materie sich durch nichts unterscheiden. Oder Geister können in einem von Materie erfüllten Raume gegenwärtig seyn, ohne deswegen Undurchdringlichkeit an sich zu haben, oder in Vereinigung mit mehrern ein solides Ganzes auszumachen. Im ersten Fall ist die Substanz eine materielle Einheit, in dem andern ein Geist.

Die Philosophen haben es sehr gut bewiesen, daß eine jede vernünftig denkende Substanz, folglich auch unsere Seele, einfach und untheilbar seyn muß; aber ob sie materiel oder immateriel sey, das ist noch nicht ausgemacht. Es wäre eine Uebereilung, wenn man etwas darum für unmöglich halten wollte, weil man es weder durch Erfahrung noch Analogie verständlich machen kann; oder wenn man im Gegentheil von allen Erfahrungs-Begriffen behaupten wollte, daß man auch ihre Möglichkeit einsähe. Wir nennen die Materie undurchdringlich, und wir abstrahiren diesen Begriff von dem Widerstande, den sie in dem Raum ihrer Gegenwart leistet; wir erkennen also diesen Widerstand, aber wir begreifen ihn noch nicht. Der Widerstand ist eine wahre Kraft, eine Kraft der Zurückstossung, die wir blos durch die Erfahrung an materiellen Dingen entdecken. Setzen wir hingegen Substanzen anderer Art, und mit andern Kräften, denen die Undurchdringlichkeit fehlt, die also den Raum nicht erfüllen, so können wir von ihnen zwar keinen concreten Begriff haben, aber deswegen dürfen wir sie nicht für unmöglich erklären, eben so wenig, als wir ihre Möglichkeit durch Vernunftschlüsse beweisen können.

Dergleichen immaterielle Substanzen, oder geistige Naturen, würden einen Raum einnehmen, das heißt, in demselben unmittelbar thätig seyn. Der Ort ihrer unmittelbaren Gegenwart würde nicht ein Pumkt, sondern selbst ein Raum seyn; da die Punkte nur Grenzen des Raums sind, und der Raum nur den Umfang der Thätigkeit, nicht aber eine Vielheit der Bestandtheile des wirksamen Subjects anzeigt; folglich sehr wohl gesagt werden kann, daß sie in einem Raume sind, aber nicht, daß sie einen Raum enthalten, oder als Figuren gedacht werden können. Und wenn insbesondere von der Seele und ihrem Aufenthalt die Rede wäre, so würde man sagen müssen, ihr Ort sey der Ort ihres Körpers; man würde ihr aber keinen besondern Theil des Körpers anweisen können; und da der Ort die Sphäre der äussern Wirksamkeit ist, so kann man das nicht für so ungereimt erklären, was die Schullehrer sagen: Meine Seele ist ganz im ganzen Körper, und ganz in jedem seiner Theile. Daß man der Seele einen Platz im Gehirn anweiset, kommt hauptsächlich wol daher, weil man bey starkem Nachdenken deutlich fühlt, daß die Gehirn-Nerven angestrengt werden; und dies muß geschehen, weil alles Nachsinnen eine Vermittelung der Zeichen für die zu erweckende Ideen erfordert. Diese Zeichen empfingen wir zuerst durch Gehör oder Gesicht, deren Organe dem Gehirn am nächsten liegen, und Eindrücke in dasselbe machen. Die Erweckung der Zeichen ist eine Reitzung der Nerven zu einer ähnlichen Bewegung mit derjenigen, welche die Empfindung ehedem hervorbrachte. Es ist also natürlich, daß beym Nachdenken das Gehirn, mit vormaligen Eindrücken harmonisch, bebt, und dadurch ermüdet wird.

Diese Eigenschaften können sowol materiellen als immateriellen Substanzen zukommen. Mit Gewißheit kann darüber nichts entschieden werden. Indessen ist man doch nach Wahrscheinlichkeiten geneigter, immaterielle Naturen anzunehmen, und die Seele in die Classe derselben zu setzen. Was in der Welt ein Principium des Lebens enthält, scheint überhaupt hieher zu gehören. Denn alles Leben beruht auf dem innern Vermögen, sich nach Willkühr zu bestimmten; die Materie hingegen, deren entscheidendes Merkmal in der Erfüllung des Raums besteht, ist äusserlich abhängend und gezwungen; sie kann also nicht gut selbstthätig seyn.

Nur wird bey dieser Voraussetzung die Gemeinschaft zwischen Geist und Körper äusserst geheimnißvoll; und da alle unsere Begriffe aus Erfahrungen von der Materie entstehen, so ist es natürlich, daß wir nicht begreifen können, wie ein Druck oder Stoß, Gedanken zu erregen, vermögend ist. Vielleicht könnte man nach Leibnitzens Winken sagen, da jede Substanz, selbst jedes einfache Element eine innere Thätigkeit, als den Grund der äussern Wirksamkeit, haben muß, so könne dieser innere Grund sehr wohl in dem Vermögen dunkler Vorstellungen bestehen, die deswegen noch keine denkende Einheit ausmachten; und dann würde die Seele auf die innere Principien, nicht aber auf die Kräfte, womit die Elementar-Theile unter einander in Verhältniß stehen, würken.

Zweytes Hauptstück. Ein Fragment der geheimen Philosophie, die Gemeinschaft mit der Geisterwelt zu eröfnen. Die Erscheinungen der todten Materie fliessen aus der Solidität, Ausdehnung und Figur; sie lassen eine physische Erklärung zu, die zugleich mathematisch ist, und daher mechanisch genennet wird. Hingegen heissen die besondern Wirkungs-Gesetze der immateriellen Wesen pneumatisch, und wenn körperliche Wesen die Mittel-Ursachen ihrer Wirkungen in der materiellen Welt sind, organisch.

Die immateriellen Wesen können, untereinander unmittelbar vereinigt, gar wol ein grosses Ganzes, eine immaterielle Welt ausmachen, so, daß auch diejenigen geistigen Naturen, welche durch Vermittelung der Materie in einander wirken, ausserdem noch unter sich und mit andern blos immateriellen Wesen in einem natürlichen und unaufhörlichen Verhältnisse stehen, und untereinander wechselseitige Einflüsse ausüben. Die menschliche Seele ist daher in dem gegenwärtigen Leben mit zweyen Welten zugleich verknüpft. So lange sie aber in persönlicher Einheit mit einem Körper verbunden ist, kann sie nur die materielle Welt allein klar empfinden, und wenn sie gleich jetzt auch die reinen Einflüsse der Geisterwelt empfängt, so werden sich dieselben doch alsdenn erst ihrem Bewustseyn zum klaren Anschauen eröffnen, wenn ihre jetzige Verbindung mit der Körperwelt aufgehört hat.

Dieser genaue und wechselseitige, obgleich nicht mit sinnlichem Bewußtseyn verknüpfte, Einfluß der Seele und anderer Geister ineinander, ist noch viel begreiflicher, als die gegenseitige Wirkung von Geistern und Körpern. Er läßt sich aber auch aus andern Betrachtungen erläutern. So finden wir viele, und zum Theil mächtige, Gründe unserer Handlungen ausser uns; einen geheimen Zug, unsere Urtheile mit den Urtheilen anderer zu vergleichen, und, so zu sagen, dem ganzen denkenden Wesen eine Art von Vernunft-Einheit zu verschaffen; einen geheimen Trieb, anderer Wohlseyn, öfters ungern, zu befördern; das starke Gesetz der Schuldigkeit, und das schwächere der Gütigkeit, deren jedes uns manche Aufopferung abdringt, zuweilen zwar vom Eigennutz überwogen, aber doch nirgends ganz ausgerottet wird; daraus also eine moralische Einheit in der Welt aller denkenden Naturen entsteht.

Daß aber diese Geistergemeinschaft so unbekannt ist, kommt daher, weil die Vorstellungen, die wir uns als Geister machen, von denen sehr verschieden sind, die wir als Menschen haben. Denn, was die Seele, der Mensch, denkt, wird von ihr, als Geist, nicht erinnert; und umgekehrt. So gar die Vorstellungen von uns selbst, das ist, von unserer Seele, werden nur durch Schlüsse erworben, und sind keine Erfahrungs-Begriffe. Indessen können auch geistige Empfindungen in das Bewußtseyn des Menschen übergehen, zwar nicht unmittelbar, aber doch so, daß sie nach dem Gesetz der vergesellschafteten Begriffe diejenigen Bilder rege machen, die mit ihnen verwandt, und also ihre Symbole sind. Nur kann eine solche Erscheinung nicht etwas gewöhnliches seyn, sondern sich nur bey solchen Personen ereignen, bey welchen das Sensorium des Gehirns eine grössere Reizbarkeit hat, als es bey gesunden Menschen haben soll. Dergleichen Leute nehmen gewisse Bilder, die nur Blendwerke der Einbildung sind, für Wirkungen der äussern Sinne an; aber die erste Ursache davon ist doch ein wahrhafter geistiger Einfluß.

Drittes Hauptstück. Antikabala. Ein Fragment der gemeinen Philosophie, die Gemeinschaft mit der Geisterwelt aufzuheben. Es giebt verschiedene Arten von Träumern. Philosophische Träumer, welche sich eine Welt aus wenig Bauzeug der Erfahrung durch erschlichene Begriffe zimmern, oder durch die magische Kraft einiger Sprüche aus Nichts schaffen; Träumer der Empfindung, welche Sachen sehen, die sonst kein Mensch sieht. Wenn diese letztern schlafen, so stellen sie sich die Gegenstände als ausser sich selbst vor, wenn sie wachen, so haben sie ihre Vorstellungen in sich, aber sie sind darin so sehr vertieft, daß sie auf die Empfindungen der Sinne nicht achten. Mit beiden Arten haben die Geisterseher etwas gemeinschaftliches, da sie im Wachen, und oft bey der größten Lebhaftigkeit anderer Empfindungen, die Geschöpfe ihrer Einbildung ausser sich versetzen. Die[s] läßt sich so erklären. Bey der Empfindung der Gegenstände stellen wir uns immer ihren Ort zugleich vor, und zwar da, wo die, zwischen unsern Sinnen und dem Object befindliche, Richtungslinien zusammenstossen; daraus entsteht der focus imaginarius. Nun sind alle Vorstellungen der Einbildungskraft zugleich mit gewissen Bewegungen in dem Nervengewebe des Gehirns begleitet, welche derjenigen Bewegung ähnlich sind, die der sinnliche Eindruck selbst machen könnte; hier ist der focus imaginarius im Gehirn selbst, und wird auch so von wachenden und gesunden Personen gedacht. Wenn aber durch Zufall oder Krankheit (wie man schon bey Betrunkenen merkt, die alles doppelt sehen, oder bey bald Schlummernden, die allenthalben Figuren erblicken,) die Organe des Gehirns aus ihrem gehörigen Gleichgewicht gebracht werden, so können sich die Nerven sehr wol nach solchen Richtungslinien bewegen, die, fortgezogen, erst ausserhalb dem Gehirn aufeinander stossen würden, folglich setzt die Vorstellung den focum imaginarium auch dahin, von wo der sinnliche Eindruck eines wirklich vorhandenen körperlichen Gegenstandes kommen würde; und so ist der Geisterseher da.

Viertes Hauptstück. Theoretischer Schluß aus den gesamten Betrachtungen des ersten Theils. Er ist kürzlich folgender. Die ganze Lehre von den Geistern beruht auf blossen Speculationen, und hat mit dem, was uns die Sinne lehren, nichts ähnliches; aber dem ohnerachtet erhält sie Glaubwürdigkeit, weil sie unsere Hoffnung stärkt, und mit einer, schon vorhin entschiedenen, Neigung, künftig fortzudauren, in Sympathie steht.

Unsere Leser werden es diesem Auszuge bald anmerken, daß der Verf. nicht gerade in dem Geleise herrschender Systeme fortrollt. Er wählt sich seinen eigenen Weg; und dies ist eben das Mittel, neue Entdeckungen in den Gefilden der Wahrheit entweder selbst zu machen, oder doch andere forschende Geister auf neue Spuren zu bringen. Es schadet niemals, seine Vermuthungen über die Beschaffenheit des Boden, die Natur des Clima, die Lage der Gegenden zu eröffnen, wenn man nur dieselben nicht gleich als eine sichere Charte für Reisende anpreiset.

Z.

Text nach: *Neue Critische Nachrichten*. Dritter Band. Drey und vier und dreyßigstes Stück, 15. August 1767, S. 257–262.

E.8 G. [= Moses Mendelssohn]: Rezension der *Träume* (1767)

I. Kants Träume eines Geistersehers, erläutert durch Träume der Metaphysik. Königsberg, im Kanter. Verlage, 1766. 8 Bog. in 8.

Ein gewisser Herr *Schredenberg* [!] zu *Stockholm*, der in unsern ungläubigen Zeiten höchst unglaubliche Wunderdinge verrichtet, und acht Quartbände voll Unsinn, die er Arcana cœlestia nennet, geschrieben, ist der Geisterseher, dessen Träumereyen Herr *Kant*, durch metaphysische Hypothesen, die er selbst *Träume* nennt, zu erläutern suchet. Der scherzende Tiefsinn, mit welchem dieses Werkchen geschrieben ist, läßt den Leser zuweilen in Zweifel, ob Herr *Kant* die Metaphysik hat lächerlich, oder die Geisterseherey glaubhaft machen wollen. Indessen enthält es den Saamen zu wichtigen Betrachtungen, einige neue Gedanken über die Natur der Seele, so wie einige Einwürfe wider die bekannten Systeme, die eine ernsthaftere Ausführung verdienen.

Text nach Erstdruck in: *Allgemeine Deutsche Bibliothek.* Des vierten Bandes zweytes Stück. Berlin und Stettin, verlegts Friedrich Nicolai, 1767, S. 281.

E.9 Johann Caspar Lavater: Aus einem Brief an Johann Friedrich Wilhelm Jerusalem (22. Januar 1768)

[...] – die Erscheinung der Todten. Ich habe noch keinen gesehen; keiner meiner Verwandten hat noch vorgegeben, einen gesehen zu haben; ich will alle Erzählungen davon auf die Seite setzen, alle sollen falsch seyn – aber was wollen wir mit den *Swedenborgischen* anfangen? Ich muß gestehen, alle mögliche Abneigung habe ich gegen das Lächerliche, das mir bei denselben aufstößt; aber sollen die beinahe unläugbaren historischen Beweise, die auch nur *Kant* in seinen *Träumen eines Geistersehers* anführt, sollten die nicht bey jedem unpartheyischen Gemüth von dem größten Gewichte seyn?

Text nach: *Johann Kaspar Lavaters Lebensbeschreibung* von seinem Tochtermann Georg Geßner. Erster Band. Winterthur 1802, S. 323.

E.10 Johann Caspar Lavater: Aus: *Aussichten in die Ewigkeit* (1769)

Ich wünsche, daß Kant von Königsberg was darüber [sc. über die Vollkommenheit unsers künftigen Cörpers] geschrieben hätte; aber ich fürchte, ein Mann werde sich nicht in diese Materie einlassen, der bey einem so seltenen Maasse von philosophischem Genie, so unphilosophisch über den Einfluß einer mehrern Beleuchtung der Lehre von der Unsterblichkeit der Seele, und der Beschaffenheit unsers künftigen Zustandes in das sittliche Leben, raisonieren kann; – Es mag seyn, daß seine Abneigung über die Zukunft zu philosophiren aus moralischen Beobachtungen herkömmt; er hat vielleicht viele Leute gesehen, die, je mehr sie über die Zukunft philosophirten, derselben nur desto unwürdiger lebten; und das mag vielleicht die Ursache seyn, warum er mit Voltärens *Candide lieber in den Garten gehen, und Früchte pflanzen will.*

Text nach: [Johann Caspar Lavater]: *Aussichten in die Ewigkeit, in Briefen an Herrn Joh. Georg Zimmermann.* Zweyter Theil. Zürich 1769, 11. Brief, S. 177f.

E.11 Hieronymus Gottfried Wielkes: Aus einem Brief an Immanuel Kant (18. März 1771)

HE. Runkenius würde sich mit uns allen um die Wette beeifern Ihren Aufenthalt Ihnen angenehm zu machen. Sie würden vielleicht das Vergnügen haben einen Menschen zu sprechen der hier und in Amsterdam viel Lermens macht und sich Schwedenborg nennt; ein Mensch der Geister sieht und mit allen unsichtbahren Wesen in geheimer Correspondence steht. Da er von Amsterdam sehr oft hieher komt um seine Bücher abzusetzen so ist er bey den hiesigen Gelehrten bekant. Daher hat letzthin die Theologische Fakultät (o es giebt hier so gut fromme Narren als in Deutschland) eine förmliche Ambaßade an ihn geschickt um ihn fragen zu laßen ob Socrates und Marc aurel im Himmel oder in der Hölle wären. Schwedenborg hat sie alle vorgefunden, allein nach seiner Aussage haben die guten Leute die keine Christen haben seyn können einen besondern Himmel in dem man sich nicht in dem Grade vergnügen kan als in dem Aufenthalt unserer heutigen Seeligen. Die Sache hat seine völlige Richtigkeit. Noch jetzt dauren solche elende Streitigkeiten, die man hier gelehrt und wichtig nent, fort. Diese FratzenGeschichte könnte einen üblen Begrif von der hiesigen Muse geben, wenn nicht einige sehr geschickte Männer ihr reinere und angenehmere Opfer brächten. [...].

Text nach Ak X, 120_{21}-121_{02}.

E.12 Aus dem Brief eines gewissen „Jurgulan" an Immanuel Kant (1772 [?])

[...]. Ich fragte ihn, was ihm denn so anstößig wäre? Das erste (antwortete er) ist dieses: daß ich in Keiner Religion so viele Secten und Spaltungen angetroffen habe als eben in der Christlichen, nicht allein gantze Länder hegen ihre besondere Meinungen, sondern fast jeder Theologus jeder Prediger hat in einem und andren punct seine besondere Meinung, und glauben selbst das nicht was sie andre Lehren. Wie mir deren viele bekannt sind, die ich mit Nahmen nennen könte, und dennoch beruffen sie sich alle auf ein Buch nehmlich die Bibel. Dieses Buch habe ich mit allem Ernst und gröster attention durchlesen, und darinnen die schönste SittenLehren gefunden, allein das Historische Wesen ist mir immer verdächtig vorgekommen, und darin bin ich bestärcket als ich Dams Schrifften vom Historischen Glauben gelesen habe, und ob ich ihm zwar nicht in allem völligen Beyfall gebe und ihm des Schwedenborgs Theologiam universalem entgegensetze, so sehe ich daß diese Beyde als Himmel und Erde von einander unterschieden sind, dennoch komt mir Schwedenborg viel vernünftiger vor als Damm, indem er gründlich genug zeiget, daß die Christen in vielen Dingen Glaubens-Geheimnüße machen, wo sie gantz unnöthig sind, als zum Exempel von dreyen Persohnen in der Gottheit, welches mir so ungereimt vorkomt als einige Dinge im Talmud und Coran [...]. Wenn nun in einem Cörper die Organa so verdorben werden, daß sie von diesem Geist nicht mehr in Bewegung gebracht, oder belebt werden können, so muß der Mensch, das Thier, der Baum, das Gewächs etc. sterben das ist es kan von diesem Geist nicht mehr belebet werden; alsdenn muß sich das Materielle Wesen in Staub und Asche verwandlen, das Substantzielle aber Bleibt immer von diesem Geist doch auf eine Subtilere Art belebet, wird in die Geister Welt versetzet, und behält seine Gestallt die es in der Cörper Welt gehabt hat, nehmlich ein Mensch behält die Gestallt des Menschen, ein Thier die Gestalt des Thieres, ein Baum des Baums, ein Stein des Steins etc. und zeigen sich in der Geister Welt eben so wie sie in der Cörper Welt gewesen nach ihrer Substantz doch auf eine gantz Subtilere Art, welches mit Worten schwerlich auszudrücken ist, Schwedenborg hat ein guttes Einsehen hierinnen gehabt, und sehr wohl nach unserem Begriff hievon geschrieben, solte ich nun hievon überführet werden daß diese unsere Religion falsch sey. so will ich so bald ich zur Regierung gelange die Christliche

Religion in meinen Landen allgemach einführen Doch nach den Sätzen gemeldten Schwedenborgs. [...].

Text nach Ak XII, 352_{23}–353_{05}; 354_{33}–355_{13}.[289]

E.13 Johann Caspar Lavater: Aus: *Aussichten in die Ewigkeit* (1773)

Und was soll ich von dem hieher gehörigen Ahndungsvermögen sagen? Das ist von der Kraft der Seele, abwesende Situationen und Menschen nach ihrer wahren Beschaffenheit oder doch beynahe nach derselben sich zu vergegenwärtigen. [...] Von allen mehr und minder zuverlässigen Geschichten von dieser Art will ich nur ein paar berühren. [...] Das andere Beispiel ist das, welches Herr Kant in Königsberg – ein wol nicht schwacher Kopf – von *Emanuel Swedenborg* erzählt; der zu *Gothenburg* einen Brand zu *Stockholm* gesehen haben und einer Gesellschaft beschrieben haben soll.

Text nach: [Johann Caspar Lavater]: *Aussichten in die Ewigkeit, in Briefen an Herrn Joh. Georg Zimmermann*. Dritter und letzter Band. Zürich 1773, 13. Brief, S. 53–55.

E.14 [Anonym]: *Prüfungsversuch, ob es wol schon ausgemacht sei, daß Swedenborg zu den Schwärmern gehöre* (1786)

I. Giebt uns nicht die einzige philosophische Schrift, die, *Swedenborg* und seine behaupteten Offenbarungen betreffend, erschienen ist, Aufschlüsse darüber?

Meines Wissens hat nur ein einziger deutscher Philosoph über *Swedenborg* und seinen behaupteten Offenbarungszustand in der geistigen Welt geschrieben. Es ist aber auch kein geringerer, als Herr Professor *Kant* in *Königsberg*, der Verfasser der Kritik der reinen Vernunft. Billig ist es also, daß wir

S. 243

in diesem Prüfungsversuche uns zuerst an diesen scharfsinnigen Philosophen wenden, und zusehen, ob wir nicht bei ihm Aufschlüsse über *Sw.* und sein Aussergewöhnliches erhalten. Die Schrift selbst ist bereits vor zwanzig Jahren erschienen, unter der frappanten Aufschrift: „Träume eines Geistersehers, erläutert durch Träume der Metaphysik" (Riga und Mietau, bei Hartknoch 1766). Dieser Titel der Schrift scheint beim ersten Anblik sinnreich und wizig zu sein, ist aber, wo mich nicht alles trügt, bei genauerem Erwägen, verunglükter Buchtitelwiz. Dies kan, der Hochachtung gegen den berühmten Verf. ganz unbeschadet, allerdings bemerkt werden. Denn verliert so gar ein Held wol dadurch seinen Werth, wenn ihm einmal eine Schlacht verunglükt? oder, wol nur gar eine Parthie im Billard? Eben so wenig wird der Werth eines Philosophen vermindert, wenn ihm ein Wiz im Buchtitel verunglükt ist; ja auch dann bleibt sein ehrwürdiger Talar unbeflekt, wenn gleich eine seiner reizenden bunten Schriftblüten aus seinen ehemaligen Lenztagen nicht die mindeste reine oder vermischte Vernunftwahrheit, sondern lauter Vernünftelungskünste zur Unterhaltung für den, der Lust zu solchen Gemüthsspeisen hat, enthalten solte. „Träume eines *Geistersehers*" – *Sw.* sagt nicht, daß er Geister bloß sehe, sondern, daß er in der geistigen Welt Umgang habe mit Engeln und Geistern, mit längst und kürzlich verstorbenen, noch *völlig lebenden* Menschen, daß er öfters die Beschaffenheit und den Zustand jener ganzen geistigen Welt sehe, daß er in ihr und von ihr Erfahrungen und Belehrungen erhalte, theils unmittelbar, theils mittelbar, so weit als es die Gottheit gestatte. Wenn nun jemand sehr vielen Umgang mit mancherlei Arten von Menschen in allen Ständen hat; so ist es doch wol, der Sache nach, dem Sprachgebrauch zuwider, zu sprechen, er sei ein *Menschenseher*. Jedoch nach des Verfassers Absicht konte wol der Ausdruk nicht besser gewählt sein, denn er solte gleich zum voraus eine lächerliche Idee von dem zu beurtheilenden Manne erregen, weil so genante Sonntagskinder, welche bezeugen, vorübergehende Erscheinungen von Geistern oder Gespenstern zu *sehen*, weiter aber nichts, mit dem Ausdruk *Geisterseher* bezeichnet werden. Allein philosophisch deucht mir diese Manier nicht. – Nun werden von unserem Verf. angebliche *Träume* dieses willkührlich angenommenen *Geistersehers* angekündiget. Es wird also durch den Schrifttitel etwas als ausgemacht vorausgesetzt, was zuerst untersucht werden soll, nemlich, ob das, was *Sw.* gesehen, gehört, gesprochen und erfahren zu haben angiebt, leere eitle Träume und Phantasmen, oder Wirklichkeiten gewesen sind. Indessen mögen diese Dinge nach der Voraussezung des Philosophen *Träume* sein; so ist doch das folgende des wizelnden Schrifttitels: – „erläutert durch Träume der Metaphysik" äusserst seltsam. Die angeblichen Träume *Swedenborg's* sollen also durch andere Träume erläutert werden! Welcher Mensch kan sich wol im Scherz oder Ernste, wirklich oder scheinbar, vorstellen, daß ein Traum den andern erläutern könne? Traum ist – Traum. Und wenn ihr zehnmal träumet, wachend oder schlafend, so kan und wird euer zehnter Traum den ersten nicht im mindesten erläutern, so wenig als jenes ägyptischen Pharao's Traum vom zweiten erläutert wurde, sondern der leztere Traum wird euch vielmehr, betreffend den ersteren, in grössere Betrüglichkeiten, Täuschungen oder Zweifelswogen hineinführen. Und so dann sinds Träume der *Metaphysik*, die diese Erläuterungen bewerkstelligen sollen. Wenn ich mir nicht völlig bewust wäre, daß ich, indem ich dies schreibe, im wachenden Zustande bin, so glaubte ich fast, daß ich selbst träumte, indem ich mir erläuternde Träume der Metaphysik vorstelle. Man hat Grund zu zweifeln, ob die *Metaphysik* im wachendsten Zustande fähig sei, Erläuterungen über „Träume eines Geistersehers" oder ernstlicher, über „den Zusammenhang der natürlichgeistigen mit der natürlichirdischen Welt, auch, ob und in wiefern irgend ein Mensch nähere Kentnisse davon durch Verfügungen der Gottheit erhalten könne" zu geben.

Der Lehrer nun, der nicht im Stande ist, im völligen Wachen eine gewisse Sache zu erläutern und zu erklären, der wirds wol noch weniger im Träume thun können. Oder die Metaphysik müste eine solche wunderseltsame Lehrerin sein. Und dann wäre sie wirklich eine ganz eigenartige Schwärmerin – vielleicht desorganisirt, wie es izt Mode ist. Allein, wie sich doch die Zeiten verändern, und öfters die reichsten Inhaber der Wissenschaften zu einiger Armut des Dünkelgeistes, und, wolte Gott! zur innigen Demut und Bescheidenheit bringen können! Eben unser Verf. hat nun, zwanzig Jahre nach Ausgabe dieser Schrift, rühmlichst bewiesen [...], daß bisher eigentlich noch keine *Metaphysik* existirt habe.

Sonach hat, nach dem Titel des vorhabenden Buchs, *Metaphysik*, die noch kein Dasein gehabt hat, Erläuterungen über Träume geträumt. Das ist doch, als spräche man: der Schatten eines Schatten, der Traum eines Traums!

Nach dieser, nur zu weitläuftig gewordenen Beleuchtung des Schrifttitels könte man wol wenig Vermuthung fassen, in dem Buche selbst Beihülfe zur Prüfung über *Swedenb.* und seine behaupteten Offenbarungen zu erhalten, wenn es nicht den berühmten Namen des im Felde seiner Wissenschaften unstreitig scharfsinnigen Verfassers vor sich hätte. Lassen wir also die Aufschrift fahren. Ihre Form, die, wie man siehet, verunglükter Wiz bisarr macht, soll uns nicht abschreken, in der Schrift selbst zu suchen, ob etwas Erläuterung für uns sei. Auch kan der Titel vielleicht bloß eine merkantilische Sache gewesen, und mehr auf Rechnung der Verlagshandlung, als des Verfassers, zu sezen sein. Denn was den Wahrheitssucher nur belehrt, muß ihm lieb und werth sein; wäre auch die Belehrung etwas sonderbar angekündiget.

Wer in der vorhabenden Schrift, *eines* Theils, welcher *dogmatisch genannt wird*, mehr als den leidigsten Skeptizismus über alles, was nur Geist, geistig, Geisterwelt, Zusammenhang irgend einer geistigen Welt mit der, die wir vermittelst körperlicher Sinne wahrnehmen, mehr als eine Probe von Vernünftelungsgeschiklichkeit, ein und eben dasselbe scheinbar wahr und scheinbar unwahr zu machen, mehr als ein mit beobachtetem philosophischem Anstande gegebenes Geständnis, die Philosophie wisse von Geist und Geisterwelt nicht das allergeringste, könne wenigstens, diese Gegenstände betreffend, nichts behaupten – wer, sag' ich, mehr in dieser Schrift finden könte, von dem wolt' ich mit Geständnis meiner Blödsichtigkeit gern Belehrung annehmen.

Das sonderbarste, und gewiß sonderbarer als *Swedenborg* selbst mit all seinen Offenbarungsbehauptungen, ist, daß im *zweiten* Theile dieser Schrift, welcher *historisch genannt wird*, der vorige *Skeptiker* gänzlich in einen völligen *Diktatoriker* verwandelt ist. Inkonsequent ist das doch, und dem Charakter eines Vernunftweisen, der stets sich selber gleichen solte, wol nicht entsprechend. Einige Beispiele aus der Schrift werden dies zeigen. Nachdem der Verf. sich, und das wol mit Recht, verwundert, daß „das bequeme und mehrentheils vernünftige: *Ich weiß nicht*, auf Akademien nicht leichtlich gehöret wird;" so giebt er dieses Bekentnis: „Ich weiß also nicht, ob es Geister gebe, ja was noch mehr ist, ich weiß nicht einmal, was das Wort *Geist* bedeute;" und bald darauf: „ich verhoffe, dessen verborgenen Sinn zu entfalten." Das Resultat dieser Entfaltung, die über funfzehn Seiten einnimmt, ein Vernünftelungsgewebe von Wortbegriffen enthält, und den wahrheitsuchenden Denker in einer öden Sandwüste stehen läßt, ist endlich folgendes: „Ich gestehe, daß ich sehr geneigt sei, das Dasein immaterieller Naturen in der Welt zu behaupten, und *meine Seele selbst* in die Klasse dieser Wesen zu versezen. Alsdann aber, wie geheimnisvoll wird nicht die Gemeinschaft zwischen einem Geiste und einem Körper?" – Ferner einige Seiten weiter: „Welche Nothwendigkeit aber verursache, daß ein Geist und ein Körper zusammen Eines ausmache, und welche Gründe bei gewissen Zerstörungen diese Einheit wiederum aufheben, diese Fragen übersteigen, nebst verschiedenen andern, sehr weit meine Einsicht. ..." Nachdem der Verfasser, bei seiner erklärten völligen philosophischen Unwissenheit in dem, was Geist und geistige Welt ist, im Fortgange der Schrift dennoch ein künstliches Hypothesengewebe, durch welches sich Geisterseherei, oder wol gar geistiger Offenbarungszustand einsehen lasse, angefertiget hat, so bezeugt er in seiner skeptischen Laune diese wirkliche Wahrheit: „Metaphysische Hypothesen haben eine so ungemeine Biegsamkeit an sich, daß man sehr ungeschikt sein müste, wenn man die gegenwärtige nicht einer jeden Erzählung bequemen könte, so gar ehe man ihre Wahrhaftigkeit untersucht hat" – (S. 56).

Nun giebt der Verf. Vernünftelungen in anderer Manier, wodurch das, was vorhin wahrscheinlich gemacht zu sein *schien*, wiederum ganz aufgehoben zu sein *scheinen* soll. Nicht zu verwundern: denn dem, der die Rolle eines Skeptikers spielt, oder von Skepsis Profession zu machen sucht, ist es nur darum zu thun, Geschiklichkeit *für* und *wider* eine jegliche Sache zu vernünfteln, scheinbare Beweise *für* und *wider* jeden Gegenstand zu führen, und an den Tag zu legen. Weil denn aber doch sich selbst immer gleichbleibende Zweifelei dem praktischen Leben nicht entspricht, und es Fälle giebt, wo auch der desperatische Skeptiker eine gewisse Parthei ergreifen, und sich zu irgend einer Meinung oder auch Behauptung bejahend hinwenden muß; so wird er sich hierin nach der herschenden Mode richten, und in seinem Behaupten die geachtetere Parthei derer nehmen, welche in seinem Zeitalter für Aufgeklärte, wenigstens für Leute von gutem Ton gelten. Der Hr. Verf. bemerkt also auch (S. 71), „daß der Leser – den Begrif vorziehen wird, welcher mehr Gemächlichkeit und Kürze im Entscheiden bei sich führet und sich einen *allgemeinern Beifall* versprechen kan.“ Dieser Begrif, den die lezteren Vernünftelungen des Verfassers geben, und der sich allgemeinern Beifall versprechen kan, ist nun der, jeden behaupteten Offenbarungszustand eines Menschen in einer und durch eine geistige Welt nach bloß windigen eitlen Hypothesen der Metaphysik für Phantasterei zu erklären, nachdem man vorher eingestanden hat, daß die Metaphysik von Geist und geistiger Welt nicht das geringste wisse, noch wissen könne. Ich gestehe, wenn ein solcher Begriff, auf solchem Grunde gebauet, sich bei meinen Zeitgenossen allgemeinern Beifall versprechen kan, so will ich mit all meinen Begriffen auf den allgemeinern Beifall lieber Verzicht thun. – Bei obiger Bemerkung äussert der Verf. auch, „daß es einer vernünftigen Denkungsart gemäß zu sein scheint, die Gründe der Erklärung aus dem Stoffe herzunehmen, den die Erfahrung uns darbietet. ...“ Ja, wol ist Erfahrung der feste Grund, auf den die Philosophie allein was tüchtiges zu bauen vermag. Man verschaffe sich also hinlänglichen Erfahrungsstof in einem Gegenstande, über den man philosophiren will, so weit und auf die Art es die Natur desselben erfordert und zuläßt; man bedenke aber, daß der enge Bezirk unsers Wohnplazes, daß die kurze Spanne unseres Lebens, und die unendliche Mannigfaltigkeit der Schöpfung in ihren Phänomenen uns nicht gestatten, in allem *unmittelbare* Erfahrungen zu machen, daß also auch *mittelbare* Erfahrungen, die eben so gut und gewiß als jene sein können, uns Stof zu gegründeten Philosophirungen verschaffen müssen; man bedenke sonach, daß jeder Philosoph auch historischer Kritiker sein, daß historische Kritik von Vernünftelung nie getrennet sein müsse, wofern leztere nicht ein Misvernünfteln von leerem Wortgewäsche werden soll, es scheine auch so gelehrt und scharfsinnig als es wolle. Man bedenke ferner, daß kein ächter Philosoph, ohne sich schon an den allgemeinen gesunden Menschensinn zu versündigen, sprechen dürfe: Dies oder jenes hab ich nicht gesehen, nicht gehört, nicht unmittelbar erfahren; daher ist es nicht wahr, daher ist es Täuschung, daher nicht möglich. Prüfe du erst aufs schärfste, was andere behaupten gesehen, gehört und erfahren zu haben – dadurch eben zeigst du dich als den ehrenvollsten Philosophen; und ist die Sache aussergewöhnlich, so kan die historische Kritik freilich nie zu strenge sein. Glaube und Unglaube, Behaupten und Läugnen dessen, was historischer Natur ist, kan eben so verächtlich als respektabel sein, je nachdem der Grund ist, worauf sich das eine oder das andere im Menschen gründet. Aussergewöhnliche Dinge, so geringfügig sie auch an sich zu sein scheinen, sind nie unter der Würde historischkritischer Prüfung und einer hierauf folgenden Vernünftelung. Ich kan daher auch nicht beipflichten dem, was der Verf. (S. 75) von seinem Thema spricht: es sei „eine gleichgültige Aufgabe, die mehr ein Spielwerk, als eine ernstliche Beschäftigung genant zu werden verdient.“ Aber warum machen wir etwas zu einem Spielwerke, was vielleicht eine ernstliche Beschäftigung hätte sein können? Oder, wenn wir als Philosophen von Geist, geistiger Welt und deren möglichen Einflüssen nichts wissen, nichts wissen können; wenn wir nur von Körper, körperlicher Welt, den möglichen Einflüssen der Luft auf unsere Gesundheit, den Einflüssen des Weins in unsern Magen u. s. w.

etwas wissen können, warum enthalten wir uns nicht auch alles positiven Urtheils in solchen Gegenständen? Warum bleiben wir denn nicht, wie in der Theorie, so in der Anwendung, fein standhafte Skeptiker? Warum verwandeln wir uns, wenn wir einen aussergewöhnlichen Mann halb ins Gesicht bekommen, den wir mit einem schielenden Ausdruk *Geisterseher* nennen, wider unsern bisherigen skeptischen, in geistigen Sphären nichts wissenden Charakter, mit einmal in Diktatoriker?

Und das ist eben der Fall beim Verf. unserer Schrift, aus der wir so gerne etwas hätten lernen mögen, weil doch, Kraft des Titels, die Sache des sogenanten Geistersehens erläutert werden solte.

In dem *zweiten* historischen Theile des Büchleins kent man kaum den Verf. mehr. Der vorige Zweifler ist hier der völlige Entscheider. Nach einigen vorhergegangenen Manieren des philosophischen Anstandes beginnt das Historische so: „Es lebt zu Stokholm ein gewisser Herr *Schwedenberg*" (richtig: Herr von *Swedenborg*) „ohne Amt oder Bedienung, von seinem ziemlich ansehnlichen Vermögen."

Ein *gewisser* Herr *Schwedenberg*? dessen Name nicht einmal richtig geschrieben wird? Das ist doch gerade nicht im mindesten anders, als wenn jezo jemand in *Stokholm* schriebe: „Es lebt zu Königsberg ein gewisser Herr *Cont* von seiner philosophischen Professur." Als wenn ein solcher Scribent Herrn Professor *Kant* für einen hominem quendam sc. obscurum hielte, nicht wüste, wie bekant und geachtet er in der gelehrten Welt ist. Aber der damals aufblühende Herr Magister legens hätte doch auch, als er so schrieb, wissen können, daß Herr von *Swedenborg* königl. Schwedischer Assessor beim Bergwerkskollegium gewesen war, daß er sein Amt freiwillig niedergelegt hatte, und ihm seine beträchtliche Besoldung, wegen seiner grossen Verdienste, auf Lebenszeit gelassen war, wovon er auch hauptsächlich lebte, daß er wegen seiner praktischen Geschiklichkeit in der Mineralogie und Chemie den Adelstand erhalten hatte, daß er in den wichtigsten Theilen der Mathematik, in der Anatomie, Physik, Naturgeschichte, Algebra, u. m. ganz ungemeine Stärke besaß, daß er durch die gelehrtesten Schriften in diesen Wissenschaften und als Mitglied verschiedener Akademien bereits bekant war. Von diesem Manne fält unser vorhin so skeptische Verf. das gerade, aber freilich unerwiesene, Urtheil: „er ist sicherlich der Erzphantast unter allen Phantasten."

Izt führt unser Philosoph auch die drei bekanten Merkwürdigkeiten *Swedenborg's* an; die eine, da er der verwitweten Königin von Schweden von ihrem verstorbenen Bruder, dem Prinzen *Wilhelm*, Nachricht brachte; die zweite, da er der holländischen Gesandtenwitwe, Madame *Marteville*, von ihrem verstorbenen Gemal Bericht gab; die dritte, da er 1759 in Gothenburg eine zu *Stokholm* eben ausbrechende Feuersbrunst anzeigte. Nachdem der Verf. diese allgemein bezeugten, aber wol noch nicht historischkritisch untersuchten, umgestossenen oder festgegründeten Ereignisse erzählt hat, so entschuldigt er sich, daß er „ein so verachtetes Geschäft übernommen habe, Märchen weiter zu bringen." Wie weiß es denn aber der Verfasser, daß diese Erzählungen, wovon die eine aus dem Berichte eines damals zu Stokholm gegenwärtigen Gesandten genommen ist, und auch sonst, nebst den beiden andern, mehrmals bezeugt ist, wirklich Märchen sind? Ohne historischkritischen Grund zu haben, hält er angegebene Ereignisse, deren innere Unmöglichkeit an sich nicht behauptet, noch erwiesen werden kan, geradezu für Märchen. Ist das skeptisch, oder diktatorisch? Doch so eben blikt das Angesicht des Skeptikers wieder hervor. Denn er nent „die vorangeschikte Philosophie ein Märchen aus dem *Schlaraffenlande* der Metaphysik."

Also sehen wir, daß jene skeptische Vernünftelungen nichts weiter waren, als – ein Märchen. Und wenn dieser historische Theil nun auch, wenigstens *märchenhaft* sein solte; so will ich eilen mit meinen Glossen über dies Märchen, und dem Leser den Vortheil lassen, ohne dies, seit zwanzig Jahren existirte Märchen, selbst zu lesen, es sicher zu wissen, daß Träume und Märchen ihm keine Erläuterungen geben können über Hrn. v. *Swedenborg's* Person und Schriften, und es *durchaus nicht ausgemacht haben, ob er zu den Schwärmern gehöre oder nicht?*

S. 91. sagt der Verf. noch: „Wem also jene Geistererzählungen eine Sache von Wichtigkeit zu sein scheinen, der kan immerhin, im Fall er Geld genug und nichts besseres zu thun hat, eine Reise auf eine nähere Erkundigung derselben wagen." Soll also derjenige, nach dem Ton, in dem dies gesagt ist, der Geistererzählungen (nicht Pöbelsagen, nicht Gespenstermärchen der Ammen,) für eine Sache von Wichtigkeit hält, etwa ein schwachsinniger Mensch sein? Was ist denn wichtig? Ist *alle* Wichtigkeit relativ? Oder sind: Gott, Geist und Seele, Einfluß des Geistigen aufs Körperliche, ewige Fortdauer des Menschenlebens – nicht Gegenstände, die jeglichem gleich wichtig sein müssen? Wenn jemand als historischer Kritiker wirklich eine Reise auf nähere Erkundigung, oder vielmehr genaue Erforschung von Geistererzählungen thäte, wäre auch der Erfolg davon weiter nichts, als historischphilosophisch dargelegte Resultate von einleuchtendem Ungrunde derselben: würde das wol was unerhebliches sein? Mich dünkt, das würde mehr Talent erfordern, auch mehr Verdienst erwerben, als erläuternde Träume über Geistererzählungen zu schreiben. Doch Reisen in der Hinsicht wären im vorhabenden Falle kaum nöthig. Schon durch eine weislich und mehrseitig angestelte Korrespondenz hätte die Wahrheit oder Unwahrheit jener drei in der Welt bekanten Ereignisse, *Swedenborg's* behaupteten Offenbarungszustand durch geistige Welt betreffend, bis zur befriedigendsten historischen Evidenz gebracht werden können. Und auch noch könt' es von jemanden bewerkstelliget werden. Denn seit dem Absterben des Hrn. v. *Swedenborg's* sind gegenwärtig erst vierzehn Jahre verflossen. – Was seine Schriften betrift, so hat unser skeptische Philosoph die Arcana coelestia (von den übrigen nachfolgenden Schriften *Swedenborg's*, deren eine die andere aufklärt, aber nichts) gelesen, die er denn mit positivester Entscheidung als Bände voll *Unsinn* aburthelt [!]; ratio decidendi: weil überirdische, geisterweltliche Offenbarung darin behauptet wird. Ja nach dieser Eigenheit zu sententioniren, müste auch die Bibel voll Unsinn sein; schon Adam, dann Abraham, Moses, David, Jesaias, besonders Hesekiel und Daniel, endlich Maria, Johannes, Petrus u. m.

vornehmlich Paulus – all diese wakern Personen müsten nach jener Art von philosophischem Entscheidungsgrunde Erzphantasten gewesen sein. – „Der Stil des Verfassers ist platt.“ Auch dies Urtheil ist sehr einseitig und kleinkreisig. Etwa in dem Sinn ist *Swedenborg's* Stil platt, als ein eleganter Stilist unsers Zeitalters, der die modische Stilschönheit für die einzige hält, den Schriften der Bibel Plattheit des Stils vorwerfen möchte, wie den Hrn. *Bahrdt* der Stil des N. T. angeekelt hat, und wenn *er* Markus gewesen wäre, er schon eleganter geschrieben hätte. Man siehet leicht, es war Herrn *Swedenborg's* Zwek nicht, in ciceronianischem Latein zu schreiben; sein Stil ist aber nichts weniger als barbarisch; ja ich habe eine Schrift von ihm vor mir liegen, (De cultu et amore Dei – Londini 1745.) die den blühendsten und elegantesten Vortrag hat, woraus man den Mann erkennet, der die römischen Klassiker gründlich und mit Geschmak studirt hat. Ueberhaupt hätte unser Verf. den Hrn. v. *Swedenborg*, der (seine noch nicht ausgemachte, *noch nicht* entschiedne Schwärmerei beiseite gesezet) doch *auch* Philosoph ex professo war, der den Aristoteles und Plato, Cartes, Newton, Leibniz, Wolf u. m. aufs gründlichste studirt hatte, nicht so herabwürdigend behandeln sollen. Und nun will der Verf. (S. 100) mit einer Versicherung, „dass er vor (für) die Zärtlichkeit des Geschmaks seines Lesers sorge die Quintessenz des (Swedenborgschen) Buchs auf wenig Tropfen bringen[“]. Allein genau betrachtet von dem, der mehrere Schriften *Swedenborg's* gelesen hat, scheint diese chemische Operation unserm Verf. so wenig gelungen zu sein, als sie gerathen würde, wenn Herr Direktor *Heinike* die Quintessenz von Herrn *Kant's* Kritik der reinen Vernunft auf wenig Tropfen zu bringen suchte. Und Herr *Heinike* hat noch dazu Vorliebe für dies Werk. Aber wenn man nun gegenseitig mit Vorurtheil gegen ein Werk dasselbe lieset: muß da nicht Misverstand entstehen? Besonders wenn noch gewisse Nebenursachen dazu kommen, z.B. Mangel mancher nöthigen Hülfskentnisse, fehlender Standpunkt zu Ueberschauung des Ganzen u. m. so kan auch der scharfsichtigste Kopf oft Werke des Geistes und der Wahrheit misverstehen. So wird auch sicherlich eben die

Kritik der reinen Vernunft von vielen misverstanden und verkant.

Ich könte nun über den Schlußtheil der Schrift unseres Verfassers noch so manche, vielleicht nicht ganz unerhebliche und fruchtlose, Bemerkungen machen. Allein, dies würde mich von meinem Zwek zu weit entfernen, welcher war, zu versuchen, ob durch diese philosophische Schrift es ausgemacht sei, daß *Swedenborg* zu den Schwärmern gehöre? Skeptizismus vermag dies seiner Natur nach nicht. Der muß, wenn er das bleiben soll, was er ist, die Sache völlig unausgemacht und unentschieden lassen. Diktatorischer Dogmatismus, da man das als ausgemacht und entschieden annimt und voraussezt, was noch zuerst erwiesen werden soll, thuts eben so wenig. *Swedenborgen,* der, in Ansehung seiner Person und Schriften, Leben und Todes, gelehrten und sittlichen Charakters und mehrerer Umstände, so sehr viel vor sich hat, daß er doch bei seinem behaupteten aussergewöhnlichen Zustande vielleicht von leidiger Schwärmerei frei gewesen sein könne, zuerst ganz beweislos für einen Phantasten zu erklären, und dann über ihn zu vernünfteln, das ist, wie mans in Schulen nent, eine petitio principii, und eine grosse Sünde gegen die Logik. Mittelbare Erfahrung, oder Erfahrung vermittelst Geschichte, muß, wo mich nicht alles täuscht, die Data zur Entscheidung über ein solches Phänomen geben. Die heiligen Schriften der Juden und Christen stellen uns viele Personen auf, die in ähnlichen Zuständen sich befunden haben, als Herr v. *Swedenborg*. Solten diese *deshalb* geradezu für Phantasten zu halten sein? Giebts denn keine Charakteristik der Schwärmerei? Kein getreues Bild, wonach man ein Original desselben erkennen könne? – Ja! Und hienach werde nun *Swedenborg* auch geprüft.

Text nach: [Anonym]: *Emanuel von Swedenborg's* [...] *Revision der bisherigen Theologie, sowol der Protestanten als Römischkatholischen.* Aus der lateinischen Urschrift übersezt; nebst einem Prüfungsversuche: *Ob es wol schon ausgemacht sei, daß Swedenborg zu den Schwärmern gehöre.* Breslau 1786, S. III–XXV.

E.15 St.: Rezension zu: *Emanuel von Swedenborg's […] Revision der bisherigen Theologie […]; nebst einen Prüfungsversuche: ob es wohl schon ausgemacht sey, daß Swedenborg zu den Schwärmern gehöre? Breslau […] 1786 […]* (1788)

Wir wollen uns bey der Anzeige dieser sonderbaren Schrift hauptsächlich nur bey dem Prüfungsversuche aufhalten, dieser betrift nun zuerst die Untersuchung: Giebt uns nicht die einzige philosophische Schrift, die Swedenborg und seine behaupteten Offenbarungen betreffend, erschienen ist, Aufschlüsse darüber, ob nämlich Swedenborg zu den Schwärmern gehöre? Hr. Prof. Kant ist, so viel der Verf. weiß, der einzige deutsche Philosoph, der über Swedenborg und seinen behaupteten Offenbarungszustand in der geistigen Welt geschrieben. Seine Schrift ist bereits vor zwanzig Jahren unter der Aufschrift: Träume eines Geistersehers erläutert durch Träume der Metaphysik erschienen. Zuerst bemerkt der Verf. daß der Titel derselben zwar beym ersten Anblick sinnreich und witzig zu seyn schien, aber doch seinem Ermessen nach nichts als verunglückter Buchtitelwitz sey. – „Träume eines Geistersehers!" Swedenborg sagt nicht, daß er Geister blos sehe, sondern daß er in der geistigen Welt Umgang habe mit Engeln und Geistern, mit längst und kürzlich verstorbenen noch völlig lebenden Menschen, daß er öfters die Beschaffenheit und den Zustand jener ganzen geistigen Welt sehe, daß er in ihr und von ihr Erfahrungen und Belehrungen erhalte, theils unmittelbar, theils mittelbar, so weit als es die Gottheit gestatte. Wenn nun jemand sehr vielen Umgang mit mancherley Arten von Menschen in allen Ständen hat; so ist es doch, der Sache nach, dem Sprachgebrauch zuwider, zu sprechen: „er sey ein Menschenseher." Diese Erinnerung des Verf. will nun wohl nicht viel sagen. Hr. Kant wollte ja hiedurch nicht leugnen, was auch in seiner Schrift deutlich genug zugestanden ist, daß Sw. nicht nur Geister gesehen, sondern auch seiner Meinung nach, mit ihnen gesprochen habe, und umgegangen sey. – Hiernächst wird Hr. K. beschuldigt, als habe er durch den Ausdruck: Träume, etwas schon als ausgemacht voraussetzen wollen, was zuerst untersucht werden soll, nämlich ob das was Sw. gesehen, gehört, gesprochen und erfahren zu haben vorgiebt, leere eitle Träume und Phantasien, oder Wirklichkeiten gewesen sind. Doch dies meint der Verf. könne noch hingehen, nur sey das folgende: „erläutert durch Träume der Metaphysik" gar zu seltsam. Welcher Mensch könne sich wohl im Scherz oder Ernst vorstellen, daß ein Traum den andern erläutern könne? – Nun wer wollte denn auch alles so streng nach dem Buchstaben nehmen? Uebrigens ist das Beyspiel von Pharaons berühmtem doppelten Traume sehr übel gewählt, um zu zeigen, daß ein Traum den andern nicht erläutern könne, denn das zweite Traumgesicht erklärt hier wirklich gewissermaßen das erste. Man hat, meint der Verf. Ursache zu zweifeln, ob die Metaphysik im wachendsten Zustande fähig sey, über Träume eines Geistersehers, oder ernstlicher, über den Zusammenhang der natürlichgeistigen mit der natürlich irdischen Welt, auch ob und in wiefern irgend ein Mensch wahre Kenntnisse davon, durch Verfügungen der Gottheit erhalten könne? – Erläuterungen zu geben. – Wohl wahr, nur kann man in diesem Scepticismus noch weiter gehen, und mit Grunde zweifeln, ob uns die Metaphysik uberall von dem Daseyn einer solchen natürlich geistigen Welt, als der Verfasser voraussetzt, irgend einige Nachricht geben könne. – Was nun die Metaphysik im Wachen nicht thun könne, das dürfe man noch viel weniger von einer träumenden erwarten. „Allein, wie sich doch," setzt er hinzu, „die Zeiten verändern, und öfters die reichsten Inhaber der Wissenschaften zu einiger Armuth des Dünkelgeistes, und wollte Gott! zur innigen Demuth und Bescheidenheit bringen können. Eben unser Verfasser hat nun zwanzig Jahre nach Ausgabe dieser Schrift rühmlichst bewiesen, daß bisher eigentlich noch keine Metaphysik existirt habe." – Der Verf. scheint in der That den ganzen Vortheil, den er aus Hrn. Kants neuern Reform der Metaphysik zu Swedenborgs Rechtfertigung allenfalls ziehen könnte, noch nicht einzusehen. – Nach dem System der Critik der reinen Vernunft ist wirklich existiren, und ein Gegenstand der Sinne seyn oder seyn können, eins und eben dasselbe. Das Reich der Wirklichkeit erstreckt sich nicht weiter, als die Sphäre der Sinnen, und alles was außerhalb derselben liegt, oder was weder gesehen, gehört, geschmeckt u. s. w. werden kann, ist ein blosses Gedankending, ein Phantasm und weiter nichts. – Weil nun für uns gewöhnliche Menschen die ganze Geisterwelt mit der Gottheit an ihrer Spitze, kein Gegenstand der sinnlichen Wahrnehmung ist, so gehöret alles dieses auch nach Hrn. Kant, höchstens unter die blossen logischen Möglichkeiten, die aber von reellen Möglichkeiten noch weit unterschieden sind. Nun tritt aber Swedenborg auf, und behauptet die Realität der Geisterwelt, weil er sie durch wirkliche Erfahrung kenne, und weil er alles was ihm davon bekannt ist, nicht aus Speculationen oder Einbildungen, sondern ex auditis et visis, (wie er auf dem Titul aller seine Schriften vorgiebt) wisse. Wollte man ihm dies bestreiten, so wird er dies eben so thöricht finden, als ob ich einem Mann abstreiten wollte, daß er mit einem Unbekannten in meiner Abwesenheit gesprochen habe, blos weil ich seine Gestalt nicht gesehen, oder seine Worte nicht gehört habe. – Wollte man ihm einwenden: Aber warum hat sonst Niemand mit Geistern Umgang, als du allein? so wird er antworten können: der einzige von allen Menschen bin ich gewiß nicht, der mit Geistern, der mit wirklichen, vernünftigen, nur dem großen Theil der Menschen nicht sichtbaren und vernehmbaren Wesen Umgang gehabt habe, es hat deren zu allen Zeiten manche gegeben, die dies öffentlich vorgegeben, und manche, weil sie sich für dem Spott der Unwissenden gescheut, mögen diesen Umgang mit den Geistern verheimlicht haben. Aber gesetzt ich wäre der einzige, würde daraus die Nichtigkeit meines Vorgebens mit Grunde zu schließen seyn? würde nicht vielmehr eben so gut daraus folgen, daß ich weit feinere Sinnen, ein weit zarteres Gehör als meine übrigen Mitmenschen entweder von Natur habe, oder daß ich meine Erfindungsfähigkeit, so wie wir unstreitig unsre Sinnen durch Kunst und Uebung schärfen können, durch gehörige Mittel ausnehmend erhöhet habe. Es hat einen Blinden gegeben, dessen Finger ein so zartes Gefühl hatten, daß er nur mit denselben über eine gedruckte oder geschriebene Schrift hinfahren durfte, um die Buchstaben zu unterscheiden, und also durchs Gefühl zu lesen. Wenn unter uns Sehenden dies kein einziger kann, und unter Blinden der Fall gleichfalls ausnehmend selten seyn mag, folgt daraus, daß es unmöglich sey? und ist es philosophisch richtig geschlossen: was ich nicht erfahren habe, und in meiner gegenwärtigen Lage und Beschaffenheit nicht erfahren kann, dies kann überall Niemand erfahren, dies kann auch ich unter ganz andern Umständen, und bey einer ganz veränderten Beschaffenheit nicht erfahren. – Meine Erfahrungen aus der Geisterwelt, könnte Sw., wenn ihm das System des Königsbergischen Philosophen bekannt geworden wäre, zu seiner Rechtfertigung weiter fortfahren: Meine Erfahrungen haben alle die Merkmale der Realität, die mein Gegner nur immer verlangt, ich habe keine meiner Wahrnehmungen dafür angenommen, als solche, wobey ich irgend eine seiner Categorien subsumirt habe. – Meine Entdeckungen hängen zusammen, und es [recte: er] beweise von irgend einer meiner Nachrichten aus der Geisterwelt, daß sie den Grundgesetzen des Verstandes entgegen sey, und mit dem logischen Gebrauch seiner Vernunftideen nicht bestehen könne; er beweise es nach seinem System, daß mein Wahrnehmungsvermögen, bey meinen sogenannten Visionen, nicht unter der Leitung des Verstandes und der Oberaufsicht der Vernunft gestanden – und wenn er dies nicht kann, wie er es dann nie wird leisten können, so gestehe er, daß wenigstens seine Philosophie kein zuverläßiges Merkmal anzugeben weiß, woran er meine Erfahrungen aus der Geisterwelt von seinen Erfahrungen aus der Körperwelt unterscheiden könne, und berechtigt werde, jene für Undinge oder Gedankenwesen, und diese für Realitäten zu erklären, entweder sie sind beyde Realitäten, oder beyde leere Phantasmen. Denn ob meine Wahrnehmungen in der Geisterwelt wirklich außer mir und meiner Vorstellungskraft existirende Gegenstände haben oder nicht, davon kann ihre Realität im geringsten nicht abhangen, da nach dem System meines Gegners es entweder gar keine Außenwelt (und also auch keine äußere Gegenstände unsrer Empfindungen) giebt, oder diese Außenwelt uns wenigstens nichts angeht, und nie ein Gegenstand unsrer Erfahrung werden kann. Es ist also alles Reelle nur innerlich und subjectiv, und zwar alsdann, wenn es in der niedern Region der sogenannten äußern Sinne empfunden und wahrgenommen wird; da nun dies bey mir der Fall in Ansehung meiner Unterhaltungen mit Geistern ist, so sind sie für mich und für alle, die sich die Geister zu vergegenwärtigen und zu versinnlichen wissen, sehr reelle Dinge. – – Doch wir kehren nach dieser vielleicht zu langen Abschweifung zu unserm Vertheidiger Swedenborgs zurück. Die Kantische Schrift selbst hat, seinem Vorgeben nach, zwey Theile, einen dogmatischen und einen historischen Theil. In dem ersten finde man nichts mehr, als ein mit beobachteten philosophischen Anstande gegebnes Geständniß: Die Philosophie wisse von Geist und Geisterwelt nicht das allergeringste, könne wenigstens, diese Gegenstände betreffend, nichts behaupten. – Wer mehr in dieser Schrift finden könnte, von dem wolle er, mit Geständniß seiner Blödigkeit, gern Belehrung annehmen. – „Das Sonderbarste," fährt der Verf. fort, „und gewiß sonderbarer, als Swedenborg selbst mit allen seinen Offenbarungsbehauptungen ist, daß im zweeten Theil, welcher historisch genannt wird, der vorige Skeptiker gänzlich in einen völligen Diktatoriker verwandelt ist. Inkonsequent ist das doch, und dem Charakter eines Vernunftweisen, der stets sich selber gleichen sollte, wohl nicht entsprechend" – In diesem historischen Theil fällt Hr. Kant von dem berühmten Swedenborg das gerade, aber freylich nach der Meynung des Verf. unerwiesene Urtheil: „er ist sicherlich der Erzphantast unter allen Phantasten." Der Verf. beschuldigt Hrn. K., daß er die drey bekannten Merkwürdigkeiten von Sw. geradezu ohne Prüfung und ohne Beweis für Mährchen erkläre,* indessen behauptet

* Es sind folgende drey Wundergeschichten. Erstlich soll Sw. der letzt verstorbenen Königin von Schweden kurz nach dem Absterben ihres Bruders, des Prinzen von Preußen, auf ihr Verlangen von demselben aus der Geisterwelt Nachrichten überbracht haben, über deren Richtigkeit die Königin sehr erstaunt gewesen; zweytens soll Sw. der Frau von Marte-

er selbst auch nichts Zuverläßiges darüber, sondern hält es nur für Gegenstände, die man nicht ausspotten, sondern ernsthaft untersuchen müsse. – Ueber Sw. Schriften (wovon ihm aber blos die Arcana coelestia, nicht aber die nachfolgenden, von dem jede der folgenden die vorhergehenden aufklären soll, bekannt gewesen) urtheile Hr. Kant mit der positivesten Entscheidung, daß sie nichts als Unsinn enthalten, weil überirrdische, geisterweltliche Offenbarung darin behauptet werde, daß er vest der Meynung, daß nach dieser ratio decidendi auch die Bibel voll Unsinn seyn müsse. Wenn Hr. Kant aber einwirft, daß Swedenborgs Styl platt sey, so merkt der V. an, dies Urtheil sey sehr einseitig und kleinkreisig, man sehe leicht ein, es sey nicht Sw. Zweck gewesen, in ciceronianischem Latein zu schreiben; seyn Styl sey aber nichts weniger, als barbarisch; ja der V. habe eine Schrift von Sw. vor sich liegen (de cultu et amore Dei – Londini 1745), die den blühendsten und elegantesten Vortrag habe, woraus man den Mann erkenne, der die römischen Klassiker gründlich und mit Geschmack studirt habe. – Hier muß nun der Recensent, nach der Kenntnis die er von den Swedenborgischen Schriften hat, ganz auf Hrn. K. Seite treten. Es wurden mir von einem Verehrer Swedenborgs vier oder fünf Quartbände von verschiedenen Jahren zugeschickt, worunter die arcana coelestia und andere überirrdische Dinge mehr alle ex auditis et visis aufgezeichnet waren: ich machte mich auch durch den berühmten Namen des Mannes, und durch die Empfehlung meines Freundes gereizt, daran; aber ich muß gestehen, es war die widerstehendste, ekelhafteste Lectür, die ich jemals unternommen hatte, das barbarischste Latein, ewige Wiederhohlungen, fast nie

ville, Witwe des holl. Gesandten in Stockholm, von ihrem verstorbnen Gemahl die Nachricht gebracht haben, wie sich unter seinen nachgelassenen Schriften eine gewisse Quittung für ein verfertigtes Silberservice fände, wofür die Bezahlung noch einmal gefordert ward; endlich soll Sw. in Gothenburg, die Stunde, in welcher zu Stockholm eine große Feuersbrunst aufgegangen, und wieder gelöscht worden, zu eben der Zeit, da das Feuer entstanden und gelöscht worden, angegeben haben.

einen Gedanken, der sich nur irgend über das Gemeine erhoben. Unterredungen mit Bewohnern andrer Planeten, die uns etwa von der Art sich zu kleiden und ähnlichen Unerheblichkeiten dieser Himmelskörper und ihrer Einwohner Nachricht geben, mit einem Worte, nicht das allergeringste Wahre und Brauchbare, was nicht bereits sonst überflüssig bekannt wäre, und was in sofern gar keiner neuen Offenbarung bedürfte, als z.B. daß die Religion in der Liebe Gottes und des Nächsten, nicht aber im Wissen und Speculiren bestehe. – Alles übrige aber waren solche läppische Kindereyen, daß meiner Empfindung nach, kein gescheuter Mensch dies für würdige Gegenstände einer Geisteruntersuchung halten könne. – Ueber den kurzen Auszug, den Hr. Kant von Sw. Offenbarungen giebt, urtheilt der Verfasser, daß er ihm ganz mißlungen sey, und daß er Sw. System ganz mißverstanden habe. Doch wir halten uns dabey nicht länger auf, da unsrer Einsicht nach Hrn. Kant hier offenbar Unrecht geschah, und führen nur noch dieses allgemeine Urtheil über die Kantische Schrift an, daß darin eine Petitio principii begangen worden, indem Sw. ganz beweislos erst für einen Erzphantasten erklärt, und hernach über ihn vernünftelt habe. [...]

Text nach: *Allgemeine deutsche Bibliothek.* Des drey und achtzigsten Bandes erstes Stück. Berlin und Stettin, verlegts Friedrich Nicolai, 1788, S. 40–46.

E.16 Ludwig Ernst Borowski: Aus: *Darstellung des Lebens und Chrarakters Immanuel Kants* (1792/1804)

Auf Swedenborg ward K. Aufmerksamkeit von dem Augenblicke an sehr gespannt, da im Publikum die Sage erscholl, daß dieser Mann sich mit Geistern unterreden könne*. Hier gibt er das Resultat seiner Beobachtungen – und benutzt diese Gelegenheit, um zugleich die Metaphysik für Kontrebande zu erklären.

* Eine der Beilagen wird den Beweis hievon geben.[290]

S. 243

Sie ist ihm hier schon nichts weiter, als eine Wissenschaft von den Grenzen der menschlichen Vernunft. Er erklärt hier schon ganz unverhohlen, daß die Fragen von der Natur des Geistes, von der Wirklichkeit oder auch nur Möglichkeit einfacher, immaterieller Wesen, von dem Wohnorte der Seele, von der Gemeinschaft zwischen Geist und Körper u. f. alle unsre Einsicht übersteige; – daß so wenig er sonst auch dreist genug sei, seine Verstandesfähigkeiten an den Geheimnissen der Natur zu messen, er doch auch zuversichtlich genug sei, keinen auch noch so fürchterlich ausgerüsteten Gegner zu scheuen, um in diesem Falle mit ihm den Versuch der Gegengründe zu machen, der bei den Gelehrten, wie er sich ausdrückt, eigentlich die Geschicklichkeit ist, einander das Nichtwissen zu demonstrieren. Hier drang er schon bei denen, die sich für Metaphysiker ausgeben, auf das sehr vernünftige Geständnis „Ich weiß nicht" welches in die Stelle des stolzen „Ich weiß, ich kann es demonstrieren!" eintreten sollte. Hier ward, nach S. 27[291] schon damals die Erwartung einer künftigen Welt an den moralischen Glauben angeknüpft. Überhaupt fand jeder aufmerksame Leser schon hier die Keime der Kritik der reinen Vernunft und dessen, was K. uns späterhin gab.

Text nach: Ludwig Ernst Borowski: *Darstellung des Lebens und Charakters Immanuel Kants. Von Kant selbst genau revidiert und berichtigt.* In: Felix Groß (Hg): *Immanuel Kant. Sein Leben in Darstellungen von Zeitgenossen. Die Biographien von L. E. Borowski, R. B. Jachmann und A. Ch. Wasianski.* Berlin [1912], S. 33.

Erläuterungen der Herausgeber

1 *(S. 1) De arte poetica*, 7–8. „Gebilde, so nichtig wie Träume von Kranken, erdichtet." Quintus Horatius Flaccus: *Sämtliche Gedichte.* Lateinisch-Deutsch. Mit den Holzschnitten der Straßburger Ausgabe von 1498. Mit einem Nachwort hg. von Bernhard Kytzler. Stuttgart 1992, S. 628/629. Statt der Futurform „fingentur" schreibt Kant präsentisch „finguntur", was für die Bedeutung unerheblich ist. Mit dieser Änderung führt Kant das Zitat aus Horaz noch einmal in § 31 der späten *Anthropologie in pragmatischer Hinsicht* an. Ak VII, 175_{09-10}.

2 *(S. 3)* Der Wortlaut dieses „Vorberichts" – ebenso wie die Überschrift des folgenden ersten Hauptstücks von Teil I – erinnert an Montaignes Verfahren, der seinen *Essais* ein Vorwort „Au lecteur" vorangestellt hatte, das geeignet scheinen konnte, den Leser von der Lektüre des Werks eher abzuhalten als dazu einzuladen (Montaigne: *Essais.* Texte établi et annoté par Albert Thibaudet. Paris 1950, S. 25). Auch Kants Worte sind vordergründig kaum dazu angetan, das Interesse des Lesers an dieser Schrift zu wecken oder gar zu erhalten – spricht er am Ende dieses „Vorberichts" doch in umgangsprachlicher Formulierung unmißverständlich aus, daß er Nachforschungen auf einem Felde angestellt hatte, wo es nichts zu finden gibt.

3 *(S. 3)* Daß die Hypochondrie die „phantastische Gemüthsbeschaffenheit" sehr begünstigt, stellt Kant in der zwei Jahre vor den *Träumen* publizierten kurzen Abhandlung *Versuch über die Krankheiten des Kopfes* deutlich heraus (Ak II, 266f.). Von „hypochondrische[m] Wind" als dem Anlaß zu Phantastereien besagter Art ist in den *Träumen* noch ein weiteres Mal die Rede, und zwar in dem derben Sinne, daß daraus, „[…] geht er abwärts […], ein F–[urz]" wird, „[…] steigt er aber aufwärts, so ist es eine Erscheinung oder eine heilige Eingebung." S. 46_{18-20}; H.i.O. Cf. Erl. 153.

4 *(S. 3)* ‚Bauzeug' ist eine häufig von Kant verwendete Metapher zur Bezeichnung des Basismaterials philosophischer Lehren. Sie kommt erstmals an dieser Stelle in seinem Werk vor und wird in den *Träumen* an späterer Stelle noch einmal verwendet (S. 37_{14}). Cf. außerdem *Prolegomena* (Ak IV, 271_{19}; 273_{34}; 317_{20}), *KrV* A 707/B 735, A 834/B 862; die *Recensionen von J. G. Herders Ideen zur Philosophie der Geschichte der*

Menschheit (Ak VIII, 052_{22}) sowie die *Preisschrift über die Fortschritte der Metaphysik* (Ak XX, 310_{22}).

5 *(S. 3)* In diesen Worten klingt Kants schon frühzeitig geäußerte und in den 1750er sowie besonders in den 1760er Jahren beständig wiederholte Klage über das Fehlen einer soliden Grundlage der Philosophie allgemein und der Metapyhysik insbesondere an. Bereits in seinem Erstlingswerk, den *Gedanken von der wahren Schätzung der lebendigen Kräfte* von 1746/49, diagnostiziert er „[...] den Zwiespalt und die Uneinigkeit unter den Philosophen [...]", die ihm als Zeichen der „Schwäche" der Metaphysik gilt. Die philosophische Teildisziplin der „[...] Metaphysik ist [...] in der That nur an der Schwelle einer recht gründlichen Erkenntniß; Gott weiß, wenn man sie selbige wird überschreiten sehen" (Ak I, 148_{33}-149_{01}, 030_{33-35}). Dieser beklagenswerte Zustand führte seit je zu immer neuen Versuchen einer Festlegung ihrer fundamentalen Prinzipien, ohne daß hierüber Konsens unter den Philosophen erzielt worden wäre. Zu Kants eigenem frühen Unbehagen angesichts dieser Situation cf. Lothar Kreimendahl: *Kant. Der Durchbruch von 1769*. Köln 1990, bes. Kap. IV: „Die Lage der Metaphysik im Urteil des vierzigjährigen Kant", S. 103 ff. Diese Unzufriedenheit Kants betonen auch Michael Albrecht/Heinrich P. Delfosse in der Einleitung zu: *Stellenindex und Konkordanz zu den „Gedanken von der wahren Schätzung der lebendigen Kräfte"*. Erstellt in Zusammenarbeit mit Bernd Straßburg. Unter Mitwirkung von Jeannine Huster und Michael Trauth. 2 Bde. Stuttgart-Bad Cannstatt 2012, S. IX f. [= FMDA Abt. III, Bd. 43.1–2]. Kant wiederholt seine Klage in den *Träumen* S. 19_{08}.

6 *(S. 3)* Anspielung auf die Tiara, die Papstkrone, die aus drei übereinander angeordneten Kronen besteht und deshalb auch ‚Triregnum' genannt wird. Eine Krone symbolisiert den himmlischen Kaiser, eine den weltlichen und eine den in der Unterwelt regierenden. So ist die Tiara ein Zeichen des Herrschaftsanspruchs des Papstes in den drei Reichen und damit seiner allumfassenden Macht. Mit bissigem Unterton weist Kant darauf hin, daß die beiden Kronen der unsichtbaren Reiche zur Stützung der Krone der weltlichen Macht des Papsttums beitragen und helfen, die Kassen Roms zu füllen.

7 *(S. 3)* Es verdient Beachtung, daß Kant diese bissige Kritik an der römisch-katholischen Kirche gleich an den Anfang seiner Schrift stellt und dieselbe mit dem Schattenreich der Swedenborgschen Phantastereien vergleicht. Damit unterstreicht er unübersehbar den aufkläreri-

schen Impetus seiner Abhandlung. Er nimmt diese Kritik am Katholizismus in den *Träumen* jedoch nicht wieder auf und thematisiert auch nicht die besonderen Wunder, von denen die katholische Kirche zu berichten weiß, wenngleich deren Behandlung durch die Parallelisierung mit Swedenborgs phantastischen Erzählungen nahegelegen hätte. Schon diese Textstelle macht es mehr als nur schwer, Kant als ‚Philosophen des Katholizismus' auszugeben, wie es früher gelegentlich versucht wurde. So etwa Hugo Bund: *Kant als Philosoph des Katholizismus.* Berlin 1913, der diesen Nachweis kurioserweise als Protestant in Angriff nahm und sich gegen Friedrich Paulsen wendete, der Kant für die protestantische Seite reklamieren wollte (*Kant, der Philosoph des Protestantismus.* Berlin 1899). In neuerer Zeit ist eine Wiederbelebung der überwunden geglaubten Zänkereien um Kants konfessionelle Verortung bzw. Vereinnahmung zu verzeichnen, die vor und um die Wende zum 20. Jahrhundert zahlreiche Beiträge hervorbrachte. Cf. den auf ein entsprechendes Symposium zurückgehenden Ausstellungskatalog von Walter Littger (Hg.): *Kant und der Katholizismus. Ausstellungskatalog.* Wiesbaden 2005, der mit einer Bibliographie „Ausgewählte Kant-Interpretationen katholischer deutscher Autoren im 20. Jahrhundert" schließt (S. 153–156), sowie Norbert Fischer (Hg.): *Kant und der Katholizismus. Stationen einer wechselhaften Geschichte.* Freiburg, Basel, Wien 2005 [= Forschungen zur europäischen Geistesgeschichte, Bd. 8], und aus der komplementären Perspektive Roderich Barth: *Kant als Philosoph des Neuprotestantismus.* In: Reinhard Hiltscher / Stefan Klingner (Hgg.): *Kant und die Religionen – Die Religionen und Kant.* Hildesheim, New York, Zürich 2012, S. 119–136, bes. S. 135 f. [= Studien und Materialien zur Geschichte der Philosophie, Bd. 83].

8 *(S. 3)* Kants Worte hier und auch an späterer Stelle (S. $53_{22\text{-}23}$) könnten den Eindruck erwecken, als ob das Thema der Geisterseherei die philosophische Debatte wenn nicht dominiert, so doch entscheidend geprägt hätte und sozusagen an der Tagesordnung gewesen wäre. Das ist aber, wenn man der Diagnose Johann Georg Walchs (1693–1775) folgt, eher nicht der Fall. Im Artikel „Geist" schreibt er: „Viel ist von den neuern Philosophis in der Lehre von den Geistern nicht vorgenommen worden. Die Ursach ist leicht zu begreiffen. Die Aristotelici machten kein groß Wesen von den Geistern und begnügten sich, ihre Physic metaphysisch zu treiben, und die Cartesianer und Mechanici haben bey ihren Principien der Geister-Lehre nicht nöthig, dahero die neuern

Schrifften, so zur Pneumatic gehören, besondere Materien erklären, daß man entweder gewisse Irrthümer von der Existentz und Wirckung der bösen Geister widerleget; oder von dem Welt-Geist geschrieben, oder sich sonderlich bey dem Geist des Menschen aufgehalten" (*Philosophisches Lexicon, darinnen die in allen Theilen der Philosophie [...] fürkommenden Materien und Kunst-Wörter erkläret, und aus der Historie erläutert [...] worden.* Zweyte verbesserte und mit denen Leben alter und neuer Philosophen vermehrte Aufl. Leipzig 1733 [[1]1726]. Reprint Bristol 2001. Bd. II, Sp. 1139f.). Im Brief an Charlotte von Knobloch vom 10. August 1763 teilt Kant mit, daß ihm von den „[...] Geschichten von Erscheinungen und Handlungen des Geisterreichs [...] eine große Menge der wahrscheinlichsten bekannt ist [...]". Beilage B.1, S. 86.

9 *(S. 3)* Der Ausdruck ‚argumentum ab utili' ist selten bei Kant belegt, hier zum ersten Mal. Die *Logik Philippi* aus dem Anfang der 1770er Jahre erläutert ausführlicher, was er damit bezeichnet: „Es ist besonders, daß einige Logiker ein Argument a tuto oder ab utili in der [recte: die] Logik gebracht, wo man eine Sache für wahr hält wegen des grossen Nutzens den man davon hat wegen des Schadens der daraus entspränge wenn man sie nicht für wahr hielte. Solche Argumente sind der Philosophie nachtheilig, sie heben das Ansehen der Vernunfft auf" (Ak XXIV.1., 422_{04-09}; ähnlich die *Logik Blomberg* des gleichen Zeitraums, Ak XXIV.1., 162_{20-26}). Der Ausdruck kommt ferner in einem späten Zusatz (1776–1789) zur Refl. 2507 (Ak XVI, 398_{05}) vor sowie in der noch späteren *Logik Dohna-Wundlacken* (Ak XXIV.2., 778_{29-30}).

10 *(S. 4)* Auf das in diesem „dritten Fall" benannte Verhalten den Geisterberichten gegenüber laufen die nachfolgenden Untersuchungen hinaus. Es findet seinen prägnanten Ausdruck in dem bekannten Zitat aus Voltaires *Candide*, mit dem Kant den Text beschließt.

11 *(S. 4)* Die hier geäußerte Kritik an der Gelehrtenkultur nimmt Kant sogleich zu Beginn der *Träume* I.i.1. auf und verschärft sie.

12 *(S. 4)* Diesen auf das Drängen von namentlich nicht genannten Personen zurückgehenden Publikationsgrund der *Träume* macht Kant gegen Ende dieser Schrift noch einmal geltend (S. 72_{10-12}). Er führt ihn auch in den Briefen an Moses Mendelssohn (1729–1786) vom 7. Februar und 8. April 1766 an, wo er die *Träume* als „eine gleichsam abgedrungene Schrift" bezeichnet (Beilage B.2, S. 92) und die „unabläßige Nachfrage" nach seiner Beurteilung der Causa Swedenborg als Anlaß ihrer Entstehung anführt (cf. Beilage B.3, S. 93).

13 *(S. 4)* Gemeint ist Emanuel Swedenborgs (1688–1772) Werk *Arcana Coelestia, quae in Scriptura Sacra, seu Verbo Domini sunt, detecta, nempe quae in Genesi et Exodo una cum Mirabilibus quae Visa sunt in Mundo Spirituum et in Coelo Angelorum.* 8 Bde. London 1749–1756. Das geht unzweideutig auch aus der späteren Stelle S. 62_{26} hervor. Auf die hohe Summe, die er für den Erwerb des Werks Swedenborgs aufzuwenden hatte – worüber er sich im nachhinein offensichtlich ärgert –, kommt Kant gegen Ende der Abhandlung noch einmal zu sprechen (S. 71_{18-21}). Zu Kants finanziellen Verhältnissen um 1765/66 cf. Erl. 249. – Kant erwähnt das Werk mit seinem Kurztitel *Arcana Coelestia* an späterer Stelle (S. 62_{26}) noch einmal.

14 *(S. 5)* Das Lemma ‚dogmatisch' ist im vorkritischen publizierten Werk Kants viermal belegt, davon zweimal in den *Träumen* (cf. Gottfried Martin [Hg.]: *Wortindex zu Kants gesammelten Schriften.* Bearbeitet von Dieter Krallmann und Hans Adolf Martin. 2 Bde. Berlin 1967, Bd. 1, S. 249 [= Allgemeiner Kant-Index zu Kants gesammelten Schriften, Bde. 16, 17]). Seine Verwendung zur Diskreditierung der zu überwindenden vorkritischen Philosophie setzt erst mit dem kritischen Hauptwerk von 1781 ein. In der *Nachricht von der Einrichtung seiner Vorlesungen in dem Winterhalbenjahre von 1765–1766* dient Kant der Ausdruck noch in einem ganz untechnischen Sinne als Synonym für ‚entschieden' (Ak II, 307_{23}). Die *Träume* geben II.i.1. eine Interpretation der Termini ‚dogmatisch' und ‚historisch' in dem spezifisch philosophischen Sinne, daß der erste, dogmatische Teil dieser Schrift „die Vernunftgründe" bringe und der zweite, historische die „Erfahrung" zu Wort kommen lasse. In diesem Sinne faßt auch die Refl. 1865 (1776–78? 1769?? 1770–71?? 1773–75??) den Gegensatz von historisch und dogmatisch: „Die historische Erkentnis ist der materie nach der dogmatischen entgegengesetzt, weil das obiect der ersten ein Gegenstand der Sinne, der zweyten des Verstandes ist." Ak XVI, 140_{24}–141_{01}.

15 *(S. 5)* Eine Anspielung auf den Gordischen Knoten, den Alexander der Große nicht auflöste, sondern kurzerhand mit seinem Schwert durchschlug und damit die Weltherrschaft erlangte. Kant wird sich zunächst im ersten Teil der Abhandlung um eine Lösung des Geisterproblems bemühen und das Thema dann am Ende des zweiten Teils mit einem Machtspruch der praktischen Vernunft als unlösbar, aber auch bedeutungslos beiseite schieben und damit erledigen.

16 *(S. 5)* Gemeint sind die höheren Bildungseinrichtungen wie Universitäten und Akademien. Letztere wird er sogleich direkt ansprechen und seiner kritischen Einstellung diesen Einrichtungen gegenüber Ausdruck verleihen, die er in den *Träumen* wiederholt äußert. Die genannten Institutionen sind faktisch keine Orte der Wahrheitsfindung. Cf. S. 24_{07-10}, S. 53_{25}–54_{04}.

17 *(S. 5)* Dem Ausdruck ‚Weltweisheit' steht der Ausdruck ‚Gottesgelehrtheit' bzw. ‚Gottesgelahrtheit' gegenüber. Christian Thomasius definiert den Gegensatz wie folgt: „Die Erkantnüß so aus der heiligen Schrifft entstehet / wird Gottes Gelahrheit / die aber so aus der menschlichen Vernunfft herrühret / Welt-Weißheit genennet" (*Einleitung zur Vernunftlehre*. Halle 1691, § 21. Vorwort von Werner Schneiders. Personen- und Sachregister von Frauke Annegret Kurbacher. Hildesheim, Zürich, New York 1998, S. 81 [= Christian Thomasius: *Ausgewählte Werke*, Bd. 8]). Im Hintergrund steht die paulinische Diskreditierung der Vernunft. Paulus hatte die Weisheit dieser Welt als Torheit vor Gott bezeichnet (1 Kor 3,19 sowie 1 Kor 1,20 und Röm 1,22). Im 18. Jahrhundert wird ‚Weltweisheit' zu einer geläufigen Bezeichnung für die Philosophie. Darin spiegelt sich das erstarkte Vertrauen der Vernunft zu sich selbst und ihr Anspruch wider, aus eigener Kraft zur Weisheit zu führen. Cf. Walch: *Philosophisches Lexicon,* a. a. O., Bd. III, Sp. 2891 f.: „Es ist gar gewöhnlich, daß wir Teutschen einen Philosophum einen Weltweisen, und die Philosophie die Welt-Weisheit nennen [...]. Nun aber sind die Wörter Welt-Weiser, Welt Weisheit in solchem Verstand üblich geworden, daß man dadurch nichts Böses verstehet, sondern damit anzeigen will, es sey die Philosophie so viel, als eine Weisheit, die sich nur auf menschliche Vernunfft gründet, und in so weit der göttlichen Weisheit, oder der Theologie entgegen steht, so fern diese die göttliche Offenbarung der heiligen Schrifft zum Grunde habe." Georg Friedrich Meier nimmt eine Klärung der Begrifflichkeit in seinen *Betrachtungen über das Verhältniß der Weltweisheit gegen die Gottesgelahrtheit.* Halle im Magdeburgischen 1759, vor und fühlt sich angesichts der Vielzahl der bereits vorliegenden Erklärungsversuche des Unterschieds zunächst verpflichtet, dem Einwand vorzubeugen, „[...] diese Materie [sei] schon längst erschöpft worden" (§ 1, S. 3). Für ihn ist „[...] der Stand der Unschuld der Stand der wahren Weltweisheit [...], in welchem der Mensch blos durch das Licht seiner gesunden Vernunft, alle ihm zu wissen nöthigen und nützlichen Dinge, in dem

rechten Lichte, und in der gehörigen Vollkommenheit betrachtet, und in welchem er sein gesamtes Verhalten nach dieser Erkenntniß einrichtet.“ Ebd., § 11, S. 31.

18 *(S. 5)* Kant distanziert sich von der Zunft, der er selbst angehört, und gibt zu erkennen, daß er weder in die akademischen Institutionen noch in die Vertreter der ‚Weltweisheit‘, die sich auf ihre Vernünftigkeit viel zugute tun, besonderes Zutrauen setzt. Er selbst verwendet den Ausdruck ‚Weltweise‘ bzw. ‚Weltweisheit‘ nur zweimal in den *Träumen* und bevorzugt mit insgesamt 37 Okkurrenzen entschieden den Ausdruck ‚Philosoph‘ bzw. ‚Philosophie‘.

19 *(S. 5)* Kant denkt in erster Linie wohl an die Definition eines Geistes, wie Baumgarten sie gegeben hatte. „Substantia INTELLECTUALIS, i. e. intellectu praedita, est SPIRITUS (intelligentia, persona)“ (*Metaphysica / Metaphysik.* Historisch-kritische Ausgabe. Übersetzt, eingeleitet und hg. von Günter Gawlick und Lothar Kreimendahl. Stuttgart-Bad Cannstatt 2011, § 402, S. 216; H.i.O. [= FMDA Abt. I, Bd. 2]). Über Baumgartens Handbuch hat Kant auch während der Zeit der Abfassung der *Träume* Metaphysik gelesen (cf. Emil Arnoldt: *Möglichst vollständiges Verzeichnis aller von Kant gehaltenen oder auch nur angekündigten Vorlesungen nebst darauf bezüglichen Notizen und Bemerkungen.* In: ders.: *Gesammelte Schriften.* Hg. von Otto Schöndörffer. Bd. V: *Kritische Exkurse im Gebiete der Kantforschung.* Teil II. Berlin 1909, S. 200–208). Baumgarten stellt seine Definition des Geistes ganz auf den Intellekt ab. So auch in dem kurzen, nur vier Paragraphen umfassenden Abschnitt „Die endlichen Geister außer dem Menschen“ (ebd., §§ 796–799; a. a. O., S. 434/435). Kant geht darauf näher in der Refl. 3807 aus dem Zeitraum 1764–66 ein (Ak XVII, $299_{04\text{-}11}$). Dadurch unterscheidet sich Baumgarten von seinen Vorgängern wie auch von Christian Wolff selbst und der Masse der Wolffianer. Ähnlich definierte schon Andreas Rüdiger (1671–1731) den Geist. Für ihn bestand das Eigentümliche des Geistes in der Möglichkeit des Verstehens: „[…] spiritus essentia consistat in intellectione: Ad hoc requiritur, ut evincam, *(1) omnem spiritum intelligere. (2) solum spiritum intelligere. (3) intelligentiam omnes spiritus proprietates comprehendere*“ (*Physica divina, recta via, eademque inter superstitionem et atheismum media ad utramque hominis felicitatem naturalem atque moralem ducens.* Frankfurt am Main 1716. Lib. I, Cap. IV, Sect. IV, § 38, S. 162; H.i.O.). Es ist aber sehr fraglich, ob Kant mit Rüdigers Werk bekannt war. Unter seinen

Buchbeständen findet sich keine seiner Schriften (cf. Arthur Warda: *Immanuel Kants Bücher. Mit einer getreuen Nachbildung des bisher einzigen bekannten Abzuges des Versteigerungskataloges der Bibliothek Kants.* Berlin 1922 [= Bibliographien und Studien, Bd. 3]), und Rüdiger hat auch sonst keine nachweisbaren Spuren in Kants Werk hinterlassen (cf. Katharina Holger/Eduard Gerresheim: *Personenindex 2. Stufe zu „Kant's Gesammelte Schriften" […].* Bonn 1964–1970 [Vervielfältigtes Ms.], Buchstabe R). Christian Thomasius hatte in seinem *Versuch von Wesen des Geistes oder Grund-Lehren, so wohl zur natürlichen Wissenschafft als der Sittenlehre […].* Halle 1699, den Geist als eine „Krafft" bestimmt (4. Hauptst., Th. 56, S. 70 [= *Ausgewählte Werke*, Bd. 12]). Wie bei Thomasius spielt der Kraftbegriff auch bei Christian August Crusius in der Definition von Geistern eine zentrale Rolle. Crusius unterscheidet „[…] die *zwey obersten Hauptclassen* der Substanzen in einer Welt […]" folgendermaßen: „Entweder sie haben keine andere Kraft, als Bewegungsfähigkeit: So wollen wir sie *Materie* nennen. Oder sie haben eine andere Kraft, welche etwas anderes als Bewegungsfähigkeit ist, […]: So wollen wir sie einen *Geist im weiten Verstand* nennen" (*Entwurf der nothwendigen Vernunft-Wahrheiten, wiefern sie den zufälligen entgegen gesetzet werden.* Unveränderter fotomechanischer Nachdruck der 2., vermehrten Aufl. Leipzig 1753 [[1]1745], Darmstadt 1963, § 362, S. 698; H.i.O. Ebenso § 434, S. 882f., § 441, S. 905). Unter Kants Büchern befand sich diese zweite Auflage der Metaphysik des Crusius (Warda: *Immanuel Kants Bücher*, a.a.O., S. 47, Nr. 26). Im übrigen ist ein Geist auch für Crusius „[…] eine Substanz, welche denken und wollen kan" (ebd., § 441, S. 905). Die Definition Wolffs stellt hingegen auf Verstand und freien Willen ab. „Wir nennen insgemein einen Geist ein Wesen, das Verstand und einen freyen Willen hat" (Christian Wolff: *Vernünfftige Gedancken von Gott, der Welt und der Seele des Menschen, auch allen Dingen überhaupt* [[1]1720], § 896 [= „Deutsche Metaphysik". GW I.2 ([11]1751), S. 556]). Ebenso definiert Wolff in der *Psychologia Rationalis* [[1]1734]: „Per *Spiritum* intelligimus substantiam intellectu et voluntate libera praeditam" (*Psychologia Rationalis*, § 643; GW II.6 [[2]1740], S. 588; H.i.O.). Für die Wolffianer blieb diese Definition richtungsweisend, wie ein Blick beispielsweise in die Werke von Georg Bernhard Bilfinger (1693–1750) (*Dilucidationes Philosophicae de Deo, Anima Humana, Mundo, et Generalibus Rerum Affectionibus.* Tübingen [[1]1725], § 110; GW III.18 [[1]1725], S. 102) und Friedrich Christian Baumeister

(1708–1785) zeigt. Letzterer versteht „per *Spiritum*, generatim sumtum, nihil aliud [...], quam substantiam simplicem sive immaterialem, intellectu et uoluntate praeditam" (*Institutiones Metaphysicae. Ontologiam, Cosmologiam, Psychologiam Theologiam Denique Natvralem Complexae. Methodo Wolfii Adornatae.* Editio nova avctior et correct. Wittenberg, Zerbst 1743 [[1]1738], § 473, S. 331 f.; H.i.O.). Joachim Georg Darjes (1714–1791), der zunächst stark von Wolff beeinflußt war, aber zunehmend eine bemerkenswert selbständige Position einnahm, kommt der von Kant benannten Position sehr nahe, wenn er dem Geist primär „intellectus atque ratio" zuschreibt (*Elementa Metaphysices Commoda Auditoribus Methodo Adornata.* Editio nova priori auctior et correctior. Bd. II. Jena 1753 [[1]1744]: *Psychologiae atque Pneumaticae Rationalis.* Sectio I, § 33, S. 119). Angesichts der Vielfalt an zeitgenössischen Definitionen trägt die Auskunft Odo Marquards nichts aus, daß Kant hier „das Wort G.[eist] in der gewöhnlichen philosophischen Bedeutung" nehme. Cf. den von ihm verfaßten Art. „Geist VII.". In: *Historisches Wörterbuch der Philosophie.* Unter Mitwirkung von mehr als 800 Fachgelehrten hg. von Joachim Ritter. Bd. 3. Darmstadt, Basel 1974, Sp. 182.

20 *(S. 6)* Die von Kant referierte Erklärung eines Geistes ist also zirkulär, wie man leicht an der in Erl. 19 angeführten Definition Baumgartens sehen kann.

21 *(S. 6)* Cf. damit folgende Stelle aus der Methodenlehre der *Kritik der reinen Vernunft*: „Derjenige [...] sieht Scheingründe, die den Vorzug der Neuigkeit haben, gegen Scheingründe, welche dergleichen nicht mehr haben, sondern vielmehr den Verdacht einer mißbrauchten Leichtgläubigkeit der Jugend erregen, auftreten. Er glaubt nicht besser zeigen zu können, daß er der Kinderzucht entwachsen sei, als wenn er sich über jene wohlgemeinten Warnungen wegsetzt, und, dogmatisch gewohnt, trinkt er das Gift, das seine Grundsätze dogmatisch verdirbt, in langen Zügen in sich" (*KrV* A 755/B 783). Das psychologische Phänomen der beinahe unverrückbaren Festsetzung von in der Kindheit dem Gemüt eingepflanzten Meinungen hatte zuvor schon John Locke thematisiert: „There is nothing more ordinary, than that *Children* should receive into their Minds Propositions (especially about Matters of Religion) from their Parents, Nurses, or those about them: which being insinuated into their unwary, as well as unbiass'd Understandings, and fastened by degrees, are at last (equally, whether

true or false) riveted there by long Custom and Education beyond all possibility of being pull'd out again. For Men, when they are grown up [...], not having observed their early Insinuation, nor by what means they got them, they are apt to reverence them as sacred Things, and not to suffer them to be prophaned, touched, or questioned." *An Essay Concerning Human Understanding.* Ed. with an introduction, critical apparatus and glossary by Peter H. Nidditch. Reprinted [with corrections] Oxford 1979; IV.xx.9., S. 712; H.i.O.

22 *(S. 6)* Zu den Ausdrücken ‚Hirngespenst' und ‚Hirngespinst' cf. Erl. 119.

23 *(S. 6)* „allerlei Fälle der Anwendung": Dieselbe Formulierung verwendet Kant am Ende der folgenden Fußnote.

24 *(S. 6)* Wolff und auch Baumgarten hatten das Thema ‚Geist' denn auch von der Empirischen Psychologie ferngehalten und in der Rationalen Psychologie behandelt (cf. die in Erl. 19 angeführten Stellen aus ihren einschlägigen Werken). Darjes hingegen leitete den Begriff des Geistes in seiner Rationalpsychologie unter Hinweis auf die in der Empirischen Psychologie aufgewiesene Spontaneität des Ichs her und definierte dieses „ens aliquod spontaneum" in der Folge als „spiritus" (*Elementa Metaphysices*, a. a. O., §§ 1, 3, S. 95 f.).

25 *(S. 6)* Von erschlichenen Begriffen ist noch ein weiteres Mal in dieser Abhandlung die Rede (S. 37_{15}). Der ‚Fehler der Erschleichung', den Kant in seinen kritischen Hauptwerken häufig als Irrtumsquelle nur vermeintlich solider Erkenntnisse angibt, wird hier erstmals von ihm benannt; erst in der Inauguraldissertation von 1770 arbeitet er wieder mit diesem Konstrukt. Die lateinische Bezeichnung ‚vitium subreptionis', unter der Kant ihn später gelegentlich anführt (z. B. *Kritik der praktischen Vernunft* [Ak V, 116_{22}], *Metaphysik der Sitten* [Ak VI, 297_{21-22}]), weist auf Baumgartens *Metaphysica* hin. Cf. dort §§ 545, 546, 547 (zweimal), 737, 738. Kant verdankt den Hinweis auf diese Fehlerquelle, auf die man in allen Gebieten der Philosophie stoßen kann, also seinem Leitautor. Cf. dazu Hanno Birken-Bertsch: *Subreption und Dialektik bei Kant. Der Begriff des Fehlers der Erschleichung in der Philosophie des 18. Jahrhunderts.* Stuttgart-Bad Cannstatt 2006 [= FMDA Abt. II, Bd. 19].

26 *(S. 7)* Die folgende Überlegung stellt Kant auch in der *Metaphysik Herder* (Ak XXVIII.1., 145_{28-36}) sowie in der *Metaphysik L_1* (Ak XXVIII.1., 272_{19-28}) an. [Johnson/Magee]

27 *(S. 7)* Die Undurchdringlichkeit ist eine von Kant wiederholt herausgestellte Eigenschaft der Materie. Cf. bereits die „Preisschrift" von 1762/64: „Demnach nehmen die Körper den Raum ein durch Undurchdringlichkeit. Es ist aber die Impenetrabilität eine *Kraft*. Denn sie äußert einen Widerstand, d. i. eine einer äußern Kraft entgegengesetzte Handlung. Und die Kraft, die einem Körper zukommt, muß seinen einfachen Theilen zukommen. Demnach erfüllen die Elemente eines jeden Körpers ihren Raum durch die Kraft der Undurchdringlichkeit" (Ak II, 287_{15-20}; H.i.O.). Cf. für die *Träume* außerdem S. 07_{04-07}, 07_{20-23}, 08_{08-10}, 09_{02-05}, 09_{15-17}, 10_{01-04}. Kant faßt seine Auffassung gedrängt in der Refl. 3796 aus dem Zeitraum 1764–66 zusammen: „Extensum impenetrabile iners est materia" (Ak XVII, 295_{11}). Ebenso die später (1771? 1773–75? 1776–78??) entstandene Refl. 4431: „Zum Begrif der Materie ist gnug ausdehnung und Undurchdringlichkeit; zur bloßen Materie wird noch inertia erfodert [...]" (Ak XVII, 543_{12-14}). Damit grenzt sich Kant von Baumgarten ab, der zwei Arten von Materie unterscheidet, die „erste" und die „zweite" Materie. Die erste Materie ist bestimmt durch Ausdehnung und Trägheitskraft, die zweite überdies durch Bewegungskraft (*Metaphysica / Metaphysik*, §§ 295, 296; a. a. O., S. 170/171). Die Impenetrabilität reserviert Baumgarten der Substanz (§ 398, a. a. O., S. 214/215) bzw. den Monaden (§§ 398, 399, 407, 418, a. a. O., S. 214/215, 216/217, 218/219, 224/225).

28 *(S. 7)* Diese vier charakteristischen Eigenschaften der Materie – Ausdehnung, Undurchdringlichkeit, Teilbarkeit und Bewegbarkeit infolge Stoßes – finden sich u. a. bei Philosophen wie Isaac Newton und John Locke formuliert. Cf. für Newton die dritte der „Regulae Philosophandi". In deren Erläuterung heißt es: „[...] inde concludimus omnes omnium corporum partes minimas extendi & duras esse & impenetrabiles & mobiles & viribus inertiae praeditas." (*Philosophiae Naturalis Principia Mathematica.* Editio ultima auctior et emendatior. Amsterdam 1714, S. 358). Diese Ausgabe besaß Kant (Warda: *Immanuel Kants Bücher*, a. a. O., S. 35, Nr. 23). Die moderne englische Ausgabe übersetzt wie folgt: „[...] and thus we conclude that every one of the least parts of all bodies is extended, hard, impenetrable, movable [...]" (Isaac Newton: *The Principia. Mathematical principles of natural philosophy.* A new translation by I. Bernhard Cohen and Anne Whitman, assisted by Julia Budensz. Preceded by „A Guide to Newton's *Principia*" by I. Bernhard Cohen. Berkeley, Los Angeles, London 1999, S. 796). Cf.

auch die Vorrede von Roger Cotes zur Zweitauflage der *Principia*, S. XXII [n.p.] in der lateinischen Fassung, S. 391 in der englischen Übersetzung. Für Locke cf. *Essay Concerning Human Understanding* II.iv. sowie II.xiii., für Kant selbst cf. auch *Monadologia Physica*. Prop. VII, VIII. Ak I, 481–483.

29 *(S. 7)* Cf. hiermit die Überlegung aus der „Preisschrift" von 1762/64: „Ich gebe zu, daß der Beweis gut sei, in dessen Besitze man ist, darzuthun, daß die Seele nicht Materie sei. Hütet euch aber, daraus zu schließen, daß die Seele nicht von materialer Natur sei. Denn hierunter versteht jedermann nicht allein, daß die Seele keine Materie sei, sondern auch nicht eine solche einfache Substanz, die ein Element der Materie sein könne. Dieses erfordert einen besondern Beweis, nämlich, daß dieses denkende Wesen nicht so, wie ein körperliches Element im Raume sei, durch Undurchdringlichkeit, noch mit andern zusammen ein Ausgedehntes und einen Klumpen ausmachen könne; wovon wirklich noch kein Beweis gegeben worden, der, wenn man ihn ausfindig machte, die unbegreifliche Art anzeigen würde, wie ein Geist im Raume gegenwärtig ist." Ak II, $293_{07\text{-}18}$.

30 *(S. 7)* Das von Kant im Text und hier in der Fußnote gleich zweimal propagierte Verfahren, die Bedeutung eines Begriffs durch Prüfung seiner sprachlichen Verwendung zu klären, weist auf linguistische Verfahren des 20. Jahrhunderts voraus und mutet insofern sehr modern an.

31 *(S. 8)* Keines der nachfolgend genannten Lehrstücke der Rationalpsychologie, die hier als durch „recht gute Beweise" abgesichert bezeichnet werden, überlebt die spätere Kritik, wie Kant sie im Paralogismenkapitel der *Kritik der reinen Vernunft* vortragen wird.

32 *(S. 8)* Der Ausdruck ‚vernünftigdenkende' ist ein hapax legomenon im Druckwerk Kants. Es kommt im *Opus Postumum* lediglich ein weiteres Mal in der Form ‚vernunftig denkenden Menschen' vor (Ak XXII, 055_{11}). Für Fälle adverbialer Verwendung von ‚vernünftig' zu ‚denken' cf. etwa *Metaphysik Herder* (Ak XXVIII.1., 002_{37}; 144_{29}), *Nachträge Herder* (Ak XXVIII.2.1., 844_{28}; 929_{04}) sowie die *Rationaltheologie Baumbach* (Ak XXVIII.2.2., $1323_{17\text{–}18}$).

33 *(S. 8)* Im Hintergrund steht die von Descartes in der zweiten der *Meditationes de Prima Philosophia* vorgenommene Verankerung der Ichgewißheit im ‚cogito' (*Œuvres de Descartes*. Publiées par Charles Adam et Paul Tannery. Nouvelle présentation, en co-édition avec le Centre National de la Recherche Scientifique. Reprint Paris 1996,

Bd. VII, S. 26). Doch lassen sich für die drei angeführten Positionen eine ganze Reihe von Quellen anführen, die Kant im Auge gehabt haben mag. Wolff z. B. zeigt in § 48 seiner *Psychologia Rationalis*, daß die Seele kein Zusammengesetztes darstellt, also Einheit aufweist, und keinem zusammengesetzten Ding inhärieren, d. h. in ihm aufgeteilt sein kann; ferner stellt er deren Einfachheit heraus: „Anima enim non est corpus [...], adeoque nec ens compositum est, nec enti cuidam composito inhaeret [...]; anima ens simplex sit necesse est" (a. a. O., S. 32). Die Wolffianer übernahmen diese Bestimmungen. Cf. etwa § 695 in Baumeisters *Institutiones Metaphysicae*: „Cum enim anima cogitet, et sui sibi conscia sit, [...] ens compositum autem non possit sui conscium esse, adeoque nec cogitare, [...] consequens est, ut anima non possit esse ens compositum. Quia vero, quicquid est, debet esse aut ens compositum, aut simplex, [...] manifestum est, animan esse ens simplex" (a. a. O., S. 456). Auch Baumgarten wäre hier zu nennen. Cf. *Metaphysica/Metaphysik*, § 742, a. a. O., S. 398.

34 *(S. 8)* In diesem Satz liegt ein weiteres Bekenntnis Kants zum theistischen Weltbild vor, das er 1762/63 ins Zentrum der Beweisgrundschrift gestellt und auch an anderen Stellen seines vorkritischen Werks schon vertreten hatte. Cf. dazu die Einleitung zu *Der einzig mögliche Beweisgrund zu einer Demonstration des Daseins Gottes*. Historisch-kritische Edition. Mit einer Einleitung und Anmerkungen hg. von Lothar Kreimendahl und Michael Oberhausen. Hamburg 2011, bes. S. LIV–LXXX.

35 *(S. 8)* Das Verfahren, sich der Bestimmung Gottes durch Ausschluß der Prädikate zu nähern, die ihm gewiß nicht zukommen, ist in der Natürlichen Theologie als die ‚via negativa' bzw. ‚via remotionis' bekannt. Eine prominente Stelle liegt vor in der *Summa contra gentiles* des Thomas von Aquin. Buch I, Kap. 14, hat der Autor unter die Überschrift gestellt „Quod ad cognitionem Dei oportet uti via remotionis" (*Summa Contra Gentiles Libri Quattuor*. Lateinisch-Deutsch. Hg. und übersetzt von Karl Albert und Paulus Engelhardt unter Mitarbeit von Leo Dümpelmann. Darmstadt 1974–1996, Bd. I, S. 58 [= Texte zur Forschung, Bd. 15–19]).

36 *(S. 8)* Damit ist das Leib-Seele-Problem angesprochen, das sich in voller Schärfe im Gefolge des cartesischen Dualismus präsentierte. Dieser kannte nur zwei Substanzen, die ‚res cogitans' und die ‚res extensa', d. h. die denkende und die ausgedehnte Substanz, die als völlig

wesensverschieden verstanden wurden. Damit stellte sich die Frage, wie die zwei unterschiedlichen Substanzen im Menschen vereint sein und interagieren konnten. Zur Lösung dieser Schwierigkeit wurden drei Lösungswege noch im 17. Jh. erarbeitet: die Theorie des sog. influxus physicus, die occasionalistische Lösung sowie die mit dem Namen Leibnizens verbundene Lehre von der prästabilierten Harmonie. Auch heute noch muß das Leib-Seele-Problem als ungelöst gelten.

37 *(S. 9)* So wörtlich z. B. in Wolffs *Psychologia Rationalis*, § 48: „[Anima] ergo substantia simplex est" (a. a. O., S. 33).

38 *(S. 9)* Vor der Übereilung als möglicher Fehlerquelle der Urteile warnt Kant immer wieder, so schon in seinem Erstlingswerk, den *Gedanken von der wahren Schätzung der lebendigen Kräfte* (Ak I, 079_{30}; 102_{29}; 121_{29}). Cf. im vorkritischen Werk ferner: *Allgemeine Naturgeschichte und Theorie des Himmels* (Ak I, 357_{18}), *Von den Ursachen der Erderschütterungen [...]* (Ak I, 426_{10}), die „Preisschrift" von 1762/64 (Ak II, 292_{29-33}) sowie *Der Einzig mögliche Beweisgrund zu einer Demonstration des Daseins Gottes* (a. a. O., S. 82_{33}, 102_{01}).

39 *(S. 9)* Das ist das erste Vorkommen des Ausdrucks ‚Erfahrung' in den *Träumen.* Mit insgesamt knapp fünfzig Okkurrenzen kommt dieses Lemma bemerkenswert oft im Text vor. Durch diese Häufigkeit ist bereits ein sprachstatistisches Indiz für die Aufwertung gegeben, die Kant der Empirie und empirischen Verfahren Mitte der 1760er Jahre zugesteht. Zugleich erhellt die systematische Bedeutung des Erfahrungswissens für die Philosophie ganz allgemein aus diesem Absatz, in dem allein sechsmal positiv die Bedeutung der Erfahrung herausgestellt wird.

40 *(S. 9)* „Impenetrabilitas est ea corporis affectio, qua contigua a spatio, quod occupat, arcet." *Monadologia Physica.* Prop. X (Ak I, 484_{01-02}). Cf. ferner *Negative Größen*: „Ein jeder Körper widersteht durch Undurchdringlichkeit der Bewegkraft eines andern in den Raum einzudringen, den er einnimmt" (Ak II, 179_{04-05}), und auch die „Preisschrift" von 1762/64: „Demnach nehmen die Körper den Raum ein durch Undurchdringlichkeit" (Ak II, 287_{15-16}).

41 *(S. 9)* Cf. die *Negative[n] Größen*: „Da er [sc. jeder Körper] bei der Kraft des andern zur Bewegung gleichwohl ein Grund seiner Ruhe ist, so folgt aus dem vorigen: daß die Undurchdringlichkeit eben so wohl eine wahre Kraft in den Theilen des Körpers voraussetze [...]" (Ak II, 179_{05-08}).

42 *(S. 10)* In diesem Satz faßt Kant ein erstes Ergebnis der bisherigen Überlegungen zusammen, das in der vorliegenden Frage beweistheoretisch auf ein Patt hinausläuft.

43 *(S. 10)* „Quodlibet corporis elementum simplex, s.[ive] monas, non solum est in spatio, sed et implet spatium, salva nihilo minus ipsius simplicitate.“ *Monadologia Physica.* Prop. V. Theorema (Ak I, $480_{01\text{-}03}$). Cf. auch die „Preisschrift“ von 1762/64: „Hieraus folgt, daß ein jeder einfache Theil (Element) im Körper einen Raum einnehme“ (Ak II, $287_{05\text{-}07}$).

44 *(S. 11)* Cf. die Refl. 3755 aus dem gleichen Zeitraum 1764–66: „Die Möglichkeit einer realverknüpfung in primitiven Gründen kan nicht rational eingesehen werden“ (Ak XVII, $284_{01\text{-}02}$). Ebenso am Ende der Schrift über die *Negative[n] Größen*: „[...] wie soll ich es verstehen, *daß, weil Etwas ist, etwas anders sei*?“ (Ak II, $202_{20\text{–}21}$; H.i.O.). Cf. ebd., $203_{32\text{–}36}$, sowie das Ende der „Allgemeine[n] Anmerkung“. Kant wiederholt die These der Unmöglichkeit einer rationalen Einsicht in die Kausalitätsrelation am Ende der *Träume* (S. $77_{02\text{–}15}$). Im Hintergrund steht Humes Kritik an der Möglichkeit eines a priori gegebenen und rational einsehbaren Zusammenhangs zwischen Ursache und Wirkung, wie er sie in Abschnitt IV der ersten *Enquiry Concerning Human Understanding* vorgetragen hatte. Das Werk lag frühzeitig in deutscher Übersetzung vor und befand sich in Kants Besitz (Warda: *Immanuel Kants Bücher*, a.a.O., S. 50, Nr. 56). *Philosophische Versuche über die Menschliche Erkenntniß von David Hume, Ritter.* Als dessen vermischter Schriften zweyter Theil. Nach der zweyten vermehrten Ausgabe aus dem Englischen übersetzt und mit Anmerkungen des Herausgebers begleitet. Hamburg, Leipzig 1755. Der Einfluß dieses Humeschen Werks auf den jungen Kant ist schon von der älteren Kant-Forschung herausgestellt worden. Cf. dazu den Forschungsbericht von Kreimendahl in: *Kant. Der Durchbruch von 1769*, a.a.O., Kap. II, S. 15–82, bes. S. 26–38.

45 *(S. 12)* Diese Frage nimmt Kant in der Anmerkung zu § 30 der Inauguraldissertation von 1770 wieder auf. „Denn die Seele steht nicht deswegen mit dem Körper in Gemeinschaft, weil sie an einen bestimmten Ort desselben gebunden ist, sondern ihr wird deshalb ein bestimmter Ort im All zuerteilt, weil sie mit einem gewissen Körper in wechselseitiger Gemeinschaft steht, bei deren Auflösung jede Lage derselben im Raume aufgehoben wird. Ihre *Örtlichkeit* ist demnach eine *abgelei-*

tete und ihr zufällig zuerteilte, keine *ursprüngliche* und ihrem Dasein anhängende notwendige Bedingung, deswegen, weil alles, was an sich kein Gegenstand äußerer Sinne (wie es die des Menschen sind) sein kann, d.i. das *Unstoffliche*, von der allgemeinen Bedingung des *äußerlich Sensiblen*, nämlich dem Raume, völlig ausgenommen ist. Daher kann der Seele eine unbedingte und unmittelbare Örtlichkeit abgesprochen und gleichwohl eine hypothetische und mittelbare zuerteilt werden." *De mundi sensibilis atque intelligibilis forma et principiis. Von der Form der Sinnen- und Verstandeswelt und ihren Gründen.* In: Immanuel Kant: *Werke in sechs Bänden*. Hg. von Wilhelm Weischedel. Bd. III: *Schriften zur Logik und Metaphysik*. Mit einer Übersetzung von Norbert Hinske. 5., erneut überprüfter und ergänzter reprografischer Nachdruck der Ausgabe Darmstadt 1958. Darmstadt 1983, S. 107; H.i.O.

46 *(S. 12)* Cf. Hermann Samuel Reimarus: „Da geht aber erst unser Leib, da geht also auch das Leben eigentlich an, wo die Empfindung anfängt, wo wir anfangen zu fühlen, und uns wenigstens dunkel und undeutlich bewußt zu werden." *Allgemeine Betrachtungen über die Triebe der Thiere, hauptsächlich über ihre Kunsttriebe.* Mit einem Geleitwort von Ernst Mayr und einem einleitenden Essay des Herausgebers, unter Mitarbeit von Stefan Lorenz und Winfried Schröder hg. von Jürgen von Kempski. 2 Bde. Reprint der 2. Ausgabe Hamburg 1762. Göttingen 1982 [^{1}1760], Bd. I, S. 10 [= Veröffentlichungen der Joachim Jungius-Gesellschaft der Wissenschaften Hamburg Nr. 46]. [Courtès]

47 *(S. 12)* Eine heute ungebräuchliche Bezeichnung für das Hühnerauge.

48 *(S. 12)* Kant polemisiert hier gegen die Ansicht des Descartes, der den Sitz der Seele im Körper in einer kleinen Drüse ausmacht, die wegen ihrer Gestalt Zirbel- oder wegen ihres Ortes Hirnanhangdrüse genannt wird. Cf. Erl. 52, wo die einschlägige Stelle aus den *Passions de l'âme* zitiert ist.

49 *(S. 12)* *„werkzeug zum heben von lasten"*. Der Ausdruck wird, wie von Kant an der vorliegenden Stelle, auch im Hinblick auf den eigenen Körper gebraucht. Cf. Jacob Grimm und Wilhelm Grimm: *Deutsches Wörterbuch*. Hg. von der Akademie der Wissenschaften zu Berlin. Bd. 10, Sp. 733. Kant verwendet den Ausdruck noch ein weiteres Mal in den *Träumen* S. 21_{16}, ansonsten kommt er im Druckwerk im Plural „Hebezeuge" in der *Anthropologie in pragmatischer Hinsicht* vor (Ak VII, 303_{34}). Cf. auch die zeitnah niedergeschriebene Refl. 1119

des Zeitraums 1769–1772 (Ak XV.2., 499_{20}) sowie die Refl. 1502 aus den Jahren 1775–77 (Ak XV.2., 795_{16}). Verwendungsbelege finden sich ferner in der *Erste[n] Einleitung in die Kritik der Urteilskraft* (Ak XX, 219_{23}) sowie im *Opus Postumum* (Ak XXI, 192_{21}; 232_{02}; Ak XXII, 235_{22}; 586_{05}; 599_{26}).

50 *(S. 13)* In den *Elementa Metaphysices* von Darjes finden sich in § 103 und Cor. I dazu gleich mehrere inhaltsgleiche Formulierungen, die als Vorlage für diesen Satz gelten können. Eine davon lautet: „Totam itaque animam in toto corpore omnibusque partibus organicis praesentem esse [...]" (a. a. O., S. 169f.). [Menzer]. Die gleiche Auffassung hatte bereits Thomas von Aquin vertreten: „[...] ostendi potest animam totam in toto corpore esse, et totam in singulis partibus" (*Summa Contra Gentiles.* Buch II, Kap. 72; a. a. O., Bd. II, S. 302). [Salmona]. Der Gedanke findet sich auch in einigen Vorlesungsnachschriften Kants, so in der *Metaphysik Mrongovius*: „Die Alten sagten auch: anima est tota in corpore, sed totum tamen in parte ejus" (Ak XXIX.1.2., 909_{11-12}). Ähnlich *Metaphysik K_2*: „Die Alten sagten: Die Seele ist ganz im ganzen Körper und ganz in jedem Teil, d. h. nichts weiter als: Wo der menschliche Körper ist, da ist auch die Seele" (Ak XXVIII.2.1., 757_{01-03}). [Johnson]. *Metaphysik K_3*: „Anima est tota in toto corpore et tota in quavis parte, sagten [...] die Alten" (Ak XXIX.1.2., 1029_{33-34}). Zur Frage nach der „lokale[n] Gegenwart der Seele irgendwo im Körper" äußert sich Kant spät noch einmal im Anhang zu Samuel Thomas Sömmerings *Über das Organ der Seele* (Ak XIII, 406_{13}-407_{04}).

51 *(S. 13)* Anspielung auf das Werk *Orbis Sensualium Pictus* des böhmischen Pädagogen Johann Amos Comenius (1592–1670), das erstmals 1653 erschienen war. Das Werk ist das erste illustrierte Kinderlehrbuch und fand weite Verbreitung, im schulischen Bereich bis ins 19. Jahrhundert hinein. Besonderer Beliebtheit erfreute es sich bei den Pietisten. Kant kommt an meheren Stellen auf dieses Werk zu sprechen, das er jedoch nicht sonderlich zu schätzen scheint. Cf. *Anthropologie in pragmatischer Hinsicht* (Ak VII, 183_{33-35}); außerdem Kants *Pädagogik* (Ak X, 474_{16-17}). Den Namen seines Verfassers erwähnt er ausweislich des *Personenindex 2. Stufe zu „Kant's Gesammelte Schriften"* an keiner Stelle. Comenius stellt in dem Werk in Illustrationen und dem erläuternden, ab der 2. Aufl. (Nürnberg 1658) in lateinischer wie deutscher Sprache verfaßten Begleittext den gesamten Kosmos ausgerichtet auf die Fassungskraft der Kinder dar (*Johann Amos Comenius: Die Aus-*

gaben des Orbis Sensualium Pictus. Bearbeitet von Kurt Pilz. Nürnberg 1967). Die Abbildung, die Kant anspricht, findet sich in Kap. LXII „Anima hominis" in der Ausgabe *Orbis Sensualium Pictus. Hoc est: Omnium fundamentalium in mundo rerum, et in vita actionum, Pictura et Nomenclatura. Editio auctior et emandiator [...]. Die sichtbare Welt. Das ist: Aller vornehmsten Welt-Dinge und Lebens-Verrichtungen Vorbild und Benamung. Aufs neue aufgelegt und an vielen Orten verbessert [...].* Nürnberg 1698, S. 88. Dort ist vor dem Hintergrund eines weißen Tuches eine Menschengestalt im Umriß zu sehen, deren Körper aus lauter kleinen Punkten gebildet ist, welche die Seele und deren Anwesenheit im Körper veranschaulichen sollen. Darunter sind die Eigenschaften der Seele tabellarisch lateinisch und deutsch aufgelistet. An zweiter Stelle dieser Tabelle heißt es: „Anima [...] est [...] una in toto [sc. corpore] / einig in dem gantzen [sc. Körper]."

52 *(S. 13)* Descartes hatte in den *Passions de l'âme* geschrieben: „Il est besoin aussi de sçavoir que, bien que l'ame soit jointe à tout le corps, il y a neantmoins en luy quelque partie, en laquelle elle exerce ses fonctions plus particulierement qu'en toutes les autres. Et on croit communement que cette partie est le cerveau, ou peut estre le cœur: le cerveau, à cause que c'est à luy que se raportent les organes des sens; & le cœur, à cause que c'est comme en luy qu'on sent les passions. Mais, en examinant la chose avec soin, il me semble avoir evidemment reconnu, que la partie du corps en laquelle l'ame exerce immediatement ses fonctions, n'est nullement le cœur; ny aussi tout le cerveau, mais seulement la plus interieure de ses parties, qui est une certaine glande fort petite, située dans le milieu de sa substance, & tellement suspenduë au dessus du conduit par lequel les esprits de ses cavitez anterieures ont communication avec ceux de la posterieure, que les moindres mouvemens qui sont en elle, peuvent beaucoup pour changer le cours de ces esprits; & reciproquement, que les moindres changemens qui arrivent au cours des esprits, peuvent beaucoup pour changer les mouvemens de cette glande" (Part I, § 31. *Œuvres*, a. a. O., Bd. XI, S. 351 f.). Diese „sehr kleine Drüse" ist die Zirbel- oder Hirnanhangdrüse. Cf. ebd., Part I, § 34, S. 354: „Concevons donc icy que l'ame a son siege principal dans la petite glande qui est au milieu du cerveau [...]".

53 *(S. 14)* Cf. etwa Wolff: „Deutsche Metaphysik". GW I.2, § 535, S. 327: „Wir mercken [...] an, daß gewisse Bewegungen im Leibe erfolgen, wenn die Seele dergleichen Bewegungen verlanget. Z.E. Ich will

nach einer Sache greiffen; so strecke ich den Arm darnach aus. Ich will aufstehen und weggehen; so geschiehet auch solches. Dieses pfleget man *willkührliche* oder *freywillige Bewegungen* zu nennen.“ H.i.O.

54 *(S. 14)* Im Hintergrund steht eine griechische Formulierung des Neuen Testaments. Siegmund Jacob Baumgarten gibt dazu in seiner *Auslegung der evangelischen Texte auf alle Son- und Festtage des ganzen Jahres. Zweiter Theil vom Fest der h. Dreieinigkeit bis zum Ende des Jahrs, nebst einem Anhange und Registern.* 2. Aufl. Halle 1755 [[1]1752], S. 122, folgende Erläuterung: „[…] durch die Eingeweide der Barmherzigkeit, ist eine metonymische Redensart der Hebräer, da die beim heftigen Mitleiden erregte schmerzliche Empfindung der bewegten Eingeweide, wodurch im weiteren Verstande das Innere des menschlichen Leibes oder das Herz verstanden werden mus, für die Heftigkeit des Mitleidens selbst gesetzt wird […]. Ingleichen wird es […] manchmal von Gott selbst gebraucht, der keinen Leib und Eingeweide hat […], und die Eingeweide der Erbarmung als der höchste Grad des Mitleidens Gottes angefüret werden […]“. Baumgartens Bezugsstelle ist Lk 1,78. Von den Eingeweiden ist in den *Träumen* ein weiteres Mal S. 46_{17} die Rede. Kant verwendet den Ausdruck ‚Eingeweide der Erbarmung‘ bereits in den frühen Notaten zu Baumgartens *Metaphysica.* Vgl. dort N 517g (Immanuel Kant: *Neue Reflexionen. Die frühen Notate zu Baumgartens „Metaphysica“. Mit einer Edition der dritten Auflage dieses Werks.* Hgg. von Günter Gawlick, Lothar Kreimendahl und Werner Stark. In Zusammenarbeit mit Michael Oberhausen und Michael Trauth. Stuttgart-Bad Cannstatt 2019, S. 187 [= FMDA Abt. I, Bd. 5]) und kommt auf die Rolle der Eingeweide für das menschliche Wohlbefinden oder dessen Gegenteil auch später noch zu sprechen. Vgl. *Kritik der Urteilskraft.* Ak V, $332_{06\text{-}14}$, $334_{17\text{–}27}$.

55 *(S. 14)* Das Konstrukt der materiellen Ideen kennt Kant schon in den frühen Notaten zu Baumgartens *Metaphysica* (*Neue Reflexionen*, N 577n, N 743g, a. a. O., S. 209, 291). Er verbindet dieses Lehrstück hier und auch später (I.iii.8.) mit dem Namen des Descartes. Tatsächlich war die Annahme von materiellen Ideen nicht nur im Cartesianismus ein zunächst weit verbreitetetes Konstrukt, das es erlauben sollte, die Einheit bzw. die Interaktion von Leib und Seele zu gewährleisten, indem man den immateriellen Ideen der Seele ein materielles Pendant im physiologischen Nervenapparat zuordnete. Diese ‚ideae materiales‘ verstand man als eine Bewegung (motus) im Nervensystem des Ge-

hirns (cf. dazu die unten gegebenen Belege). In der zweiten Hälfte des 18. Jahrhunderts geriet diese Lehre angesichts ihrer unübersehbaren Schwächen dann in die Kritik. Cf. hierzu die Abhandlung von Johann Albert Heinrich Reimarus: *Betrachtung der Unmöglichkeit körperlicher Gedächtniß-Eindrücke und eines materiellen Vorstellungs-Vermögens.* In: Göttingisches Magazin der Wissenschaften und Litteratur. Hg. von Georg Christoph Lichtenberg und Georg Forster. 1. Jg., 4. St. (1780), S. 27–66, 351–386. Kant kommt auf die ‚ideae materiales' in den *Träumen* noch ein weiteres Mal S. 41_{25} zu sprechen, außerdem in seinen frühen Jahren in der *Metaphysik Herder* (Ak XXVIII.1., 064_{32-36}) sowie in den *Nachträge[n] Herder* (Ak XXVIII.2.1., 855_{31}). Cf. ferner die von Adickes unsicher (1790–1804?, 1776–78?) datierte Refl. 1491 (Ak XV.2., 749_{12}). Für die späten Jahre ist außerdem auf die *Anthropologie in pragmatischer Hinsicht* zu verweisen (Ak VII, 119_{14-17}; 176_{11}) und den Anhang zu Sömmerings *Über das Organ der Seele* sowie auf zwei der drei dazu überlieferten Entwürfe (Ak XIII, 400_{27}; 402_{11}; 406_{33}; 408_{23}). Ebenso wie die *Träume* bringen auch diese frühen wie späten Dokumente die ‚materiellen Ideen' mit dem Namen des Descartes in Zusammenhang (ebenso der zweite und dritte der genannten Entwürfe). In allen diesen Bezugnahmen diskreditiert Kant das Konstrukt materieller Ideen als eine bloß „willkürliche" Hypothese (Ak VII, 176_{10-11}; Ak XII, 032_{14-16}). Bei Descartes selbst läßt sich dieses Lehrstück unter der genannten Bezeichnung nicht nachweisen. Jean Ferrari hält den Ausdruck ‚idea materialis' vielmehr für gänzlich „anti-cartésien [...], on [...] chercherait [cette expression] en vain chez Descartes [...]" (*Les sources françaises de la philosophie de Kant*. Paris 1979, S. 36). Courtès meint, es sei „[...] bien difficile à un lecteur français d'imputer à Descartes une telle alliance de mots" (Courtès 127, Fn. 10). Grégoire Chamayou teilt hingegen mit, daß „[...] Reinhard Brandt rappelle que la locution ‚ideae materiales' apparaît dans la version latine des *Passions de l'âme* (*Passiones animae*, § 23, 33, 35, 42)", gibt jedoch keine Quelle an, wo Brandt dies gesagt habe (Kant: *Écrits sur le corps et l'esprit*. [...]. Traduction, présentation et notes par Grégoire Chamayou. Paris 2007, S. 250, Fn. 16). Tatsächlich haben die uns vorliegenden Ausgaben der lateinischen Fassungen der *Passions de l'âme*, Amsterdam 1656, Amsterdam 1677 sowie Hannover 1707 in den genannten Paragraphen alle denselben Wortlaut, der fragliche Terminus ‚idea materialis' taucht jedoch dort nicht auf (und auch nicht in den thematisch einschlägigsten benachbarten Stellen §§ 41, 43–44), wenngleich dort fraglos von der Sache gehandelt wird, die Kant in den *Träumen* und in den anderen genannten Texten mit ihm bezeichnet. Reinhard Brandt teilt mir in seinem Brief vom 08. Februar 2013 freundlicherweise auch mit, daß er keinen Beleg für die Verwendung dieses Terminus bei Descartes kenne; es gebe bei dem Franzosen aber „[...] viele Ausführungen, die diesen Ausdruck nahelegen [...]". Im übrigen scheidet auch der frühe *Traité de l'homme* als mögliche Quelle Kants aus. Denn an der Stelle, wo Descartes dort über das Entstehen der Vorstellungen sowie über Gedächtnis und Erinnerung spricht, spielt der Terminus keine Rolle (*Œuvres*, a. a. O., Bd. XI, S. 176 ff.). Rainer Specht teilt mir freundlichwerweise unter dem 20. Januar 2020 mit, daß der Begriff in der von Adam/Tannery veranstalteten Werkausgabe der Schriften Descartes' weder in der lateinischen noch der entsprechenden französischen Formulierung vorkommt. Ergänzend weist er darauf hin, daß er auch im Umfeld der cartesianischen Philosophie weder bei Géraud Cordemoy (1620–1684), Johannes Clauberg (1622–1665), Louis de La Forge (1632–1666?) noch Bernard Lamy (1640–1715) Verwendung findet. – Als Quelle Kants dürfte in erster Linie Christian Wolffs „Deutsche Metaphysik" und die „Ausführlichen Anmerkungen" zu diesem Werk in Frage kommen. Dafür spricht sowohl die Art der Verwendung des Ausdrucks ‚ideae materiales' bei Kant als auch die wiederholte Verbindung, in die Wolff den Ausdruck mit Descartes bringt. In § 812 der „Deutschen Metaphysik" schreibt er: „Alle Empfindungen in der Seele sind in dem Leibe, und zwar in dem Gehirne, mit einer besondern Bewegung einer subtilen flüßigen Materie vergesellschaftet [...]. Da nun zwischen der Seele und dem Leibe eine beständige Harmonie erhalten wird [...]; so muß in dem Gehirne, so ofte in der Seele eine von den vergangenen Empfindungen hervorgebracht wird, auch diejenige Bewegung wieder erreget werden, die mit der Empfindung vormahls sich zugleich ereignet. Und dieses geschieht durch die in Bewegung gesetzte Materie, dadurch dasjenige vorgestellet wird, was das gegenwärtige und vergangene mit einander gemein haben. Und dieses haben auch *Cartesius*, ja selbst diejenigen erkant, welche den natürlichen Einfluß behaupten" (GW I.2, § 812, S. 503; H.i.O. Cf. die „Ausführlichen Anmerkungen" [[1]1724]. GW I.3 [[4]1740], § 301, S. 503 f. Den Hinweis auf diese beiden Stellen verdanken wir Armin Emmel). Auch in der *Psychologia Rationalis* ist Wolff auf dieses Thema zu sprechen gekommen und hat dort folgende Definition der ‚Idea materialis' gegeben: „Motum ab obiecto sensibili organo impressum dicemus posthac *Speciem impressam*. Motum vero inde ad cerebrum propagatum vel ex illo in cerebro enatum *Ideam materialem* appellabimus" (GW II.6, § 112, S. 88; H.i.O. Cf. das Scholion zu § 112 und ferner §§ 113–123 sowie zuvor § 87). Diese Definition blieb im Wolffianismus bestimmend. Cf. Friedrich Christian Baumeister: *Philosophia Definitiva* [[1]1735]. Mit einem Vorwort von Hans Werner Arndt. GW III.7 [[4]1740], § 932, S. 171; H.i.O.: „*Idea materialis* est motus, inde ab obiecto sensibili ad cerebrum propagatus, vel ex illo in cerebro enatus." Auch Johann Peter Reusch behandelt die ‚ideae materiales' unter Rückgriff auf Wolff recht ausführlich in seinem *Systema Metaphysicum Antiquiorum atque Recentiorum item Propria Dogmata et Hypotheses Exhibens.* Jena 1735, GW III.27, §§ 333f., 695f., 713, 718–729, 723, 727, 735, 750, 756, S. 246f., 466f., 478f., 483f., 485, 488, 493f., 503f., 506f. Baumgarten definiert die materiellen Ideen knapp als „motus cerebri, coexistentes animae repraesentationibus successivis [...]", und situiert sie „[...] in corpore sentientis vel imaginantis animae" (*Metaphysica/Metaphysik*, § 560, a. a. O., S. 296). Doch weder er noch Reusch bringen dieses Lehrstück mit Descartes in Verbindung. Auch dieser Befund weist auf Wolff als Quelle der Kantischen Zuschreibung hin. Warum Wolff seinerseits die ‚ideae materiales' mit Descartes in Verbindung bringt, ist eine andere, noch ungeklärte Frage.

56 *(S. 15)* Diese Meinung teilt Wolff, der offenbar im Hintergrund dieser Ausführungen steht. Denn im unmittelbaren Anschluß an den in Erl. 53 zitierten § 535 der „Deutschen Metaphysik" fährt er fort (§ 536, S. 327): „Wenn wir auch hier nicht weiter gehen wollen, als was wir erfahren; so können wir nicht mehr sagen, als daß gewisse Bewegungen des Leibes zu der Zeit geschehen, wenn wir dergleichen wollen, oder auch unterlassen werden, wenn wir sie nicht wollen. Da wir aber wiederum keinen Begrif, auch nicht einen klaren, von der Würckung der Seele haben, wodurch sie die Bewegung im Leibe hervorbringen sollte; so kan man dergleichen Würckung nicht als in der Erfahrung gegründet ausgeben [...]".

57 *(S. 15)* Der Ausspruch ist überliefert bei Michael Gottlieb Hansch (Hg.): *Godefridi Guilielmi Leibnitii Principia Philosophiae, more geometrico demonstrata: Cum excerptis ex epistolis Philosophi et scholiis quibusdam ex historia philosophica. [...]. Accedunt Theoremata meta-*

physica [...]. Frankfurt und Leipzig 1728. Dort lautet das Theorema LXXXVI: „Differentia interna Monadum derivativarum consistit in gradu perfectionis essentialis repraesentandi unum idemque Universum" (S. 134). Dazu heißt es in Scholion III: „Ex mente PHILOSOPHI species Monadum derivativarum non ita respicere Monadata, in quae ingrediuntur, ut fieri non possit, quin inter Elementa compositi alicujus sint Monades, non nudae tantum, sed & animae sensitivae, & tales etiam, quae aliquando futurae sint rationales. Ita memini LEIBNITIUM, cum Lipsiae me conveniret & potu Caffée cum lacte, quo quam maxime delectabatur, uteremur ambo, in discursu de hoc argumento inter alia dixisse: se determinare non posse, annon in hocce vasculum, e quo potum hauriebat calidum, Monades ingrederentur, qua suo tempore futurae sint animae humanae" (S. 135; H.i.O.). [Menzer]

58 *(S. 15)* Kant bezieht sich auf die demokriteisch-epikureische Ansicht, die von Lukrez (97-55 v. Chr.) aufgenommen und in seinem Werk *De Rerum Natura* weiter verbreitet wurde. Ihr zufolge ist auch die Seele ein materielles Gebilde, das aus Atomen zusammengesetzt ist und sich nach dem Tod des Individuums wieder in Atome auflösen wird, aus denen wiederum andere materielle Gebilde, darunter auch neue Seelen, entstehen. Wie der anschließende Satz zeigt, distanziert sich Kant in der Pneumatologie von dem zum Atheismus führenden atomistischen Materialismus Demokrits, Leukipps und Epikurs genauso, wie er es zuvor bereits in der *Allgemeine[n] Naturgeschichte und Theorie des Himmels* für die Kosmologie (Ak I, 226_{16}-227_{08}) und in der Beweisgrundschrift für die Rationaltheologie getan hatte (a. a. O., S. 85_{13-22}, 119_{22-35}).

59 *(S. 16)* Manolesco, S. 113, Fn. 37, merkt hierzu an, dies sei die scholastische Lehrmeinung und zitiert zum Beleg Thomas von Aquin (*De veritate* IV, 8.): „Auf Grund dessen nämlich wird etwas ursprünglich (primo) lebend genannt, daß man etwas darin bemerkt, was es in irgendeiner Art der Bewegung bewegt; und von da aus ist der Name Leben auf alles übergegangen, was das Prinzip eigenen Wirkens in sich selbst hat [...]". *Des Hl. Thomas von Aquino Untersuchungen über die Wahrheit. Quaestiones Disputatae de Veritate.* In deutscher Übertragung von Edith Stein. Bd. I. Louvain, Freiburg 1952, S. 119 f.

60 *(S. 16)* „Tierseelen haben keinen Verstand [...]. Also sind sie keine Geister, entbehren der Personalität [...], der Vernunft [...]". Baumgarten: *Metaphysica/Metaphysik*, § 795, a. a. O., S. 433.

61 *(S. 17)* Kant spricht hier Probleme an, die den Dualismus von Leib und Seele seit seiner Formulierung durch Descartes in der sechsten der *Meditationes de Prima Philosophia* ständig begleiten. *Œuvres*, a. a. O., Bd. VII, S. 78.

62 *(S. 17)* Dieser Gedanke wird von Kant ausführlicher in der Schrift über die *Negative[n] Größen* präsentiert: „Es steckt etwas Großes und, wie mich dünkt, sehr Richtiges in dem Gedanken des Herrn von *Leibniz*: Die Seele befaßt das ganze Universum mit ihrer Vorstellungskraft, obgleich nur ein unendlich kleiner Theil dieser Vorstellungen klar ist. In der That müssen alle Arten von Begriffen nur auf der innern Thätigkeit unsers Geistes, als auf ihrem Grunde, beruhen. Äußere Dinge können wohl die Bedingung enthalten, unter welcher sie sich auf eine oder andere Art hervorthun, aber nicht die Kraft sie wirklich hervorzubringen" (Ak II, 199_{28-35}; H.i.O.). Eine prägnante Formulierung der zitierten Ansicht Leibnizens findet sich im Brief desselben an Bartholomäus Des Bosses vom 23. August 1713: „Et cum Monades nihil aliud sint quam repraesentationes phaenomenorum cum transitu ad nova phaenomena, patet in iis ob repreaesentationem esse perceptionem, ob transitum esse appetitionem […]" (Gottfried Wilhelm Leibniz: *Die philosophischen Schriften*. Hg. von C. I. Gerhardt. 7 Bde. Reprint der Ausgabe Berlin 1875–90. Hildesheim 1960–61. Bd. II, S. 481). Cf. auch folgende Stelle aus einer kurzen Abhandlung ohne Überschrift in Bezug auf die Seele der Tiere: „[…] probari potest ex eo, quod omnis Entelechia primitiva debet habere perceptionem. Nam omnis Entelechia prima habet variationem internam, secundum quam etiam variantur actiones externae. Sed perceptio nihil aliud est, quam illa ipsa repraesentatio variationis externae in interna." (*Die philosophischen Schriften*, a. a. O., Bd. VII, S. 329 f.). Diese Texte waren aber noch nicht publiziert, so daß Kant vermutlich die von Hansch edierten *Principia Philosophiae* als Quelle der Ansicht Leibnizens vorlagen. Dort lautet das Theorem XXIV: „Mutationes Monadum derivativarum a principio interno proficiscuntur." Das Theorem XXXV spezifiziert sodann, was unter diesem inneren Prinzip zu verstehen ist. „Actiones internae Monadum derivativarum non nisi in continuis perceptionum variationibus consistunt." *Godefridi Guilielmi Leibnitii Principia Philosophiae*, a. a. O., S. 83, 91.

63 *(S. 18)* In diesen Worten kündigt sich die skeptische Methode an, die Kant in der Folge zu einem Arbeitsinstrument für die gesamte

Metaphysik, insbesondere aber für den Themenbereich der rationalen Kosmologie bei der Behandlung der Antinomieproblematik weiterentwickelt. Sie besteht darin, „[...] die Argumente der Vernunft in ihrer größten Freiheit gegeneinander auftreten [...]" zu lassen (*KrV* A 507/B 535). Zu den von Kant zu unterschiedlichen Zeiten favorisierten Methoden der Philosophie und deren Verflechtungen cf. Norbert Hinske: *Kants Glaube an die Macht der Methode. Zum Zusammenhang von dogmatischer, polemischer, skeptischer und kritischer Methode im Denken Kants.* In: Christoph Böhr/Heinrich P. Delfosse (Hgg.): *Facetten der Kantforschung. Ein internationaler Querschnitt.* Festschrift für Norbert Hinske zum 80. Geburtstag. Stuttgart-Bad Cannstatt 2011, S. 25–36, bes. S. 31–36 [= FMDA Abt. II, Bd. 23].

64 *(S. 19)* Die Parallelität der Überschriften dieses und des folgenden Hauptstücks springt in die Augen. Hier ist es die „geheime Philosophie", welche die Gemeinschaft mit der Geisterwelt eröffnet, dort ist es die „gemeine Philosophie", welche diese Gemeinschaft aufhebt. Soweit wir sehen, ist diese Parallelität in der Literatur noch nicht beachtet, geschweige denn interpretiert worden. Das leistet auch Gregory R. Johnsons Kommentar zu den *Träumen* nicht, der zum Verständnis des dritten Hauptstücks einen „enlightened skeptic" einführt, dessen Ausführungen zu einer Parodie der französischen Philosophen Voltaire, Diderot und d'Alembert sowie der deutschen Popularphilosophen werde (*A Commentary on Kant's „Dreams of a Spirit-Seer".* Diss. phil. Washington, D.C. 2001, S. 185). Ob Johnson zu dieser Ansicht durch die semantische Nähe von ‚popular' als Übersetzung von ‚gemein' zu *Popular*philosophie geführt wurde, gibt sein Text nicht zu erkennen. Den Ausdruck ‚geheime Philosophie' verwendet Kant noch ein weiteres Mal, gemünzt auf die Kabbala der Juden (Ak XVI, 056_{16}), der Ausdruck ‚(all)gemeine Philosophie' findet sich nur in den *Träumen.*

65 *(S. 19)* Der Ausdruck meint hier den in die Geisterwelt einzuführenden Neuling. Im Druckwerk Kants taucht das Wort ‚Initiat' nur an dieser Stelle auf. Von der Initiation ist in latinisierter Form einmal die Rede in dem späten Aufsatz *Von einem neuerdings erhobenen vornehmen Ton in der Philosophie.* Hiernach wähnt sich der Initiat („philosophus per initiationem") im Besitz eines „Geheimnisses durch Tradition", über das er aber „mißgünstigerweise" nichts mitteilen will (Ak VIII, $389_{07\text{-}09}$). In diesem elitären Sinne auch die Refl. 1957 aus

dem Zeitraum 1752–55/56 (Ak XVI, $171_{09\text{-}10}$). Ähnlich die Refl. 1482: „Deutlichkeit der Begriffe vertreibt die Schwärmerey; hinter Verworrenen Begriffen versteken sich Theosophen. Goldmacher, Mystiker, Initiaten in geheimen Gesellschaften" (Ak XV.2., $669_{25\text{–}27}$ [s-Zusatz der Jahre 1776–1789]). Im amtlichen Schriftverkehr kommt der Ausdruck ‚Initiation' öfter vor. Er dient dort als Fachterminus zur Bezeichnung der Einschreibung der Studenten an der Universität (Ak XI, 299_{01}; Ak XII, 422_{25}; 435_{21} [in diesem Sinne auch $440_{33\text{–}34}$]). In den bislang vorliegenden Vorlesungsnachschriften ist der Begriff nicht belegt.

66 *(S. 19)* Kant wiederholt seine Klage über den desolaten Zustand der Metaphysik. Cf. Erl. 5. Eben weil die Metaphysik in Kants Sicht erheblich an der Leucht- und Strahlkraft eingebüßt hat, welche etwa die Frontispize einiger Werke der deutschen Schriftenreihe Christian Wolffs – auch in den beiden Bänden zur Metaphysik [GW I.2 und 3] – verheißt, ist der nur in „Dämmerung" ausgeleuchtete Weg gefahrvoll. Diese Gefährlichkeit hat Kant in den Schriften der 1760er Jahre wiederholt herausgestellt. Man bewegt sich, so schreibt er in der Beweisgrundschrift, bei metaphysischen Fragen auf „schlüpfrigem Boden", was zu „[...] einer Menge solcher Fehltritte veranlaßt [hat], die man beständig vor Augen sieht [...]". A. a. O., S. $14_{27\text{–}29}$.

67 *(S. 19)* „Dunkel schritten sie dort unter einsamer Nacht durch Schatten / Und durch Plutos öden Palast und die Reiche der Ohnmacht." Vergil: *Aeneis* VI, 267–268. Lateinisch-Deutsch. In Zusammenarbeit mit Maria Götte hg. und übersetzt von Johannes Götte. 4. verbesserte Aufl. München 1979, S. 236/237. Kant hat „umbram" durch die plurale Form „umbras" ersetzt, was ohne Auswirkung für die Bedeutung ist.

68 *(S. 19)* Kant kürzt den Namen des römischen Dichters Vergil gemäß der älteren Schreibweise ‚Virgil' gelegentlich mit ‚Virg.' ab, so auch in den *Träumen* S. 53_{07}, 61_{11}, 73_{03}, gelegentlich schreibt er ihn in latinisierter Gestalt aus (S. 19_{14}). Entsprechendes gilt für seine Schreibweise von Horaz (S. 1_9, 59_6). Den im Abschnitt „Zur Textgestalt" oben dargelegten Regeln S. CXLIV gemäß werden die Namen in der vorliegenden Edition in der heute üblichen Schreibweise und in ausgeschriebener Form gebracht.

69 *(S. 19)* In dieser Aufzählung der Eigenschaften der Materie fehlt die Undurchdringlichkeit, auf die Kant ansonsten großes Gewicht legt. Cf. die in Erl. 27 angeführten Belege.

70 *(S. 19)* Kant beschreibt der Sache nach hier die Leistung, die Newton mit seinen *Philosophiae Naturalis Principia Mathematica* von 1687 erbracht hatte.

71 *(S. 20)* Die Physik als Inbegriff der Disziplinen, die es mit der Erfassung und Beschreibung des Verhaltens der unbelebten Materie zu tun haben, läßt also eine weit höhere Evidenz zu, als es bei der Beschäftigung mit im weiteren Sinne biologischen Themen zu erwarten ist. Im Hintergrund dieser Einschätzung Kants steht abermals Newtons Werk. Cf. Erl. 70.

72 *(S. 20)* In Anlehnung an das griechische Wort für Geist (πνεῦμα) ist die Pneumatologie oder Pneumatik die Lehre von den Geistern. So definiert sie schon Johann Georg Walch in seinem *Philosophische[n] Lexicon*. „Pnevmatic, Die Geister-Lehre handelt von dem Wesen und wesentlichen Wirckungen der Geister, Insgemein begreifft man darunter die Lehre von den Geistern, so wohl von dem unerschaffenen Geist, nemlich GOtt, als erschaffenen Geistern, die man gewöhnlicher massen in die Engel und menschliche Seele theilet [...]" (a. a. O., Bd. II, Sp. 2029). Bei Baumgarten liest man: „Der Zusammenhang der Geister einer Welt untereinander ist ein GEISTIGER ZUSAMMENHANG [NEXUS PNEUMATICUS]. Nun ist in jeder, und also auch in dieser Welt, in der Geister sind, jeder Geist mit jedem verknüpft. Also besteht in dieser und jeder Welt, in der Geister sind, ein universaler geistiger Zusammenhnang [nexus pneumaticus universalis] [...] die geistige, intellektuelle, moralische [...] Welt [...], das Reich der Gnade" (*Metaphysica / Metaphysik*, § 403, a. a. O., S. 219). Baumgarten übersetzt in einer Fußnote zu diesem Paragraphen „nexus pneumaticus" mit „Verbindung der Geister".

73 *(S. 20)* Bereits in der *Allgemeine[n] Naturgeschichte und Theorie des Himmels* hat Kant erkannt, daß die mechanischen Gesetze zur Erklärung der Erzeugung der Lebewesen, sei es auch nur ein Kraut oder eine Raupe, nicht ausreichen (Ak I, 230). In der Beweisgrundschrift (II.iii.2.; II.iv.2.; II.v.2.) formuliert er diese Überzeugung erneut.

74 *(S. 20)* „Jeder Geist ist eine Substanz." Baumgarten: *Metaphysica / Metaphysik*, § 404, a. a. O., S. 219.

75 *(S. 20)* Erstes Vorkommen des Terminus ‚mundus intelligibilis' im Druckwerk, der ab der Dissertation von 1770 *De mundi sensibilis atque intelligibilis forma et principiis* eine bedeutende Rolle innerhalb der Philosophie Kants spielt, dabei aber freilich eine weitere, erkennt-

nistheoretische Bedeutung annimmt als hier. Diese geht auf Baumgarten zurück: „MUNDUS, quatenus sensitive repraesentatur, SENSIBILIS (adspectabilis), quatenus distincte cognoscitur, INTELLIGIBILIS est“ (*Metaphysica/Metaphysik*, § 869, a. a. O., S. 464). Dabei übersetzt Baumgarten ‚mundus sensibilis‘ mit „die Welt, als ein Schauspiel der Sinnlichkeit“ und ‚mundus intelligibilis‘ mit „die Welt, als ein Gegenstand des Verstandes“ (ebd.). Das entspricht der späteren Verwendung der Begriffe bei Kant. Was Kant an der folgenden Stelle mit diesem Ausdruck bezeichnet, nämlich den Zusammenhang der immateriellen Wesen bzw. der Geister, bezeichnet Baumgarten (*Metaphysica/Metaphysik*, § 403, a. a. O., S. 218; zit. in Erl. 72) unter Rückgriff auf entsprechende Ausführungen von Leibniz (Gottfried Wilhelm Leibniz: *Monadologie*. Französisch und deutsch. Zeitgenössische Übersetzung von Heinrich Köhler [1720]. Mit der „Lebens-Beschreibung des Herrn von Leibnitz verfaßt von Herrn Fontenelle“ hg. von Dietmar Till. Frankfurt am Main, Leipzig 1996. Cf. etwa § 87/89, S. 66–68) als das „regnum gratiae“, das „Reich der Gnade“. Dieser Gedanke lebt in der kritischen Philosophie bei Kant in dem Konstrukt des „Reichs der Zwecke“ fort, das durch die „[...] systematische Verbindung verschiedener vernünftiger Wesen durch gemeinschaftliche Gesetze“ konstituiert wird. *Grundlegung zur Metaphysik der Sitten.* Ak IV, 433_{17-18}. Die Zweiweltenlehre spricht Kant wenig später noch einmal an. S. 23_{29-31}.

76 *(S. 20)* Eine erneute Anspielung auf das Problem des Leib-Seele-Dualismus.

77 *(S. 20)* Das Wort „diesem“ ist hier nicht als Demonstrativpronomen mit speziellem Bezug zu einem Substantiv gemeint, sondern „außer diesem“ ist sinngemäß zu lesen als „außerdem“, wie es auch verschiedene Übersetzer wiedergeben. So z. B. Lortholary, S. 542: „en outre“.

78 *(S. 21)* Das „denn“ ist weniger temporal als vielmehr folgernd zu verstehen i. S. v.: ‚wenn – dann‘ oder ‚also‘. So übersetzen z. B. auch Lortholary, S. 543: „Si donc“ und ebenfalls Walford/Meerbote, S. 317: „therefore“.

79 *(S. 21)* Kant nimmt auf die aus der Antike stammende Vorstellung eines zusammenhängenden, graduell gestuften Aufbaues aller Wesen Bezug, die im 18. Jahrhundert enorm an Auftrieb gewann, hier aber auf den Bereich der immateriellen Welt beschränkt ist. Der Gedanke konnte Kant aus vielen Quellen bekannt sein, u. a. aus Alexander Popes *An Essay on Man*, mit dem er durch die Übersetzung von Barthold Hinrich

Brockes vertraut war. Für Näheres cf. die Erl. 244 zum *Einzig mögliche[n] Beweisgrund*, a.a.O., S. 221–223. Zur Metapher der ‚großen Kette der Wesen' cf. die einschlägige Studie von Arthur O. Lovejoy: *The Great Chain of Being. A Study of the History of an Idea.* The William James lectures delivered at Harvard University. Harvard 1933, bes. Kap. VI: „The Chain of Being in Eighteenth-Century Thought, and Man's Place and Rôle in Nature".

80 *(S. 21)* Die von Kant mit dem Ausdruck ‚Hylozoismus' bezeichnete Ansicht kommt der Meinung Leibnizens sehr nahe. Dieser hatte sich in den §§ 66–70 der „Monadologie" der Erklärung des Organischen zugewendet und die These aufgestellt, „[...] daß in der geringsten Portion der Materie eine Welt von Geschöpfen / von lebendigen Wesen / von Tieren und Seelen befindlich sein müsse" (*Monadologie*, a.a.O., S. 53). Daraus hatte er eine durchgängige Belebtheit des gesamten Universums und aller seiner Teile abgeleitet. „Also ist nichts unangebautes / nichts ödes / nichts unfruchtbares / nichts todes in dem ganzen Welt-Gebäude; es ist darinnen kein wüster Klumpen / keine Verwirrung als nur dem äußerlichen Scheine nach" (§ 69/71, ebd., S. 55). In der *Kritik der Urteilskraft* bezeichnet Kant den „*Realism* der Zweckmäßigkeit der Natur", sofern er physisch gefaßt wird, als Hylozoismus. Er gründet „[...] die Zwecke in der Natur auf dem Analogon eines nach Absicht handelnden Vermögens, dem *Leben der Materie* (in ihr, oder auch durch ein belebendes inneres Princip, eine Weltseele) [...]" (Ak V, $392_{06\text{-}10}$; H.i.O). Aber die Möglichkeit einer „lebenden Materie" lasse sich gar nicht denken, weil dieser Ausdruck einen Widerspruch enthalte. Denn Leblosigkeit mache den „wesentlichen Charakter" der Materie aus, und deshalb könne sie nicht mit dem Begriff ‚lebend' verbunden werden. Ak V, $394_{26\text{–}28}$.

81 *(S. 21)* Ein hapax legomenon in Kants Schriften. Das Grimmsche *Deutsche Wörterbuch* gibt für ‚Nahrungsteil' zwei Belege an, die beide später sind als Kants *Träume:* Die Abhandlung Lessings *Berengarius Turonensis* aus dem Jahr 1770 und Herders *Ideen zur Philosophie der Geschichte der Menschheit*, die ab 1784 erschienen (a.a.O., Bd. 13, Sp. 317). Der Ausdruck selbst – bzw. sein französisches Pendant – ist bei Maupertuis nicht nachweisbar, jedenfalls nicht in den einschlägigen Texten, die in Bd. II der vierbändigen *Œuvres.* Reprint der Ausgabe Lyon 1768. Hildesheim 1965, abgedruckt sind: *Vénus Physique*, *Système de la Nature* sowie den einschlägigen *Lettres.* Zu diesem Er-

gebnis kommt auch Courtès. Auch in den zeitgenössischen deutschen Übersetzungen der genannten Werke von Maupertuis stoßen wir nicht auf diesen Ausdruck: *Die Naturlehre der Venus.* Copenhagen 1747. *Versuch einer Cosmologie.* Berlin 1751. Am ehesten in die Richtung der Bemerkung Kants geht womöglich eine Stelle aus der *Naturlehre der Venus*, a.a.O., S. 30: „Ungeachtet die Anfangsgründe des Lebens in dem kleinen Thiere ihren Sitz haben, und der ganze Mensch in demselben enthalten ist; so ist das Ey doch noch nöthig: es ist ein Klumpen Materie, die eigentlich dazu geschickt ist, um dem Thierchen seine Nahrung und Wachsthum zu geben."

82 *(S. 21)* Nichts ermittelt.

83 *(S. 21)* Herman Boerhaave (1668–1738) war ein hochangesehener holländischer Mediziner, Botaniker und Chemiker, der von Kant in seinen vorkritischen Schriften sowie in den Reflexionen zur Physik und Chemie häufiger zitiert wird (cf. die Belege im *Personenindex 2. Stufe zu „Kant's gesammelte Schriften"*, a.a.O., Buchstabe B, S. 122–124). Das Zitat findet sich in den von Kant wiederholt zitierten *Elementa Chemiae, quae Anniversario Labore Docuit, in Publicis, Privatisque, Scholis.* 2 Bde. Lugduni Batavorum 1732, Bd. I, S. 64: „Unde alimenta plantarum radicibus externis, animalium internis, hauriuntur [...]". [Menzer]. Das Werk wurde auch ins Deutsche übersetzt.

84 *(S. 22)* Dieser Ansicht war Aristoteles: *Von der Seele*, II.3; 414a29-b16. Sie erlangte nicht zuletzt dadurch weite Verbreitung im Abendland, daß Augustinus und Thomas von Aquin sie übernahmen. Kant konnte bei dem Wolffianer Baumeister auf diese Auffassung stoßen. „Veteres *animam in uegetatiuam, sensitiuam* et *rationalem* dispescebant, sed entia multiplicabant praeter necessitatem, et physica pneumaticis immiscebant" (*Institutiones Metaphysicae*, § 488, a.a.O., S. 339; H.i.O.). Kant war mit Baumeisters *Institutiones Metaphysicae* gewiß vertraut, denn er hatte dem Bericht Ludwig Ernst Borowskis zufolge dessen Werk seinem ersten Metaphysik-Kolleg zugrunde gelegt. *Darstellung des Lebens und Charakters Immanuel Kants. Von Kant selbst genau revidiert und berichtigt.* In: Felix Groß (Hg.): *Immanuel Kant. Sein Leben in Darstellungen von Zeitgenossen. Die Biographien von L. E. Borowski, R. B. Jachmann und A. Ch. Wasianski.* Berlin [1912], S. 17f. Cf. auch Emil Arnoldt: *Möglichst vollständiges Verzeichnis aller von Kant gehaltenen oder auch nur angekündigten Vorlesungen nebst darauf bezüglichen Notizen und Bemerkungen*, a.a.O., S. 179.

85 *(S. 22)* So auch Thomas von Aquin: *Summa theologica* I, qu. 75, 76.

86 *(S. 22)* Kritk an dieser Konzeption übt auch Baumeister. Cf. das in Erl. 84 gebrachte Zitat aus seinen *Institutiones Metaphysicae.*

87 *(S. 22)* Ein hapax legomenon im Kantischen Werk. Der Begriff geht auf den englischen Anatomen Francis Glisson (1597–1677) zurück, der mit ihm die Reizbarkeit insbesondere der Muskelfasern des Gewebes bezeichnete, die sich auf entsprechende Stimulationen hin zusammenziehen. Albrecht von Haller (1708–1777) hat den Begriff aufgegriffen und zu einer ‚Irritabilitätslehre' ausgebaut. Cf. Wolfgang Eckart: *Geschichte der Medizin.* Berlin, Heidelberg, New York 1990, S. 143, 189f.

88 *(S. 22)* Von der „faulen Weltweisheit" ist bereits in der *Allgemeine[n] Naturgeschichte und Theorie des Himmels* aus dem Jahr 1755 die Rede. Sie trachtet danach, „[...] unter einer andächtigen Miene eine träge Unwissenheit zu verbergen [...]" (Ak I, 334_{22-23}). Näherhin manifestiert sich die angeprangerte Faulheit hier wie dort darin, das mühsame Geschäft einer wissenschaftlichen Standards genügenden Erklärung der jeweiligen Phänomene gar nicht erst in Angriff zu nehmen. Im kritischen Hauptwerk wird diese Kritik mittels der begrifflichen Opposition eines konstitutiven und regulativen Gebrauchs der Vernunft präsentiert und zum Lehrstück von der „faulen Vernunft" ausgebaut. *KrV* A 689ff./B 717ff.; cf. A 772f./B 800f.

89 *(S. 23)* Georg Ernst Stahl (1659–1734 [häufig, aber wohl unzutreffenderweise wird sein Geburtsjahr mit 1660 angegeben]) war Chemiker und Professor für Medizin in Halle und ab 1715 Leibarzt von Friedrich Wilhelm I. In der Chemie ist er u.a. als Mitbegründer der Phlogistontheorie hervorgetreten, in der Physiologie lehnte er die mechanischen Hypothesen Boerhaaves und Hoffmanns ab und bevorzugte als entschiedener Anhänger des Animismus, wie Kant es nennt, organische Explikationsmodelle. Stahl war ein außerordentlich fruchtbarer Schriftsteller. Seine auf einem Zusammenwirken von Fasern und Säften gegründete animistische Auffassung bezüglich des Körpers äußert er in seinem Werk *Theoria Medica Vera. Physiologiam et Pathologiam, tanquam Doctrinae Medicae Partes vere Contemplativas, e Naturae & Artis Veris Fundamentis, Intaminata Ratione, & inconcussa Experientia sistens.* Halle 1708. Dort setzt er sich S. 223–227 mit der „Animae Theoria Physico-Medicina" auseinander. Einen Kritiker von Rang fanden

Stahls Ansichten in Leibniz. Cf. *G.G. Leibnitii Animadversiones Circa Assertiones Theoriae Medicae verae Clar. Stahlii. Cum ejusdem Leibnitii ad Stahlianas observationes Responsibus.* In: Gottfried Wilhelm Leibniz: *Opera Omnia. Nunc primum collecta, in classes distributa, praefationibus et indicibus exornata, studio Ludovici Dutens.* Nachdruck der Ausgabe Genf 1768. Hildesheim, Zürich, New York 1989. Bd. II.1., S. 131–161. In der *Kritik der reinen Vernunft* zitiert Kant Stahl abermals an prominenter Stelle und bringt dessen chemische Experimente mit der Idee der Transzendentalphilosophie in Zusammenhang. Denn dadurch, daß „[...] *Stahl* Metalle in Kalk und diesen wiederum in Metall verwandelte, indem er ihnen etwas entzog und wiedergab; [...] ging allen Naturforschern ein Licht auf. Sie begriffen, daß die Vernunft nur das einsieht, was sie selbst nach ihrem Entwurfe hervorbringt [...]". *KrV*, Vorrede zur zweiten Auflage 1787, B XII f.; H.i.O.

90 *(S. 23)* Friedrich Hoffmann (1660–1742) war Mediziner und bekleidete bereits ab 1693 als erster Amtsinhaber die Professur für allgemeine Medizin und Physik an der ein Jahr später gegründeten Universität Halle. Er hatte am Ausbau der Universität entscheidenden Anteil und berief u. a. seinen ehemaligen Kommilitonen Georg Ernst Stahl, der späterhin zu seinem wissenschaftlichen Gegner wurde. Hoffmann vertrat eine „mechanische Arzneigelahrtheit", die ihm nicht nur Anhänger einbrachte und ihn insbesondere in scharfen Gegensatz zum Animismus Stahls setzte. Er faßte den Organismus als eine Art hydraulische Maschine auf und leitete aus dieser Sichtweise seine therapeutischen Maßnahmen ab (Hans-Heinz Eulner: Art.: „Hoffmann, Friedrich". In: *Neue Deutsche Biographie.* Hg. von der Historischen Kommission bei der Bayerischen Akademie der Wissenschaften. Bd. 9. Berlin 1972, S. 416–418). Seine Werke liegen gesammelt vor als *Opera Omnia Physico-Medica.* Denuo revisa, correcta et aucta. 6 Bde. Genf 1760 [[1]1740]. Das hier einschlägige Werk *De Philosophia Corporis Humani Vivi et Sani* ist abgedruckt in Bd. I der *Opera Omnia.* Hoffmanns mechanistischer Ansatz in der Medizin tritt gleich eingangs zu Tage, wenn er den Körper folgendermaßen definiert: „Machina est corpus, ex variis partibus, singulari artificis ingenio inter se unitis, constructum, eo consilio, ut certos ac ordinatos motus producat." A. a. O., § IX, S. 27.

91 *(S. 23)* Die Boerhaave von Kant zugeschriebene Verfahrensweise bringt der Titel seiner Rede vom 24. September 1703 *De Usu Ratioci-*

nii Mechanici in Medicina. Leiden 1703, prägnant zum Ausdruck. Zu Boerhaave cf. Erl. 83.

92 *(S. 23)* Mit den drei genannten Gelehrten Stahl, Hoffmann und Boerhaave hat Kant die Meinungen der „[…] drei großen ‚Systematiker‘ der Medizin des beginnenden 18. Jh.“ berücksichtigt. Eulner: Art.: „Hoffmann, Friedrich“, a. a. O., S. 417.

93 *(S. 23)* Die voranstehenden Darlegungen zeigen, daß Kant durchaus an den biologischen Fragen der Zeit interessiert und mit dem einschlägigen Schrifttum vertraut ist. Sie zeigen aber auch, wie sehr er noch dem leitenden Paradigma des mechanistischen Denkens verpflichtet ist. Denn er setzt trotz erkennbarer Sympathie für die Sichtweise Stahls der ‚organischen‘ Erklärungsart die ‚mechanische‘ entgegen und bevorzugt grundsätzlich deutlich die letztere, weil sie die philosophischere ist und deshalb ausschließlich in der Wissenschaft zugelassen werden sollte. Daß die lebensweltlichen Prozesse, wie sie in der Biologie und der Medizin thematisiert werden, einem grundsätzlich anderen biologisch-organischen Ablauf folgen, der mit dem herkömmlichen Paradigma der Wissenschaft nicht adäquat erfaßt werden kann, ahnt Kant, kann ihm aber nicht gerecht werden. In der Rektoratsrede *De Medicina Corporis, quae Philosophorum est* von 1786 oder 1788 greift er die Debatte um Animismus und Mechanismus in der Medizin wieder auf (Ak XV.2., 939–953). Zu den kontroversen Ansichten Hoffmanns und Stahls cf. bes. Ak XV.2., 943_{15-22}. Auch diese Passage läßt Sympathie für die „organische“ Sichtweise Stahls erkennen: „Philosophi est ad posterius [sc. Stahl, Hgg.] advertere mentem.“ Zu Kants Beschäftigung mit Fragen der Biologie cf. den von Ina Goy und Eric Watkins herausgegebenen Sammelband *Kant's Theory of Biology.* Berlin 2014 sowie John H. Zammito: *The Gestation of German Biology. Philosophy and Physiology from Stahl to Schelling.* Chicago 2018.

94 *(S. 23)* Damit ist im Kern die Position Swedenborgs bezeichnet, die dieser an vielen Stellen in seinen *Arcana Coelestia* vertritt. „Weil nun alles und jedes, was in der Welt und deren Natur ist, fortwährendt aus einem Früheren, als es selbst ist entsteht und besteht, so folgt, daß es entsteht und besteht aus einer Welt, die über der Natur ist und die geistige Welt heißt […]. […] so ist offenbar, daß alles Leben vom Herrn stammt, welcher das Erste des Lebens ist, und daß somit alles und jedes, was in der geistigen Welt ist, Ihm selbst entspricht, somit auch alles und jedes, was im Menschen ist […]“ (HG 4524, Bd. XV, S. 255). „[…] und

weil [die Stubengelehrten] am Himmel zweifeln, können sie auch nicht als Grundprinzip annehmen, daß das Einfließen durch den Himmel vom Herrn stattfinde, während doch dieses Einfließen alles, was in den drei Naturreichen, vornehmlich im Tierreich, und ganz besonders im Menschen besteht, hervorbringt [...]" (HG 4322, Bd. XV, S. 239). „Es findet auch ein Einfluß vom Herrn durch den Himmel in die Subjekte des Pflanzenreiches statt, z. B. in die Bäume jeder Gattung und in deren Fruchtentwicklungen und in Pflanzen verschiedener Gattung und deren Vermehrungen. Wenn nicht das Geistige vom Herrn inwendig fortwährend auf deren Grundformen, die in den Samen sind, einwirken würde, so würden sie gar nicht aufkeimen und wachsen in einer so wunderbaren Weise und Entwicklung" (HG 3648, Bd. XV, S. 205). – Bei der Auffindung der Belegstellen in den *Arcana Coelestia* erwies sich die Ausgabe Johnson/Magee trotz mancher Fehler und Ungenauigkeiten als hilfreich. Die dort gebotenen Angaben wurden überprüft, ggfs. korrigiert und ergänzt.

95 *(S. 23)* Swedenborg spricht an vielen Stellen über den nur vermeintlich realen Status von Raum und Zeit: „Ich sprach oft mit den Geistern über die Vorstellung des Ortes und der Entfernung bei ihnen, daß sie nämlich nichts Reales seien, sondern bloß ein Schein, als ob sie existierten, während sie doch nichts anderes sind, als Zustände ihres Denkens und Fühlens, die sich so verschieden gestalten. Und zwar stellen sie so sich sichtbar dar in der Geisterwelt, nicht so im Himmel bei den Engeln, da diese nicht in der Vorstellung des Ortes und der Zeit sind, sondern in der Vorstellung der Zustände. Aber die Geister, denen körperliche und irdische Vorstellungen ankleben, begreifen dies nicht, sie meinen, es sei ganz so, wie sie es sehen." HG 1376, Bd. XV, S. 69.

96 *(S. 24)* Kant hat schon früh die Auffassung vertreten, daß es Leben auf anderen Sternen gebe und daß „[...] die meisten unter den Planeten gewiß bewohnt [...]" sind (*Allgemeine Naturgeschichte*. Ak I, 354_{35-36} u.ö.). Kant glaubt sogar, Angaben über die auf den Planeten herrschende „*Vollkommenheit der Geisterwelt*" machen zu können, die in direkter Abhängigkeit der Himmelskörper von ihrer Nähe zur Sonne stehe (Ak I, 360_{23-29}; H.i.O.). Diese Position, daß es „[...] Bewohner anderer Welten gebe", behält Kant in der *Kritik der reinen Vernunft* bei (A 825/B 853). Auch Swedenborg sagt, daß es Leben auf anderen Himmelskörpern gebe, und legt diese Ansicht ausführlich dar. „Diese [Geister] sagten, es gebe nicht bloß in diesem (unserem)

Weltgebiet Erdkörper mit Menschen darauf, sondern auch im Universum, in unermeßlicher Anzahl." HG 6696, Bd. XV, S. 405. Cf. HG 6697ff.

97 *(S. 24)* Die Vorstellung eines lokalisierbaren Oben und Unten hinsichtlich von Himmel und Hölle lehnt auch Swedenborg ab. Für ihn ist „[...] der Himmel nicht in der Höhe, sondern im Innern [...]" (HG 1769, Bd. XV, S. 102). Der Himmel besteht nicht „[...] in der Höhe [...], sondern [ist] überall [...], wo jemand ist, der in der Liebe und Liebtätigkeit steht oder in dem Reich des Herrn ist [...]". HG 450, Bd. XV, S. 19.

98 *(S. 25)* Zu Swedenborgs Ansicht der Unerkennbarkeit der materiellen Welt für die Geister cf. die in Erl. 233 und 235 angeführten Zitate aus HG 1880.

99 *(S. 27)* Zum Thema „Pluralismus und allgemeine Menschenvernunft" cf. Anm. 84 der Einleitung.

100 *(S. 27)* Wiederholung von S. 26_{12-13}.

101 *(S. 27)* Die Unterscheidung von stärkeren und schwächeren Gesetzen auf dem Felde sittlichen Handelns zielt auf den unterschiedlich hohen Grade der Verpflichtung ab. Später wird Kant von ‚vollkommenen' und ‚unvollkommenen' (*Grundlegung zur Metaphysik der Sitten.* Ak IV, 421_{23}) bzw. von ‚engen' und ‚weiten' Pflichten (*Metaphysik der Sitten.* Ak VI, 410_{11}) sprechen.

102 *(S. 27)* Eine Anspielung auf die „volonté générale", die bei Jean-Jacques Rousseau (1712–1778) in ihrer politischen Ausdeutung im Zentrum des Gesellschaftsvertrages steht: „Ein jeglicher unter uns unterwirft seine Person, und alle seine Gewalt der höchsten Verfügung eines allgemeinen Willens [volonté générale]; und wir nehmen ein jegliches Mitglied in unsre Gemeinschaft als einen unzertrennlichen Theil des ganzen Cörpers" (*Der gesellschaftliche Vertrag, oder die Grundregeln des allgemeinen Staatsrechts, aus dem Französischen des Johann Jacob Roußeau, Bürgers zu Genf, in das Deutsche übersetzet, mit des Herrn Hofraths Geigers Anmerkungen.* Marburg 1763, S. 54). Rousseau hatte Mitte der 1760er Jahre erheblichen Einfluß auf Kant, den dieser in einer berühmten Formulierung in den *Bemerkungen zu den Beobachtungen über das Gefühl des Schönen und Erhabenen* selbst bezeugt: „Rousseau hat mich zurecht gebracht" (Ak XX, 044_{12-13}). Diese vermutlich in dem Zeitraum 1765–1775 niedergeschriebenen „Bemerkungen" zu der Abhandlung des Jahres 1764 sprechen immer wieder

von dem französischen Philosophen, dessen Porträt als einziges Bild Kants Haus schmückte. Zur Bedeutung Rousseaus für Kants philosophische Entwicklung cf. Klaus Reich: *Rousseau und Kant.* Tübingen 1936 [= Philosophie und Geschichte, Bd. 61]. Cf. hierzu auch Ernst Cassirer: *Rousseau, Kant, Goethe.* [[1]1924/1939/1944]. Hg. von Rainer A. Bast. Hamburg 1991.

103 *(S. 27)* Der Begriff des ‚moralischen' oder, wie Kant in den *Träumen* sagt, des ‚sittlichen' Gefühls taucht erstmals in der „Preisschrift" von 1762/64 auf und weist auf die zu dieser Zeit stattfindende Beschäftigung Kants mit den britischen Philosophen des Moral Sense zurück, besonders auf Francis Hutcheson (1694–1747), den er hier namentlich erwähnt (Ak II, 300_{23}), daneben aber auch auf Shaftesbury und David Hume, wie er in der Vorlesungsankündigung für 1765/66 ergänzt (Ak II, 311_{26}). Hutchesons einschlägige Werke waren kurz zuvor ins Deutsche übersetzt worden, u. a. von Gotthold Ephraim Lessing (*Sittenlehre der Vernunft.* 2 Bde. Leipzig 1756). Unter Kants Büchern befanden sich die *Untersuchung unsrer Begriffe von Schönheit und Tugend in zwo Abhandlungen.* Aus dem Englischen übersetzt [von Johann Heinrich Merck]. Frankfurt und Leipzig 1762, sowie die *Abhandlungen über die Natur und Beherrschung der Leidenschaften und Neigungen und über das moralische Gefühl insonderheit.* Aus dem Englischen [von Johann Gottfried Gellius?]. Leipzig 1760 (Warda: *Immanuel Kants Bücher*, a. a. O., S. 50, Nr. 59, 58). Die durch die Verbindung mit der „volonté générale" geforderte Allgemeingültigkeit des moralischen Gefühls spricht Kant gleich in der „Preisschrift" an: „Man hat es nämlich in unsern Tagen allererst einzusehen angefangen: daß das Vermögen, das *Wahre* vorzustellen, die *Erkenntniß*, dasjenige aber, das *Gute* zu empfinden, das *Gefühl* sei [...]. Gleichwie es nun unzergliederliche Begriffe des Wahren [...] giebt, also giebt es auch ein unauflösliches Gefühl des Guten [...]". Gebietet das moralische Gefühl eine bestimmte Handlung, „[...] so ist die Nothwendigkeit dieser Handlung ein unerweislicher materialer Grundsatz der Verbindlichkeit" (Ak II, 299_{19-25}; 299_{37}-300_{02}; H.i.O.). Cf. auch *Beobachtungen über das Gefühl des Schönen und Erhabenen*: „Demnach kann wahre Tugend nur auf Grundsätze gepropft werden, welche, je allgemeiner sie sind, desto erhabener und edler wird sie. Diese Grundsätze sind [...] das Bewußtsein eines Gefühls, das in jedem menschlichen Busen lebt [...]" (Ak II, 217_{11-14}). In der Schriftengruppe der Jahre 1762–

65 kommt der Begriff ‚moralisches Gefühl' wiederholt vor. Z.B.: Ak II, 183_{07}, 222_{14}, 230_{33}, 237_{04}, 238_{09}, 241_{17}, in den *Träumen* in diesem Absatz noch ein weiteres Mal (als ‚sittliches Gefühl'). Das „sittliche Gefühl" tritt in der kritischen Ethik als das „Gefühl der Achtung fürs moralische Gesetz" auf. *Kritik der praktischen Vernunft.* Ak V, 075_{17f}.

104 *(S. 28)* Kant bezieht sich hauptsächlich auf das „Scholion Generale", das sich am Ende von Newtons Hauptwerk findet. „Hactenus Phaenomena coelorum & maris nostri per Vim gravitatis exposui, sed causam Gravitatis nondum assignavi. [...] Rationem vero harum Gravitatis proprietarum ex Phaenomenis nondum potui deducere, & Hypotheses non fingo. Quicquid enim ex Phaenomenis non deducitur, *Hypothesis* vocanda est; & Hypotheses seu Metaphysicae, seu Physicae, seu Qualitatum occultarum, seu Mechanicae, in *Philosophia Experimentali* locum non habent. [...] Et satis est quod Gravitas revera existat, et agat secundum leges a nobis expositas [...]" (*Philosophiae Naturalis Principia Mathematica*, a.a.O., S. 483f.; H.i.O.). In der modernen englischen Übersetzung lauten diese Passagen: „Thus far I have explained the phenomena of the heavens and of our sea by the force of gravity, but I have not assigned a cause to gravity. [...] I have not as yet been able to deduce from phenomena the reason for these properties of gravity, and I do not feign hypotheses. For whatever is not deduced from the phenomena must be called a hypothesis; and hypotheses, whether metaphysical or physical, or based on occult qualities, or mechanical, have no place in experimental philosophy. [...] And it is enough that gravity really exists and acts according to the laws we have set forth [...]". *The Principia*, a.a.O., S. 943.

105 *(S. 28)* Der Privatwille, wie Kant den Rousseauschen Ausdruck „volonté particulière" hier nennt, ist der Komplementärbegriff zum allgemeinen Willen, der „volonté générale". „[...] weil der besondere Wille [volonté particulière] einzelner Menschen immer auf einen Vorzug vor andren, der allgemeine Wille [volonté générale] aber auf die Gleichheit gehet." *Der gesellschaftliche Vertrag*, a.a.O., S. 92.

106 *(S. 28)* Lewis White Beck weist in seinem Kommentar zu Kants zweiter Kritik darauf hin, daß Kant die Analogie zwischen Newtons Auffindung des Gravitationsgesetzes und den moralphilosophischen Entdeckungen Rousseaus als ordnungsstiftenden Prinzipien in der physischen Welt einerseits und der moralischen Welt andererseits

mehrmals in seinem Werk betont. So auch *Träume* S. 29_{14-19}. Cf. ferner die „Tugendlehre" der *Metaphysik der Sitten* § 24 (Ak VI, 442) und das *Opus Postumum* (Ak XXI, 035_{04-06}). *A Commentary on Kant's Critique of Practical Reason.* Chicago, London 1960, S. 159, Fn. 68.

107 *(S. 28)* „gegen sie" im Sinne von „ihnen gegenüber".

108 *(S. 28)* Kant gibt eine Selbstdeutung dieser Überlegung im Brief an Mendelssohn vom 8. April 1766, die in eine andere Richtung zielt: „[...] mein Versuch von der Analogie eines wirklichen sittlichen Einflusses der geistigen Naturen mit der allgemeinen Gravitation ist eigentlich nicht eine ernstliche Meinung von mir sondern ein Beyspiel wie weit man und zwar ungehindert in philosophischen Erdichtungen fortgehen kann, wo die data fehlen [...]". Cf. Beilage B.3, S. 96.

109 *(S. 30)* Die Klage über die fehlende Proportionalität zwischen Tugendhaftigkeit und Glückseligkeit ist sehr alt. Sie wird wird schon von David im Alten Testament erhoben: „Sihe / das sind die Gottlosen / Die sind glückselig in der Welt / vnd werden Reich. SOls denn vmb sonst sein / das mein Hertz vnstrefflich lebt / Vnd ich meine Hende in vnschuld wasche? Vnd bin geplagt teglich / Vnd meine Straffe ist alle morgen da?" Ps 73,12-14. D. Martin Luther: *Biblia. Das ist die gantze Heilige Schrifft. Deudsch auffs new zugericht.* Wittenberg 1545. 3 Bde. Reprint. Hg. von Hans Volz unter Mitarbeit von Heinz Blanke. Textredaktion Friedrich Kur. München 1974. Bd. 2, S. 1028. Nach dieser Ausgabe werden Stellen aus der Bibel künftig zitiert.

110 *(S. 30)* Dies ist ein Bekenntnis zur Physikotheologie, die Kant in der zweiten Abteilung seiner Schrift über den *Einzig mögliche[n] Beweisgrund* von 1762/63 eingehend behandelt hatte. Dort waren zunächst die Schwächen der herkömmlichen Physikotheologie aufgedeckt worden (II.v.). Sodann wurde die „Verbesserte Methode der Physikotheologie" präsentiert (II.vi.).

111 *(S. 30)* Die Formulierung „nach der Regel der Analogie gemäß der Naturordnung" erinnert an Joseph Butlers Werk *The Analogy of Religion*, das 1736 erstmals erschienen war und bis zum Ende des 18. Jahrhunderts schon weit über zehn Auflagen erlebt hatte. Ob Kant das Werk kannte, ist jedoch fraglich. Manifeste Spuren hat es in seinen Schriften nicht hinterlassen, und auf direktem Wege wird er es kaum zur Kenntnis genommen haben, denn eine deutsche Übersetzung erschien erst 1787 in Dresden. Aber es ist gut möglich, daß er aus einer sekundären Quelle über den Inhalt informiert war. Butler setzt das

Analogieprinzip ebenfalls in religionsphilosophischem Kontext ein und will mit ihm den Deismus bekämpfen. Er hält es für legitim, „[...] to join abstract reasonings with the observation of facts, and argue from such facts as are known, to others that are like them [...]". *The Analogy of Religion, Natural and Revealed, to the Constitution and Course of Nature.[...].* A new edition, corrected. London 1791, Introd., S. 7. Hume hat den Analogieschluß in seiner Kritik an der Physikotheologie bekanntlich als unhaltbar erwiesen. Cf. dessen *Philosophische Versuche über die Menschliche Erkenntniß*, „Eilfter Versuch. Von einer besonderen Fürsehung und von einem künftigen Lebenszustande", a. a. O., S. 302–332. Kant war mit diesem Werk Humes vertraut, wie wir oben bereits festgestellt haben (cf. Erl. 44), und hat Argumente aus diesem Abschnitt der ersten *Enquiry* in der Prüfung der Gottesbeweise in seiner Abhandlung über den *Einzig möglichen Beweisgrund* verwertet, die er etwa drei Jahre vor Niederschrift der *Träume* verfaßt hatte. Es überrascht insofern, daß er hier an dem Analogieschluß nichts auszusetzen hat und ihn vielmehr empfiehlt. Cf. dazu die Anmerkungen 215 und 344 in der historisch-kritischen Edition dieser Abhandlung Kants, a. a. O., S. 212, 252–254.

112 *(S. 31)* „Und demnach ist der Schlaf in Ansehung der Seele ein Zustand dunckeler und undeutlicher Empfindungen" (Wolff: „Deutsche Metaphysik". GW I.2, § 795, S. 496). Ebenso ebd., § 805, S. 499: „Weil nun der Schlaf ein Zustand dunckeler Empfindungen oder Vorstellungen ist [...]". Cf. auch die „Anmerkungen zur Deutschen Metaphysik": „Der Unterschied zwischen dem Zustande deutlicher und dunckeler Gedancken wird zu dem Ende untersucht, damit wir Wachen und Schlaffen in Ansehung der Seele deutlich erklären können" (§ 62 ad § 212, 213; GW I.3, S. 131). Ähnlich heißt es bei Baumgarten: „Der Zustand dunkler äußerer Empfindungen [...] ist der SCHLAF [...]" (*Metaphysica/Metaphysik*, § 556, a. a. O., S. 295). Im Teil der Empirischen Psychologie seiner *Elementa Metaphysices* liest man bei Darjes kurz und knapp: „Si non cogito, *viuo in statu perceptionum obscurarum*" (§ 26, a. a. O., Bd. II, S. 20; H.i.O.).

113 *(S. 32)* Diese Überlegung hat Kant aus der „Preisschrift" von 1762/64 übernommen. Dort lautet sie: „Die mehrste Philosophen führen als ein Exempel dunkler Begriffe diejenige an, die wir im tiefen Schlafe haben mögen. *Dunkle* Vorstellungen sind diejenigen, deren man sich nicht bewußt ist. Nun zeigen einige Erfahrungen, daß wir auch

im tiefen Schlafe Vorstellungen haben, und da wir uns deren nicht bewußt sind, so sind sie dunkel gewesen. Hier ist nun das *Bewußtsein* von zwiefacher Bedeutung. Man ist sich entweder einer Vorstellung nicht bewußt, daß man sie habe, oder, daß man sie gehabt habe. Das erstere bezeichnet die Dunkelheit der Vorstellung, so wie sie in der Seele ist; das zweite zeigt weiter nichts an, als daß man sich ihrer nicht erinnere. Nun giebt die angeführte Instanz lediglich zu erkennen, daß es Vorstellungen geben könne, deren man sich im Wachen nicht erinnert, woraus aber gar nicht folgt, daß sie im Schlafe nicht sollten mit Bewußtsein klar gewesen sein; wie [...] bei den gemeinen Handlungen der Schlafwanderer." Durch voreiliges Schließen werde, so Kant dort weiter, „[...] in diesem Falle ein vermuthlich großes Geheimniß der Natur mit Achtlosigkeit übergangen: nämlich daß vielleicht im tiefsten Schlafe die größte Fertigkeit der Seele im vernünftigen Denken möge ausgeübt werden; denn man hat keinen andern Grund zum Gegentheil, als daß man dessen sich im Wachen nicht erinnert, welcher Grund aber nichts beweist" (Ak II, 289_{36}-290_{21}; H.i.O.).

114 *(S. 33)* ‚Vergesellschaftete Vorstellungen' spielen in der Empirischen Psychologie Baumgartens eine bedeutende Rolle. Sie sind dort definiert als solche „Vorstellungen, die zusammen mit einer anderen Teile desselben Ganzen sind [...]" (*Metaphysica/Metaphysik*, § 516, a.a.O., S. 275; cf. §§ 565, 567, 568, 572, 573, 582, 583, 584, 585, 599, 601, 602, 603, 606, 612, 614, 620, 622, 637, 638). Wolff hatte das Konstrukt der Vergesellschaftung verwendet, um den mentalen Prozessen leibliche Korrelate zusprechen zu können (cf. die in Erl. 55 [zu ‚ideae materiales'] angeführte Stelle aus seiner „Deutschen Metaphysik", § 812). Baumgarten knüpft hieran an und weist den vergesellschafteten Vorstellungen weitere Aufgaben zu, darunter die Ermöglichung der Wiedererinnerung (*Metaphysica/Metaphysik*, §§ 582 f., a.a.O., S. 306 f./308 f.) und des Vorhervermutens (ebd., § 612, a.a.O., S. 324/325). Die mit ihnen auf Grund ihrer Konkomitanz ermöglichten epistemischen Transferleistungen thematisiert Baumgarten in § 620, der hier die Vorlage für Kant sein dürfte. Er spricht dort folgendes „Gesetz" an: „*Von vergesellschafteten Vorstellungen wird die eine das Mittel, die Existenz der anderen zu erkennen*" (a.a.O., S. 327; H.i.O.). Auch Kants Bezeichnung derartiger „analogische[r] Vorstellungen" als „Symbole" bewegt sich ganz im Sprachgebrauch Baumgartens (cf. *Metaphysica/Metaphysik*, § 350, a.a.O., S. 192/193). Im Falle, daß das Zei-

chen in einer Vorstellung das mit ihm Bezeichnete dominiert, spricht Baumgarten im § 620 von „symbolischer Erkenntnis“, die auch Kant vorliegend meint.

115 *(S. 33)* Leibniz hat seine Monadenlehre hauptsächlich in zwei Schriften niedergelegt, in der im Sommer 1714 verfaßten sog. „Monadologie“ sowie in den *Principes de la Nature et de la Grâce, fondés en Raison* aus demselben Jahr. Die „Monadologie“ wurde bereits im 18. Jahrhundert ins Deutsche übersetzt und publiziert; cf. Erl. 75. Die Monaden sind für Leibniz einfache Substanzen, die es geben muß, weil es das Zusammengesetzte gibt. Ihre wesentlichen Eigenschaften sind ihre Immaterialität und Ausdehnungslosigkeit. Sie sind metaphysische Punkte, dynamische Kraftzentren und auf natürliche Weise weder erzeugbar noch zerstörbar. Monaden sind ferner „fensterlos“, d. h. sie gestatten keine äußere Einwirkung. Sie sind ein Spiegel des gesamten Universums sowohl hinsichtlich seiner Vergangenheit wie seiner Zukunft. Nur organische Wesen stellen monadische Einheiten dar, nicht aber Körper, die Leibniz als bloße Aggregate (‚Phaenomena‘) bezeichnet. – Daß die Monaden als „kleine Klümpchen“, also als etwas Materielles vorgestellt werden müssen, ist ein schon frühzeitig geäußerter Standardvorwurf gegen die Monadenlehre Leibnizens, der sich auf die Unausgedehntheit der Monaden stützt.

116 *(S. 34)* Zu Swedenborgs Ausführungen über Art und Weise der Kommunikation der Geister untereinander und mit den Menschen cf. die in Erl. 232 gebotenen Zitate aus den *Arcana Coelestia*.

117 *(S. 34)* Cf. hierzu die in Erl. 21 zitierte Stelle aus Lockes *Essay*. [Manolesco]

118 *(S. 34)* „[…] muß man sich vorstellen, daß die Figur, die der äußere Sinn [sensus externus] empfängt, indem er von dem Objekt verändert wird, an einen anderen Teil des Körpers übertragen wird, der Gemeinsinn [sensus communis] heißt […]“ (Descartes: *Regulae ad Directionem Ingenii. Regeln zur Ausrichtung der Erkenntniskraft.* Kritisch revidiert, übersetzt und hg. von Heinrich Springmeyer, Lüder Gäbe, Hans Günter Zekl. Hamburg 1973, S. 79. [Manolesco]. Cf. dort auch Regel XII. 8–10 sowie die Erl. 55 zu den ‚ideae materiales‘.

119 *(S. 35)* Kant verwendet in den *Träumen* die Ausdrücke ‚Hirngespenst‘ und ‚Hirngespinst‘ offenbar unterschiedslos nebeneinander. Der erstgenannte Begriff findet viermal Verwendung, in dem zeitnah verfaßten *Versuch über die Krankheiten des Kopfes* zweimal (Ak II,

263_{13}; 264_{37}). Kant bevorzugt deutlich den Begriff ‚Hirngespinst' sowohl hier mit sieben Okkurrenzen als auch im übrigen Werk ab 1781. In den frühen Schriften gibt es vier weitere Okkurrenzen: *Allgemeine Naturgeschichte und Theorie des Himmels* (Ak I, 315_{31}), *Fortgesetzte Betrachtungen der seit einiger Zeit wahrgenommenen Erderschütterungen* (Ak I, 465_{27}), *Entwurf und Ankündigung eines Collegii der physischen Geographie* (Ak II, 003_{07}), *Der einzig mögliche Beweisgrund zu einer Demonstration des Daseins Gottes* (a. a. O., S. 135_{27}). Der Ausdruck ‚Hirngespenst' kommt später je einmal in der *Kritik der praktischen Vernunft* (Ak V, 141_{12}) sowie in der *Anthropologie in pragmatischer Hinsicht* (Ak VII, 187_{06}) vor. Das Grimmsche *Deutsche Wörterbuch* merkt an, daß „[...] vornehmlich Kant und Wieland [hirngespenst] umdeutend für das ältere und berechtigte hirngespinnst, zum theil neben diesem [schrieben]". A. a. O., Bd. 10, Sp. 1560.

120 *(S. 35)* Einzige Belegstelle für ‚übelgepaart' in Kants Werk.

121 *(S. 35)* Für die Lesart ‚vorgaukeln' spricht, daß dieser Ausdruck in einer parallelen Formulierung S. 44_{12} vorkommt und ‚vergaukeln' bei Kant sonst nicht belegt ist. Für die letztgenannte Lesart spricht, daß vier deutschsprachige Editionen sich für dieselbe entscheiden. Zudem gibt es einen eigenen Eintrag ‚vergaukeln' in Grimms *Deutsche[m] Wörterbuch*, a. a. O., Bd. 25, Sp. 380. Freilich wäre in dem Falle, daß ‚vergaukeln' die richtige Lesart wäre, eher der Akkusativ ‚die betrogenen Sinne' zu erwarten.

122 *(S. 36)* Kant schreibt den Namen des blinden Sehers in der latinisierten Form als Tiresias. – In der Mythologie werden verschiedene Gründe für dessen Erblinden genannt. Kant bezieht sich auf die bei Ovid: *Metamorphosen* III, 316–338, gegebene Schilderung. Teiresias hatte in seiner Jugend zweimal das Geschlecht gewechselt und erschien deshalb als kundiger Schiedsrichter in dem zwischen Juno und Jupiter entbrannten Streit, ob Männer oder Frauen größere Lust beim Beischlaf empfinden. Teiresias gab zur Auskunft, daß die weibliche Lust neunmal so groß sei wie die männliche. Das erboste Juno, und sie schlug Teiresias mit Blindheit. Jupiter, und nicht Juno, wie Kant es darstellt, milderte die Strafe ab, indem er Teiresias für das verlorene Augenlicht die Sehergabe verlieh. Angesichts des delikaten Hintergrunds kommt die Pointe der Geschichte infolge der Fehlzuschreibung Kants nicht zur Geltung. Cf. auch den Artikel „Tiresias" in: Johann Heinrich Zedler: *Grosses vollständiges Universal-Lexicon aller Wissenschafften und Künste.* Bd. 44,

Leipzig und Halle 1745, Sp. 386f. Dort ist die Episode zutreffend wiedergegeben.

123 *(S. 36)* Tycho de Brahe (1546–1601) war ein bedeutender Astronom und Wegbereiter Johann Keplers. Die von Kant angeführte Anekdote findet sich im Anschluß an Kants *Träume* gelegentlich zitiert, so z. B. auch bei Justus Christian Hennings: *Geschichte von den Seelen der Menschen und Thiere. Pragmatisch entworfen.* Halle 1774, § 1, S. 4; ebenfalls in der von August Wilhelm Leopold Rahmel stammenden anonym publizierten Abhandlung *Ueber die Schwärmerey unserer Zeiten, von dem Verfasser der Schrift: Ueber den Dienst: geschrieben im Monde, nachdem der Verfasser auf einer Aerostatischen Maschine in dieses kalte Reich, wo, wie bekannt, die unserm Erdboden entflogene Vernunft in gläsernen Flaschen aufbewahrt wird, glücklich angekommen war.* O.O. 1784, S. 38, Fn. Walford/Meerbote geben an, Kant sei die einzige Quelle für diese Variante der Anekdote, die eine Vorlage bei Platon (*Theaitetos* 174a) hat. Dort berichtet Platon über eine thrakische Magd, die Thales, als er während des Gehens die Sterne betrachtete und dabei in einen Brunnen gefallen war, mit den Worten verspottete: „[...] daß er, was am Himmel wäre, wohl strebte zu erfahren, was aber vor ihm läge und zu seinen Füßen, ihm unbekannt bliebe" (In: Platon: *Werke in acht Bänden.* Griechisch und Deutsch. Hg. von Gunther Eigler. Bd. VI. Bearbeitet von Peter Staudacher. Griechischer Text von Auguste Diès. Deutsche Übersetzung von Friedrich Schleiermacher. Darmstadt 1990, S. 101). Walford/Meerbote weisen auf Varianten dieser Anekdote in der Kant vorausliegenden Literatur hin.

124 *(S. 37)* Das Wort ‚Kabbala' bedeutet ursprünglich soviel wie ‚Überlieferung', meint aber bei den Rabbinern und einigen christlichen Gelehrten des Mittelalters eine okkulte theosophische Lehre. „Insonderheit aber verstehen sie [sc. die Juden, Hgg.] dadurch eine verborgene Lehre von denen grösten göttl.[ichen] Geheimnissen [...]. Doch wird von denen meisten alles auf das allerdunckelste vorgetragen [...]. Auch haben sich unter denen Christen einige dieser Lehre zu Bestätigung ihrer Religion bedienen wollen [...]" (Art.: „Cabala, Cabbala, Cabalistae" in Zedlers *Grosse[m] vollständige[n] Universal-Lexicon*, a. a. O., Bd. 5, Leipzig und Halle 1733, Sp. 6). Im Verlauf der Geschichte kommt es zu einer Ausdifferenzierung der Kabbala in eine theoretische bzw. spekulative einerseits und eine praktische bzw. theurgische oder symbolische andererseits. Ihre Anhänger waren auf eine

umfassende Erklärung der Welt, ihrer Entstehung, der ihr zugrundeliegenden Kräfte sowie des göttlichen Wirkens aus. Hinter jedem Satz, Wort, Buchstaben und jeder Zahl der heiligen Schriften vermuteten sie einen verborgenen Sinn, den es durch Kontemplation und Intuition zu eruieren galt. Sie stützten sich dabei auf okkulte Phänomene und Praktiken und gerieten so in der Neuzeit in zunehmend stärkeren Gegensatz zum rational geprägten Zeitgeist. Infolgedessen wurde die Kabbala schließlich zum Inbegriff hermetischer, okkulter Lehren, die mit dem Ideal vernunftgeleiteter Weltsicht unvereinbar und insofern diskreditiert waren.

125 *(S. 37)* Das Aristoteles zugeschriebene Zitat stammt in Wirklichkeit von Heraklit. Fragment B 89 lautet: „Die Wachenden haben eine einzige und gemeiname Welt, doch im Schlummer wendet sich jeder von dieser ab in seine eigene" (*Die Fragmente der Vorsokratiker.* Griechisch und Deutsch von Hermann Diels. Sechste verbesserte Aufl. hg. von Walther Kranz. Bd. I. Berlin 1951, S. 171). Als mögliche Quelle Kants wird gelegentlich auf Plutarchs *De Superstitione* hingewiesen, wo dieses Fragment des Heraklit zitiert wird (Plutarch: *Über den Aberglauben.* In: *Drei religionsphilosophische Schriften. Über den Aberglauben. Über die späte Strafe der Gottheit. Über Isis und Osiris.* Griechisch-Deutsch. Übersetzt und hg. von Herwig Görgemanns unter Mitarbeit von Reinhard Feldmeier und Jan Assmann. Düsseldorf ^{2}2009, S. 14/15). Das ist denkbar, aber nicht zwingend. Denn Plutarch führt es ausdrücklich auf Heraklit – und also nicht auf Aristoteles – zurück. Es ist daher gut möglich, daß Kant es samt der falschen Zuschreibung einer sekundären Quelle entnommen hat. Kant zitiert das Fragment abermals als Ausspruch des Aristoteles in der *Menschenkunde/Anthropologie Petersburg* [= *Menschenkunde Starke*] vom Wintersemester 1781/82 [?] (Ak XXV.2., 1005_{18-19}) und – ohne Zuschreibung an einen bestimmten Philosophen – in § 37 der *Anthropologie in pragmatischer Hinsicht* (Ak VII, 190_{01-02}). Leicht modifiziert findet es sich, wiederum ohne Quellenangabe, in der Refl. 394 (Ak XV.1., 158_{02-03}). Zur Verwechslung des Namens tragen Courtès in seinen Erläuterungen der *Träume* (S. 147) und Reinhardt Brandt in seinem *Kritische[n] Kommentar zu Kants Anthropologie in pragmatischer Hinsicht (1798).* Hamburg 1999, S. 190f. [= Kant Forschungen, Bd. 10] unterschiedliche Mutmaßungen vor, von denen jedoch keine zu überzeugen vermag. Möglicherweise ist diese falsche Zuschreibung ebenso wie der Irrtum in der Angabe

des Auslösers der Erblindung des Teiresias (I.ii.15.) auf die turbulente Entstehungsgeschichte der *Träume* zurückzuführen.

126 *(S. 37)* Den Ausdruck ‚Luftbaumeister' verwendet Kant bereits in den frühen Notaten zu Baumgartens *Metaphysica.* Er dient ihm dort zur Bezeichnung von Leuten, bei denen eine Diskrepanz zwischen den Produkten ihrer Einbildungskraft und ihren Empfindungen besteht. Insofern kann der Ausdruck als ein früher philosophischer ‚Kampfbegriff' bezeichnet werden. Cf. N 571g sowie N 592g (Kant: *Neue Reflexionen*, a. a. O., S. 206, 218). Bei der Demontage der herkömmlichen Metaphysik findet der Terminus trotz seiner Anschaulichkeit keine Verwendung; außer an dieser Stelle kommt er nur noch ein weiteres Mal in ebenfalls diskreditierender Absicht bei Kant in der Refl. 94 (Ak XIV, $579_{04\text{-}05}$) vor. Ein weiterer Beleg findet sich in der frühen *Metaphysik Herder.* Ak XXVIII.1., $143_{22\text{-}23}$.

127 *(S. 37)* Das ist ein sehr allgemein gehaltener Vorwurf, der die Philosophie Christian Wolffs (1679–1754) insgesamt treffen soll, hauptsächlich aber auf seine theoretische Philosophie gemünzt ist. Wolff hatte seine Metaphysik zunächst 1720 in deutscher Sprache unter dem Titel *Vernünfftige Gedancken von Gott, der Welt und der Seele des Menschen, auch allen Dingen überhaupt* vorgelegt. In der ab 1728 publizierten lateinischen Werkreihe waren aus den knapp 700 Oktavseiten dieses Werkes sieben Quartbände mit einem Vielfachen des ursprünglichen Umfangs geworden. Kant hält der Philosophie Wolffs also ihre Empirieferne vor und gibt dadurch zu erkennen, welchen Wert er dem Erfahrungswissen innerhalb der Philosophie zubilligt. Der Umstand, daß Kant denselben Vorwurf sogleich gegen Christian August Crusius (1715–1775) erhebt, der in Leipzig lehrte und der einzige ernsthafte Gegner Wolffs war, ist bezeichnend für seine frühe Auseinandersetzung mit der Metaphysik und ihren exponierten zeitgenössischen Vertretern. Denn es sind neben Alexander Gottlieb Baumgarten (1714–1762) und Joachim Georg Daries (1714–1791) in der Hauptsache stets diese beiden Philosophen, mit denen er sich in seinen frühen Jahren auseinandersetzt; so in der *Nova Dilucidatio* des Jahres 1755 und der Schrift *Der einzig mögliche Beweisgrund zu einer Demonstration des Daseins Gottes* von 1762/63. Das trifft auch auf seine frühen Notate zu Baumgartens *Metaphysica* zu, die dem Zeitraum von 1756/57 entstammen. Cf. N nd4, N 7ü, N 7n, N 9u, N 14ü, N 743g. Kant: *Neue Reflexionen*, a. a. O., S. 22 f., 27, 32, 33, 291.

128 *(S. 37)* Das metaphysische Hauptwerk von Crusius ist der *Entwurf der nothwendigen Vernunft-Wahrheiten.* „Was nun erstlich das *Kennzeichen eines möglichen Dinges* anlanget: So bestehet dasselbe vermöge des Begriffs darinnen, *wenn sich etwas denken läßt*" (§ 12, a. a. O., S. 22; H.i.O.). „Nichts ist so schlechterdings unmöglich zu denken, als dasjenige, was sich selbst widerspricht. Es lassen sich alsdenn nicht nur die einander selbst widersprechenden Gedanken nicht in einen Begriff verbinden, sondern es läßt sich auch überhaupt kein Verstand denken, welcher sich selbst widersprechende Dinge als wahr denken könne" (§ 13, a. a. O., S. 23). „Nun ist weiter die Frage, wie ferne man dasjenige, was sich nicht denken läßt, ungeachtet es auch nichts sich selbst widersprechendes in sich hält, für ein mögliches oder wirkliches Ding halten könne, oder nicht" (§ 14, a. a. O., S. 24). „Nemlich *unmöglich* ist, worzu keine Ursache vorhanden ist, noch seyn wird, welche das, was man denket, oder zu denken einen Versuch thut, machen kan. Das *Kennzeichen der Unmöglichkeit* ist, wenn von dem, was etwan dem ersten Anblicke nach etwas zu seyn schiene, bei fortgesetztem Nachdenken nicht die geringste Gedanke übrig bleibt" (§ 58, a. a. O., S. 104; H.i.O.). Cf. ferner § 31, a. a. O., S. 50; § 33, a. a. O., S. 53; § 206, a. a. O., S. 359. Zum Einfluß von Crusius auf Kant cf. Christian Kanzian: *Kant und Crusius um 1763.* Kant-Studien 83 (1993), S. 399–407, ferner Raffaele Ciafardone: *Sul rapporto Kant-Crusius.* Il Pensiero 12 (1967), S. 86–104, und Reinhard Finster: *Spontaneität, Freiheit und unbedingte Kausalität bei Leibniz, Crusius und Kant.* Studia Leibnitiana 14 (1982), S. 266–277.

129 *(S. 37)* Die Metaphorik von ‚träumen' und ‚wachen' durchzieht die gesamte Abhandlung Kants; etwa 20 Belege lassen sich für jeden dieser Begriffe aufweisen. Auch mit dieser Begrifflichkeit weisen die *Träume* auf die kritische Philosophie Kants voraus. Denn sowohl bei der Betonung der Rolle Humes als auch der Antinomie für die Entwicklung der Transzendentalphilosophie verwendet Kant Ausdrücke dieser beiden Wortfelder. Hume war es, so sagt er in den *Prolegomena*, der ihm „[...] zuerst den dogmatischen Schlummer unterbrach und meinen Untersuchungen im Felde der speculativen Philosophie eine ganz andre Richtung gab" (Ak IV, $260_{07\text{-}09}$). Und dem Brief an Christian Garve vom 21. September 1798 zufolge war es die Antinomie der reinen Vernunft, „[...] welche mich aus dem dogmatischen Schlummer zuerst aufweckte und zur Critik der Vernunft selbst hintrieb [...]" (Ak XII, 257_{37}-258_{02}). Weitere Belege der Verwendung dieser Begrifflichkeit

sind angeführt bei Kreimendahl: *Kant. Der der Durchbruch von 1769*, a.a.O., Einleitung, S. 9–13.

130 *(S. 37)* Cf. Erl. 99.

131 *(S. 37)* D.h. die Mathematiker. Die in der Mathematik erreichbare Evidenz galt den Philosophen als vorbildlich. Sie versuchten deshalb – wie bereits Descartes, Spinoza und auch Wolff –, die Gewißheit verbürgende mathematische oder geometrische Methode von den spezifischen Inhalten dieser Disziplin abzulösen und auf Themen der Philosophie zu übertragen, um diesen die gleiche unbezweifelbare Gewißheit zu verschaffen, welche die Mathematik auszeichnet. Die offensichtliche Diskrepanz zwischen der in der Mathematik seit je anzutreffenden Evidenz und dem „ewigen Unbestand der Meinungen und Schulsecten" (Ak II, $275_{06\text{-}07}$) innerhalb der Philosophie hatte Kant in der kurz zuvor verfaßten „Preisschrift" von 1762/64 *Untersuchung über die Deutlichkeit der Grundsätze der natürlichen Theologie und der Moral* zum Thema gemacht. Cf. *Nachricht von der Einrichtung seiner Vorlesungen in dem Winterhalbenjahre von 1765–1766*. Ak II, 307.

132 *(S. 38)* Diese Konsolidierung der Metaphysik erwartet Kant, wie seine Korrespondenz aus der Mitte der 1760er Jahre zeigt, von den Arbeiten Johann Heinrich Lamberts (1728–1777) und Moses Mendelssohns (1729–1786), am ehesten aber von seinen eigenen Bemühungen. Auf diese spielt er hier an. Denn in der genannten „Preisschrift" von 1762/64 hatte er die mathematische Methode als ungeeignet erwiesen und ein eigenes Verfahren skizziert, das die „zerstöhrende Uneinigkeit der vermeinten Philosophen" beenden sollte (Brief an Lambert vom 31. Dezember 1765. Ak X, 055_{37}-056_{01}). Zu den methodologischen Überlegungen der „Preisschrift" cf. Kreimendahl: *Kant. Der Durchbruch von 1769*, § 13, a.a.O., S. 106–112.

133 *(S. 38)* Ein weiteres hapax legomenon bei Kant.

134 *(S. 40)* Bei Grimm: *Deutsches Wörterbuch*, a.a.O., Bd. 16, Sp. 160, ist der „Sehpunct" bezeichnet als *„derjenige punkt, auf welchen man sieht, sein augenmerk richtet"*. Das Werk führt die vorliegende Stelle als ersten Beleg für die Verwendung dieses Ausdrucks an.

135 *(S. 40)* Walford/Meerbote weisen hin auf Isaac Newton: *Optice: Sive de Reflexionibus, Refractionibus, Inflexionibus et Coloribus Lucis, Libri Tres.* Latine reddidit Samuel Clarke. Editio Secunda, auctior. London 1719: „Objectum, quod interveniente reflexione aut refractio-

ne aspiciatur, eo semper in loco situm videtur, unde radii post ultimam reflexionem aut refractionem divergunt, quo tempore in oculum spectatoris incidunt" (Buch I, Teil 1, Axiom VIII, S. 14). Diese Ausgabe des Werks Newtons besaß Kant. (Warda: *Immanuel Kants Bücher*, a. a. O., S. 35, Nr. 24). In moderner englischer Übersetzung: „An Object seen by Reflexion or Refraction, appears in that place from whence the Rays after their last Reflexion or Refraction diverge in falling on the Spectator's Eye" (*Opticks or A Treatise of the Reflections, Refractions, Inflections and Colours of Light* [[1]1704]. Based on the fourth edition London 1730. With a foreword by Albert Einstein, an introduction by Sir Edmund Whittaker, a preface by I. Bernhard Cohen, and an analytical table of contents prepared by Duane H.D. Roller. New York 1951, S. 18). Manolesco, S. 137–138, meint, „the whole theory of the focus imaginarius seems to be that of Christian Huygens." Er verweist dazu auf dessen „*Optics*, Book III, part I", und zieht dieses Werk, gemeint ist Huygens' (1629–1695) *Traité de la lumière* aus dem Jahr 1690, auch zur Erläuterung weiterer Stellen der *Träume* heran. Kant verwendet den Ausdruck ‚focus imaginarius' siebenmal in den *Träumen.*

136 *(S. 41)* Kants Annahme erscheint für den Tast- und den Geschmackssinn plausibel, für den Geruchssinn weniger.

137 *(S. 41)* Cf. oben Erl. 55 zu den ‚ideae materiales' in Kants Fn. S. 13 f.

138 *(S. 42)* In dem *Versuch über die Krankheiten des Kopfes* von 1764 teilt Kant „die Gebrechen des gestörten Kopfes" in drei Klassen ein. 1) Die „Verrückung". Sie gründet in der „Verkehrtheit der Erfahrungsbegriffe". 2) Der „Wahnsinn". Er liegt bei einer „in Unordnung gebrachte[n] Urtheilskraft" vor. 3) Der „Wahnwitz". Ihn kennzeichnet die „in Ansehung allgemeinerer Urtheile verkehrt gewordene Vernunft" (Ak II, $264_{05\text{-}12}$). In der Folge freilich führt Kant dort wiederholt Wahnsinn und Wahnwitz zusammen (Ak II, $268_{18\text{–}22}$; $270_{08\text{-}09}$), was einer Reduzierung der mentalen Störungen auf zwei Klassen gleichkommt. Die publizierte *Anthropologie* von 1798 greift das Thema der „Schwächen und Krankheiten der Seele in Ansehung ihres Erkenntnißvermögens" erneut auf (§§ 45–54, bes. § 52). Ak VII, 202–220.

139 *(S. 42)* „Diese Eigenschaft des Gestörten, nach welcher er ohne einen besonders merklichen Grad einer heftigen Krankheit im wachenden Zustande gewohnt ist, gewisse Dinge als klar empfunden sich vorzustellen, von denen gleichwohl nichts gegenwärtig ist, heißt

die *Verrückung*. Der Verrückte ist also ein Träumer im Wachen. Ist das gewöhnliche Blendwerk seiner Sinne nur zum Theil eine Chimäre, größten Theils aber eine wirkliche Empfindung, so ist der, so im höheren Grade zu solcher Verkehrtheit aufgelegt ist, ein *Phantast*" (*Versuch über die Krankheiten des Kopfes*. Ak II, 265_{12-19}; H.i.O.). Im Hintergrund dieser Bestimmungen steht Baumgartens *Metaphysica/ Metaphysik*, § 594, a.a.O., S. 312/313: „Wer [...] im Wachen gewisse Einbildungen für Empfindungen hält, ist ein PHANTAST [...]; wer sie durchgängig mit Empfindungen verwechselt, ist VERRÜCKT, so daß daher VERRÜCKTHEIT der Zustand eines Wachenden ist, der gewohnheitsmäßig Einbildungen für Empfindungen, Empfindungen für Einbildungen hält." (Baumgarten selbst übersetzt den Ausdruck „DELIRI" mit „verrückte Leute"). Dementsprechend heißt es in der *Metaphysik Herder*: „Der Zustand der Verrükkung besteht nicht im Mangel des Verstandes, sondern der Vermischung der sinnlichen Empfindungen mit Einbildung [...]". Ak XXVIII.1., 121_{38}-122_{01}.

140 *(S. 42)* Menzer, 505, merkt an, daß „er" auf „der verworrene Mensch" zu beziehen ist.

141 *(S. 43)* Cf. die parallele Passage im *Versuch über die Krankheiten des Kopfes*: „Wenn wir nach dem Erwachen in einer lässigen und sanften Zerstreuung liegen, so zeichnet unsere Einbildung die unregelmäßigen Figuren etwa der Bettvorhänge, oder gewisser Flecke einer nahen Wand zu Menschengestalten aus mit einer scheinbaren Richtigkeit, welche uns auf eine nicht unangenehme Art unterhält, wovon wir aber das Blendwerk den Augenblick, wenn wir wollen, zerstreuen. Wir träumen alsdann nur *zum Theil* und haben die Chimäre in unserer Gewalt." Ak II, 265_{19-26}; H.i.O.

142 *(S. 44)* Mit ‚Gefühl' ist hier der Tastsinn gemeint. In diesem Sinne übersetzen auch Courtès, Lortholary: „le toucher", Goerwitz/Sewall: „if they cannot be felt", Manolesco: „touch", Walford/Meerbote: „the sense of touch", Salmona, Venturini: „tatto". Auf die Verwendung von ‚Gefühl' für ‚Getast' trifft man schon vor Kant. So firmiert der einschlägige Artikel in Zedlers *Grosse[m] vollständige[n] Universal-Lexicon* unter dem Eintrag „Fühlen, Gefühl, Lat. Tactus" (a. a. O., Bd. 9, 1735, Sp. 2225). Cf. Grimm: *Deutsches Wörterbuch*, Art. „Gefühl", a. a. O., Bd. 5, Sp. 2167 (Nrn. II. 1 und 2). *Das Onomasticon Philosophicum Latinoteutonicum et Teutonicolatinum*. Ediderunt Ken Aso, Masao Kurosaki, Tanehisa Otabe, Shiro Yamauchi. Tokio 1989, gibt S. 367 ferner Be-

lege für Übersetzungen von ‚tactus' durch ‚das Angreifen' i. S. v. haptischer Berührungen eines Objekts aus dem Jahre 1741. Prägend für Kants Sprachgebrauch dürfte indes Baumgarten sein, der in seiner *Metaphysica/Metaphysik*, § 536, a. a. O., S. 284, ‚tactus' mit ‚Gefühl' übersetzt. In diesem Sinne verwendet Johann Wilhelm Andreas Kosmann den Ausdruck auch in seinem Brief an Kant vom 30. August 1789 (Ak XI, 080_{23}). Carl Christian Erhard Schmid teilt in seinem *Wörterbuch zum leichtern Gebrauch der Kantischen Schriften*. Vierte vermehrte Ausgabe Jena 1798. Neu hg., eingeleitet und mit einem Personenregister versehen von Norbert Hinske. Darmstadt 1976, S. 257 mit, ‚Gefühl' meine bei Kant „zuweilen den äussern Gefühlssinn, tactus". Dem entspricht Kants Sprachgebrauch in § 16 der gedruckten *Anthropologie* von 1798, wo er die fünf äußeren Sinne auflistet, darunter: „Betastung (tactus)". Ak VII, 154_{23-24}.

143 *(S. 44)* Im Sinne von was *„in geltung, beliebt, herrschend ist"*. Grimm: *Deutsches Wörterbuch*, a. a. O., Bd. 4, Sp. 1237 (Nr. 1e). In gleichem Sinne kommt der Ausdruck in den *Träumen* noch ein weiteres Mal vor. S. 71_{25}.

144 *(S. 44)* Cf. oben *Träume* I.i.2.–3.

145 *(S. 44)* Diese Option hatte Kant zuvor bereits angesprochen. Cf. S. 34_{21} und die Erl. 21, in der aus Lockes *Essay* zitiert wird.

146 *(S. 44)* Kant konstruiert ‚anwandeln' gelegentlich mit dem Dativ (z. B. Ak II, 269_{20}; Ak VII, 104_{03}), gelegentlich mit dem Akkusativ (Ak VI, 379_{22}; Ak VIII, 336_{14}).

147 *(S. 45)* Der Ausdruck ‚Täuschung der Sinne' kommt noch ein weiteres Mal in den *Träumen* vor. S. 63_{19}.

148 *(S. 45)* Ebenso in dem *Versuch über die Krankheiten des Kopfes*: „Denn es wäre umsonst, einer Empfindung, oder derjenigen Vorstellung, die ihr an Stärke gleich kommt, Vernunftgründe entgegen zu setzen, weil von wirklichen Dingen die Sinne weit größere Überzeugung geben als ein Vernunftschluß; zum wenigsten kann derjenige, den diese Chimäre bezaubert, niemals durch Vernünfteln dahin gebracht werden, an der Wirklichkeit seiner vermeinten Empfindung zu zweifeln" (Ak II, 265_{02-07}). In seiner späten *Anthropologie* hält Kant eine dreifache „Apologie für die Sinnlichkeit" (Ak VII, 143–146), der man „viel Schlimmes nach[sagt]" (Ak VII, 143_{19-20}). Indes gäbe es „[...] ohne sie [...] keinen Stoff [...], der zum Gebrauch des gesetzgebenden Verstandes verarbeitet werden könnte." Ak VII, 144_{07-08}.

149 *(S. 45)* Im Sinne von „antreffen". Cf. Grimm: *Deutsches Wörterbuch*, a. a. O., Bd. 1, Sp. 1710.

150 *(S. 45) Träume* I.iii.7.

151 *(S. 46)* Schon zuvor hatte Kant den metaphysischen Hypothesen eine „ungemeine Biegsamkeit" (S. 36_{04}) attestiert. Wie weit diese Biegsamkeit tatsächlich gehen kann, hatte er in I.ii. und I.iii. gezeigt.

152 *(S. 46)* D. h. reinigen. Cf. Grimm: *Deutsches Wörterbuch*, a. a. O., Bd. 13, Sp. 2253.

153 *(S. 46)* Samuel Butler (1612–1680): *Hudibras, ein satyrisches Gedicht wider die Schwermer und Independenten zur Zeit Carls des Ersten, in neun Gesängen.* Aus dem Englischen übersetzt [von Johann Heinrich Waser]. Mit historischen Anmerkungen und Kupfern versehen. Hamburg, Leipzig 1765. Sechster Gesang, S. 292 f.: „Wie ein Hypochondrischer Wind, der niederwärts fortgehet, nichts als ein Wind ist, und wenn er hingegen zufälliger Weise aufwärts in den Kopf steiget, daselbst zum neuen Licht und zur Gabe der Prophezeyung wird; eben so werden Speculationen, die über ihren rechten und Nuzen schaffenden Zwek hinauszielen, ungeachtet der grossen und ausserordentlichen Entdekungen weit entfernter Dinge, welche sie versprechen, zu lautern Grillen und eiteln Träumen, die nicht wenig nach der Narrheit riechen." Kants Kenntnis dieses Werks Butlers belegen auch die *Bemerkungen zu den Beobachtungen über das Gefühl des Schönen und Erhabenen* (Ak XX, 037_{03}) sowie die Refl. 743 (Ak XV.1., 195_{18}) und Refl. 479 (Ak XV.1., 200_{06}). Noch in der späten *Anthropologie* erwähnt er Butler mit diesem Werk (Ak VII, 222_{03}), den *Hudibras* ebenfalls in einem Brief aus dem gleichen Jahr 1798 (Ak XII, 258_{31}). Die letzten Sätze einschließlich des derben Zitats spiegeln Kants Auffassung wider, daß die Ursache der *„Krankheiten des Kopfes* [...] wohl im Körper liegt und [...] ihren Hauptsitz mehr in den Verdauungstheilen, als im Gehirne haben mag [...]". Er stützt seine Meinung auf die einschlägigen Beiträge, die in der von Johann August Unzer herausgegebenen Wochenschrift *Der Arzt* im Jahr 1761 erschienen waren. *Versuch über die Krankheiten des Kopfes.* Ak II, $270_{18–25}$; H.i.O.

154 *(S. 47)* „Handlung" im Sinne von „Handel". Cf. Grimm: *Deutsches Wörterbuch*, a. a. O., Bd. 10, Sp. 406 (Nr. 11): „[...] *andauernder betrieb des kaufhandels, handelsverkehr; vorzugsweise in schriften des 17. u. 18. jh., wo es mit handel oft abwechselnd gebraucht wird [...]; jetzt ist das wort zugunsten von handel [...] ungewöhnlich geworden."*

Dort auch ein Verweis auf Kants *Entwurf und Ankündigung eines Collegii der physischen Geographie* aus dem Jahr 1757: „die Gemeinschaft, die Menschen unter einander durch die Regierungsform, Handlung und gegenseitiges Interesse haben“ (Ak II, 003_{16-17}). Nr. 12, a. a. O., Sp. 407: „daher erlangt endlich handlung die engere bedeutung des zunftmäszig und kunstgerecht betriebenen kaufmannsgewerbes.“

155 *(S. 47)* Diese Worte bringen die Radikalität zum Ausdruck, mit der Kant das philosophische Geschäft betreibt und dabei im Interesse der Wahrheitsfindung auch auf die Selbstliebe keine Rücksicht nimmt. Viele Dokumente aus unterschiedlichen Phasen seines Schaffens zeugen von dieser Einstellung. Für den Zeitraum der Entstehung der *Träume* cf. etwa den Brief an Lambert vom 31. Dezember 1765, wo er von den „mancherley Umkippungen“ seiner „philosophische[n] Erwägungen“ berichtet, die er „[...] verschiedene Jahre hindurch [...] auf alle erdenkliche Seiten gekehrt [...]“ habe (Ak X, 055_{29-31}). Johann Gottfried Herder läßt er am 9. Mai 1768 wissen: „Was mich betrift da ich an nichts hänge und mit einer tiefen Gleichgültigkeit gegen meine oder anderer Meinungen das gantze Gebäude ofters umkehre und aus allerley Gesichtspunkten betrachte um zuletzt etwa denienigen zu treffen woraus ich hoffen kan es nach der Warheit zu zeichnen, so habe ich seitdem wir getrennet seyn in vielen Stücken anderen Einsichten Platz gegeben [...]“ (Ak X, 074_{08-13}). Die retrospektiven Berichte über die Genese der kritischen Philosophie geben dieselbe Grundhaltung des Philosophen zu erkennen: „Wenn man mit wirklichem ernst, die Warheit zu finden, Nachdenkt, so verschont man zuletzt seine eigne Produkte nicht mehr [...]. Man unterwirft, was man gelernt oder selbst gedacht hat, genzlich der Critick“ (Refl. 5116, Ak XVIII, 095_{11-15}). Ebenso die Refl. 5036 aus dem gleichen Zeitraum zwischen 1776 und 1778: „[...] ich bin nicht der Meinung eines vortrefflichen Mannes, der da empfiehlt, wenn man einmal sich wovon überzeugt hat, daran nachher nicht mehr zu zweifeln. In der reinen philosophie geht das nicht. [...] Man muß eben die sätze in allerley Anwendungen erwägen [...]“ (Ak XVIII, 69_{01-06}). Er habe vielmehr „[...] das Gemüth zu jeder neuen Belehrung offen (gehalten) [...]“, und mit Blick auf die Schriften der sechziger Jahre fügt er hinzu: „Ich habe so gar die kleinen Versuche, die ich davon ausstreuete, um nicht ganz müßig zu scheinen, niemals wiederum angesehen, um nicht auf einerley Stelle geheftet zu bleiben [...]“ (Refl. 4992, Ak XVIII, 054_{17-19}). Noch in den *Prolegomena* teilt er mit, er habe weder

in den Schriften anderer Denker „[...] noch in meinen geringeren Versuchen (denen doch Eigenliebe zum Vortheil spricht) [...]" seinerzeit etwas Brauchbares zur Konsolidierung der Metaphysik finden können, weshalb es eines ganz neuen Anlaufs dazu bedurfte (Ak IV, $368_{05\text{-}06}$). Cf. auch Refl. 4957 (Ak XVIII, 041), Refl. 4964 (Ak XVIII, 042), Refl. 5015 (Ak XVIII, 060–061).

156 *(S. 48)* Der „[...] hohe Flug, den die Hoffnung nimmt [...]", war von Kant bereits in der Fußnote S. $24_{21\text{–}22}$ angesprochen und dort als „wunderlicher Wahn" bezeichnet worden. An der vorliegenden Stelle jedoch weiß Kant diesen „mechanischen Vorteil" der Hoffnung wegen seiner erfreulichen Aussichten auf ein künftiges Leben zu schätzen.

157 *(S. 48)* „Weil es aber gleichwohl möglich ist, daß ich anderswoher, als aus bloß spekulativen Gründen Ursache hernähme, eine selbständige und bei allem möglichen Wechsel meines Zustandes beharrliche Existenz meiner denkenden Natur zu hoffen [...]". *KrV* A 383 [Manolesco]. Cf. damit auch Kants am Ende der *Träume* abgelegtes Bekenntnis zur Hoffnung auf eine den Tod überdauerende Existenz. S. 80_{32}–81_{03}.

158 *(S. 49)* Diese drei Probleme bilden auch in der *Kritik der reinen Vernunft* noch das Zentrum der rationalpsychologischen Problematik. „Auf diesen transzendentalen Schein unserer psychologischen Begriffe gründen sich dann noch drei dialektische Fragen, welche das eigentliche Ziel der rationalen Psychologie ausmachen, und nirgends anders, als durch obige Untersuchungen entschieden werden können: nämlich 1) von der Möglichkeit der Gemeinschaft der Seele mit einem organischen Körper, d.i. der Animalität und dem Zustande der Seele im Leben des Menschen, 2) vom Anfange dieser Gemeinschaft, d.i. der Seele in und vor der Geburt des Menschen, 3) dem Ende dieser Gemeinschaft, d.i. der Seele im und nach dem Tode des Menschen (Frage wegen der Unsterblichkeit)." *KrV* A 384.

159 *(S. 49)* Innerhalb der Bände I-XXIII der Ak kommt ‚Papill(i)on' nur noch ein weiteres Mal in Ak XX, 038_{10} vor. In den Vorlesungsnachschriften findet der Ausdruck häufiger Verwendung, so etwa Ak XXIV.1., 180_{22} sowie Ak XXV.1., $432_{05\text{-}06}$, wo Bücher von ephemerem Glanz unter dem Gesichtspunkt der Kurzlebigkeit mit Papillons verglichen werden. Cf. auch die frühe *Metaphysik Herder* (Ak XXVIII.1., $107_{38\text{–}39}$ und $110_{17\text{–}20}$). Ak XXVIII.1., $441_{19\text{–}20}$ wird der Papillon und seine Genese als „Schema sich die Unsterblichkeit begreifli-

cher zu machen“ angeführt, ähnlich Ak XXVIII.2.1., 894_{17-19}. Zur von Kant behaupteten Semantik cf. *Metaphysik Mrongovius* (Ak XXIX.1.2., 876_{16-21}): „Seele nennt man πνεῦμα, aber das heißt ein ganz freier und reiner Geist, eigentlich gewöhnlicher heißt sie ψυχή, welches ein Papillon, Schmetterling, bedeutet und sehr passend ist, indem es ein herrliches Symbol [...] abgiebt.“ So auch *Metaphysik K_2* (Ak XXVIII.2.1., 753_{05-09}). Die Semantik spricht Kant auch in der *Anthropologie Parow* (Winter 1772/73) an und stellt dort zudem auch den Zusammenhang mit den Ägyptern her: „ψυχή (die Seele) bedeutet eigentlich einen Schmetterling, [...] und der Schmetterling stellte die Seele vor. Es war dieser Schmetterling schon bey den Egyptern das Sinnbild der Seele“ (Ak XXV.1., 246_{27}-247_{04}). Kants Auskunft zur möglichen Bedeutung von ψυχή ist zutreffend. Cf. *A Greek-English Lexicon.* Compiled by Henry George Liddell and Robert Scott. A new edition revised and augmented throughout by Henry Stuart Jones with the assistance of Roderick McKenzie and with the co-operation of many scholars. New (ninth) edition 1940. Reprinted 1966. Art. ψυχή, Nr. VI, S. 2027. Als Quelle wird dort außer auf Theophrast und Plutarch verwiesen auf Aristoteles: *De Animalibus Historiae.* Buch V, Kap. xix [xvii] 4, 551a14: „Fiunt papiliones [ψυχαί] qui dicuntur ex erucis, quae generantur in foliis virentibus [...]. [...] crusta non multo post tempore obrumpitur tandem, unde alata animalia evolant, quos vocamus papiliones [ψυχάς].“ *Opera Omnia.* Bd. III. Graece et latine cum indice nominum et rerum absolutissimo. Ed. F. Dübner, U. C. Bussemaker, J. H. E. Heitz. Paris 1848–1874. 3. Nachdruck Hildesheim, Zürich, New York 2007, S. 93. Auch Swedenborg bemüht das Bild des Schmetterlings HG 8848, Bd. XV, S. 459.

160 *(S. 50)* Courtès erwägt ein Versehen Kants, der vorliegend das 3. Hauptstück des ersten Teils gemeint habe. Das ist aber unwahrscheinlich, denn die Behandlung der intelligiblen Welt, auf die sich Kant hier bezieht, erfolgte in dem angegebenen zweiten Hauptstück des ersten Teils.

161 *(S. 50)* Max Wundt sieht in den Ausführungen dieses Absatzes den Beleg für seine Auffassung, wonach Kant den Ansichten Swedenborgs in der Sache durchaus nahe stand, sie nur nicht für beweisbar hielt. Kants Spott, in dem immer ein „schmerzlicher Unterton“ mitklinge, gelte dieser Unbeweisbarkeit. Er stehe in den *Träumen* „[...] dem Glauben an eine Beweisbarkeit des Übersinnlichen so fern wie möglich [...]“, doch bleibe „[...] ihm der Inhalt seiner Weltanschauung subjektiv außer

jedem Zweifel". *Kant als Metaphysiker. Ein Beitrag zur Geschichte der deutschen Philosophie im 18. Jahrhundert.* Leipzig 1924, S. 152.

162 *(S. 50)* Diese Stelle weist durch die Verwendung der Begriffe ‚meinen' und ‚wissen' auf den Abschnitt „Vom Meinen, Wissen und Glauben" der *Kritik der reinen Vernunft* (A 820/B 848 – A 831/B 859) voraus. Inhaltlich antizipiert sie die spätere, an mehreren Stellen der *Kritik der reinen Vernunft* geäußerte Einsicht von der Vergeblichkeit, zuverlässiges Wissen bei den Themen der speziellen Metaphysik gewinnen zu können, und daß vielmehr eine gewisse Pattsituation das Ergebnis aller diesbezüglichen Versuche der theoretischen Vernunft sein werde. „Ich bin zwar nicht der Meinung, welche vortreffliche und nachdenkende Männer (z. B. Sulzer) so oft geäußert haben, da sie die Schwäche der bisherigen Beweise fühlten: daß man hoffen könne, man werde dereinst noch evidente Demonstrationen der zwei Kardinalsätze unserer reinen Vernunft: es ist ein Gott, es ist ein künftiges Leben, erfinden. Vielmehr bin ich gewiß, daß dieses niemals geschehen werde. [...] Aber es ist auch apodiktisch gewiß, daß niemals irgendein Mensch auftreten werde, der das *Gegenteil* mit dem mindesten Scheine, geschweige dogmatisch behaupten könne" (*KrV* A 741–742/B 769–770; H.i.O.). So sagt er es in der *Kritik der reinen Vernunft,* und so meint er es bereits hier in den *Träumen.*

163 *(S. 50)* Die unter dem Mikroskop zu erblickende Mannigfaltigkeit von Lebewesen, die sich in einem Wassertropfen befinden, sowie die kriegerischen Verhaltensweisen, mit denen sie einander begegnen, hatte Kant bereits im *Einzig mögliche[n] Beweisgrund* staunend hervorgehoben. A. a. O., S. 77_{17-28}.

164 *(S. 51)* Die Festsetzung der „Grenzen unserer Einsicht" antizipiert das Hauptziel der *Kritik der reinen Vernunft.* Denn dieses Werk stellt nach den Worten der *Prolegomena* „das reine Vernunftvermögen in seinem ganzen Umfange und Grenzen dar" (Ak IV, 261_{26-27}). Dazu paßt die später in den *Träumen* gegebene neue Definition der Metaphysik als einer „Wissenschaft von den *Grenzen der menschlichen Vernunft*". II.ii.13.

165 *(S. 51)* Auch diese Aussage kann als Vorwegnahme einer kritizistischen Einsicht gewertet werden, die im Hauptwerk von 1781 näher begründet wird, daß nämlich die Grenzen der menschlichen Erkenntnis entlang der Grenze dessen verlaufen, was in den Bereich des Erfahrungswissens oder – in der Sprache der *Kritik der reinen Vernunft* –

in den Bereich der Erscheinungen bzw. der Phänomena fällt. *KrV* A 232/B 285 – A 260/B 315.

166 *(S. 51)* Plural des substantivierten Partizips Perfekt Passiv von lateinisch „dare“, also „die gegebenen [sc. Dinge]“ bzw., wie Kant später kurz sagt, „das Gegebene“. Kant verwendet den lateinischen Ausdruck ‚data‘ innerhalb der deutschen Schriften erstmals in den Abhandlungen der Jahre 1762–64 (cf. Lothar Kreimendahl: *Stellenindex und Konkordanz zur Preisschrift von 1762/64, zu den „Negativen Größen“ und zur Vorlesungsankündigung für 1765/66.* Erstellt in Zusammenarbeit mit Heinrich P. Delfosse und Michael Oberhausen. 2. Bde. Stuttgart-Bad Cannstatt 2006 [= FMDA Abt. III, Bd. 39.1-2]). Der deutsche Terminus taucht in der substantivierten Form in den *Träumen* noch nicht auf, und selbst in der *Kritik der reinen Vernunft* dominiert die lateinische Form noch ganz eindeutig. Die Singularform „datum“, die Kant wesentlich seltener verwendet als die plurale, kommt in den *Träumen* gar nicht, ‚data‘ hingegen noch ein weiteres Mal im o. g. Sinne S. 73_{20} vor.

167 *(S. 51)* Diese Bedingung unterstreicht Kant im Brief an Mendelssohn vom 8. April 1766 mehrmals und mit großem Nachdruck: „Meiner Meinung nach kommt alles darauf an die data zu dem Problem aufzusuchen *wie ist die Seele in der Welt gegenwärtig sowohl den materiellen Naturen als denen anderen von ihrer Art*“ (Beilage B.3, S. 95; H.i.O.). Kurz darauf betont er in diesem Brief die Rolle, die der Erfahrung bei dieser Fragestellung zukommt. „Es liegt hier daran auszumachen ob es nicht hier wirklich Grenzen gebe welche nicht durch die Schranken unserer Vernunft nein der Erfahrung die die data zu ihr enthält festgesetzt seyn.“ Cf. ebd., S. 97.

168 *(S. 51)* Das ist die einzige Stelle in den *Träumen*, an der Kant die in dieser Schrift kritisierte Teildisziplin der Metaphysik unter ihrem geläufigen Namen ‚Pneumatologie‘ erwähnt. Das Adjektiv ‚pneumatisch‘ hingegen verwendet er sechsmal. Cf. Erl. 72.

169 *(S. 51)* Christian Wolff hatte die philosophische Seelenlehre in seiner lateinischen Werkreihe auf zwei Bände aufgeteilt und im Jahr 1732 zunächst die *Psychologia Empirica* und zwei Jahre später die *Psychologia Rationalis* mit einem Umfang von insgesamt über 1400 Textseiten im Quartformat publiziert. Damit hatte er dieser metaphysischen Teildisziplin beinahe dreimal soviel Raum eingeräumt wie der 1731 vorgelegten *Cosmologia Generalis.* Kants leicht bissiges Monitum der Weitläufigkeit ist also nicht aus der Luft gegriffen. Bei Baumgarten

schrumpft die Darstellung der beiden Teile der Psychologie in der 4. Aufl. der *Metaphysica* von 1757 allerdings dem insgesamt stark komprimierenden Charakter seiner Präsentation der Metaphysik entsprechend auf 155 Seiten im Kleinoktavformat.

170 *(S. 53)* Zur Opposition von ‚dogmatisch' vs. ‚historisch' cf. Erl. 14. Kant verwendet den Begriff ‚historisch' dreimal in den *Träumen* und stets in Wolffscher Tradition als Synonym für ‚durch Erfahrung gewonnen'. In diesem Sinne interpretiert er ihn selbst weiter unten: „Denn da ich den dogmatischen Teil vor dem historischen und also die Vernunftgründe vor der Erfahrung voranschickte [...]" (S. 59_{10-12}). Cf. auch Erl. 273 zu ‚cognitio historica'.

171 *(S. 53)* Vergil: *Aeneis* VI, 266: „Göttliches Recht sei mir, Gehörtes zu sagen" (a. a. O., S. 236/237). Mit diesem Zitat spielt Kant über den Begriff der ‚audita' (das Gehörte) bereits auf Swedenborg und dessen *Audita et Visa* an, auf die Kant sogleich als die Quelle für seine Auseinandersetzung mit dem Schweden S. 63_{04} hinweisen wird.

172 *(S. 53)* Im Sinne von *„exponere, aussetzen"*. Grimm: *Deutsches Wörterbuch*, a. a. O., Bd. 2, Sp. 148, (Nr. 8e) zu „blosz".

173 *(S. 53)* Johnson vermutet in seinem Kommentar zu den *Träumen* (a. a. O., S. 231), daß diese Worte an die Adresse von Sack, Spalding, Süßmilch, Lambert, Sulzer und Formey gerichtet sind, denen Kant durch Mendelssohn Freiexemplare zukommen ließ (Brief an M. Mendelssohn vom 7. Februar 1766, cf. Beilage B.2, S. 92). Cf. ders.: *„Träume eines Geistersehers" – Polemik gegen die Metaphysik oder Parodie der Popularphilosophie?* In: Friedemann Stengel (Hg.): *Kant und Swedenborg. Zugänge zu einem umstrittenen Verhältnis.* Tübingen 2008, S. 99–112 [= Hallesche Beiträge zur Europäischen Aufklärung. Bd. 38]. Auch John H. Zammito vermutet die genannten Personen als die Zielgruppe der bissigen Bemerkung Kants (John H. Zammito: *Kant, Herder, and the Birth of Anthropology*. Chicago 2002, S. 210). Das ist möglich, aber nicht gerade wahrscheinlich. Denn zum einen schätzte Kant diese Herren. Zum anderen aber müßte man, wenn sich die Genannten als Vertreter der Akademien angesprochenen fühlen sollten, gleiches auch dort unterstellen, wo Kant diese Personengruppe noch deutlicher kritisiert (I.i.1.). Beides paßt nicht recht dazu, daß Kant sie mit Präsentexemplaren der *Träume* bedachte.

174 *(S. 54)* Wie schon im „Vorbericht" der Abhandlung, legt Kant auch hier eine gewisse gelangweilte Uninteressiertheit seinem Gegen-

stand gegenüber an den Tag, mit der er wohl der Verspottung entgegenwirken will, die er auf Grund seiner Untersuchung des Themas der Geisterseherei befürchtet.

175 *(S. 54)* Kant schreibt den Namen des schwedischen Visionärs als ‚Schwedenberg'. Ob sich darin bereits eine gewisse Abschätzigkeit manifestiert, ist umstritten. Cf. Anm. 115 der Einleitung. Die vorliegende Ausgabe entscheidet sich für ‚Swedenborg'. – Zur Biographie sowie zur – hauptsächlich theosophischen – Lehre Swedenborgs cf. die ältere Studie von Ernst Benz: *Emanuel Swedenborg. Naturfoscher und Seher.* München 1948. Benz hat auch der Wirkung Swedenborgs in Deutschland nachgespürt: *Swedenborg in Deutschland. F. C. Oetingers und Immanuel Kants Auseinandersetzung mit der Person und Lehre Emanuel Swedenborgs.* Nach neuen Quellen bearbeitet. Frankfurt am Main 1947. Als Standardwerk zu Person wie Lehre gilt jetzt: Friedemann Stengel: *Aufklärung bis zum Himmel. Emanuel Swedenborg im Kontext der Theologie und Philosophie des 18. Jahrhunderts.* Tübingen 2011 [= Beiträge zur historischen Theologie, Bd. 161].

176 *(S. 54)* Im Sinne von „dienst, *amt, stelle*". Cf. Grimm: *Deutsches Wörterbuch*, a. a. O., Bd. 1, Sp. 1232 (Nr. 2) zu „Bedienung". So verstehen es auch die vorliegenden Übersetzungen. Carabellese: „senza ufficio od impiego alcuno", Courtès: „sans emploi ni office", Johnson/Magee: „without office or employment", Lortholary: „sans emploi ni charge", Walford/Meerbote: „a gentleman of comfortable means and independant position". – Hier liegt im übrigen die einzige Stelle innerhalb der Druckschriften Kants vor, an denen das Wort ‚Bedienung' überhaupt vorkommt. Kant benutzt es noch einmal, auch in dieser Bedeutung, in seinem Brief an Hamann vom 8. April 1774 (Ak X, 160_{15}). Ferner verwendet er es einmal, allerdings in dem uns heute geläufigen Sinn, in der Refl. 1115 (Ak XV.2., 497_{24}).

177 *(S. 54)* Diese Charakterisierung Swedenborgs durch den im pietistischen Geist erzogenen Kant trägt einen leicht maliziösen Unterton. Denn sie ruft dem Leser unmittelbar die Worte des Apostels Paulus in Erinnerung: „so jemand nicht wil erbeiten / der sol auch nicht essen" (2 Thess 3,10). Courtès 155–158 versucht, Swedenborg vor den Anschuldigungen, gleichsam als Privatier und dennoch in Wohlstand zu leben, in Schutz zu nehmen.

178 *(S. 54)* Kant stützt sich bei dieser Nachricht auf den Bericht, den er von einem befreundeten Engländer erhielt, den er gebeten hatte,

in Stockholm Erkundigungen über Swedenborg einzuziehen, und der den Schweden in der Folge persönlich kennenlernte und in dessen Hause besuchte. Das teilt Kant Charlotte von Knobloch im Brief vom 10. August 1763 mit. Dort schreibt er: „Er [sc. Swedenborg, Hgg.] sagte diesem [sc. dem Engländer, Hgg.] ohne Zurückhaltung, daß Gott ihm die sonderbare Eigenschaft gegeben habe, mit den abgeschiedenen Seelen nach seinem Belieben umzugehen. Er berief sich auf ganz notorische Beweisthümer“ (cf. Beilage B.1, S. 88). Zu der langen Dauer des Kontaktes Swedenborgs mit der Geisterwelt cf. die in Erl. 218 zitierten Stellen aus HG I, 67, 68, 70, Bd. I, S. 67. Kants Angabe dazu – „mehr als zwanzig Jahre“ – ist demnach ganz zutreffend.

179 *(S. 54)* Swedenborg hat ein außergewöhnlich umfangreiches literarisches Werk geschaffen. Eine Zusammenstellung seiner wichtigsten Schriften bietet Eberhard Zwink: *Die Hauptwerke Emanuel Swedenbors.* In: *Emanuel Swedenborg 1688–1772. Zum Werk des gelehrten Naturforschers. Zu Werk und Einfluß des Visionärs und Theologen. Zur Wirkungsgeschichte eines Naturphilosophen.* Begleitbuch zu einer Ausstellung und Vortragsreihe in der Württembergischen Landesbibliothek Stuttgart vom 29. Januar – 25. März 1988. Bearbeitet von Horst Bergmann und Eberhard Zwink. Stuttgart 1988, S. 16–19. Zwink teilt dort mit, daß die 1906 in London erschienene Swedenborg-Biographie von James Hyde: *A Bibliography of the Works of Emanuel Swedenborg, Original and Translated*, 3500 Titel (einschließlich Mehrfachnennungen) umfaßt. Viele der Werke Swedenborgs sind in London erschienen.

180 *(S. 54)* Kant unterstellt Swedenborg an der vorliegenden Stelle und auch II.ii.3. ausdrücklich keine betrügerischen Absichten. Später allerdings revidiert er dieses Urteil. In der *Rationaltheologie Baumbach* heißt es: „Es ist merkwürdig, daß die Mystiker nur von dem etwas wissen, was schon durch die Erfahrung bekannt. So beschreibt Swedenborg alle Planeten und ihre Einwohner, aber bloß die, die Astronomen damals kannten. Vom Uranus wußte er nichts. Er scheint daher ein vorsätzlicher Betrüger gewesen zu sein.“ Cf. Beilage D.6, S. 112.

181 *(S. 54)* Kant stützt sich bei dieser Einschätzung der Person Swedenborgs auf den bereits erwähnten Bericht des Engländers. Er teilte Kant mit, Swedenborg sei „[...] ein vernünftiger, gefälliger und offenherziger Mann; er ist ein Gelehrter [...]“. Beilage B.1, S. 88.

182 *(S. 55)* Die von Kant genannte Jahreszahl 1761 belegt, daß die von Ernst Ludwig Borowski vorgenommene Datierung des Briefes

Kants an Charlotte von Knobloch auf das Jahr 1758 irrig ist (*Darstellung des Lebens und Charakters Immanuel Kants*, a.a.O., S. 96). Gleichwohl wurde diese Datierung in den frühen Kant-Ausgaben übernommen. Cf. hierzu die Dokumentation der verschiedenen Datierungen in Reicke, 20–21. Zur Datierungsproblematik des Briefes cf. Manolesco 177–182 sowie bereits Kehrbach XXV–XXXIII. Tatsächlich gebührt der Kehrbachschen Ausgabe des Jahres 1880 das Verdienst, Licht in das Dunkel der Datierung des Briefes gebracht zu haben.

183 *(S. 55)* Bei der Fürstin handelt es sich um Luise Ulrike von Preußen (1720–1782), eine Schwester Friedrichs II. (1712–1786). Im Jahr 1744 heiratete sie den schwedischen Kronprinzen Adolf Friedrich (1710–1771), der 1751 den schwedischen Thron bestieg. Die Königin hatte einen Sinn fürs Militärische und stand als gleichermaßen geistvolle wie kultivierte Monarchin ihrem Hof vor, den sie unter dem Einfluß ihres frankophilen Bruders in französischer Manier führte.

184 *(S. 55)* Auf diesen Bericht kommt Kant auch in dem Brief an Charlotte von Knobloch zu sprechen (cf. Beilage B.1, S. 87). Was der Inhalt des „geheimen Auftrags“ der Fürstin war, bleibt im Dunkeln. Mutmaßungen hierzu bei Courtès 158–160.

185 *(S. 55)* In Kants Brief an Charlotte von Knobloch vom 10. August 1763 heißt es: „Madame Harteville [!], die Wittwe des Holländischen Envoyer in Stockholm, wurde einige Zeit nach dem Tode ihres Mannes von dem Goldschmidt Croon um die Bezahlung des Silberservices gemahnt […]“ (cf. Beilage B.1, S. 89). Reicke, 22f., zitiert in seiner Erläuterung dieser Briefstelle aus den „Neue[n] Genealogisch-Historische[n] Nachrichten […]“. 133. Theil. Leipzig 1761, S. 247; H.i.O.: „*Ludwig von Marteville*, ausserordentlicher Gesandter der General Staaten der vereinigten Niederlande, in Schweden, starb den 25. April 1760 zu Stockholm […]“. Auch das Sterbedatum des Gesandten macht also klar, daß Kants Brief an Charlotte von Knobloch nicht 1758 geschrieben sein kann, wie Borowski meinte. Cf. Erl. 182.

186 *(S. 56)* Im Brief an Charlotte von Knobloch ist dieser zweite Bericht etwas ausgeschmückter wiedergegeben (cf. Beilage B.1, S. 89–90). Bemerkenswert ist, daß Kant seine Glaubwürdigkeit dort höher einschätzt, als er es in den *Träumen* tut. Er leitet ihn dort mit den Worten ein: „Um Ihnen, gnäd. Fräul. ein Paar Beweisthümer zu geben, wo das Ganze noch lebende Publikum Zeuge ist und der Mann, welcher es mir berichtet, es unmittelbar an Stelle und Ort hat untersuchen können,

so belieben Sie nur folgende zwei Begebenheiten zu vernehmen." Cf. ebd., S. 89.

187 *(S. 56)* Der Brand ereignete sich tatsächlich am 19. Juli 1759, nicht am Ende dieses Jahres. Er begann um die Mittagszeit und legte innerhalb von 14 Stunden die Marienkirche und mehr als 300 Häuser auf Södermalm in Schutt und Asche. [Reicke]

188 *(S. 56)* Gemeint ist die Nachricht von Swedenborgs Vision, nicht die vom Brand selbst.

189 *(S. 56)* Auch dieser dritte Bericht ist – ebenfalls in erweiterter Gestalt – Gegenstand des Briefs an Charlotte von Knobloch (cf. Beilage B.1, S. 90). Kant versieht ihn dort mit einer einleitenden Bemerkung, welche die Glaubwürdigkeit zeigt, die er dort willens ist, ihm beizulegen. „Die folgende Begebenheit aber scheint mir unter allen die größte Beweiskraft zu haben und benimmt wirklich allem erdenklichen Zweifel die Ausflucht." Nachdem er den Bericht präsentiert hat, beschließt er ihn mit den Worten: „Was kann man wider die Glaubwürdigkeit dieser Begebenheit anführen? Der Freund, der mir dieses schreibt, hat alles das nicht allein in Stockholm, sondern vor ungefähr 2 Monaten in Gothenburg selbst untersucht, wo er die ansehnlichsten Häuser sehr wohl kennt und wo er sich von einer ganzen Stadt, in der seit der kurzen Zeit von 1756 [recte: 1759. Hgg.] doch die meisten Augenzeugen noch leben, hat vollständig belehren können." Ebd., S. 91.

190 *(S. 57)* Für Wolff wird eine Welt zu einer Fabelwelt, in der das Prinzip vom zureichenden Grund aufgehoben ist. *„Sublato principio rationis sufficientis mundus verus abit in mundum fabulosum* […]". Diese Welt bezeichnet er mit demselben Ausdruck wie hier auch Kant als „Schlaraffenland". „Mundus fabulosus […] est fictio illepida, quae fabularum anilium absurdissima apud nos habetur et lingua nobis vernacula ‚*das Schlaraffenland*' appellatur" (*Philosophia Prima, sive Ontologia* [[1]1730]. Edidit et curavit Joannes Ecole. Reprint der 2. Aufl. Frankfurt, Leipzig 1736. Darmstadt 1962, § 77; S. 58, 59; H.i.O.). Bei Kant findet sich der Ausdruck ‚mundus fabulosus' in der Inauguraldissertation von 1770 (*De mundi sensibilis atque intelligibilis forma et principiis*. Ak II, 404_{04}). Für ‚Schlaraffenland' sind zwei weitere Okkurrenzen belegt (Ak IX, 419_{25} sowie Ak XV.1., 430_{16-17}). Georg Friedrich Meier folgt Wolffs Sprachgbrauch in seinen *Anfangsgründe[n] aller schönen Wissenschaften.* Erster Theil. 2. Aufl. Halle 1754. Reprint Hildesheim, New York 1976, § 96, S. 204 [= Documenta Linguistica.

Quellen zur Geschichte der deutschen Sprache des 15. bis 20. Jahrhunderts. Reihe V: Deutsche Grammatiken des 16. bis 18. Jahrhunderts]. Baumgarten setzt der transzendentalen Wahrheit den „OBJEKTIV VERSTANDENEN TRAUM" entgegen, den er als deren Verwirrung qualifiziert. Eine „Anhäufung von Träumen" nennt er eine „MÄRCHENWELT" und übersetzt „MUNDUS FABULOSUS" selbst mit „das Land der Wünsche" (*Metaphysica/Metaphysik*, § 91; a. a. O., S. 87; H.i.O.). An späterer Stelle bezeichnet Baumgarten eine solche Märchenwelt als ein ‚Unding' (‚nonentia', § 120, a. a. O., S. 98/99) bzw. als ‚keine Welt' (‚non est mundus', § 359, a. a. O., S. 198/199). Zu ‚mundus fabulosus' und zur Wortgeschichte von ‚Schlaraffenland' cf. die Studie von Sonia Carboncini: *Transzendentale Wahrheit und Traum. Christian Wolffs Antwort auf die Herausforderung durch den Cartesianischen Zweifel.* Stuttgart-Bad Cannstatt 1991, bes. S. 85–89 [= FMDA Abt. II, Bd. 5].

191 *(S. 57)* Von den „Scheingründen der Vernunft" ist noch ein weiteres Mal in den *Träumen* S. 64_{03} die Rede. Damit ist die spätere Besorgnis Kants antizipiert, die Vernunft könne eine dialektische Struktur aufweisen und sei deshalb zur Wahrheitsfindung grundsätzlich untauglich. Cf. *KrV* A 753/B 781.

192 *(S. 57)* Ein hapax legomenon in Kants Werk. Der Ausdruck findet sich weder in Grimms *Deutsche[m] Wörterbuch* verzeichnet noch in Johann Christoph Adelungs *Grammatisch-kritische[m] Wörterbuch der Hochdeutschen Mundart, mit beständiger Vergleichung der übrigen Mundarten, besonders aber des Oberdeutschen.* Mit D. W. Soltau's Beyträgen, revidirt und berichtiget von Franz Xaver Schönberger. Wien 1808.

193 *(S. 57)* Bernard le Bovier de Fontenelle (1657–1757). Kant zitiert gelegentlich aus seinen Werken. Das vorliegende Aperçu verwendet Kant Anfang der 1770er Jahre häufiger, so in der Refl. 487 (Ak XV.1., 208_{07}), Refl. 1486 (Ak XV.2., $709_{07\text{-}08}$) und in der *Anthropologie Collins* (Ak XXV.1., $110_{15\text{–}18}$): „Fontenelle sagt: Die ganze Welt ist voll Thoren, der wird aber für klug gehalten, deßen Thorheit von der allgemeinsten Classe ist. Wer aber nach seinen eigenen Thorheiten handelt, den hält man für Thörigt." Cf. auch die spätere *Anthropologie Busolt* vom Winter 1788/89 (Ak XXV.2., $1487_{15\text{–}18}$). Kants Quelle ist, worauf Adickes in seinem Kommentar zur Refl. 487 bereits hingewiesen hat, Fontenelles *Gespräche der Todten und Plutons Urtheil über dieselben;* zum ersten-

mahl ins Teutsche übersetzt, und mit einer Vorrede, von Gesprächen überhaupt, versehen von Joh.[ann] Christ.[oph] Gottsched. Leipzig 1727. „Die Unsinnigen sind bloß Narren von einer andern Gattung. Da die Thorheit aller Menschen von einer Gattung ist; so haben sie sich so leicht in einander zu schicken gewust, daß sie die allerfestesten Bande der menschlichen Gesellschaft haben knüpfen können [...]. Man nennet also niemanden mehr närrisch, als nur gewisse Narren, die so zu sagen nicht mit ins Spiel gehören, und deren Thorheit sich in die allgemeine nicht schicken, oder der gemeinen Lebensart nicht hat bequemen wollen." Ebd., S. 78.

194 *(S. 58)* Cf. den Artikel „Sympathie, Simpathie, Sympathia" in Zedlers *Grosse[m] vollständige[n] Universal-Lexicon*, a. a. O., Bd. 41, 1744, Sp. 744: „ Sympathie [...] ist 1) in der Natur-Lehre eine verborgene Uebereinstimmung zweyer Cörper und Neigung des einen zu dem andern und wird der Antipathie entgegen gesetzet. Von solcher Sympathie geben die Naturkündiger unzählbare Exempel in der grossen Welt, und finden sie zwischen den Planeten und gewissen Gewächsen, Metallen, Steinen, u. d. g. zwischen den Gewächsen, Thieren oder auch leblosen Dingen, z. E. Saturnus soll seinen Enfluß mittheilen den Löwen, Schweinen, Eseln [...] und andern Thieren, die des Nachts herum schwärmen."

195 *(S. 58)* Cf. den Artikel „Schwangere, schwangeres Weib" in Zedlers *Grosse[m] vollständige[n] Universal-Lexicon*, a. a. O., Bd. 35, 1743, Sp. 1853: „Was die Einbildung bey Schwangern auf ihre Frucht würcke, davon haben Harsdorfer, Digby, Th. Fled von den Kräfften der Einbildung, und andere fast unglaubliche Exempel. Die geringsten sind, daß durch fleißiges Ansehen eines Mohren, schwarze, eines gemahlten Bären, haarige Kinder zur Welt gebracht werden. Daher die Alten Fleiß angewendet, den Schwangern nichts als schöne Gestalten vor den Augen schweben zu lassen." Kant verweist derartige Einflüsse, wie sie bei Zedler behauptet werden, aus aufklärerischer Perspektive in den Bereich des Aberglaubens. Zu Beginn der 1770er Jahre distanziert er sich von solchen Ansichten abermals und mit großer Entschiedenheit. In der Zwischenzeit nämlich ist das Werk erschienen, das diesen Irrglauben aus medizinischer Sicht enttarnt hat und auf das Kant ausdrücklich verweist: Christian Rickmann: *Von der Unwahrheit des Versehens und der Hervorbringung der Muttermahle durch die Einbildungsraft.* Jena 1770. In der *Anthropologie Collins* vom Wintersemester 1772/73 heißt

es: „Der Wahn in Ansehung schwangerer Weiber wird noch lange fortdauren (Obgleich er durch medicinische Gründe längstens wiederlegt ist) […]“ (Ak XXV.1., 160_{10-12}; dort der Hinweis auf Rickmann). Die Frauen machen sich diesen Wahn jedoch zunutze, so diagnostiziert Kant in den Vorlesungsnachschriften zur Anthropologie, weil er ihren Interessen förderlich ist, indem er ihnen hilft, die Männer in die von ihnen gewünschte Richtung zu lenken (ebd., 160_{14-23}). Ebenso *Anthropologie Parow* [1772/73] (Ak XXV.1., 362_{02-11}); *Anthropologie Friedländer* [1775/76] (Ak XXV.1., 547_{30-32}); *Menschenkunde/Anthropologie Petersburg* [= *Menschenkunde Starke*] (Ak XXV.1., 1038_{25}-1039_{04}, 1112_{35}-1113_{02}). Kant kommt in den *Träumen* noch einmal und in gleichem Sinne auf das Thema zu sprechen (S. 71_{07-09}). Innerhalb der Druckschriften nimmt er in der 1785 verfaßten Schrift über die *Bestimmung des Begriffs einer Menschenrace* noch einmal auf die vermeintliche Macht der Einbildungskaft schwangerer Frauen samt ihrer Folgen Bezug und diskreditiert diese Ansicht. Ak VIII, 096_{22-23}.

196 *(S. 58)* Es handelt sich um die sog. „Bête du Gévaudan“, die 1764/65 zahlreiche Menschen, hauptsächlich Kinder und Frauen, im Gévaudan (Südfrankreich) getötet haben soll. Es gibt viele Theorien dazu, darunter die, daß es sich hierbei um einen Serienmörder, eine Hyäne, ein Wolfsrudel oder gar einen Werwolf gehandelt habe. In Frankreich sind diese Ereignisse bis heute noch ein Thema. Im Jahr 2001 kam der Film *Le pacte des loups* in die Kinos, zudem liegen einige literarische Bearbeitungen des Stoffs vor. Auch in Deutschland erregten die Berichte aus Frankreich großes Aufsehen und wurden Gegenstand einiger Abhandlungen, darunter: [Anonym]: *Eigentliche Abbildung des in Frankreich grausam wütenden Tiers, der Hyäne: nebst deutlicher Beschreibung v. desselben Eigenschaften.* O.O. 1765; [Anonym]: *Sendschreiben eines Naturforschers in Languedoc, an einen seiner Freunde, worinnen das Raubthier die Hyäne, physikalisch beschrieben und in Kupfer abgebildet ist.* Aus dem Französischen übersetzt. Frankfurt, Leipzig 1765; [Anonym]: *Eigentliche und wahrhaffte Beschreibung und Abschilderung des Gevaudan in der Provinz Languedoc in Franckreich dermalen sich zeigenden wilden und reissenden Thiers Hyene, sonst Vielfraß genannt, welches viele Menschen umgebracht.* Straßburg 1765; Johann Eustachius Goldhagen: *Zu einer Redeübung, welche in der Domschule, den 2ten May, Nachmittages um 2 Uhr, angestellet werden soll, ladet Hohe Patronen und Geneigte Gönner unterthänig, gehor-*

samst und ergebenst ein, und ertheilet dabey eine kurze Nachricht von der Hyäne. Magdeburg 1765. Auch die *Königsbergsche[n] Gelehrte[n] und Politische[n] Zeitungen* kamen im Jahr 1764 wiederholt auf die gemeldeten Vorgänge zu sprechen. „*Paris*, den 24. Nov. Von Marvejois in der Landschaft Gevosdan [!] wird gemeldet, daß sich in der Gegend von Langogne [?] in dem Walde de Mercoire seit einigen Wochen ein wildes unbekanntes Thier habe sehen lassen welches schon über 20 Personen und besonders Kinder aufgefressen, so daß die Holzhauer nicht mehr in den Wald gehen wollen. Dieses Thier ist grösser als ein Wolf, röthlich von Farbe mit einem schwarzen Strich auf dem Rücken und vor der Brust grau. Sein Kopf ist groß, der Rachen weis und schwarz mit starken und scharfen Zähnen besetzt und an den Tatzen hat es Klauen. Dabey besitzt es eine außerordentliche Geschwindigkeit, und man sieht es in kurzer Zeit an Orten, die 3 bis 4 Meilen voneinander liegen. Der Schrecken in der Provinz ist allgemein, man hat öffentliche Gebete angestellet, und der Marquis von Marangis hat 400 Bauren aufgeboten, um dieses Thier zu tödten, sie haben ihm aber noch nicht beykommen können“ (91tes Stück, Freitag, den 14. December 1764, S. 363). Sodann: „*Paris*, den 26. Nov.: Das reißende Thier, welches in dem Walde de Mercoire bey Gevosdan [!] so vielen Schaden verursachet ist getödtet worden. Es war eine aus dem Savoyischen Thiergarten entlaufne Hyäne“ (ebd., 92tes Stück. Montag, den 17. December 1764, S. 367). Im Jahr darauf erschien in Kanters Zeitung ein kurzes Gedicht „Das berühmte Raubthier in Frankreich“. Das alles zeigt, wie geläufig und offenbar vieldiskutiert die ganze Sache auch ein Jahr später in Königsberg noch war (ebd., 76. Stück. Montag, 23. September 1765, S. 306). Auch nach der Publikation von Kants *Träumen* war das Interesse der deutschen Leserschaft offenbar noch nicht erloschen. Cf. [Anonym]: *Beschreibung der Hyäne, eines afrikanischen Raubthieres. Mit einem Kupfer*. In: *Berlinische Sammlungen zur Beförderung der Arzneywissenschaft, der Naturgeschichte, der Haushaltungskunst, Cameralwissenschaft und der dahin einschlagenden Litteratur.* 2. Bd., 1. Stück. Berlin 1770, S. 186–197. Dort heißt es S. 197 am Schluß des Beitrags: „Vielen unsrer Leser werden bey dieser Gelegenheit noch eine Menge Grausamkeiten, welche in den Jahren 1765 und 66 von diesem Thier in öffentlichen Blättern bekannt gemacht wurden, und die außerordentliche List einfallen, mit welcher es sich lange den entsetzlichsten Verfolgungen zu entziehen wußte.“

197 *(S. 58)* Artemidor von Daldis (erste Hälfte des 2. Jh. n. Chr.) war ein berühmter Traumdeuter und Verfasser der *Oneirocritica*, deren Zielsetzung eine wissenschaftlich erarbeitete Traumdeutung war. Das Werk erschien zunächst in drei, später in fünf Büchern. Kant erwähnt Artemidor bereits in den frühen Notaten zu Baumgartens *Metaphysica* (N 623u. Kant: *Neue Reflexionen*, a. a. O., S. 233), sodann in den Refl. 396 (Ak XV.1., 159_{03}) und Refl. 1486 (Ak XV.2., 708_{12}) aus der Mitte der 1770er Jahre sowie in der späten Refl. 1507 (Ak XV.2., 816_{25}). In der *Menschenkunde/Anthropologie Petersburg* [= *Menschenkunde Starke*] heißt es: „Artemidorus reiste in Griechenland bei allen alten Weibern herum, um sie wegen der Träume und deren Erfüllung zu befragen" (Ak XXV.2., $1018_{07\text{-}08}$). Kant bezieht sich mit dieser Bemerkung auf die Vorrede Artemidors zu Buch I. „[...] hab ich gleichwol [...] viel Jahr lang in Griechenland beyde in den Städten und in ihren Versammlungen mich zu ihnen gehalten: Deßgleichen auch in Asia/ Italia / samt andern grossen und Volckreichen Inseln und Landen / bin ich von ihnen nicht gewichen / damit ich die alten Träume und darauff erfolgten Außgänge und Fälle möchte hören und erlernen." *Artemidori des Griechischen Philosophi Grösseres und Recht vollkommnes Traum-Buch/Darinnen vom Ursprunge/Unterscheid und Bedeutung allerhand Träume / wie dieselben einem im Schlaffe vorkommen mögen / Auß Natürlichen Ursachen gründlich außgelegt und erkläret / Sammt Einer Erinnerung Philippi Melanchthonis Vom Unterscheid der Träume / und Angehengtem Berichte/Was von Träumen zu halten sey. Um ein gutes vermehret und mit einem vollständigen Register verbessert.* Leipzig 1677, S. 75.

198 *(S. 58)* Das Grimmsche *Deutsche Wörterbuch* erklärt zu ‚verhüten': „in früherer zeit gewöhnlich mit einem negierten, heute gewöhnlicher mit einem positive satze". Art. „verhüten" (Nr. 4, gegen Ende), a. a. O., Bd. 25, Sp. 595. Als Beispiel wird dort eine Stelle aus Kants *Pädagogik* angeführt, wo Kant ‚verhüten' ebenfalls noch mit einem ‚nicht' konstruiert (Ak IX, $459_{09\text{-}11}$). Weitere Belege hierfür finden sich u. a. in den *Prolegomena* (Ak IV, $292_{13\text{–}14}$), der *Kritik der praktischen Vernunft* (Ak V, 141_{13}) sowie in der Religionsschrift (Ak VI, $060_{26\text{–}27}$). Schubert schlägt daher mit gutem Grund anstelle von „damit nicht dereinst" die Lesart „damit dereinst" vor, was dem modernen Sprachempfinden entspricht. Cf. die textkritische Fußnote zu dieser Stelle.

199 *(S. 58)* Gelegentlich steht ‚damit' bei Kant auf der Grenze zwischen konsekutiver und finaler Bedeutung.

200 *(S. 58)* Flavius Philostratos (165/170–244/249 n. Chr.) wird nur an dieser Stelle des Kantischen Werks genannt. Der hier gemeinte Philostratos ist der zweite von vier Trägern dieses Namens aus Lemnos. Er ist mit Biographien der Sophisten hervorgetreten und verfaßte auf Veranlassung der Kaiserin Iulia Domna eine Lebensbeschreibung des Apollonios von Tyana (um 40 – um 120 n. Chr.), die das gängige Bild von diesem glorifizierend korrigieren sollte. Apollonios hatte einen zweifelhaften Ruf, er war von neupythagoreischen Vorstellungen erfüllt und galt als Magier, wenn nicht als Schwindler und Scharlatan. Die Darstellung des Philostratos, die auf unzuverlässigen Quellen aufbaut und wissenschaftlich insofern wertlos ist, stellt ihn als Wundertäter und weisen Philosophen dar, was bereits in der Antike zu einem Vergleich seines Wirkens mit Jesus führte. Angesichts der beachtlichen Beliebtheit dieser Biographie hat sich das positive Bild des Apollonios von Tyana in der Geschichte festgesetzt.

201 *(S. 58)* Cf. die voranstehende Erläuterung.

202 *(S. 59)* Horaz: *Epistulae* II.2,208-209: „Träume, Zauberschrecken, Wunder, Hexen, Nachtgespenster, thessalische[r] Hokuspokus". *Sämtliche Gedichte*, a. a. O., S. 628/629. Das auf „Thessala" folgende und den Satz abschließende Prädikat „rides" – „du belächelst" – hat Kant ausgelassen.

203 *(S. 59)* Zu den Termini ‚dogmatisch' und ‚historisch' cf. die Erl. 14, 170, 273.

204 *(S. 59)* Die Begriffe ‚a priori' und ‚a posteriori' kommen je zweimal in den *Träumen* vor, an der vorliegenden Stelle und in demselben Absatz ein weiteres Mal. Es ist zu beachten, daß sie hier noch nicht in dem Sinne zu verstehen sind, wie Kant sie später in der *Kritik der reinen Vernunft* definiert (cf. *KrV* B 1–6). Hier sind die Begriffe im vorkritischen Sinne zu verstehen und meinen im Falle von ‚a priori' soviel wie ‚von der Ursache aus' und im Falle von ‚a posteriori' soviel wie ‚von der Wirkung her'.

205 *(S. 60)* Epikur (341–270 v. Chr.) zufolge fallen die Atome – die einzigen Entitäten, die es seiner Ansicht nach außer dem Vakuum überhaupt gibt – in einer Art Regen bei paralleler Anordnung der Teilchen senkrecht von oben nach unten. Durch minimale, nicht pro-

gnostizierbare und unbegründbare Abweichungen einiger Atome von ihren Bahnen kommt es zu Kollisionen und Zusammenballungen von Atomen und infolge der nun größeren Massen dieser Atomverbände zu weiteren Kollisionen, aus denen schließlich die Körperwelt entsteht. Diese Ablenkung trägt den Namen ‚Parenklisis' oder lateinisch ‚Clinamen'. Bei Epikur findet sich der Ausdruck noch nicht, aber sein bedeutendster römischer Anhänger Lukrez handelt davon in seinem Lehrgedicht *De Rerum Natura* (Buch II, 216–250). Kant kommt in seinen vorkritischen Schriften wiederholt auf die epikureische Theorie der Kosmogonie zu sprechen und distanziert sich von ihr, und zwar sowohl wegen ihrer schon in der Antike angemahnten konzeptionellen Ungereimtheit der Unerklärbarkeit der Parenklisis wie auch wegen des propagierten Materialismus, der den Atheismus nach sich zieht. Cf. die *Allgemeine Naturgeschichte und Theorie des Himmels* (Ak I, 222–228) sowie den *Einzig mögliche[n] Beweisgrund*. Cf. die in Erl. 58 angeführten Belege.

206 *(S. 60)* Kant skizziert im Voranstehenden die beiden einander entgegengesetzten Methoden des Empirismus und des Rationalismus, nennt Motive für die Wahl des einen wie des anderen Verfahrens und kritisiert sie beide. Das induktive Vorgehen des Empirismus, so macht er hier und auch später immer wieder geltend, vermag das philosophische Bedürfnis nach Letztbegründung nicht zu befriedigen. Der entgegengesetzte Weg des Rationalismus setzt bei den höchsten Prinzipien ein, die aber von so großer Allgemeinheit sind, daß sie keine Antworten auf spezielle Fragen geben können, sondern dazu erst vom Philosophen in bestimmte Bahnen gelenkt werden müssen, was auf eine gewisse Willkürlichkeit hinausläuft. Kant will beide Positionen schließlich mit seiner Transzendentalphilosophie überwinden, indem er ihre berechtigten Ansprüche durch den transzendentalen Zugang miteinander versöhnt und in diesem Sinne in seiner Philosophie aufhebt. Diesen philosophiehistorischen Entwicklungsprozeß erachtet Kant als notwendig und macht ihn in den Entwürfen zur späten *Preisschrift über die Fortschritte der Metaphysik* zum Thema. Ak XX, 253–332.

207 *(S. 60)* Der Ausdruck ‚das Undenkliche' kommt zweimal in Kants Werk vor, beide Male in den *Träumen*, einmal hier und zuvor bereits zur Charakterisierung der Metaphysik des Crusius und damit in einem ganz anderen Kontext (S. 37_{17}). Es ist aber fraglich, ob vorliegend nicht vielmehr – wie H II druckt und Ak 1905 erwägt (cf. die

textkritische Fußnote) – ‚das Unendliche‘ anstatt ‚das Undenkliche‘ zu lesen ist, wie es vom Satzsinn gefordert zu sein scheint. So verstehen auch folgende Übersetzungen diese Stelle: Courtès, Lortholary: „indéfiniment“; Goerwitz/Sewall: „infinity“; Salmona: „indefinitamente“; Venturini: „all'infinito“.

208 *(S. 60)* Zum Begriff ‚Clinamen‘ cf. Erl. 205.

209 *(S. 61)* Vergil: *Bucolica* III, 63: „[Galatea] flüchtet ins Weidengebüsch und wär nur zu gern noch gesehen.“ *Landleben. Bucolica. Georgica. Catalepton.* Ed. Johannes und Maria Götte. *Vergil-Viten.* Ed. Karl Bayer. Lateinisch-Deutsch. Verbesserte Neuauflage München 1977, S. 18/19.

210 *(S. 62)* Einziger Beleg für ‚wiedersuchen‘ in Kants Werken. Cf. Grimm: *Deutsches Wörterbuch*, Art. „wi(e)dersuchen“, a. a. O., Bd. 29, Sp. 1330: *„ricercare, cercare di nuovo […], rechercher, chercher de nouveau.“*

211 *(S. 62)* In Ludovico Ariostos (1474–1533) Versepos *Rolando furioso* unternimmt Astolfo unter Leitung des Hl. Johannes eine Reise zum Mond, um Rolands Wahnsinn zu heilen. Dort befindet sich ein Tal, in dem alles versammelt ist, was auf der Erde verlorenging. Das betrifft auch den verlorenen Verstand der Menschen, der dort in Flaschen aufbewahrt wird, die mit Etiketten versehen sind, auf denen der Name der betreffenden Person steht. Je mehr Verstand den Menschen auf der Erde abhanden kam, desto reicher sind die Flaschen dort damit gefüllt (Ludovico Ariosto: *Der rasende Roland [Orlando furioso].* 2 Bde. In der Übertragung von Johann Diederich Gries; Textredaktion Susanne Eversmann. Mit Illustrationen von Gustave Doré, Zeittafel sowie Erläuterungen und einem Nachwort von Horst Rüdiger. München 1980, Bd. II, 34. Gesang, Nr. 67–87, S. 261–267). Ob Kant Ariostos Epos gelesen hat, erscheint indes fraglich. Kant erwähnt diese Episode aber bereits in der Refl. 2112 aus den Jahren 1755–56 (Ak XVI, 239_{12-14}) und auch in den Notaten, die er im gleichen Zeitraum zu Baumgartens *Metaphysica* schreibt (N 591g. Kant: *Neue Reflexionen*, a. a. O., S. 217). Möglicherweise war er in Fontenelles *Entretiens sur la pluralité des mondes* auf sie gestoßen; ein Werk, das er nachweislich kannte (cf. die entsprechenden Belege im *Personenindex 2. Stufe zu „Kant's Gesammelte Schriften“*, a. a. O., Buchstabe F, S. 51–53) und von dem es eine zeitgenössische deutsche Übersetzung gab: *Herrn Bernhards von Fontenelle […] Auserlesene Schriften, nämlich von mehr als einer Welt,*

Gespräche der Todten, und die Historie der heydnischen Orakel; vormals einzeln herausgegeben, nun aber mit verschiedenen Zugaben und schönen Kupfern vermehret ans Licht gestellt, von Johann Christoph Gottscheden. Leipzig 1751. Zweyter Abend, S. 61–63. Eine Anspielung auf den „Weisen", der „[...] etwa im Monde gesucht werden [kann]", weil „[...] man daselbst [vielleicht] ohne Leidenschaft ist und unendlich viel Vernunft hat", findet sich bereits in dem *Versuch über die Krankheiten des Kopfes.* Ak II, $262_{06\text{-}08}$.

212 *(S. 62)* Cf. den *Versuch über die Krankheiten des Kopfes*: „Sonst sehen durch eine gewöhnliche Verblendung die Menschen nicht, was da ist, sondern was ihnen ihre Neigung vormalt, der Naturaliensammler im Florentinerstein Städte, der Andächtige im gefleckten Marmor die Passionsgeschichte, jene Dame durch ein Seherohr im Monde die Schatten zweier Verliebten, ihr Pfarrer aber zwei Kirchthürme. Der Schrecken macht aus den Strahlen des Nordlichts Spieße und Schwerter und bei der Dämmerung aus einem Wegweiser ein Riesengespenst" (Ak II, 265_{33}-266_{03}). Kant kommt auf die unterschiedliche Beurteilung des Wahrgenommenen seitens der Dame und des Pfarrers des öfteren zu sprechen, so noch in der *Anthropologie in pragmatischer Hinsicht*, § 32. Ak VII, $179_{11\text{-}14}$.

213 *(S. 62)* „Hie ist Weisheit. Wer verstand hat / der vberlege die zal des Thiers / denn es ist eines Menschen zal / Vnd seine zal ist sechs hundert vnd sechs vnd sechzig" (Offb 13,18). Die Zahl 666 führt Kant auch in der Abhandlung *Die falsche Spitzfindigkeit der vier syllogistischen Figuren erwiesen* von 1762 als ein Beispiel für das „Loos des menschlichen Verstandes" an: „[...] entweder er ist grüblerisch und geräth auf Fratzen, oder er hascht verwegen nach zu großen Gegenständen und bauet Luftschlösser. Von dem großen Haufen der Denker wählt der eine die Zahl 666, der andere den Ursprung der Thiere und Pflanzen, oder die Geheimnisse der Vorsehung" (Ak II, $057_{06\text{-}10}$). [Courtès]. Zur „apocalytische[n] Zahl 666" cf. auch Kants Brief an Abraham Jacob Penzel vom 12. August 1777. Ak X, 210_{22}.

214 *(S. 62)* Die päpstliche Tiara. Kant hatte sie zu Beginn der Abhandlung bereits erwähnt. Cf. Erl. 6.

215 *(S. 62)* Christian Ludwig Liscow (1701–1760). Kant schätzte den satirischen Prosadichter den Worten Karl Vorländers zufolge zwar (*Immanuel Kant. Der Mann und das Werk*. Zweite, erweiterte Aufl. Mit einem Beitrag „Kants Opus postumum" von Wolfgang Ritzel.

Unter Mitarbeit von Konrad Kopper hg. von Rudolf Malter. Hamburg 1977, Bd. I, S. 376), erwähnt ihn jedoch nur an dieser Stelle seines Werks. Kant bezieht sich auf dessen *Sammlung Satyrischer und Ernsthafter Schriften.* Frankfurt und Leipzig 1739, näherhin auf deren zweite Abhandlung *Vitrea fracta, oder des Ritters Robert Cliston Schreiben an einen gelehrten Samojeden, betreffend die seltsamen und nachdenklichen Figuren, welche derselbe den 13 Jan. st. v. 1732. auf einer gefrornen Fensterscheibe wahrgenommen.* Aus dem Englischen ins Deutsche übersetzt. Frankfurt und Leipzig 1732. Dort liest man S. 55: „Sie sehen [sc. auf der Fenster-Scheibe, Hgg.], mein Herr, in der Mitte ein Menschenangesicht, auf dessen Stirne die Zahl 666 sich deutlich zeiget."

216 *(S. 62)* Das Werk befand sich nicht – mehr – unter dem Bestand der Bücher Kants, den Warda für seine Bibliographie erfaßte. Sein vollständiger Titel ist oben in Erl. 13 angeführt.

217 *(S. 63)* Johann August Ernesti (1707–1781): *Neue theologische Bibliothek, darinnen von den neuesten theologischen Büchern und Schriften Nachricht gegeben wird.* Bd. I, 6. Stück. Leipzig 1761. No III: „Arcana coelestia, quae in Scriptura S. s. Verbo Domini sunt detecta [...]. Partes XIII", S. 515–527. Ernesti kommt zu folgendem Resümee: „Wir tragen Bedenken, unsern Lesern mit einem längern Auszuge beschwerlich zu fallen. Man sieht ohnschwer ein, daß der Verfasser den Naturalismum, und seine philosophischen Meynungen unter dieser fanatischen Gestalt vortragen wollen, und daß dies ein Roman von einer neuen Art sey [...]". Ernesti wirft Swedenborg vor, daß er „[...] die heil. Schrift [...] misbraucht und verdrehet [...]", was „höchststrafbar" sei. Eine verführerische Kraft mißt er dem Werk dennoch nicht bei, „[...] ungeachtet leider viele Leute anfangen, an solchen Träumen [!] einen Gefallen zu haben". Ebd., S. 527.

218 *(S. 63)* „Das Gehörte und Gesehene." – Zu Beginn der *Arcana Coelestia* teilt Swedenborg folgendes mit: „Da (mir) vermöge der göttlichen Barmherzigkeit des Herrn verliehen worden ist, den inneren Sinn des Wortes zu wissen, und in diesem die tiefsten Geheimnisse enthalten sind, die nie zuvor in jemandes Erkenntnis gekommen sind und auch nicht kommen können, wenn man nicht weiß, wie sich die Dinge im anderen Leben verhalten, (denn das meiste, was im inneren Sinn des Wortes enthalten ist, bezieht sich auf diese, gedenkt ihrer und schließt sie in sich); so ist (mir) gestattet worden, zu eröffnen,

was ich nun etliche Jahre hindurch, während welcher mir verliehen war, mit Geistern und Engeln umzugehen, gehört und gesehen habe" (HG 67, Bd. I, S. 67). Cf. auch HG I, 68 und 70 (ebd.): „Da ich eröffnen darf, was ich nun einige Jahre hindurch gehört und gesehen habe [...]". Diese Berichte ließ Swedenborg 1758 in London separat mit einem Umfang von 272 Seiten unter dem Titel *De Coelo et ejus Mirabilius, et de Inferno, ex Auditis et Visis* publizieren. Die deutsche Übersetzung dieses Werks durch Johann Friedrich Immanuel Tafel liegt in revidierter Fassung vor als: *Himmel und Hölle nach Gesehenem und Gehörtem.* Hg. und umfangreich kommentiert von Hans-J. Hube. 3. Aufl. Ulm 2013. Der Zeitraum, auf den Swedenborgs Kontakt mit der Geisterwelt zu datieren ist, erstreckt sich von den Jahren 1744–45, als er zwei Geistererscheinungnen erlebte, bis zu seinem Tode 1772, also über insgesamt 28 Jahre. Kant gibt den Zeitraum mit „mehr als zwanzig Jahren" (S. 54_{16}) wie bereits erwähnt also ganz richtig an.

219 *(S. 63)* Der Ausdruck ‚Luftschiff' kommt bei Kant außer an dieser Stelle nur noch ein weiteres Mal in der Refl. 3152 aus dem Zeitraum 1752–55/56 (Ak XVI, 683_{05}) vor. Der Begriff ist aber schon vor Kant gebräuchlich. Zedler teilt am Ende des Artikels „Schiff" mit, daß „[...] so wohl die alten als neuen Mechanici fleißig nachgeforschet, ob man nicht ein *Luft-Schiff*, Navigium aëreum, oder ein solches Schiff, darauf man in der Lufft fahren könnte ausfindig machen und verfertigen könne." Es sei aber „[...] erwiesen, daß [diese Kunst] [...] in der Natur unmöglich sey" (*Grosses vollständiges Universal-Lexicon*, a. a. O., Bd. 34, 1742, Sp. 1483; H.i.O.). Zedler hat auch einen Artikel „Lufft-Schiff-Kunst", der detaillierter über die Autoren informiert, die sich dieses Themas angenommen haben. Auch er schließt eher ablehnend. *Grosses vollständiges Universal-Lexicon*, a. a. O., Bd. 18, 1738, Sp. 1048 f.

220 *(S. 63)* In dem *Versuch über die Krankheiten des Kopfes* charakterisiert Kant den *„Fanatiker (Visionär, Schwärmer)"* folgendermaßen: Er „[...] ist eigentlich ein Verrückter von einer vermeinten unmittelbaren Eingebung und einer großen Vertraulichkeit mit den Mächten des Himmels. Die menschliche Natur kennt kein gefährlicheres Blendwerk." Ak II, 267_{12-15}; H.i.O.

221 *(S. 63)* Zum Vorwurf des Betruges cf. Erl. 180.

222 *(S. 63)* Eine „Täuschung der Sinne" hatte Kant zuvor schon als die Ursache der „Krankheit des Phantasten" ausgemacht (S. 45_{01-03}). Dort hatte er auch bereits mit dem gleichen Argument wie hier die

Diagnose gestellt, daß die Vernunft gegen diese Täuschung der Sinne machtlos ist.

223 *(S. 63)* Entsprechend der Klassifizierung der mentalen Störungen in drei Klassen, die Kant in dem *Versuch über die Krankheiten des Kopfes* (Ak II, $264_{05\text{-}12}$) vorgenommen hatte. Zitiert in Erl. 138.

224 *(S. 64)* Die Rinde der Quinquina, die zur Gattung der Chinarindenbäume gehört, enthält Chinin und wurde u. a. zur Behandlung von Malaria und Fieber verwendet. Kant selbst hat das Mittel konsumiert. Am 7. Juni 1771 teilt er seinem Schüler und Arzt Marcus Herz mit: „[...] der tägliche Gebrauch der Chinarinde seit dem October vorigten Jahres [hat] selbst nach dem Urtheil meiner Bekanten mir schon sichtbarlich aufgeholfen." Ak X, $123_{16\text{–}18}$.

225 *(S. 64)* Von diesen drei Arten bezeichnet Swedenborg die ersten beiden Arten als „Gesichte (visiones)", nicht aber die dritte (HG 1882, Bd. XV, S. 112). Sie sind ihm „[...] bloß zu dem Ende gezeigt, daß ich wissen möchte, wie sie beschaffen sind". HG 1885, Bd. XV, S. 113f.

226 *(S. 64)* „Was das erste betrifft, nämlich das Entrücktwerden (abduci a corpore), so verhält es sich damit so: der Mensch wird in einen Zustand versetzt, der zwischen Schlafen und Wachen die Mitte hält [...]. In diesem Zustand sind die Geister und Engel auch ganz lebhaft von mir gesehen, auch gehört, und merkwürdigerweise sogar betastet worden [...]. In diesen Zustand bin ich nur drei- oder viermal versetzt worden, nur damit ich wußte, wie es sich damit verhält [...]". HG 1883, Bd. XV, S. 113.

227 *(S. 64)* „Was das andere betrifft, das ‚vom Geist an einen anderen Ort weggeführt werden', so wurde mir durch lebendige Erfahrung gezeigt, was es ist [...]. Allein dies bloß zwei- oder dreimal. [...]. Durch die Gassen einer Stadt, und durch Gefilde wandelnd und zugleich auch im Gespräch mit Geistern, wußte ich nicht anders, als daß ich so wach und sehend sei wie zu anderen Zeiten, so wandelte ich ohne mich zu verirren, und inzwischen war ich im Gesicht, in dem ich Haine, Flüsse, Paläste, Häuser, Menschen und vieles andere sah. Nachdem ich aber so etliche Stunden gewandelt [...]". HG 1884, Bd. XV, S. 113.

228 *(S. 64)* Diese dritte Art bezeichnet Swedenborg ausdrücklich nicht als Gesicht, sondern als „ordentlich Gesehenes (vis ordinaria) [...] vermöge der göttlichen Barmherzigkeit des Herrn". Es handelt sich um „[...] Gesehenes (vis) im höchsten Wachsein des Körpers, und zwar nun schon mehrere Jahre hindurch". HG 1885, Bd. XV, S. 114.

229 *(S. 65)* „Es ist mir aus der göttlichen Barmherzigkeit des Herrn gegeben." Swedenborgs immer wiederkehrende Formulierung lautet „ex Divina Domini Misericordia", wie Kant an der vorliegenden Stelle zutreffend zitiert. Cf. etwa HG 67, Bd. I, S. 67.

230 *(S. 65)* Diese Unterscheidung präsentiert Swedenborg HG 2469–2494, Bd. XV, S. 137–145, unter der Überschrift „Vom Gedächtnis des Menschen, sofern es nach dem Tode bleibt, und von der Rückerinnerung an das, was er bei Leibesleben getan hat".

231 *(S. 65)* „Alles, was immer ein Mensch hört und sieht, und wovon er angeregt wird, das dringt nach seinen Vorstellungen und Zwecken ohne Wissen des Menschen in sein inneres Gedächtnis ein und bleibt in diesem, so daß gar nichts verlorengeht, obwohl es sich im äußeren Gedächtnis verwischt. Das innere Gedächtnis ist also von der Art, daß ihm das einzelne, ja das allereinzelnste, was je ein Mensch gedacht, geredet und getan hat, ja was ihm wie ein Schatten erschienen ist, mit den geringsten Kleinigkeiten (cum minutissimis), von der ersten Kindheit bis zum letzten Augenblick des Greisenalters, eingeschrieben ist. Das Gedächtnis von all diesen Dingen hat der Mensch bei sich, wenn er ins andere Leben kommt, und er wird nach und nach zu aller Erinnerung daran hingeführt. Dies ist das Buch seines Lebens, das im anderen Leben geöffnet und nach dem er gerichtet wird. Dies kann der Mensch kaum glauben, allein es ist dennoch ganz gewiß wahr. Alle Endzwecke, die für ihn im Dunkeln waren, und alle Gedanken, wie auch alle Reden und Handlungen von daher, sind bis auf das kleinste Tüpfelchen in jenem Buch, d. h. im inneren Gedächtnis, und liegen, so oft der Herr es gestattet, den Engeln offen da wie am hellen Tag." HG 2474, Bd. XV, S. 139.

232 *(S. 65)* Cf. hiezu das Kapitel „Vom Reden der Geister und Engel" (HG 1637–1649, Bd. XV, S. 92–101). In HG 1637, Bd. XV, S. 93, liest man: „Zu den Wunderdingen, die sich im anderen Leben finden, gehört auch dies, daß das Reden der Geister mit dem Menschen in dessen Muttersprache geschieht, die sie so fertig und geschickt reden, wie wenn sie in demselben Lande geboren und in derselben Sprache erzogen worden wären, und zwar dies (ohne Unterschied), mögen sie nun aus Europa, oder aus Asien, oder aus einem anderen Weltteil sein. In gleicher Weise diejenigen, die vor Tausenden von Jahren gelebt hatten, ehe diese Sprache existierte. Ja die Geister wissen nicht anders, als daß die Sprache, in der sie mit dem Menschen reden, ihre eigene und

die ihres Vaterlandes sei. Ebenso verhält es sich mit anderen Sprachen, die der Mensch versteht. Außer diesen aber können sie, wofern ihnen dies nicht unmittelbar vom Herrn gegeben worden ist, kein Wörtchen einer anderen Sprache vorbringen." Cf. auch HG 2472, Bd. XV, S. 138: „Daher kommt, daß die Menschen, solange sie im Leibe leben, unter sich nur reden können durch Sprachen, die in artikulierte Laute, d. h. in Wörter gesondert sind, und sich gegenseitig nicht verständigen können, wenn sie diese Sprachen nicht verstehen, und zwar darum nicht, weil dies aus dem äußeren Gedächtnis geschieht: daß hingegen die Geister unter sich durch eine Universalsprache reden, die in Vorstellungen, wie sie dem eigentlichen Denken angehören, geschieden ist, und daß sie sich so mit einem jeden Geist unterhalten können, was immer für einer Sprache und Nation in der Welt er angehört haben mochte. Der Grund ist, daß dies aus dem inneren Gedächtnis geschieht. In diese Sprache kommt jeder Mensch sogleich nach dem Tode [...]".

233 *(S. 65)* „Durch viele Erfahrung wurde mir zu wissen gegeben, daß die Geister meinen, alles, was sie aus dem Gedächtnis des Menschen denken und reden, sei ihr eigen und in ihnen. Wenn man ihnen sagt, daß es nicht so sei, werden sie sehr unwillig; eine solche Sinnestäuschung herrscht bei ihnen" (HG 5858, Bd. XV, S. 314). Zur Unerkennbarkeit der materiellen Welt für die Geister cf. HG 1880, Bd. XV, S. 111: „Was übrigens im allgemeinen die Engel und Geister betrifft [...], so haben sie viel schärfere Sinne als die Menschen: nämlich das Gesicht, das Gehör, den Geruch und den Tastsinn, nicht aber den Geschmack. Doch können die Geister und noch weniger die Engel mit ihrem Gesichtssinn, das ist mit dem Gesicht des Geistes, etwas von dem sehen, das in der Welt ist, denn für sie ist das Welt- oder Sonnenlicht wie ein dichtes Dunkel [...]".

234 *(S. 65)* „allein" im Sinne von „aber".

235 *(S. 66)* „Dennoch aber können die Geister und die Engel, wenn es dem Herrn gefällt, die Dinge, die in der Welt sind, durch die Augen eines Menschen sehen, allein dies gestattet der Herr bei keinem anderen, als dem der Herr verleiht, mit Geistern und Engeln zu reden, und mit ihnen zusammen zu sein. Durch meine Augen durften sie die in der Welt befindlichen Dinge sehen, und zwar so deutlich wie ich (selbst), und dann auch die Menschen mit mir reden hören." HG 1880, Bd. XV, S. 111. – Goerwitz/Sewall machen darauf aufmerksam, daß Goethe von dieser Vorstellung Gebrauch macht, wenn er am Ende von *Faust II* den

Pater Seraphicus zu dem Chor der Seligen Knaben sagen läßt: „Steigt herab in meiner Augen / Welt- und erdgemäß Organ, / Könnt sie als die euern brauchen / Schaut euch diese Gegend an!“ *Goethes Werke.* Hamburger Ausgabe. Bd. III. Textkritisch durchgesehen von Erich Trunz. Neunte Aufl. Hamburg 1972, V. 11906–09.

236 *(S. 66)* „Mit dem Einfließen aus der geistigen Welt in den Menschen verhält es sich im allgemeinen so, daß der Mensch nichts denken und nichts wollen kann von sich, sondern daß alles einfließt, das Gute und Wahre vom Herrn durch den Himmel, somit durch die Engel, die beim Menschen sind, das Böse und Falsche von der Hölle, somit durch die bösen Geister, die beim Menschen sind; und zwar in das Denken und Wollen des Menschen. Ich weiß wohl, daß dieses als sehr widersinnig erscheinen wird, weil es dem Anschein entgegen ist, aber die wirkliche Erfahrung wird lehren, wie sich die Sache verhält. Denn gar kein Mensch, Geist oder Engel hat Leben von sich, und kann also auch nicht von sich denken und wollen.“ HG 5846–5847, Bd. XV, S. 336.

237 *(S. 66)* „Zu den Wundererscheinungen im anderen Leben gehört [...], daß die Geister- und Engelvereine unter sich nach den Lagen geschieden erscheinen, obwohl die Orte und Entfernungen im anderen Leben nichts anderes sind, als Zustandsverschiedenheiten“ (HG 1274, Bd. XV, S. 67). „Menschen, die einige hundert oder tausend Meilen voneinander entfernt leben, sind, wenn sie vor dem inneren Sinn erscheinen, so nahe, daß einige von ihnen einander berühren, gemäß der Lage. Somit, wenn sich mehrere auf Erden fänden, denen der innere Sinn geöffnet wäre, so könnten sie beisammen sein und sich miteinander unterreden, wenn auch der eine in Indien, der andere in Europa sich befände [...]“. HG 1277, Bd. XV, S. 69.

238 *(S. 67)* „Was die Seele anbelangt, von der man sagt, daß sie nach dem Tode fortleben werde, so ist sie nichts anderes, als der Mensch selbst, der im Körper lebt, d. h. der innere Mensch, der durch den Körper in der Welt tätig ist und dem Körper Leben gibt. Dieser Mensch wird, wenn er von seinem Körper abgelöst ist, Geist genannt und erscheint dann völlig in menschlicher Gestalt.“ HG 6054, Bd. XV, S. 353f.

239 *(S. 67)* „Zu den Erdkörpern im Weltall geführt werden, heißt nicht, mit dem Leibe dahin geführt und versetzt werden, sondern mit dem Geiste. Und der Geist wird nicht durch Räume geführt, sondern durch Veränderungen des Zustandes des inneren Lebens, die ihm als

Wanderungen durch Räume erscheinen […]. Die Annäherungen geschehen auch gemäß den Übereinstimmungen und Ähnlichkeiten der Zustände, denn die Übereinstimmung oder Ähnlichkeit des Zustandes verbindet, und die Nichtübereinstimmung oder Unähnlichkeit scheidet. Hieraus kann erhellen, wie die Versetzung hinsichtlich des Geistes und seine Annäherung zu entlegenen Regionen geschieht, während der Mensch gleichwohl an seinem Orte bleibt." HG 9579, Bd. XV, S. 471.

240 *(S. 67)* „[…] daß Natürliches keineswegs existieren könnte, wenn nicht aus einer früheren Ursache. Die Ursache desselben ist aus dem Geistigen. Natürliches, das nicht daher seine Ursache ableitet, kann es nicht geben" (HG 2991, Bd. XV, S. 171). „Aus vieler Erfahrung ist mir zu wissen gegeben worden, daß in der natürlichen Welt und in ihren drei Reichen gar nichts ist, was nicht etwas in der geistigen Welt vorbildete, oder das nicht daselbst etwas hätte, dem es entspräche." HG 2992, Bd. XV, S. 171.

241 *(S. 68)* „Aber alles und jedes, ja das allereinzelnste bis zum kleinsten Jota bedeutet Geistiges und Himmlisches und schließt solches in sich." HG 2, Bd. I, S. 25.

242 *(S. 69)* „Alle Engel haben ihre Wohnungen, wo sie sich befinden, und diese sind prächtig. Ich war dort und sah es etliche Male und verwunderte mich und sprach daselbst mit ihnen. Sie sind so deutlich und augenscheinlich, daß es nichts Deutlicheres und Augenscheinlicheres geben kann" (HG 1628, Bd. XV, S. 90). „Die Wohnungen der guten Geister und der engelischen Geister haben gemeiniglich Säulengänge oder lange bogenförmige, zuweilen gedoppelte Vorhallen, in denen sie lustwandeln, und deren Wände eine große Mannigfaltigkeit zeigen, wie sie denn auch geschmückt werden mit Blumen und wunderbar geflochtenen Blumengewinden und überdies mit vielen Verzierungen, die wechseln und sich folgen […]". HG 1629, Bd. XV, S. 90. Cf. HG 1622, Bd. XV, S. 87f.

243 *(S. 69)* „Was im allgemeinen das Leben der Seelen oder der neuangekommenen Geister nach dem Tode betrifft, so hat sich durch viele Erfahrungen herausgestellt, daß der Mensch, wenn er ins andere Leben kommt, nicht weiß, daß er im anderen Leben ist, sondern meint, er sei noch in der Welt, ja in seinem Leibe; so sehr daß, wenn man ihm sagt, er sei ein Geist, er sich verwundert und staunt" (HG 320, Bd. XV, S. 13). Zu den kürzlich Verstorbenen cf. HG 1273, 1641, 2751, 4415, 5182.

244 *(S. 70)* „Es sind drei Himmel: der erste, wo die guten Geister,

der zweite, wo die engelischen Geister, der dritte, wo die Engel sind; und einer ist innerlicher und reiner als der andere; somit unter sich ganz geschieden. Sowohl der erste Himmel wie der zweite und der dritte, ist geschieden in unzählige Gesellschaften, und jede Gesellschaft besteht aus vielen, die durch Harmonie und Einmütigkeit gleichsam *eine* Person bilden; und alle Gesellschaften zusammen gleichsam *einen* Menschen“ (HG 684, Bd. XV, S. 28; H.i.O.). Dieser wird als „homo maximus“, als „größter Mensch“ bezeichnet. „Die Himmel bilden dort zusammen gleichsam einen Menschen, der deswegen genannt wird der Größte Mensch, dem auch alles, was beim Menschen ist, entspricht [...]“ (HG 1276, Bd. XV, S. 68). Cf. ferner HG 3624–3648, 3883–3895, 4931–4953, 5050–5061, 5171–5189, 5552–5573. Die Bedeutung dieses Lehrstücks für Swedenborgs Anschauungen ist so groß, daß man diese und weitere Stellen aus den *Arcana Coelestia* in eigenen Ausgaben in mehreren Sprachen publiziert hat. Eine deutsche Ausgabe liegt vor als: Emanuel Swedenborg: *Homo Maximus: der himmlische und der leibliche Mensch.* Auszüge aus „Himmlische Geheimnisse im Worte Gottes“. Einführung von Ernst Benz. 2. Aufl. Zürich 1983. Zum „homo maximus“ bei Swedenborg cf. auch Stengel: *Aufklärung bis zum Himmel*, a. a. O., S. 312–316, 408–419.

245 *(S. 70)* In der *Anthropologie* von 1798 bezeichnet Kant die „[...] Methode gewisse Vorstellungen durch Association mit Nebenvorstellungen, die an sich (für den Verstand) gar keine Verwandtschaft mit einander haben [...]“, als das „*ingeniöse* Memoriren“ (Ak VII, 183_{21-23}; H.i.O.) und handelt ausführlich von der „Ars mnemonica“. Ak VII, 183–185. [Johnson]

246 *(S. 70)* „Auch gibt es nicht das geringste eines Unterschieds, das nicht genauestens darauf angelegt wäre, daß es einmütigst mitwirke zur allgemeinen Einheit, und die allgemeine Einheit zur Einmütigkeit der einzelnen, und von daher zu der allen aus den einzelnen und den einzelnen aus allen entspringenden Seligkeit. Daher denn ein jeder Engel und eine jede Gesellschaft ein Bild des gesamten Himmels und gleichsam ein kleiner Himmel ist.“ HG 684, Bd. XV, S. 28f.

247 *(S. 71)* Cf. Erl. 195.

248 *(S. 71)* Der Ausdruck ‚Mondkalb‘ kommt in Kants Druckschriften nur hier vor. Was Kant damit meint, macht der Artikel „Mondkalb“ in Grimms *Deutsche[m] Wörterbuch*, a. a. O., Bd. 12, Sp. 2508, klar. Als Mondkalb gilt „[...] eine miszgeburt in gestalt eines unförmlichen

fleischklumpens, unter dem widrigen einflusse des mondes erzeugt". Cf. für weitere Einzelheiten den Artikel „Mutter-Kalb, Mond-Kalb, Mond-Kind, Mutter-Gewächse, Monath-Kind, Mola, Mola carnea" in Zedlers *Grosse[m] vollständige[n] Universal-Lexicon*, a. a. O., Bd. 22, 1739, Sp. 1630–1644.

249 *(S. 71)* Die von Kant für den Erwerb von Swedenborgs *Arcana Coelestia* aufgewendete Summe entspricht in etwa heutigen 1000 Euro. Die Stelle des Subbibliothekars der Königsberger Schloßbibliothek, um die sich Kant im Oktober 1765 bewarb (Ak X, 048 f.) und die er am 14. Februar 1766 erhielt (Ak XIII, S. 26 f.), brachte ihm 62 Reichstaler pro Jahr ein. Das wären heute etwa 4000 Euro. Sein Anfangsgehalt als Professor betrug im Jahr 1770 166 Reichtaler 60 Groschen (Ak X, $094_{23\text{-}24}$). Die *Arcana Coelestia*, die Kant vor seiner Ernennung angeschafft haben muß, kosteten ihn demnach ein Viertel seiner nachmaligen Jahresbezüge. In dem Ersuchungsschreiben an den König um die Stelle als Subbibliothekar verweist er ausdrücklich auf seine „sehr mißliche Subsistenz auf der hiesigen Academie" und verspricht sich durch die Gewährung des Amtes eine „gnädige Beyhülfe" (Ak X, $049_{03\text{-}04}$). Sein Ärger, eine solch große Summe für „acht Quartbände voll Unsinn" ausgegeben zu haben, erscheint daher nicht unverständlich.

250 *(S. 71)* Wir berichten über einige wenige dieser unappetitlichen „Hirngespinste" in der Einleitung. Cf. S. XCIV–XCVI.

251 *(S. 72)* Diese Einsicht erinnert an die bekannte Bemerkung aus den *Prolegomena*: „Es ist niemals zu spät, vernünftig und weise zu werden; es ist aber jederzeit schwerer, wenn die Einsicht spät kommt, sie in Gang zu bringen." Ak IV, $256_{21\text{-}23}$.

252 *(S. 73)* Vergil: *Aeneis* II, 793–794: „Dreimal vergeblich umarmt, entrann die Erscheinung den Händen, / leicht wie Winde und ähnlich durchaus dem schwebenden Traum." A. a. O., S. 92/93. Die zitierten Verse werden *Aeneis* VI, 701–702; a. a. O., S. 260/261, wiederholt.

253 *(S. 73)* Diese deliminatorische Definition der Metaphysik mündet in das später in der *Kritik der reinen Vernunft* formulierte Erfordernis, „[...] den Grenzen meiner möglichen Erkenntnis *kritisch* nachzuforschen" (*KrV* A 758/B 786; H.i.O.) bzw. „[...] die Grenzen des reinen Verstandes zu bestimmen [...]" (*KrV* A 154/B 193). Zuvor schon hatte Kant in I.iv.4. den negativen Nutzen der Bemühungen um den philosophischen Begriff des Geistes darin gesehen, daß sie „die Grenzen unserer Einsicht mit Sicherheit festsetz[en]".

254 *(S. 73)* In diesem Satz spiegelt sich „la plus grande, la plus importante, la plus utile règle de toute l'éducation" Rousseaus wider. Sie lautet: „Ce n'est pas de gagner du temps, c'est d'en perdre." *Émile ou de l'éducation.* In: *Œuvres complètes.* Préface de Jean Fabre. Présentation, notes et dictionnaire politique et philosophique de Rousseau par Michel Launay. Bd. 3. Paris 1971, S. 64. [Salmona]

255 *(S. 73)* Der Ausdruck ‚aufblähen' kommt fünfmal in Kants Werk vor, davon dreimal mit Bezug auf das – vermeintliche – Wissen, das den Verstand hochmütig macht und in diesem Sinne aufbläht (außer hier: Ak V, 157_{08}; Ak IX, 044_{33}; Ak IX, 261_{29}; Refl. 2007, Ak XVI, 193_{01}). Im Hintergrund steht die paulinische Aussage 1 Kor 8,1: „Das wissen bleset auff." [Courtès]

256 *(S. 73)* Ein weiterer Vorgriff auf die *Kritik der reinen Vernunft*, in der die skeptische Methode das hier angesprochene kathartische Geschäft betreibt. „Das ist der große Nutzen, den die skeptische Art hat, die Fragen zu behandeln, welche reine Vernunft an reine Vernunft tut, und wodurch man eines großen dogmatischen Wustes mit wenig Aufwand überhoben sein kann, um an dessen Statt eine nüchterne Kritik zu setzen, die, als ein wahres Katarktikon, den Wahn, zusamt seinem Gefolge, der Vielwisserei, glücklich abführen wird." *KrV* A 486/B 514.

257 *(S. 74)* Die Quelle dieser Anekdote über Diogenes von Sinope (um 410 – um 323 v. Chr.), den man auch den Kyniker nennt, ist Diogenes Laertius (2./3. Jh. n. Chr.): *Leben und Meinungen berühmter Philosophen.* Aus dem Griechischen übersetzt von Otto Apelt. Unter Mitarbeit von Hans Günter Zekl neu hg. sowie mit Vorwort, Einleitung und neuen Anmerkungen zu Text und Übersetzung versehen von Klaus Reich. 2. Aufl. Hamburg 1967. Buch VI.ii.38., S. 313: „Als ein Gelehrter eine lange Abhandlung von sich vorlas und endlich an einem nur halb beschriebenen Blatt erkennen ließ, daß der Schluß unmittelbar bevorstände, sagte er [Diogenes] zu den Versammelten: ‚Mut, ihr Männer, ich sehe Land.'" [Johnson]

258 *(S. 74)* Demokrit von Abdera (um 470-380/370 v. Chr.) ist zusammen mit seinem Lehrer Leukipp der Begründer des Atomismus, der von Epikur aufgegriffen und weiterentwickelt wurde. Die einzigen Entitäten, die der antike Atomismus kennt, sind die Atome und der leere Raum.

259 *(S. 74)* Ein hapax legomenon in Kants Schriften. Der außerhalb

der Medizin wenig gebräuchliche Ausdruck ist abgeleitet von gr. στῦφος und bedeutet soviel wie ‚zusammenziehend'. Insofern ist Kants Satz durch das nachfolgende ‚zusammengezogen' etwas pleonastisch.

260 *(S. 74)* Cf. hiermit die spätere Selbstauskunft Kants in den *Prolegomena*: „Mein Platz ist das fruchtbare *Bathos* der Erfahrung [...]". Ak IV, 373_{31}; H.i.O.

261 *(S. 75)* Es ist nicht ausgeschlossen, daß Kant „diejenige" im pluralischer Bedeutung verwendet. In diesem Sinne übersetzen Courtès und Lortholary („ceux") sowie Johnson und Manolesco („those").

262 *(S. 75)* Dieser Ausspruch des Sokrates ist überliefert bei Diogenes Laertius: *Leben und Meinungen berühmter Philosophen*, Buch II.v.25., a.a.O., S. 86.

263 *(S. 76)* Dieselbe Formulierung „Limbus der Eitelkeit" verwendet Kant bereits im *Einzig mögliche[n] Beweisgrund* (a.a.O., S. 119_{10-11}) und verknüpft sie dort mit dem Namen John Miltons (1608–1674). In dessen Epos *Paradise Lost* (1667) wird „Limbo" als „the Paradise of Fools" bezeichnet (*The Poetical Works of John Milton.* Vol. I: *Paradise Lost.* Ed. by Helen Darbishire. Oxford 1952. Buch III, Vers 495, S. 66). Von Miltons Werk gab es eine deutsche Übersetzung: *Johann Miltons Verlust des Paradieses. Ein Helden-Gedicht.* In ungebundener Rede übersetzet [von Johann Jacob Bodmer]. Zürich 1732. An der genannten Stelle wird geschildert, wie Unwürdige, die glauben, unmittelbar vor dem Eintritt ins Paradies zu stehen, plötzlich von einem Sturmwind erfaßt werden und ihr ganzer wertloser Plunder, mit dem sie sich maskiert haben, in alle Winde zerstreut wird: „Dann könte man sehen Kappen, Zipfel, Creutzstangen und Kutten, samt ihren Tragern, in Stücke gebrochen auffliegen und verstieben, Heiligthümer, Reliquien, Rosenkräntze, Indulgenzen, Dispensationen, Ablaßbriefe, Bullen, das Spiel der Winde werden. Alle diese Dinge fliegen im Wirbel bunt über Ecke, über die auswendige Seite der Welt hin, ferne weg, in einen geraumen und breiten Limbo, so damahlen noch unbevölckert und unbetreten ware; seithero aber das Paradieß der Narren genannt werden, und heut zu Tag wenig Leuten unbekandt ist" (ebd., S. 103f.).

264 *(S. 76)* In der *Kritik der reinen Vernunft* sind es die drei „unvermeidlichen" Fragen nach „*Gott*, *Freiheit* und *Unsterblichkeit*", die den Menschen ohne vorherige Vernunftkritik in dialektische Schlüsse verstricken und ihn zu Scheineinsichten führen. *KrV* B 7; H.i.O.

265 *(S. 76)* Nämlich der Begriff des Geistes.

266 *(S. 76)* Die in diesen Sätzen wiederholt zum Ausdruck gebrachte Einsicht in die Begrenztheit des menschlichen Verstandes wird ein Grundzug der kritischen Philosophie Kants werden, der sich in jedem seiner großen Werke thematisiert findet.

267 *(S. 77)* Kant reformuliert hier die Einsicht der „Preisschrift" von 1762/64. Dort hatte er eine analytische Methode propagiert, der die Philosophie zu folgen habe und die in der begrifflichen Dekomposition vorgegebener Erkenntnisse in ihre kleinsten Einheiten besteht. Dieses Verfahren muß zwangsläufig bei kleinsten semantischen Einheiten enden, die ihrerseits also nicht weiter zerlegbar sind, weil der sich sonst auftuende unendliche Regreß das Geschäft der Erkenntnis ins Leere laufen ließe. Diese „Grundverhältnisse", wie Kant die atomaren Bausteine aller Erkenntnis hier nennt, sind einzig durch Erfahrung auffindbar.

268 *(S. 77)* Die rationale Uneinsehbarkeit eines Zusammenhangs zwischen Ursache und Wirkung hatte Kant eingangs der *Träume* (S. 11_{03-06}) bereits betont. Cf. Erl. 44 und die dort angeführten Belege.

269 *(S. 77)* Diese Stelle reflektiert Kants Lektüre der ersten *Enquiry* Humes. In Abschnitt VII.1 heißt es dort: „Ich behaupte also, daß der Einfluß des Willens über die Werkzeuge und Gliedmaßen des Leibes eine Begebenheit sey, welche, gleich allen andern natürlichen Wirkungen, einzig durch die Erfahrung erkannt, und niemals aus irgend einiger sich zeigenden Kraft oder Wirksamkeit in der Ursache vorher gesehen werden könnte, welche dieselbe mit der Wirkung verknüpfte, und die eine zu der nothwendigen Folge der andern machte. Die Bewegungen unsers Leibes folgen auf den Befehl unsers Willens. Dessen sind wir uns jeden Augenblick bewußt: aber die Mittel, durch welches dieses ins Werk gesetzet wird; die Kraft, durch welche der Wille eine so außerordentliche Wirkung verrichtet; dessen sind wir uns so wenig unmittelbar selbst bewußt, daß es vielmehr unserm allerfleißigsten Untersuchen und Nachforschen für immer entgehen muß. [...]. Wenn wir, durch einen geheimen Wunsch, die Macht bekämen, Berge aus dem Wege zu räumen, oder den Planeten in ihren Kreisen Einhalt zu thun: so wäre diese sich so weit erstreckende Gewalt nicht außerordentlicher, noch mehr über unsere Begreifungskraft" (*Philosophische Versuche über die Menschliche Erkenntniß*, a.a.O., S. 157f.). Im abschließenden Teil XII.3 liest man dort: „Das Fallen eines Kieselsteins mag, so viel wir davon wissen, die Sonne auslöschen, oder der Wunsch eines Menschen die Planeten in

ihren Laufbahnen aufhalten" (ebd., S. 370). Diese Zuschreibung findet eine Stütze in den *Prolegomena*, wo die These, es sei „[...] gar nicht abzusehen, wie darum, weil Etwas ist, etwas anderes nothwendiger Weise auch sein müsse [...]", ausdrücklich Hume zugeschrieben wird (Ak IV, 257_{30-31}). Und noch in der *Kritik der praktischen Vernunft* verknüpft Kant mit Humes Namen die Frage, „[...] wie darum, weil etwas A gesetzt wird, etwas anderes B auch nothwendig gesetzt werden müsse [...]" (Ak V, 053_{07-08}; cf. Ak V, 053_{19-22}). Der Zusammenhang der voranstehenden Textpassage mit Kants früher Lektüre Humes wurde bereits von der älteren Kant-Forschung gelegentlich gesehen, so u. a. auch von Alois Riehl: *Der philosophische Kritizismus. Geschichte und System.* Erster Band: *Geschichte des philosophischen Kritizismus.* 2., neu verfasste Aufl. Leipzig 1908, S. 311: „Die ganzen Schlussseiten der ‚Träume' sind nur ein sachkundiger Auszug aus Humes ‚Untersuchung'; Satz für Satz bei Kant hat seine genaue Parallele bei Hume [...]".

270 *(S. 78)* Im Hintergrund steht das bekannte Diktum Newtons „Hypotheses non fingo." Kant hatte zuvor schon auf das „Scholion Generale" der *Philosophiae Naturalis Principia Mathematica* Bezug genommen, wo sich dieser Ausspruch findet. Cf. Erl. 104 und das dort angeführte Zitat dieser Stelle.

271 *(S. 79)* Johann Gottfried Teske (1704–1772), der an der Königsberger Universität Ordinarius für Physik war und von dem der Student Kant seine Grundausbildung in diesem Fach erhalten hatte, publizierte ein Jahr vor dem Erscheinen der *Träume* in Königsberg eine vierzig Seiten lange Abhandlung unter dem Titel *Neue Versuche, in Curirung der Zahnschmerzen, vermittelst eines magnetischen Stahls.* Teske hatte, wie er gleich eingangs mitteilt, der „neuen Englischen Zahncur" mittels Magnetismus zunächst ablehnend gegenübergestanden, bestätigt ihr aber nun ihre „Richtigkeit" (§ 1, S. 3). Die Sache selbst scheint in Königsberg damals aktueller Tagesgesprächsstoff gewesen zu sein. Teske bezieht sich nämlich auf eine Publikation von einem Göttinger Kollegen, der seine Versuche im gleichen Jahr 1765 veröffentlicht hatte und die Teske mit gutem Erfolg wiederholt haben will. Abraham Gotthelf Kästner berichtet unter Verweis auf Nachrichten aus England ebenfalls von den Erfolgen dieser Methode (*Göttingische Anzeigen von Gelehrten Sachen.* 1. Band. 31. Stück vom 14. März. Göttingen 1765, S. 252f.). Am 25. Oktober 1765 teilen die *Königsbergsche[n] Gelehrte[n] und Politische[n] Zeitungen* (85tes Stück. Freitag, den 25. October, S. 342) un-

ter Bezugnahme auf die „öffentlichen Nachrichten" in dieser Sache mit, daß die gewünschte Wirkung „an allen Orten" zu verzeichnen war, wo der Magnetismus zur Behebung von Zahnschmerzen eingesetzt wurde. Unter Hinweis auf Teskes „ganz sichere Erfahrungen", die er „so wohl in den hiesigen wöchentlichen Frag: und Anzeigungsnachrichten" als auch in seiner o. g. Schrift mitgeteilt habe, nimmt der Verfasser dieses Berichts Anlaß, den Irrtum zu korrigieren, der Heilerfolg hänge davon ab, ob „[...] der Nord- oder Sudpol des magnetischen Stahls angeleget werde [...]". Kant scheint Zweifel an der Belastbarkeit dieser „Erfahrungen" gehabt zu haben. Auf Teskes Publikation machten bald darauf auch die *Göttingische[n] Anzeigen von Gelehrten Sachen* aufmerksam (1. Band. 80. Stück vom 5. Juli 1766, S. 638f.).

272 *(S. 79)* Kant empfiehlt die Hinwendung zur Erfahrung und vertritt eine auf der Grenze zwischen Konsens- und Kohärenztheorie stehende Auffassung der Wahrheit.

273 *(S. 79)* ‚Historische Erkenntnis' ist ein terminus technicus der Wolffschen Philosophie. Wolff unterscheidet die historische von der philosophischen und mathematischen Erkenntnis und definiert ‚cognitio historica' wie folgt: „Die *Erkenntnis* dessen, was ist und geschieht, sei es in der materiellen Welt oder in den immateriellen Substanzen, nennen wir *historische Erkenntnis* (Christian Wolff: *Discursus Praeliminaris de Philosophia in Genere. Einleitende Abhandlung über Philosophie im allgemeinen.* Historisch-kritische Ausgabe. Übersetzt, eingeleitet und hg. von Günter Gawlick und Lothar Kreimendahl. Stuttgart-Bad Cannstatt 1996, § 3, S. 5; H.i.O. [= FMDA Abt. I, Bd. 1]). Die historische Erkenntnis bildet sozusagen das empirische Fundament, auf das sich das gesamte Wissen stützen muß. Sie ist an die Sinne (sensus) geknüpft und gestattet Erkenntnis dessen, „[...] *was in der materiellen Welt ist und geschieht* [...]" (§ 1, ebd., S. 3; H.i.O.). Zur Voraussetzung hat sie eine gewisse Gleichförmigkeit der Funktionsweise sowohl der Sinne wie der Erfahrungen bei allen Menschen. Ist dies – wie im Falle der Swedenborgschen Visionen – nicht gegeben, ist jeder auf intersubjektive Gültigkeit erhobene Erkenntnisanspruch a limine gescheitert.

274 *(S. 80)* Die Bedeutung, die ‚allein' hier haben soll, ist unklar. Im exklusiven Sinne kann das Wort soviel bedeuten wie ‚nur' oder ‚ausschließlich', es kann aber auch im adversativen Sinne eines ‚aber' gemeint sein. Goerwitz/Sewall, Johnson, Manolesco und Walford/Meerbote umgehen durch die gleichlautende Formulierung „But true

wisdom is the companion of simplicity" eine Festlegung. Courtès und Lortholary entscheiden sich für „mais".

275 *(S. 80)* In den voranstehenden Sätzen kündigen sich zentrale Positionen der kritischen Ethik Kants an, wie er sie in der *Grundlegung zur Metaphysik der Sitten* im Jahr 1785 vorstellt, drei Jahre später in der *Kritik der praktischen Vernunft* ausführlicher begründet und 1798 in der *Metaphysik der Sitten* abschließend präsentiert.

276 *(S. 81)* Dieser Hoffnung hatte Kant zuvor bereits Ausdruck verliehen. Cf. oben S. 48_{16-21}.

277 *(S. 81)* Ein häufig angeführtes Bild, das letztlich auf Platons *Phaidon* (62b–c) zurückgeht und vielfältige Modifikationen im Laufe der Geschichte erfahren hat. Bei Platon steht es im Kontext des Suizidverbotes. Im Kern läuft es darauf hinaus, daß der Mensch von der Gottheit auf seinen Posten in dieser Welt gestellt sei, den er sachgemäß zu verwalten habe und folglich nicht eigenmächtig verlassen dürfe.

278 *(S. 81)* In seiner Erzählung *Candide, ou l'optimisme* von 1759 schickt Voltaire seinen gleichnamigen treuherzigen, vom Leibnizschen Weltbild des philosophischen Optimismus überzeugten Helden in die Welt und setzt ihn dort einer Reihe verheerend verlaufender Abenteuer aus. Diese vermögen seine positive Grundüberzeugung jedoch trotz aller bitterer Enttäuschungen, die er erlebt, nicht zu erschüttern. Erst am Ende seiner Reisen ist er von den hochfliegenden metaphysischen Konstrukten seines Lehrmeisters Pangloss, was soviel wie ‚Großmaul' bedeutet, bedient und sagt: „Lasset uns unser Glück besorgen, in [!] Garten gehen und arbeiten" (*Die beste Welt. Eine Theologische, Philosophische, Praktische Abhandlung aus dem Spanischen Grund-Text [...] übersetzet;* und mit einer Vorrede, auch Zuschrift und Register begleitet von Johann Albrecht Ralph [...]. O.O. 1762, S. 162). Der Wortlaut dieses Satzes aus der zeitgenössischen Übersetzung entspricht recht genau der Kantischen Formulierung. Mit ihm schließt sowohl Kants Abhandlung wie Voltaires Erzählung. Kant hat an dieser das praktische Moment betonenden Sichtweise festgehalten. Am Ende des Darstellung der rationalen Psychologie in der Metaphysikvorlesung L_1 aus der Zeit um 1780 heißt es: „Allgemein führen wir noch an: *daß es ganz und gar nicht hier unserer Bestimmung gemäß ist, uns um die künftige Welt viel zu bekümmern; sondern wir müssen den Kreis, zu dem wir hier bestimmt sind, vollenden, und abwarten, wie es in Ansehung der künftigen Welt seyn wird.* Die Hauptsache ist: daß wir uns auf diesem

Posten rechtschaffen und sittlich gut verhalten, und uns des künftigen Glücks würdig zu machen suchen." Cf. Beilage D.3, S. 109.

279 *(S. 86)* Zur Datierung des Briefes cf. oben Erl. 182, 185.

280 *(S. 88)* Dieser Brief Kants ist nicht überliefert.

281 *(S. 92)* Mendelssohns Antwortschreiben an Kant, das auf die Zeit zwischen dem 7. Februar und 8. April 1766 zu datieren ist, wird im Brief Kants an Mendelssohn vom 8. April 1766 erwähnt, ist aber nicht erhalten.

282 *(S. 92)* Gemeint sind die im Brief vom 7. Februar 1766 erwähnten *Träume.*

283 *(S. 104)* Die hier abgedruckten Passagen finden sich in der Akademie-Ausgabe in zwei voneinander abweichenden Fassungen: In Bd. XXVIII.1. druckt der Herausgeber Gerhard Lehmann sie nach dem „Abschriftenentwurf", den Paul Menzer angefertigt hatte. Lehmann hat die Passagen dann noch einmal in den *Nachträge[n] Herder* in Bd. XXVIII.2.1. der Akademie-Ausgabe abgedruckt, und zwar als seine eigene Transkription der erst später wiederaufgefundenen Originalhandschrift Herders.

284 *(S. 110)* Die Akademie-Ausgabe druckt die Kosmologie, die Psychologie und die Theologie der *Metaphysik* L_1 nach der von Pölitz 1821 herausgegebenen Metaphysikvorlesung ab: *Immanuel Kant's Vorlesungen über die Metaphysik.* Zum Drucke befördert von dem Herausgeber der Kantischen Vorlesungen über die philosophische Religionslehre [= Karl Heinrich Ludwig Pölitz]. Nebst einer Einleitung, welche eine kurze Übersicht der wichtigsten Veränderungen der Metaphysik seit Kant enthält. Erfurt 1821. Reprint Darmstadt 1988. Die hier wiedergegebene Passage findet sich auf den S. 255–261 dieser Edition.

285 *(S. 110)* Es handelt sich bei dem Abdruck dieser Vorlesungsnachschrift in der Akademie-Ausgabe um einen durch Passagen aus der *Anthropologie Petersburg* ergänzten Nachdruck von: *Immanuel Kant's Menschenkunde oder philosophische Anthropologie.* Nach handschriftlichen Vorlesungen herausgegeben von Fr.[iedrich] Ch.[ristian] Starke [= Johann Adam Bergk]. Leipzig 1831. Reprint mit einer Vorbemerkung v. Giorgio Tonelli. Hildesheim, New York 1976, S. 237.

286 *(S. 118)* Gemeint ist der 1764 erschienene *Versuch über die Krankheiten des Kopfes.* Ak II, 257–269.

287 *(S. 121)* Johann Heinrich Lambert trat im Jahr 1765 in brieflichen Kontakt mit Kant, weil er sich mit diesem „[...] in sehr vielen neuen

Gedanken und Untersuchungen auf einerley Wege [...]" sah (Lamberts Brief an Kant vom vom 13. November 1765. Ak X, 051_{18-19}). Lambert nahm Kants Bezugnahme auf Comenius (cf. oben S. 13_{08}) zum Anlaß, den Mathematiker, Physiker und württembergischen Prinzenerzieher Holland auf die *Träume* aufmerksam zu machen.

288 *(S. 124)* Feders Autorschaft ist verbürgt durch einen Passus in seiner Autobiographie. „Für *Kant* hatte ich die entschiedenste Hochachtung, seitdem ich die *Träume eines Geistersehers*, noch in Coburg, gelesen hatte. Diese mit den damaligen Dispositionen meines Kopfes eben recht zusammentreffende, launig-sceptische, aber die tiefsten Blicke verrathende, Schrift pries ich in der Erlanger Gelehrten Zeitung in den stärksten Ausdrücken, ohne noch zu wissen, von wem sie kam." *J. H. G. Feder's Leben, Natur und Grundsätze. Zur Belehrung und Ermunterung seiner lieben Nachkommen, auch Anderer, die Nutzbares daraus aufzunehmen geneigt sind.* Leipzig, Hannover, Darmstadt 1825, S. 117; H.i.O.

289 *(S. 136)* Der Brief ist undatiert, aber nicht vor 1772 geschrieben. Cf. Rudolf Reickes Anm. Ak XIII, S. 535.

290 *(S. 154)* Es handelt sich um den Brief Kants an Charlotte von Knobloch vom 10. August 1763, der oben als Beilage B.1 abgedruckt ist.

291 *(S. 155)* Irrtümlich für S. 127. Kant kommt an dieser Stelle auf den geschilderten Zusammenhang in der Erstausgabe der *Träume* zu sprechen, deren Seitenzählung in der vorliegenden Edition angegeben ist.

ANHANG II

A. Werke, aus denen Kant zitiert oder auf die er anspielt

Die am Ende eines jeden Eintrags in eckigen Klammern stehenden Angaben beziehen sich, soweit nicht anders vermerkt, auf Teil, Hauptstück und Absatz der vorliegenden Ausgabe.

[Anonym]: In: *Königsbergsche Gelehrte und Politische Zeitungen.* 91tes Stück. Freitag, den 14. December 1764, S. 363. [II.i.8.]

[Anonym]: In: *Königsbergsche Gelehrte und Politische Zeitungen.* 92tes Stück. Montag, den 17. December 1764, S. 367. [II.i.8.]

[Anonym]: In: *Königsbergsche Gelehrte und Politische Zeitungen.* 76tes Stück. Montag, den 23. September 1765, S. 306. [II.i.8.]

[Anonym]: In: *Königsbergsche Gelehrte und Politische Zeitungen.* 85tes Stück. Freitag, den 25. October 1765, S. 342. [II.iii.1.]

Artemidor: *Artemidori des Griechischen Philosophi Grösseres und Recht vollkommnes Traum-Buch / Darinnen vom Ursprunge / Unterscheid und Bedeutung allerhand Träume / wie dieselben einem im Schlaffe vorkommen mögen / Auß Natürlichen Ursachen gründlich außgelegt und erkläret / Sammt Einer Erinnerung Philippi Melanchthonis Vom Unterscheid der Träume / und Angehengtem Berichte / Was von Träumen zu halten sey. Um ein gutes vermehret und mit einem vollständigen Register verbessert.* Leipzig 1677. [II.i.9.]

Baumeister, Friedrich Christian: *Institutiones Metaphysicae. Ontologiam, Cosmologiam, Psychologiam Theologiam Denique Natvralem Complexae. Methodo Wolfii Adornatae.* Editio nova avctior et correct. Wittenberg, Zerbst 1743 [¹1738]. [I.ii.4.]

Baumgarten, Alexander Gottlieb: *Metaphysica / Metaphysik.* Historisch-kritische Ausgabe. Übersetzt, eingeleitet und hg. von Günter Gawlick und Lothar Kreimendahl. Stuttgart-Bad Cannstatt 2011 [= FMDA Abt. I, Bd. 2]. [passim]

Baumgarten, Siegmund Jacob: *Auslegung der evangelischen Texte auf alle Son- und Festtage des ganzen Jahres. Zweiter Theil vom Fest der h. Dreieinigkeit bis zum Ende des Jahrs, nebst einem Anhange und Registern.* 2. Aufl. Halle 1755. [I.i.8., Fn.]

Biblia. Das ist die gantze Heilige Schrifft. Deudsch auffs new zugericht. D. Mart. Luth. Wittenberg 1545. 3 Bde. Reprint. Hg. von Hans Volz unter Mitarbeit von Heinz Blanke. Textredaktion Friedrich Kur. München 1974. [II.ii.2.]

Boerhaave, Herman: *De Usu Ratiocinii Mechanici in Medicina.* Leiden 1703. [I.ii.4.]

– *Elementa Chemiae, quae Anniversario Labore Docuit, in Publicis, Privatisque, Scholis.* 2 Bde. Lugduni Batavorum 1732. [I.ii.4.]

– *Theoria Medica Vera. Physiologiam et Pathologiam, tanquam Doctrinae Medicae Partes vere Contemplativas, e Naturae & Artis Veris Fundamentis, Intaminata Ratione, & inconcussa Experientia sistens.* Halle 1708. [I.ii.4.]

Butler, Samuel: *Hudibras, ein satyrisches Gedicht wider die Schwermer und Independenten zur Zeit Carls des Ersten, in neun Gesängen.* Aus dem Englischen übersetzt [von Johann Heinrich Waser]. Mit historischen Anmerkungen und Kupfern versehen. Hamburg, Leipzig 1765. [I.iii.9.]

Comenius, Johann Amos: *Orbis Sensualium Pictus. Hoc est: Omnium fundamentalium in mundo rerum, et in vita actionum, Pictura et Nomenclatura. Editio auctior et emandiator [...]. Die sichtbare Welt. Das ist: Aller vornehmsten Welt-Dinge und Lebens-Verrichtungen Vorbild und Benamung. Aufs neue aufgelegt und an vielen Orten verbessert [...].* Nürnberg 1698. [I.i.7.]

Darjes, Joachim Georg: *Elementa Metaphysices Commoda Auditoribus Methodo Adornata.* Editio nova priori auctior et correctior. 2 Bde. Jena 1753. [I.i.1.; I.i.2., Fn.; I.i.7.; I.ii.10., Fn.]

Descartes, René: *Passions de l'âme.* In: *Œuvres de Descartes.* Publiées par Charles Adam et Paul Tannery. Nouvelle présentation, en coédition avec le Centre National de la Recherche Scientifique. Reprint Paris 1996, Bd. XI. [I.i.7.; I.i.8.;. I.i.8., Fn.]

Diogenes Laertius: *Leben und Meinungen berühmter Philosophen.* Aus dem Griechischen übersetzt von Otto Apelt. Unter Mitarbeit von Hans Günter Zekl neu hg. sowie mit Vorwort, Einleitung und neuen Anmerkungen zu Text und Übersetzung versehen von Klaus Reich. 2. Aufl. Hamburg 1967. [II.ii.14.; II.iii.1.]

Ernesti, Johann August: *Neue theologische Bibliothek, darinnen von den neuesten theologischen Büchern und Schriften Nachricht gegeben wird.* Bd. I, 6. Stück. Leipzig 1761. [II.ii.3.]

Fontenelle, Bernard le Bovier de: *Gespräche der Todten und Plutons Urtheil über dieselben*; zum erstenmahl ins Teutsche übersetzt, und mit einer Vorrede, von Gesprächen überhaupt, versehen von Joh.[ann] Christ.[oph] Gottsched. Leipzig 1727. [II.i.8.]

– *Herrn Bernhards von Fontenelle [...] Auserlesene Schriften, nämlich von mehr als einer Welt, Gespräche der Todten, und die Historie der heydnischen Orakel;* vormals einzeln herausgegeben, nun aber mit verschiedenen Zugaben und schönen Kupfern vermehret ans Licht gestellt, von Johann Christoph Gottscheden. Leipzig 1751. [II.ii.2.]

Hansch, Michael Gottlieb (Hg.): *Godefridi Guilielmi Leibnitii Principia Philosophiae, more geometrico demonstrata: Cum excerptis ex epistolis Philosophi et scholiis quibusdam ex historia philosophica. [...]. Accedunt Theoremata metaphysica [...].* Frankfurt und Leipzig 1728. [I.i.8.]

Hoffmann, Friedrich: *De Philosophia Corporis Humani Vivi et Sani.* In: *Opera Omnia Physico-Medica.* Denuo revisa, correcta et aucta. Bd. 1. Genf 1760 [[1]1740]. [I.ii.4.]

Horaz [Quintus Horatius Flaccus]: *De arte poetica.* In: ders.: *Sämtliche Gedichte.* Lateinisch-Deutsch. Mit den Holzschnitten der Straßburger Ausgabe von 1498. Mit einem Nachwort hg. von Bernhard Kytzler. Stuttgart 1992. [Motto unter der Titelangabe]

– *Epistulae.* In: *Sämtliche Gedichte*, a. a. O. [Motto unter I.ii.]

Hume, David: *Philosophische Versuche über die Menschliche Erkenntniß von David Hume, Ritter.* Als dessen vermischter Schriften zweyter Theil. Nach der zweyten vermehrten Ausgabe aus dem Englischen übersetzt und mit Anmerkungen des Herausgebers begleitet. Hamburg, Leipzig 1755. [I.i.6.; II.iii.1.]

Kant, Immanuel: *Metaphysicae cum geometria iunctae usus in philosophia naturali, cuius specimen I. continet Monadologiam Physicam [...].* In: Ak I. [I.i.5.; I.i.6.]

– *Untersuchung über die Deutlichkeit der Grundsätze der natürlichen Theologie und der Moral.* In: Ak II. [I.i.5.; I.i.6.]
– *Versuch den Begriff der negativen Größen in die Weltweisheit einzuführen.* In: Ak II. [I.i.5.]

Liscow, Christian Ludwig: *Vitrea fracta, oder des Ritters Robert Cliston Schreiben an einen gelehrten Samojeden, betreffend die seltsamen und nachdenklichen Figuren, welche derselbe den 13 Jan. st. v. 1732. auf einer gefrornen Fenterscheibe wahrgenommen.* Aus dem Englischen ins Deutsche übersetzt. Frankfurt und Leipzig 1732. In: *Sammlung Satyrischer und Ernsthafter Schriften.* Frankfurt und Leipzig 1739. [II.ii.2.]

Lukrez [Titius Lucretius Carus]: *De Rerum Natura.* Welt aus Atomen. Lateinisch und Deutsch. Übersetzt und mit einem Nachwort hg. von Karl Büchner. Stuttgart 1981. [I.i.8.; II.ii.1.]

Milton, John: *Johann Miltons Verlust des Paradieses. Ein Helden-Gedicht.* In ungebundener Rede übersetzet [von Johann Jacob Bodmer]. Zürich 1732. [II.iii.1.]

Newton, Isaac: *Optice: Sive de Reflexionibus, Refractionibus, Inflexionibus et Coloribus Lucis, Libri Tres.* Latine reddidit Samuel Clarke. Editio Secunda, auctior. London 1719. [I.iii.4.]
– *Philosophiae Naturalis Principia Mathematica.* Editio ultima auctior et emendatior. Amsterdam 1714. [I.i.3.; I.ii.2.; I.ii.9.; II.iii.1.]

Ovid [Publius Ovidius Naso]: *Metamorphosen.* In deutsche Hexameter übertragen und mit dem Text hg. von Erich Rösch. 8. Aufl. München 1979. [I.ii.15.]

Platon: *Theaitetos.* In: *Werke in acht Bänden.* Griechisch und Deutsch. Hg. von Gunther Eigler. Bd. VI. Bearbeitet von Peter Staudacher. Griechischer Text von Auguste Diès. Deutsche Übersetzung von Friedrich Schleiermacher. 2., unveränderte Aufl. Darmstadt 1990. [I.ii.15.]

Rousseau, Jean-Jacques: *Émile ou de l'éducation.* In: *Œuvres complètes.* Préface de Jean Fabre. Présentation, notes et dictionnaire politique et philosophique de Rousseau par Michel Launay. Bd. 3. Paris 1971. [I.ii.9.; II.ii.13]

Stahl, Georg Ernst Stahl: *Theoria Medica Vera. Physiologiam et Pathologiam, tanquam Doctrinae Medicae Partes vere Contemplati-*

vas, e Naturae & Artis Veris Fundamentis, Intaminata Ratione, & inconcussa Experientia sistens. Halle 1708. [I.ii.4.]

Swedenborg, Emanuel: *Arcana Coelestia, quae in Scriptura Sacra, seu Verbo Domini sunt, detecta, nempe quae in Genesi et Exodo una cum Mirabilibus quae Visa sunt in Mundo Spirituum et in Coelo Angelorum.* 8 Bde. [London] 1749–1756. [Vorbericht 3.; I.ii.5.; I.iv.3.; II.i.; II.ii.]

Teske, Johann Gottfried: *Neue Versuche, in Curirung der Zahnschmerzen, vermittelst eines magnetischen Stahls.* Königsberg 1765. [II.iii.1.]

Vergil [Publius Vergilius Maro]: *Aeneis.* Lateinisch-Deutsch. In Zusammenarbeit mit Maria Götte hg. und übersetzt von Johannes Götte. 4. verbesserte Aufl. München 1979. [I.ii.1.; Motto unter II.1; II.ii.12.]

– *Landleben. Bucolica. Georgica. Catalepton.* Ed. Johannes und Maria Götte. *Vergil-Viten.* Ed. Karl Bayer. Lateinisch-Deutsch. Verbesserte Neuauflage München 1977. [II.ii.1.]

Voltaire, François Marie Arouet de: *Die beste Welt. Eine Theologische, Philosophische, Praktische Abhandlung aus dem Spanischen Grund-Text [...] übersetzet;* und mit einer Vorrede, auch Zuschrift und Register begleitet von Johann Albrecht Ralph [...]. O.O. 1762. [II.iii.2.]

Wolff, Christian: *Discursus Praeliminaris de Philosophia in Genere. Einleitende Abhandlung über Philosophie im allgemeinen.* Historisch-kritische Ausgabe. Übersetzt, eingeleitet und hg. von Günter Gawlick und Lothar Kreimendahl. Stuttgart-Bad Cannstatt 1996 [= FMDA Abt. I, Bd. 1]. [II.iii.1.]

– *Philosophia Prima, sive Ontologia* [^{1}1730]. Edidit et curavit Joannes Ecole. Reprint der 2. Auflage Frankfurt, Leipzig 1736. Darmstadt 1962. [II.i.7.]

– *Psychologia Rationalis* [^{1}1734]. Édition critique avec introduction, notes et index par Jean École. Hildesheim, New York 1972 [= Christian Wolff: *Gesammelte Werke* II.6]. [I.i.4.; I.i.8., Fn.]

– *Vernünfftige Gedancken von Gott, der Welt und der Seele des Menschen, auch allen Dingen überhaupt* [^{11}1751] [^{1}1720]. Mit einer Einleitung und einem kritischen Apparat von Charles A. Corr.

Hildesheim, Zürich, New York 1983 [= Christian Wolff: *Gesammelte Werke* I.2]. [I.i.8., Fn.; I.ii.10., Fn.]
– *Der Vernünfftigen Gedanken von Gott, der Welt und der Seele des Menschen, auch allen Dingen überhaupt, Anderer Theil, bestehend in ausführlichen Anmerckungen [...].* Mit einer Einleitung und einem kritischen Apparat von Charles A. Corr. Hildesheim, Zürich, New York 1983 [= Christian Wolff: *Gesammelte Werke* I.3]. [I.i.8., Fn.; I.ii.10., Fn.]

B. Werke, die für die Sacherläuterungen herangezogen wurden

Die am Ende eines jeden Eintrags in eckigen Klammern stehenden Ziffern verweisen auf die Sacherläuterungen der vorliegenden Ausgabe. Einige der Titel, die Kant zitiert oder auf die er anspielt und die voranstehend in Teil A dieses Anhangs aufgeführt sind, wurden auch für die Erläuterungen herangezogen, so daß Doppelnennungen unvermeidlich waren.

Adelung. Johann Christoph: *Grammatisch-kritisches Wörterbuch der Hochdeutschen Mundart, mit beständiger Vergleichung der übrigen Mundarten, besonders aber des Oberdeutschen*. Mit D. W. Soltau's Beyträgen, revidirt und berichtiget von Franz Xaver Schönberger. Wien 1808. [192]
Albrecht, Michael/Delfosse, Heinrich P.: *Stellenindex und Konkordanz zu den „Gedanken von der wahren Schätzung der lebendigen Kräfte"*. Erstellt in Zusammenarbeit mit Bernd Straßburg. Unter Mitwirkung von Jeannine Huster und Michael Trauth. 2 Bde. Stuttgart-Bad Cannstatt 2012 [= FMDA Abt. III, Bd. 43.1-2]. [5]
[Anonym]: *Beschreibung der Hyäne, eines afrikanischen Raubthieres. Mit einem Kupfer*. In: *Berlinische Sammlungen zur Beförderung der Arzneywissenschaft, der Naturgeschichte, der Haushaltungskunst, Cameralwissenschaft und der dahin einschlagenden Litteratur.* 2. Bd., 1. Stück. Berlin 1770, S. 186–197. [196]
[Anonym]: *Eigentliche Abbildung des in Frankreich grausam wüten-*

den Tiers, der Hyäne: nebst deutlicher Beschreibung v. desselben Eigenschaften. O.O. 1765. [196]

[Anonym]: *Eigentliche und wahrhaffte Beschreibung und Abschilderung des Gevaudan in der Provinz Languedoc in Franckreich dermalen sich zeigenden wilden und reissenden Thiers Hyene, sonst Vielfraß genannt, welches viele Menschen umgebracht.* Straßburg 1765. [196]

[Anonym]: In: *Göttingische Anzeigen von Gelehrten Sachen.* 1. Band. 80. Stück vom 5. Juli 1766, S. 638 f. [271]

[Anonym]: *Sendschreiben eines Naturforschers in Languedoc, an einen seiner Freunde, worinnen das Raubthier die Hyäne, physikalisch beschrieben und in Kupfer abgebildet ist.* Aus dem Französischen übersetzt. Frankfurt, Leipzig 1765. [196]

Ariosto, Ludovico: *Der rasende Roland [Orlando furioso].* 2 Bde. In der Übertragung von Johann Diederich Gries; Textredaktion Susanne Eversmann. Mit Illustrationen von Gustav Doré, Zeittafel sowie Erläuterungen und einem Nachwort von Horst Rüdiger. München 1980. [211]

Aristoteles: *De Animalibus Historiae.* In: *Opera Omnia.* Bd. III. Graece et latine cum indice nominum et rerum absolutissimo. Ed. F. Dübner, U. C. Bussemaker, J. H. E. Heitz. Paris 1848–1874. 3. Nachdruck Hildesheim, Zürich, New York 2007. [159]

– *Über die Seele.* In: *Vom Himmel. Von der Seele. Von der Dichtkunst.* Eingeleitet und neu übertragen von Olof Gigon. 2. Aufl. Zürich, München 1983. [84]

Arnoldt, Emil: *Möglichst vollständiges Verzeichnis aller von Kant gehaltenen oder auch nur angekündigten Vorlesungen nebst darauf bezüglichen Notizen und Bemerkungen.* In: ders.: *Gesammelte Schriften.* Hg. von Otto Schöndörffer. Bd. V: *Kritische Exkurse im Gebiete der Kantforschung.* Teil II. Berlin 1909. [19, 84]

Aso, Ken/Kurosaki, Masao/Otabe, Tanehisa/Yamauchi, Shiro (Hgg.): *Onomasticon Philosophicum Latinoteutonicum et Teutonicolatinum.* Tokio 1989. [142]

Barth, Roderich: *Kant als Philosoph des Neuprotestantismus.* In: Reinhard Hiltscher/Stefan Klingner (Hgg.): *Kant und die Religionen – Die Religionen und Kant.* Hildesheim, New York, Zürich 2012, S. 119–136 [= Studien und Materialien zur Geschichte der Philosophie, Bd. 83]. [7]

Baumeister, Friedrich Christian: *Institutiones Metaphysicae. Ontologiam, Cosmologiam, Psychologiam Theologiam Denique Natvralem Complexae. Methodo Wolfii Adornatae.* Editio nova avctior et correct. Wittenberg, Zerbst 1743. [19, 33, 84, 86]

– *Philosophia Definitiva, h. e. Definitiones philosophiae ex Systemate Wolfii.* Wien, Wittenberg 1775. Reprint Hildesheim 1978. Mit einem Vorwort von Hans Werner Arndt [= Christian Wolff: *Gesammelte Werke* III.7]. [55]

Baumgarten, Alexander Gottlieb: *Metaphysica/Metaphysik.* Historisch-kritische Ausgabe. Übersetzt, eingeleitet und hg. von Günter Gawlick und Lothar Kreimendahl. Stuttgart-Bad Cannstatt 2011 [= FMDA Abt. I, Bd. 2]. [19, 20, 24, 25, 27, 33, 55, 60, 72, 74, 75, 112, 114, 126, 127, 139, 142, 169, 190, 211]

Baumgarten, Siegmund Jacob: *Auslegung der evangelischen Texte auf alle Son- und Festtage des ganzen Jahres. Zweiter Theil vom Fest der h. Dreieinigkeit bis zum Ende des Jahrs, nebst einem Anhange und Registern.* 2. Aufl. Halle 1755. [54]

Beck, Lewis White: *A Commentary on Kant's Critique of Practical Reason.* Chicago, London 1960. [106]

Benz, Ernst: *Emanuel Swedenborg. Naturfoscher und Seher.* München 1948. [175]

– *Swedenborg in Deutschland. F. C. Oetingers und Immanuel Kants Auseinandersetzung mit der Person und Lehre Emanuel Swedenborgs.* Nach neuen Quellen bearbeitet. Frankfurt am Main 1947. [175]

Biblia. Das ist die gantze Heilige Schrifft. Deudsch auffs new zugericht. D. Mart. Luth. Wittenberg 1545. 3 Bde. Reprint. Hg. von Hans Volz unter Mitarbeit von Heinz Blanke. Textredaktion Friedrich Kur. München 1974.

– Ps 73,12-14 [109]

– Lk 1,78 [54]

– Röm 1,22 [17]

– 1 Kor 1,20 [17]

– 1 Kor 3,19 [17]

– 1 Kor 8,1 [255]
– 2 Tess 3,10 [177]
– Offb 13,18 [213]

Bilfinger, Georg Bernhard: *Dilucidationes Philosophicae de Deo, Anima Humana, Mundo, et Generalibus Rerum Affectionibus.* Tübingen 1725 [= Christian Wolff: *Gesammelte Werke* III.18]. [19]

Birken-Bertsch, Hanno: *Subreption und Dialektik bei Kant. Der Begriff des Fehlers der Erschleichung in der Philosophie des 18. Jahrhunderts.* Stuttgart-Bad Cannstatt 2006 [= FMDA Abt. II, Bd. 19]. [25]

Boerhaave, Herman: *De Usu Ratiocinii Mechanici in Medicina.* Leiden 1703. [91, 92]

– *Elementa Chemiae, quae Anniversario Labore Docuit, in Publicis, Privatisque, Scholis.* 2 Bde. Lugduni Batavorum 1732. [83]

– *Theoria Medica Vera. Physiologiam et Pathologiam, tanquam Doctrinae Medicae Partes vere Contemplativas, e Naturae & Artis Veris Fundamentis, Intaminata Ratione, & inconcussa Experientia sistens.* Halle 1708. [89]

Borowski, Ludwig Ernst: *Darstellung des Lebens und Charakters Immanuel Kants. Von Kant selbst genau revidiert und berichtigt.* In: Felix Groß (Hg.): *Immanuel Kant. Sein Leben in Darstellungen von Zeitgenossen. Die Biographien von L. E. Borowski, R. B. Jachmann und A. Ch. Wasianski.* Berlin [1912]. [84, 182]

Brandt, Reinhard: *Kritischer Kommentar zu Kants Anthropologie in pragmatischer Hinsicht (1798).* Hamburg 1999 [= Kant Forschungen, Bd. 10]. [125]

Bund, Hugo: *Kant als Philosoph des Katholizismus.* Berlin 1913. [7]

Butler, Joseph: *The Analogy of Religion, Natural and Revealed, to the Constitution and Course of Nature.*[…]. A new edition, corrected. London 1791. [111]

Butler, Samuel: *Hudibras, ein satyrisches Gedicht wider die Schwermer und Independenten zur Zeit Carls des Ersten, in neun Gesängen.* Aus dem Englischen übersetzt [von Johann Heinrich Waser]. Mit historischen Anmerkungen und Kupfern versehen. Hamburg, Leipzig 1765. [153]

Carboncini, Sonia: *Transzendentale Wahrheit und Traum. Christi-*

an Wolffs Antwort auf die Herausforderung durch den Cartesianischen Zweifel. Stuttgart-Bad Cannstatt 1991 [= FMDA Abt. II, Bd. 5]. [190]

Cassirer, Ernst: *Rousseau, Kant, Goethe.* Hg. von Rainer A. Bast. Hamburg 1991. [102]

Chamayou, Grégoire: *Kant: Écrits sur le corps et l'esprit. [...].* Traduction, présentation et notes par G. Ch. Paris 2007. [55]

Ciafardone, Raffaele: *Sul rapporto Kant-Crusius.* Il Pensiero 12 (1967), S. 86–104. [128]

Comenius, Johann Amos: *Orbis Sensualium Pictus. Hoc est: Omnium fundamentalium in mundo rerum, et in vita actionum, Pictura et Nomenclatura. Editio auctior et emandiator [...]. Die sichtbare Welt. Das ist: Aller vornehmsten Welt-Dinge und Lebens-Verrichtungen Vorbild und Benamung. Aufs neue aufgelegt und an vielen Orten verbessert [...].* Nürnberg 1698. [51]

Crusius, Christian August: *Entwurf der nothwendigen Vernunft-Wahrheiten, wiefern sie den zufälligen entgegen gesetzet werden.* Unveränderter fotomechanischer Nachdruck der 2., vermehrten Aufl. Leipzig 1753 [[1]1745], Darmstadt 1963. [19, 128]

Darjes, Joachim Georg: *Elementa Metaphysices Commoda Auditoribus Methodo Adornata.* Editio nova priori auctior et correctior. Bd. II. Jena 1753. [19, 24, 50, 112]

Descartes: René: *Meditationes de Prima Philosophia.* In: *Œuvres de Descartes.* Publiées par Charles Adam et Paul Tannery. Nouvelle présentation, en co-édition avec le Centre National de la Recherche Scientifique. Reprint Paris 1996, Bd. VII. [33, 61]

– *Observationes De Passionibvs Animae: Tribvs Absolvtae Partibvs [...].* Hannover 1707. Editio Nova. Hannover 1707. [55]

– *Passiones Animae.* Amsterdam 1656. [55]

– *Passiones Animæ.* Amsterdam 1677. [55]

– *Passions de l'âme.* In: *Œuvres de Descartes,* a. a. O., Bd. XI. [48, 52, 55]

– *Regulae ad Directionem Ingenii. Regeln zur Ausrichtung der Erkenntniskraft.* Kritisch revidiert, übersetzt und hg. von Heinrich Springmeyer, Lüder Gäbe, Hans Günter Zekl. Hamburg 1973. [118]

– *Traité de l'homme*. In: *Œuvres de Descartes*, a. a. O., Bd. XI. [55]

Diels, Hermann: *Die Fragmente der Vorsokratiker.* Griechisch und Deutsch. Sechste verbesserte Aufl. hg. von Walther Kranz. Bd. I. Berlin 1951. [125]

Diogenes Laertius: *Leben und Meinungen berühmter Philosophen.* Aus dem Griechischen übersetzt von Otto Apelt. Unter Mitarbeit von Hans Günter Zekl neu hg. sowie mit Vorwort, Einleitung und neuen Anmerkungen zu Text und Übersetzung versehen von Klaus Reich. 2. Aufl. Hamburg 1967. [257, 262]

Eckart, Wolfgang: *Geschichte der Medizin.* Berlin, Heidelberg, New York 1990. [87]

Ernesti, Johann August: *Neue theologische Bibliothek, darinnen von den neuesten theologischen Büchern und Schriften Nachricht gegeben wird.* Bd. I, 6. Stück. Leipzig 1761. [217]

Eulner, Hans-Heinz: Art.: „Hoffmann, Friedrich". In: *Neue Deutsche Biographie.* Hg. von der Historischen Kommission bei der Bayerischen Akademie der Wissenschaften. Bd. 9. Berlin 1972, S. 416–418. [90, 92]

Ferrari, Jean: *Les sources françaises de la philosophie de Kant.* Paris 1979. [55]

Finster, Reinhard: *Spontaneität, Freiheit und unbedingte Kausalität bei Leibniz, Crusius und Kant.* Studia Leibnitiana 14 (1982), S. 266–277. [128]

Fischer, Norbert (Hg.): *Kant und der Katholizismus. Stationen einer wechselhaften Geschichte.* Freiburg, Basel, Wien 2005 [= Forschungen zur europäischen Geistesgeschichte, Bd. 8]. [7]

Fontenelle, Bernard le Bovier de: *Gespräche der Todten und Plutons Urtheil über dieselben;* zum erstenmahl ins Teutsche übersetzt, und mit einer Vorrede, von Gesprächen überhaupt, versehen von Joh.[ann] Christ.[oph] Gottsched. Leipzig 1727. [193]

– *Herrn Bernhards von Fontenelle [...] Auserlesene Schriften, nämlich von mehr als einer Welt, Gespräche der Todten, und die Historie der heydnischen Orakel;* vormals einzeln herausgegeben, nun aber mit verschiedenen Zugaben und schönen Kupfern vermehret ans Licht gestellt, von Johann Christoph Gottscheden. Leipzig 1751. [211]

Goethe, Johann Wolfgang: *Faust. Eine Tragödie.* In: *Goethes Werke.* Hamburger Ausgabe. Bd. III. Textkritisch durchgesehen von Erich Trunz. Neunte Aufl. Hamburg 1972. [235]

Goldhagen, Johann Eustachius: *Zu einer Redeübung, welche in der Domschule, den 2ten May, Nachmittages um 2 Uhr, angestellet werden soll, ladet Hohe Patronen und Geneigte Gönner unterthänig, gehorsamst und ergebenst ein, und ertheilet dabey eine kurze Nachricht von der Hyäne.* Magdeburg 1765. [196]

Goy, Ina / Watkins, Eric (Hgg.): *Kant's Theory of Biology.* Berlin 2014. [93]

Grimm, Jacob / Grimm, Wilhelm: *Deutsches Wörterbuch.* 16 Bde. Hg. von der Akademie der Wissenschaften zu Berlin. Leipzig 1854–1961. Online-Ausgabe. [49, 81, 119, 121, 134, 142, 143, 149, 152, 154, 172, 176, 192, 198, 210, 248]

Hansch, Michael Gottlieb (Hg.): *Godefridi Guilielmi Leibnitii Principia Philosophiae, more geometrico demonstrata: Cum excerptis ex epistolis Philosophi et scholiis quibusdam ex historia philosophica. […]. Accedunt Theoremata metaphysica […].* Frankfurt und Leipzig 1728. [62]

Hennings, Justus Christian: *Geschichte von den Seelen der Menschen und Thiere. Pragmatisch entworfen.* Halle 1774. [123]

Herder, Johann Gottfried: *Ideen zur Philosophie der Geschichte der Menschheit.* In: ders.: *Sämmtliche Werke.* Bd. 13, 14. Hg. von Bernhard Suphan. Berlin 1887. [81]

Hinske, Norbert: *Kants Glaube an die Macht der Methode. Zum Zusammenhang von dogmatischer, polemischer, skeptischer und kritischer Methode im Denken Kants.* In: Christoph Böhr / Heinrich P. Delfosse (Hgg.): *Facetten der Kantforschung. Ein internationaler Querschnitt.* Festschrift für Norbert Hinske zum 80. Geburtstag. Stuttgart-Bad Cannstatt 2011, S. 25–36 [= FMDA Abt. II, Bd. 23]. [63]

Hoffmann, Friedrich: *De Philosophia Corporis Humani Vivi et Sani.* In: *Opera Omnia Physico-Medica.* Denuo revisa, correcta et aucta. Bd. 1. Genf 1760 [[1]1740]. [90]

Holger, Katharina / Gerresheim, Eduard: *Personenindex 2. Stufe zu*

„Kant's Gesammelte Schriften" […]. Bonn 1964–1970. [19, 51, 83, 211]

Hume, David: *Philosophische Versuche über die Menschliche Erkenntniß von David Hume, Ritter.* Als dessen vermischter Schriften zweyter Theil. Nach der zweyten vermehrten Ausgabe aus dem Englischen übersetzt und mit Anmerkungen des Herausgebers begleitet. Hamburg, Leipzig 1755. [44, 111, 269]

Hutcheson, Francis: *Franz Hutchesons Sittenlehre der Vernunft*, aus dem Englischen übersetzt [von Gotthold Ephraim Lessing]. 2 Bde. Leipzig 1756. [103]

– *Franz Hutchesons Untersuchung unsrer Begriffe von Schönheit und Tugend in zwo Abhandlungen.* Aus dem Englischen übersetzt [von Johann Heinrich Merck]. Frankfurt und Leipzig 1762. [103]

– *Abhandlungen über die Natur und Beherrschung der Leidenschaften und Neigungen und über das moralische Gefühl insonderheit.* Aus dem Englischen [von Johann Gottfried Gellius?]. Leipzig 1760. [103]

Hyde, James: *A Bibliography of the Works of Emanuel Swedenborg, Original and Translated.* London 1906. [179]

Huygens, Christian: *Traité de la lumière.* Leiden 1690. [135]

Johnson, Gregory R.: *A Commentary on Kant's „Dreams of a Spirit-Seer".* Diss. phil. Washington, D.C. 2001. [64, 173]

– *„Träume eines Geistersehers" – Polemik gegen die Metaphysik oder Parodie der Popularphilosophie?* In: Friedemann Stengel (Hg.): *Kant und Swedenborg. Zugänge zu einem umstrittenen Verhältnis.* Tübingen 2008, S. 99–122 [= Hallesche Beiträge zur Europäischen Aufklärung, Bd. 38]. [173]

Kästner, Abraham Gotthelf: In: *Göttingische Anzeigen von Gelehrten Sachen.* 1. Band. 31. Stück vom 14. März. Göttingen 1765, S. 252f. [271]

Kant, Immanuel: *Allgemeine Naturgeschichte und Theorie des Himmels.* In: Ak I. [38, 58, 73, 88, 96, 119, 205]

– Amtlicher Schriftverkehr. In: Ak XII. [65]

– *Anthropologie Busolt.* In: Ak XXV.2. [193]

– *Anthropologie Collins.* In: Ak XXV.1. [193, 195]

– *Anthropologie Friedländer*. In: Ak XXV.1. [195]
– *Anthropologie in pragmatischer Hinsicht*. In: Ak VII. [1, 49, 51, 55, 119, 125, 138, 142, 148, 153, 212, 245]
– *Anthropologie Parow*. Beilage D.2. In: Ak XXV.1. [159, 195]
– *Bemerkungen zu den Beobachtungen über das Gefühl des Schönen und Erhabenen*. In: Ak XX. [102, 153, 159]
– *Beobachtungen über das Gefühl des Schönen und Erhabenen*. In: Ak II. [103]
– *Bestimmung des Begriffs einer Menschenrace*. In: Ak VIII. [195]
– Brief an Abraham Jacob Penzel vom 12. August 1777. In: Ak X. [213]
– Brief an Charlotte von Knobloch vom 10. August 1763. Beilage B.1. [8, 178, 181, 184, 185, 186, 189]
– Brief an Christian Garve vom 21. September 1798. In: Ak XII. [129]
– Brief an Friedrich II. vom 24. Oktober 1765. In: Ak X. [249]
– Brief an Johann Georg Hamann vom 8. April 1774. In: Ak X. [176]
– Brief an Johann Gottfried Carl Kiesewetter vom 19. Oktober 1798. In: Ak XII. [153]
– Brief an Johann Gottfried Herder vom 9. Mai 1768. In: Ak X. [155]
– Brief an Johann Heinrich Lambert vom 31. Dezember 1765. In: Ak X. [132, 155]
– Brief an Marcus Herz vom 7. Juni 1771. In: Ak X. [224]
– Brief an Moses Mendelssohn vom 7. Februar 1766. Beilage B.2. [12, 173]
– Brief an Moses Mendelssohn vom 8. April 1766. Beilage B.3. [12, 108, 167]
– Cabinetsordre von Friedrich II. an Immanuel Kant vom 14. Febr. 1766. In: Ak XIII. [249]
– Cabinetsordre von Friedrich II. an Immanuel Kant vom 31. März. 1770. In: Ak X. [249]
– Brief von Johann Wilhelm Andreas Kosmann an Kant vom 30. August 1789. In: Ak XI. [142]
– *Das Ende aller Dinge*. In: Ak VIII. [146]
– *De Medicina Corporis, quae Philosophorum est*. In: Ak XV.2. [93]

– *De mundi sensibilis atque intelligibilis forma et principiis.* In: Ak II. [75, 190]
– *De mundi sensibilis atque intelligibilis forma et principiis. Von der Form der Sinnen- und Verstandeswelt und ihren Gründen.* In: Immanuel Kant: *Werke in sechs Bänden.* Hg. von Wilhelm Weischedel. Bd. III: *Schriften zur Logik und Metaphysik.* Mit einer Übersetzung von Norbert Hinske. 5., erneut überprüfter und ergänzter reprografischer Nachdruck der Ausgabe Darmstadt 1958. Darmstadt 1983. [45]
– *Der einzig mögliche Beweisgrund zu einer Demonstration des Daseins Gottes.* Historisch-kritische Edition. Mit einer Einleitung und Anmerkungen hg. von Lothar Kreimendahl und Michael Oberhausen. Hamburg 2011 [= Philosophische Bibliothek Bd. 631]. [34, 38, 58, 66, 73, 79, 110, 111, 119, 127, 163, 205, 263]
– *Der Streit der Fakultäten.* In: Ak VII. [146]
– *Die falsche Spitzfindigkeit der vier syllogistischen Figuren erwiesen.* In: Ak II. [213]
– *Die Religion innerhalb der Grenzen der bloßen Vernunft.* In: Ak VI. [198]
– *Entwurf und Ankündigung eines Collegii der physischen Geographie.* In: Ak II. [119, 154]
– *Erste Einleitung in die Kritik der Urteilskraft.* In: Ak XX. [49]
– *Fortgesetzte Betrachtungen der seit einiger Zeit wahrgenommenen Erderschütterungen.* In: Ak I. [119]
– *Gedanken von der wahren Schätzung der lebendigen Kräfte.* In: Ak I. [5, 38]
– *Grundlegung zur Metaphysik der Sitten.* In: Ak IV. [75, 101, 275]
– *Kritik der praktischen Vernunft.* In: Ak V. [4, 25, 103, 119, 198, 255, 269, 275]
– *Kritik der reinen Vernunft.* Nach der ersten und zweiten Original-Ausgabe neu hg. von Raymund Schmidt. Um das Sachregister von Karl Vorländer ergänzter Nachdruck. Hamburg 1971. [4, 21, 31, 63, 88, 89, 96, 157, 158, 162, 164, 165, 166, 191, 204, 253, 256, 264]
– *Kritik der Urteilskraft.* In: Ak V. [54, 80]
– *Logik.* In: Ak IX. [255]
– *Logik Blomberg.* In: Ak XXIV.1. [9, 159]

– *Logik Dohna-Wundlacken*. In: Ak XXIV.2. [9]
– *Logik Philippi*. In: Ak XXIV.1. [9, 159]
– *Menschenkunde/Anthropologie Petersburg* [= *Menschenkunde Starke*]. Beilage D.4. In: Ak XXV.2. [125, 195, 197]
– *Metaphysicae cum geometria iunctae usus in philosophia naturali, cuius specimen I continet Monadologiam Physicam [...]*. In: Ak I. [28, 40, 43]
– *Metaphysik der Sitten*. In: Ak VI. [25, 101, 106, 146, 275]
– *Metaphysik Herder*. In: Ak XXVIII.1. Beilage D.1. [26, 32, 55, 126, 139, 159]
– *Metaphysik K_2*. Beilage D.9. In: Ak XXVIII.2.1. [50, 159]
– *Metaphysik K_3*. In: Ak XXIX.1.2. [50]
– *Metaphysik L_1*. Beilage D.3. In: Ak XXVIII.1. D.3 [26, 278]
– *Metaphysik Mrongrovius*. Beilage D.5. In: Ak XXIX.1.2. [50, 159]
– *Metaphysik Volckmann*. Beilage D.7. In: Ak XXVIII.1. [159]
– *Nachricht von der Einrichtung seiner Vorlesungen in dem Winterhalbenjahre von 1765–1766*. In: Ak II. [14, 103]
– *Nachträge Herder*. In: Ak XXVIII.2.1. [32, 55, 159]
– *Neue Reflexionen. Die frühen Notate zu Baumgartens „Metaphysica". Mit einer Edition der dritten Auflage dieses Werks*. Hgg. von Günter Gawlick, Lothar Kreimendahl und Werner Stark. In Zusammenarbeit mit Michael Oberhausen und Michael Trauth. Stuttgart-Bad Cannstatt 2019 [= FMDA Abt. I, Bd. 5]. [54, 55, 126, 127, 197, 211]
– *Opus Postumum*. In: Ak XXI–XXII. [32, 49, 106]
– *Pädagogik*. In: Ak IX. [51, 198]
– *Physische Geographie*. In: Ak IX. [190, 255]
– *Preisschrift über die Fortschritte der Metaphysik*. In: Ak XX [4, 206]
– *Principiorum Primorum Cognitionis Metaphysicae Nova Dilucidatio*. In: Ak I. [127]
– *Prolegomena zu einer jeden künftigen Metaphysik, die als Wissenschaft wird auftreten können*. In: Ak IV. [4, 129, 155, 164, 198, 251, 260, 269]
– *Rationaltheologie Baumbach*. Beilage D.6. In: Ak XXVIII.2.2. [32, 180]
– Refl. 94. In: Ak XIV. [126]

– Refl. 394. In: Ak XV.1. [125]
– Refl. 396. In: Ak XV.1. [197]
– Refl. 487. In: Ak XV.1. [193]
– Refl. 479. In: Ak XV.1. [153]
– Refl. 743. In: Ak XV.1. [153]
– Refl. 985. In. Ak XV.1. [190]
– Refl. 1115. In: Ak XV.2. [176]
– Refl. 1119. In: Ak XV.2. [49]
– Refl. 1482. In: Ak XV.2. [65]
– Refl. 1486. Beilage C.5. In: Ak XV.2. [193, 197]
– Refl. 1491. In: Ak XV.2. [55]
– Refl. 1502. In: Ak XV.2. [49]
– Refl. 1507. In: Ak XV.2. [197]
– Refl. 1635. In: Ak XVI. [64]
– Refl. 1865. In: Ak XVI. [14]
– Refl. 1957. In: Ak XVI. [65]
– Refl. 2007. In: Ak XVI [255]
– Refl. 2112. In: Ak XVI [211]
– Refl. 2507. In: Ak XVI. [9]
– Refl. 3152. In: Ak XVI [219]
– Refl. 3755. In: Ak XVII. [44]
– Refl. 3796. In: Ak XVII. [27]
– Refl. 3807. Beilage C.2. In: Ak XVII. [19]
– Refl. 4431. In: Ak XVII. [27]
– Refl. 4957. In: Ak XVIII. [155]
– Refl. 4964. In: Ak XVIII. [155]
– Refl. 4992. In: Ak XVIII. [155]
– Refl. 5015. In: Ak XVIII. [155]
– Refl. 5036. In: Ak XVIII. [155]
– Refl. 5116. In: Ak XVIII. [155]
– *Recensionen von J. G. Herders Ideen zur Philosophie der Geschichte der Menschheit*. In: Ak VIII. [4]
– *Über das Organ der Seele*. In: Ak XIII. [50, 55]
– *Untersuchung über die Deutlichkeit der Grundsätze der natürlichen Theologie und der Moral*. In: Ak II. [27, 29, 38, 40, 43, 103, 113, 131, 132, 267]

– *Versuch den Begriff der negativen Größen in die Weltweisheit einzuführen.* In: Ak II. [40, 41, 44, 62, 103, 217]
– *Versuch über die Krankheiten des Kopfes.* In: Ak II. [3, 119, 138, 139, 141, 146, 148, 153, 211, 212, 220, 223]
– *Von den Ursachen der Erderschütterungen [...].* In: Ak I. [38]
– *Von einem neuerdings erhobenen vornehmen Ton in der Philosophie.* In: Ak VIII. [65]
Kanzian, Christian: *Kant und Crusius um 1763.* Kant-Studien 83 (1993), S. 399–407. [128]
Kreimendahl, Lothar: *Kant. Der Durchbruch von 1769.* Köln 1990. [5, 44, 129, 132]
– *Stellenindex und Konkordanz zur Preisschrift von 1762/64, zu den „Negativen Größen" und zur Vorlesungsankündigung für 1765/66.* Erstellt in Zusammenarbeit mit Heinrich P. Delfosse und Michael Oberhausen. 2. Bde. Stuttgart-Bad Cannstatt 2006 [= FMDA Abt. III, Bd. 39.1-2]. [166]
Leibniz, Gottfried Wilhelm: Brief an Bartholomäus Des Bosses vom 23. August 1713. In: *Die philosophischen Schriften.* Bd. II. Hg. von C. I. Gerhardt. 7 Bde. Reprint der Ausgabe Berlin 1875–90. Hildesheim 1960–61. [62]
– *G.G. Leibnitii Animadversiones Circa Assertiones Theoriae Medicae verae Clar. Stahlii. Cum ejusdem Leibnitii ad Stahlianas observationes Responsibus.* In: Gottfried Wilhelm Leibniz: *Opera Omnia. Nunc primum collecta, in classes distributa, praefationibus et indicibus exornata, studio Ludovici Dutens.* Nachdruck der Ausgabe Genf 1768. Bd. II.1. Hildesheim, Zürich, New York 1989. [89]
– *Monadologie.* Französisch und deutsch. Zeitgenössische Übersetzung von Heinrich Köhler [1720]. Mit der „Lebens-Beschreibung des Herrn von Leibnitz verfaßt von Herrn Fontenelle" hg. von Dietmar Till. Frankfurt am Main, Leipzig 1996. [75, 80, 115]
– *Principes de la Nature et de la Grâce, fondés en Raison.* In: *Die philosophischen Schriften,* a. a. O., Bd. VI. [115]
– [ohne Überschrift. Nr. XV.]. *Die philosophischen Schriften,* a. a. O., Bd. VII. [62]
Lessing, Gotthold Ephraim: *Berengarius Turonensis.* In: *Werke.* In

Zusammenarbeit mit Karl Eibl, Helmut Göbel, Karl S. Guthke u. a. hg. von Herbert G. Göpfert. Bd. 7: *Theologiekritische Schriften I und II.* Darmstadt 1976. [81]

Liddell, Henry George/Scott, Robert: *A Greek-English Lexicon.* A new edition revised and augmented throughout by Henry Stuart Jones with the assistance of Roderick McKenzie and with the co-operation of many scholars. New (ninth) edition 1940. Reprinted 1966. [159]

Liscow, Christian Ludwig: *Vitrea fracta, oder des Ritters Robert Cliston Schreiben an einen gelehrten Samojeden, betreffend die seltsamen und nachdenklichen Figuren, welche derselbe den 13 Jan. st. v. 1732. auf einer gefrornen Fenterscheibe wahrgenommen.* Aus dem Englischen ins Deutsche übersetzt. Frankfurt und Leipzig 1732. In: *Sammlung Satyrischer und Ernsthafter Schriften.* Frankfurt und Leipzig 1739. [215]

Littger, Walter (Hg.): Kant und der Katholizismus. Ausstellungskatalog. Wiesbaden 2005. [7]

Locke, John: *An Essay Concerning Human Understanding.* Ed. with an introduction, critical apparatus and glossary by Peter H. Nidditch. Reprinted [with corrections] Oxford 1979. [21, 28, 117, 145]

Lovejoy, Arthur O.: *The Great Chain of Being. A Study of the History of an Idea.* The William James lectures delivered at Harvard University. Harvard 1933. [79]

Lukrez [Titius Lucretius Carus]: *De Rerum Natura.* Welt aus Atomen. Lateinisch und Deutsch. Übersetzt und mit einem Nachwort hg. von Karl Büchner. Stuttgart 1981. [205]

Marquard, Odo: Art. „Geist VII.". In: *Historisches Wörterbuch der Philosophie.* Unter Mitwirkung von mehr als 800 Fachgelehrten hg. von Joachim Ritter. Bd. 3. Darmstadt, Basel 1974, Sp. 182–191. [19]

Martin, Gottfried [Hg.]: *Wortindex zu Kants gesammelten Schriften.* Bearbeitet von Dieter Krallmann und Hans Adolf Martin. 2 Bde. Berlin 1967 [= Allgemeiner Kant-Index zu Kants gesammelten Schriften, Bde. 16, 17]. [14]

Maupertuis, P. L. Moreau de: *Die Naturlehre der Venus.* Copenhagen 1747. [81]

– *Œuvres.* Bd. II. Reprint der Ausgabe Lyon 1768. Hildesheim 1965. [81]
– *Lettres*, a. a. O. [81]
– *Vénus Physique*, a. a. O. [81]
– *Systême de la Nature*, a. a. O. [81]
– *Versuch einer Cosmologie.* Berlin 1751. [81]
Meier, Georg Friedrich: *Anfangsgründe aller schönen Wissenschaften.* 2. Aufl. Halle 1754. Reprint Hildesheim, New York 1976 [= Documenta Linguistica. Quellen zur Geschichte der deutschen Sprache des 15. bis 20. Jahrhunderts. Reihe V: Deutsche Grammatiken des 16. bis 18. Jahrhunderts]. [190]
– *Betrachtungen über das Verhältniß der Weltweisheit gegen die Gottesgelahrtheit.* Halle im Magdeburgischen 1759. [17]
Milton, John: *Johann Miltons Verlust des Paradieses. Ein Helden-Gedicht.* In ungebundener Rede übersetzet [von Johann Jacob Bodmer]. Zürich 1732. [263]
– *The Poetical Works of John Milton.* Vol. I: *Paradise Lost.* Ed. by Helen Darbishire. Oxford 1952. [263]
Montaigne, Michel de: *Essais.* Texte établi et annoté par Albert Thibaudet. Paris 1950. [2]
Neue Genealogisch-Historische Nachrichten [...]. 133. Theil. Leipzig 1761, S. 247. [185]
Newton, Isaac: *Optice: Sive de Reflexionibus, Refractionibus, Inflexionibus et Coloribus Lucis, Libri Tres.* Latine reddidit Samuel Clarke. Editio Secunda, auctior. London 1719. [135]
– *Opticks or A Treatise of the Reflections, Refractions, Inflections and Colours of Light* [1 1704]. Based on the fourth edition London 1730. With a foreword by Albert Einstein, an introduction by Sir Edmund Whittaker, a preface by I. Bernhard Cohen, and an analytical table of contents prepared by Duane H. D. Roller. New York 1951. [135]
– *Philosophiae Naturalis Principia Mathematica.* Editio ultima auctior et emendatior. Amsterdam 1714. [28, 70, 71, 104, 270]
– *The Principia. Mathematical principles of natural philosophy.* A new translation by I. Bernhard Cohen and Anne Whitman, assisted by Julia Budensz. Preceded by „A Guide to Newton's *Princi-*

pia" by I. Bernhard Cohen. Berkeley, Los Angeles, London 1999. [28, 104]

Ovid [Publius Ovidius Naso]: *Metamorphosen.* In deutsche Hexameter übertragen und mit dem Text hg. von Erich Rösch. 8. Aufl. München 1979. [122]

Paulsen, Friedrich: *Kant, der Philosoph des Protestantismus.* Berlin 1899. [7]

Pilz, Kurt: *Comenius, Johann Amos: Die Ausgaben des Orbis Sensualium Pictus.* Bearbeitet von K. P. Nürnberg 1967. [51]

Platon: *Phaidon.* In: *Werke in acht Bänden.* Griechisch und Deutsch. Hg. von Gunther Eigler. Bd. III. Bearbeitet von Dietrich Kurz. Griechischer Text von Léon Robin und Louis Méridier. Deutsche Übersetzung von Friedrich Schleiermacher. 3., unveränderte Aufl. Darmstadt 1990. [277]

– *Theaitetos.* In: *Werke in acht Bänden,* a.a.O. Bd. VI. Bearbeitet von Peter Staudacher. Griechischer Text von Auguste Diès. Deutsche Übersetzung von Friedrich Schleiermacher. 2., unveränderte Aufl. Darmstadt 1990. [123]

Plutarch: *Über den Aberglauben.* In: *Drei religionskritische Schriften. Über den Aberglauben. Über die späte Strafe der Gottheit. Über Isis und Osiris.* Griechisch-deutsch. Übersetzt und hg. von Herwig Görgemanns unter Mitarbeit von Reinhard Feldmeier und Jan Assmann. 2. Aufl. Düsseldorf 2009. [125]

Pope, Alexander: *Herrn B.[arthold] H.[inrich] Brockes Aus dem Englischen übersetzter Versuch vom Menschen des Herrn Alexander Pope, Esq. [...].* Hamburg 1740. [79]

Rahmel, August Wilhelm Leopold: *Ueber die Schwärmerey unserer Zeiten, von dem Verfasser der Schrift: Ueber den Dienst: geschrieben im Monde, nachdem der Verfasser auf einer Aerostatischen Maschine in dieses kalte Reich, wo, wie bekannt, die unserm Erdboden entflogene Vernunft in gläsernen Flaschen aufbewahrt wird, glücklich angekommen war.* O.O. 1784. [123]

Reich, Klaus: *Rousseau und Kant.* Tübingen 1936 [= Philosophie und Geschichte, Bd. 61]. [102]

Reimarus, Hermann Samuel: *Allgemeine Betrachtungen über die Triebe der Thiere, hauptsächlich über ihre Kunsttriebe.* Mit einem Geleitwort von Ernst Mayr und einem einleitenden Essay des Herausgebers, unter Mitarbeit von Stefan Lorenz und Winfried Schröder hg. von Jürgen von Kempski. 2 Bde. Reprint der 2. Ausgabe Hamburg 1762. Göttingen 1982 [= Veröffentlichungen der Joachim Jungius-Gesellschaft der Wissenschaften Hamburg Nr. 46]. [46]

Reimarus, Johann Albert Heinrich: *Betrachtung der Unmöglichkeit körperlicher Gedächtniß-Eindrücke und eines materiellen Vorstellungs-Vermögens.* In: *Göttingisches Magazin der Wissenschaften und Litteratur*. Hg. von Georg Christoph Lichtenberg und Georg Forster. 1. Jg., 4. St. (1780), S. 27–66, 351–386. [55]

Reusch, Johann Peter: *Systema Metaphysicum Antiquiorum atque Recentiorum item Propria Dogmata et Hypotheses Exhibens.* Jena 1735 [= Christian Wolff: *Gesammelte Werke* III.27]. [55]

Rickmann, Christian: *Von der Unwahrheit des Versehens und der Hervorbringung der Muttermahle durch die Einbildungskraft.* Jena 1770. [195]

Riehl, Alois: *Der philosophische Kritizismus. Geschichte und System.* Erster Band: *Geschichte des philosophischen Kritizismus.* 2., neu verfasste Aufl. Leipzig 1908. [269]

Rousseau, Jean-Jacques: *Der gesellschaftliche Vertrag, oder die Grundregeln des allgemeinen Staatsrechts, aus dem Französischen des Johann Jacob Roußeau, Bürgers zu Genf, in das Deutsche übersetzet, mit des Herrn Hofraths Geigers Anmerkungen.* Marburg 1763. [102, 105]

– *Émile ou de l'éducation*. In: *Œuvres complètes*. Préface de Jean Fabre. Présentation, notes et dictionnaire politique et philosophique de Rousseau par Michel Launay. Bd. 3. Paris 1971. [254]

Rüdiger, Andreas: *Physica divina, recta via, eademque inter superstitionem et atheismum media ad utramque hominis felicitatem naturalem atque moralem ducens.* Frankfurt am Main 1716. [19]

Schmid, Carl Christian Erhard: *Wörterbuch zum leichtern Gebrauch der Kantischen Schriften.* Vierte vermehrte Ausgabe Jena 1798. Neu hg., eingeleitet und mit einem Personenregister versehen von Norbert Hinske. Darmstadt 1976. [142]

Stahl, Georg Ernst Stahl: *Theoria Medica Vera. Physiologiam et Pathologiam, tanquam Doctrinae Medicae Partes vere Contemplati-*

vas, e Naturae & Artis Veris Fundamentis, Intaminata Ratione, & inconcussa Experientia sistens. Halle 1708. [89]

Stengel, Friedemann: *Aufklärung bis zum Himmel. Emanuel Swedenborg im Kontext der Theologie und Philosophie des 18. Jahrhunderts.* Tübingen 2011 [= Beiträge zur historischen Theologie, Bd. 161]. [175, 244]

Swedenborg, Emanuel: *Arcana Coelestia, quae in Scriptura Sacra, seu Verbo Domini sunt, detecta, nempe quae in Genesi et Exodo una cum Mirabilibus quae Visa sunt in Mundo Spirituum et in Coelo Angelorum.* 8 Bde. [London] 1749–1756. [13, 216, 249]

– *Die himmlischen Geheimnisse, die in der Heiligen Schrift oder im Worte des Herrn enthalten und nun enthüllt sind.* Orthographisch und typographisch revidierter Nachdruck der Basler Ausgabe von 1867–69. 14 Bde., Suppl.- u. Reg.-Band. Zürich 1998–1999. [94, 95, 96, 97, 98, 116, 159, 178, 218, 225, 226, 227, 228, 229, 230, 231, 232, 233, 235, 236, 237, 238, 239, 240, 241, 242, 243, 244, 246]

– *Himmel und Hölle nach Gesehenem und Gehörtem.* Hg. und umfangreich kommentiert von Hans-J. Hube. 3. Aufl. Ulm 2013. [218]

– *Homo Maximus: der himmlische und der leibliche Mensch.* Auszüge aus „Himmlische Geheimnisse im Worte Gottes". Einführung von Ernst Benz. 2. Aufl. Zürich 1983. [244]

– Teske, Johann Gottfried: *Neue Versuche, in Curirung der Zahnschmerzen, vermittelst eines magnetischen Stahls.* Königsberg 1765. [271]

Thomas von Aquin: *Des Hl. Thomas von Aquino Untersuchungen über die Wahrheit. Quaestiones Disputatae de Veritate.* In deutscher Übertragung von Edith Stein. Bd. I. Louvain, Freiburg 1952. [59]

– *Die deutsche Thomas-Ausgabe. Vollständige, ungekürzte deutsch-lateinische Ausgabe der „Summa Theologica".* Übersetzt von Dominikanern und Benediktinern Deutschlands und Österreichs. Hg. vom Katholischen Akademikerverband. 1. Band. 2. Aufl. Salzburg [o. J.]. [85]

– *Summa Contra Gentiles Libri Quattuor.* Lateinisch-Deutsch. Hg. und übersetzt von Karl Albert und Paulus Engelhardt unter Mitarbeit von Leo Dümpelmann. 4 Bde. in 5. Darmstadt 1974–1996 [= Texte zur Forschung, Bd. 15–19]. [35, 50]

Thomasius, Christian: *Einleitung zur Vernunftlehre.* Halle 1691. Vorwort von Werner Schneiders. Personen- und Sachregister von Frauke Annegret Kurbacher. Hildesheim, Zürich, New York 1998 [= Christian Thomasius: *Ausgewählte Werke*, Bd. 8]. [17]

– *Versuch von Wesen des Geistes oder Grund-Lehren, so wohl zur natürlichen Wissenschafft als der Sittenlehre [...].* Halle 1699 [= Christian Thomasius: *Ausgewählte Werke*, Bd. 12]. [19]

Vergil [Publius Vergilius Maro]: *Aeneis.* Lateinisch-Deutsch. In Zusammenarbeit mit Maria Götte hg. und übersetzt von Johannes Götte. 4. verbesserte Aufl. München 1979. [171]

[Voltaire]: *Die beste Welt. Eine Theologische, Philosophische, Praktische Abhandlung aus dem Spanischen Grund-Text [...] übersetzet;* und mit einer Vorrede, auch Zuschrift und Register begleitet von Johann Albrecht Ralph [...]. O.O. 1762. [10, 278]

Vorländer, Karl: *Immanuel Kant. Der Mann und das Werk.* Zweite, erweiterte Aufl. Mit einem Beitrag „Kants Opus postumum" von Wolfgang Ritzel. 2 Bde. in 1. Unter Mitarbeit von Konrad Kopper hg. von Rudolf Malter. Hamburg 1977. [215]

Walch, Johann Georg: *Philosophisches Lexicon, darinnen die in allen Theilen der Philosophie [...] fürkommenden Materien und Kunst-Wörter erkläret, und aus der Historie erläutert [...] worden.* 3 Bde. Zweyte verbesserte und mit denen Leben alter und neuer Philosophen vermehrte Aufl. Leipzig 1733 [^{1}1726]. Reprint Bristol 2001. [8, 17, 72]

Warda, Arthur: *Immanuel Kants Bücher. Mit einer getreuen Nachbildung des bisher einzigen bekannten Abzuges des Versteigerungskataloges der Bibliothek Kants.* Berlin 1922 [= Bibliographien und Studien, Bd. 3]. [19, 28, 44, 103, 135]

Wolff, Christian: *Cosmologia Generalis.* Edidit et curavit Joannes Ecole. Hildesheim 1964 [= Christian Wolff: *Gesammelte Werke* II.4]. [169]

– *Discursus Praeliminaris de Philosophia in Genere. Einleitende Abhandlung über Philosophie im allgemeinen.* Historisch-kritische Ausgabe. Übersetzt, eingeleitet und hg. von Günter Gawlick und

Lothar Kreimendahl. Stuttgart-Bad Cannstatt 1996 [= FMDA Abt. I, Bd. 1]. [273]
– *Philosophia Prima, sive Ontologia.* Edidit et curavit Joannes Ecole. Reprint der 2. Aufl. Frankfurt, Leipzig 1736. Darmstadt 1962. [190]
– *Psychologia Empirica.* Edidit et curavit Joannes Ecole. Hildesheim 1968 [= Christian Wolff: *Gesammelte Werke* II.5]. [169]
– *Psychologia Rationalis.* Édition critique avec introduction, notes et index par Jean École. Hildesheim, New York 1972 [= Christian Wolff: *Gesammelte Werke* II.6]. [19, 24, 33, 37, 55, 169]
– *Vernünfftige Gedancken von Gott, der Welt und der Seele des Menschen, auch allen Dingen überhaupt* [= Christian Wolff: *Gesammelte Werke* I.2]. [19, 24, 53, 55, 56, 66, 112, 114, 127]
– Der *Vernünfftigen Gedancken von Gott, der Welt und der Seele des Menschen, auch allen Dingen überhaupt, anderer Theil, bestehend in ausführlichen Anmerckungen [...]* [= Christian Wolff: *Gesammelte Werke* I.3]. [55, 66, 112]

Wundt, Max: *Kant als Metaphysiker. Ein Beitrag zur Geschichte der deutschen Philosophie im 18. Jahrhundert.* Leipzig 1924. [161]

Zammito, John H.: *The Gestation of German Biology. Philosophy and Physiology from Stahl to Schelling.* Chicago 2018. [93, 173]

Zedler, Johann Heinrich Zedler: *Grosses vollständiges Universal-Lexicon aller Wissenschafften und Künste.* 64 Bde. und 4 Suppl.-Bde. Halle, Leipzig 1731–54. [122, 124, 142, 194, 195, 219, 248]

Zwink, Eberhard: *Die Hauptwerke Emanuel Swedenbors.* In: *Emanuel Swedenborg 1688–1772. Zum Werk des gelehrten Naturforschers. Zu Werk und Einfluß des Visionärs und Theologen. Zur Wirkungsgeschichte eines Naturphilosophen.* Begleitbuch zu einer Ausstellung und Vortragsreihe in der Württembergischen Landesbibliothek Stuttgart vom 29. Januar – 25. März 1988. Bearbeitet von Horst Bergmann und Eberhard Zwink. Stuttgart 1988, S. 16–19. [179]

NAMENREGISTER

Seitenangaben mit einem hinzugefügtem Fn. verweisen auf die Fußnoten Kants.

SACHREGISTER

Seitenangaben mit einem hinzugefügten Fn. verweisen auf die Fußnoten Kants.